1949—1976年的中国

之一

凯歌行进的时期

(1949—1956)

林蕴晖 范守信 张弓 著

人民出版社

目　录

再版前言

《凯歌行进的时期》、《曲折发展的岁月》、《大动乱的年代》是 1989 年河南人民出版社出版的《1949—1989 年的中国》中的三本，承蒙广大读者的厚爱，这几册曾多次印刷，常销不衰。这套书在当年引起的社会反响，曾被龚育之先生誉为"当时是名声很大的书"。龚先生在《读林蕴晖〈走出误区〉》一文中如是说："林蕴晖同志是研究建国以来中国共产党历史的一位专家。我最初知道他的名字，是在读那四卷一套的《1949—1989 年的中国》（河南人民出版社）的时候。我那时准备参加写作《中国共产党的七十年》，几乎读遍了已经出版的写建国以来历史的书。那四卷书，当时是名声很大的书，也是我划了很多铅笔记号作了不少简单批注的书。"[①]

1989 年至今已过了二十个年头，鉴于市场仍有一定需求，承人民出版社热情襄助，经中共中央党史研究室专家的审读，由国家新闻出版总署批准，使这三本书在中华人民共和国建国六十周年之际得以再版，作为作者是深感庆幸的。在此，我们谨向中共中央党史研究室的专家，国家新闻出版总署的领导，人民出版社的领导和编辑，表示衷心的感谢。需要说明的是，为保持书的原貌，新丛书仍按 1989 年本付排。书中的不足之处，恳请读者批评指正。

作　者
2009 年 2 月

[①] 原载中共中央党校主管主办《学习时报》2005 年 9 月 26 日，第 3 版。

前　言

　　1949 年 10 月 1 日中华人民共和国成立到 1956 年 9 月 15 日中国共产党第八次全国代表大会的召开，宣布我国社会主义社会基本建立，只有 7 年时间。

　　7 年，在已有文字记载的 5 千多年的中国历史上，只是短暂的一瞬间。在新中国 60 年的历史中也并不长。

　　由于新中国成立之初还有大量民主革命的遗留任务有待完成，由于朝鲜战争呈现出的严峻国际形势，由于革命战争在全国范围的胜利激励起来的炽热的革命热情，这 7 年，我们几乎依然是以革命的行进速度走过来的。在我国近百年的历史上，这 7 年，无论从实现了祖国大陆的完整统一和社会的政治安定，经济恢复和发展的速度和效益以及人民得到的实惠，科学、文教事业的发展，整个社会的精神面貌和道德风尚的变化，等等，都可以说是取得了无与伦比的辉煌成就。正是从这个意义上，我们将这 7 年称之为"凯歌行进的时期"。

　　《关于建国以来党的若干历史问题的决议》指出："中国共产党在中华人民共和国成立以后的历史，总的说来，是我们党在马克思列宁主义、毛泽东思想指导下，领导全国各族人民进行社会主义革命和社会主义建设并取得巨大成就的历史。"从新中国 60 年的社会主义历史来说，这 7 年还只是奠基创业的起始阶段。中国当时只能走向社会主义。这是近代中国历史的选择，也是中国共产党领导的新民主主义革命胜利合乎逻辑的发展。新民主主义革命在全国范围的胜利，增强了人们对社会主义的信念和向往。但是，由于理论准备不足，由于新民主主义革命所走的农村包围城市道路带来的历史局限，由于当时世界上还只有苏联这个唯一的社会主义国家的经验可资借鉴，而其弊端又为战胜希特勒法西斯的历史性胜利所掩盖，等等，这种种原因，就决定了这 7 年我国由新民主主义向社会主义转变的过程，是一个在实

凯歌行进的时期（1949—1956）

践中探索的过程；就决定了对这个转变的条件、时机、途径等会有种种的不同认识和意见；就决定了这 7 年的结果既有其成功的方面，又有不完全成功或完全不成功的方面。

著名社会科学家胡绳，1985 年在孙中山研究述评国际学术讨论会结束时的讲话中，对如何科学地研究孙中山这个历史人物说过下面这样一段话。他说：孙中山是在思想和行动上都很复杂，而且不断发展的历史人物。他的复杂性和他的发展道路，都反映着他所处的那个时代。我们的科学研究，应该能反映出这一切。既然我们把他当作研究的对象，就要如实地分析他在怎样的历史条件下取得他的成就，也要分析他的思想中的矛盾，他的思想和行动的矛盾，他的主观愿望和实际效果的矛盾，等等。如果说，因为怕损及民族英雄的地位，就不可以探讨这些问题，这样的禁区是没有的；由于某个"权威"发表过什么意见，因而不同的意见就不可以发表，这样的戒律是没有的。①

从 20 世纪 40 年代末期和 50 年代前期的历史时代出发，如实地反映在当时历史条件下实际存在的国际、国内的各种矛盾；如实地反映作为我们国家和社会的领导党——中国共产党对形势的基本分析和作出的决策；如实地反映这 7 年中国共产党的主要决策和社会实践的实际效果，这就是本书遵循的编写原则。在现有条件下，我们力求对这 7 年的重大问题作出符合实际的说明。例如：

——中华人民共和国诞生的历史条件，中共七届二中全会对国情的基本分析和建国蓝图。

——建国初期的国际形势，"一边倒"的政治方针，"抗美援朝"的决策及其对世界格局和我国社会发展的影响。

恢复国民经济的基本方针和取得的光辉成就。

——过渡时期总路线的提出所反映的中共战略的重大变更；在这一重大战略变更过程中，中共中央主要领导人之间的不同认识；中共中央对这些不同意见采取的若干重大组织措施，及其对党和国家政治生活发生的影响。

——高岗、饶漱石事件发生的历史背景；何谓梁漱溟的"九天九地"、邓子恢的"确保私有"、"四大自由"；所谓"胡风集团"、"潘汉年、杨帆事件"。

——计划 15 年完成的对生产资料私有制的改造，何以会在 4 年内基本完成。

---

① 1985 年 8 月 7 日《光明日报》。

它的客观原因是什么，主观原因又是什么。它对中国社会主义的历史进程在当时和尔后的影响又是如何？

——15 年实现社会主义工业化的愿望和中国的现实条件之间的矛盾；多快好省的要求同综合平衡稳步前进方针之间的矛盾。社会主义经济建设的成就和潜藏着的指导思想上的失误。

——开始进入社会主义社会暴露出的种种矛盾，中共中央从实际出发提出的搞活经济、扩大民主的初步设想。

按照历史发展的实际进程，本书分为 3 篇：

第一篇　开国奠基（张弓撰写）；

第二篇　恢复经济（范守信撰写，其中第五章"抗美援朝，保家卫国"为张弓撰写）；

第三篇　创业探索（林蕴晖撰写）。

对这 7 年的历史发展如实地作出说明，既是为了忠实于历史，也是为了忠实于现在和未来。因为这 7 年虽已是不可改变的事实，但对于今天和未来则是可以获取智慧的重要源泉。距离这 7 年时间越久，人们对它提供可资借鉴的经验和教训的认识，将会在更多的层次、更多的角度得到展开和深化，将会使我们已经提出的社会主义初级阶段的图像越来越清晰，政治体制改革和经济体制改革的路子越来越明确、步子越走越坚定。应该说，近年来对建国头 7 年历史的研究，已开始呈现出这种多层次、多角度的可喜势头。本书在力所能及的范围内努力吸取了学术界的研究成果，对这 7 年历史发展中的若干问题提出了一些看法，作为一家之言贡献于读者。

由于我们的水平有限，由于撰写时间的仓促，也由于很多材料还接触不到，因此不免有所疏漏或不够精确以致判断失当，敬祈读者指正。

作　者

2008 年 8 月 18 日

第一篇
开国奠基

毛泽东亲自升起的新中国第一面国旗，在天安门广场上空迎风飘扬。

第一章
为新中国而奋斗

　　新中国的诞生，来之不易，中国人民为之前仆后继地奋斗了一百多年，经历了旧民主主义革命和新民主主义革命的两个革命过程。只有中国共产党领导的新民主主义革命，才彻底搬掉了压在中国人民头上的帝国主义、封建主义和官僚资本主义"三座大山"，建立起人民民主专政的新民主主义共和国。"没有中国共产党就没有新中国"这句话，在解放了的新中国人民心目中深深地扎下了根，它集中地表达了站起来的中国人民对中国共产党的崇高信赖，同时，也是对中国近、现代革命运动史作了一个简明的总结。

一　漫漫长夜

　　新中国诞生前的100多年，中国还处在古代封建社会。这种社会是建立在地主阶级对广大农民群众的残酷压迫和剥削基础之上的。生产力水平很低，自给自足的自然经济占主要地位。农民用简陋的农具生产，收获的大部分要给地主交租，农民还要从事无偿的劳役和交纳苛重的贡税，去养活一大群封建国家的官吏和镇压农民的军队。保护这种封建剥削制度的权力机关，是封建王朝的国家政权。中国自秦汉以后即建立了专制主义的中央集权制，皇帝是至高无上的君主，建立了自上而下的一套封建统治的政治制度。中国历代农民，就在这种封建的经济剥削和封建的政治压迫之下，过着贫穷困苦的农奴式生活，政治上毫无自由和民主的权利。这种封建社会一直延续了两千多年。这是古代中国社会经济上和社会生活上停滞不前的基本原因。

自从 1840 年英国发动了侵略中国的鸦片战争，用洋枪洋炮打开了封建中国的大门之后，从此，世界列强各国纷纷效尤。1857 年英法联军战争，1884 年中法战争，1894 年中日甲午之战，1900 年八国联军侵华战争，这些战争都是列强联合或单独发动对中国的侵略战争，他们在打败腐朽落后的清王朝后，便强迫割地赔款，并订立许多不平等条约，从而在政治上、军事上、经济上、文化和宗教上，采取种种压迫手段，逐步把中国划分为各个帝国主义国家的势力范围。中国腐败落后的封建统治者抵挡不过帝国主义的侵略，就采取投降卖国的政策，以至于和帝国主义互相勾结起来，共同压迫中国人民。帝国主义者也乐于支持、保存封建势力及其全部官僚军阀上层建筑，以为其统治中国的支柱。帝国主义者还在中国造成了为帝国主义服务的官僚买办阶级，以便利其剥削中国城乡广大人民。就这样，古老的中国封建社会逐步地沦为半殖民地半封建的社会。由于帝国主义和封建主义的双重压迫，中国广大的人民，尤其是农民，日益贫困化以致大批破产，中国人民的贫困和不自由程度，是世界上少有的。"长夜难明赤县天，百年魔怪舞翩跹，人民五亿不团圆"这就是半殖民地半封建的旧中国社会的一幅凄惨的情景。帝国主义和中华民族的矛盾，封建主义和人民大众的矛盾，就是近代中国社会的主要矛盾。

资本帝国主义的入侵，冲破了中国封建主义的藩篱，刺激了中国民族资本的产生和发展，对中国封建经济的基础起了解体的作用，因为自然经济的破坏，给资本主义造成了商品的市场，而大量农民和手工业者的破产，又给资本主义造成了劳动力市场。中国民族资本主义发生和发展的过程，就是中国资产阶级和无产阶级发生和发展的过程。这是两个新兴的阶级，代表了中国社会新的生产关系，它们的存在和发展是同帝国主义和封建主义的生产关系绝对不相容的，特别是中国无产阶级的存在和发展，成了帝国主义和封建主义及其官僚买办阶级在中国的直接掘墓人。

二　艰难曲折的斗争

从 1840 年鸦片战争起，百多年来帝国主义的侵略，使中华民族面临着灭亡的危险，压迫愈甚、反抗愈烈，侵略者和压迫者的野蛮行径，激发起中国人民民族自强和国家独立的革命精神。但是，中国的出路在哪里？许多爱国民主的志士仁人，竭力寻找救国救民的真理，起初他们只有向西方资本主义国家学习，设想用旧的资产阶级民主革命的方案来挽救和振兴中国。

以洪秀全为代表的农民运动领袖们，1851年发动领导的太平天国运动，揭开了中国旧民主主义革命的序幕。洪秀全把西方的上帝"请来"，创办了"拜上帝会"，把宣传基督的教义和农民的平均主义思想结合起来，广泛地团结和组织起贫苦农民群众，在广西桂平县的金田村实行武装起义，建号太平天国，公开宣告同整个封建统治势力处于武装对立的地位。太平天国宣传"天下多男人，尽是兄弟之辈，天下多女子，尽是姊妹之群"，"乱极则治，暗极则光，天之道也。于今夜退而且升矣……行见天下一家，共享太平"。① 为了替天行道，扑灭"妖魔"，太平军一开始就建立了完整的军事组织，始终保持着统一指挥下的严密的组织和严格的纪律，全军上下实际上过着军事共产主义的生活。这对于克服农民的散漫性，维持这个军队的战斗力起了重要的作用。太平军所到之处"秋毫无犯"，因而受到了广大下层农民的拥戴，纷纷加入太平军队伍，使太平军军威大振，所向披靡，横扫江南，仅两年多的时间就攻下南京——奠都为太平天国的首府——天京。

太平天国在南京奠都后，制定的《天朝田亩制度》提出了"有田同耕，有饭同食，有衣同穿，有钱同使，无处不均匀，无人不饱暖"的农民革命纲领，反映了农民平均主义的社会理想。这个革命纲领，彻底地否定封建地主所有的土地制度，大胆地提出了土地归"天下人"共有的主张。土地所有制问题，是推翻封建社会制度的中心问题，太平天国的英雄们第一次回答了历代农民革命运动所不曾解决的这个问题，做出了农民阶级在没有比它更先进的阶级领导时所能做的最好的回答。太平天国运动是中国历史上最大的一次农民运动，它的革命政权发展到中国18个省区，坚持了14年之久，它极大地震撼了腐朽没落的封建统治，显示了农民阶级的伟大力量。但是，农民阶级不是新的生产方式的代表，他们的主张只是建立一个自给自足的自然经济的农村公社理想国，这个理想国中没有工业，没有商业，没有城市，也没有独立手工业。单纯的农民革命，可以给封建统治秩序严重的冲击，但并不能建立一种能够代替旧秩序的新制度。太平天国在打下南京定都为天京后，他们的领

---

① 《原道醒世训》，转引自胡绳：《从鸦片战争到五四运动》上册，人民出版社1984年版，第102—103页。

凯歌行进的时期（1949—1956）

袖们就陶醉于既得的胜利之中，滋长了骄傲自满的情绪，封建地主阶级的腐朽思想愈来愈多地侵蚀到革命队伍内部来，他们的领袖们模仿封建统治阶级，过起养尊处优、豪华奢侈的生活。而且互相残杀，争权夺位，自毁长城，这是太平天国从飞跃发展的形势转向下坡路的标志。在此后的 8 年中，太平军虽有攻城略地之绩，但其势已挫，最后终至在内外反动势力的合力围攻下，于 1864 年失败。

太平天国革命运动失败后，满清封建王朝更加投靠外国帝国主义者，反动统治者对外国侵略者步步退让，割地赔款，丧权辱国。封建社会的急剧崩溃和民族危亡的严重现实，使一部分初具西方资本主义文明知识的文人学士痛感"外夷交迫"，"兵弱财穷"，"外患内讧，祸在旦夕"，"求安日前，亡无日矣"。他们大声疾呼"若非大讲变法，是坐待自毙也。"以康有为、梁启超、严复、谭嗣同等为代表的维新派，上书年轻的光绪皇帝，要求实行开明的君主立宪，振肃朝政、励精图治，振兴工农商业，练兵习武，反对投降卖国，维护民族权益。康梁等要求在封建制度的基础上变法维新，并寄希望于小皇帝下诏书以定天下，这只不过是一厢情愿的幻想，反映了新兴资产阶级的极端软弱性，他们还离不开封建地主阶级，他们搞的是改良主义，而不是革命。即使如此，他们这种维新运动，也只搞了一百天（1898 年 6 月 11 日至 9 月 21 日），在以慈禧太后为首的掌握实权的封建顽固派的镇压下，轻易地被扑灭了。这就是历史上被称作"百日维新"的戊戌（1898 年）政变。

戊戌政变失败，打破了资产阶级改良主义的美梦，以孙中山为代表的资产阶级民主主义革命派，毅然举起了革命起义的大旗，提出了推翻满清封建皇朝，建立中华民国的奋斗目标。1905 年，孙中山在日本建立中国同盟会，决定以"驱除鞑虏，恢复中华，创立民国，平均地权"为宗旨，同年 10 月，孙中山宣布同盟会的纲领为三民主义，即民族主义、民权主义和民生主义。孙中山是当时最激进的资产阶级民主主义者，列宁曾指出"孙中山的纲领的每一行都渗透了战斗的、真诚的民主主义"。同盟会一开始即以武装起义的方式站在清王朝的对立面，因为他们深知清朝的统治者已成为帝国主义瓜分中国的奴仆和工具，"外国人之所以敢觊觎中国者，以中国之政府之敝败也。颠覆政府，当以兵力，去其敝败，而瓜分之途塞。"[①] 经过多次武装起义的失败之后，终于取得了 1911 年辛亥革命武昌起义的胜利，推翻了

---

① 《民报》第十七期《革命今势论》，转引自胡绳：《从鸦片战争到五四运动》下册，人民出版社 1984 年版，第 728 页。

朽败的满清王朝，宣告了两千多年的封建统治制度的结束，在中国的国土上升起了民主共和国的旗帜。从此，民主共和成为时代的潮流，任何反动势力妄想逆潮流而动，必将失败。

辛亥革命是比太平天国、戊戌政变在比较完全意义上的资产阶级民主革命。但是辛亥革命由于资产阶级的软弱性，惧怕发动广大农民及其他劳动群众的力量，而把注意力放在利用旧式会党甚至封建军阀的身上，没有造成革命的坚实力量，也没有真正冲击到封建地主阶级的经济基础。因而辛亥革命成果很快被帝国主义走狗封建军阀所篡夺。辛亥革命建立起来的"民国"徒有空名，而真正的民主和独立并没有达到。中国仍然没有摆脱半殖民地半封建的社会性质。而陷于各个帝国主义操纵下的军阀割据纷争的混乱局面之中，广大的中国人民依然处在暗无天日的痛苦深渊。

三　走新民主主义革命的路

从鸦片战争到辛亥革命，先进的中国人向西方学习救国救民的道理，他们有人主张学西方的经济和技术拯救中国，有人企图用西方资产阶级共和国的方案来对中国社会进行改良和革命，还有的人提出用西方资产阶级文化来改造中国等等。中国人向西方学得不少，但都行不通，理想总不能实现。原因是帝国主义的侵略打破了中国人的美梦。很奇怪，为什么先生总是欺侮学生？帝国主义的步步入侵和中国革命的切身经验，证明了半殖民地半封建的中国，依靠旧式资产阶级革命，已不能完成反帝反封建的民主革命任务。必须依靠新的先进阶级寻找新的出路。

1917 年，俄国无产阶级十月革命像一道闪电划破了黑夜的长空。过去蕴藏在地下被人看不起的无产阶级和劳动人民的革命精力和首创精神，在马克思列宁主义指导下，像火山一样地爆发出来了。它惊醒了世界被压迫阶级和被压迫民族，也帮助了中国的先进分子，"用无产阶级的宇宙观作为观察国家命运的工具"重新考虑自己的问题，走新民主主义革命的路，由无产阶级组织政党自觉地承担中国民主革命的领导责任，这就是结论。

在十月革命的影响下，在列宁和共产国际的帮助下，1919 年中国发生了伟大的五四运动。这是一个彻底的反帝国主义和封建主义的爱国民主运动，五四运动传播了马克思列宁主义，推动了中华民族的新觉醒，知识分子中一部分激进民主主义

凯歌行进的时期（1949—1956）

者转变为马克思主义者。1921 年中国共产党成立，马克思主义同中国的实际相结合，中国革命的面貌为之一新。从此，资产阶级的旧民主主义革命结束了，无产阶级领导的新民主主义革命开始了。

适应新的国际国内形势，中国共产党制定了党的最低纲领和最高纲领。规定党的最低纲领是在民主革命阶段，领导中国人民彻底完成反帝国主义和反封建的历史任务，求得中华民族的完全解放，建立统一的民主共和国，建设独立、自由、民主和繁荣富强的新中国。党的最高纲领是通过民主共和国的建设在将来实现社会主义和共产主义。中国共产党的新民主主义革命纲领，为中国人民争取民族独立和人民民主指明了新的方向。

伟大的民主主义者孙中山先生，在辛亥革命失败后的绝望里，看到俄国十月革命的成功，看到中国共产党的战斗纲领，他以极大的热忱，欢迎俄国人对中国人的帮助，欢迎中国共产党同他合作。1924 年孙中山在中国共产党人的帮助下改组了国民党，首创了联俄、联共、扶助农工的三大政策，在国共两党合作的条件下，发动了轰轰烈烈的反帝反封建军阀的第一次国内革命战争（1923 年至 1927 年）。孙中山死了，蒋介石背叛了孙中山的国共合作政策，在革命即将取得胜利的前夕，投靠了帝国主义，将枪口转向了中国共产党和革命的群众，将过去的朋友当作了敌人，制造了痛心的十年（1927 年至 1936 年）内战，中国共产党被迫转入地下，主要依靠农村，深入发动贫苦农民，进行以土地革命为中心内容、以建立农村革命根据地为依托和以武装斗争为主要形式的农村包围城市最后夺取城市的革命斗争，反抗国民党的反革命武装镇压，继续坚持民主革命。国民党的独裁内战卖国政策，招致了日本帝国主义侵略，1937 年日本帝国主义发动了全面的侵华战争。在中华民族存亡绝续的严重关头，中国共产党高举团结御侮爱国民族统一战线的旗帜，推动了国共两党的第二次合作。在国共合作的条件下，中国军民坚持 8 年抗战，在国际反法西斯战争胜利的有利形势下，抗日战争终于取得了胜利。在抗日战争中，中国共产党领导的抗日民主力量有了巨大的发展。

抗日战争胜利后，蒋介石国民党要抢夺胜利果实，建立大地主大资产阶级的独裁专制，中国共产党竭尽全力争取和平民主建国的方针。1945 年 4 月，中国共产党召开第七次全国代表大会，会上，毛泽东代表党中央所作的《论联合政府》的政治报告中，提出了废除国民党一党专政，建立各民主党派和爱国民主人士在内的民主联合政府的主张，制定一个民主的共同纲领，以便动员和统一中国的抗日力量打败侵略者，建立一个独立、自由、民主、统一和富强的新中国。中国共产党的这种主张，取得了国民党统治区民主党派和无党派爱国民主人士的热烈支持。为了坚持国共两党合作共同建国，中国共产党主席毛泽东亲赴重庆同蒋介石谈判。在中共与各方民主党派民主人士的共同努力下，国共谈判取得了相当大的进展，而正当全国人民翘首以待和平民主阶段的到来时，蒋介石在美国政府的支持下，撕毁了国共"停战协定"，破坏了"政协决议"，悍然发动了全国内战。中国共产党和解放区军民被迫实行自卫，1946年7月，第三次国内革命战争开始了。这是关系中国前途命运的一场大决战。中国共产党代表全国广大人民利益，扩大了反独裁内战的民主统一战线，国民党以人民为敌，威信扫地，失道寡助，虽然有美国武装的800万军队，但还是敌不过小米加步枪武装的人民军队。经过3年多的激烈斗争，终于取得了人民解放战争的胜利。一唱雄鸡天下白，1949年10月1日中国人民终以胜利者的雄姿迎来了新中国的诞辰。

中国革命的胜利，证明农民阶级和资产阶级的旧民主主义革命都不能引导革命走向胜利。当然，无论是洪秀全领导的太平天国运动，还是孙中山领导的辛亥革命，都不是毫无意义的，这是中国近代史上两次民主革命的高潮，它对根深蒂固的封建专制制度进行了巨大的冲击，极大地唤起中华民族的觉醒，鼓舞了中国人民反封建和反帝国主义的斗争精神。他们的斗争，不但使中国的封建统治者无法照旧统治下去，并使封建王朝统治垮台，而且也使帝国主义者瓜分宰割中国的美梦无法实现。但是由于农民阶级小生产者的弱点和资产阶级的软弱性，他们都不能引导中国民主革命走向胜利。只有中国无产阶级及其政党——中国共产党，与最先进的经济形式相联系，代表着中国社会的先进力量，在马克思列宁主义思想指导下，找到了中国革命的正确道路。

中国共产党为谋求中华民族的彻底解放，敢于和善于领导人民百折不挠地向敌人作斗争的大无畏精神，全心全意为人民服务的坚定立场，鼓舞和激发了全民族团结战斗的勇气和信心。在中国共产党领导下结成了广泛的民族民主革命统一战线，实现了我国历史上空前强大的反帝国主义、反封建主义和反官僚资本主义的政治团结。

中国革命的胜利，主要是依靠中国共产党领导下的一支新型的与人民血肉相连的人民军队，通过长期的人民战争，壮大发展了自己的力量，逐步战胜了强大的敌人。没有这样一支人民的军队，就不可能有人民的解放和国家的独立。

中国革命的胜利是无数先烈、中国共产党人和全国各族人民长期英勇斗争的结果。在进行人民革命斗争中，锻炼和铸造了一代杰出的领袖人物，毛泽东居于首位。他同其他领导人一道，曾多次从危难中挽救了中国革命，制定了正确的革命战略和策略，为中国革命指明了正确的方向。在新民主主义革命过程中，毛泽东逐渐被公认为中国共产党和中国各族人民的伟大领袖。在党和人民的集体奋斗中产生的毛泽东思想被确认为党的指导思想，这是中华人民共和国建国以前 28 年历史发展的必然结果。

人民以亲身的实践经历，发自内心的呼声：

"没有中国共产党，就没有新中国。"

四　共和国的蓝图

中国新民主主义革命胜利后，将要建立一个什么样的国家和社会制度？中国共产党根据旧中国半殖民地半封建社会的特点及俄国十月革命胜利后的国际新形势，结合中国民主革命的历史经验，早在 20 世纪 30 年代末 40 年代初即作了科学的分析和论证，奠定了建立新民主主义共和国的理论基础和基本纲领。毛泽东在当时所著的《中国革命和中国共产党》、《新民主主义论》中，以他对中国国情的深刻理解和马克思主义的分析，即肯定地指出：中国社会既然是半殖民地半封建社会，中国革命的任务既然是彻底地反对帝国主义和封建主义的革命，革命的领导责任既然已落到中国无产阶级及其政党的肩上，那么，中国革命胜利后即不可能建立由资产阶级专政的资产阶级共和国，当然由于中国现阶段经济政治和文化的落后，因而也不可能立即建立起无产阶级专政的社会主义共和国，而只能是建立起无产阶级领导的人民大众的新民主主义共和国。这个共和国是既区别于资产阶级专政的资本主义社会，也不同于无产阶级专政的社会主义社会，而是一个由无产阶级领导的各个革命阶级联合专政的新民主主义社会。这个社会是"为了终结殖民地、半殖民地、半封建社会和建立社会主义社会之间的一个过渡的阶段"。①

毛泽东阐明了新民主主义共和国的政治、经济、文化的特点和纲领是：

（一）政治上，实行以工人阶级领导的由几个革命阶级联合专政的新民主主义

---

① 《毛泽东选集》第 2 卷，人民出版社 1991 年版，第 647 页。

的国家制度。这个国家的政权采取各级人民代表大会制形式，实行民主集中制。"国体——各革命阶级联合专政。政体——民主集中制。这就是新民主主义的政治，这就是新民主主义的共和国"。①

（二）经济上，实行"节制资本"和"耕者有其田"的方针。凡足以操纵国民经济的银行、铁道、航空之属和大工业，大商业等应由国家经营管理，允许和鼓励一切不操纵国民生计的、有益于国民经济的资本主义经济的存在和发展，保护一切正当的私有财产。这是因为中国经济还很落后的缘故。半殖民地半封建的中国，是多了一个外国的帝国主义和本国的封建主义，而不是多了一个本国的资本主义，相反，我们的资本主义是太少了。因此，毛泽东指出："拿资本主义的某种发展去代替外国帝国主义和本国封建主义的压迫，不但是一个进步，而且是一个不可避免的过程。它不但有利于资产阶级，同时也有利于无产阶级，或者说更有利于无产阶级。"②但是资本主义经济的发展必须限制在不操纵国民经济并有益于国民生计的范围之内，否则，任其自由泛滥就会损害整个国民经济。此乃，"节制资本之要旨也"。改革封建地主的土地所有制为农民私有，让耕者有其田，发挥农民个体经济的积极性，并适当地逐步引导他们在私有的基础上组织各种形式的合作经济。

（三）文化上，实行马克思主义指导下的新民主主义的文化，即民族的、科学的、大众的文化。所谓民族的文化，它是反对帝国主义压迫，主张中华民族的尊严和独立的，它是我们民族的，带有我们民族特性的文化。它批判地吸收外国的和古代的一切进步的文化，但绝不照抄照搬，反对"全盘西化"和"复古倒退"。所谓科学的文化，它是反对一切封建思想和迷信思想，主张实事求是，主张客观真理，主张理论和实践相一致的。所谓大众的文化，即是民主的文化，这种文化是为人民大众服务的文化。一句话，"民族的科学的大众的文化，就是人民大众反帝反封建的文化，就是新民主主义的文化，就是中华民族的新文化。"③

以上就是毛泽东最初提出的新民主主义共和国的基本理论和基本纲领。

经历了抗日战争和解放战争的丰富革命实践，到全国胜利前夕，毛泽东和党中央对建立新民主主义共和国的理论和纲领更加清晰具体了。1949 年 3 月举行的中

---

① 《毛泽东选集》第 2 卷，人民出版社 1991 年版，第 677 页。

② 《毛泽东选集》第 3 卷，人民出版社 1991 年版，第 1060 页。

③ 《毛泽东选集》第 2 卷，人民出版社 1991 年版，第 708—709 页。

凯歌行进的时期（1949—1956）

共中央七届二中全会，全面系统地阐明了新民主主义共和国的国情和基本经济纲领，同年 6 月 30 日毛泽东发表的《论人民民主专政》，又从理论上进一步阐明了新民主主义共和国的政治纲领。

七届二中全会，具体地分析了中国的经济情况，指出："就全国范围来说……大约是现代性的工业占百分之十左右，农业和手工业占百分之九十左右。这是帝国主义制度和封建制度压迫中国的结果，这是旧中国半殖民地和半封建社会性质在经济上的表现，这也是在中国革命的时期内和在革命胜利以后一个相当长的时期内一切问题的基本出发点。从这一点出发，产生了我党一系列的战略上、策略上和政策上的问题。"[1]

二中全会决议依据上述基本经济情况，分析了新中国存在的五种经济形态：

（一）国家在没收官僚资产阶级及帝国主义者在华财产而建立起来的国营经济，占了中国现代工业固定资产的 80% 以上，这一部分经济是社会主义性质的，它掌握着国家经济的命脉，是整个国民经济的领导成分。国家必须优先发展这一部分经济。

（二）私人资本主义经济，占了现代性工业的第二位，其固定资产大约占 20%。由于中国经济还十分落后，在革命胜利以后一个相当长时期内，还须要尽可能地利用城乡私人资本主义的积极性，以利于整个国民经济的发展。在这个时期内，一切不是于国民经济有害而是于国民经济有利的城乡资本主义成分，都应当容许其存在和发展。国内的自由竞争和自由贸易，不但是不可避免的，而且是经济上必要的。但是，资本主义经济的存在和发展，自由竞争和自由贸易，不是如同资本主义国家那样不受限制任其泛滥。它将从几个方面被限制——在活动范围方面，在税收政策方面，在市场价格方面，在劳动条件方面。我们要从各方面，按照各地、各业和各个时期的具体情况，对于资本主义采取恰如其分的有伸缩性的限制政策。孙中山的节制资本的口号，我们依然必须用和用得着。但是为了整个国民经济的利益，为了工人阶级和劳动人民现在和将来的利益，决不可以对私人资本主义经济限制得太大太死，必须容许它们在人民共和国的经济政策和经济计划的轨道内有存在和发展的余地。如果认为应当对私人资本主义经济限制得太大太死，或者简直可以很快地消灭私人资本，很快地进入无产阶级专政的社会主义社会去，这就是"左"

---

[1] 《毛泽东选集》第 4 卷，人民出版社 1991 年版，第 1430 页。

倾机会主义或冒险主义的观点。

对于私人资本主义采取限制政策，必然要受到资产阶级在各种程度上和各种方式上的反抗。因此，限制和反限制，将是新民主主义国家内部阶级斗争的主要形式。

（三）占国民经济90%的分散的个体农业和手工业经济，在改革了封建土地剥削制度之后，应充分发挥个体经济的积极性。为了帮助这种经济的发展，党和国家必须谨慎地、逐步地引导它们向现代化和合作化的方向发展，应将它们逐步地组织到生产的、供销的和信用的各种合作经济组织中去。这种合作经济，是以私有制为基础的，是在无产阶级领导的新民主主义共和国政权管理之下的劳动人民群众的集体经济组织。

（四）国营经济是社会主义性质的，合作社经济是半社会主义性质的，加上私人资本主义经济，加上个体经济，加上国家和私人合作的国家资本主义经济，这就是新民主主义共和国的五种主要经济成分，这些就构成了新民主主义的经济基础。这几种经济成分，在国家政策的规范和调节下，分工合作，各得其所，共同为发展繁荣祖国的经济事业，发挥它们的积极作用，为"使中国稳步地由农业国变为工业国，由新民主主义国家转变为社会主义国家"[1] 创造必要的前提。

七届二中全会，强调了全国胜利后，新中国的首要的中心任务就是迅速恢复和发展生产建设。

关于新民主主义共和国的政治纲领，毛泽东在《论人民民主专政》一文中，总结了中国近代民主革命的历史经验，指出："西方资产阶级的文明，资产阶级的民主主义，资产阶级共和国的方案，在中国人民的心目中，一齐破了产。资产阶级的民主主义让位给工人阶级领导的人民民主主义，资产阶级共和国让位给人民共和国。"[2] 毛泽东进一步总结中国共产党领导的新民主主义革命28年的经验，他指出"总结我们的经验，集中到一点，就是工人阶级（经过共产党）领导的以工农联盟为基础的人民民主专政。这个专政必须和国际革命力量团结一致。这就是我们的公式，这就是我们的主要经验，这就是我们的主要纲领。"[3] 在论述这一主要经验和

凯歌行进的时期（1949—1956）

主要纲领时，毛泽东十分强调工农联盟的作用，指出我们"推翻帝国主义和国民党反动派，主要是这两个阶级的力量。由新民主主义到社会主义，主要依靠这两个阶级的联盟。"此外，他还特别阐明在新民主主义共和国里，团结民族资产阶级的必要性，他认为"民族资产阶级在现阶段上，有其很大的重要性。我们还有帝国主义站在旁边，这个敌人是很凶恶的。中国的现代工业在整个国民经济上的比重还很小。……为了对付帝国主义的压迫，为了使落后的经济地位提高一步，中国必须利用一切于国计民生有利而不是有害的城乡资本主义因素，团结民族资产阶级，共同奋斗。"①

以上所述，就是从 20 世纪 30 年代末到 40 年代末即建国前，中国共产党及其领袖毛泽东关于新民主主义共和国的基本理论和基本纲领。这一基本的理论和纲领，是建筑在对中国国情的实事求是分析和对中国百年来民主革命经验的科学总结，尤其是对中国共产党领导的新民主主义革命经验的科学总结基础之上的。

建设新民主主义的政治、新民主主义的经济和新民主主义的文化，这就是中国共产党为建设新民主主义共和国所规划的蓝图。

这个蓝图反映了中国社会和中国革命发展的客观规律，也反映了中国人民的共同要求和愿望。20 世纪 40 年代初，毛泽东在他所著的《新民主主义论》中，阐述新民主主义共和国的理论和纲领时，即满怀信心地向全国人民发出预言和号召：

"新中国站在每个人民的面前，我们应当欢迎它。

"新中国的航船桅顶已经冒出地平线了，我们应该鼓掌欢迎它。

"举起你的双手吧，新中国是我们的。"

---

① 《毛泽东选集》第 4 卷，人民出版社 1991 年版，第 1479 页。

中國人民解放軍總部命令

公曆一九四九年十月一日

於 北 京

全體戰鬥員，指揮員，政治工作人員和後勤工作人員同志們！

中華人民共和國的武裝部隊，今天和全體人民在一起，共同慶祝中華人民共和國中央人民政府的成立。

我們中華人民共和國的武裝部隊，在反對美國帝國主義所援助的蔣介石反動政府的革命戰爭中，已經取得了偉大的勝利。敵人的大部分已經被殲滅，全國的大部分國土已經解放。這是我們全體戰鬥員、指揮員、政治工作人員和後勤工作人員一致努力英勇奮鬥的結果。我向你們表示熱烈的慶祝和感謝。

但是現在我們的戰鬥任務還沒有最後完成。殘餘的敵人還在繼續勾引外國侵略者，進行反抗中華人民共和國的反革命活動。我們必須繼續努力，實現人民解放戰爭的最後目的。

我命令中國人民解放軍全體指戰員、工作員，堅決執行中央人民政府和偉大的人民領袖毛主席的一切命令，迅速肅清國民黨反動軍隊的殘餘，解放一切尚未解放的國土，同時肅清土匪和其他一切反革命匪徒，鎮壓他們的一切反抗和搗亂行為。

在人民解放戰爭中繼牲的人民英雄們永垂不朽！

中華人民共和國萬歲！

中國人民大團結萬歲！

中央人民政府萬歲！

毛主席萬歲！

中國人民解放軍總司令 朱 德

中国人民解放军总部命令。

第二章
共和国的筹建

人民解放战争的伟大胜利，国民党南京政府反动统治的分崩离析，中国共产党领导的人民民主统一战线的壮大和发展，表明召开中国人民政治协商会议，成立中华人民共和国的时机和一切条件均已成熟。中国共产党经过同各民主党派和各界人士的充分协商，适时地召开了政协会议并制定了政协《共同纲领》。中国人民政治协商会议及其选出的中央人民政府委员会，体现了共产党领导下的多党合作制；"共同纲领"规定了建设新民主主义共和国的纲领和政策。这就为中华人民共和国的成立奠定了政治上和组织上的基础。

一 人民政权和人民团体的壮大和统一

随着人民解放战争的胜利发展，解放区的范围不断扩大，原来被分割的各解放区的人民政权也随之壮大和统一。早在 1947 年 5 月 1 日，内蒙古已成立了以乌兰夫为主席的内蒙古自治区人民政府，这是我国最早成立的一个规模较大的民族自治区政府。1948 年 9 月，原晋察冀和晋冀鲁豫两解放区合并为华北解放区，成立了以董必武为主席的华北人民政府。1949 年 3 月，中原地区人民代表会议在河南开封举行，选举成立了以邓子恢为主席的中原人民政府，辖河南、湖北、湖南、江西、广东、广西等六省区。同年 8 月东北解放区召开人民代表会议，成立了以高岗为主席的东北人民政府。内蒙古自治区政府和东北、华北、中原人民政府的成立，使原来分散独立的各个范围较小的解放区，逐步集中统一，在政权建设和经济建设上积累了初步经验，培养了大批干部，这就为建立全国性的政权作了重要准备。

革命形势的发展，促进了全国各人民团体队伍迅速壮大和统一。1948 年 8 月至 1949 年 8 月的一年时间内，在中国共产党的组织和倡议下，全国的职工、妇女、青年、学生及文学艺术工作者，先后召开了代表大会；全国的自然科学工作者、社会科学工作者、新闻工作者、教育工作者以及工商界人士，也先后召开了代表会议的筹备会议，准备成立自己的团体。

1948 年 8 月 1 日，在解放区哈尔滨市召开了第六次全国劳动大会。到会的代表有解放区职工联合总会、各解放区职工会、国民党统治区的中国劳动协会及各地民主工会和海外华侨的代表等，共 518 名，代表全国有组织的工人 283 万余人。这次劳动大会的代表中有著名的中国劳动协会理事长、世界工联副主席朱学范。大会的主要任务是，讨论如何进一步巩固和扩大工人阶级的团结，并联合全国各界各阶层人士，帮助人民解放军，消灭国民党反动军队，打垮国民党反动统治，建立人民民主的新中国。大会通过了《关于中国职工运动的当前任务的决议》等文件，产生了全国工人阶级统一的组织，恢复了中华全国总工会的光荣名称，选举了第六届执委会。从此，中国工人阶级的组织重新获得了统一。在中国共产党的领导下，为迎接全国的解放和建设新中国而奋斗。

1949 年 1 月 1 日，中共中央发布在全国普遍建立新民主主义青年团组织的决议。2 月，成立了以任弼时为首的青年团筹备委员会，并大力发展组织。4 月 11 日，中国新民主主义青年团第一次代表大会在北平召开。大会通过了《中国新民主主义青年团工作纲领》、《中国新民主主义青年团团章》，选出了中国新民主主义青年团中央委员会。中国新民主主义青年团是一切进步青年的积极分子的组织，它是中国共产党的有力助手。新民主主义青年团的建立，对团结广大青年群众在中国共产党领导下，夺取人民革命的胜利和发展新中国的建设事业，具有重要意义。

中国青年学生运动，一向起着革命的先锋和桥梁作用。解放战争后期国民党统治区的学生反饥饿反迫害的爱国民主运动如火如荼，震撼着国民党的统治。为了使中国学生运动在组织上得到进一步的巩固和发展，更好地发扬其优良的革命传统，1949 年 3 月，在北平召开了中华全国学生第十四届代表大会。大会选出了中华全国学生联合会执委会，成立了全国统一的学生组织。这次大会是国民党统治区和解放区学生的胜利会师，标志着中国学生空前的团结和进步。

1949 年 5 月 4 日，全国青年第一次代表大会在北平召开。这次代表大会是由解放区青年联合会向全国各地青年团体和各界青年发出通知提议召开的。大会总结了青年运动的经验，讨论了迎接新中国成立的任务，发表了宣言，并成立了全国青年的统一组织——中华全国民主青年联合会。

1949 年 3 月 24 日，中华全国妇女第一次代表大会在北平召开，大会通过了《中国妇女运动当前任务》的决议，成立了中华全国民主妇女联合会。

1949 年 7 月 2 日，中国文学艺术工作者在北平召开第一次代表大会。大会听取和讨论了周恩来的政治报告，郭沫若的《为建设新中国的人民文艺而奋斗》的总报告，茅盾的《在反动派压迫下斗争和发展的革命文艺》的报告和周扬的《新的人民文艺》的报告。大会一致决议成立中华全国文学艺术界联合会，通过了文联的章程，并选举了全国文联执行委员会机构。会议发表了宣言，表示要在中国共产党的领导下，"为人民共和国的建设和人民文学艺术的建设而奋斗"。

1949 年 7 月 13 日，在北平召开了中华全国第一次自然科学工作者代表会议的筹备会议；同日，召开了中华全国新闻工作者协会的筹备会议；14 日，召开了中华全国社会科学工作者代表会议的发起人会议；23 日，召开了中华全国第一次教育工作者代表会议的筹备会议。在这些会议上，都讨论了各自的任务和成立了筹备委员会。

各人民团体的代表大会或筹备会议的召开表明全国人民团结和组织的加强，标志着中国共产党领导下的人民革命统一战线的壮大和巩固，国民党的反动统治已彻底孤立。全国各阶层人民广泛地组织起来，为新政治协商会议的召开奠定了群众基础。

二　中国人民政治协商会议

当 1946 年 7 月蒋介石违背全中国人民的意志公然发动了全面内战之后，仰仗军力的优势和美国的援助，大举向解放区进攻，1946 年 10 月 11 日攻占了张家口，1947 年 3 月 19 日又攻占了中国共产党中央驻地延安。这时蒋介石踌躇满志，满以为很快可以消灭共产党及其他民主革命力量，因此他置政治协商会议于不顾，在攻占张家口的当天下午即单方面宣布召开所谓"国民大会"，宣布所谓"宪法"。11

月 15 日至 12 月 25 日国民党一手包办的伪国民大会在南京召开。参加这个大会的非国民党代表除了被美蒋收买的青年党和民社党两个小党外，其他民主党派和民主进步人士均未参加。这样蒋介石就把自己完全孤立于全国革命民主势力之外，而陷于全民包围之中。战争第一年，人民解放军即由战略防御转入战略进攻。人民解放军战略进攻的辉煌胜利和解放区土地改革的深入进行，加上国民党统治区爱国民主运动的蓬勃发展，标志着全国范围内新的革命高潮已经到来。1947 年 10 月，中国人民解放军宣言发出了"打倒蒋介石，解放全中国"的号召，同时提出"联合工农兵学商各被压迫阶级、各人民团体、各民主党派、各少数民族、各地华侨和其他爱国分子，组成民族统一战线，打倒蒋介石独裁政府，成立民主联合政府。"[1]1948 年 5 月 1 日，中共中央在《纪念"五一"劳动节口号》中，号召各民主党派、各人民团体、各社会贤达迅速召开政治协商会议，讨论并实现召集人民代表大会，成立民主联合政府。同日，中共中央主席毛泽东致电国民党革命委员会主席李济深、中国民主同盟中央常委沈钧儒，提议先行召开三党会议，共商召开政协事宜。

中共中央的这个号召发出之后，立即得到全国各民主党派、各人民团体、无党派人士、少数民族及海外华侨的热烈响应和赞助。各民主党派和各民主阶层的人士，从 8 月起从全国各地及海外陆续来到解放区的哈尔滨、青岛、大连等市，然后到河北省平山县——中共中央所在地集合。经过中共中央的代表与到达解放区的民主党派人士的共同协商，对新政协的性质和任务取得了一致的意见。再经过充分的准备，1949 年 6 月 15 日新政协筹备会议在北平中南海勤政殿举行第一次全体会议。出席这次会议的有新政协提议人中国共产党与赞成中共此项主张的各民主党派、各人民团体、各界民主人士、国内少数民族和海外华侨代表人物等 134 人，代表着 23 个单位。在开幕典礼上，毛泽东、朱德、李济深、沈钧儒、郭沫若、陈叔通、陈嘉庚等分别讲了话。毛泽东在讲话中指出："这个筹备会的任务，就是：完成各项必要的准备工作，迅速召开新的政治协商会议，成立民主联合政府，以便领导全国人民，以最快的速度肃清国民党反动派的残余力量，统一全中国，有系统地和有步骤地在全国范围内进行政治的、经济的、文化的和国防的建设工作。"毛泽东分析当时的形势认为：中国人民解放战争已经取得了巨大的决定性的胜利，召开新的政治协商会议，宣告中华人民共和国的成立，并选举代表这个共和国的民主联合

---

[1]《毛泽东选集》第 4 卷，人民出版社 1991 年版，第 1237 页。

凯歌行进的时期（1949—1956）

政府的一切条件均已成熟，这是中国共产党、各民主党派、各人民团体，各界民主人士、国内少数民族和海外华侨团结奋斗的共同政治基础。中国人民将会看见，中国的命运一经操在人民自己手中，中国就将如太阳升起在东方那样，以自己的辉煌的光焰普照大地，迅速地荡涤反动政府留下的污泥浊水，治好战争的创伤，建设起一个崭新的强盛的名副其实的人民共和国。毛泽东的讲话，反映了全国各界各族人民迎接全国胜利的高度激情，代表了五亿新中国人民奋发图强建设祖国的强烈愿望。整个会议过程中充满了各界各族人士民主团结协商的气氛和实事求是创基立业的精神。

会议一致通过了新政协筹备会组织条例，并根据这个条例选举毛泽东、朱德、李济深等21人组成的常务委员会，负责办理日常工作，常委会又推选毛泽东为主任，周恩来、李济深、沈钧儒、郭沫若、陈叔通等为副主任，李维汉为秘书长（8日，因李维汉摔伤，由林伯渠代理秘书长）。

常委会下设6个小组，分别负责完成下列各项任务：一、拟定参加新政协的单位及其代表名额；二、起草新政协组织条例；三、起草新政协共同纲领；四、拟定中华人民共和国政府方案；五、起草新政协宣言；六、拟定中华人民共和国国旗、国歌及国徽方案。

政协筹备会首次全体会议，历时5天，于6月19日闭幕。上述各项筹备工作，继续由常委会和各个小组分别负责完成。经过3个多月的紧张工作，于9月下旬各项筹备工作次第完成。9月17日，新政协筹备会第二次全体会议在北平召开，到会代表136人。会议由沈钧儒、周恩来、陈叔通主持。会议通过将新政治协商会议改称为"中国人民政治协商会议"。

会议由筹备会常委会副主任周恩来代表常委会，向会议报告了3个月的筹备工作情况。会议原则通过了关于《中国人民政治协商会议组织法》草案、《中国人民政治协商会议共同纲领》草案和《中华人民共和国中央人民政府组织法》草案，准备提交中国人民政治协商会议第一届全体会议讨论通过。由于起草《中国人民政治协商会议第一届全体会议宣言》和拟制中华人民共和国国旗、国徽、国歌两项工作尚未完成，会议确定把这两项工作移交给中国人民政治协商会议第一届全体会议，并由原来负责这两项工作的小组，向中国人民政治协商会议第一届全体会议提出报告。

关于参加中国人民政治协商会议第一届全体会议的各单位名单，常委会经过3

个月来同各有关方面的协商，确定并邀请参加会议的有 45 个单位的正式代表 510 人，候补代表 77 人，并特邀了民主人士 75 人，共为 662 人。这次会议表示一致赞同。

至此，中国人民政治协商会议的筹备工作宣告完成。

1949 年 9 月 21 日，中国人民政治协商会议第一届全体会议在北平中南海怀仁堂开幕。参加会议 600 多位代表，由全国各民主党派、各人民团体、各区域、人民解放军，国内各少数民族、国外华侨及爱国民主分子的代表人物所组成。这样的广泛性表示了全国人民空前的大团结。毛泽东主席在致开幕词中庄严宣告："现在的中国人民政治协商会议是在完全新的基础上召开的，它具有代表全国人民的性质，它获得全国人民的信任和拥护。因此，中国人民政治协商会议宣布自己执行全国人民代表大会的职权。"会议将"宣布中华人民共和国的成立"，"占人类四分之一的中国人从此站立起来了"，"我们的民族将再也不是一个被人侮辱的民族了"。"我们的民族将从此列入爱好和平自由的世界各民族的大家庭，以勇敢而勤劳的姿态工作着，创造自己的文明和幸福，同时也促进世界的和平和自由。"毛泽东的讲话发出了时代的最强音，向全世界宣告，旧中国的历史结束了，新的人民民主的时代开始了。百年来饱受帝国主义和封建主义压迫和奴役的中国人民，终于在中国共产党领导下违反一切内外敌人的意志而勇敢地站起来做了历史的主人。

会议经过认真的热烈的讨论，一致通过《中国人民政治协商会议共同纲领》。这个纲领是起临时宪法作用的国家大法。通过《中华人民共和国中央人民政府组织法》和《中国人民政治协商会议组织法》。

会议选举中国人民政治协商会议第一届全国委员会委员 180 人，选举毛泽东为全国委员会主席。

会议选举由 63 名委员组成的中央人民政府委员会；毛泽东当选为中华人民共和国主席，朱德、刘少奇、宋庆龄、李济深、张澜、高岗当选为中华人民共和国副主席。委员有：陈毅、贺龙、李立三、林伯渠、叶剑英、何香凝、林彪、彭德怀、刘伯承、吴玉章、徐向前、彭真、薄一波、聂荣臻、周恩来、董必武、赛福鼎、饶漱石、陈嘉庚、罗荣桓、邓子恢、乌兰夫、徐特立、蔡畅、刘格平、马寅初、陈云、康生、林枫、马叙伦、郭沫若、张云逸、邓小平、高崇民、沈钧儒、沈雁冰、陈叔通、司徒美堂、李锡九、黄炎培、蔡廷锴、习仲勋、彭泽民、张治中、傅作义、李烛尘、李章达、章伯钧、程潜、张奚若、陈铭枢、谭平山、张难先、柳亚子、张东荪、龙云共 56 人。

会议决定北平改称北京，中华人民共和国首都定在北京；五星红旗为中华人民共和国国旗；采用《义勇军进行曲》为现时的国歌。采用世界公元为中华人民共和国的纪年。

会议还一致通过在北京天安门前建立一座人民英雄纪念碑，以永远纪念在人民解放战争和人民革命中牺牲的人民英雄。

会议发表宣言庄严宣告："中华人民共和国现已宣告成立，中国人民业已有了自己的中央政府。这个政府将遵照共同纲领在全中国境内实施人民民主专政。它将指挥人民解放军将革命战争进行到底，消灭残余敌军，解放全国领土，完成统一中国的伟大事业。它将领导全国人民克服一切困难，进行大规模的经济建设和文化建设，扫除旧中国所留下来的贫困和愚昧，逐步地改善人民的物质生活和提高人民的文化生活。它将保卫人民的利益，镇压一切反革命分子的阴谋活动。它将加强人民的陆海空军，巩固国防，保卫领土主权完整，反对任何帝国主义国家的侵略。"

中国人民政治协商会议第一届全体会议，在圆满完成组建中华人民共和国的光荣历史使命后，于 1949 年 9 月 30 日胜利闭幕。

三　新中国的大宪章——《共同纲领》

中国人民政治协商会议第一届全体会议通过的《共同纲领》，总结了中国人民百余年来斗争的经验，特别是近 20 多年来中国共产党领导中国人民反对帝国主义、封建主义和官僚资本主义革命斗争的经验，根据中国的国情制定了符合全国人民利益和意志的国家大法。它是一部人民民主的建国纲领，是新中国的临时大宪章。

《共同纲领》全文约八千字，包括序言、总纲、政权机关、军事制度、经济政策、文化教育政策、民族政策、外交政策等 7 章 60 条。

《共同纲领》对新中国的性质和任务规定："中华人民共和国为新民主主义即人民民主主义的国家，实行工人阶级领导的、以工农联盟为基础的、团结各民主阶级和国内各民族的人民民主专政，反对帝国主义、封建主义和官僚资本主义，为中国的独立、民主、和平、统一和富强而奋斗。"这表明建国初年我们的国家性质（即国体）是工人阶级领导的各民主阶级的联合专政，而不是什么"实质上是无产阶级专政"。我们国家的任务是继续彻底完成民主革命的任务而不是立即开始"社会主义革命"。

《共同纲领》规定"中华人民共和国的国家政权属于人民。人民行使国家政权的机关为各级人民代表大会和各级人民政府。各级人民代表大会由人民用普选方法产生，各级人民代表大会选举各级人民政府"。"国家的最高权力机关为全国人民代表大会。全国人民代表大会闭会期间，中央人民政府为行使国家政权的最高机关。"各级政权机关一律实行民主集中制，即实行少数服从多数，下级服从上级，地方服从中央的原则。总之，民主集中制是我国国家政体组织的原则。这表明在我国的政体上不允许党权高于政权和个人高于集体。

在军事制度上，《共同纲领》规定："中华人民共和国建立统一的军队，即人民解放军和人民公安部队，受中央人民政府人民革命军事委员会统率"。这支军队根据官兵一致、军民一致的原则建立政治工作制度，以革命精神和爱国精神教育部队指战员。

在经济政策方面，《共同纲领》规定："中华人民共和国经济建设的根本方针，是以公私兼顾、劳资两利、城乡互助、内外交流的政策，达到发展生产、繁荣经济之目的"。国家用调剂国营经济、合作社经济、农民和手工业者的个体经济、私人资本主义经济和国家资本主义经济的政策，使各种社会经济成分在国营经济领导下，分工合作，各得其所，以促进整个社会经济的发展。国营经济为社会主义性质的经济。凡属有关国家经济命脉和足以操纵国民生计的事业，均应由国家统一经营。凡属国有的资源和企业，均为全体人民的公共财产，为人民共和国、繁荣经济的主要物质基础和整个社会经济的领导力量。"凡有利于国计民生的私营经济事业，人民政府应鼓励其经营的积极性，并扶助其发展。""在必要和可能的条件下，应鼓励私人资本向国家资本主义方向发展，例如为国家企业加工，或与国家合营、或用租借形式经营国家的企业，开发国家的富源等。"实行土地改革，保护农民已得土地的所有权，鼓励和扶助广大劳动人民根据自愿原则发展各种合作事业。

在文化教育政策方面，《共同纲领》规定："中华人民共和国的文化教育为新民主主义的即民族的科学的大众的文化教育。人民政府的文化教育工作，应以提高人民的文化水平，培养国家建设人才，肃清封建的、买办的、法西斯主义的思想，发展为人民服务的思想为主要任务。"努力发展自然科学、社会科学和文艺、体育和卫生事业，保护新闻自由。提倡爱祖国、爱人民、爱劳动、爱科学，爱护公共财物为中华人民共和国全体国民的公德。

凯歌行进的时期（1949—1956）

关于民族政策，《共同纲领》规定："中华人民共和国境内各民族一律平等，实行团结互助，反对帝国主义和各民族内部的人民公敌，使中华人民共和国成为各民族友爱合作的大家庭。反对大民族主义和狭隘民族主义，禁止民族间的歧视、压迫和分裂各民族团结的行为"。各少数民族聚居地区实行民族区域自治。

关于外交政策，《共同纲领》规定："中华人民共和国外交政策的原则，为保障本国独立、自由和领土主权的完整，拥护国际的持久和平和各国人民间的友好合作，反对帝国主义的侵略政策和战争政策"。中华人民共和国愿在平等互利互相尊重领土主权的基础上，同各国建立外交关系，并与各国政府发展经济贸易。

综上所述，《共同纲领》的主要政治、经济、文化政策是中国共产党七届二中全会决议精神的体现。它是为彻底完成党的最低纲领而制定的适合中国国情的纲领。正如中共中央政治局委员、中央书记刘少奇在全国政协会议第一届全体会议上所指出的："中国共产党要拥护人民政治协商会议并为实现它的共同纲领而奋斗，是因为这个共同纲领包括了共产党的全部最低纲领，共产党的当前政策，就是要全部实现自己的最低纲领，这个最低纲领，既已全部为人民政治协商会议所接受，因此，中国共产党人拥护人民政治协商会议并为实现它的共同纲领而奋斗，乃是当然的事情。"刘少奇还明确地声明：中国共产党除开自己的最低纲领之外，还有它的最高纲领，即实现社会主义和共产主义。"而这个最高纲领，则是中国人民政治协商会议的共同纲领所没有包括进去的。"要实现党的最高纲领，"还是相当长久的将来的事情"。"在中国采取社会主义的步骤，必须根据中国社会经济发展的实际需要和全国最大多数人民的要求"。刘少奇的这个意见，代表了当时党中央及其负责人的共同认识。这是从 20 世纪 30 年代末到 50 年代初中国共产党关于建设新民主主义共和国的一贯理论和主张。

但是，实际情况的发展，却由于我们党对建国事业缺乏经验，又照搬了苏联的社会主义模式，发生了"左"的偏差，因而过早地抛弃了《共同纲领》，急于迈向高级目标，忽视了当前应采取的符合中国现实情况的实际步骤，其结果使社会主义超前出生了，给中国社会的建设带来了一系列的新的问题。这应引为历史的教训。

参加开国大典的北京军民。

第三章
中华人民共和国的诞生

中华人民共和国的诞生，标志着中国新民主主义革命的基本结束。从此，中国进入了人民民主的新时代，开始了新民主主义的建设工作。中华人民共和国的国家政权是工人阶级领导的以工农联盟为基础的各革命阶级的联合专政。这个政权按照民主集中制的原则由人民选举产生各级人民代表大会及各级人民政府。第一届中央人民政府成员的构成，充分地实现了中国共产党领导下的多党合作制。中华人民共和国的成立及其和平外交政策，博得了世界各国人民的赞扬，我们的朋友遍天下。

一　开国大典

1949 年 10 月 1 日下午 2 时，中央人民政府委员会第一次会议在首都北京召开。会议一致决议宣告中华人民共和国中央人民政府成立，宣布接受《中国人民政治协商会议共同纲领》为中央人民政府的施政方针。会议选举林伯渠为中央人民政府委员会秘书长。任命周恩来为中央人民政府政务院总理兼外交部部长，毛泽东为中央人民政府人民革命军事委员会主席，朱德为人民解放军总司令，沈钧儒为最高人民法院院长，罗荣桓为最高人民检察署检察长。并责成他们从速组成政府机构，执行各项政府工作。同时决议：向各国政府宣布，本政府为代表中华人民共和国全国人民唯一合法政府。凡愿遵守平等、互利及互相尊重领土主权等项原则的任何外国政府，本政府均愿与之建立外交关系。

　　这一天，首都军民在天安门广场举行盛大的集会和游行，庆祝中华人民共和国开国大典。参加这个典礼的有中国人民政治协商会议全体代表，首都各工厂职工，各大专院校师生，各机关人员、市民、近郊农民和城防部队等，共 30 万人。广场上彩旗招展，欢声雷动，歌声口号声响彻云霄。

　　下午 3 时，中央人民政府主席、副主席和各委员在天安门主席台就座，中央人民政府秘书长林伯渠宣布典礼开始。军乐队奏起了国歌《义勇军进行曲》，毛泽东主席亲自按动电钮，第一面五星红旗顺着白色旗杆冉冉升起，飘扬在天安门广场上空。与此同时，54 门礼炮齐鸣 28 响，它象征着组成人民政协第一届全体委员会的 54 个单位和中国共产党领导中国人民英勇斗争的 28 年。在这庄严的时刻，毛泽东主席宣读中央人民政府公告，向全世界宣告，中华人民共和国成立了！集会群众顿时沸腾起来，中华人民共和国诞生了！中国人民从此站起来了！我们苦难的祖国被人欺凌宰割的日子再也不复返了。

　　接着，阅兵式开始，人民解放军总司令朱德检阅陆海空三军，华北军区司令员兼京津卫戍区司令员聂荣臻将军任阅兵总指挥。朱德总司令驱车检阅各兵种部队后回到主席台上宣读了人民解放军总部命令，命令中国人民解放军全体指战员，坚决执行中央人民政府和人民革命军事委员会主席毛泽东的一切命令，迅速肃清国民党反动军队的残余，解放一切尚未解放的国土，同时肃清土匪及其他一切反革命匪徒，镇压他们的一切反抗和捣乱行为。宣读完命令后，受检阅部队即分列经主席台前由东向西行进，以海军两个排为前导，接着是一个步兵师、一个炮兵师、一个战车师、一个骑兵师相继跟进。年轻的空军也以（包括战斗机、蚊式机、教练机）14 架编队在会场上空自东向西飞行受检。阅兵式前后历时 3 个小时，《人民解放军进行曲》的雄壮乐曲，伴随着部队的整齐步伐以强有力的节奏在广场上空激荡，显示了中国人民解放军的英勇雄姿。

　　阅兵式接近结束时，天色已晚，天安门广场这时变成了红灯的海洋。无数的彩色花炮从会场四周发射。欢呼着的群众在阅兵式后开始游行。当群众队伍经主席台附近金水桥边走出会场时，"人民共和国万岁！""毛主席万岁！"的口号声响彻云霄。毛主席在扩音器前大声向群众回答："同志们万岁！"当游行的队伍有秩序地一一走出会场时，已是晚间 21 点 25 分。举着红灯游行的群众像火龙似的穿过全城，使新的首都沉浸在节日的狂欢里直至深夜。

凯歌行进的时期（1949—1956）

开国大典宣告了中华民族的新生。

诗人适夷在新中国成立时写下了《中国的十月》① 的诗篇：

> 当俄罗斯的十月
>
> 经过了三十二年之后
>
> 人类到来了
>
> 第二个新的十月
>
> 中国的十月
>
> 四万万七千万人
>
> 全世界人口的四分之一
>
> 像俄罗斯人民那样的
>
> 从贫穷和饥饿里
>
> 从被奴役的血腥的灾难里
>
> 手联着手
>
> 象巨人
>
> 坚强的站起
>
> 把一面新的红旗
>
> 树立在亚洲大地

新中国的诞生，开辟了中国历史的新纪元。它结束了几千年来少数剥削者对广大劳动人民的统治，开创了人民民主的新时代。中国由人民无权的国家变为人民民主的国家，中国人民的地位发生了根本变化。在中国共产党领导下，工人、农民、小资产阶级和民族资产阶级，成了国家的主人，工农两大阶级的联盟成为整个国家政权的基础。人民享受着言论、出版、集会、结社等项自由权利。人民依靠手中掌握的国家机器，保护人民的利益，对国内外敌人实行专政。全国人民以勇敢而勤劳的姿态工作着，创造自己的文明和幸福。人民的物质文化生活得以改善，中国人民被奴役、被欺凌、当牛做马的日子一去不复返了。

新中国的建立，标志着中国由半殖民地国家变成一个真正独立的国家。外国侵略势力被赶走，帝国主义在中国的特权被取消，帝国主义强加给中国的不平等条约被废除，帝国主义者设在中国的政治、经济、文化侵略机构被取缔和管制，对外贸

---

① 引自 1949 年 9 月 24 日《光明日报》，用时有删节。

易、海关、邮政以及海上、陆上、内河和空中的交通事业，完全掌握在中国人民自己手中。帝国主义任意宰割和掠夺中国的日子结束了。中华民族已经有能力维护自己领土和主权的完整，有能力对付帝国主义的破坏和捣乱，敢于和敌视中国人民的国外反动势力进行针锋相对的斗争。中华民族从此自立于爱好和平自由的世界各民族的大家庭，再也不是一个被人侮辱的民族了。

新中国的成立，从根本上消灭了中国屈服于任何外国压迫者的社会根源，也从根本上消除了以任何形式对外实行侵略的社会根源。新中国实行和平外交政策，在平等、互利和互相尊重领土主权的原则基础上和各国建立外交关系，促进各国的交往，增进人民的友谊和维护世界的和平。中国的国际地位不断提高。

新中国的成立，标志着中国从一个四分五裂的国家变成一个统一的和团结的国家。近百年来，由于许多帝国主义国家争相侵入，特别是辛亥革命后国内新旧军阀的割据，造成了严重的四分五裂的局面。新中国统一了全国大陆，人民民主政权在全国范围内有效地行使权力，出现了中国历史上空前的统一。国内各民族结束了过去那种互相歧视和互不信任甚至相互对立的状况，建立起新的民族平等关系，各民族不论大小都成为民族大家庭中平等的一员。中国共产党领导的人民民主统一战线更加巩固和扩大，中国人民的革命大团结得以在新的基础上建立起来，昔日帝国主义讥笑中国人是"一盘散沙"；现在团结在中国共产党周围，像一个巨人一样，"人民五亿不团圆"的局面一去不复返了。一个统一团结的新中国出现于世界的东方。

新中国的成立，标志着中国由一个贫穷落后的国家转变为欣欣向荣的国家。中国人民革命推翻了帝国主义、封建主义和官僚资本主义的反动统治，是中国社会生产力的一大解放，新中国建立后短短 3 年内，便迅速地完成恢复国民经济的艰巨任务，随即开始了有计划的大规模经济建设。一个繁荣昌盛欣欣向荣的新中国在世界的东方兴起。

新中国的成立，是继俄国十月革命建立苏维埃社会主义国家之后，国际无产阶级革命运动史上一个新的重大事件。中国处在世界的东方，帝国主义历来把东方看作它们"最可靠"的后方，中国又是他们激烈争夺的焦点。中国革命的胜利，在世界帝国主义的东方战线上打开了一个大的缺口，沉重地打击了帝国主义的殖民体系。中国又是一个幅员广大、人口众多的大国，占世界人口的四分之一，新中国的存在和发展，对于世界走向进步和光明是有力的支柱，对于维护国际和平支援世界人民的斗争，具有深刻的久远的影响。

中华人民共和国的成立，是马克思列宁主义的伟大胜利。以毛泽东同志为主要代表的中国共产党人，在中国民主革命中，运用马克思列宁主义的观点，观察中国的社会，制定了适合中国国情的新民主主义的革命路线和方针政策，开辟了以农村包围城市、最后夺取全国政权的正确革命道路，创立了一整套中国式的建党、建军、建政以及关于革命统一战线的理论路线和政策，形成了在新民主主义革命时期毛泽东思想的科学体系。中国革命的胜利，证明了各国的马克思主义政党只有把马克思列宁主义的基本原理同各国革命的具体实践相结合，正确地制定各自的路线和政策，才能引导革命走向胜利。毛泽东总结中国新民主主义革命经验时指出"一个有纪律的，有马克思列宁主义的理论武装的，采取自我批评方法的，联系人民群众的党。一个由这样的党领导的军队。一个由这样的党领导的各革命阶级各革命派别的统一战线。这三件是我们战胜敌人的主要武器。"对于新中国的国家政权的主要纲领，毛泽东指出："总结我们的经验，集中到一点，就是工人阶级（经过共产党）领导的以工农联盟为基础的人民民主专政。这个专政必须和国际革命力量团结一致。这就是我们的公式，这就是我们的主要经验，这就是我们的主要纲领。"中国民主革命的经验，为殖民地半殖民地的民族民主解放斗争提供了有益的借鉴。

二 中央人民政府成立

开国盛典之后，中国人民政治协商委员会协同中央人民政府委员会立即加速研究和确定政务院各部、委、办、署的负责人员以尽快建立中央人民政府的机构。10月19日，中央人民政府委员会举行第三次会议，讨论通过了政务院及其所属各委员会、各部、会、院、署、行的负责人，同时通过任命了人民革命军事委员会、最高人民法院、最高人民检察署和中央人民政府办公厅等负责人。至此，我国中央人民政府的全部组织机构完全建立起来了。这是一个全新机构，拥有副部级以上人员500名，计，中央人民政府主席1人，副主席6人，委员56人；政务院总理1人，副总理4人，政务委员15人，秘书长1人，副秘书长5人；四个委员会（即监察、政法、财经、文教委员会）的主任、副主任、委员共170人，各部、会、院、署、行的部长、副部长、主任委员、副主任委员、院长、副院长、署长、副署长、行长、副行长等共175人；人民军事委员会的主席、副主席、委员、参谋长、副参谋长共30人；最高人民法院的院长、副院长、委员共17人；最高人民检察署的检察长、副检察长委员共 14 人；再加上中央人民政府办公厅主任、副主任 5 人。

这个中央人民政府的全部负责人的选定，经过了中国人民政治协商会议的充分协商，它集中了中国共产党和各民主党派、各人民团体、各少数民族、国外华侨及其他爱国民主分子的代表人物，以及知名人士和专家学者。它最充分地体现了中国共产党领导下的多党合作制。如在中央人民政府主席和副主席 7 人中，民主人士即占有 3 名，56 名中央人民政府委员中，非共党人士几乎占一半；政务院从总理到委员、副秘书长的 26 人中，非共产党人士占了 14 人。其他各部、委、署、院中，非共产党人士约占 1/3，有的部委占 1/2 以上，并且许多民主党派人士当了部长或主任。仅就中央人民政府 21 个部的统计民主人士当部长和副部长的即达 26 人之多。其中中国民主建国会的黄炎培，中国国民党革命委员会的朱学范、李德全，民主同盟的章伯钧、史良，民主促进会的马叙伦，民主人士李书城，以及起义将领傅作义，作家沈雁冰、教授梁希等都担任了中央人民政府第一任部长。他们都有职有权地独立负责领导各自部里的工作。中央人民政府成员的构成，表明了中国共产党同各民主党派及各民主阶级合作建国的真诚。

这个中央人民政府组织规模之宏大，机构之完备，在中国历史上是空前的。在政务院之下，设有政治法律、财政经济、文化教育、人民监察等 4 个委员会，并包括了内务、外交、公安、财政、贸易、工矿、交通、文化、教育、民族、侨务等各方面工作的部、会、院、署等 30 个部门，负责贯彻执行全国人民所赋予的繁重艰巨的建设任务和对外关系。这在幅员广大、人口众多的中国，建立这样规模宏大、机构完备的中央人民政府是完全必要的（附表）。

这是中国历史上空前的人民自己的、最统一最完备、最强有力的中央人民政府。在这个中央人民政府领导之下，即将胜利完成统一中国的事业，展开全国各项建设工作，实现中国人民政治协商会议共同纲领所规定的任务，即建设独立、民主、和平、统一和富强的新民主主义共和国的建设。

中华人民共和国政府的组织原则是民主集中制。它的具体形式即各级人民代表大会。建国初由于还不具备选举全国的人民代表大会，暂时以中国人民政治协商会议代行全国人民代表大会的职权。《共同纲领》规定，"中华人民共和国的国家政权属于人民。人民行使国家政权的机关为各级人民代表大会和各级人民政府。各级人民代表大会由人民用普选的方法产生之。各级人民代表大会选举各级人民政府。"这表明我国的国家政权体制（即政体）是民主集中制的。人民选举自己的代表组成各级人民代表大会，各级人民代表大会选举产生各级人民政府。全国人民代表大会及其选出的中央人民政府是国家的最高权力机关。各级人民代表选出的各级政府，必须经所属上级政府的加委并服从上级人民政府，全国各地方人民政府均须服从中央人民政府。这种民主集中制的政体，是从民主出发，经过逐级的民主和集中的交替，而仍还原为人民的权力，通过民主使人民的意志和要求充分表达，再经过集中使人民的意愿得到有效的充分实现。

我国的这种国家政体，通过民主集中制的原则，实现国家立法司法行政的统一，是议行合一的政体。同西方资本主义国家三权鼎立的议会制不同。根本的原因是由于我国的人民代表大会和人民政府，都是由人民选举和向人民负责的。这种民主集中制的正确贯彻实施，即可以解决人民民主权利的问题。

国体——工人阶级领导的以工农联盟为基础的各革命阶级联合的人民民主专政；

政体——各级人民代表大会及各级人民政府实行的民主集中制。

这就是中华人民共和国的政治基础。

三　我们的朋友遍于全世界

中国革命的胜利，中华人民共和国宣告成立，中华民族以独立的姿态屹立于世界各民族之林，使世界力量的对比，发生了有利于人民民主和国际和平的重大变化，促进了各国人民为维护世界和平，争取民族独立和推动人类进步事业的斗争。中华人民共和国宣布实行和平外交政策，"为保障本国独立、自由和领土主权的完整，拥护国际的持久和平和各国人民间的友好合作，反对帝国主义的侵略政策和战争政策"，[①] 这一政策，博得了世界各国人民的赞扬和同情。

新中国成立时，曾公开宣布"一边倒"的政策，即倒向社会主义一边，因此，共和国一成立，立即得到苏联、保加利亚、罗马尼亚、匈牙利、朝鲜民主主义人民共和国、捷克斯洛伐克、波兰、蒙古国、阿尔巴尼亚、越南民主共和国和德意志民主共和国等的承认，并相继建立了外交关系。

南斯拉夫也表示承认我国并愿与我建立外交关系。但由于当时中国对南斯拉夫

---

① 《中国人民政治协商会议共同纲领》。

中华人民共和国中央人民政府组织系统表

中国人民政治协商会议全体会议

中国人民政治协商会议全国委员会

中央人民政府委员会

人民革命军事委员会

政务院

办公厅

最高人民法院

最高人民检察署

人民监察委员会
文化教育委员会
财政经济委员会
政治法律委员会

内务部
外交部
情报总署
公安部
财政部
人民银行
贸易部
海关总署
重工业部
燃料工业部
纺织工业部
食品工业部
轻工业部（不属门之上述工业四业）
铁道部
邮电部
交通部
农业部
林垦部
水利部
劳动部
文化部
教育部
科学院
新闻总署
出版总署
卫生部
司法部
法制委员会
民族事务委员会
华侨事务委员会
秘书厅

凯歌行进的时期（1949—1956）

的情况缺乏了解，并受到欧洲各国共产党和工人党情报局错误决议的影响，而未立即建交，直至 1955 年 1 月，中南两国才正式建交。

当时有 13 个国家建立了社会主义的或人民民主的社会制度，约占世界人口的 1/3 和土地的 1/4。无疑这是当时保卫世界和平民主、自由独立和促进人类进步事业的重要支柱。而新中国在这个"社会主义阵营"中始终保持自己独立自主的地位，它对大国大党控制干涉侵犯别国别党的错误行径，起着重要的抑制作用。

1949 年末到 1950 年初，中国的近邻缅甸、印度、锡兰、巴基斯坦及印度尼西亚等民族独立国家相继承认中国（有的新独立国家是互相承认），并先后建立了外交关系。

欧洲的英国、挪威、丹麦、芬兰、瑞典、瑞士和荷兰等资本主义国家都先后承认中国，中国政府在他们承认中华人民共和国中央人民政府是中国唯一合法政府的前提下，分别同这些国家建立了不同级别的外交关系。

新中国在处理国家建交原则问题上，采取了既积极又严肃的态度，反映了新中国捍卫自己独立、主权和尊严的决心，也反映了它同各国实行和平共处，友好合作的愿望。

美国政府敌视新生的中华人民共和国，还有一些帝国主义国家，总想保留一些在中国的特权，甚至企图制造两个中国，继续同台湾国民党政府维持外交关系，阻挠新中国在联合国占有合法席位。对于这样一些国家，我国采取的方针是：（一）"另起炉灶"。[1] 这就是"不承认国民党政府同各国建立的旧的外交关系，而要在新的基础上同各国另行建立新的外交关系。对于驻在旧中国的各国使节，我们把他们当作普通侨民对待，不当作外交代表对待"。[2]（二）"打扫干净屋子再请客"。[3] 这就是不急于同他们建立外交关系，而在同他们建立外交关系前先把帝国主义在中国的残余势力清除干净，使他们丢掉幻想以后，再同他们建交。

有些亚、非、拉美的民族独立国家，由于一时对新中国尚不甚了解，特别是受美国的操纵和胁迫，暂时还不便同中华人民共和国建立外交关系，新中国同情他们的处境，采取了积极工作和善于等待的政策。

---

[1]《周恩来选集》下卷，人民出版社 1984 年版，第 85、87 页。

[2]《周恩来选集》下卷，人民出版社 1984 年版，第 85、87 页。

[3]《周恩来选集》下卷，人民出版社 1984 年版，第 85、87 页。

中华人民共和国建立的初期，把同社会主义国家建立和发展友好关系作为中国外交工作的首要任务。1950年2月14日，中苏两国签订了《中苏友好同盟互助条约》，有效期30年。它的主要内容是："缔约国双方保证共同尽力采取一切必要措施，以期制止日本及其他直接间接在侵略行为上与日本相勾结的任何国家之重新侵略与破坏和平。一旦缔约国任何一方受到日本或与日本同盟的国家之侵略，因而处于战争状态时，缔约国另一方即尽其全力给予军事及其他援助"；"缔约国双方均不缔结反对对方的任何同盟，并不参加反对对方的任何集团及任何行动或措施"；"双方根据巩固和平和普遍安全的利益，对有关中苏两国共同利益的一切重大国际问题，均将进行彼此磋商"；"双方保证以友好合作精神，并遵照平等、互利、互相尊重国家主权与领土完整及不干涉对方内政的原则，发展和巩固中苏两国之间的经济与文化关系，彼此给予一切可能的经济援助，并进行必要的经济合作。"

在签订《中苏友好同盟互助条约》的同时，中苏还签订了《关于中国长春铁路、旅顺口及大连的协定》、《关于苏联贷款给中华人民共和国的协定》等文件。苏联确认：中国长春铁路、旅顺口及大连主权属于中华人民共和国，中国方面考虑到当时的国际形势，为共同防御帝国主义的需要，同意有一个过渡时期，中长铁路、旅顺口及大连由中苏共管。一俟对日和约缔结后，但不迟于1952年末苏联即将中长铁路和旅顺口交还中国。大连问题俟对日和约缔结后再作处理。双方还互换照会，承认蒙古人民共和国已经独立的现实。

《中苏友好同盟互助条约》和其他"协定"的缔结，在新中国成立时的历史条件下，对保障中苏双方的安全、维护远东和世界的和平，加强中苏人民的友谊和促进两国的建设事业，都产生过重大的作用。特别对新中国的建设有极大的帮助，有助于中国经济的迅速恢复和发展。在抗美援朝战争期间，美国之所以不敢放手地把朝鲜战争扩大到中国的重要因素之一，就是考虑到《中苏友好同盟互助条约》的存在。中苏之间一度相当密切的经济合作，对新中国胜利完成第一个五年计划也起了不容忽视的积极作用。

新中国除了积极发展同各国的和平共处外交外，还积极支持和参加世界人民的保卫和平民主的群众组织活动。

新中国成立前夕，刚刚成立的中国民主青年联合会，就派出以廖承志为首的中国民主青年代表团一行100余人，参加了1949年8、9月间在匈牙利布达佩斯举行的世界青年及学生联欢大会和世界民主青年第二次代表大会。参加这两次大会的有

凯歌行进的时期（1949—1956）

来自世界五大洲的 85 国的男女青年和学生的代表 1 万多人，他们包括不同民族肤色、阶级、党派和信仰，以不同的语言表达一个相同的思想即"保卫持久和平、人民民主、民族独立"与"青年幸福的将来"，他们欢呼"全世界民主青年友谊团结万岁！"中国青年代表团参加这次盛会，受到了与会代表们热烈欢迎，当他们得知中国人民革命的胜利和中华人民共和国即将成立的消息时，欢呼雀跃，振奋异常。这次会议，中国代表团广泛活动，结交了许多国际朋友。

新中国成立不久，两个区域性国际会议亚澳工会会议和亚洲妇女代表会议接连在新中国首都北京举行。

1949 年 11 月 16 日至 12 月 2 日，由世界工联在北京召开的亚澳工会，主要任务是听取亚澳各国工会工作报告，研讨亚澳各国工人运动情况和成立亚澳各国工会联系的常设组织。参加这次亚澳工会的代表来自印度、日本、蒙古人民共和国、朝鲜民主主义共和国、菲律宾、印尼、马来西亚、暹罗（今泰国）、缅甸、锡兰（今斯里兰卡）、巴基斯坦、伊朗、黎巴嫩、叙利亚、塞浦路斯、澳大利亚、新西兰和苏联亚洲的各加盟共和国和中国等 25 国的工会代表 117 人。刘少奇在会上作了报告，介绍了中国革命的经验。

1949 年 12 月 10 日至 16 日，亚洲妇女代表会议在北京举行，参加会议的有中国和亚洲其他国家共 14 国的妇女代表和日本在华侨民等 165 人，以及来自其他洲的国家和地区的来宾 33 人参加。在这次会议上，代表们报告和讨论了亚洲妇女为民族独立、人民民主与世界和平而斗争及保护妇女儿童福利等问题。国际民主妇女联合会副主席蔡畅在开幕词中介绍了中国妇女运动的经验，她指出："妇女解放运动是民族解放运动的一部分，必须使妇女解放运动和民族解放运动密切结合起来，才能使民族解放事业胜利开展，同时妇女解放运动也才能胜利开展。"中国民主妇女联合会副主席邓颖超在会上作了关于《亚洲妇女为民族独立、人民民主与世界和平而斗争》的报告。

两个会议在中国的召开，说明中国国际地位的提高和国际影响的扩大。

新中国成立以后，即以完全独立的姿态参加了反帝反殖支持民族独立的斗争，以实际行动在道义和物质上声援和支持亚洲和中近东人民的民族解放斗争，支援越南、柬埔寨、老挝三国人民反法的民族解放斗争，埃及人民争取民族独立的反英斗争，叙利亚、黎巴嫩、伊拉克人民的反帝反殖斗争，菲律宾人民争取独立的斗争。特别在支援越南人民反对法国统治的战争和支援朝鲜民主主义人民共和国反对美国侵略的战争中，甘冒同少数帝国主义"搞翻"的风险，表现大无畏的国际主义精神，从而赢得了世界广大人民的信赖。

新中国的和平共处的外交政策，也获得了世界大多数国家政府的赞誉。

这一切，正如毛泽东主席在新中国成立时所讲的："中华人民共和国成立了。我们的民族将从此列入爱好和平自由的世界各民族的大家庭，以勇敢而勤劳的姿态工作着，创造自己的文明和幸福，同时也促进世界的和平和自由。我们的民族将再也不是一个被人侮辱的民族了，我们已经站起来了。我们的革命已经获得全世界广大人民的同情和欢呼，我们的朋友遍于全世界。"①

---

① 《毛泽东文集》第 5 卷，人民出版社 1996 年版，第 344 页。

第二篇
恢复经济

进军新疆的人民解放军女兵。

第一章
祖国大陆的统一

　　1949 年中华人民共和国的成立，标志着中国人民进行了长达 28 年之久的反对帝国主义、反对封建主义、反对官僚资本主义的新民主主义革命的胜利结束。中国已经由半殖民地半封建社会转变为新民主主义社会。但是由于中国地域辽阔，革命是在局部地区首先突破和取得胜利尔后逐渐向全国展开的，因此，当中华人民共和国宣告成立时，华南、西南等大块国土还没有解放，广大新解放区的各级地方政权还没有建立。根据这种情况，人民政府按照《共同纲领》的规定，一方面指挥人民解放军向残余的国民党军事力量发动进攻，另一方面依靠人民群众开展民主建政工作。

一　继续向西南、中南进军

　　1946 年 7 月到 1949 年 9 月，中国人民解放军在三年解放战争中共歼灭国民党反动武装 596 万余人，解放国土 67 万平方公里，推翻了南京国民党反动政府，建立了中华人民共和国，在全国范围内取得了民主革命的基本胜利。

　　但是，由于我国幅员辽阔，革命发展极不平衡，在中华人民共和国宣告成立时，尚有大片国土还没有解放。这些地区包括西南的四川、贵州、云南、西康、西藏五省的全部，华东的福建、浙江两省的一部，中南的广东、广西两省的全部和湖

凯歌行进的时期（1949—1956）

北、湖南两省的一部，以及西北的陕西、甘肃两省的南部部分地区。国民党反动派在这些地区还保存着 100 余万残余武装力量。其战略态势是，胡宗南、宋希濂部队盘踞在川陕鄂边境，沿秦岭、大巴山、巫山、武陵山组成所谓的"西南防线"，企图阻止人民解放军入川。卢汉、谷正伦、罗广文等部布防于昆明、贵阳、雅安、宜宾、成都、重庆等地担任守备任务。白崇禧部队退据湘、桂一线，企图依托湘江、永乐江、资水，背靠滇、桂、黔，构成一条东起乐昌与据守广东的余汉谋集团相衔接、西至湘西芷江的"湘桂粤联合防线"，阻止人民解放军南下。蒋介石的意图是，依靠其在大陆的残余军事力量占据两广，盘踞西南，建立以四川为中心的西南基地，与中国人民解放军作"持久战"，等待"第三次世界大战"爆发，东山再起，卷土重来。迫不得已时，则向西康、云南退却，或再逃窜国外。国民党反动派在这些地区征兵收粮，积极备战。广大人民陷身于水深火热之中，亟待中国人民解放军去解救他们。

消灭国民党的残余武装力量，解放全中国，是中国人民在建国后面临的一项迫切任务。根据中国人民政治协商会议共同纲领总纲第二条"中华人民共和国中央人民政府必须将人民解放战争进行到底，解放中国全部国土，完成统一中国的事业"的规定，中国人民解放军总司令朱德于 10 月 1 日发布命令，"命令中国人民解放军全体指战员、工作员，坚决执行中央人民政府和伟大的人民领袖毛主席的一切命令，迅速肃清国民党反动军队的残余，解放一切尚未解放的国土。"中国人民解放军总部根据国民党残余部队如惊弓之鸟，一触即退，有可能撤退台湾或逃窜国外的特点，提出在追击战中采取大迂回、大包围，穷追猛打，不使残敌漏网的作战方针，并要求各野战军在总部的统一指挥下，互相配合，协同作战，争取追歼国民党残敌战斗的完全胜利。

中国人民解放军广大指战员，坚决执行总部的命令，发扬不怕牺牲，连续作战的精神，以排山倒海之势，雷霆万钧之力，分别在三个战场上向国民党残余军事力量发动了猛烈的追击。

在中南战场，人民解放军在夏季作战解放湖南、江西以后，经过月余休整，于9 月中旬向盘踞在广东湖南一线的白崇禧部队发动进攻，开始了湘粤战役。人民解放军分兵三路追击残敌。东路军9 月下旬由赣南出发挺进广东，在突破敌人吹嘘的"粤湘赣防线"，飞越粤北天险五岭山脉，连克南雄、始兴、乐昌、仁化之后，于10 月解放粤北门户曲江。随后，分兵沿粤汉铁路、北江、东江两岸直扑广州，切断湘桂之敌南逃之路。西路军9月中旬自湘南西部常德、桃源一线出动，连克沅陵、溆浦、辰溪等县，10月2日占领湘、桂、黔三省门户、国民党军队重要空军基地芷江。随后又攻占会同、靖县等地，截断了湘桂敌军西逃之路。中路大军于10月3日向盘踞在衡阳、宝庆、邵阳一线的白崇禧主力部队发动进攻，8日占领衡阳。在人民解放军的强大攻击下，国民党军队全线崩溃，狼狈逃窜。人民解放军发动全线出击，迂回包围，将白崇禧部队主力一个兵团部、四个军共47，000余人围歼于祁阳以北五峰山地区。10月14日，东路人民解放军解放了华南最大城市广州，"国民党政府"及代总统李宗仁乘飞机逃至重庆。到11月，人民解放军接连解放粤东罗定、信宜、廉江等地，至此，湘粤战役胜利结束，共歼敌10万余人。

为了不使敌人获得喘息之机，人民解放军在略事休整后，于11月6日发动了解放广西的战役，大军由湖南省西南部分三路直插广西。西路军迂回白色、果德（现平果县），断敌入滇退路；南路军西进郁林（现玉林县）、博白之线，阻敌经雷州半岛入海；中路军沿湘桂边南下，22日解放广西省会桂林，25日解放柳州、梧州，12月4日解放南宁，11日占领"镇南关"（现改称睦南关）。广西作战中，除少数敌人逃入越南外，其余全部就歼，计172，000人，实现了在广西境内歼灭白崇禧集团的作战计划。

经过两个多月的精心准备，1950年4月16日，中国人民解放军发动了海南岛战役。17日，人民解放军强大主力部队一举突破国民党反动派吹嘘的所谓主体防线，在海南琼崖纵队的协助下胜利登上海南岛，随即向纵深发展。经半月作战，人民解放军日夜兼程前进，连克万宁、陵水、榆林、三亚、八所、北黎，于5月1日解放海南岛全境，共歼敌33，000人。随后，人民解放军又相继解放广东沿海的担杆岛、万山群岛、南澳岛和南澎岛等岛屿。

至此，人民解放军在中南战场先后进行了6次较大规模的战役，歼灭了白崇禧集团和余汉谋部等共43万人，除西沙、中沙、南沙诸岛外，中南全境宣告解放。

在华东战场，9月初人民解放军攻占福州之后，乘敌惊魂未定之际，沿福厦公路向厦门进逼，发动了漳厦战役。至25日，人民解放军先后攻占同安、长泰、南靖、漳州及马巷、澳头、集美等地。10月15日，人民解放军在强大炮火掩护下渡海强行登上厦门岛，全歼守敌汤恩伯部27，000人。

1950年5月，人民解放军在一切准备工作就绪后，对盘踞在舟山群岛的国民党军队发动攻势，19日全部占领舟山群岛。在此期间，人民解放军还解放了渤海湾的长山列岛和闽南的东山岛。

至此，除台湾和澎湖、金门、马祖等岛屿外，华东地区全部解放。

在西南战场，11月1日，人民解放军发动了解放西南的战役。西南地区，包括四川、贵州、云南、西康、西藏五省区，地形复杂，幅员广阔，交通不便。云南西南部约有3，000余公里与越南、缅甸、老挝接壤。根据敌人力避与我决战，准备退至国外的特点，人民解放军采取了分路前进，纵深迂回包围的作战方针，力争将敌人歼灭在川康境内。人民解放军一路由湖北宜昌、湖南常德一线西进，突破敌川鄂边防线，占领川东秀山、西阳、彭水等地，然后进军綦江、涪陵、江津，直逼重庆。另一路则由湖南西部之芷江进入贵州，在解放贵州省大部分地区后又分兵两路，由北部之遵义和西北部之毕节挺进四川。不久，即攻占四川的纳溪、合顺、自贡等地，切断川陕敌军向滇黔的退路。11月13日，人民解放军占领重庆，亲临重庆督战的蒋介石及"国民政府"逃往成都。这时，蒋介石一面布置残余军队抵抗人民解放军向成都推进，一面仓皇将胡宗南主力部队由陕甘南部向成都调集，企图在西南作最后挣扎，并准备向西康、云南逃窜，以保全其在大陆的最后一支基干力量。人民解放军在占领重庆后，沿成渝公路西进，猛追国民党残余部队。川南之人民解放军则沿泸（州）乐（山）公路北进，连克乐山、彭山、邛崃、大邑等地，切断胡宗南部队退入西康的逃路，与沿成渝公路西进之解放军形成对成都之敌钳击形势。12月，另一路人民解放军由陕甘南部，以迅雷之势分头南下，连续占领广元、剑阁、绵阳，迅速到达成都外围广汉及其东西一线。至此，由陕南、甘南、重庆等地退集成都的40万敌军完全被人民解放军包围，欲逃无路，求援无望，已成瓮中之鳖。12月10日，蒋介石授权胡宗南指挥川西所有部队在成都地区组织顽抗，自己却偕"国民政府"要员乘机狼狈逃至台湾。23日，胡宗南乘机逃至海南岛。27日，人民解放军解放成都。在成都一带被围之敌军，一部在突围中被歼，大部起义，西南战役于12月30日宣告结束。此次战役消灭了国民党在大陆的最后一支基干部队，计70万人，四川、贵州两省全部解放。

在这次战役进行期间，由于人民解放军在全国范围的伟大胜利和在西南地区的迅速胜利，国民党云南省主席卢汉、西康省主席刘文辉、西南长官公署副长官邓锡侯、潘文华等率部于12月9日分别在昆明、雅安、彭县等地通电起义，云南、西康两省和平解放。1950年2月20日人民解放军进驻昆明。

成都解放之后，西康省西昌地区尚有国民党西昌警备司令贺国光所属之1个多师及川西逃来之国民党残敌共 3 万余人。人民解放军于 3 月 12 日发动西昌战役，在强大的攻势下，敌人大部就歼，一部溃散，西昌于 27 日解放。

至此，西南地区除西藏和西康之昌都地区外，全境解放。

到 1950 年 6 月，人民解放战争基本结束。建国后 8 个月的作战中，人民解放军共歼灭国民党在大陆的残留部队 200 余万人，解放了除台湾、西藏和某些沿海岛屿以外的全部国土，实现了祖国的空前统一，为进行各项社会改革，恢复国民经济，以及建立和巩固各级政权创造了条件。

在追歼国民党残余军事势力的战斗中，中国人民解放军广大指战员士气高涨，斗志旺盛，战胜了重重困难，胜利地完成了解放大陆，统一中华的大任。在胜利进军中，人民解放军得到了广大城乡人民群众和长期战斗在敌后的人民武装的大力支援，他们冒着生命危险为人民解放军送信带路，修桥铺道，筹集粮草，保证了追歼国民党残余军队战争的胜利。

二　西藏回到祖国怀抱

西藏位于祖国的西南边陲，面积为 120 多万平方公里，约有 100 余万人口，主要是藏族，另外还有少数汉族、回族、门巴族、珞巴族、澄人和夏尔巴人。

西藏自古以来，就是我国领土不可分割的一部分。早在唐王朝时期，西藏就与内地在政治、经济和文化上发生了密切的联系。到 13 世纪元王朝的时候，西藏地方就正式加入了祖国的版图。西藏各民族和祖国其他民族一起，为创造伟大的中华民族文化，为祖国的独立和发展，作出了自己的贡献。

西藏，在解放前长期处于黑暗、落后的封建农奴制社会。占人口 5% 的官家、贵族、寺庙上层僧侣构成了西藏的统治阶层，他们占有西藏的全部土地、草场和绝大部分牲畜，掌握了西藏人民的生杀予夺大权。在封建农奴制度下，占西藏人口 90% 以上的农奴阶级，没有土地所有权，没有完全的人身自由，过着暗无天日的悲惨生活。

从清王朝末年起，帝国主义势力就侵入西藏。帝国主义勾结和控制西藏上层反动统治集团，处心积虑地想把西藏从我国分裂出去，变成他们的殖民地。

中华人民共和国的成立，给西藏人民带来了希望，为他们的解放，为西藏的进步开辟了道路。在中华人民共和国成立的当日，第十世班禅额尔德尼·却吉坚赞从

凯歌行进的时期（1949—1956）

青海致电中央人民政府主席毛泽东和中国人民解放军总司令朱德，欢呼新中国的诞生，满腔热情表示对中国共产党的"拥护爱戴之忱"，并盼望西藏早日获得解放。北京、四川、甘肃、青海、西康、西藏等地藏族同胞也纷纷要求解放军早日解放西藏。1949 年 11 月，毛泽东主席和朱德总司令在复班禅额尔德尼·却吉坚赞的电报中指出："西藏人民是爱祖国而反对外国侵略的，他们不满意国民党反动政府的政策，而愿意成为统一的富强的各民族革命合作的新中国大家庭的一分子。中央人民政府和中国人民解放军必定能满足西藏人民的这个愿望。希望先生和全西藏爱国人士一致努力，为西藏的解放和西藏人民的团结而奋斗。"

考虑到全国的形势和西藏的情况，中央人民政府在命令中国人民解放军准备进军西藏的同时，也通知西藏地方政府派代表来北京谈判，以期和平解放西藏。1950年 5 月，著名佛教人士、青海省人民政府副主席喜饶嘉措在西安向西藏达赖喇嘛等发表广播讲话，希望西藏地方政府派代表赴京进行和平谈判。7 月，西南军政委员会委员、西康人民政府副主席格达活佛前往拉萨，希望会见达赖，转达中央人民政府和平解放西藏的愿望。

然而，西藏地方政府没有积极响应中央人民政府的号召。相反地，他们在帝国主义分子的策划下，进行所谓的"西藏独立"的非法活动，组织所谓的"亲善使团"，企图向国外寻求援助。同时，他们还在西藏扩军备战，组织应变机构，设立"外交局"，成立藏军司令部、军饷收发局，将藏军由 14 个代本扩充为 17 个代本，在阿里、黑河、昌都一带布防，企图与解放军对抗。

中央人民政府针对西藏上层反动统治集团的倒行逆施，采取了一系列措施。1950 年 1 月 20 日，中央人民政府外交部发言人，就西藏亲帝分裂主义分子阴谋组织所谓"亲善使团"出国作叛国活动一事发表谈话，指出如果拉萨当局背叛祖国，向外国派出所谓"亲善使团"表明独立，我中央人民政府将不能容忍，任何接待拉萨"亲善使团"的国家，将被认为对于中华人民共和国怀有敌意。同时，中央人民政府决定由西南军区、西北军区调集部队，分别由西康、云南、青海、新疆等地向西藏进军。1950 年 2 月，中国人民解放军西南军区及第二野战军司令部向进藏部队发布了解放西藏的政治动员令，担负进藏任务的部队开始了各项准备工作。西南军区还成立了支援司令部，着手修筑公路，运送物资。10 月，人民解放军 18 军由川西进至金沙江东岸的邓柯、德洛、巴塘；云南军区第 126 团进至贡山；青海骑兵支队进至玉树；新疆独立骑兵师进至于田。这时，中央人民政府仍然没有放弃和平解放西藏的努力，通过各种途径督促西藏地方政府代表迅速来北京谈判，中共中央西南局还拟定了同西藏地方当局谈判的 10 项条件。

在中央人民政府的一再号召和敦促下，西藏上层反动集团仍然执迷不悟，以摄政大扎为首的亲帝分裂分子挟持 14 世达赖逃至亚东，企图把达赖带至国外。一场军事较量，已经成为不可避免的事情了。

为了打击西藏地方政府中的顽固势力，争取西藏的和平解放，中国人民解放军于 1950 年 10 月发动了昌都战役。人民解放军采用了少量部队正面佯攻，吸引敌人，而用主力部队从昌都南北两方实行深远迂回包抄的战术。12 日，从南面包抄的部队进占芒康，藏军第九代本起义。19 日，从北面包抄的部队攻占乌齐。24 日，人民解放军解放昌都。战斗中，歼灭藏军 6 个代本的全部、3 个代本的一部，争取 1 个代本起义，共歼敌 5，700 余人。昌都战役的胜利，消灭了藏军的主力部队，打开了进藏门户，粉碎了帝国主义及西藏上层反动分子企图以军事力量阻止我军解放西藏的迷梦。

在中国人民解放军的强大攻击下，西藏地方上层统治集团内部发生急剧变化，过去久受压抑的爱国派的力量得到发展，更加坚定；亲帝分裂主义分子遭到沉重的打击，开始动摇。为了进一步促进西藏地方上层统治集团的分化，争取西藏的和平解放，中央人民政府除继续要求西藏地方政府迅速派代表来京谈判外，并表示在谈判协议达成前人民解放军可暂不进军拉萨。

1951 年 2 月，在中央人民政府和平解放西藏的政策感召和大军压境的情况下，在西藏地方上层爱国力量的争取和广大僧俗人民的要求和推动下，西藏地方政府派出以噶伦阿沛·阿旺晋美为首席代表的五人全权代表至北京谈判。他们分两路于 4 月 22 日和 26 日到京。西藏地方政府的谈判代表，在北京车站受到周恩来总理、朱德总司令及各界代表数千人的欢迎。

4 月 29 日，中央人民政府的代表与西藏地方政府的代表，在友好协商的基础上开始谈判。中央人民政府的代表根据中央人民政府的民族政策和西藏的实际情况，主动地提出一系列建议，并尽量地听取和采纳了西藏地方政府的建设性意见。刘少奇、周恩来、朱德等领导人也先后接见了西藏地方政府的谈判代表，向他们耐心地解释和宣传中国共产党和人民政府的民族政策。经过多次洽谈，双方代表于 5 月 21 日一致通过了《中央人民政府与西藏地方政府关于和平解放西藏办法的协议》。协议共 17 条，主要内容如下：西藏人民团结起来，驱逐帝国主义侵略势力出西藏，西藏人民回到中华人民共和国祖国大家庭中来；西藏地方政府积极协助人民解放军进入西藏，巩固国防；在中央人民政府统一领导之下，西藏人民有实行民族区域自治的权利；对于西藏的现行政治制度，中央不予变更。达赖喇嘛的固有地位及职权，中央亦不予变更；班禅额尔德尼的固有地位及职权，应予维持；尊重西藏人民的宗教信仰和风俗习惯，保护喇嘛寺庙；西藏军队逐步改编为人民解放军，成为中华人民共和国国防武装的一部分；有关西藏的各项改革事宜，中央不加强迫，西藏地方政府应自动进行改革。人民提出改革要求时，得采取与西藏领导人协商的方法解决之；中央人民政府统一处理西藏地区的一切涉外事宜，等等。5 月 23 日，中央人民政府与西藏地方政府的全权代表，在京举行了关于和平解放西藏办法的协议的签字仪式。朱德副主席主持了签字仪式，他代表中央人民政府向西藏人民表示祝贺，并希望协议得到切实负责的执行。

中央人民政府和西藏地方政府关于和平解放西藏办法的协议的签订，受到了西藏各族人民、各界人士和全国人民的欢迎。和平解放西藏办法协议的诞生，标志着西藏的新生，开始了西藏历史发展的新纪元。从此，西藏人民永远摆脱了帝国主义的侵略和羁绊，回到祖国的大家庭，迈开了从黑暗和痛苦走向光明和幸福的第一步。

根据协议，中国人民解放军于 1951 年 7 月，分多路向拉萨进发。人民解放军在西藏人民的大力支持下，克服无数困难，翻越 10 余座雪山峻岭。穿过茂密的原始森林和一望无际的草原、沼泽地带，战胜了高寒缺氧、断粮疾病的袭击，先遣部队于 9 月 9 日到达拉萨。10 月 26 日，主力部队到达拉萨。当人民解放军进入拉萨时，受到各阶层爱国人士和广大僧俗人民两万多人的热烈欢迎。他们在屋顶上点燃松枝，升起缕缕青烟，在街道两旁跳起欢乐的舞蹈，迎接远道而来的亲人。随后，中国人民解放军进驻黑河、日喀则、江孜、隆子、亚东等重要城镇和边防要地，把五星红旗高高地插上喜马拉雅山之巅。

至此，除台湾、澎湖、金门、马祖等岛屿，以及香港、澳门外，伟大祖国的领土已经全部解放。

三　地方各级政权的建立

中华人民共和国的成立，开始了中国人民当家作主的新时代，中国历史进入了人民民主专政的新时期。

1949 年 10 月 1 日，在礼炮轰鸣、万众欢呼声中，中华人民共和国的中央政权——中华人民共和国中央人民政府宣告成立。19 日，中央人民政府委员会任命了中央人民政府内各机构的负责人。21 日，中央人民政府政务院召开第一次政务会议，随后政务院各部门也陆续正式办公。随着中央人民政府的建立和内部各机构的健全，人民政府着手建立和健全各级地方人民政权。

建国初期，我国各级地方政权的建立是严格按照中国人民政治协商会议《共同纲领》的有关规定进行的，大体经历了以下步骤：解放之初，各地在彻底摧毁旧政权的基础上首先建立了临时的具有过渡性的政权——军事管制委员会；同时，由上而下地委任人员组成地方人民政府。随后，在社会环境初步安定，以及其他条件许可的情况下开展民主建政，召开各界人民代表会议，有步骤地代行人民代表大会的职权，通过民主选举建立各级地方人民政府。1951 年到 1952 年，在全国范围内形成一个民主建政的浪潮，有力地推动了建国初期各级地方政权的建设。

中国人民政治协商会议《共同纲领》第十四条规定："凡人民解放军初解放的地方，应该一律实施军事管制，取消国民党反动政权机关，由中央人民政府或前线军政机关委任人员组织军事管制委员会和地方人民政府，领导人民建立革命秩序，镇压反革命活动，并在条件许可时召集各界人民代表会议。""在普选的地方人民代表大会召开以前，由地方各界人民代表会议逐步地代行人民代表大会的职权。"

军事管制委员会，是根据战争尚在进行的情况，由当地最高军事机关对地方实行军事管制的机构，是带有强烈军事色彩和具有临时过渡性的人民民主专政政权的最初形式。它的任务是：①肃清反革命的一切残余势力；②接收一切公共机关、产业和物资；③恢复并维护社会秩序；④收缴一切隐藏在民间的反动分子的武器及其他违禁品；⑤解散一切反动党团组织；⑥逮捕战争罪犯和罪大恶极的反革命分子；⑦建立系统的革命政权机关，建立临时的各界代表会；⑧建立可靠的群众组织；⑨整理、建立党的组织；⑩恢复生产。为了使军事管制委员会具有广泛的群众基础，使人民民主专政从一开始就成为统一战线的政权，各地军事管制委员会在成立时，都吸收了相当数量的民主人士和其他爱国人士参加。军事管制制度的实行，避免了建国初期新旧政权交替，社会剧烈变动时期可能产生的动乱和破坏，保证了社会正常秩序的建立和生产事业的恢复，为地方各级政权的建立提供了良好的环境。军事管制时期的长短，一般根据各地的社会情况以及军事管制的各项任务和目的是

凯歌行进的时期（1949—1956）

否达到而定。

在实行军事管制的同时，也通过自上而下的委任方式，建立了各级人民政府，并根据可能，权力逐步由军事管制委员会向人民政府转移。1949 年 12 月 2 日，中央人民政府委员会第四次会议根据政务院的建议，任命了 5 个大行政区、10 个省、自治区和 5 个大城市的人民政府委员，由他们组成该大区、省、自治区和市的人民政府。高岗被任命为东北人民政府主席，彭德怀、刘伯承、饶漱石、林彪被任命为西北、西南、华东、中南各军政委员会的主席，聂荣臻、陈毅被任命为北京市和上海市市长，叶剑英被任命为广东省人民政府主席兼广州市市长。

1950 年 1 月 6 日，政务院第十四次政务会议通过了《省人民政府组织通则》、《市人民政府组织通则》、《县人民政府组织通则》，同年 12 月 8 日，政务院第 62 次政务会议又通过了《区人民政府及区公所组织通则》、《乡（行政村）人民政府组织通则》。这些通则，对省、市、县、区、乡各级地方政权的隶属关系、组成、职权、机构作了详尽而明确的规定，为各级地方政权的建立制定了法规，促进了各级地方政权的建立和完善。到 1951 年 9 月，在中央人民政府的领导下，在全国建立了一个大行政区的人民政府，4 个大行政区的军政委员会（1952 年 11 月改称行政委员会，由地方政权兼中央代表机关改为单纯的中央代表机关），28 个省人民政府，1 个自治区人民政府，9 个相当于省的行政区人民行政公署，12 个中央和大行政区直属的市人民政府，67 个省辖市人民政府，2087 个县人民政府，以及数十万个乡人民政府。

由上级委任组成的人民政府，是在人民代表会议尚未召开，或虽已召开但未代行人大职权的情况下组建的，在其组织建立方式上不尽符合《共同纲领》有关国家政权体制的规定。《共同纲领》第十二条规定："中华人民共和国的国家政权属于人民。人民行使国家政权的机关为各级人民代表大会和各级人民政府。各级人民代表大会由人民用普选方法产生之。各级人民代表大会选举各级人民政府。""在普选的地方人民代表大会召开以前，由地方各级人民代表会议逐步代行人民代表大会职权。"为了促进和保证《共同纲领》有关国家政权体制规定的实现，确保人民当家作主和管理国家大事的权利，以及密切人民政府和人民之间的联系，中央人民政府委员会于 1949 年 12 月制定和通过了《省各界人民代表会议组织通则》、《市各界人民代表会议组织通则》、《县各界人民代表会议组织通则》，要求凡具备条件的地方应抓紧召开各界人民代表会议，并促使其逐步代行人民代表大会职权，选举产生各该级的人民政府。

一开始，在各地人民代表会议还没有形成经常的制度，代表亦非民主选举，而是由各群众团体推派和由政府特邀。这时，人民代表会议的主要任务是听取和讨论政府的工作报告，提出批评和建议，并就某些大事作出决议。人民代表会议的主要作用是，代表一方面把群众的意见反映到政府来；另一方面把政府的政策传达到群众中去，加强政府和人民的联系。初步发挥人民当家作主，参与国家大事的积极性。随着各方面条件的具备和经验的积累，人民代表会议逐渐形成制度，人民直接和间接选举的代表增多，推派和特邀的代表逐渐减少，越来越多的人民代表会议代行人民代表大会的职权。这时的人民代表会议，不仅听取和讨论人民政府的工作报告，反映人民群众的意见，对重大问题作出决议，而且选举产生该级人民政府的负责工作人员。

1951年4月，中央人民政府政务院发出了《关于人民民主政权建设工作的指示》和《关于十万人口以上的城市召开区人民代表会议的指示》。中央人民政府肯定了一年来全国各地在巩固人民民主专政，推进民主政权建设工作方面的进步和成就，要求进一步开好各界人民代表会议，各级人民政府的一切重大工作，应向各级人民代表会议提出报告，并在代表会议上进行讨论与审查，一切重大问题应经人民代表会议讨论并作出决定。凡尚未代行人民代表大会职权的县、市各界人民代表会议，应积极创造条件，以便迅速代行人民代表大会的职权。中央人民政府还要求十万人口以上的城市，在年内要普遍召开区的人民代表会议，成立区级人民政府。

到1951年10月，全国28个省、8个相当于省的行署、154个市和2,068个县中，有27个省、8个行署、146个市和2,038个县召开了人民代表会议，其中有17个省、69个市、186个县的人民代表会议代行人民代表大会的职权，通过民主选举的办法产生了省、市县人民政府的主席、副主席、市长、副市长、县长和副县长，以及人民政府的委员。在东北、华北等老解放区，人民直接选举的会议代表增至百分之八九十，推派和特邀的代表降至百分之一二十。到1952年年底，所有的省、市、县、区、乡都召开了人民代表会议，省、市、县人民代表会议代行人民代表大会职权的已分别增至19个、85个和436个，绝大部分乡的人民政府委员会已由乡人民代表会议选举产生。

经过建国初期三年的努力，我国从中央到地方的各级政权全部建立，并逐渐得到完善和加强。国家的基本制度——人民代表会议制，在全国范围内从上而下地建立起来，成为人民行使自己当家作主的权利和实行民主建政的好形式。各级人民代表会议的召开和全国各级地方政权的建立，加强和巩固了我国的人民民主专政制度，扩大和巩固了人民民主统一战线，有力地保证了建国初期各项社会改革任务和恢复国民经济任务的胜利完成，为有计划的经济建设和社会主义改造创造了条件，也为进一步实现人民代表大会制和加强国家政权建设积累了经验。

四　少数民族区域自治

我国是一个多民族的国家，除过汉族以外，还有壮、蒙古、回、藏、维吾尔、苗、彝、布依、朝鲜、满、侗、瑶、白、土家、哈尼、哈萨克、傣、黎、傈僳、畲、佤、高山、拉祜、水、东乡、纳西、景颇、柯尔克孜、土、达斡尔、仫佬、羌、布朗、撒拉、毛南、仡佬、锡伯、阿昌、普米、塔吉克、怒、乌孜别克、俄罗斯、鄂温克、崩龙、保安、裕固、京、塔塔尔、独龙、鄂伦春、赫哲、门巴、珞巴、基诺等五十多个少数民族。他们的人口约占全国总人口的 6%，居住面积约占全国总面积的 60%。

从遥远的古代起，我国各民族就劳动、生息和繁殖在中国这块广阔的土地上，形成了一个历史悠久的统一的多民族国家，共同创造了光辉灿烂的中华文化。在长期交往中，我国各民族形成了友好团结、互助合作、血肉相连的关系，特别是在中国共产党领导的民族民主革命斗争中，各民族之间的团结合作的关系发展到了一个新阶段。但是，在过去的历史中，由于历代统治阶级推行民族压迫政策，我国各民族之间也存在着相互隔阂和互不平等的一面。特别是近代帝国主义的入侵和国民党反动政府进一步实行民族隔离和民族歧视政策，制造民族矛盾，挑动民族仇杀，对少数民族强制同化，甚至采用武力屠杀，加深了各民族间的对立和不信任情绪。由于各种原因，在各少数民族之间和某些少数民族的内部，也存在着一些矛盾和纠纷。

中华人民共和国的成立，开始了我国各民族在中国共产党的领导下平等团结、互助合作，共同建设自己伟大祖国的新时期。中国人民政治协商会议共同纲领规定，"中华人民共和国境内各民族一律平等，实行团结互助，反对帝国主义和各民族内部的人民公敌，使中华人民共和国成为各民族友爱合作的大家庭。反对大民族主义和狭隘民族主义，禁止民族间的歧视、压迫和分裂民族团结的行为。"

建国后，中央人民政府把加强民族团结，作为一项重要任务，进行了大量工作。

1950 年 6 月，中央人民政府决定派出中央访问团访问各地少数民族。7 月，西南少数民族访问团出发，8 月，西北少数民族访问团出发。他们历时数月，行程数万里，走遍了西南、西北少数民族居住地区，通过各种方式，如群众大会、各种代表人物的座谈会、个别访问等等，向少数民族宣传党和国家的民族政策，了解他们的疾苦和要求，以及征求他们对民族工作的意见。访问结束回京后，他们分别向中央人民政府写了访问报告，就加强和改进民族工作提出了许多宝贵意见。10 月，中央人民政府政务院总理周恩来又邀请各少数民族代表 159 人，其中有各级军政人员、工人、农民、牧民、猎人、劳模、军烈属、教师、学生、文艺工作者、活佛、王公、阿訇、堪布、喇嘛、土司、头人等，另外还有文工团员 222 人到京参加国庆观礼和参观访问。经过一个多月的活动，他们从切身体会中进一步认识了中国共产党和国家的民族政策，看到了祖国的美丽和伟大，沟通了感情，加强了团结，坚定了实现和维护中华民族大团结，共同建设祖国的信念；同时，他们也向中央人民政府反映了少数民族的要求和愿望，加强了中央人民政府和各民族的联系。11 月，政务院又通过了培养少数民族干部试行方案和筹办中央民族学院的方案，把培养少数民族干部作为实现《共同纲领》规定的民族政策，加强少数民族地区的经济、文化建设的重要措施。1951 年 5 月，政务院又发出指示，决定对带有歧视或侮辱少数民族性质的称谓、地名、碑碣、匾联分别予以禁止、更改、封存或收管。人民政府对民族间和民族内部存在的纠纷事件，本着消除隔阂，加强团结的原则，通过友好协商予以解决。在人民政府的公正合理的调解下，许多存在了几十年，甚至上百年的民族纠纷，如冤家械斗、草山纠纷、边界争议、部落间的矛盾等等，相继得到圆满的解决。在经济上，人民政府在建国初期百废待兴、百业待举的情况下，抽出人力、物力帮助少数民族发展经济。当时的工作重点是通过民族贸易，促进商品交流，以推动少数民族地区生产事业的发展和改善少数民族群众的生活。

为了进一步落实党和国家的民族政策，保证少数民族当家作主，管理自己民族内部事务的权利，以及进一步加强和巩固各民族之间的团结，中华人民共和国成立后，中央人民政府还积极推行民族区域自治政策。

民族区域自治，是中国共产党和人民政府解决民族问题的一项基本政策，是我们国家的一项基本政治制度。民族区域自治，就是中华人民共和国领土之内的、在

凯歌行进的时期（1949—1956）

中央人民政府统一领导下的、遵循着中国人民政治协商会议《共同纲领》总道路前进的、以少数民族聚居区为基础的区域自治。按《共同纲领》的规定，一切聚居的少数民族，都有权利实行民族区域自治，建立自治区的自治机关，按照本民族大多数人及与人民有联系的领袖人物的志愿，管理本民族的内部事务。

1952 年 8 月，在总结建国后两年来推行民族区域自治经验的基础上，中央人民政府制定和公布了《中华人民共和国民族区域自治实施纲要》。《纲要》对民族自治区的建立、自治机关、自治权利、自治区内民族关系、上级人民政府领导原则等问题作了具体的规定。《纲要》规定，民族自治区享有以下权利：①在中央人民政府和上级人民政府法令规定的范围内，依其自治权限，得制定本自治区单行法规，层报上两级人民政府核准；②在国家统一的财政制度下，各民族自治区自治机关得依据中央人民政府和上级人民政府对民族自治区财政权限的划分，管理本自治区的财政；③在国家统一的经济制度和经济建设计划之下，各民族自治区自治机关得自由发展本自治区的地方经济事业；④各民族自治区机关得采取必要的和适当的办法，发展各民族的文化、教育、艺术和卫生事业；⑤各民族自治区自治机关按照国家统一的军事制度，得组织本自治区的公安部队和民兵；⑥各民族自治区自治机关得采用各民族自己的语言文字，以发展各民族的文化教育事业；⑦各民族自治区机关得采用适当措施，以培养热爱祖国的、与当地人民有密切联系的民族干部；等等。《中华人民共和国民族区域自治实施纲要》的制定和实施，为民族区域自治工作提供了指导性的文件，推动了民族区域自治工作的发展。

到 1953 年 3 月，在全国范围内已建立起来的相当于县级和县级以上的民族自治区共 47 个。其中包括建立最早、规模最大的内蒙古自治区（建立于 1947 年），以及桂西壮族自治区、西康省藏族自治区、湘西苗族自治区、海南黎族苗族自治区、西康省凉山彝族自治区、云南省西双版纳傣族自治区、吉林省延边朝鲜族自治区、青海省玉树藏族自治区、四川省藏族自治区、绥远省伊克昭盟蒙族自治区及乌兰察布盟蒙族自治区等规模较大的民族自治区，此外还有相当数量相当于县、区、乡级的自治区。各自治区内的少数民族人数大约为 1000 万人。正在建立筹备机构，准备成立民族自治区的有新疆维吾尔自治区、宁夏回族自治区、甘肃省的回族、藏族自治区和青海省的藏族、蒙族自治区，等等。

中国共产党和人民政府的民族区域自治政策，受到了广大少数民族的欢迎。它充分地照顾到各民族的特点，保障了少数民族的权益，调动了他们当家作主，建设祖国的积极性，推动了全国各民族的团结和少数民族地区经济和文化的发展。民族区域自治政策，成为我们国家的一项重要国策和根本制度，它对祖国统一、民族平等、民族团结和民族发展具有重大的意义。

閻匪錫山在滬之房地產清單

房地產所在地	房屋式樣	幢數	處理類別	備註
南京西路靜安新邨十號	里弄洋房	一幢	接管	
永嘉路291弄慎成里670號	里弄房屋	二幢	接管	
鉅鹿路703弄11/14/15號	里弄洋房	四幢	代管	
膠州路249/251號	店面房屋	二幢	代管	
膠州路253弄10號	里弄房屋	一幢	代管	
南市梅花街66號	里弄洋房	一幢	代管	
南京西路靜安新邨56號	里弄洋房	一幢	代管	
重慶北路177弄10號	里弄房屋	一幢	接管	

上海市军管会处理国民党将领阎锡山在上海房地产的清单。

第二章
新中国经济基础的建立

　　彻底摧毁半殖民地半封建的经济制度，全面地建立新民主主义的经济制度，把国民经济由半殖民地半封建的轨道转向新民主主义的轨道，这是中国人民在取得新民主主义的政治革命胜利之后在经济战线上所面临的一个严重任务。能否完成这个任务，不仅关系到中国的民主革命能否进行到底，而且也关系到新生的人民共和国能否获得一个坚实的经济基础，能否有力量去团结和领导全国人民，特别是领导和驾驭资产阶级一道进行新民主主义建设的问题。为了完成这一历史任务，人民政府进行了积极而有成效的工作。

一　没收官僚资本

　　没收官僚资本，建立国营经济，是彻底摧毁半殖民地半封建制度，建立新民主主义制度，迅速恢复国民经济和巩固人民民主专政的重要条件和根本保证。

　　官僚资本，是帝国主义侵略中国的产物，是半殖民地半封建社会最腐朽最反动的生产关系之一。它在国民党反动派统治时期得到了空前的发展，垄断和操纵了中国的经济命脉。

　　1927 年蒋介石背叛革命后，对外投靠帝国主义，对内残酷镇压人民。他凭借国家政权，通过卖国内战、发行公债、征收苛捐杂税，滥发纸币和采取其他巧取豪

凯歌行进的时期（1949—1956）

夺的手段，建立和发展了以他自己和宋子文、孔祥熙、陈立夫、陈果夫为代表的四大家族的官僚资本，集官僚、买办、封建地主于一身。抗日战争胜利后，蒋介石以胜利者的姿态，打着国家的旗号，劫收了日伪的财产和德意法西斯的在华投资，并乘机侵吞了许多私人在沦陷区的企业和财产，从而使官僚资本空前膨胀，达到了其发展的最高峰。据统计，抗日战争结束后蒋宋孔陈四大家族所拥有的财产已达到100亿到200亿美元。1949年解放前夕，官僚资本拥有全国工矿和交通运输业固定资产的80％，垄断了钢产量的90％，电力的67％，煤炭的33％，有色金属和石油的100％，水泥的45％，硫酸的80％，织布机的60％，纱锭的38％，糖的90％，还控制了全国的金融机构和铁路、公路、邮电、航空运输、对外贸易，以及文化事业。

以四大家族为首的官僚资本，对外依附帝国主义，对内勾结封建势力，依靠反动政权残酷地压榨和剥夺工农群众和其他小资产阶级，同时压迫、排挤和吞并民族资本，成为中国社会发展的最大障碍和中国人民的最凶恶的敌人，是中国民主革命的对象。

早在第一次国内革命战争时期，中国共产党就指出，旧中国的买办阶级代表中国最落后最反动的生产关系，阻碍中国生产力的发展，是极端的反革命派。在解放战争时期，中国共产党根据官僚资本在蒋介石当权20年中的急剧发展，把没收官僚资本归新民主主义国家所有，与没收封建地主阶级的土地归农民所有，保护民族工商业列为新民主主义的三大经济纲领，把无产阶级领导的、人民大众的、反对帝国主义、封建主义和官僚资本主义的革命规定为新民主主义革命的总路线。1947年10月发布的《中国人民解放军宣言》，明确地郑重地向全国人民提出"没收官僚资本"的口号。1949年4月发布的《中国人民解放军布告》进一步指出，"凡属国民党反动政府和大官僚分子所经营的工厂、商店、银行、仓库、船舶、码头、铁路、邮政、电报、电灯、电话、自来水和农场牧场等，均由人民政府接管"。

根据上述规定，在解放战争后期随着各大城市的解放，人民解放军在所到之处，立即把官僚资本收归人民所有。没收官僚资本的工作，是一项十分繁重和细致的工作，它从解放战争后期开始，到国民经济恢复时期才宣告完成。

为了保证对官僚资本的顺利接收，避免可能发生的破坏，人民政府在认真总结经验的基础上，制定了一系列有关接收官僚资本的方针和政策。

首先，人民政府要求在接收官僚资本企业的过程中，要把国民党反动统治的政治机构和它所拥有的企业的管理机构、生产机构加以严格的区分。国民党反动统治的政治机构，如军队、警察、法庭、监狱及其各级政府，完全是国民党反动派维护其对人民的血腥统治的反革命暴力机器，必须彻底粉碎，不能利用，更不能继承。对在国民党反动政治机构中服务的人员，也必须经过严格区分，对一般工作人员也只能在改造后有选择地加以使用，而不能不经改造全套人马加以任用。对官僚资本主义企业及其工作人员则不能这样。官僚资本主义企业在国民党反动派的控制下虽然具有掠夺人民的性质，在它的内部存在着官僚机构和种种压迫工人的制度，并隐藏着一些反革命分子；但它是企业机构和生产机构，它的主要社会功能是从事物质生产。它的组织机构、技术系统基本上是根据生产的要求组织起来的，反映了生产的需要，是人类生产长期发展的结果，有其合理的一面。这些企业在收归人民所有之后，对恢复和发展生产，对满足国家和人民在生产生活方面的需要，以及稳定社会秩序方面都具有重要的作用。这些企业中的管理人员，与国民党反动党团、政府、军队中的人员也是有根本区别的。同时，还鉴于我们缺乏管理现代化企业的经验和人才，并处在战争状态，人民政府决定在接收这些企业时应该采取"不要打烂旧机构"和"保持原职原薪原制度"的方针，先原封不动地接管过来，立即恢复生产，然后根据条件成熟的情况逐步地施行必要的改革。

"不要打烂旧机构"和"保持原职原薪原制度"，就是要求在接收官僚资本企业时采取自上而下按照系统原封不动整套接收的办法，不打乱原来的系统和机构，以保持其技术组织和生产系统的完整。对企业原有人员，包括厂长、局长、经理、监工、职员及技术人员，除个别坏分子必须逮捕处分外，一律采取"包下来"的政策。凡愿继续服务者，一律按原职留用，让他们担负恢复和组织生产的工作，不贸然提出裁员减薪的口号。接收初期，军事管制委员会所派代表只担负监督工作，保证上级命令的执行与生产的恢复和进行，以及防止可能发生的破坏，而不去代替原有厂长、局长、经理去直接管理和指挥生产。如果某些企业原负责人逃跑，原则上应从本企业职工中选拔适当的人员代理。对企业中原有的各种机构和管理制度，在没有经过充分调查，以及条件未成熟之前不得任意加以改革和随意宣布废除。旧的工资标准和等级，以及原有的奖励制度、劳动保险制度也应暂时维持不变，也不应轻易在工人中提出增薪加资和减少工时的口号和忙于进行改善生活的斗争。人民政府还禁止把接收过来的官僚资本企业的物资作为战利品加以没收分配或大吃大喝，更不允许随意加以破坏。

凯歌行进的时期（1949—1956）

"不打烂旧机构"和"保持原职原薪原制度"，并不意味着在接收官僚资本企业时可以不进行任何改革，而只是说先把它完整地接收过来，尽快地恢复生产，然后根据需要和可能逐步地有计划有步骤地进行必要的改革。事实上在接收这些企业的过程中，已根据需要和可能进行了一些改革，如在这些企业中取消反动党团组织，进行反动党团员登记，逮捕反革命分子和破坏分子。对深为工人所痛恨和不满的组织与制度，加工厂的警卫科、厂警、搜身制、打骂、私刑、不合理的处罚，均予以适当的改革或坚决予以废除。没有这些改革作为保障，对官僚资本的接收工作也不可能顺利完成。

为了顺利和完整地把官僚资本企业接收过来，人民政府还要求在接收官僚资本企业的过程中必须紧密依靠企业中的工人群众，贯彻自上而下按系统接收和自下而上工人职员的审查和检举相结合的方法。一方面，人民政府责成原有企业负责人办理移交清点手续，一方面积极发动工人群众予以配合。在接收工作开始时，接收小组一般都要召开企业的职工大会和各种形式的职工座谈会，或走家串户向工人群众宣传政府的有关政策，发动他们协助和支持政府对该企业的接收。接收企业的清点委员会都吸收一定数额的工人代表参加，由他们和接管人员共同审查和清点企业的财物，检举揭发隐瞒和破坏行为。人民政府对工人群众的信任和依靠，极大地激发了他们当家作主的积极性，上海工人提出"自己当家，参加清点；人人有权，提供意见；样样要查，件件要点；认真负责，追根究底；就事论事，不讲情面；找出缺点，力求改进"。广大工人群众最了解企业的情况，他们积极投身接收工作，有力地保证了对官僚资本接收工作的圆满完成。

在依靠工人群众的同时，人民政府还要求正确对待官僚资本企业中的技术人员和管理人员，信任他们，团结他们，注意发挥他们在接管官僚资本企业及组织，恢复生产中的积极作用。人民政府指出，随着革命战争的胜利，官僚资本企业中的技术人员和管理人员的大多数是能够站到革命一边和努力为人民服务的。除个别破坏分子外，要团结他们继续工作，吸收他们和工人一道参加对企业的接收和生产管理工作。对他们和工人群众的矛盾。应作为工人阶级内部的矛盾，采用批评与自我批评的方法加以解决。

在接收官僚资本企业时，人民政府还要求把企业的接收和生产的恢复有机地结合起来，提出所接收的企业只有机器照常运转，人员照常工作，生产正常进行，才算真正完成接收任务，也才有可能开始必要的改革和建设工作。人民政府要求，在军事管制委员会接收官僚资本企业后，应迅速将所接收的企业分别交给适当的负责机关管理和经营，立即复工和进行生产。为了防止接收人员和管理人员形成两套人马，避免接收人员存在临时观点无心经营而可能造成的损失和浪费，人民政府要求在接收官僚资本企业时要通盘考虑，尽量使接收人员与以后企业的经营管理人员一致起来，使他们从接收企业的那一天起就有长远打算，就着手考虑和安排恢复生产和经营管理问题。

由于人民政府在接收官僚资本的过程中，采取和实行了一系列的正确政策，从而保证了对庞大的官僚资本接收工作进行得十分顺利和成功，大部分企业接收的比较完整，职工情绪稳定。这不仅避免了新旧政权交替中可能发生的损失和混乱，而且使这些企业在接收后不久就恢复了生产，有力地支援了人民解放战争和国民经济恢复工作。如天津市原中纺所属 7 个纺纱厂在被接管后的第二天，就有 90% 以上的职工到厂报到，立即开工生产。天津汽车配件厂、天津汽车修理厂、天津橡胶厂在电力尚未恢复的情况下，工人用人工风箱吹火生产。天津被服厂在被接管后的 15 天中，就完成了几十万条军裤的生产，及时地支援了前线。北京的官僚资本企业在解放前大部分处于停工状态，其中不少遭到战争和国民党反动派的严重破坏，但在解放后不到半年的时间内，在广大职工的努力下克服了重重困难，先后都恢复了生产，并有不少厂矿创造了历史上的最好成绩。石景山钢铁厂到 1949 年 12 月，铁产量超过了国民党统治时期最高年产量的 73%，燕京造纸厂的产量比解放前增加 263%，门头沟煤矿的产量比解放前增加 13%。在上海，解放后的第二天，市内的公共汽车 70% 恢复了行驶，水电供应、市内电话一直没有中断。

针对一些私营企业中隐藏着部分官僚股产的情况，1951 年 1 月 5 日和 2 月 4 日，中央人民政府政务院先后发布了《企业中公股公产清理办法》和《关于没收战犯、汉奸、官僚资本家及反革命分子财产的指示》。清理办法规定，公股公产清理的范围包括公私合营企业和有公股公产的私营企业。所谓公股公产，是指伪国民党政府及其经济机关、金融机关等在上述企业中的股份及财产；前敌国政府及其侨民在上述企业中的股份及财产；业经依法没收归公的战犯、汉奸、官僚资本家等在上述企业中的股份及财产，以及其他依法没收归公的股份及财产。清理办法还规定，解放后人民政府及国家经济机关、企业机关对私营企业的投资，亦应转为公股，合并处理。清理办法要求私营企业中确有公股公产尚未报告政府者，该企业的业务执行人应予本办法公布后 3 个月内，向地方政府报告，违者依法处理。通过这项工作，对隐藏在民族资本企业中的官僚资本作了彻底的清理，并将其收归人民所有。

据统计，从解放战争后期到国民经济恢复时期结束，接收的官僚资本企业有：四大家族所控制的"四行两局一库"系统和国民党省、市地方银行系统的银行2，400 多家，以及在其他银行中的官僚资本股份。国民党政府资源委员会、中国纺织建设公司、国民党兵工后勤系统、国民党政府交通部、粮食部以及其他官僚资本系统所属工业企业共计 2，858 个。其中：发电厂 138 个，采煤采油企业 120 个，铁锰矿 15 个，有色金属矿 83 个，炼钢厂 19 个，金属加工厂 505 个，化学加工厂107 个，造纸厂 48 个，纺织厂 241 个，食品企业 844 个，等等。另外，还有 10 多个垄断性的贸易公司，以及国民党政府所控制的全部铁路、机车、客车、货车和一部分船舶以及铁路车辆修造厂、船舶修造厂 30 多个。被蒋介石集团劫持到香港的原中国、中央两航空公司的 12 架飞机，在公司职工响应中央人民政府的号召起义后，也于 1949 年 11 月 9 日飞回祖国。中国银行等在海外的分支行职工也纷纷起义，宣布接受人民政府的领导。

二　肃清帝国主义在华经济侵略势力

旧中国，是帝国主义的殖民地和半殖民地。帝国主义列强通过不平等条约控制了我国的海关和对外贸易，任意向我国倾销商品和掠夺我国的资源，并依靠其所攫取的特权在我国开矿设厂，形成了庞大的帝国主义在华资本。帝国主义的经济侵略势力像一支插在中国人民身上的吸血管，野蛮地吸吮着中国人民的血汗，成为中国长期陷于穷困落后的一个重要根源。因此，当中华人民共和国成立之时，收回海关、控制外贸、肃清帝国主义在华经济侵略势力，便成为维护国家独立，发展民族经济，以及在平等互利基础上建立和发展与外国的通商贸易所不可缺少的措施。

海关，是主权国家的门户和保护本国民族经济的国家行政机关。但是在旧中国，中国的海关却长期为帝国主义所把持，成为他们对我国进行经济侵略的工具。

帝国主义对我国海关的控制是从鸦片战争开始的。1842 年，英帝国主义通过鸦片战争强迫清政府签订了《南京条约》，从中国政府手中攫取了关税协商权。1853 年，帝国主义列强串通一气，以威胁讹诈手段从腐朽颟顸的清王朝手中夺取了海关管理权。从此，一直到 1949 年国民党反动政府覆灭的 90 多年间，我国海关始终为帝国主义列强所控制，全国海关最高管理机关及各地方海关的主要职位均由外国人担任。据清末民初《海关题名录》统计，在海关内班人员中，总税务司、副总税务司、各关税务司、副税务司69人，全部是外国人；帮办244人中有219名为外国人，中国人只有25名。在外班人员中，总巡、验估、验货282人，全部为外国人；扦子手501人中，外国人为481人，中国人只有20名；海班人员中管驾驶的42人，全部为外国人。先后任总税务司的有英国人李泰国、赫德、安格联、易执士、梅乐和美国人李度。海关的内外公文全用英文，交际全用英语，他们听命于外交使团，俨若一个独立王国。帝国主义列强还把许多与海关无关但却关系到我国主权和安全的事情，如海岸巡卫、海港河道灯塔浮标的管理、航道的疏浚都纳入海关管理范围，由他们控制起来。

海关主权的丧失，使我国门户洞开，有利于帝国主义大量向我国倾销商品和廉价掠夺我国的原料。通过不等价交换，帝国主义对我国进行了骇人听闻的掠夺和剥削，严重地打击和扼杀了我国的民族工商业，加深了我国的殖民地化进程。帝国主义还以海关为基地，插手和干预我国的财政、交通、国防、内政和外交。

中华人民共和国的成立，永远结束了帝国主义对我国海关的控制和霸占，凡是设有海关的地方，在人民解放军到达之时立即予以收回。随后，按照稳重审慎的方针对旧海关进行了全面彻底的改革，把帝国主义把持的为其侵略政策服务的海关，变成为人民服务的、完全自主的、有利于新民主主义国计民生的海关。

1949年10月25日，中央人民政府设立海关总署，由政务院直接领导，统一管理全国海关。1950年1月27日，中央人民政府政务院公布了《关于关税政策和海关工作的决定》，12月14日发出了《关于设立海关原则和调整全国海关的指示》。翌年4月18日，又公布了《中华人民共和国海关法》、《中华人民共和国海关进出口税则》。根据这些指示和法令，海关总署调整和整顿了海关机关，把全国原有172个海关调整为70个，改变了旧中国对内关卡林立、对外门户洞开的局面。同时把巡卫国境海岸、管理灯塔浮标和监督一般沿海运输船舶，以及港口修浚管理等与海关无关的事务，分别移交边防、公安、交通等部门。海关总署还裁减了外籍职员，对11，000多名旧海关员工，除清洗少数劣迹昭彰的反革命分子、坏分子外，余均量才留用。对旧海关的业务制度、规章、条例，凡属维护帝国主义利益的半殖民地半封建性质的东西一律予以废止；对验估、检查、统计等仍然有用的管理技术，吸收过来加以改造。海关总署还根据政务院颁布的海关法和实际需要制定了各种业务法规30余种。经过上述大量工作，旧海关得到彻底的改造，成为名副其

凯歌行进的时期（1949—1956）

实的人民的新海关。这对于维护国家的独立，发展人民的经济，打破帝国主义的封锁禁运，沟通内外交流，促进和保障国民经济恢复工作的顺利完成，均起到了十分重要的作用。

在收回海关的同时，我国政府还对对外贸易实行了统一管理。

对外贸易，是一个国家国民经济的重要组成部分，对维护和发展本国经济具有非常重要的作用。但是在旧中国，对外贸易也完全被帝国主义所把持。早在第一次鸦片战争时，帝国主义就用武力打开了中国的门户，强迫中国政府开辟通商口岸，取得在中国开设洋行、自由贸易的权利，进而控制了我国的对外贸易，使我国的进出口贸易完全服从帝国主义的需要，成为他们掠夺我国财富的重要手段。1946年，蒋介石国民党政府与美帝国主义签订了《中美友好通商航海条约》，进一步把中国出卖给帝国主义。美国商品可以自由输入中国，美国的船舶可以在中国自由航行，中国市场完全成了美国货的天下。外货的倾销，严重地打击了中国的民族工商业和农业，加剧了中国的经济危机。据国民党统治区 20 多个大中城市的不完全统计，1946 年到 1947 年年底工商企业倒闭达 27，000 家以上，其中上海原有 3，400 家民营厂中到 1946 年年底倒闭了 2，590 家，占原有厂数的 76%；重庆 1946 年倒闭了 7，000 多家，占原有企业的 80%。上述这些企业的倒闭，虽然不能说都是由于外货倾销所致，但外货倾销所带来的冲击和困难，无疑是这些企业纷纷倒闭的一个重要原因。外货的倾销不仅打击了我国的民族工商业，也严重地打击了我国的农业。国民党统治区的农业生产，1946 年比战前 1936 年减少 8% 到 12%，1947 年减少了 33% 到 40%。由于美棉的竞销，我国主要棉产区江苏省 1948 年棉花产量大幅度减少，还不到 1918 年的 1/2。

中华人民共和国成立后，人民政府立即对对外贸易实行管制，根据自己国家的利益执行了独立自主的外贸政策，彻底改变了旧中国对外贸易的半殖民地性质。

人民政府在对外贸易管理方面，采取了以下一些措施：(1) 在没收国民党政府和官僚资本家的进出口企业的基础上，建立新中国的对外贸易机构，并确立其在对外贸易中的统治地位。(2) 建立和加强海关工作，根据国家的需要和利益，对进出口贸易实行监督和管理。(3) 对外贸易由国家统制，重要进出口货物由国家统购统销。(4) 私营进出口企业必须向国家外贸管理机构登记，服从国家管理。(5) 实行货物进出口制度，经许可后方可办理货物进出口手续。(6) 国家禁止进出口的货物，任何人不得经营。(7) 进出口业务一般采取结算方式，外汇由国家统一管理。

（8）在平等互利的基础上与外国政府和人民恢复与发展贸易关系，等等。

新中国独立自主的对外贸易事业的建立，是我国对外贸易史上的巨大变革。它对打破帝国主义对我国的封锁和禁运，发展与友好国家的贸易，活跃和支持国内经济，促进我国国民经济的恢复与发展起到了重要的作用。

建国初期，人民政府还对外国资本在华企业按照不同情况进行了处理。

大陆解放时，在我国还存在着 1,000 余家外资企业，拥有 12 万余职工，其中包括煤矿、石油、造船、机器、发电等重工业企业和卷烟、肥皂、纺织、制药、食品等轻工业企业，还有一些城市公用事业，以及银行、进出口贸易、码头、仓库、房地产等企业。它们的大部分，属于英、美两个国家的资本。

外资在华企业，大都是伴随帝国主义对我国的经济侵略和依靠各种特权发展起来的。它们是帝国主义侵华的产物和殖民主义的特权机构。它们不仅通过掠夺性的贸易和对工人的残酷剥削榨取我国人民的血汗，而且还担负着控制我国财政经济命脉，以至政治、军事、外交大权，把我国变为帝国主义的殖民地的特殊任务。毛泽东在《中国革命和中国共产党》一书中指出："帝国主义列强还在中国经营了许多轻工业和重工业的企业，以便直接利用中国的原料和廉价的劳动力，并以此对中国的民族工业进行直接的经济压迫，直接地阻碍中国生产力的发展。"他们还"在中国开设银行，垄断了中国的金融和财政。因此，它们不但在商品竞争上压倒了中国的民族资本主义，而且在金融上、财政上扼住了中国的咽喉"①。

中华人民共和国成立后，根据共同纲领的规定，我国人民政府对在华外资企业的政策是：凡依靠不平等条约所取得的一切特权必须取消；有关国家经济命脉和足以操纵国计民生的事业必须由国家统一经营；一般企业在服从人民政府法令的条件下允许其存在，但必须接受我国政府有关部门的管理和监督。

然而，由于这些外资企业过去完全是依靠帝国主义在我国的特权发展起来的，在人民政府取消了帝国主义的特权，收回海关，控制对外贸易，实行外汇管理，以及对许多重要物资实行统购统销和计划管理以后，它们就失去了往日的优势和存在的条件。特别是以美国为首的帝国主义国家对我国实行封锁禁运以后，首先是封锁和打击了这些企业，把它们围困和孤立起来，使它们在生产和经营上遇到了无法克服的困难而陷于停顿。有的因经营不下去申请歇业，有的自动放弃经营，有的要求

---

① 《毛泽东选集》第 2 卷，人民出版社 1991 年版，第 629 页。

转让给中国政府。对它们的请求，人民政府根据不同情况予以分别处理，有的批准其歇业，有的由政府代管，有的通过收购转为我国所有。如英资开滦煤矿，维持不下去了，由我国代管。颐中烟草公司、中国肥皂公司、天津科顺德饭店等先后通过转让，收归我国有关部门经营。

1950 年 12 月 26 日，美国政府继武装侵占我国领土台湾后，又悍然宣布管制在美的我国公私财产。这是美国政府对我国人民财产的野蛮掠夺。为了回击美帝国主义的野蛮行径，防止其在我国境内从事经济破坏和危害我国人民的利益，中央人民政府政务院于 12 月 28 日发布命令，对在我国境内的美国政府和美国企业的一切财产实行管制，进行清查，并冻结美国在华的公私存款。12 月 30 日，华东军事管制委员会首先军管了美资上海电力公司及美资上海电话公司，分别组织临时管理委员会对上述两个企业进行管理。随后被实行管制的美国企业还有：友邦银行、美国商业银行、德士古汽油公司、美孚火油公司、海宁洋行、海京洋行、慎昌洋行、奇异安迪生电气公司、远东酒精炼气厂、赫克生汽车公司、美国 X 光医疗用器公司、科发药房、沙利文糖果公司等 115 家银行和企业。北京、天津、广州、南京、汕头等地政府也对该地区的美国企业实行了管制。

1951 年 4 月 7 日，英国政府追随美国政府的反华政策，劫夺我国在香港的 15，000 吨永灏号油轮。为了回击英国政府对我国财产的侵犯，4 月 30 日，中央人民政府政务院下令征用英国在我国开设的亚细亚火油公司的财产。

到 1952 年年底，我国政府通过管制、征用、代管、转让等方式，使有关计民生和带有垄断性的外资企业，如煤矿、石油、造船、机器等重工业全部转归我国所有，内河航运设备也全部收回。公用事业，除个别外也基本上得到处理。轻工业中最大的卷烟、肥皂等企业也转归国有。占外资 70% 以上的贸易、金融、运输等带掠夺性的企业，均允许其停业清理。据有关部门统计，到 1952 年年底，外资在华企业已由建国时的 1，192 个减至 563 个，所属职工由 12.6 万人减至 2.3 万人，拥有资产由 12.1 亿元减至 4.5 亿元。

建国初期，我国政府通过收回海关、统制外贸和对外资在华企业的清理，彻底地肃清了帝国主义在我国的经济侵略势力。这是建国初期在经济战线上的一次比较重要的战斗。它有力地维护了我国的独立和主权，保护了我国的利益，壮大了社会主义国营经济，为在平等互利的基础上与世界各国建立和发展经济往来关系，促进我国国民经济的恢复和发展创造了条件。

三　社会主义国营经济的建立

社会主义国营经济，是全民所有制经济，一般说来它是在社会主义革命过程中对私人资本主义经济国有化的结果。但在我国则不同，我国的社会主义国营经济，是在继承和发展根据地、解放区的公营经济和通过民主革命没收官僚资本，以及将某些外资企业转归国有的基础上建立和发展起来的。

全国解放前，在抗日根据地和解放战争时期的解放区，就已经存在一些公营企业，它们是中国最早的社会主义性质的经济。

在艰苦的战争岁月，中国共产党和根据地军民为了支援艰巨的革命战争，打破敌人的经济封锁，满足生活需要，依靠自力更生、艰苦奋斗的精神创办了一批公营工业和商业。早在井冈山根据地时期，红军就建立过修械所和被服厂。此后，中央根据地和其他根据地都相继建立了一批兵工厂、子弹厂、炸弹厂、被服厂、纺织厂、炼铁厂，一般拥有工人数百人以至数千人。据 1934 年 3 月的不完全统计，中央根据地有较大的军需工厂 33 座。川陕苏区所属的兵工厂不但规模较大，而且内部组织也比较严密，下设有翻砂厂、烘药房、子弹厂及枪房，拥有工人千余人，每天能造枪 120 支，子弹 1 万发。另外还办有两个钢铁厂，一个在万源，一个在南江，各有工人数百人。除军需工业外，有的根据地还经营了一些民用工业。如川陕苏区开凿了一批盐井，"组织万余工人，无分昼夜熬盐"。闽浙赣苏区经营了若干煤矿，其中乐平煤矿的职工达到 2 万余人。

到抗日战争时期，随着抗日根据地的巩固和扩大，根据地的公营经济得到进一步的发展。1938 年，陕甘宁边区政府先后建立了纺织厂、造纸厂、被服厂、农具厂和制药厂。1940 年为了打破国民党顽固派对根据地的封锁，陕甘宁边区出现了一个建设工业的热潮。到 1941 年，公营工业中已有纺织厂 36 个，造纸厂 12 个，木工厂 10 个，化学厂 8 个，机械修理厂 6 个，印刷厂 3 个，此外还有石油、瓷窑、皮革、制毡、面粉、麻绳、打铁等工厂，总计有 97 个工厂，职工 7，000 余人。为了使经营更加合理，避免浪费，1942 年曾将原有 97 个工厂合并调整为 62 个。到1943 年，在巩固提高的基础上又发展为 82 个，在经营规模、机器设备、技术水平，以及产品的数量和质量等方面都比以前有较大的发展和提高。边区所需要的煤炭、石油、工具制造、火柴基本上达到自给，布匹、纸张也可以达到半自给。1944 年，

凯歌行进的时期（1949—1956）

各公营工厂的工人已达到 12，000 人，机器制造业已开始为印刷、造纸、纺织、肥皂等工厂配制机件，使以往许多手工操作逐步向机械化和半机械化过渡。同时，公营贸易事业也有了很大发展。1942 年，边区政府物资局所属土产公司已有 8 个分公司，盐业公司有 123 个骡马店，陇东联合商店也在各地设立了分支机构。在其他根据地，公营经济也有较大的发展。晋绥区 1945 年有纺织厂 6 个，年产布 54，600 匹。山东根据地 1945 年各类公营工厂达到 88 个，其中有 17 个染织厂、9 个丝绸厂、7 个肥皂厂、7 个造纸厂、8 个化学工厂。此外，还有金矿、煤矿，矿工约有 1 万余人。1944 年产金 1，000 余两，产煤 1，800 万斤。

抗日战争胜利后，解放区拥有若干中等城市和工矿区，如烟台、张家口、临清、临沂、长治、安东、旅大等城市和淄博、焦作、峰峰、龙烟等矿区，在接收日伪资产的基础上公营经济得到进一步发展，并拥有一批现代化工业企业和交通运输业，各解放区都陆续建立了或扩大了金融机关。

全国解放后，各解放区的公营企业自然转归中华人民共和国所有，转变为社会主义性质的国营企业，成为新中国社会主义国营经济的来源和基础之一。这些企业虽然数量不多，规模不大，但从历史渊源来说，它们是社会主义国营经济的最初最早的前身。它们在战争年代对支援革命战争，打破敌人的经济封锁，满足根据地解放区军民生活需要，以及对夺取民主革命的胜利和创建中华人民共和国都发挥了非常重要的作用。它们还为人民政府积累了管理经济的经验，培养了一批经济管理人才，这对建国初期没收和接管官僚资本，建立和管好社会主义国营经济具有不可忽视的作用。

随着解放战争的节节胜利和中华人民共和国的建立，在中国人民解放军所到之处，立即将国民党反动政府和官僚资产阶级所控制的工厂矿山、银行邮电、铁路航运、码头仓库，以及对内对外贸易机构全部收归人民政府所有，把它们转变为归全体人民所有的社会主义国营经济。随后，又通过征用、代管、征购、管制、转让等方式，把一部分帝国主义国家在华企业转为我国政府所有。

在旧中国，由于官僚资本和帝国主义资本控制了国家的主要经济命脉，对它们的没收，使社会主义国营经济集中了国民经济中绝大部分近代化的大工业，控制了社会生产力最先进最强大的部分，这不仅使社会主义国营经济得到空前的发展和壮大，而且树立了自己在国民经济中的领导地位。据 1949 年统计，社会主义工业的固定资产占全国工业的固定资产的 80.7%。在全国大型工业的总产值中，社会主义工业所占的比重为 41.3%。在全国生产资料生产（包括手工业）中，社会主义工业占 48%。在全国主要工业产品的产量中，社会主义工业所占的比重如下：电力产量为 58%，原煤产量为 68%，生铁产量为 92%，钢产量为 97%，机器及机器零件产量为 48%，水泥产量为 68%，棉纱产量为 49%。同时，社会主义国营经济还控制了全国的铁路和其他大部分现代化运输工具，以及绝大部分银行业务和对外贸易。许多重要的物资和工业原料，如粮食、棉花、煤炭、钢材、铜、钨、锡等，均为社会主义国营经济所控制。

社会主义国营经济的建立，在中华人民共和国的发展史上具有十分重要的意义。社会主义国营经济，是以生产资料的全国人民所有制为基础的，生产资料和产品归代表全体人民的国家占有和支持的经济。它的建立，首先为新生的中华人民共和国奠定了可靠的经济基础，成为新中国发展生产，繁荣经济，建国立业的主要物质基础，这就使中华人民共和国在建国初期的艰苦日子里能够依靠自己的力量，战胜帝国主义的经济封锁和战争威胁，保卫了国家的独立和民族的尊严。其次，社会主义国营经济的建立，使中华人民共和国能够有力量和有条件对脱胎于半殖民地半封建社会的具有浓厚的殖民地色彩的国民经济进行必要的调整和改组，把它由半殖民地半封建的轨道转向新民主主义轨道，使各种经济成分（包括合作社经济、国家资本主义经济、私人资本主义经济，以及农民和手工业者的个体经济）沿着新民主主义轨道，在国营经济的领导下分工合作，各得其所，促进了整个社会经济协调和稳步的发展。再次，社会主义国营经济的建立，使人民政府控制了国家经济命脉和足以操纵国计民生的事业，牢牢地掌握了国民经济的领导权，能够调整社会需求，稳定市场物价，打击投机资本，扶持正当工商业，组织和发展工农业生产，迅速恢复了被战争破坏的国民经济，并为有计划的经济建设和逐步向社会主义过渡奠定了经济基础。

四　与投机资本的一场较量

中华人民共和国成立之后，人民政府还面临着一个严重的社会问题，即市场不稳，物价猛涨，严重地影响着社会秩序和人民民主专政的巩固。从 1949 年 4 月到 1950 年 2 月，不到一年的时间里就出现了四次全国性的涨价风。以上海为例，批发物价指数如果以解放后的第一个月即 1949 年 6 月为 100，那么到 1950 年 2 月即

凯歌行进的时期（1949—1956）

猛增为 2，097.9，上涨了约 20 倍。

建国后，物价如此猛烈上涨，原因是多方面的。

第一，通货不稳、物价上涨是国民党政府 20 多年腐朽统治造成的严重社会问题，新中国成立后很难在短时期内予以消除。

国民党政府在其统治期间，为了维持其反动统治和搜刮人民的财富，实行了通货膨胀政策。从 1937 年 6 月到 1948 年 8 月的 11 年中，国民党政府的货币发行额由 14.1 亿元增至 6，636，946 亿元，猛增 470，205 倍。随之而来的是货币贬值，物价猛涨。11 年中，上海市物价上涨 4，927，000 倍。1948 年 8 月，国民党政府改法币为金圆券，进一步引起通货膨胀，物价上涨。到 1949 年 5 月，通货发行额比 1937 年 6 月增加 1，400 多亿倍，全国物价上涨 85，000 多亿倍，上海物价上涨 368，000 亿倍。国民党统治下，纸币贬值和物价上涨的速度，都是举世罕见的。如果说 100 元法币在 1937 年可以买两头黄牛的话，那么到 1947 年就只能买到一个煤球，到 1949 年 5 月连一粒大米也买不到了。由于国民党政府货币不断贬值，毫无信誉，黄金、银元、外币便成为市场重要的流通手段，囤积商品、倒卖金银、外币更成为最赚钱的事业。社会上应运而生了一大批专门从事投机的商人和行业，他们手中握有大量投机资本，专门从事金银、棉纱、粮食等重要商品的囤积居奇和倒买倒卖，从中牟取暴利。仅上海一地，就有二三十万人从事"踢皮球"、"抢帽子"等商业投机活动，专门从事投机倒把活动的纱号有 360 家，棉布号 2，371 家，糖行 644 家，还有数以百计的地上、地下钱庄。在"工不如商，商不如投（机）"的情况下，许多工厂商店也卷入投机的行列，以大部资金进行投机生意。这种半殖民地半封建社会经济畸形发展造成的社会问题，为时已久，积习太深，显然在建国后难以立即消除的。

第二，建国初期国家财政困难，通货发行过多，也是造成物价上涨的一个重要原因。

建国初期，由于战争还在进行，以及国家负担的公教人员的猛增和重点建设的需要，国家的财政支出急剧增加；而这时的国家财政收入却由于一切尚未走上正轨，数额十分有限，于是在收入和支出之间出现了较大的亏空。为了弥补财政赤字，国家不得不暂时采用增发通货的措施。人民币的发行额如果以 1948 年为基数，到 1949 年 11 月就增加到 11 倍。这样做的结果，虽然一时满足了财政支出的需要，但却不可避免地带来币值大跌，物价上涨的恶果。1949 年 11 月到 1950 年 1 月，人民币发行额由 20，000 亿元增至 41，000 亿元，增长一倍，结果也引起同期物价上涨 40%，上海的粮价上涨 80%。

第三，投机商人乘国家困难之机，兴风作浪，推波助澜，进一步加剧了市场的混乱和物价的波动。

仅仅由于货币发行过多，物价上涨的速度和幅度还是可以控制的。建国初期几次全国性的市场波动和物价的猛烈上涨，其直接原因则是由于投机商人的作怪所致。建国初期在社会上还存在着一批投机商人，他们旧习难改和低估了人民政府的力量，妄图继续由他们操纵市场，浑水摸鱼，牟取不义之财。1949 年春，华北地区春旱，青黄不接，市场粮食比较紧张，投机商人认为有机可乘，大肆抢购套购粮食，引起市场粮食价格急剧上涨。4 月 4 日北京市场每袋面粉 1，800 元，到 4 月 30 日即上涨为 2，800 元，并很快波及华中、山东、苏北等地。6 月，由于帝国主义和台湾国民党对上海进行封锁和轰炸，江浙一带又遭水灾，上海投机商人先是哄抢和囤积粮食，随后又抢购囤积纱布等其他人民生活必需品，再次掀起涨价风。从 6 月 20 日到 7 月 21 日一个半月中，上海米价猛涨 4 倍，纱价上涨 1 倍，同时影响到整个华东和华北、中南、华南等地。10 月，由于国家货币发行过多（该月的总发行量为 7 月的 4 倍），市场物资供不应求，于是上海、北京等地投机商人串通一气，南北呼应，通过电话联系，共同行动，集中资金抢购粮食、棉纱、五金、化工等商品，造成上述物品的价格每天以 20% 到 30% 的速度向上猛涨，形成了建国后范围最大、来势最猛的一次涨价风。在此期间，上海市人民政府曾在一天之内抛售大米 991 万斤，为平日市场成交量的 10 倍，但仍如杯水车薪，无济于事。到 11 月底，一担米的价格已上涨为 400，000 元，为 7 月份的 5 倍多。从 10 月上旬到 11 月下旬，上海棉纱价格上涨 3.8 倍，棉布价格上涨 3.5 倍。

市场不稳，物价猛涨，破坏了社会生产和流通的正常秩序，威胁着各阶层人民的生活，加重了建国初期国家在财政经济方面的困难，成为建国初期稳定局势，尽快恢复和发展国民经济的一大障碍。由投机资本家挑起的一场较量，已经是势所难免了。

为了打击投机资本，控制市场，稳定物价，人民政府在建国初期和投机资本进行了两次较大的斗争，即"银元之战"和"米棉之战"，并取得了全胜。

解放后不久，各地军管部门和人民政府都颁布了金银外币管理办法，禁止以金银计价、流通使用和私相买卖，统由中国人民银行收兑。同时宣布，中国人民银行

凯歌行进的时期（1949—1956）

发行的人民币为唯一合法的货币。但社会上的投机商人对此置若罔闻，公然蔑视政府法令，金银投机活动有增无减。上海投机商人宣称：解放军进得了上海，人民币进不了上海。他们公然在大街上兜售银元，拒用人民币。极为猖獗的金银投机活动，严重地冲击和动摇了人民币的地位，带动了市场物价的急剧上涨。据有关统计，上海从解放的那一天（5 月 17 日）算起，到 6 月 9 日短短的 13 天中黄金价格上涨了 2.11 倍，银元价格上涨了 1.9 倍，市场物价也随之上涨了 2.7 倍。6 月 5 日，政府曾向上海市场集中抛出银元 10 万枚，但立即被吞没，银元价格仍继续上涨。人民政府一再向金银投机者发出劝告，劝告他们赶快洗手不干，亦无济于事，他们把政府的规劝全当作耳旁风，依然我行我素。在劝告无效的情况下，各地政府在中央统一部署下采取了断然措施。6 月 10 日，上海市人民政府出动军警查封了金银投机大本营"证券大楼"，逮捕法办了首要投机分子 238 名。武汉市人民政府逮捕银元投机分子 200 余人，查封了两个专门从事金融投机的大钱庄。广州市人民政府取缔了从事投机的地下钱庄 87 家和捣乱金融市场的"剃刀门楣"（即街头兑换店）377 家。这就是解放初期著名的"银元之战"。在打击银元投机的同时，人民政府还加强了对私营金融机构的管理和监督，严格取缔专门从事金融投机的"地下钱庄"及其他非法信用机构。通过以上措施，基本上制止了金银投机活动，并将私营钱庄完全置于国家控制之下。这对巩固人民币的地位，稳定市场起到了重要的作用。上海在查封"证券大楼"的第二天，即 6 月 11 日，每块银元的价格由 2,000 元人民币掉到 1,200 元。大米价格下跌一成左右。第三天（6 月 12 日），米价又下跌一成，食油价格下跌一成半。

打击投机资本，决非一次斗争可以奏效的。"银元之战"以后，投机资本家并不甘心认输，他们认为"银元之战"是人民政府靠政治力量取胜的，他们又将投机目标转向粮食、棉纱、棉布、煤炭市场。在他们的哄抬下，全国物价一日三涨。上海从 6 月 21 日到 7 月 21 日，米价上涨 4 倍，纱价上涨 1 倍。从 10 月上旬到 11 月下旬，米价又上涨 3 倍，纱价上涨 3.8 倍，布价上涨 3.5 倍，煤油、火柴也上涨 2 倍。这时国民党特务叫嚣："只要控制了'两白一黑'（大米、棉纱、煤炭），就能置上海于死地。"

投机商人的猖獗活动，引起了中央人民政府的高度重视，在经过周密的调查研究之后，决定依靠强大的社会主义国营经济，在全国范围内调运和集中足够的粮食、棉纱、棉布等重要物资，选择适当时机集中抛售，给投机商人以毁灭性打击。

在平息投机商人掀起的第三次，也是来势最猛、规模最大的一次涨价风中，人民政府从 11 月 15 日到 30 日，每日从东北调运 1，000 万至 1，200 万斤粮食入关，加紧华中棉花东运，把陇海沿线积压的纱布运至西安。在此期间，天津先后从东北调集粮食 6，000 万斤，准备布匹 35 万匹，棉纱 5，000 件。上海准备棉布 110 万匹，棉纱 28，000 件。汉口准备棉布 30 万匹，棉纱 8，000 件，西安准备棉布 40 万匹。在经过周密布置和充分准备之后，选择市场物价达到高峰之机，于 11 月 25 日在全国各大城市统一行动，集中抛售。大量物资涌入市场，使投机资本家措手不及，吞食不下，26 日市场物价立即下降。连续抛售 10 天后，粮、棉等商品价格猛跌 30%到 40%。投机商人哄抬物价的阴谋破产，竞相抛售存货，但是市场已经饱和，愈抛愈贱，愈是不易脱手。不少投机商人是借高利贷抢购囤积的，结果不仅所囤货物亏本，而且还要付出很高的利息，两面挨耳光，许多投机商因亏累过多不得不宣告破产。许多私营钱庄也因贷给投机商人的款项无法收回，宣告倒闭。这就是解放初期有名的"米棉之战"。从此，投机商人已一蹶不振，很难形成气候了。

为了制止和打击投机商人的违法活动，人民政府还依靠行政力量加强对市场的管理，严禁囤积居奇和买空卖空。各地人民政府陆续公布了一系列有关私营工商业和交易市场的管理办法和条例，规定私营工商业必须向有关部门登记，未经审查批准者一律不许开业，建立市场交易管理机构，设立交易员，实行凭证入场的制度；交易市场内一律现金交易，禁止买空卖空和场内转账；对市场价格实行核价议价制度，禁止哄抬物价；对大宗采购实行管理，无论公私均须登记；对投机倒把扰乱市场者，依法严加处理；等等。人民政府言出法随，1949 年 11 月，北京市人民政府逮捕和严惩了 16 家投机粮商，对投机商人起到了威慑作用。

为了稳定物价，人民政府还采取许多办法紧缩通货。主要措施有：发行一亿份人民胜利折实公债；健全税务机关、加强税收；开展折实存款，大力回笼货币；除特许外暂时停止一切贷款，并加紧催收到期贷款；暂停支付工矿投资和收购资金（少数特许者除外）；地方经费可以迟发者一律迟发；等等。这些措施有效地减少了市场货币流通量，对扼制投机商人的活动，平稳物价发挥了重要作用。

打击投机资本、平稳物价的斗争，在人民政府的精心指导和全国人民的拥护支持下取得全胜，从 1950 年 3 月开始，全国物价逐渐向下浮动，并日趋稳定，一举结束了在我国延续了十多年的物价猛烈上涨、市场混乱的局面。打击投机资本、平稳物价斗争的胜利，为获得一个良好的社会环境，保证工农业生产的正常进行，促进国民经济的恢复和发展创造了条件。平稳物价斗争的胜利，也给资产阶级以深刻教育，他们对人民政府不依靠政治力量能在短期内稳住物价表示折服。毛泽东主席高度评价了这次斗争，认为它的意义不下于淮海战役。

五　统一财经管理

打击投机资本斗争的胜利，赢得了全国物价的趋向稳定。但是，这种稳定是缺乏坚实基础和很不巩固的。因为建国初期物价波动的根本原因在于国家财政存在着赤字，人民币发行过多，而这个问题当时并未得到解决，因此物价随时还有再度发生波动的可能。为了从根本上稳住物价，必须解决国家财政的亏空和消除赤字。

建国初期，国家财政拮据，入不敷出，一个根本原因在于财政管理制度的不健全和不统一。当时国家财政收入的大部分，如公粮、税收等都控制在省、地、县地方政府手中，而国家的主要支出，如军事费用、建设投资、救济金等却完全由中央人民政府负担。国家财政收支的脱节，主要收入在地方，主要支出在中央的情况，势必造成国家财力的分散和中央财政的亏空。这种财政分散经营和分散管理的格局形成于抗日战争时期。当时，各抗日根据地处于分散的被敌人分割的状态，为适应这种状况，在中央统一政策的条件下各根据地的财政实行分散经营和分散管理，自成系统，自理收支。这种管理方法在当时是合适的，它对于支援革命战争，巩固革命根据地，以及夺取民主革命在全国的胜利都起到了积极的作用。但是在建国后情况发生了根本的变化，这时大陆已经完全解放，中央人民政府已经成立，关内货币也在 1949 年完全统一，电讯、汇兑、交通运输畅通无阻，被分割的状况已不复存在。在新的情况下继续固守过去的格式，必然分散国家有限的财力、物力，架空中央人民政府，财政赤字、通货膨胀、市场不稳、物价上涨等一系列问题也就难以从根本上得到解决。为了减少和消灭财政赤字，从根本上解决通货膨胀和市场不稳的问题，改进国家财经管理体制就成为一个十分重要的问题。

1950 年 2 月，中央财经委员会召开了全国财政会议。会议着重讨论了财经管理问题。会议认为，国家在财政上的困难在很大程度上是由于国家的财经制度不健全，现金管理、物资管理制度还未建立，特别是财政预决算制度和收支系统还不统一，各地自收自用的现象普遍存在，使得本来有限的财力、物力得不到有效的使用。为了迅速克服国家在财政经济上的困难，会议决定对全国财政经济工作实行统一管理，把国家财政收入的主要部分集中到中央，全国物资调动统一归中央贸易部掌握，现金的调动统一于中国人民银行。统一财经管理工作的目的，是把分散在各地的财力、物力集中起来，统一管理，统一使用，以实现国家财政收支平衡，物资供求平衡，现金出纳平衡，从根本上解决财政赤字、通货膨胀、市场不稳和物价上涨的问题，建立正常的经济秩序，为争取国家财政经济状况的根本好转创造一个良好的社会环境。会议还讨论了节约支出，整顿收入的问题，决定统一编制，改变编制庞大，人浮于事的状况，要求一切单位节省一切可能节省的开支，反对浪费行为；同时还决定整顿税收，清理仓库，增加政府的收入和可利用的物资。

经过一系列准备后，中央人民政府政务院于1950年3月3日发出了《关于统一国家财政经济工作的决定》，对全国财政收支、物资调度、现金使用实行统一管理。决定要求各级干部本着部分服从全体、地方服从中央的原则，以积极负责的态度做好这项工作。同日，中共中央向各级党委发出了《关于统一国家财经工作的通知》，要求各级党委必须用一切办法保证国家统一财经管理工作决定的全部实现。

为了保证中央人民政府关于统一财经工作的决定得到切实贯彻执行，中央人民政府政务院还陆续做出一些决定，主要的有：《关于统一管理1950年度财政收支的决定》、《关于全国仓库物资清理调配的决定》、《关于国家公粮收支、保管、调度的决定》、《关于全国国营贸易实施办法的决定》、《关于实行国家机关现金管理的决定》，等等。

统一国家财政经济工作，是中央人民政府在建国初期为实现国家财政经济状况好转，巩固人民民主专政所采取的一项重要措施。它的主要内容包括三个方面：

第一，统一全国财政收支。

政务院规定，国家财政收支统一于中央人民政府。税收制度、财政收支程序、供给工资标准、行政人员编制及全国总预决算，均由中央人民政府财政部编制，各大区政府和各省人民政府根据中央人民政府委员会批准的全国财政收支总概算和各地具体情况，编制本大区、本省人民政府的全年财政收支预算及分月、分季的财政收支计划，报中央人民政府财政部核定后执行，并按月按季报告执行情况及年度决算。

关于财政收入，政务院规定，公粮除5%到15%的地方附加税外，均需按中央规定的税则、税率征收，并于征收后半月全部归入中央公粮库。税收，除批准征收的地方税外，所有关税、盐税、货物税、工商税的全部收入，均需逐日解缴中央金库。所有中央人民政府经营之企业，须将折旧金和利润的一部分按期解缴中央人民政府财政部（其解缴总数及按期缴出的数量由中财委规定）。以上各项收入统归中央统一使用，没有中央人民政府的支付命令，任何人不得动支。

关于财政支出，政务院指出，必须严格实行厉行节约的原则。政务院决定成立全国编制委员会，负责制定和颁布统一的各级军政机关人员、马匹、车辆的编制和供给标准，并核实现有人员。军队和地方都要按照编制和供给标准编制预算，经批准后按期支付现金。国营企业投资、文教社会事业费的支付，严格按照中央财经委员会批准的各期支付数量按期支付。

第二，统一全国贸易和物资调动。

为了把分散的物资集中起来变为有效的力量，有计划地调节国内供求，控制市场和组织对外贸易，政务院决定统一全国贸易和物资调动。国营贸易机构的业务范围的规定、物资的调动均由中央贸易部统一管理和指挥，非经中央贸易部批准，其他部门和下级贸易部门均不得改变中央贸易部规定的业务计划。为了适应统一贸易和统一物资调动的需要，中央贸易部陆续组建了一批专业公司，有中国粮食公司、花纱布公司、油脂公司、茶叶公司、盐业公司、土产公司、猪鬃公司、蛋业公司、百货公司、皮毛公司等等，它们在中央贸易部的领导下专门负责某一方面商品的收购、加工和运销。

政务院还决定成立全国仓库物资清理调配委员会，所有库存物资，均由中央财委统一调度。

第三，统一全国现金管理。

为了有计划地调节现金流通和节约现金的使用，避免市场货币过多，政务院决定对国家机关和公营企业实施现金管理。凡一切公营企业、机关、部队及合作社所有现金和单据，除规定准予保留的限额外，其余必须存入中国人民银行，不得超额留存，更不得存入私营钱庄，或对私人贷款。各公营企业、机关、部队及合作社之间的相互往来，均须使用转账支票，埠际之间往来，须经中国人民银行汇拨，禁止使用和携带现金。政务院还要求，在条件成熟后，各公营企业、机关、部队及合作社都要按期编制现金平衡收支计划，以便使现金流转更加有计划。

中央人民政府关于统一国家财政经济工作的决定及其所采取的一系列措施，受到了各级地方政府和全国人民的拥护。早在 2 月全国财政会议之后，各大区、各省都先后召开了专门会议，传达和讨论中央关于统一国家财政经济工作的决定，统一思想，提高认识，同时拟定本地区贯彻中央决定的具体方案。中央关于统一国家财政经济工作的决定发布后，他们立即组织本地区干部予以贯彻和执行。全国人民也积极响应中央人民政府的号召，努力生产，厉行节约，农民踊跃缴纳公粮，工商业者积极完成纳税任务。国家发行的第一期 1 亿份人民胜利折实公债，也很快被全国人民认购一空。

在中央人民政府的正确领导和全国人民的努力下，统一国家财政经济工作迅速收到成效，国家财政经济状况明显开始好转。

统一国家财政经济工作以后，国家财政收入迅速增加，支出相对减少，收支逐渐接近平衡，财政赤字大大缩小。在财经工作统一前的第一季度，各大区上缴中央的财政数字为全年应上缴数的 7.9%，而中央补助地方的数字则为全年计划补助数的 43%，财政收入任务没有完成，支出却超过概算，货币继续大量发行，财政预算大有被突破的危险。进入第二季度，由于统一财政经济工作的实行，国家财政情况大有好转。这一季度，各大区上缴中央的财政数字上升为全年上缴数的 39.9%，中央补助地方的数字则下降为全年补助数的 14.7%。到这一年的年底，全年总收入超过原概算的 31.7%，其中公粮收入超过 4%，城市税收超过 62.9%，关税超过 83.6%，盐税超过 33%，其他收入超过 41%。由于 10 月爆发了抗美援朝战争和其他原因，这一年总支出虽然超过原概算 9.3%，但全年收支相抵，财政赤字仍大大缩小，由原概算的 18.7%减少为 4.4%，当年财政收支基本持平。银行透支也比原概算有很大降低，国家已不再依靠用大量发行人民币的办法来维持开支了。

统一国家财政经济工作，也使国家有可能在全国范围内调运重要物资，保证市场供应和物价的稳定。1950 年上半年，在中央贸易部的统一指挥下，国家从东北、中南、西南调运了 45 亿斤以上的粮食供应上海、华北和皖北，使上海和北京有可能在将近半个月的时间内每天持续向市场抛售 500 万斤粮食，有力地扼制了投机资本，保证了市场物价的稳定。同时中央贸易部还从华北调运大批煤炭到上海、广州，从华北调运大批食盐到中南，从上海、天津、青岛调运大批纱布到内地，满足了国家和人民在生产和生活中的需要。

由于货币稳定，主要物资供应得到保证，从 1950 年 3 月以后，全国物价基本保持平稳。全国批发物价的指数如果以 3 月为 100，4 月则为 75%，5 月为 69%，12 月为 85.4%。又据北京、上海、天津、广州、武汉、重庆 6 大城市的统计，以 1949 年 12 月 32 种主要商品的价格为基数，1950 年 1 月的指数为 121.2%，2 月为

凯歌行进的时期（1949—1956）

177.3%，3 月为 210.9%，4 月为 173.4%，5 月为 154.6%，6 月为 163.3%，7 月为 178.2%，8 月为 182.6%，9 月为 185.2%，10 月为 197.7%，11 月为 201.7%，12 月为 199.7%。全年平均指数为 178.5%。7 月以后的物价上升，是因美帝国主义发动侵朝战争，某些进口物资的价格稍有波动，但人民生活必需品的价格基本保持稳定。由于物价基本稳定，人民银行的存款激增，超过了货币发行额。人民群众再也不必为物价一日三涨提心吊胆，不必有钱就去抢购货物，而是可以放心地把暂时不用的钱存入银行。

由于国家财政经济状况的初步好转，有力地支持了在大陆肃清国民党残余武装的战争和在朝鲜战场上的抗美援朝战争的胜利进行，同时也使国家有可能拿出一定数量的资金和物资恢复被战争破坏的工业生产和交通运输事业，以及开始有重点的经济建设。1950 年用于水利、铁路和钢铁工业的重点建设投资为 12.5 亿元，占财政总支出的 18.3%。

北京市郊区土地改革时，农民在丈量土地。

第三章
争取国家财经好转的努力（一）

建国初期国内矛盾错综复杂，工作千头万绪，但处于中心地位的任务是恢复被战争破坏的国民经济，实现国家财经状况的基本好转。早在七届二中全会上中共中央就提出逐渐实现工作重点转移的问题，提出如果不能很快学会经济工作，并获得确实成绩，"那我们就不能维持政权，我们就会站不住脚，就会失败"。1950年6月，中共中央又召开三中全会专门研究了这个问题，明确提出在3年时间内全国人民的中心任务是为争取国家的财政经济状况的基本好转而斗争，并制定了完成这一任务的工作纲领、战略方针和各项具体政策，率领全国人民紧张而有秩序地开展了恢复国民经济的工作。

一　实现财经好转的纲领

从1949年中华人民共和国成立到1950年上半年，在中国共产党和中央人民政府的组织和领导下，经过全党和全国人民的紧张战斗和艰苦努力，在军事、政治、经济各条战线上都取得了重大胜利。从1949年10月到1950年6月，中国人民解放军在追歼国民党残余军事力量的战争中，共歼敌200余万人，解放了除台湾、西藏，以及若干沿海岛屿以外的全部国土。随后，在清匪反霸和镇压反革命的斗争中，人民解放军和公安机关共剿灭政治土匪90余万人，破获了一大批暗藏的反动特务组织和特务分子，使社会秩序得到初步安定。继中华人民共和国中央人民政府成立以后，各级地方人民政府陆续建立，各地并先后召开了人民代表会议，加强了人民政府和人民之间的联系，使新生的人民民主专政得到进一步的完善和巩固。在外交上，中华人民共和国成立后，立即得到苏联、东欧各人民民主国家和若干资本主义国家的承认，并先后和我国建立了外交关系。中央人民政府在 1950 年取得打击投机资本、平稳物价斗争的胜利后，又雷厉风行地对全国财政经济工作实行了统一领导和统一管理，初步实现了国家财政收支平衡，制止了通货膨胀，从根本上稳住了物价，使国家财政经济状况开始向好的方面转变。在此期间，人民政府还组织了大规模的对农村灾民和城市失业人员的救济和安置工作。在合理调整工商业，改善公私关系、劳资关系方面也着手做了一些工作。总之，建国短短 8 个月来，人民政府在各方面工作中都取得了很大的进展，使长期处于动荡颠簸中的中国社会逐步趋向稳定，顺利地度过了新旧制度大变动的最初时期，赢得了全国人民的赞扬和拥护。

　　但是，在中国人民和政府的面前还存在着许多问题和困难。在约有 3.1 亿人口的广大新解放区的农村，土地改革还没有进行，地主阶级还没有推翻，封建的土地剥削制度的枷锁还沉重地压在农民的身上，严重地束缚着农村生产力的发展和阻碍着国民经济恢复工作的顺利进行。在城市，遭到严重破坏的工业生产还没有恢复，国营厂矿企业的民主改革和生产改革还没有进行，旧的官僚机构和残余的反革命势力还影响着工人在企业中当家作主地位的确立和劳动积极性的充分发挥。瘫痪多年的交通运输还没有修复，货流不畅、城乡交困的问题还困扰着国家的经济生活。尤其是 1950 年 3 月以后，由于物价稳定后半殖民地半封建旧中国形成的社会虚假购买力的骤然消失，使私人资本主义工商业固有的弊端和弱点彻底暴露出来，对新的环境一时无法适应，在生产和经营上遇到了很大的困难。一大批工厂商店因商品滞销、经营亏累，资金短缺，周转不灵而歇业倒闭。工商业的不景气，扩大了失业人群，仅上海在 1950 年春即新增失业工人 10 多万人，全国失业工人的总数达到 117 万人。由于家长失业，学生辍学，上海中小学的 80% 因学生来源不足而关门停课。革命胜利后经济改组带来的困难和阵痛，导致了国内阶级关系的紧张，资产阶级误以为共产党要提前实现社会主义而惶恐不安，工人、农民和知识分子或由于失业、失学，或由于负担过重对政府也有怨言。形势仍然是严峻的，人民政府在前进的道路上还存在着许多障碍和困难。

凯歌行进的时期（1949—1956）

在过去的几个月中，由于忙于追歼国民党残余军事力量和平息投机资本多次掀起的涨价风，中国共产党和人民政府对建国后的形势和任务尚缺乏全面的分析和明确的规定，对工作中存在的问题和缺点尚未来得及予以总结和纠正，因此在全党全国人民的思想上尚缺乏一个明确的奋斗目标，在部分干部中还存在着一定的盲目性，在政策和行动上也有不尽统一和不尽一致的地方。

为了全面分析建国以来，特别是统一财经、稳定物价以后的形势，总结前一段工作，明确以后的任务，统一认识，统一思想，统一行动，在形势较为稳定的情况下，中国共产党中央委员会于 1950 年 6 月 6 日到 9 日在北京召开了建国后的第一次全体会议——七届三中全会。毛泽东在会上作了题为《为争取国家财政经济状况的基本好转而斗争》的报告。

毛泽东的报告，实事求是地、全面地和科学地分析了建国以来的形势，明确了党和政府所面临的基本任务，以及为了完成这一任务应做好的工作，并详细地阐述了在这些工作中应该遵循的基本方针和政策。毛泽东的报告为全会所批准和接受，并发表在 6 月 13 日的《人民日报》上。中共七届三中全会通过的毛泽东的报告，成为统率整个国民经济恢复时期各项工作，指导和率领全国人民为争取国家财政经济状况基本好转而奋斗的纲领。

毛泽东在报告中向全党和全国人民指出，目前国际国内形势对我们是有利的。在国际上，和平民主的力量比过去更加壮大，新的世界战争是能够制止的，这就为我们提供了一个良好的国际环境，使我们能够放手地和较快地进行国内的建设工作。在国内，中华人民共和国中央人民政府和各级地方政府已经成立。战争已经在大陆上结束，除西藏、台湾及若干其他海岛以外的国土已经全部解放。人民政府在最近几个月内实现了全国范围的财政经济工作的统一管理和统一领导，争取了财政的收支平衡，制止了通货膨胀，稳定了物价，国家财政经济情况开始呈现好转的趋势。全国大多数人民热烈地拥护共产党、人民政府和人民解放军，他们用交公粮、纳税、买公债等实际行动支援人民政府。这是国际国内客观形势的主流和基本的方面。毛泽东在报告中也指出和分析了形势的另一个方面。这就是在国际上帝国主义战争的威胁依然存在，对此不可以掉以轻心。在国内，由于中国是一个大国，情况极为复杂，革命是在部分地区首先取得胜利然后取得全国胜利的。因此，在老解放区土地改革已经完成，社会秩序已经安定，经济建设工作已经开始走上轨道，东北地区已经开始了有计划的经济建设，大多数人民的生活已经有所改善。但是在占全国土地面积和人口的大多数的新解放区，则因为解放的时间只有几个月、半年或者一年，还有 40 多万分散在各个偏僻地方的土匪有待我们去消灭，土地问题还没有解决，工商业还没有得到合理的调整，失业现象还严重的存在着，社会秩序还没有安定。我们虽然在经济战线上取得了一批胜利，争取了国家财政经济状况的开始好转，但这并不是根本的好转，被战争破坏的工农业生产还没有恢复，国家财政经济方面的困难还没有过去。毛泽东把以上情况概括为一句话，就是我们还没有获得有计划进行经济建设的条件。

根据以上情况，毛泽东在报告中指出，当前全党全国人民所面临的中心任务，是争取在三年内实现国家财政经济状况的根本好转，为开始有计划的经济建设创造条件。其他一切工作必须服从和服务于这个中心。早在七届二中全会上毛泽东就指出，进入城市以后要把恢复和发展生产作为一切工作的中心，如果我们"不能使生产事业尽可能迅速地恢复和发展，获得确实的成绩，首先使工人生活有所改善，并使一般人民的生活有所改善，那我们就不能维持政权，我们就会站不住脚，我们就会要失败"[①]。

为了实现国家财政经济状况的基本好转，毛泽东指出，这需要三个条件：（一）土地改革的完成；（二）现有工商业的合理调整；（三）国家机构所需经费的大量节减。

为了获得这三个条件，保证争取国家财政经济状况根本好转任务的实现，毛泽东号召全党和全国人民必须一致团结起来，做好以下八项工作。

（一）有步骤有秩序地进行土地改革工作，尽快解放农村生产力，以促进整个国民经济的恢复和发展，并为工业化创造条件。

（二）在坚持统一财经管理，巩固财政收支平衡和平稳物价的条件下，按照统筹兼顾的方针合理调整现有工商业，切实而妥善地解决公私关系和劳资关系，使各种经济成分在具有社会主义性质的国营经济的领导之下，分工合作，各得其所，以促进整个社会经济的恢复和发展。

（三）在保证有足够力量用于解放台湾、西藏和巩固国防的条件下，对人民解放军和国家机关进行整编和精简，以节省军事行政费用，加强经济事业。

（四）有步骤地谨慎地进行旧有学校教育事业和旧有社会文化事业的改革工作，

---

① 《毛泽东选集》第 4 卷，人民出版社 1991 年版，第 1428 页。

争取一切爱国知识分子为人民服务。

（五）认真做好失业工人、失业知识分子和灾民的救济和安置工作。

（六）认真团结各界民主人士，开好各界人民代表会议，以便团结一切可以团结的人为争取国家财经状况的根本好转共同工作。

（七）必须坚决肃清一切危害人民的土匪、特务、恶霸及其他反革命分子，以保证争取国家经济建设事业的正常进行。

（八）坚决执行中央有关加强党的建设的指示，做好 1950 年的整风工作，克服骄傲自满情绪、官僚主义、命令主义，密切党和人民群众之间的联系。

毛泽东在报告中还总结了前一段工作中的经验，批评了在某些干部中存在的急于消灭资本主义，提前实现社会主义的主张，以及粗暴对待知识分子和在少数民族工作中不顾客观条件急于进行改革的"左"的情绪，阐述了在各项工作中应严格遵守的方针和政策。

毛泽东的报告及时而正确地向全党全国人民指明了前进的方向和道路，受到了全党和全国人民的拥护和支持，成为国民经济恢复时期具有纲领性的文件。整个国民经济恢复时期党和政府的工作基本上是按照毛泽东在报告中所指出的方向和步骤前进的，并胜利地达到预期目的，在 1952 年圆满地完成了争取国家财政经济状况基本好转的历史任务。

二　不要四面出击的方针

中共七届三中全会还讨论了为实现国家财政经济状况基本好转，在政治方面应采取的战略策略方针。

中国民主革命在全国的胜利和中华人民共和国的成立，使人民民主统一战线得到了空前的发展和壮大，全国各民族、各民主阶级、各民主党派、各人民团体、广大华侨、各界民主人士及其他爱国分子，都参加到统一战线中来，团结在中国共产党和人民政府的周围，为中国的独立、民主、和平、统一和富强而奋斗。

但是，建国初期在统一战线内部也存在着一些问题。由于革命胜利后社会经济改组和战争带来的破坏，使各阶层人民在生活上都遇到了一些困难。首先是民族资产阶级，由于原料来源和产品销路等方面的问题，使他们在生产和经营上遇到一些困难，尤其是在稳定物价工作中的急"刹车"，引起社会经济一时发生"后仰"现象，货币流速大为降低，商品销售量大为减少，一大批工厂商店由于商品滞销，周转不灵而停工歇业。在困难面前，资产阶级惶惶不安，他们把困难的原因归结为人民政府的税收、公债，甚至怀疑人民政府的政策变了，要提前消灭资本主义，实行社会主义。他们形容自己的心情和处境是"挂红旗五心（星）不定，扭秧歌进退两难"。他们说："早归公，晚归公，早晚要归公，不如早归公；迟共产，早共产，迟早要共产，不如早共产。"他们有的要求献厂、献店，有的解散职工，消极经营，少数人逃至香港。这时，失业工人、失业知识分子和一些手工业者对人民政府也有意见，他们说："解放了，生活为什么这样苦。"大部分农村，由于还没有实行土改，又要征收公粮，农民也有意见。

建国初期在一部分干部中，由于革命的胜利滋生了一种"左"的情绪。他们主张乘胜挤垮资产阶级，早日实现社会主义。在1950年3月召开的全国统战工作会议上，有人提出"今天斗争的对象，主要是资产阶级"。资产阶级要划分国营和私营经营范围，"我们不允许"。"国营经济要无限制的发展"，"越发展，就越要排挤私营，例如火柴工业是有利于国计民生的，国营生产很多，对私营不必扶持，甚至禁止"。对资本家提出不要与民（即民族资产阶级）争利问题，说我们就是要"与民争利"，我们就是"只许州官放火，不许百姓点灯"。"大资本家要停工，我们就让他停工。我们有钱，就接收过来。"有人说，革命胜利了，民主党派"任务已尽"，认为"民主党派是包袱"，"可有可无"。说民主党派只是一根头发的功劳，一根头发拔去不拔去都没有什么关系。对知识分子也发生了过"左"的做法，不让教授上课，不让旧艺人演戏，企图用粗暴的方法进行文化教育部门的改革。在少数民族工作中，也发生不尊重少数民族的风俗习惯，不顾客观条件急于改革的偏向，等等。这些"左"的思想和"左"的行为，进一步加剧了统一战线中各阶级、各阶层间的紧张关系，极大地妨害了为团结全国人民共同为争取国家财政经济状况基本好转的工作。

为了纠正干部中存在的"左"的思想和行为，调整和理顺统一战线内部各个阶级之间的关系，集中力量，一致对敌，保证争取国家财政经济状况基本好转任务的胜利完成，毛泽东在七届三中全会上作了题为《不要四面出击》的讲话，对党在争取国家财政经济状况基本好转的斗争中在政治方面所应采取的战略策略方针作了透彻的说明。

毛泽东指出，七届二中全会以来，我们党领导的新民主主义革命在全国范围内

凯歌行进的时期（1949—1956）

取得了胜利，成立了中华人民共和国。这是一个伟大的胜利。但是，在伟大胜利的形势下，我们面前还有很多复杂的斗争，还有许多困难。在今年秋季，我们将在 3.1 亿人口地区开始土地改革，推翻整个地主阶级。在这场土地改革中，我们的敌人是够大够多的。第一，帝国主义反对我们。第二，台湾、西藏的反动派反对我们。第三，国民党残余、特务、土匪反对我们。第四，地主阶级反对我们。第五，帝国主义在我国设立的教会学校和宗教界中的反动势力，以及我们接收的国民党的文化、教育机构中的反动势力，反对我们。他说这场斗争是很激烈的，是历史上没有过的。另一方面，由于革命胜利后引起的社会经济改组也给我们带来很重的负担，现在我们和资产阶级的关系搞得很紧张。失业的知识分子和失业的工人不满意我们，还有一批小手工业者也不满意我们。农民也有意见。

为了胜利实现国家财政经济状况的好转，毛泽东指出，在政治方面我们当前的方针应当是，认真地、谨慎地做好统一战线工作，把人民中间不满意我们的人变成拥护我们，集中力量打击和肃清国民党残余、特务、土匪，推翻地主阶级，解放台湾、西藏，跟帝国主义斗争到底。他尖锐批评了提早消灭资本主义，实现社会主义的主张，他说这种思想是错误的，是不适合我们国家的情况。他说，民族资产阶级将来是要消灭的，但是现在要把他们团结在我们身边，不要把他推开。在不久前，毛泽东曾在一份发言记录稿的批语中明确指出，"今天的斗争对象主要是帝国主义封建主义及其走狗国民党反动派残余，而不是民族资产阶级。对于民族资产阶级是有斗争的，但必须团结它，是采用既团结又斗争的政策以达团结它共同发展国民经济之目的。"[1]

毛泽东坚决反对"四面出击"的主张，指出四面出击，全国紧张，很不好。他说我们绝不可树敌过多，必须在一个方面有所让步，有所缓和，然后才可以集中力量向另一方面进攻。为了孤立和打击国民党残余、地主阶级和帝国主义，毛泽东要求要做好工作，要使工人、农民、小手工业者都拥护我们，使民族资产阶级和知识分子中的绝大多数人不反对我们，要在工人阶级领导下，以工农联盟为基础，把小资产阶级、民族资产阶级团结起来。

为了达到上述目的，毛泽东提出：（一）要合理调整工商业，要调整税收，要使工厂开工，以改善和缓和同资产阶级的关系。（二）要解决失业问题，要拿出 20

---

[1]《建国以来毛泽东文稿》第 1 册，中央文献出版社 1987 年版，第 292 页。

亿斤粮食解决失业工人的吃饭问题。（三）要实行减租减息、剿匪反霸、土地改革，使广大农民拥护我们。（四）要给小手工业者找出路，维持他们的生活。（五）对知识分子，要办各种训练班，办军政大学、革命大学，要使用他们。改造知识分子不能性急，观念形态的东西不是用大炮打得进去的。（六）在少数民族地区，条件不成熟，不要进行改革。一个条件成熟了，其他条件不成熟，也不要进行重大改革。毛泽东还要求大家要认真学习和熟记《共同纲领》，严格按照《共同纲领》办事。

周恩来在全会上，也对不要四面出击的方针作了说明。他强调在新的时期，对三个敌人（即帝国主义、封建主义和官僚资本主义）、四个朋友（即无产阶级、农民阶级、小资产阶级、民族资产阶级）的界限必须划清。他说，今天的中心问题，不是推翻资产阶级，而是如何同他们合作。对资产阶级是有团结有斗争，但要以团结为主，斗争是为了团结。他说，当前我们的方针是节制资本，而不是挤走资本，是改组经济，而不是搞垮经济。节制资本，就是不要使它们获得非法的超额利润，对于投机倒把要去掉，但不要把它挤走。采取挤的办法，就可能把它们挤到香港，或者藏起来了，工人就会失业。周恩来说，"公私兼顾，劳资两利"的政策，必须要向工人阶级作解释，因为这样做对工人阶级有好处，它可以增加国家的财富，繁荣经济，发展生产，改善人民生活，并维持部分人的就业。如果把它挤走，还有什么工人阶级的利益。

不要四面出击的方针，中心是要解决无产阶级和资产阶级的关系，纠正急于消灭资产阶级的"左"的思想，在公私兼顾、劳资两利的方针和统筹兼顾的原则下，团结资产阶级共同为争取国家财政经济状况的基本好转而奋斗。

不要四面出击的方针，在建国初期具有十分重要的意义。它从战略高度划清了敌友关系，明确了打击的对象和团结、依靠的力量，孤立了少数敌人，为争取国家财政经济状况的基本好转组织了浩浩荡荡的队伍，有力地保证了争取国家财政经济状况基本好转任务的顺利完成。

三　合理调整工商业

合理调整工商业，切实而妥善地改善公私关系和劳资关系，使有利于国计民生的资本主义经济在社会主义国营经济的领导下获得恢复和发展，是实现国家财政经济状况基本好转的重要条件之一。

凯歌行进的时期（1949—1956）

　　建国初期，私人资本主义经济在我国国民经济中具有举足轻重的作用。据1949 年统计，资本主义工业的产值占全国工业总产值的 63％，在各种主要工业产品的产量中所占的比重如下：电力为 36％，煤炭为 28％，硫酸为 27％，烧碱为59％，水泥为 26％，机器及机器零件为 50％，棉纱为 47％，面粉为 79％，卷烟为 80％，火柴为 81％，纸张为 63％。资本主义商业，在社会商品总批发额中占67％，在社会商品总零售额中占 83.5％。资本主义工商业在为社会提供产品，实现商品流通，促进国民经济的恢复和发展中具有不可忽视的作用。

　　对私人资本主义经济，人民政府的政策是十分明确的。《共同纲领》规定，"中华人民共和国经济建设的根本方针，是以公私兼顾、劳资两利、城乡互助、内外交流的政策，达到发展生产，繁荣经济之目的。国家应在经营范围、原料供给、销售市场、劳动条件、技术设备、财政政策、金融政策等方面，调剂国营经济、合作社经济、农民和手工业者的个体经济、私人资本主义经济和国家资本主义经济，使各种社会经济成分在国营经济领导之下，分工合作，各得其所，以促进整个社会经济的发展。""凡有利于国计民生的私营经济事业，人民政府应鼓励其经营的积极性，并扶助其发展。"建国后，人民政府在打击投机资本的同时，对有利于国计民生的正当私人工商业毫不犹豫地予以大力扶持。1949 年，各大城市对资本主义工商业的贷款，一般占到国家对工商业贷款总额的 20％到 25％，其中上海为 52.3％，天津为 46.9％。国家还通过加工、订货、收购、以原料换成品等方式帮助私营工业恢复生产。1949 年天津市粮食公司对面粉业的加工，达到该业生产总量的 70％到80％。经过国家的大力扶持和帮助，私营工商业逐步度过了战争破坏带来的困难，生产和经营状况逐渐开始好转。如天津市在解放后的一年中（1949.1—1949.12），私营工业企业由 9，873 户发展为 12，311 户，职工由 71，863 人增加为 85，385 人。据 110 个机器工厂调查，1949 年的产量平均较上年增加 88％。

　　但是，进入 1950 年 3 月以后，资本主义工商业在生产和经营上又遇到了新的困难，由于市场萎缩，产品滞销，许多工厂商店因为经营亏累，资金周转不灵，被迫停工、歇业。北京市 1950 年 3 月下旬，上市粮食 7，000 余万斤，成交量仅1，000 余万斤，为上市量的 14％，面粉上市 28 万余袋，成交量为 2 万余袋，为上市量的 7％。重庆市私营商业几种主要商品的销售量，4 月份与 3 月份比较，食油、煤炭减少 50％，布匹减少 70％，棉纱减少 92.5％，棉花减少 93.5％。上海市批发市场交易量，如果以 1 月份为 100，那么到了 4 月份，棉纱只有 53％，大米只有 17%，面粉只有 56%，卷烟只有 5%。上海百货业六大公司（永安、先施、大新、新新、中国百货、丽华）的营业额，3 月份比 1 月份减少 50%左右，若干小型百货企业甚至减少了 90%。据全国七大城市工商局长会议统计，1950 年 4 月，在 14 个城市中有 2，945 家工厂关门，在 16 个城市中有 9，347 家商店歇业。在上海，4 月份歇业的工厂和商店为 1，567 个，5 月份增加为 2，948 个，而同期开业的只有 105 个。由于市场萎缩，私营工厂停工倒闭和开工不足，使全国私营工业 5 月份主要产品产量同 1 月份比较，棉布减少 38%，绸缎减少 47%，呢绒减少 20%，卷烟减少 59%，烧碱减少 41%，普通纸减少 31%。

严重而突然的困难，使资产阶级惶恐不安，他们认为人民政府保护私人工商业的政策变了，"三、五年要实行社会主义"，说"难过五月节，过了五月节，过不了八月节"。他们悲观失望犹豫动摇，有的坐观等待，消极经营；有的抽逃资金，转移财产；有的解散职工，关厂歇店；有的要求把工厂"献"给国家；还有少数人弃厂潜逃，或出走香港。据上海市长陈毅 4 月初给中央的电报反映，上海已有 300 个厂长经理逃至香港。资产阶级埋怨人民政府"与民争利"，把私营工商业的困难归咎于国家的税收和公债。帝国主义和台湾国民党反动派唯恐天下不乱，造谣说税收和公债压垮了上海，挑拨民族资产阶级和人民政府的关系。

私营工商业的困难，还波及其他阶层。首先由于私营工商业的停工歇业，失业工人人数剧增，劳资关系紧张，5 月份劳资争议事件急剧上升，甚至多次发生工人包围资本家的事件。其次，在失业工人和在业工人之间，在失业工人和工会之间也发生冲突，一些地方失业工人涌入工会，要求工会解决做工和吃饭问题。再次，失业工人也对人民政府产生不满情绪，认为政府"只顾公债，不顾工人生活"，说"将来社会主义好，现在挨饿没办法"。

显然，私营工商业的困难，不仅是一个经济问题，而且是一个政治问题，任其发展下去，必然造成社会生产力的严重破坏和引起新的社会动荡，为争取国家财政经济状况的根本好转增添困难。

资本主义工商业的困难，引起了中央人民政府的重视。1950 年 4 月 13 日召开的中央人民政府委员会第七次会议专门讨论了这个问题，决定采取适当措施帮助资本主义工商业解决困难。毛泽东主席指出：在今后几个月内，政府财经领导机关的工作重点，应当放在调整公营企业与私营企业以及公私企业各部门的相互关系方面。他说，《共同纲领》规定的公私兼顾的原则必须充分实现，在这方面发生的混乱思想必须澄清。也就是在这次会上，毛泽东第一次将合理调整工商业列为实现国家财政经济状况根本好转的三项基本条件之一。

为了详细了解资本主义工商业的困难，进一步落实调整工商业的措施，政务院财经委员会在 1950 年 5 月召开了七大城市工商局长会议。参加会议的除上海、天津、北京、武汉、重庆、西安、广州七大城市的工商局长外，还有天津市副市长周叔弢，上海市副市长盛丕华，中央财经委员会委员章乃器、俞寰澄，以及中央贸易、银行、劳动、税务、轻纺、私营企业管理局等有关部门的负责同志。会议分两个阶段进行，第一阶段由各地代表报告各地工商业情况，并倾听了参加会议的资本主义工商界代表人士的意见。第二阶段研究了全国工商业的状况与问题，主要是研究了资本主义工商业发生困难的原因和解决办法。

会议认为，资本主义工商业发生困难的直接原因是由于市场物价稳定后，社会虚假购买力的消失。旧中国是一个半殖民地半封建国家，人民的购买力十分有限。但由于在国民党反动政府的通货膨胀政策下投机资本充斥市场，囤积居奇，倒买倒卖，极为盛行，人民群众惧怕纸币贬值，物价上涨，有钱后也立即换回实物，甚至购买一些并非急需的物品，这样在市场上形成了一种虚假的购买力和畸形的繁荣。统一财经，物价稳定之后，投机商人不但不再抢购囤积，反而把抢购囤积的货物纷纷吐出，群众有钱也不急于购买货物，加之国家为了稳定物价采取各种办法紧缩银根，这样就使得市场银根偏紧，商品滞销，私营工商业受到剧烈的冲击。资本主义工商业的困难，还和它本身的弊端和弱点有关。半殖民地半封建社会成长起来的中国民族资本，始终没有形成一个独立的完整的生产体系，对帝国主义、官僚资本存在很大的依赖性，内部结构也十分不合理。在旧中国通货恶性膨胀，"工不如商，商不如囤"的环境中，资本主义工商业也带有很大的投机性，许多工厂用主要精力从事原料、产品的囤积和投机。一旦环境发生变化，特别是物价稳定，国民经济步入正轨以后，它们就一时难以适应，不仅专事投机和为帝国主义地主资产阶级服务的钱庄、银号、舞厅、金银珠宝商店、迷信品生产行业面临淘汰的危险，其他行业也面临一个转轨改造的问题。资本主义工商业的困难，还和国营经济某些部门的盲目发展，以及一部分干部中存在的"左"的思想是分不开的。为了控制市场，稳定物价，积极发展社会主义国营经济是完全必要的，但某些部门在前进和布点的分寸上掌握不好，在经营范围、价格政策、原料供给、银行贷款等方面对资本主义工商业兼顾不够，在税收上也有不尽合理之处。特别是在一部分干部中存在着"左"的思想，认为"今天的问题是谁战胜谁的问题"，对资本主义工商业"能排挤便排挤，能代替便代替"，国营经济要"无限制发展"，这也为资本主义工商业造成了某些困难。

会议认为，资本主义工商业的困难是暂时的，是经济改组中的阵痛。为了帮助资本主义工商业度过困难，会议经过讨论，提出了以下一些办法：（一）通过加工订货、收购产品，有重点地维持生产；（二）开导工业品的销路，鼓励出口滞销物资；（三）联合公私力量，组织资金周转；（四）帮助私营工厂改善经营管理；（五）调整国营商业经营范围和批零差价；（六）重点举办失业救济。

七大城市工商局长会议以后，有关部门根据中央调整工商业的精神，召开了一系列的专业会议，并吸收私营工商业代表参加，着重研究本行业内的公私产销协调问题，以及私营企业的税收和贷款问题。这些专业性会议有：纱布染织加工会议、盐业运销会议、粮食加工会议、进出口贸易会议、百货产销会议、煤炭产销会议、火柴工业会议、橡胶工业会议、毛麻纺织工业会议、卷烟工业会议，以及全国税务会议、金融业联席会议，等等。

1950 年 6 月中共七届三中全会以后，调整工商业工作全面展开。

调整工商业，包括三项内容，即（一）调整公私关系；（二）调整劳资关系；（三）调整产销关系。

调整公私关系，是调整工商业的中心。调整公私关系包括两个基本方面：第一是调整公私工商业关系；第二是调整负担。调整公私工商业关系的要求是，一方面要确定国营经济的领导地位；另一方面要在国营经济与私人资本主义经济之间有合理分工，国家要从经营范围、原料供应、产品销售、价格政策等方面给私人资本主义经济以应有的照顾和扶持，使其在国营经济的领导下有所发展。调整负担是，在保证国家财政需要的前提下，从税收方面适当减轻私营工商业的负担，帮助他们度过困难。

调整劳资关系的要求是，一方面要保护工人的民主权利和合法利益；另一方面要防止工人的过高要求。劳资间的纠纷，必须按照有利生产的原则通过民主协商的方式解决。

调整产销关系的要求是，在国营经济的领导下通过各行业内部以及各行业之间的协调，逐步克服资本主义工商业在生产和经营中的盲目性，按行按业实行有计划的生产，以求达到产销平衡。

为了实现以上要求，各级人民政府在调整工商业的工作中采取了以下一些措施：

第一，对资本主义工业，政府在需要和可能的条件下，有组织地扩大加工订货和收购成品的数量，解决私营工业在原料、资金和产品销路等方面的困难，帮助他们恢复和维持生产。

政府向私人企业的加工订货、收购包销，在解放初期已出现，它对帮助私营工厂复工起了很大作用。在调整工商业中，人民政府充分利用这一形式帮助私人工业企业克服困难。如中国煤业建筑器材公司与开滦煤矿和启新洋灰厂订立了包销合同，包销他们所生产的产品，解决了他们长期无法解决的产品积压问题。通过政府包销，开滦煤矿每月可得 15 万袋面粉和 2 万吨煤的现款，解决了长期拖欠职工工资的问题，使企业摆脱了困境。5 月份全矿产量激增，达到 16，500 余吨，超过日本投降以来的最高记录。启新洋灰厂在国家包销的当月，产量就超过原计划的 75.78%，第二个月又有新的提高。到 1950 年年底，资本主义工业中为国家加工订货、包销收购的部分已达到其总产值的 27.3%，比上年增加 15.8%。在棉纺业中接受加工订货的产值已达其总产值的 70% 以上。为了开展和扩大对私营工业的加工订货，各地政府还成立了专门机构，制定了具体办法。上海市工商局在 1950 年 6 月成立了工商辅导处，并与上海市总工会、工商业联合会及有关业务部门共同组成了工商辅导联络组、专业审核小组，负责指导和安排全市的加工订货，以及了解和帮助私营工商企业解决困难。北京市由财经委员会、工业局、商业局、税务局、劳动局、总工会、工商联等单位抽调干部，组成工作组，深入私营企业帮助他们解决生产经营中的问题。需要指出的是，为了维持私营工业的生产，国家在向他们加工订货、收购产品时承担了巨大的牺牲。如为了维持私营棉纺业的生产，国家不惜以很高的代价去掌握棉花，仅外棉进口和棉纺加工一项，1950 年国家亏损小米达 8 亿斤。对机械行业的订货，有 70% 以上的并非市场所需产品。这实际上是由国家承担了私营企业的损失。

第二，对资本主义商业，政府主要采取了调整价格、调整经营范围和改进市场管理等项措施，以及鼓励私商面向农村、面向城市居民，在活跃城乡物资交流中解决自己的困难。

由于物价大幅度下降，部分商品市场销售价格低于生产成本，相当一部分商品的零售价格同批发价格的差额过小或持平，甚至出现倒挂现象，致使私营商业无利可图。为了纠正这种不合理现象，各地根据第一次全国物价会议的精神，对地区差价、批零差价进行了调整。上海市先后两次对米、油、盐、糖、布等5种商品的批零差价进行调整，大米的批零差价每担由0.5元扩大为1.5元，一般商品的批零差价提高到6%—20%，私人零售商业一般可获2%—10%的利润。为了给私营商业以出路，国家在保证市场稳定的条件下适当地收缩了一些国营商业机构及其经营范围，把国营零售商店经营的品种由过去的几十种改为主要经营粮食、煤炭、纱布、食油、食盐、石油等6种人民日用必需品。北京市零售公司在6月1个月内就撤销了3个营业处，7个粮食零售店，3个布匹零售店，停止了零售处兼营的百货、杂货业务，撤销了筹备已久的1个肉食部、1个食品部。上海土产公司从8月份起，撤销了全部特约经销处共49家，将土产零售业务全部让给私商经营。在市场管理方面，人民政府也做了一些重大改进，如撤销商品议价、适当放宽经营范围、改变交易所的管理制度，取消初级市场上一切不利于物资交流的人为障碍，等等。例如中南军政委员会贸易部发布指示，宣布各地规定的限制私商贸易的一切办法、路单、采购证，一律作废。小麦上市时，中央贸易部也指示各地工商部门对私商下乡采购贩运小麦，不得以证照、数量等进行限制。

第三，在保证国家财政需要和合理负担的原则下，适当地调整和减轻工商业的税收，同时在稳定金融的条件下，改进和扩大对私营工商业的贷款。

调整税收包括间接和直接两个方面。间接方面是减轻农业税负，以提高农民的购买力，为城市的工业品打开销路。直接方面是调整工商业税，对食盐、棉纱、棉织品和毛织品降低税率，将工商业税税种由14种减为11种，货物税目由1,136个减少为358个，提高工商业所得税的起征点和最高累进点，累进级数由14级增加到20级，级数增加，累进放缓，等等。对一些确有困难的欠税户，酌情予以减免或缓征，仅北京市对2,555家私营工商业减免缓征1949年下半年所欠税款金额即达29万元。为了减轻私人工商业的困难，国家还实事求是地停止发行第二期公债。在减轻私营工商税负的同时，人民政府还降低放款利率，扩大了对他们的贷款，以缓解他们在资金周转方面的困难。据不完全统计，国家银行对私营工商业贷款的余额，1950年5月为2,186万元，9月则增至4,963万元，增加了1.2倍。

第四，为了解决资本主义工业生产的无政府状态，平衡产销，人民政府还通过各种专业会议、产销会议、发布生产情况公告等项措施，指导私营工业的生产，逐步把它们纳入国家计划的轨道，尽量缩小其生产盲目性所带来的损失。

第五，按照三原则（确保工人民主权利，有利发展生产，劳资问题通过民主协商解决）调整劳资间的关系，重点是在保护工人的合法权益的条件下，纠正部分工人的过高要求，以保护和维持私人工商业的生产和经营。响应中国共产党和人民政府的号召，私营企业内部的工人发挥了识大体顾大局的高尚风格，忍受暂时的困难，不少工人主动减低工资和伙食的标准，以及轮流回家生产，以减轻企业的困难。

在人民政府的直接领导和工人群众的大力协助，以及私营工商业者的积极配合下，调整工商业工作迅速收到成效。5 月，市场形势开始好转，北京市场当月交易量与 3 月比较，面粉成交量由 89，355 袋上升为 109，419 袋，增加 22.5%；布匹成交量由 21，747 匹上升为 56，734 匹，增加 160%；粮食成交量由 3，061 万斤上升为 3，540 万斤，增加 15.6%。由于调整了公私关系，私营商业在成交量中所占的比例增加很快，5 月私商出售的面粉占全月成交总额的 55.26%，布匹为 94.4%，粮食为 81.96%。在工业产品方面，5、6 月份的销售量较 3、4 月份增加 20%—30%，其中橡胶业增加 60%，金属冶制业增加 16%，织染业增加 10%，造纸业增加 80%。进入秋季以后，市场形势进一步好转，城市的霓虹灯全亮了，某些商品出现供不应求的现象。据北京、天津、武汉、上海、青岛 5 个城市的统计，面粉销售量 10 月比 4 月增加 54%，大米增加 298%，棉纱增加 180%，棉布增加 233%。上海市棉布业中的"三大祥"，协大祥 9 月份销售额比 8 月份增长 71%，信大祥增长 54%，宝大祥增长 105%。市场的活跃，促进了资本主义工业的发展。11 月，上海棉纱产量比 1 月增加 77%，水泥增加 306%，玻璃增加 283%，颜料增加 74%，面粉增加 7%，呢绒增加 13%，化学胶增加 50%。随之，私营工商业歇业户开始减少，开业户逐渐增加，到 7 月，开业户多于歇业户。1950 年下半年，私营工商业开业的共有 32，674 家，歇业的只有 7，451 家，开业户多于歇业户 25，223 家，到 1951 年，由于越来越多的农村完成了土地改革和农业的丰收，农民购买力不断提高，以及国家基本建设投资的增加和抗美援朝战争对某些工业品的需要，市场出现了淡季不淡，旺季更旺的繁荣景象，资本主义工商业获得空前的发展。资产阶级兴奋起来，他们说"挂红旗，五星已定；扭秧歌，稳步前进"。他们对前途充满信心，说"前途的光明已在望，对此我们不能等待，我们必须振作起来，这就盼望我们工商业者自己努力了"。他们积极靠拢人民政府，又高呼"毛主席万岁"了。

调整工商业的意义还在于，它促进了资本主义工商业逐步实现了从半殖民地半封建的旧轨道向新民主主义的新轨道的转变，有利于国计民生的行业得到了扶持和发展，不适应国家建设和人民生活需要的行业遭到了淘汰，资本主义工商业在经营方针和经营作风上也得到了初步改造。特别重要的是，通过合理调整工商业，进一步加强了社会主义国营经济的领导，并通过加工订货、统购包销等形式初步把资本主义工商业纳入到国家资本主义的轨道，为进一步对资本主义工商业实行社会主义改造奠定了基础。

四　彻底改革土地制度

根据中共七届三中全会的部署，从 1950 年秋开始，新解放区的土地改革逐步展开。

旧中国是一个半殖民地半封建国家，农村的土地占有情况极不合理。占农村人口不到 10% 的地主和富农占有农村土地的 70%—80%，而占农村人口 90% 以上的贫农、雇农、中农和其他劳动人民却只占有农村土地的 20%—30%。在土地高度集中的地区，如四川的西南部，85% 以上的比较肥沃的土地，集中在占人口 2.4% 的地主手中。在土地肥沃的成都县，占人口总数的 1.1% 的地主所占有的土地，竟高达当地土地总数的 90% 以上。大邑县全县有 30 多万人，总共有土地 50 多万亩，仅是以刘文采为首的一族 14 户地主就占有土地 30 多万亩。

封建地主阶级凭借着占有的大量土地，通过名目繁多的地租，有定租、包租、预租、分租、平分等等，对广大无地少地的农民进行残酷的剥削。一般情况下，农民向地主交纳的地租要占到租种土地产量的 50%，在土地集中地区可高达 70%—80%。在重庆市郊的歇马场，"每收谷一石，主得七五，佃得二五"。万县一带，"主九佃一者有之，主八佃二者有之，主七佃三者有之……以主八佃二者为普遍"。另外，地主还用"乾加"、"加押"、"减扣"、"虚佃实租"、大斗大称、"献新"、"送礼"，以及强制佃户为地主无偿服劳役等手段，对农民进行额外的盘剥。据估计，解放前农民每年要向地主缴纳大约 600 亿斤至 700 亿斤粮食的地租。封建地主阶级对农民的地租剥削，不仅占有了他们的全部剩余劳动，而且占有了他们大量的必要劳动。封建地主阶级还控制了农村的借贷关系，通过高利贷剥削榨取农民的血汗，其花样之多，手段之残酷令人吃惊。主要形式有"大加一"、"九出十三归"、"连根倒"、"驴打滚"、"对本利"、"放青苗"等等，一般利息均在 20% 以上，高者达 30%—50%，最高者可达 100% 或 200%。

在地主阶级的野蛮和残酷的剥削下，农民辛劳终年，食不能果腹，衣不能遮体，吃的是糠菜，穿的是破衣。湖南省宁远县农民唐礼福家一件棉衣祖孙多代穿了 162 年，传到他手中时已破絮百结，补丁叠补丁，原来的布早已看不见了。若遇到灾年，一大批农民就会倾家荡产，流离失所。在封建土地制度下，地主不关心生产，农民没有力量也没有兴趣去扩大生产，这就是中国社会长期陷于停滞状态，经济不能发展，政治不能进步的一个根本原因。

为了解放农村生产力，彻底改变我国贫穷落后的面貌，就必须坚决废除封建的土地剥削制度，实现耕者有其田的政策。早在第二次国内革命战争时期，中国共产党就提出了彻底的土地革命纲领，在革命根据地发动和领导农民进行土地革命，打土豪，分田地，废除封建土地剥削制度。第三次国内革命战争爆发后，中国共产党在更大的范围内领导解放区农民实行土地改革，没收地主的土地无偿分配给无地少地的农民。中华人民共和国成立时，华北、东北等老解放区和半老解放区（约占全国面积的三分之一）已经完成了土地改革；但是在其他广大的新解放区，主要是华东、中南、西南、西北等地区（约占全国面积的三分之二）土地改革还没有进行，封建土地剥削制度尚未废除，农民和地主阶级的矛盾还没有解决。

根据上述情况，第一届全国人民政治协商会议通过的共同纲领规定，"中华人民共和国必须……有步骤地将封建半封建的土地所有制改变为农民的土地所有制"，"凡尚未实行土地改革的地区，必须发动农民群众，建立农民团体，经过清除土匪恶霸、减租减息和分配土地等项步骤，实现耕者有其田"。在大陆战争基本结束，社会秩序安定，国家财政经济状况初步好转的情况下，1950 年 6 月召开的中共七届三中全会专门讨论了新解放区的土地改革问题。刘少奇向全会作了《关于土地改革问题》的报告。全会认为，完成土地改革，是争取国家财政经济状况基本好转，开始有计划的经济建设的三项重要条件之一，是全党全国人民在国民经济恢复时期必须做好的八项工作中的最重要的一项。全会要求在三年内必须有计划有秩序地完成新区土地改革工作。

为了指导新区土地改革的顺利进行，中共中央起草了《中华人民共和国土地改革法（草案）》，于 1950 年 6 月提交中国人民政治协商会议第一届全国委员会第二次会议讨论。委员们经过热烈讨论，一致同意中共中央起草的土地改革法草案，并对它作了若干有益的修改和补充。1950 年 6 月 28 日中央人民政府委员会第八次会议讨论和通过了《中华人民共和国土地改革法》，并于 6 月 30 日公布执行。土地改革法明确规定，中华人民共和国废除地主阶级封建剥削的土地所有制，实行农民的土地所有制，没收地主的土地、耕畜、农具、多余的粮食及其在农村中多余的房屋，统一地、公平合理地分配给无地少地及缺乏其他生产资料的贫苦农民所有，借以解放农村生产力，发展农业生产，为新中国的工业化开辟道路。土地改革法对土地的没收和征收、土地的分配、特殊土地的处理、土地改革的执行机关和执行方法都作了详细的规定。7、8 月间，政务院还先后颁布了《农民协会组织通则》、《人民法庭组织通则》和《关于划分农村阶级成分的决定》。为加强人民政府对土地改革工作的指导，在土地改革期间，县以上各级人民政府，经人民代表会议选举或上级人民政府委派适当数量的人员，组成土地改革委员会，负责指导和处理本地区土地改革及有关事宜。乡村民大会、农民代表会及其选出的农民协会委员会，区、县、省各级农民代表大会及其选出的农民协会委员会，为改革土地制度的合法执行机关。

从 1950 年冬开始，新解放区的土地改革分批分期陆续展开。

在总结老解放区土地改革经验的基础上，根据建国后的新情况，中央人民政府对新区土地改革作了一些新的规定。

第一，将消灭富农经济的政策改为保护富农经济。

在老解放区的土地改革中，政府曾允许征收富农的多余土地、牲畜、农具、房屋、粮食及其他财产。这是由于老解放区的土地改革是在残酷的战争环境中进行的，土地改革的直接目的就是要尽量满足农民对土地的要求，以便动员他们参加和支援革命战争。富农经济在中国农村的经济中虽不占重要地位，但富农比中农拥有数量上更多，质量上更好的土地，不征收富农的多余土地，就难以满足农民的土地要求。另外，由于当时战争胜负属谁还不明朗，富农在政治上一般都和封建地主阶级站在一起反对革命。平分富农的土地和其他财产，实际上就是对农村富农经济采取了消灭的政策。

中华人民共和国成立后，国内的形势发生了根本性的变化，和平代替了战争，全国人民的中心任务和根本利益是尽快地恢复和发展工农业生产，实现国家财政经济状况的根本好转。新解放区的土地改革必须服从和服务于新时期这个总的目的和总的任务。这样，保存富农经济就成为十分必要的了。因此，土地改革法规定，在

凯歌行进的时期（1949—1956）

土地改革中"保护富农所有自耕和雇人耕种的土地及其他财产，不得侵犯"。"富农所有出租之少量土地，亦予保留不动"。只是对那些"半地主式的富农出租大量土地，超过其自耕和雇人耕种的土地数量者，应征收其出租的土地"。

保护富农经济的意义是：（一）富农经济是农村中的资本主义经济，具有较强的生产能力，保存富农经济有利于农村生产力的发展和国民经济的恢复。（二）保存富农经济，不动富农，可以更好地保护中农，去掉中农在发展生产上的顾虑，使他们放心大胆地去发展生产。（三）不动富农，有利于稳定和团结资产阶级，这对建国初期在政治上巩固和扩大人民民主统一战线，在经济上恢复和发展被战争破坏的国民经济具有十分重要的作用。（四）在全国胜利的条件下，保存富农经济有利于争取富农在土地改革中保持中立，可以有效地缩小打击面，更好地孤立和打击地主阶级。据统计，富农一般占农村人口的5%左右，地主一般占农村人口的3%左右。争取富农中立（这在人民掌握政权的条件下是可以办到的），就可以把土地改革的打击面由8%缩小到3%左右。至于农民方面，由于不去征收富农的多余土地和财产而不能满足他们对土地的要求，以及他们在生产方面的困难，完全可以通过国家贷款和其他扶助办法予以解决。

第二，把没收地主全部财产的政策改为仅仅没收地主的土地、耕畜、农具、多余的粮食及其在农村中多余的房屋，其他财产均不予没收。

在老解放区的土地改革中，曾规定没收地主的一切财产，除土地、耕畜、农具等全部生产资料外，还有房屋、粮食、衣被等生活资料和其他浮财，如金银、存款等。这样做，是根据当时的处于战争情况下，为了最大限度满足农民的要求决定的，它在历史上曾经发挥过积极的作用。但是这种做法也带来一定的缺点，这就是没收地主土地、耕畜、农具、房屋以外的其他财产，容易引起地主对这些财产的隐藏和分散，农民对这些财产的注意和追索，从而发生一些混乱现象，造成社会财富的浪费和破坏，不利于土地改革的顺利进行和农业生产的发展。因此，在新解放区的土地改革中，人民政府规定除对地主的土地、耕畜、农具、多余的粮食和在农林中的多余房屋加以没收外，其他财产一律不动。这样做，一方面可以减弱地主对土地改革的反抗，另一方面地主也可以依靠这些财产维持生活，还可以把它投入农业生产和经营工商业，这对牢牢把握土地改革的基本方向，稳定社会秩序，恢复和发展社会经济都是有好处的。

第三，明确规定小土地出租者的土地在不超过当地每人平均土地数的200%者均保留不动。

小土地出租者，是指革命军人、烈士家属、工人、职员、自由职业者、小贩以及因从事其他职业或缺乏劳动力而出租少量土地者。人民政府规定，对他们均不得以地主论。因为他们本人多是劳动者或丧失劳动力的人，出租的土地数量不大。据统计，这种小块的出租土地总数不超过耕地总数的3%—5%。鉴于我国对失业和丧失劳动力的人员还没有社会保险，而这些土地很多又是土地所有者依靠个人劳动所得购置的，因此人民政府决定对小土地出租者的土地在不超过当地人平均土地200%的情况下予以保留，允许其继续出租或自耕。这样做是合情合理的，受到了各阶层人民的拥护，而且有利于团结各个民主阶级和阶层，组成反封建的统一战线。

第四，规定在土地改革中必须注意团结和保护中农。

团结和保护中农，是中国共产党和人民政府的一贯政策，是保证农村土地改革顺利进行的一个关键。为了更好地贯彻这一政策，确保新区土地改革的顺利进行，中共中央和人民政府在总结过去经验的基础上又做出了一些新的规定。（一）土地改革法明文规定保护中农（包括富裕中农在内）的土地及其他财产不受侵犯，对少数中农附带出租的土地，亦不加没收或征收。（二）在土地分配办法上，改变了过去以乡为单位把地主的土地、公地和其他土地按人口统一平均分配的办法，而是仅仅把没收地主的土地，以乡或等于乡的行政村为单位，统一按照公平合理的原则，用抽补调整的办法分配给无地少地的农民。（三）规定农会组织要积极吸收中农积极分子参加农会的领导工作，在各级农会领导成分中中农不得少于1/3。在农会召集贫农、雇农或手工工人的会议或代表会议时，要吸收中农的代表参加。

第五，规定在土地改革中，要注意团结一切可以团结的力量，组成广泛的反对封建主义的统一战线。

农村土地改革，是一场深刻的社会变革，牵扯到社会上各个阶级和阶层，可能会遇到各种阻力。为了动员和争取社会上一切进步力量站到农民一边，拥护和支持农村土地改革，彻底孤立地主阶级，人民政府要求在土地改革中注意建立广泛的反封建主义的统一战线。在农村，不仅要注意团结中农，正确地对待小土地出租者，而且还要注意团结农村中贫苦的革命知识分子和其他劳动人民，及时吸收他们参加农会。对地主阶级中的开明士绅，也要采取争取和团结的政策，教育和鼓励他们以身作则，服从和执行人民政府有关土地改革的法令。在他们交出土地以及其他

凯歌行进的时期（1949—1956）

应交出的财产后，应予以适当照顾。在城市中，要加强对工人、学生、职员、工商业者、解放军指战员，以及其他各阶层人民的教育，使他们理解农村土地改革的正义性和必要性，自觉地站在农民一边，同情农民，帮助农民。欢迎和吸收民主党派的干部、城市中的教职员及其他民主分子参加土改，使他们在实际中受到教育和提高，积极参加反对封建主义的斗争。

第六，规定对使用机器或有其他进步设备的农场、牧场，由原经营者继续经营，不得分散。

在我国农村，主要是城市近郊有少量使用机器耕作或有其他进步设备的农场、牧场。一般说它们属于农村进步的生产力，它们的存在和发展，对于逐步改变我国农业的落后面貌，发展农业生产具有积极的作用。因此，为了保护和发展社会生产力，土地改革法规定，凡使用机器耕作或有其他进步设备的农田、苗圃、农技试验场及有技术性的大竹园、大果园、大茶山、大桑田、大牧场等，由原有经营者继续经营，不得分散。但土改所有权属于地主者，经省以上人民政府批准，得收归国有。从长远经济建设出发，土地改革法还规定，县以上人民政府可根据当地土地情况，酌量划出一部分土地收归国有，作为一县或数县范围内的农事试验场或国营示范农场。1950 年 10 月政务院第 58 次政务会议通过的《城市郊区土地改革条例》又明确规定，为了适应城市建设和工商业的发展的需要，城市郊区所有没收和征收得来的土地，一律归国家所有，由人民政府管理。这些规定，都体现了建国后土地改革服从和服务于发展生产这个特点。

第七，规定新解放区土地改革，必须在各级党委和政府的领导下按计划，有准备、有步骤地分批分期进行，一般在冬春农闲时进行。

新解放区的土地改革，在正式开始前都经过一个酝酿和准备阶段。解放后首先发动群众进行清匪反霸、减租减息，生产救灾，建立农会和改造乡政权。在社会秩序安定，农民觉悟提高，干部条件成熟后再进行土地改革。在大规模土地改革以前，各地还进行了农村社会调查和土地改革的试点。各地的土地改革，大体分三个阶段进行，即发动群众、划分阶级、没收和分配土地。新解放区的土地改革，大体上分三批完成，第一批是在 1950 年冬到 1951 年春，在大约 1.2 亿农业人口的地区进行；第二批是在 1951 年冬到 1952 年春，在大约 1.1 亿农业人口的地区进行；剩下 3，000 万农业人口的地区，是在 1952 年冬到 1953 年春作为第三批完成的。

第八，要求各地在土地改革中认真贯彻群众路线，注意发动和依靠群众，防止

"和平土改"的偏向。

在全国胜利的条件下，土地改革中容易滋长忽视发动和依靠群众，单纯依靠政府颁布法令进行土地改革的偏向。人民政府强调指出，土地改革是一场推翻和消灭封建剥削制度的深刻斗争，只有发动群众才有可能完成这一场伟大的变革，也才能树立农民在乡村的优势。人民政府批评了只要政府发布命令，不要发动群众的从上而下的所谓"和平土改"的主张，坚决贯彻了放手发动群众的方针，依靠农民自己的组织和力量，打倒地主，取得土地。

在中国共产党和人民政府的正确领导下，经过 3 年的努力，到 1952 年年底，新解放区的土地改革除新疆、西藏和某些边远少数民族地区外基本完成，连同老解放区在内，经过伟大的土地改革运动，约有 3 亿无地少地的农民分得了 7 亿亩土地，免除了每年向地主交纳 700 亿斤粮食的沉重的地租负担。在新解放区土地改革中，农民还分得耕畜 297 万头，农具 3，954 万件，房屋 3，807 万间，粮食 105 亿斤。

新疆的土地改革是从 1952 年秋开始的。

新疆各阶层的土地占有情况同内地省份一样，也是极不合理的。据土地改革时的统计，地主人均占有耕地 41 亩，富农为 12.4 亩，中农为 7.11 亩，贫农为 3.06 亩，雇农为 0.98 亩。地主人均占有土地面积是中农的 6 倍，贫农的 13 倍，雇农的 42 倍。新疆土地集中的情况虽然不如内地，但地主的剥削仍然是十分残酷的，并带有浓厚的农奴制色彩。租种地主土地的农民常常被迫聚居在地主的高宅大院周围，形成许多封建地主庄园。在封建地主庄园中，农民没有完全的人身自由，他们不仅要为地主承担许多繁重的劳役，甚至可以被地主随土地任意买卖、赠送和转让。在有的地方，农民婚配时地主还享有野蛮的"初夜权"。推翻地主阶级，废除封建土地剥削制度，是新疆百万农民的强烈要求。

考虑到新疆少数民族地区的特殊情况，主要是宗教、民族问题和封建剥削纠缠在一起，人民政府在新疆的土地改革中采取了一系列的特殊政策。（一）坚决实行了"慎重稳进"的方针。首先在土地改革前集中力量做好准备工作，包括清剿土匪，建立政权，开展反霸减租，培养民族干部，进行调查研究，和在少数乡进行土改的试点，在条件不成熟时绝对不贸然进行土地改革。其次，是把土地改革严格地限制在农业地区，在牧区和半牧区不进行土地改革。第三，对全区土地改革按照条件成熟情况分期分批进行，第一期土地改革仍然控制在少部分地区，并且称之为"土改试办"，然后在第二批、第三批逐渐铺开。（二）高度注意建立反封建的统一战线，特别是注意处理好宗教和民族问题。在土地改革中坚决保护和尊重少数民族的宗教信仰和风俗习惯。清真寺、麻扎（宗教基地）、宗教学校、喇嘛庙的土地及在乡村中属于公共所有的各种宗教土地及出租房屋，均一律不动。对各族各界上层人士，采取"保护过关"的政策，土地改革中只没收他们的多余的土地和财产，对其本人不进行斗争，以前的罪恶只要不再重犯，一律不予追究。在民族杂居地区，当地基本群众属于一个民族，而地主属于另一个民族时，对这个地主的斗争则由与地主同一民族的干部组织同一民族群众进行。如当地群众要求斗争时，可组织背对背的斗争。没收其土地和财产时，可采取协商的方式，可留给比一般地主稍多的土地和财产。（三）对地主的斗争采取相当宽大的政策。对愿意遵守土地改革法令的地主，一般不予斗争。对在减租中斗过的恶霸地主，土地改革中没有发现新的罪恶事实，也不再进行斗争。对家庭属地主成分，但在历史上有过贡献，或在解放后与人民政府合作的民主人士、各族各教派中的领袖人物，即使其历史上有恶迹和血债，只要他们今天遵守政府法令，赞成土地改革，均说服群众不对其进行斗争。对罪恶不大，或有某些违法行为的地主，可在小范围内进行斗争。对罪大恶极，民愤极大的恶霸地主和顽抗土改的地主，在斗争时必须坚持说理斗争，不许违反民族政策和宗教政策，严禁乱捕、乱杀及打人、骂人等侮辱性行为。（四）为了保护畜牧生产，对地主用于牧业生产的牲畜，不论其牧群大小，也不论属于何种牲畜，一律不得没收分配。根据少数民族的习惯，凡地主的羊、奶牛也不得没收和分配。（五）在某些县区，如立即进行土地改革可能引起民族纠纷者，可暂不进行土地改革，等待条件成熟后再酌情进行，等等。

1953 年年底，新疆地区土地改革胜利结束。在土地改革中共没收地主多余土地 737 万亩，耕畜 7 万多头，农具 46 万件，房屋 20 万间，粮食 1，400 万斤。全疆有 322 万无地少地的农民分到了土地。

新解放区土地改革的完成，是建国初期中国人民在政治战线和经济战线上的一个巨大胜利，它在中国大陆上彻底打倒了地主阶级，消灭了封建的土地剥削制度，使人民民主专政得到空前的巩固，为国民经济的恢复和发展，以及中国的工业化创造了条件。

土地改革的胜利，极大地解放了农村生产力，亿万翻身农民第一次有了属于自己的土地，发展生产，改善生活的劲头空前高涨。他们早出晚归积肥打井，修堤挖塘，纷纷添置耕牛农具，开展爱国增产运动。仅湖南省 1950 年冬即动工挖建水塘

98，000 多个，修堤坝 22，500 座，渠沟 4，139 公里，山圳 1，940 条，受益田亩 750 万亩。辽宁省金县三十里堡区梅家村翻身农民昼夜不停，拉砂子和泥土垫地，把 1，000 多亩盐碱地变为良田，种上了棉花和花生。1949 年到 1950 年，山东全省添置耕畜 14 万头。江西省吉安县沧湾乡农民经过土地改革，共购买耕牛 78 头，农具 303 件，水车 20 架。1951 年，华东地区农民普遍提早春耕，并比往年多耕一遍，施肥量一般增加二、三成。由于翻身农民生产积极性高涨，添牛买马，精耕细作，粮食产量不断增加，1951 年全国粮食产量达到 14，363 万吨，比 1949 年增长 26.9%。

五　国家机构的整编和精简

中华人民共和国成立时，解放战争还在大陆上继续进行，军事费用开支十分庞大，1949 年的军事费用支出竟达到全年财政收入的一半。随着全国各级政权的建立和对文化教育事业的接管，以及对国民党遗留和起义人员实行"包下来"的政策，三个人的饭五个人吃，国家负担的公教人员也急剧增加，1949 年为 700 万人，1950 年很快增加到 900 万人。这样，国家的行政费用也急骤增加。据 1950 年全国财政收支概算，当年行政费用的支出占国家总支出的 21.4%，加上军事费用的支出（约占总支出的 38.8%），共占当年财政总支出的 60.2%，占用了国家的大部分财力。庞大的军事行政费用的支出，对新生的共和国无疑是一个沉重的负担，长期如此，势必要影响国家财政经济状况的根本好转。

为了大量节减行政军事经费，尽快实现国家财政经济状况的根本好转，中共七届三中全会提出，在保证有足够力量用于解放台湾、西藏，巩固国防和镇压反革命的条件下，人民解放军应在 1950 年整编复员一部分，同时对国家行政系统进行必要的精简。全会强调指出，国家机构所需经费的大量节减，是实现国家财经状况基本好转的三项重要条件之一，是在国民经济恢复时期全党全国人民必须努力做好的八项工作中的重要一项。

早在这一年的 3 月 3 日，中央人民政府政务院第 22 次政务会在讨论统一全国财政经济管理的决定时，就曾对统一全国各级人民政府、党派群众团体员额的编制和统一各级人民政府的供给标准两个问题进行了讨论，并指定专门小组对有关文件进行审查。10 日召开的政务院第 23 次政务会议，讨论通过并颁发了中央人民政府

凯歌行进的时期（1949—1956）

政务院《关于统一全国各级人民政府、党派群众团体员额暂行编制（草案）》和《全国各级人民政府 1950 年度暂行供给标准（草案）》。

政务院在上述两个文件中指出，由于过去各解放区长期处在战争和被分割的状态，政府工作部门的设置和工作人员的数目不能统盘筹划，以致形成行政人员员额无法统计，财政开支难以掌握的情况。现在中央人民政府已经成立，大陆上的战争业已基本结束，全国已经基本统一，战争和被分割的状态已不复存在，中央人民政府又早已制定和通过了 1950 年度财政收支概算，为了提高工作效率，调整现有行政工作人员，实现中共七届三中全会所提出的"国家机构所需经费的大量节减"，有必要对全国各级人民政府、党派、群众团体的编制和供给标准作出统一的规定。

政务院依据全国政治协商会议通过的《中央人民政府组织法》，以及政务院制定的《省、市、县人民政府组织通则》和提高工作效率，精简节约的原则，对中央人民政府、大行政区人民政府、省（市）人民政府、专员公署、县人民政府、区公所的区制、编制（包括区域规模、机构设置、人员配制）和供给标准作了统一的和明确的规定，为整编和精简全国行政机构提供了统一的标准和法规。

为了保证上述决定的实施，中央人民政府成立了以薄一波为主任，聂荣臻为副主任的全国编制委员会。各大行政区、省、大市均分设编制委员会。各级编制委员会的任务，是根据中央人民政府的有关规定，制定并颁布各级军政机关人员、马匹、车辆等等编制，领导、检查和督促精简整编工作的进行。中央人民政府要求，在整编工作中各机关首长必须亲自负责，核实现有人员马匹，消灭虚报估计数字。立即停止各级机关不经批准自行添招人员及招人开训练班的现象。政府及企业部门编外多余人员，不得擅自遣散，均由全国各地编制委员会统一调配使用。各部门各企业如需增添人员，在适当机关批准之后，必须先向全国编制委员会请求调配，只有调配不足又经适当机关批准时，才能另外招收。在精简整编中，对旧军政人员一齐包下来的政策不变，但不应采取消极的包饭态度，对包下来的人员应该有步骤地加以改造和合理使用。

政务院有关统一编制的决定下达后，各级地方人民政府和政务院各直属机构立即行动，首先是按政务院的规定成立了由首长负责的编制委员会，负责本地区和本部门的整编工作。紧接着组织全体工作人员学习中央有关文件，统一思想，提高认识。随后在充分发动群众，认真调查研究的基础上核实现有人员和调整精简机构，按新的编制定机构定人员；同时健全和改进机关行政管理工作，检查和纠正铺张浪费现象。最后是制定和健全各项规章制度，慎重处理编余和编外人员。在精简整编工作中，政务院以身作则，雷厉风行，对所属单位的精简整编进行了多次审查，仅在1950年就召开了15次审查会议。另外，政务院还成立了精简节约检查组，负责检查政务院和政务院所属各委、部、会、院、署、行执行精简任务的情况，一方面检查工作人员是否超过编制人数，工作人员条件如何，工作态度如何，编制本身是否切合实际需要；另一方面检查房屋修建，汽车使用，家具设备，召开会议，办公用品和日常开支有无铺张浪费现象，以及经费开支是否符合预算，等等。

在国家行政机构的精简整编过程中，各级领导机关都充分注意了以下几个问题。

第一，把精简整编工作和整顿改进干部的思想作风、工作作风紧密结合起来。在精简机构的同时狠抓提高工作效率，使各级政府成为机构精干、有作为有效率的人民政权机关；提倡和发扬艰苦奋斗的优良传统，反对胜利后在干部队伍中滋长的以功臣自居、铺张浪费、享乐腐化等不良风气。

第二，适应建国后经济建设已逐步成为人民政府的中心工作这一情况，在精简整编机构中各级政府都注意加强财经部门和基层。苏南行署在整编过程中从其他部门抽调4,200名干部充实到财经部门，抽调县长和财经处长一级干部担任各专署税务局局长。华北地区在整编过程中抽调4,589名干部充实和加强各级财经部门。

第三，注意对文化程度较低的干部进行培养和提高。在整编过程中，各省(市)从长远观点出发，有计划地建立了一批工农速成中学、工农速成小学和各种训练班，把一些文化程度较低的同志调离工作岗位送入学校、训练班进行培养，为日后经济建设工作培养和储备人才。据华北区统计，在精简整编过程中共抽调4,659名干部分别进入不同学校和训练班学习。山东在精简整编过程中，集中16,000多名干部在省干部学校和9个分校学习。这样做的结果，既达到精简机关人员的目的，又提高了干部的素质，为将来的经济建设准备了干部。

第四，在精简整编过程中，中央和各级地方政府根据实际情况，并适当考虑到将来的发展，按照任务的繁简与缓急，对于重复的机构尽量予以合并和撤销，尽量减少机构层次。在精简整编过程中，山东省撤销了3个行署、6个专署和4个县政府，河北省撤销了1个县政府、518个区政府。重叠机构的精简，对于减少官僚主义、文牍主义，改进干部的思想作风和工作作风，提高工作效率，密切联系群众都起了重要的作用。

凯歌行进的时期（1949—1956）

在中央人民政府的正确领导下，国家机关精简整编工作进行得十分顺利，到1950 年 10 月基本告一段落。通过这一工作，各级政府初步核实了人数，统一了编制，停止了各地任意扩充机构，招收人员的现象和节约了开支。据 10 月份统计，全国各级政府机关行政人员比 2 月减少 1/4 左右，1950 年行政费用的实际支出比概算减少 4.5%。通过这次精简整编，各地都裁并了机构，调整了干部，初步克服了机构重叠臃肿，某些机关人浮于事，某些机关又人员不足的现象，特别是充实了急需加强的各级财经机关和区、乡基层组织。通过这次精简整编，对于帮助广大干部树立为人民服务的思想，改进工作作风，克服官僚主义、铺张浪费等不正之风也起到了很好的作用。

在国家行政机关进行精简的同时，人民解放军也在保存实力，巩固国防的前提下对所属部队进行了整编。1950 年 5 月，人民解放军在北京召开了全军参谋会议，研究了人民解放军的整编问题，确定了陆、海、空军和公安部队的编制定额，提出了进行整编的原则和要求。6 月，中央人民政府人民革命军事委员会和政务院联合发出《关于人民解放军 1950 年复员工作的决定》。决定指出，中国人民解放战争已经基本结束，除台湾和西藏尚待解放仍有严重的战斗外，全国已开始进入经济建设的新阶段，人民解放军也将随之从战争状态转入正规建军的新时期。在国家生产建设开始时，人民解放军必须复员一部分，去参加经济建设工作，以帮助国家经济的恢复和发展。

复员工作是人民解放军整编工作中牵扯面较广，难度较大的一项工作。为了保证人民解放军整编，特别是复员工作的圆满完成，中央人民政府人民革命军事委员会与政务院共同组成了中央复员委员会，由周恩来负责，领导和指挥人民解放军的复员和复员人员的安排工作。各大行政区、省、专署、县、区、乡和人民解放军团以上单位都相应成立了复员委员会，负责本地区、本部队的复员和安排工作。各级复员委员会在各级党委和政府的领导下，在人民群众中和部队中就复员工作的必要性和意义进行了广泛的宣传和教育，做了大量的组织工作和物资准备工作。各级人民政府都专门发出指示，要求干部和群众热烈欢迎复员军人，认真做好复员军人的安置工作，积极创造条件帮助他们参加生产，和安排好他们的生活。人民政府强调，在政治上要给他们以应有的尊重，在物质上要给他们以确实的保证，使复员军人一心一意投入新的经济建设工作。

中国人民解放军进行大规模的整编和复员，这在历史上还是头一次。建国初期，人民解放军在编人员有 500 余万，通过这次整编复员了 140 多万人。人民解放军的整编工作，还包括另外一项重要内容，即统一全国的编制，包括部队的编制和武器的配备两个方面。

建国初期，人民解放军的整编复员工作是和部队正规化的建设紧密地结合在一起进行的。在中华人民共和国成立时，人民解放军基本上是由单一的步兵组成的，既无空军，又无海军，只有少量特种兵部队。在整编过程中，人民解放军缩小了步兵部队，开始和加强建设空军、海军和其他兵种，并建立了一批培养军队在各方面的指挥人员、政治工作干部和技术人员的军事院校。在这一年正式建立的军兵种有：中国人民解放军炮兵、装甲兵、防空军、公安部队等。11 月，还在北京召开了军事学校及部队训练会议，讨论了教育方针，教育计划，教育制度，教材、器材供应计划和学校编制等问题。

人民解放军的整编，不仅减轻了国家的负担，加强了经济建设战线，同时也加速了人民解放军的正规化和现代化，提高了人民解放军的战斗力。这对保卫祖国安全和世界和平，对于尽快恢复和发展生产，实现国家财政经济状况的根本好转起了重要的作用。

为了帮助国家度过困难阶段，尽快地实现财政经济状况的根本好转，中国人民解放军还开展了大生产运动。1949 年 12 月，中央人民政府人民革命军事委员会发布《关于 1950 年军队参加生产建设工作的指示》，要求中国人民解放军除继续作战和服勤者外，应当负担一部分生产任务，使人民解放军不仅是一支国防军，而且是一支生产军，借以协同全国人民克服长期战争所遗留下来的困难，加速国家经济建设。指示还强调指出，人民解放军参加生产，不是临时的，应从长期建设的观点出发。指示对部队从事生产的项目、领导生产的组织以及各项政策，也都作了明确的规定。遵照上述指示，中国人民解放军各部队在 1950 年掀起了生产热潮，取得了丰硕的成果。1950 年一年内，全军开垦耕地达到 330 多万亩。新疆军区部队在王震将军的领导下，发挥南泥湾大生产的光荣传统，在 1950 年开垦荒地 80 万亩，并全部播种完毕。同时还修灌渠 8 条，水库 1 座，建立煤窑 37 座，油坊 11 座，面粉坊 85 座，肥皂厂 8 个，榨油厂 4 个，毛毯、毛巾、织袜厂各 1 个，造纸厂 3 个，金矿 2 处，养牛 5,000 头，养羊 70,000 余只，养猪 14 万头。西北、西南军区派遣 10 多万指战员参加天宝、天兰、成渝等铁路线的修筑工程，等等。中国人民解放军参加生产，减轻了国家的负担，创造了大量物质财富，有力地支持了争取国家财政经济状况基本好转的工作。人民解放军参加生产的行动，还扩大了人民解放军的政治影响，密切了军政、军民之间的关系，对加强部队建设，改善部队生活也起到了重要的作用。

六　大张旗鼓镇压反革命

为了在政治上给全面恢复国民经济创造一个良好的环境，保证争取国家财政经济状况根本好转的各项工作顺利进行，1951 年在人民政府的领导下，在全国范围内开展了大张旗鼓的镇压反革命运动。

国民党反动派在统治中国的 20 多年间，建立了庞大的政治、军事、党团、特务等反革命机构，培植了大批反革命分子。在它的扶持和卵翼下，社会上还滋生了一大批恶霸、土匪和反动会道门头子。这些遍布城乡以数百万计的反革命分子，构成了国民党反动统治的骨干力量和社会基础。他们死心塌地地反对革命，疯狂地破坏和镇压人民革命运动，残酷地迫害共产党人、进步人士和人民群众，其中许多人作恶多端，血债累累，成为中国人民最凶恶的敌人。

1949 年全国解放后，虽然国民党的反动统治已经被彻底摧毁，人民民主专政在全国范围内建立起来了，但国民党反动派在大陆上还遗留下一大批反革命分子。据当时粗略统计，国民党反动派在溃逃时在大陆遗留和潜伏下来的政治土匪约 200万，反动党团骨干分子约 60 万，各种特务分子约 60 万，总计 300 余万。这是一个相当大的数字。另外，国民党反动派逃窜到台湾后，还不断派遣间谍、特务潜入大陆进行破坏活动。

国民党反动派遗留在大陆的各种反革命分子并不甘心失败，他们继续与人民为敌，采取各种方式进行破坏和捣乱，妄图推翻人民民主专政，恢复帝国主义、封建主义、官僚资本主义在中国的统治。在西南、华南等解放稍晚的地区，反革命分子的破坏活动更为严重。建国初期，反革命分子的破坏活动主要有：（一）网罗各种反革命力量，组织各种反革命组织和反革命武装，妄图与人民政府对抗到底。在镇压反革命运动中，在贵州遵义地区发现和破获的反革命组织就有"反共革命委员会"、"国民党后方救国委员会"、"反共救国军"、"反共保产动员会"、"平黔军"、"游击纵队"等几十种，人数从几十人到几百人不等，他们一般拥有武装，盘踞和流窜在一些较为偏僻的地方。（二）组织暴乱，袭击和围攻我县、区、乡人民政府，残杀政府工作人员和人民群众。从 1950 年年底到 1951 年 5 月，仅广西一地，土匪特务组织暴乱达 52 次，袭击区、乡政府 247 次，围攻县城 52 次，杀害农会会员、民兵、村干部 3,703 人。1951 年 6 月，贵州仁怀县，除县城及附近村寨外，其余乡镇全为土匪所占，26 个原国民党政权的乡镇长，有 22 个叛乱为匪。（三）袭击、暗杀革命干部，制造白色恐怖。据统计，1950 年春到 1950 年秋的半年多时间内，就有近 4 万名干部和群众遭到反革命分子的杀害。1950 年秋，在北京破获了帝国主义间谍秘密测绘地图，准备武器，预谋在国庆节用迫击炮轰击天安门，杀害党和国家领导人的重大反革命案件。（四）破坏交通，烧毁民房，抢劫仓库、粮站，扰乱社会秩序。1951 年上半年，国民党土匪、特务在湖南零陵、广西恭城、湖北汉口等地纵火焚烧民房，抢劫财物，使数万群众无家可归，财产损失惨重。广西在匪患严重时期，交通阻塞，行旅不通，农民不能耕种，工人不能做工，商人不能经商，严重地破坏了社会的正常秩序。（五）造谣惑众，制造混乱，威胁和恐吓积极分子，离间政府和人民的关系。除此而外，他们还制造事故，破坏生产；恐吓农民，破坏土改；腐蚀收买干部，刺探收集情报，等等。

反革命分子的破坏活动，严重地威胁着人民民主专政的巩固和人民生命财产的安全，为恢复国民经济工作的顺利进行带来巨大的威胁。特别是抗美援朝战争爆发后，他们以为复辟时机已到，反革命气焰更加嚣张。他们叫嚷"第三次世界大战马上爆发"，"蒋介石要反攻了"，"美军即将登陆"，说"黑暗将过，黎明即来"，有的甚至制作了星条旗和青天白日旗，准备迎接美蒋卷土重来。一向比较平静的东北地区，从 7 月 12 日至 8 月 11 日一个月内，铁路上就发生了大小政治事故 154 起。在土地改革已经完成的半老区，也不断发现地主向农民反攻倒算的事件，他们威胁农民退回土改中所分得的土地、耕牛和房屋。

对反革命破坏活动，人民政府的态度和方针是十分明确的。《共同纲领》第 7 条规定："中华人民共和国必须镇压一切反革命活动，严厉惩罚一切勾结帝国主义、背叛祖国、反对人民民主事业的国民党反革命战争罪犯和其他怙恶不悛的反革命首要分子。对于一般的反动分子、封建地主、官僚资本家，在解除其武装、消灭其特殊势力后，仍须依法在必要时期内剥夺他们的政治权利，但同时给以生活出路，并强迫他们在劳动中改造自己，成为新人。假如他们继续进行反革命活动，必须予以严厉的制裁。"1950 年 7 月 23 日，中央人民政府政务院和最高人民法院联合发出《关于镇压反革命的指示》。指出，"在某些地区特别是在新解放区，国民党反动派残

凯歌行进的时期（1949—1956）

余在帝国主义指使下，仍在采取武装暴乱和潜伏暗害等活动方式，组织特务土匪，勾结地主恶霸，或煽动一部分落后分子，不断地从事反对人民政府及各种反革命活动，以破坏社会治安，危害人民与国家利益。因此，积极领导人民坚决地肃清一切公开的与暗藏的反革命分子，迅速地建立与巩固革命秩序，以保障人民民主权利并顺利进行生产建设及各项必要的社会改革，成为各级人民政府当前重要任务之一。"指示要求"各级人民政府，必须遵照《共同纲领》的规定，对一切反革命活动采取严厉的及时的镇压"。"对一切手持武器，聚众叛乱的匪众，必须坚决镇压剿灭"；"对杀害公职人员和人民、破坏工矿仓库交通及其他公共财产、抢劫国家和人民的物资、偷窃国家机密及煽动落后分子反对人民政府的一切活动、组织或谍报、暗杀机关，应彻底破获，并逮捕其组织者及罪恶重大者"，依法处以死刑或长期徒刑。

根据共同纲领的规定和中央人民政府的指示，解放后各级人民政府对反革命分子进行了清理和镇压，在城市勒令反动党团骨干分子登记，通令取消各种反动会道门，并破获了一批反革命组织，搜捕和杀、关、管了一批特务、土匪。在新区农村进行了清匪反霸斗争，对盘踞在湘西、桂西和贵州等地的土匪进行了围剿，初步打击了反革命势力和稳定了社会秩序。据不完全统计，自 1949 年 10 月到 1950 年 10 月，在西北、西南、中南、华东等地，共剿灭土匪数十万人，搜捕特务分子 13，797 人，缴获电台 175 部，破获国际间谍案 7 起。但是，在一部分干部中，由于陶醉于革命的胜利，对反革命分子的破坏活动及其危害性认识不足，滋长和存在着一种和平、轻敌的麻痹思想。他们错误地认为革命已经胜利，天下已经太平，有几个泥鳅也翻不起大浪。他们把镇压反革命活动与乱打乱杀相混淆，把"镇压与宽大相结合"的政策误解为片面宽大，因此对反革命活动镇压不力，特别是对罪大恶极、怙恶不悛的首恶分子镇压不够，该杀的不杀，该捕的不捕，重罪轻判，久押不问，甚至对捕获的匪特"四捉四放"、"八擒八纵"，致使一些继续作恶的反革命分子未能得到镇压。镇反工作中的右倾情绪，助长了反革命的气焰，有的今日释放明日作案，此处释放彼处作案，有的地方土匪越剿越多。还有的反革命分子竟然把公安局叫"公安店"，把人民法院叫"司法旅馆"，有的在监狱中公然叫嚷："迟进来，早进来，迟早进来；迟出去，早出去，迟早出去。"人民群众对此极为不满。他们批评政府对反革命"宽大无边"，"有天无法"，"简直不像个人民政府的样子"。他们说"天不怕，地不怕，就怕共产党讲宽大"。有的工人气愤地说，"我们竞赛了几个月，特务一把火完蛋了；再不镇压，说什么我们也不竞赛了"。有的民主人士批评人民政府"姑息养奸，贻害人民"，他们说"能除暴安良者，万民才能归顺"。显然，对反革命分子进行一次严厉的镇压，已经是势所难免了。

为纠正镇反工作中的右倾情绪，严厉打击反革命破坏活动，1950 年 10 月 10 日，中共中央向各级党委发出了《关于镇压反革命的指示》。中共中央指出，为了打击帝国主义的阴谋破坏和彻底消灭蒋介石残余匪帮，为了保证土地改革和经济建设的顺利进行，为了巩固与发展中国人民的胜利，必须严厉镇压一切反革命活动，坚决肃清一切危害人民的土匪、特务、恶霸及其他反革命分子。这也是全国人民目前迫切的要求。为了纠正在镇压反革命问题上发生的严重右的偏向，中共中央要求各级党委，对于已被逮捕及尚未逮捕的反革命分子，应即领导与督促主管部门，根据已有的材料，按照"镇压与宽大相结合"的政策，经过审慎的研究，分别加以处理。对于首要的、怙恶不悛的、在解放后特别是经过宽大处理后，仍然继续作恶的反革命分子，应依照中央人民政府政务院公布的惩治反革命条例加以镇压。当杀者，应即判处死刑。当监禁和改造者，应即逮捕监禁，加以改造。对于罪恶较轻而又表示愿意悔改的一般特务分子和反动党团的下级党务人员，应即实行管制，加以考察。这些分子如继续进行反革命活动，则应予以严厉制裁。为了防止在坚决镇压反革命活动中发生"左"的偏向，中共中央要求各级党委必须坚持反对逼供信和禁止肉刑，必须注意重证据而不轻信口供。在判处死刑时，必须经过有关上级，直至中央的批准。

10 月 16 日，公安部召开了第二次公安会议，揭发和纠正了镇压反革命工作中的右倾情绪，研究和部署了镇压反革命工作。

1951 年 2 月 21 日，中央人民政府公布了《中华人民共和国镇压反革命条例》。《人民日报》连续发表了《为什么必须镇压反革命》、《镇压反革命必须大张旗鼓》、《再论镇压反革命必须大张旗鼓》等社论。

一场轰轰烈烈的大张旗鼓的镇压反革命运动在全国范围内展开。

镇压反革命运动大体经历了四个阶段，即发动阶段（1950 年 10 月到 1951 年 2 月）；大张旗鼓镇压反革命阶段（1951 年 2 月到 5 月）；清理积案阶段（1951 年 6 月至 10 月）；扫尾和建设阶段（1951 年 11 月至 1953 年秋）。

在镇压反革命运动中，人民政府集中力量打击那些罪大恶极、怙恶不悛、为人民群众十分痛恨的反革命分子，对他们采取了毫不动摇的坚决镇压的方针。到 5 月底，全国共逮捕反革命分子 150 万，处决了其中罪大恶极的反革命分子 50 万。对

凯歌行进的时期（1949—1956）

于罪恶尚不十分严重而又愿意改悔的反革命分子，则采取宽大处理的方针，甚至对那些按其罪行应该处死的反革命分子，如果他们尚无血债，民愤不大，或者他们对国家利益的损害尚未达到最严重的程度，也采取了判处死刑、缓期执行、强迫劳动、以观后效的政策，给他们以最后改悔的机会。这样做的结果，既打击和扑灭了反革命的凶焰，消灭了反革命分子危害国家和人民的可能性，同时也引起和促进了反革命分子的分化，改造了一切可能改造的反革命分子。

在镇反运动中，人民政府还十分注意发动和依靠群众，吸引各界人士参加镇压反革命工作，使镇压反革命工作成为人民政府和亿万群众的共同行动，使反革命分子彻底陷于孤立。在运动发动阶段，人民政府通过各种代表会、干部会、座谈会、各界联席会、控诉会，以及公审反革命分子大会，同时广泛利用电影、幻灯、戏剧、报纸、广播、小册子，向人民群众揭露反革命分子的罪行，讲清镇压反革命的必要性和意义，以及人民政府的方针和政策，号召人民积极参加和反革命分子的斗争。据北京市公安局统计，在发动群众阶段，北京市共召开各种群众会 29,626 次，参加人数累计达到 3,379,000 人。天津市从 1951 年 3 月到 7 月，共召开各种群众会 21,400 次，参加人数累计 220 万人。人民政府坚决镇压反革命的方针和充分相信群众的态度，支持和激发了人民群众向反革命分子斗争的决心和信心，他们纷纷行动起来，主动检举、揭发和协助政府追捕反革命分子。东北地区到 1951 年 8 月，共收到群众检举反革命分子信件 16 万件。上海市收到 33,000 件，检举反革命分子 29,000 人。河北省群众帮助政府逮捕反革命分子 1,394 名。人民群众的充分行动，为反革命分子布下了天罗地网，使他们毫无藏身之地。

在镇压反革命运动中，人民政府十分注意掌握政策，严格以罪证为依据，以《中华人民共和国惩治反革命条例》为量刑标准。人民政府规定，在镇压反革命斗争中必须坚持严肃与谨慎相结合的方针。严肃，即只要有反革命分子存在，就必须坚决进行斗争，不彻底肃清一切反革命分子，决不罢休；谨慎，即必须正确区分敌我，注意划分思想问题和政治问题的界限，反对草率从事，力求做到既不放过一个反革命分子，也不冤枉一个好人。人民政府还要求，对反革命分子必须做到打得稳，打得准，打得狠。稳，即在镇反中要注意策略；准，即不要错捕错杀；狠，即坚决杀掉一切应杀的反革命首要分子。根据上述方针，各级公安机关对于镇压反革命工作，事先都进行了充分的调查研究，取得可靠的材料和证据，对于捕人和判刑，都做到以反革命的罪证为根据，以《中华人民共和国惩治反革命条例》为量刑标准，严禁逼供信和肉刑。一般判处死刑须经省、市人民政府批准，特别重要分子须经中央人民政府批准。

1951 年大张旗鼓镇压反革命，是中国人民和帝国主义、封建主义、官僚资本主义斗争的继续，是新生的人民共和国为巩固自己的政权，安定社会秩序，保护社会生产力的一项有力措施。镇压反革命运动，收到了良好的效果。运动中共杀、关、管各类反革命分子 300 万，在大陆上基本上消灭了土匪、特务分子、恶霸分子，以及反动党团和反动会道门中的坚决反革命分子，彻底摧毁了旧社会遗留下来的残余反动势力，消除了人民脚下的"地震"，在全国范围内出现了历史上从未有过的安定局面，从而保证了土地改革、抗美援朝，以及其他各项社会改革的顺利进行。镇压反革命，同时也是对社会生产力的一次大解放，广大群众扬眉吐气，心情舒畅，搞好生产的积极性得到进一步焕发，这对保证国民经济恢复任务的完成，为有计划的经济建设创造条件起到了重要的作用。通过镇压反革命运动，还密切了政府和人民群众的联系，丰富了对敌斗争经验，建立和健全了国家的保卫和治安制度。

开滦煤矿工人斗争封建把头。

第四章
争取国家财经好转的努力（二）

实现国家财政经济状况的基本好转是一项十分艰巨的任务，需要多方面的努力。除合理调整工商业、完成农村土地改革和大量节减国家机构所需经费外，人民政府还采取各种措施大力恢复和发展农业生产，通过工矿企业的民主改革和生产改革恢复和发展工业生产，在极其困难的情况下挤出资金不失时机地开始了有重点的经济建设，并努力沟通城乡物资交流，发展对外贸易，以促进和实现国民经济的恢复和发展。

一　大力恢复农业生产

农业，是国民经济的基础。建国初期，人民政府一直把恢复和发展农业生产作为经济工作的重点。为了尽快恢复和发展农业生产，人民政府除了抓紧土地改革这一基本环节外，还采取了以下一些措施。

第一，人民政府根据《共同纲领》和土地改革后农村的实际情况，制定了一系列保护和促进农业生产的政策。主要的有：（一）切实保护农民的土地所有权，允许农民自由经营，自由处理。人民政府要求，在土地改革已经完成的老解放区，必须切实保护农民得到的土地财产，不受侵犯，新解放区土地改革完成后，立即确定地权，颁发土地证，保护农民对土地及其他财产的所有权；在尚未进行土地改革而

凯歌行进的时期（1949—1956）

只是实行减租的地区，要切实保障谁种谁收和农民的佃耕权。（二）贯彻合理负担的农业税收政策，改摊派办法为依率计征。对于善于经营、勤劳耕作和改良技术而超过常年应产量者，其超过部分不增加公粮负担；因怠于耕作，其产量不及常年应产量者，其应缴公粮不予减少。（三）提倡互助合作，又允许自由雇工。人民政府一方面提倡农民组织起来，通过互助合作解决生产中的困难，并予互助合作组织以各种奖励和优待；同时也允许雇佣劳动的自由，允许富农经济的存在。（四）制定和实行合理的价格政策，保证棉粮、烟粮、麻粮的合理比价，用价值规律指导农民生产，满足城市工业和人民生活对粮食和棉花等农业原料的需要。（五）提倡信用合作，保护自由借贷。对农村自由借贷，政府不加限制，利率由借贷双方协议，贯彻有借有还原则。对发展农村水利事业的私人投资和帮助农民发展生产的私人贷款，人民政府予以方便和保障。（六）提倡和发展供销合作，同时保护贸易自由。鼓励私商从事土产购销，其合法利润应予保护，等等。

第二，进行了有史以来最大规模的农田水利建设，增强了农业生产抗御自然灾害的能力。

人民政府十分重视水利工作。建国后一个月，即 1949 年的 11 月，中央人民政府水利部就召开了各解放区水利联席会议，研究和确定了新中国水利建设的方针和任务。会议确定，新中国水利建设的基本方针是防止水患，兴修水利，以达到发展生产的目的。水利建设的任务是，依据国家经济建设计划和人民的需要，根据不同的情况和人力、物力及技术等条件，分别轻重缓急，有计划有步骤地恢复与发展防洪、灌溉、排水、放淤、水力，以及疏浚河流、兴修运河等项工程。

从 1949 年到 1952 年，国家在财政经济十分困难的情况下，仍然拿出大批资金从事农田水利建设。1950 年人民政府用在水利建设上的经费相当于国民党反动统治时期水利经费最多的一年的 18 倍，1951 年增加到 42 倍，1952 年再上升为 52 倍。3 年中，人民政府用于水利建设方面的经费约为 10 亿元。3 年中，对全国 42，000 余里堤防的绝大部分进行了培修和加固，对一些水灾比较严重的河流，如淮河、沂河、沭河、永定河、大清河、潮白河进行了全流域的治理，还修建了荆江分洪工程。这些工程的浩大，是历史上少见的。如治理淮河，就要修建 13 处水库，17 处控制工程，还要疏浚旧河，开挖新河，修建船闸，等等。三年来在水利工程上所完成的土方有 17 亿立方以上，等于 10 条巴拿马运河或 23 条苏伊士运河所完成的土方。另外，3 年中还修建现代化的灌溉工程 358 处，新建和整修小型渠道和蓄水塘

堰 336 处，新凿和修复水井 668，000 眼，添量铁轮水车 349，000 辆。

大规模水利工程的修建，对促进和保证农业生产的恢复和发展起了十分重要的作用。淮河经过治理，可以使淮河流域 6，000 万人民和 22 万平方公里的土地根绝水患，使 5，000 万亩土地可以引淮河之水灌溉。3 年来，全国共扩大灌溉面积约 4，950 余万亩，另有 18，400 万亩农田因为增加和改善了水的供应而免于旱灾的威胁。据粗略估计，由于兴修水利，防止水患和改善灌溉面积而增产的粮食当以数百万吨计，同时还在发电、航运等方面也收到了明显的效益。

第三，开展群众性的农业生产技术改进工作，包括推广优良品种、新式农具和改进耕作技术等。3 年中，粮食作物的优良品种已经推广到 2 亿多亩，棉花的优良品种已占棉田总面积的一半以上，推广新式农具 250，536 件。人民政府还帮助农民改进耕种和栽培技术，实行合理密植和深耕，并在整地、施肥、育种、播种、中耕、灌溉、防治病虫害等方面创造了不少先进经验。这些措施的推广，对于促进粮食等作物的增产起了巨大的作用。黑龙江省肇源县通过推广"等距宽播、间苗保苗、分期追肥"的先进耕作法，就使全县粮食作物的单位面积产量普遍提高了 1 倍。

第四，教育和帮助农民组织起来，通过互助协作的力量克服单家独户在生产中无法解决的困难，以及防御自然灾害。

我国农村地少人多，自然灾害频繁，新翻身的农民在生产中存在着资金、耕畜、农具不足的困难，许多农户无法形成独立的生产能力。为了帮助农民克服这些困难，抵御自然灾害，进行农田水利建设，发展农业生产，人民政府在坚持自愿互利、典型示范和国家援助的原则下积极教育和帮助农民组织起来。广大农民积极响应人民政府的号召，在 1951 年到 1952 年的三年中，全国农民组织了 8 万多个互助组，3，644 个农业生产合作社，共有 4，542 万户农民参加了农业生产互助组或生产合作社，约占全国总农户的 39.9%。实践证明，凡是组织起来的农户，都增加了产量和增加了收入，而且常年互助组增产的幅度比临时互助组高，合作社增产的幅度又比互助组高，初步显示了互助合作组织在发展农业生产中的作用。

第五，在农村开展爱国增产节约运动，努力提高农作物的单位面积产量。

土地改革以及抗美援朝、镇压反革命运动，提高了农民的政治觉悟和焕发了他们发展生产的热情，人民政府因势利导，结合这些运动在农村开展了轰轰烈烈的爱国增产运动，引导农民把爱国主义热情和发展生产的实际行动结合起来。爱国增产运动的重点，是认真学习和总结推广丰产典型的经验，努力提高农作物的单位面积产量。在爱国增产竞赛运动中，一些劳动模范和先进人物，带头制定增产计划，向全国农民发起挑战和竞赛。1951 年 3 月，山西省著名农业劳动模范李顺达所领导的互助组和北京双桥实习农场，先后向全国农业战线发起爱国增产竞赛的倡议，到 1952 年 6 月，据 35 个省不完全统计，已经有 102 个国营农场和 5，351 个著名的农业生产合作社、互助组应战。在爱国增产竞赛运动中，涌现出了许多先进人物和丰产的典型。如山西曲耀离创造了亩产籽棉 912 斤的新纪录，河北省扬振儒创造了亩产水稻 1，620 斤的新纪录，山西省魏名标农业生产合作社创造了旱地亩产小麦 732 斤的新纪录，等等。这些先进典型的增产经验，在竞赛运动中都及时得到推广，对推动农业生产发挥了重要的作用。

第六，人民政府还制定和实施了其他一些奖励和支持农业生产的政策。

主要有：适时发放农业贷款，从资金方面帮助贫苦农民解决缺乏耕畜、农具、种子、肥料等困难。3 年中，人民政府共发放农业贷款累计为 133，905 万元。实行合理的价格政策和收购政策，保证农民在出售农产品后能获得合理的收益。通过在农村大量发展供销合作组织，及时供应农民所需要的生产资料和生活资料，以及帮助农民推销农副土特产品。对善于经营，勤劳耕作和改良技术而增加产量者，增产部分免征公粮，对因兴修水利而增加产量者，增产部分在 3 年至 5 年内免征公粮。人民政府还通过培养和奖励劳动模范，鼓励和支持农民发展生产。

在人民政府的正确领导和支持下，解放后我国农业生产获得了突飞猛进的发展。1949 年粮食产量为 11，318 万吨，1950 年上升为 13，213 万吨，1951 年为 14，369 万吨，1952 年为 16，392 万吨，3 年之中增加 5，074 万吨。1949 年棉花产量为 44.4 万吨，1950 年达到 69.2 万吨，1951 年达到 103.1 万吨，1952 年达到 130.4 万吨，3 年之中增加 86 万吨。其速度之快，是历史上罕见的。

二　工矿企业的民主改革和生产改革

为了进一步加强和健全国营企业的管理，调动工人的生产积极性，加速国民经济的恢复和发展，从 1950 年到 1951 年，人民政府在国营工矿企业开展了民主改革和生产改革。

建国初期，国营工矿企业的绝大部分是在没收官僚资本企业的基础上建立起来的。这些企业从被接收的那一天起，随着所有制关系的改变，其性质也就发生了变化，成为社会主义性质的国营企业。但是，由于在接收这些企业时采取了"不打烂旧的机构"和"维持原职原薪原制度"的政策，因而也就不可避免地在这些企业中保留了比较多的旧的痕迹。比如，在这些企业中还存在着某些旧的官僚管理机构和一些不合理的规章制度，包括像搜身制这样一些侮辱和压迫工人的制度。某些该统一的规章制度尚未得到统一，甚至在一个企业内部还存在着各种不同的工资制度。新的企业管理委员会和职工代表会议在许多企业里还没有建立起来，有的虽然建立起来了，但不少流于形式，民主管理制度和工人当家作主的地位在这些企业里还没有得到充分的体现。尤为严重的是，在相当多的工矿企业中还残存着封建把头制度，隐藏着一批反革命残余势力，过去骑在人民头上作威作福的封建把头和其他反革命分子还没有得到清理和受到应有的惩处。

封建把头和封建把头制度，是旧中国半殖民地半封建社会的特殊产物。封建把头的名目繁多，各地各行业的叫法也不尽相同，有的叫"头佬"（武汉），有的叫"包工头"、"拿摩温"（上海），有的叫"把头"（青岛），有的叫"查头"、"包工大柜"（煤矿）和"脚行头"（搬运业），等等。解放前，他们依靠帝国主义和国民党反动势力，把持和垄断了几乎所有厂矿企业的劳动雇佣大权，工人要想进厂劳动，必须接受他们的控制和盘剥。他们通过克扣工资、回扣、提成等手法残酷地压榨工人的血汗。逢年过节，或封建把头有婚丧喜庆之事，工人还必须向他们送礼。他们还任意打骂、处罚、开除工人，蹂躏女工和工人妻女，横行霸道，无恶不作。他们与反革命势力相勾结（有的本身就是反动党团骨干或特务分子），成立各种反动组织和伪工会，破坏和镇压工人运动。解放后，他们变化手法，采取隐蔽的形式继续压迫和剥削工人，有的甚至摇身一变伪装进步，混进工会、青年团和共产党，窃据和把持了一些基层劳动组织的领导权。据当时山西省阳泉煤矿的揭发和统计，第四矿区直接领导生产的57个大组长中有43个是过去的把头，矿长以下8个股38名干部中，有20个当过把头、监工或领事。山东省贾汪庄煤矿81个劳合班的小组长全是过去的大、中、小把头。他们不仅可以随意招收和解雇工人，克扣工人的工资，还用"报黑工"、"挂空牌"、"吃空名"，偷卖炸药、器材、扣灯油等手段侵吞和盗窃国家的财产。他们还散播谣言，打击积极分子，甚至制造事故，破坏生产。由于他们的操纵和破坏，贾汪庄煤矿1949年和1950年1、2月份均未能完成生产计划。

国营工矿企业中旧的管理制度，以及残余的封建势力和反革命分子的存在，引起工人的极大不满，严重地束缚了工人群众的生产积极性。他们愤慨地说，"全国解放了，只有我们的厂子还没有解放"，"千年仇恨心底压，世变人在三朝红"。他们强烈要求彻底废除残余的封建把头制度，严厉惩处那些罪恶昭彰和继续作恶的封建把头和其他反革命分子。武汉市许多工人投书报纸，揭露封建把头的罪恶，呼吁工会和政府迅速领导开展反封建把头的斗争。汉阳南岸咀驳业工人，相互串联，自动组织起来向封建把头开展斗争。

鉴于对官僚资本企业的接收工作和这些企业的恢复生产的工作已经基本完成，在中国共产党的教育下工人群众的政治觉悟有了很大的提高，大批积极分子已经成长起来，以及政府主管部门对这些企业的情况已经有了较多的了解，因而对这些企业进行全面的彻底的改革的条件已经成熟。为了进一步解放这些企业内部的生产力，把它们改造成为名副其实的社会主义企业，发挥它们在恢复和发展国民经济中的主导作用，从 1950 年开始，在人民政府的领导下，在这些企业中开展了比较集中和全面的改革。

解放初期，国营工矿企业的改革大体分为两个阶段进行，第一阶段为民主改革，第二阶段为生产改革。

民主改革的基本要求是，在放手发动群众的基础上，采取民主的方式，有领导有组织的彻底废除帝国主义、封建主义、官僚资本主义在这些企业中建立起来的腐朽官僚机构和各种压迫工人的制度，清除隐藏的反革命势力；加强工人阶级内部的团结；建立有工人参加的民主管理制度，树立和巩固工人阶级在企业中的领导地位。民主改革，是把官僚资本企业改造为社会主义企业不可缺少的一个步骤，是建国初期在全国范围内进行的社会民主改革的一个重要组成部分。

民主改革的第一项内容，是废除和改变旧的腐朽的官僚管理制度，建立新的工厂管理委员会和职工代表会议，吸收工人参加管理，实行企业管理民主化。1950 年 2 月 28 日，政务院财经委员会发出了《关于在国营工厂建立工厂管理委员会的指示》。指示指出为完成 1950 年恢复与发展生产这一中心任务，在国营工厂企业中，必须对原来官僚资本经济时代遗留下来的各种不合理的制度进行有计划有步骤的一系列改革。而这种改革的中心环节，就是建立工厂管理委员会，实行工厂管理民主化。指示要求在尚未建立工厂管理委员会的工厂企业中，应立即着手建立。根据上述指示，1950 年各国营工矿企业在发动群众的基础上对管理制度进行了全面的改革，彻底清除了残余的旧的官僚管理制度，建立了有厂长、副厂长、总工程师和其他生产负责人以及相当于以上数量的工人职员代表参加的工厂管理委员会，实行企业管理民主化。管理委员会是工厂的最高行政领导机关，厂内一切重大问题都要经过管理委员会讨论和决定。同时，各工矿企业还通过工人群众的选举建立了职工代表会议。职工代表会议，是工厂管理委员会联系群众，发动和组织工人参加企业管理，行使主人翁权力的广泛的群众组织。职工代表会议有权听取和讨论工厂管理委员会的报告，检查工厂管理委员会对于工厂的经营管理和领导作风，对工厂管理委员会的工作提出批评和建议。实行企业管理民主化，是加强政府对企业的领导，树立工人阶级在企业中的主人翁地位，把旧的官僚资本主义企业改变为社会主义新企业和管理好这些企业的关键环节。

民主改革的第二项内容，是清除隐藏在企业内部的反革命分子和封建残余势力，废除各种官僚资本统治时期遗留下来压迫工人的制度，如包工制、把头制、侮辱工人人格的搜身制。1950 年 1 月至 3 月，经政务院批准，先后公布了中国纺织工会全国代表大会通过的《关于废除搜身制度的决议》，全国搬运工会代表大会通过的《关于废除各地搬运事业中封建把头制度暂行处理办法》，以及全国煤矿工会代表会议通过的《关于废除把头制度向中央人民政府燃料工业部的建议》等三个文件。政务院还做出关于设立搬运公司废除各地搬运行业中封建把头的决定，燃料工业部发出了废除包工把头制的通令。政务院提出，必须用足够的力量，发动与依靠工人群众，有领导、有计划、有步骤地争取在 1952 年年底以前，对所有企业，首先对国营企业内部残存的反革命势力进行清理，并对各种旧的压迫工人的制度进行改革。根据政务院的指示并参照以上的各项决议和办法，全国煤矿、纺织工厂、搬运行业以及其他工矿企业都掀起了民主改革的高潮，通过发动群众，揭露和控诉封建包工把头制及封建包工把头的罪恶，对残存的封建包工把头制坚决予以取缔和废除，对封建把头根据他们的不同情况予以处理，一般不再允许他们继续担任生产班组长，对其中罪恶昭彰深为群众所痛恨者，经过群众斗争后依法予以严惩。在废除封建把头制的同时，各工矿企业还对劳动组织进行了整顿，建立了新的劳动制度和劳动组织，把一批在技术上有经验，在群众中有威信的工人和职员大胆地提拔到行政、生产管理的领导岗位，使企业各级领导权力掌握在工人阶级手中。据华南、华北 8 个煤矿的统计，在民主改革中受到处理的把头有 2，000 余人，同时有 12，000 多名工人被提升为组长、井长、矿长和技术员。1951 年，在镇反运动中，根据中央的指示各国营工矿交通运输企业结合镇反进行了民主改革补课，对遗留下来未受到清理和处置的封建把头、隐藏的反革命分子、混入工矿的逃亡地主做了进一步的处理。

凯歌行进的时期（1949—1956）

民主改革的第三项内容，是加强工人阶级内部的团结。由于帝国主义、封建主义和官僚资本主义的长期统治和对工人队伍的分裂，致使工人队伍内部也存在着一些问题。如有少数职员和工人被威胁引诱参加了反动党团，少数职员和技术人员有过压迫工人的行为，在工人之间也存在着行会帮派和地域观念，等等。这些问题的存在，严重地影响了工人队伍的团结和生产的发展。因此，在民主改革中，工厂党组织和管理委员会有领导地在工人中间开展加强团结的活动。对少数参加过反动党团的工人、职员，教育他们以忠诚老实的态度坦白自己的问题，对反动派的罪恶进行揭发和控诉，放下包袱，轻装上阵，一致对敌。对过去曾欺侮过工人的职员和技术人员，教育他们进行自我批评，向工人承认错误，并保证今后改正，以取得工人的谅解。对于工人之间由于存在的行会帮派、地域观念所造成的隔阂，通过提高觉悟，批评与自我批评，以及揭露敌人分裂工人队伍的阴谋，求得相互谅解和团结。

国营工矿企业的民主改革，实质上是对这些企业的生产关系的进一步改革和完善。经过民主改革，彻底地清除了这些企业中帝国主义、封建主义和官僚资本主义的残余，废除了官僚资本统治时期遗留下来的官僚机构和其他压迫工人的制度，加强了工人阶级的团结和在企业中的领导地位，巩固和健全了企业的社会主义生产关系。民主改革的胜利，还极大地调动了广大工人群众当家作主和搞好生产的积极性。上海中纺十二厂废除抄身制的那一天，工人在厂门口贴出一副对联，上联是"五十年枷锁一旦废除，咱们翻身做主人"，下联是"无数年压迫从此解放，工人齐心忙生产"。有的工人说，通过民主改革"吐了苦水，搬掉了头上的石头，彻底翻身见了青天，身上有使不完的劲"。

然而，民主改革中焕发出的工人群众的劳动积极性，却受到这些企业中过去遗留下来的旧的落后的生产管理制度和技术管理制度的束缚和限制。因此，在民主改革的基础上进一步实行生产改革，就成为彻底解放这些企业的生产力，充分发挥它们在恢复和发展国民经济中的主力军作用的必不可少的一步。生产改革的基本要求是，按照社会主义生产管理的原则，废除旧的不合理的生产管理制度和技术管理制度，建立新的生产管理制度和技术管理制度，实现国营厂矿经营管理的企业化和生产技术的现代化。

在国营厂矿企业的生产改革中，主要进行了以下两项工作，一是在经营管理工作中建立严格的经济核算制，二是在生产管理工作中大力推广和使用新技术。

实行严格的经济核算，就是要废除官僚资本统治时期遗留下来的腐朽落后的经营管理制度和贪污浪费现象，以及克服一部分干部受过去战争年代的影响存在的"供给制"思想，按照新的社会主义企业的管理方法，严格计算生产中的消耗和成本，精打细算，厉行节约；同时努力提高劳动生产率，用最小限度的劳动消耗生产出尽可能多的产品，以收抵支，取得赢利。围绕建立和实行经济核算制度，各企业进行了以下一些工作：第一，认真地严格地登记和核实本企业的财产，划清企业的流动资金和固定资金；第二，在开展增产节约，创造生产新纪录运动的基础上制定合理的生产新定额，实行定额管理；第三，建立和实行生产责任制和质量检查制；第四，改革不合理的工资制度；第五，建立严格的预算制度和精确的成本核算制度；第六，建立和加强企业的计划和统计工作；等等。

在进行生产管理改革的同时，各厂矿交通运输企业，在技术管理方面也进行了深入的改革，大力废除落后的生产方法，采取和推广新的先进的生产方法。如燃料工业部 1950 年作出了《在国营煤矿全面推行新的生产方法的决定》，废除过去长期采用的高落式与方柱式的采煤方法，采用和推广三段长壁、矸石充填等新的采煤方法，从而使回采率在薄煤层由过去的 70% 提高到 90%，在中煤层由过去的 15%—30% 提高到 66%—85%，减少了国家资源的损失，创造了巨大的财富，并为机械化采煤和铲运创造了条件。在纺织部门，普遍推广了郝建秀工作法和 1951 织布工作法，使棉纱产量得到大幅度的增长。在钢铁工业中推行了平炉快速炼钢法；在机械工业中推广了高速切削、多刀多刃切削和翻砂造型的先进经验；在铁路运输中推广了满载超轴 500 公里运行经验；在电力工业中推广了调整负荷、快速检修和燃烧劣质煤的经验；在建筑业中推行了苏长有瓦工小组的先进砌砖法；等等。

工矿企业的民主改革和生产改革，大体在 1951 年告一段落。工矿企业民主改革和生产改革的胜利完成，使这些企业的面貌焕然一新，从所有制到经营管理等方面均成为名副其实的崭新的社会主义企业，工人的生产积极性、劳动生产率和企业的社会主义优越性都得到了很好的发挥。上面所提到的山西阳泉煤矿，民主改革后平均每日井下采煤量提高 14%—37%，河南焦作煤矿工人自动开展生产竞赛，积极提供合理化建议，仅第二矿工人在工人大会上一次就提出 78 条合理化建议，其中有不少对加强企业管理，改进生产和提高产量具有很重要的作用。

国营工矿企业的固定资产占全国工业固定资产的 80%，是国民经济的骨干和领导力量，它的生产和经营状况的根本好转，对整个国民经济的恢复和发展发挥了巨大的推动和领导作用。

三　不失时机的重点建设

建国初期，中国共产党和人民政府在集中主要力量恢复被战争破坏的国民经济和开展各项社会改革的同时，根据"边打、边稳、边建"的方针，不失时机地领导全国人民进行了有重点的经济建设。从 1949 年到 1952 年的 3 年中，人民政府用于基本建设的费用为 66.27 亿元，占财政收入的 17%，折合黄金 4，639 两。在国家财政经济尚未根本好转，抗美援朝战争正在进行的情况下，能挤出这么多的资金用于有重点的经济建设，充分地说明了人民政府对经济建设的高度重视及其信心和魄力。建国初期的重点经济建设，不仅有力地促进了国民经济恢复任务的完成，而且也为有计划的经济建设积累了经验和创造了条件。

根据发展国民经济的需要和可能，建国初期有重点的经济建设侧重在 3 个方面，即水利建设、交通运输建设和以电力、煤炭、钢铁为主的工业建设。

水利建设。我国河流众多，大自然给人民带来了丰富的水利资源。但是，在旧中国，这些资源不但没有得到很好的利用，反而给人民带来许多灾难，江河泛滥，旱涝灾害频繁，成为旧中国的一个特点。中华人民共和国成立后，人民政府用极大力量进行了治理水灾、兴修水利的工作。从 1949 年到 1952 年，人民政府用于水利建设的经费约 7 亿元，占预算内基本建设投资的 10% 以上。3 年中，人民政府组织了数百万劳动力对全国 42，000 公里堤防的绝大部分进行了培修和加固，对一些水害比较严重的江河，如淮河、沂河、沭河、永定河、大清河、潮白河，进行了全流域的根本治理。对一时难以进行根本治理的黄河、长江也举办和采取了一些临时性的有效的防御措施。在这些工程中，著名的有治淮工程、荆江分洪工程和官厅水库的建设工程。

治淮工程是从 1950 年开始的。淮河发源于河南省桐柏山，流经河南省的东部，安徽省、江苏省的北部，大小支流共有 200 多条。淮河在 1194 年以前是独流入海，含沙量既小，水路也畅通，有"走千走万，不如淮河两岸"之说。但在近 700 年间，由于上游山区滥伐森林，滥开山荒，以及黄河几次决口，挟带大量流沙夺淮入海，致使淮河水系遭到严重破坏，上壅下塞，河道不畅，成为有名的害河。淮河流域也成为"大雨大灾，小雨小灾，无雨旱灾"的重灾地带。据记载，从 14 世纪到 20 世纪的 650 年中，水灾、旱灾多达 935 次，严重的灾害平均每 10 年 1 次。清康熙六十一年间，平均每两年发生一次大的水灾。1931 年淮河洪水泛滥，淹没农田 7，800 万亩，占淮河流域耕地面积的 4/10，灾民 2，000 万人，占淮河流域人口的 3/10。1950 年淮河又一次大水，被淹农田 4，000 余万亩，灾民 1，300 万人。

为了从根本上治理淮河，1950 年 10 月 14 日，在经过仔细调查和研讨的基础上中央人民政府政务院发布了《关于治理淮河的决定》，提出按照"蓄泄兼筹"、"变水患为水利"的方针，对淮河进行全流域多目标的治理。11 月，在蚌埠成立了治淮委员会及下属的 3 个工程局。年底治淮工程全面展开。

治淮工程是十分宏伟的。它的目标是，经过治理，一方面要使淮河流域将近 6，000 万人民和 22 万平方公里的土地永绝水患；另一方面要利用淮河的水流发展大约 5，000 万亩农田灌溉，改进 2，000 公里的航运系统，并配合农业和工业动力的需要，建造一定数量的水力发电站。为了达到这个目标，需要进行 3 项工程，第一项是蓄水工程，在淮河各个支流的上游兴建 13 处蓄水库，并在沿淮的湖泊和洼地修建 17 处控制工程，共蓄水 200 亿立方，以控制和调节淮河的水量，使它在洪水时期不致泛滥成灾，在枯水季节有充足的水量供给灌溉、航运和发电的需要。第二项工程是整理河道，包括疏浚旧河，开挖新河，修堤和展宽堤距等，要求于支流的河道能安全宣泄经过蓄洪调剂以后的洪水，并恢复广大地区内被破坏了的排水系统。完成这些工程后，可以免除洪水的泛滥和数千万亩农田的涝灾。第三项工程是发展水利，利用水库湖泊拦蓄的水，举办灌溉和水力发电工程，以及修建船闸、整理航道，发展淮河的航运事业。据估算，其中利用洪泽湖水灌溉的苏北灌渠，即可保证和扩展灌溉面积 2，500 亩。按照远景规划，将来淮河、苏北灌溉总渠与运河、长江的航道联结起来，汽轮航行可自上海北上陇海铁路，东至黄河，西至河南京广铁路。全部工程完成后，仅由于避免涝灾和扩展灌溉面积，即可使淮河流域地区增产粮食 20 亿斤以上。整个治淮工程预计需要 5 年时间才能完成。

人民政府关于治理淮河的决定，受到淮河流域几千万劳动人民的欢迎，绵延数千里的淮河流域出现了一片欢腾的景象。娘送子，妻送夫，有的父子同上工地，开始了巨大的治淮工程。经过数百万劳动大军的艰苦奋斗，到 1952 年已建成水库 3 处，湖泊洼地蓄洪工程 15 处，可以控制洪水 100 亿立方米。共修复干支流堤防 2，190 余公里，完成疏浚工程 2，880 公里，并建成灌溉总渠 170 公里和涵闸 138 座。这些工程的完成，使淮河流域 6，000 万人民几百年来第一次摆脱了洪水的威胁，为淮河流域的水利资源的全面开发和综合利用打下了基础，在这块"十年九不收"的贫瘠的土地上第一次长出了茂密的庄稼。

荆江分洪工程，是治理长江的一项重要工程。长江中游荆江段（从湖北境内的枝江到城陵矶），由于河道狭窄淤垫，下游弯曲，不能承泄大量洪水，江北荆江大坝已高出地面 12—16 公尺，每当汛期，洪峰汹涌，险象迭出，一旦决口不仅危及湖北、湖南两省千百万人民生命财产的安全，而且也威胁整个长江的航运和南北交通。1952 年 3 月，中央人民政府政务院决定兴建荆江分洪工程，以提高荆江段抗御洪水的能力，解除洪水对两岸人民和工农业生产的威胁。荆江分洪工程于 1952 年 4 月动工。荆江分洪工程包括两项内容，一是加固长江北岸 114 公里的荆江大堤，二是在长江南岸太平口虎渡河以东、藕池口安乡河以北、荆江南堤的西南约 921 平方公里的洼地内修筑分洪区，在遇到特大洪水时可将洪水暂时排蓄在蓄洪区内，以减少洪水对荆江大堤的威胁。分洪区的主要工程有进洪闸、节制闸、围堤工程、安全区工程和排水工程等。进洪闸的位置在沙市以上太平口附近，全长 1，054 公尺，闸高 4 公尺，54 孔，为全国第一大闸。节制闸在分洪区的南端黄山头附近，全长 336 公尺，闸高 6 公尺，32 孔。分洪区围堤长 200 余公里。经过 30 万工人、农民和解放军指战员 2 个半月不分昼夜，不避风雨的艰辛劳动，克服了时间紧，交通不便等困难，于洪水到来之前胜利完成各项工程的建设。总计完成了 13 余万立方米的混凝土工程及 800 余万立方米的土方工程，并且顺利地将 20 万人口从分洪区迁移到安全地区。这样，在长江发生洪水时，分洪区每秒钟可分洪 8，000—15，000 立方米，可蓄洪 60 亿立方米，可以有效地降低长江水位，确保荆江大堤及两岸人民生命和财产的安全。

官厅水库是根治永定河和进行全流域综合开发的重点工程，也是新中国成立后建设的第一个大型水库。永定河，原名无定河，是华北地区水患灾害最严重的一条河流。自 1912 年到 1949 年的 37 年中，卢沟桥以下的堤防大的决口泛滥就有 7 次，最严重的 1917 年和 1931 年的两次大水直冲天津市，淹没了天津的大部分市区，京津交通断绝，海河航道也被泥沙淤塞，损失之大是难以用数字计算的。1949 年，中央人民政府成立不久即决定根治永定河，首先在河北官厅地方修建水库，阻拦洪水。1951 年 10 月，官厅水库建设工程正式开始。官厅水库坝高 45 米，长 290 米，容积为 22.7 亿立方米。经过数万工人、农民 2 年 7 个月的紧张施工，官厅水库于 1954 年 5 月全部建成，并在 1953 年发挥了拦洪的作用。官厅水库的建成，基本上解除了永定河的水患，确保京津的安全，并可供给首都北京工业和生活的用水、用电。

交通运输建设。交通运输，是国民经济的大动脉，直接关系到工农业生产和人民的生活。从 1949 年到 1952 年的 3 年中，人民政府用于交通运输方面的建设费用为 17.7 亿元，占基建投资总额的 26.7%。在铁路建设方面，中华人民共和国成立后，除继续修复尚未修复的路段外，从 1950 年开始，人民政府还对原有线路进行了大规模的加固和改善，包括整治路基、加固桥梁、整修轨道、增添设备、修缮车辆、站房等等，以提高铁路的运输能力。据不完全统计，1950 年内，共抽换枕木 571 万根，增补石渣 514 万立方米，所有桥梁均经过复修加固成为永久性的桥梁。京汉路黄河大桥建于 1902 年，由于年久失修，桥身松动，路轨不平，列车通过大桥时必须进行分解，用小型机车分两次牵引通过，时速不能超过 5 公里，一列列车通过黄河大桥需要 3 个小时。解放后经过 5 次加固整修，列车可用大型机车牵引一次通过，时间只需要 5 分钟，列车通过能力比以前提高 36 倍。为了适应国民经济发展的需要，从 1950 年下半年开始，人民政府大量投资修筑新的线路。到 1952 年年底，新修成的干线有成渝（成都到重庆）线、天兰（天水到兰州）线、来睦（来宾到睦南关）线，总长 1，200 余公里，另外还有一些林区、矿区的专用线路。正在修建的还有宝成（宝鸡到成都）线的南段、兰新（兰州到乌鲁木齐）线、丰沙（丰台到沙城）线。这些铁路大都穿行在崇山峻岭、深谷急流之间，工程极为艰巨。天兰铁路沿线地形险要，地质复杂，需要跨越渭河数次，经过隧道数十座，最长的有 2 公里，还要越过深沟数十处，最深的 45 公尺，以及 180 公里的苦水区。修筑铁路用的石子、片石、沙子，甚至吃的水和工程用水都要从很远的地方运去。成渝铁路的建成，更具有特殊的意义。广袤富饶的四川，解放前根本没有铁路。四川人民为了修建成渝铁路，从清末到旧民国整整奋斗了半个世纪，出过无数的钱，流过不少的血，进行过许多英勇壮烈的斗争，但在历代反动政府的统治下除借筑路之名对四川人民进行掠夺和敲诈外，没有给四川人民留下一寸铁路。新中国成立后不到 3 年，火车破天荒地开进了四川盆地。1952 年 7 月 1 日这一天，两列披红挂彩的火车，一列从成都出发直奔重庆，一列从重庆开出直驶成都，当这两列火车鸣响出发的汽笛时，聚集在成都和重庆火车站的几十万人欢呼跳跃，热烈庆祝成渝铁路的建成和通车。他们说，成渝铁路是通向幸福之路。成渝铁路的建成，给四川增添了活力，使盆地的农副土特产品得以大量外运，同时也使四川经济建设和人民生活急需的物品能够源源运入，并且对繁荣大西南的经济具有重大的意义。

凯歌行进的时期（1949—1956）

　　在修建新的铁路的同时，人民政府还新建公路 3，846 公里，其中有沟通西藏和内地的交通干线康藏公路与新藏公路，有沟通新疆和内地的新兰公路，以及昆洛公路、沈丹公路，等等。这些公路大多建筑在海拔 3、4 千公尺的荒僻高原上，有的地方高达 5，000 米以上，空气稀薄，气候寒冷，人迹罕至，工程的艰巨和困难是世界上罕见的。

　　在水运方面，人民政府整治和疏浚了长江、珠江、松花江、南北大运河、湘江、赣江、嘉陵江、沙河、小清河等河流的航道，设立了航标，修缮了港口，到 1952 年内河通航里程已由 1949 年的 73，615 公里提高到 95，025 公里，长江上海到宜昌段可以昼夜通航。3 年中，人民政府还开通了沿海航线 36 条，总长 1 万余海里，并修筑了一些新的海港。天津塘沽新港经过 15 个月的努力，于 1952 年 10 月建成，大大改善了天津港口的吞吐能力，万吨巨轮可以直接停泊码头装卸货物，为华北的经济繁荣和我国对外贸易的发展创造了条件。

　　1950 年，人民政府还成立了中国民航，并与苏联政府合办了中苏民航公司，开辟了 10 多条国内航线和 3 条国际航线，总长 18，223 公里。

　　工业建设。"没有工业，便没有巩固的国防，便没有人民的福利，便没有国家的富强。"[①] 这是毛泽东在《论联合政府》中提出的至理名言。中华人民共和国成立后，人民政府一方面恢复和振兴原有的工业，另一方面根据国家经济建设和人民生活的需要，挤出巨额资金，进行新的工业建设。从 1950 年到 1952 年，国家用于工业建设方面的投资为 26.98 亿元，新建 3，300 多个企业，其中大中型企业占 4%，比较重要的有：阜新海州露天煤矿，阜新发电厂，抚顺发电厂，西安第二发电厂，鞍山钢铁公司的无缝钢管厂、大型轧钢厂和第七号炼铁炉，以及山西重型机械厂，太原纺织机械厂，武汉国棉一厂，郑州纺织厂，西北国棉一厂，邯郸棉纺织厂，新疆七一棉纺织厂和哈尔滨亚麻厂等等。这些新建的工厂都是规模比较庞大，设备先进，在国民经济中具有重要作用的现代化企业。阜新海州露天煤矿，长 3 公里，宽 600 多公尺，深 20 多公尺，剥土量多达 5.6 亿立方米，相当于 5 个苏伊士运河和一个巴拿马运河的挖土量的总和，建成后全部采用机械采掘和运输，可以使阜新煤矿的产量增加一倍。鞍山钢铁公司的大型轧钢厂，全部机器重达 12，000 多吨，一个轧钢机的部件有 30 吨重，一个机器的地脚螺丝有 1.8 吨重。安装这些机器的精

---

① 《毛泽东选集》第 3 卷，人民出版社 1991 年版，第 1080 页。

密度要求很高，必须一一安装在一定标高点和一定中心线上，不能有半根头发丝的差误。建成后，它年产钢材的总和比日本侵略者建造的旧鞍钢的全部钢材最高年产量还要多。它每年生产的钢轨，可以建筑一条从长春到广州的铁路，每年生产的型钢，可以盖 14 座和这个轧钢厂同样规模的近代化的轧钢厂。而它所用的工人仅为旧鞍钢大型轧钢厂的工人的一半，操作过程全部自动化、机械化。工人进行生产，只需坐在操纵台上，按动电钮或操纵各种机械，一吨上下重的钢材就会自己跑进加热炉，经过各种复杂的工序变成所需要的成品。大型轧钢厂的建成，可以把鞍山钢铁公司生产的大批钢坯轧制成建筑铁路、桥梁及各种大型建筑所需要的大型钢材，可以大大减少国家对这些钢材的进口。

四　国内外贸易事业的发展

建国初期国民经济的严重困难，不仅表现在工农业生产的衰落，而且也表现在国内外贸易的萎缩和停滞。由于抗日战争以来的长期战乱和水陆交通的阻塞，以及帝国主义的封锁、禁运，中华人民共和国成立时，我国城乡物资交流几乎陷于停顿状态，对外贸易也遇到重重障碍。城乡物资交流的不通畅和对外贸易的停滞，又加重了国民经济的困难，城市工业所需要的原料、燃料和许多器件无法满足，生产出的产品又销售不出去；在农村，农民生产的农副土特产品无人收购，他们所需要的生产资料和生活资料也无法买到。这种城乡阻隔，货流不畅的情况，不仅严重地阻碍着工农业生产的恢复和发展，为人民的生活带来困难，而且也影响到工农之间、工人阶级和资产阶级之间的关系。因此，努力恢复和发展国内外贸易事业，沟通城乡经济，发展内外交流，就成为建国初期实现国家财政经济状况的基本好转，巩固人民民主专政的一项重要工作。

为了恢复和发展国内外贸易事业，沟通城乡经济，发展内外交流，人民政府采取了以下一些措施。

第一，建立和发展国营社会主义商业体系，使之成为恢复和发展国内外贸易事业、繁荣社会经济的领导力量和中坚。

社会主义性质的公营商业，在抗日战争时期的根据地和解放战争时期的解放区就已经存在。但是，由于那时的根据地和解放区都处在战争环境下并被分割包围在落后的农村，各根据地、解放区的公营商业无论从组织规模，或业务范围来说都是

凯歌行进的时期（1949—1956）

比较狭小的，它所担任的主要任务是打破敌人的经济封锁，支援革命战争。建国后情况发生了根本性的变化，这时全国已经连成一片，形成一个统一市场，社会主义国营商业已经担负起组织全国商品流通，调剂社会供求，满足人民需要，稳定市场物价，活跃城乡经济，促进工农业生产等繁重任务，成为组织、领导整个社会商品生产和商品交换，实现扩大再生产的重要杠杆。尤其在建国初期，它对稳定市场，活跃经济具有不可替代的作用。这就要求国营商业不仅在组织机构、网点部署、人员配置等方面迅速建立和健全起来，而且要求在全国范围内形成一个集中的统一的强大的国营商业体系。

1949 年 10 月 1 日，中央人民政府组建了贸易部，直属政务院领导，为代表国家统一领导和管理全国贸易事业的最高行政领导机关。随后，国家又在各大行政区、省、市、自治区设立了贸易部和商业厅（局）。从 1950 年到 1951 年，中央贸易部相继组建了粮食、土产、花纱布、百货、盐业、茶叶、油脂、工业器材、石油、煤建等 20 个专业公司，并根据业务需要在全国各地建立了分支机构。各专业公司的任务，是按照分工，在中央贸易部的领导下专负某一方面商品的经营和管理工作。1952 年，为了适应日益发展的贸易事业的需要，特别是加强对外贸事业的领导，中央人民政府又把贸易部划分为对外贸易部和商业部，前者专管对外进出口贸易，后者专管国内贸易。经过几年努力，到 1952 年年底，基本上形成了一个从管理到经营，从批发到零售，从商业到服务业，从上到下一套比较完整包括各种门类的国营商业系统。据统计，1952 年年底，全国共有 28 个国营专业公司，33，282 个国营商店，拥有 53 万职工。国营商业的商品批发额在全国商品总批发额中占 60％，商品零售额在全国商品总零售额中占 34.4％，并掌握了粮食、棉花、纱布、煤炭、食油、食盐以及其他一些重要商品的供应。

社会主义国营经济的建立，在打破帝国主义对我国的经济封锁，活跃城乡经济，稳定市场和发展工农业生产方面发挥了巨大的作用。在建国初期打击投机资本稳定市场的斗争中，国营商业在全国范围内组织了大规模的物资调运，从西北、华北收购和调运大批棉花和煤炭，从东北收购和调运的大批粮食和木材供应上海、南京、广州、天津、北京等大城市，在保障供给，稳定市场方面显示了它的重要的作用。仅据 1950 年的不完全统计，国营贸易公司即从农林收购运往城市的粮食达 50 亿斤，棉花 600 余万担，还有其他大量的农副土特产品。同时国营商业部门还把城市生产的工业品源源不断地运往农村，其中有农民在生产和生活中急需的农药、化肥、水车、新式步犁、喷雾器，以及布匹、食糖、食盐、自行车、热水瓶、手电筒、搪瓷用品、自来水笔等物品，有力地沟通了城乡物资交流和促进了工农业生产。另外，在建国初期，国营商业还通过加工订货、收购产品，一面扶持和帮助资本主义工业恢复和发展生产，一面也逐步地把它们引上国家资本主义道路。

第二，在城乡大力发展合作社商业，使它成为国营商业发展城乡贸易，调剂社会需求，稳定市场物价和联系群众，特别是联系几亿农民的重要助手。

我国是一个地域辽阔、人口众多的国家。为了做好城乡贸易工作，特别是搞好广大农村的农副土特产品的收购和推销，生产资料的采购和供应，仅仅依靠国营商业是远远不够的。根据解放前在根据地和解放区的经验，人民政府积极帮助农民在流通领域组织起来，自愿集资，实行供销合作，在国营商业的扶助下通过供销业务为自己的生产和生活服务。在城市，人民政府也提倡和帮助机关、企业的职工开展消费合作。为了加强对合作社的领导和管理，1950年7月，中央人民政府专门设立了合作事业管理局，在政务院的领导下组织和管理全国的合作社商业。随后陆续在各级人民政府设立了合作事业管理局和成立了各级合作社联社。1950年7月，合作事业管理局和全国合作社联合总社筹委会召开了中华合作社工作者第一次代表会议，制定了《中华人民共和国合作社法（草案）》，通过了《中华全国合作社联合总社章程（草案）》，正式成立了中华全国合作社联合总社，为全国的供销合作、消费合作、信用合作和手工业生产合作的最高联合组织。

为了推动和扶持合作商业的发展，人民政府从各个方面给以支持和帮助，国营商业部门不仅在货源上，而且在价格上都给了合作商业以优惠和照顾。1950年10月，国营商业部门决定，在批发给供销和消费合作社商品时，均按当地牌价予以折扣，棉布、植物油折扣2%，百货、煤油折扣3%，食盐折扣5%，煤炭折扣6%，1951年又扩大折扣率，棉布为6%，煤油为12%，食盐为7%，煤炭为8%，等等。中国人民银行在供销合作社贷款时，利率较国营商业低10%。税务部门规定，新成立的供销或消费合作社，在一年内免缴所得税，系统内上下级之间调拨商品免缴营业税，所有合作社商业的营业税减征20%。铁路部门规定，合作社商业运输货物时，运费降低一等。

在人民政府的大力倡导和扶助下，合作社商业在全国范围内迅速发展起来。到1952年年底，全国共有基层供销合作社35，096个，社员14，796万人（占农村人口的29.4%），拥有职工100万人，股金23，900万元，还有零售网点7，900余

凯歌行进的时期（1949—1956）

个。1952 年，供销合作社的商品零售额为 49 亿元，约占社会总零售额的 19.64%，收购农副产品额为 37 亿元，约占国家对农副产品收购总额的 60%，其中粮食为 40%—50%，棉花为 79%，麻为 72%，烤烟为 51%，茶叶为 56%，羊毛为 24%，蚕茧为 95%。1952 年，供应农民的肥料有油饼 200 余万吨，化肥 29 余万吨，以及各种农具几十万件。另外，供销合作社还采取订立"预购合同"、"结合合同"等形式，帮助农民解决生产中缺乏资金、化肥、农具、种子，以及产品销售等困难。到 1952 年年底，已有 1，782 个基层社与 691 个农业生产合作社和 5，845 个农业生产互助组签订了结合合同。

第三，在国营商业的领导下，充分利用和发挥私营商业在扩大商品流通，沟通城乡物资交流中的积极作用。

建国初期，私营商业在全国商业中占有相当大的比重，它在促进商品流通，活跃城乡经济中具有不可取代的作用。据 1950 年统计，全国共有私营商业 402 万户，占全国商业总户数的 98.4%，其商品销售额为 182 亿元，分别占全国商业机构批发总额的 76.1% 和全国商业机构零售总额的 85%。尤其是在农村集镇有为数众多的小商小贩，他们走乡串户，兼搞短途运输，在贩运工业品下乡，以及在收购和推销农民生产的农副土特产品中具有十分重要的作用，是联系城乡，活跃农村经济的一支不可缺少的力量。

中华人民共和国成立后，人民政府对国营和私营商业采取了统筹兼顾的方针，在确保国营经济的领导和稳定市场的条件下，对有利于国计民生的私营商业采取了扶持和发展的政策，在经营范围、批零差价、税收政策、银行贷款、市场管理、劳动条件等方面均给以照顾，并帮助他们端正经营方向，改进经营作风，积极下乡推销工业品和收购农副土特产品。在人民政府的支持和扶助下，私营商业获得了很大的发展，在发展商品流通，活跃社会经济，促进工农业生产方面起到了一定的积极作用。1951 年和 1950 年比较，全国私营商业由 402 万户增加为 450 万户，增加了 11.9%，从业人员由 662 万人增加为 740 万人，增长 11.8%，资本额由 19.9 亿元增加为 22 亿元，增加了 10.6%，商品销售额由 183.33 亿元增加为 238.19 亿元，增加了 30.5%，其中批发额增长 36%，零售额增长 26%。1951 年，私商从农村收购的土特产品价值为 24.6 亿元，占全国农村土特产品收购总价值 44 亿元的 55.4%。又据中南区统计，该区 1950 年收购的烟叶、松香、信石等 17 种土特产品中，有 89% 以上的是私商深入农村、产地收购的。

第四，广泛采用物资交流会的形式，开展物资交流，活跃城乡经济。

为了沟通城乡经济，刺激工农业生产，建国初期各级人民政府还广泛利用民间固有的集市、庙会、骡马大会，因地制宜地把它们发展为物资交流大会，为城市工业品下乡，农村土特产品的出售打开销路。一些省市和大区还组织了更高一级的以省、市和大区为范围的物资交流会，这些物资交流会不仅覆盖面广，而且均以大宗商品的批发为主。建国初期各种形式的物资交流会，在沟通城乡物资交流，推动工业品下乡，推销农副土特产品，活跃全国经济等方面发挥了重要的作用。1951年10月5日到11月20日召开的华北城乡物资展览会，共接待900多个贸易代表团，有4，000多农民到会参观，各地贸易团之间共订立合同、协议3，000余件，成交额达15，000余万元。又据1952年统计，全国各地举行的各种形式的物资交流会达7，789次，成交总额为339，354万元。一般估计，从1950年秋到1952年止，通过各种形式的物资交流会，从农村推销出去的农副土特产品总值达100万元以上。

第五，在恢复和发展国内贸易的同时，人民政府还冲破重重障碍，积极发展对外贸易。

解放前，旧中国的对外贸易严重地依附于帝国主义，具有浓厚的殖民地半殖民地性质。中华人民共和国成立后，人民政府首先对对外贸易实行了国家统制，废除了帝国主义在中国的一切特权，取消了帝国主义在对外贸易经营，以及与此有关的外汇、金融、航运、保险、商检等方面的垄断，把对外贸易的大权完全控制在国家手中。其次，在没收和改造国民党官僚资产阶级的进出口贸易企业的基础上，建立了新的社会主义性质的国营对外贸易体系。再次，在扩大与苏联、东欧等国家的贸易的同时，在平等互利的基础上也积极争取与资本主义国家建立和发展贸易关系，并利用某些港口的转口作用，打破帝国主义对我国的封锁。

经过积极努力，在恢复时期的3年中，我国的对外贸易事业获得了很大的发展。到1952年，我国先后同苏联、波兰、匈牙利、罗马尼亚、保加利亚、民主德国、捷克斯洛伐克、阿尔巴尼亚、朝鲜、锡兰、缅甸、印度、巴基斯坦，以及英国、法国、瑞士、西德、芬兰、荷兰、智利、日本等国建立或发生贸易关系。1950年，进出口总额为41.6亿元，已经超过了1931年九一八事变以来的任何一年。1951年，进出口总额上升为59.5亿元，比1950年增加43%，1952年进出口额再上升为64.6亿元，比1950年增加55%。

在这 3 年中，我国对外贸易事业还发生了如下的变化：（一）改变了历史上长期存在的进口大于出口的入超情况，实现了进出口贸易的基本平衡；（二）改变了进出口货物的构成，在进口货物中，为我国经济建设所需要的工业设备、交通器材、农业机械、化肥农药等生产资料大幅度增加，奢侈品几乎绝迹。据 1950 年统计，当年生产资料进口价值达到该年进口总额的 78%。

对外贸易的迅速发展，有力地支持了国内工农业生产的恢复和发展。据 1952 年统计，该年通过对外贸易进口工农生产所急需的钢材 45.99 万吨，有色金属 2.76 万吨，化肥 21.17 万吨，天然橡胶 2.49 万吨，纸浆 3.28 万吨，水泥 1.43 万吨，棉花 7.68 万吨。同时出口大米 33.49 万吨，棉布 1,620 万米，绸缎 1,738 万米。对外贸易的迅速发展，还在政治上扩大了我国在国际上的影响，发展了我国同世界各国人民的友好关系。

　　中国人民志愿军赴朝作战首战告捷，和朝鲜人民军配合，在云山一带歼敌 1.5 万余人，解放了清川江以北大片土地，挫败了敌人在"感恩节"（11 月 23 日）前占领全朝鲜的狂妄计划。图为中国人民志愿军和朝鲜人民军正乘胜追击敌人。

第五章
抗美援朝，保家卫国

　　伟大的抗美援朝战争，是新中国成立后不久，为着挽救朝鲜民主主义人民共和国的危亡和保卫我国的安全，而进行的一场反侵略的正义战争。这场战争是美国武装侵略朝鲜，我国安全受到严重威胁的情况下被迫进行的。经历了两年九个月的战场较量，中国人民志愿军协同朝鲜人民军，以高度的国际主义和爱国主义精神，发挥了无比的勇敢和机智，以劣势的装备战胜了世界第一流的美国侵略军，打出了我国的国威和军威，它向全世界表明，站起来的新中国人民是不可欺侮的。抗美援朝战争的胜利，为制止侵略、保卫亚洲和世界和平作出了巨大贡献。

一　朝鲜内战爆发，美国侵略朝鲜

　　第二次世界大战以后，原来的世界反法西斯暂时同盟国，分裂为帝国主义和社会主义对峙的两大阵营，双方形成以美、苏为中心的冷战格局。朝鲜原来是被日本侵占的殖民地，二次大战的末期，苏、美进军朝鲜，以"三八线"为界实施对日军的受降和军事占领。这就造成朝鲜南北分割的局面。

　　美帝国主义为了称霸世界，竭力阻挡被压迫民族和被压迫人民的民族民主解放运动，扶植各国反动势力，镇压人民革命斗争。在对待朝鲜问题上，美国杜鲁门政府，背弃1943年12月中、美、英《开罗宣言》和1945年7月中、美、英《波茨坦公告》中关于保证朝鲜人民享受"自由独立"的宣言；也直接违背了1945年12月苏、美、英三国外长莫斯科会议关于共同帮助朝鲜建立民主、统一、独立国家的具体协议，在南朝鲜扶植李承晚反动集团，一手操纵成立了违反民意的"大韩民国"政府，镇压人民民主独立运动，并妄图将"大韩民国"强加给整个朝鲜人民。在北朝鲜，以金日成为首的朝鲜劳动党，曾经为解放自己的祖国进行了长期的浴血奋战，抗日胜利后，立即组成了以朝鲜劳动党领导的各抗日民主政党、社会团体和各地人民代表组织的朝鲜临时人民委员会（包括南部朝鲜地区的爱国民主党派及反帝的代表），为实现朝鲜人民的民主统一而斗争。这样在朝鲜北、南双方两个政权对峙的情况下，出现了朝鲜内部激烈斗争的局面。

在如何实现朝鲜统一的问题上，这本来纯属朝鲜内部的事务，应该由朝鲜南、北双方自己解决，任何外部势力无权干涉。但是美帝国主义肆意干涉朝鲜内政，其目的是企图步日本军国主义者的后尘，把朝鲜变成美国侵略中国和称霸亚洲的一个重要战略基地。日本投降后，美国不但不按照苏美协议如期撤出在朝鲜的全部驻军，而且设立了庞大的军事顾问团，在军事上政治上控制南朝鲜，指挥和训练南朝鲜李承晚军队，并供给南朝鲜大量武器和军事装备，加紧扩充和武装李承晚军队。据不完全统计，从1945年9月美军进驻南朝鲜起，截至1950年6月底，美国给予李承晚政府的军事和经济援助即达7.3亿美元。在美国的支持和纵容下，李承晚军警在"三八线"附近向朝鲜人民军进行多次严重军事挑衅，计有武装进攻432次，并伴有71次飞机轰炸和42次舰队袭击。李承晚还一再叫嚣要进行"北伐"，"用战争来解决占领北韩问题"，甚至狂叫要在"三天内占领平壤"等等。李承晚及其军队的这种挑衅活动，当即遭到朝鲜人民军的有力还击。事态的发展表明，朝鲜大规模的国内战争已不可避免。而朝鲜内战之必然发生，重要原因之一即是美国干涉朝鲜内政所造成。因此，根本解决朝鲜问题，必须制止美国的干涉，斩断他的侵略魔爪。

1950年6月25日拂晓，朝鲜内战爆发。

当日，美国即在苏联和中华人民共和国两个常任理事国代表缺席的情况下，一手操纵安全理事会通过了美国的所谓"提案"，指控朝鲜民主主义人民共和国部队进攻了南朝鲜。美国的这种指控朝鲜人进攻朝鲜的荒谬逻辑，暴露了他进一步干涉朝鲜内政和侵略朝鲜的野心。6月27日，美国总统杜鲁门命令其海空部队给予李承晚部队以掩护和支持，同时命令其驻日本的第七舰队立即开赴台湾海峡，阻止中

凯歌行进的时期（1949—1956）

国人民解放台湾，并为进一步干涉亚洲事务作了全面部署。7 月 7 日美国再次操纵联合国安全理事会通过侵略朝鲜的非法决议，授权组成以美军为主的所谓联合国军司令部 [①]。7 月 8 日，杜鲁门任命麦克阿瑟为联合国军司令。这样，由美国侵略军和 15 个参与干涉朝鲜内政的国家的军队，打着联合国军的旗号，一起投入侵略朝鲜的罪恶战争。这就使朝鲜人民争取民主统一的国内革命战争，遂即演变为反对美帝国主义侵略的民族解放战争。

朝鲜是我国东北的近邻，中朝两国一水相隔，唇齿相依。美帝国主义侵略朝鲜的罪恶行径，中国政府和人民当然不能坐视不理。我国政府除在国际上严正谴责美帝侵略、声援朝鲜人民的正义斗争外，并立即在我国国防上作了相应的必要准备。

当美国总统杜鲁门 6 月 27 日着其海空军侵略朝鲜并派舰阻止中国人民解放台湾的命令发布之后，我国政府立即呼吁美国政府和平解决朝鲜问题，要求美国武装力量迅速停止侵朝战争，并退出台湾。同时，向美国侵略者发出严正警告。1950 年 6 月 28 日，周恩来总理兼外长代表我国政府发表声明说："杜鲁门二十七日的声明和美国海军的行动，乃是对于中国领土的武装侵略，对于联合国宪章的彻底破坏。……其目的是为美国侵略台湾、朝鲜、越南和菲律宾制造借口，也正是美帝国主义干涉亚洲事务的进一步行动。"同日，毛泽东主席在中央人民政府第八次会议上发表讲话，严厉斥责美国的这种侵略行为。他指出："全世界各国的事务，应由各国人民自己来管，亚洲的事务应由亚洲人民自己来管。美国对亚洲的侵略，只能引起亚洲人民广泛的和坚决的反抗"。中国人民"既不受帝国主义的利诱，也不怕帝国主义的威胁"。"全中国人民的同情都将站在被侵略方面"。毛泽东号召"全国和全世界的人民团结起来，进行充分的准备，打败美帝国主义的任何挑衅"。8 月 1 日，中国人民解放军朱德总司令在庆祝"八一"建军节大会上的讲话，同声谴责美帝侵略行径，他号召中国人民立即行动起来，坚决反对美国侵略我国台湾和我们的友邦朝鲜。在发出上述声明和讲话之后，8 月中旬，中共中央军委即作出《保卫东北边防的决定》，调集 25 万兵力组成以原第四野战军第十五兵团为主的东北边防军十三兵团，立即开赴鸭绿江边。8 月下旬，中央军委又决定将驻上海地区的第 9 兵

[①] 所谓"联合国军"实际主要是美国军队。另外，还有英国、澳大利亚、荷兰、新西兰、加拿大、法国、菲律宾、土耳其、泰国、南非、希腊、比利时、卢森堡、哥伦比亚、埃塞俄比亚等国也派出了少量军队，其中有些国家只是象征性地派出。

团和西北地区的 19 兵团分别调至津浦，陇海两铁路线，以策应东北边防军。同时还作出加速特种兵建设的决定。为保证大城市和工业基地的安全，中央军委还作出防空计划，将部分航空部队置于东北及关内一些大城市附近，将东北地区南部的部分工业设备和战略物资向北部迁移。在福建和广东沿海方向也分别部署了 4 个军，以防美国使用海军或指使蒋介石军队攻击我沿海地带。

与此同时，我国政府积极地开展外交斗争，多次严重抗议美国侵略军侵犯中国领空和轰炸扫射中国人民的罪行，要求联合国安理会制裁美国的侵略。并且要求派代表出席联合国安理会控诉美国的罪行。8 月 29 日，联合国安理会接受苏联驻联合国代表马立克的提议，以多数票通过邀请中华人民共和国代表出席参加讨论控诉美国武装侵略台湾案。中国政府特派伍修权代表出席了联合国安理会，利用联合国讲坛理直气壮地揭露了美国的侵略罪行。这是我国外交斗争的一个重大胜利。

朝鲜战争开始，英勇的朝鲜人民军，在以金日成为首的朝鲜劳动党领导下奋起出击，节节胜利，到 8 月中旬就解放了南部朝鲜 90%的地区，把敌人赶到东南沿海大邱、釜山一隅。朝鲜人民军的胜利给美李军以有力的打击。但侵略者并不甘心失败，美国侵略军一面负隅顽抗，一面调兵遣将，准备更大规模入侵朝鲜，战争呈胶着状态。

1950 年 9 月 15 日，狡猾的美国侵略者，趁朝鲜人民军胶着于南方洛东江战线，后方空虚之际，便集中 7.5 万余人的兵力，在 260 余艘舰艇和近 500 架飞机掩护、支援下，从海路进军，在朝鲜西海岸仁川大举登陆。同时，正面洛东江战线的美、李军也于 16 日发起反攻，致使朝鲜人民军陷于腹背受敌的不利地位，损失惨重，不得不转入退却。朝鲜战局发生了急剧变化。美、李军乘势向北推进，朝鲜民主主义人民共和国处于危急之中，我国的安全也受到了严重威胁。

9 月 30 日，周恩来总理在中国人民政治协商会议全国委员会庆祝国庆节大会上发表的演说中，代表中国政府警告美帝国主义："中国人民爱好和平，但是为了保卫和平，从不也永不害怕反抗侵略战争。中国人民决不能容忍外国的侵略，也不能听任帝国主义对自己的邻人肆行侵略而置之不理。"周恩来总理并于 10 月 3 日凌晨，召见印度驻华大使潘尼迦，委托印度政府转达中国对美国的警告。周总理指出："美国军队正企图越过'三八线'，扩大战争。美国军队果真如此做的话，我们不能坐视不顾，我们要管"。"我们主张朝鲜事件应该和平解决，朝鲜战事必须立即停止，侵朝军队必须撤退。"可是，美国侵略者把中国人民的和平愿望看成是软弱可欺。美帝国主义过高估计了他们的力量，过低估计了中国人民反抗侵略的决心和力量，而把我国的严正警告当作是"虚声恫吓"。美国侵略者拒绝和平解决朝鲜问题，大举向朝鲜民主主义人民共和国进犯，10 月初，美、李军越过"三八线"，10 月 21 日占领平壤，并且继续大举向北推进。美国空军还侵入我东北领空，滥施轰炸扫射，并在海上炮击我国商船。美国侵略者狂妄叫嚣。要"在感恩节（11 月 23 日）前结束侵朝战争"，气焰嚣张地向朝鲜人民发出所谓"最后通牒"，要朝鲜人民军"放下武器，停止战斗"。美帝国主义估计中国不会出兵，满以为他吞并朝鲜的美梦就要实现了。

二　抗美援朝的正确决策

当此朝鲜民主主义人民共和国处境危急、我国安全遭到严重威胁的时刻，中共中央高举无产阶级国际主义和爱国主义的旗帜，从挽救朝鲜危局、保卫我国安全和维护世界和平、促进人类进步事业这一根本立场出发，并且应朝鲜民主主义人民共和国的请求，毅然作出了抗美援朝、保家卫国的战略决策。

1950 年 10 月上半月，中共中央政治局在毛泽东主席主持下，多次召开会议，全面深入地分析了当时的形势，充分估计了面临的困难。会议认为：中国大陆刚刚解放，新中国立国未稳，国民经济亟待恢复，财政经济状况还相当困难，物价不稳，工人、知识分子大量失业，新解放区土地改革尚待进行，残余的国民党特务武装和土匪亟待剿灭。在军事方面，我军虽有 500 余万富有战斗经验英勇善战的陆军，但海、空军尚在初创阶段，陆军本身装备也相当落后。特别是出兵之后，就要准备美帝国主义宣布和中国进入战争状态，就要准备美国至少可能使用其空军轰炸中国的大城市和工业基地，使用其海军攻击我国沿海地带，甚至可能酿成中美两国的直接军事冲突。在这种困难很大而且关系到国家民族利害大局的问题上，要不要出兵参战，敢不敢同美帝国主义进行战争较量，在政治上、军事上都是重大的战略抉择问题。党中央经过审慎的周密的考虑和认真的讨论之后，基本上统一了认识。认定支援朝鲜抗美斗争对保卫我国安全和维护亚洲和世界和平的大局有着重大的意义，如果置朝鲜于不顾而让敌人占领整个朝鲜，强兵压至鸭绿江边，国际国内的反动气焰势必增长，美国侵略者将更为猖獗，这对朝鲜、对中国、对东方和对世界都极为不利。因此，为了保卫朝鲜的独立和祖国的安全，为了保卫亚洲和世界的和平，中国人民不怕付出最大的代价和牺牲，应当义无反顾，坚决出兵参战。参战利益极大，不参战损害极大。会议考虑到，为争取把朝鲜战争地方化，尽可能不给美国对我国公开宣战的口实，决定以中国人民志愿军名义出兵朝鲜。首先出动 12 个步兵师和 3 个炮兵师共 26 万人。国内集结 24 个师随时听命待动。出兵后，考虑到我军的装备落后，会议认为我军的作战原则还是采取集中优势兵力（四倍于敌）和优势火力（两倍于敌），在运动中利用有利的山地地形消灭敌人有生力量；在进入朝鲜的第一阶段，可主要打李承晚军，我军对付李承晚军还是有办法的，只要能消灭几个李军师团，朝鲜局势即可起一个对我有利的变化，这对稳住朝鲜战局，振奋朝鲜军民的斗志极为重要。只要我军在朝鲜站稳了脚跟，就可以在朝鲜军民的协同下，进一步消灭美国侵略军。会议对美军的情况也作了分析，认为美军虽然技术装备优良，占有海空军优势，但也有它不可克服的弱点，这就是：第一，美军战线太长，从西欧到东亚美国到处搞军事基地，他的兵力不足，好比十个指头按跳蚤动弹不得。况且美国的战略重点在欧洲，在朝鲜不可能投入过多的兵力。第二，后方太远，从大西洋到太平洋，远隔重洋、运输不便。第三，侵略战争，师出无名，士气不高，美军的实战经验不足，战斗力弱，特别是怕夜战和近战。第四，同盟者不强，而且内部矛盾重重，都不愿真正卖力。第五，原子弹武器已非美国独有，他不敢轻易使用原子弹。根据上述分析，会议认为美国侵略者并不是不可战胜的。相反，中国军队兵员充足，士气旺盛，有朝鲜军民的支持，有近战和夜战的丰富实战经验，可以发挥我军运动作战的优势，集中优势兵力，相机消灭敌人。所以美国军队也是可以与之交战并战而胜之的。会议还认为，只要中朝人民军队能给美国侵略军几次重大打击，美国统治集团之间，美国及其同盟国之间的矛盾必然增加，就有可能促使侵略者考虑战争后果，从而被迫妥协，接受和平谈判，终止朝鲜战争。朝鲜战争也就不会扩大为中美之战。

在作出上述参战决策之后，党中央政治局经过严格的选择，以十分信赖和感激的心情，提请由英勇善战、久经沙场考验的彭德怀同志出任中国人民志愿军司令员兼政治委员。

中共中央政治局以上的这些重大决策，为抗美援朝战争的胜利奠定了可靠的基础。

根据中共中央政治局的决策，1950 年 10 月 8 日中国人民革命军事委员会主席毛泽东为组成中国人民志愿军发布了命令。命令指出："为了援助朝鲜人民解放战争，反对美帝国主义及其走狗们的进攻，借以保卫朝鲜人民、中国人民及东方各国人民的利益，着将东北边防军改为中国人民志愿军，迅即向朝鲜境内出动，协同朝鲜同志向侵略者作战并争取光荣的胜利。"① 遵照毛泽东主席的命令，中国人民志愿军于 10 月 19 日开始，分别由安东长甸河口、辑安等处渡过鸭绿江开赴朝鲜战场，从此，揭开了中国人民志愿军参加抗美援朝战争的伟大战幕。中国人民的优秀儿女——中国人民志愿军，在彭德怀司令员的领导下，肩负着党和人民赋予的光荣历史使命，同兄弟的朝鲜人民一起，英勇奋战在抗美援朝、保家卫国、保卫亚洲和世界和平斗争的最前线。

志愿军的出动，反映了中国人民的意志，体现了中国人民的要求，全国人民热烈拥护。11 月 4 日，中国各民主党派发表联合宣言，坚决拥护中国人民志愿军反对美国侵略的正义行动，指出"朝鲜的存亡与中国的安危是密切关联的，唇亡则齿寒，户破则堂危。中国人民支援朝鲜人民的抗美战争不止是道义上的责任，而且同我国全体人民的切身利益密切地关联着，是为自卫的必要性所决定的。救邻即是自救，保卫祖国必须支援朝鲜人民"，②"中国全体人民团结一致，保卫家乡，保卫祖国，保卫和平的坚强意志，是无论如何也不能摧毁的"③。

三　把美国侵略者打回到"三八线"

中国人民志愿军入朝以后，从 1950 年 10 月 25 日到 1951 年 6 月 10 日，连续进行了五次大的战役，把美国侵略者打回到"三八线"以南，稳定了朝鲜战局。

第一次战役，从 1950 年 10 月 25 日开始，到 11 月 5 日结束。此役是利用敌军分兵冒进，深入进到北朝鲜之博川、云山、温井、熙川一线时，隐蔽入朝的中国人民志愿军，趁敌人尚未发觉我军出兵的麻痹心理，集中六个军的兵力，向冒进之敌发起进攻。我军以五个军和另一个师为主力，摆在西线，以两个师的兵力放在东线，以钳制敌军，掩护西线主力开进。10 月 25 日上午 10 时，当李承晚军第六师的一个先头营及一个炮兵中队进至温井之两水洞地区时，西线我军 118 师 354 团和

---

① 《毛泽东文集》第 6 卷，人民出版社 1999 年版，第 100 页。
② 《各民主党派联合宣言》，见《新华月报》1950 年 11 月号，第 6 页。
③ 《各民主党派联合宣言》，见《新华月报》1950 年 11 月号，第 6 页。

353团，采取拦头、截尾、斩腰的战法，向敌发起突然而猛烈的攻击，敌人猝不及防，全部被歼。这次战斗揭开了我军入朝作战的序幕。第一次战役旗开得胜，鼓舞了全军的士气，尔后，我军乘胜实施战役展开，利用朝鲜山地有利地形，对骄横冒进之敌，进行迂回突袭，分割包围，发挥了我军近战和夜战的特长，经13昼夜之激战，接连收复朝鲜北部之楚山、熙川、云山等城市，共歼美李军1.5万余人，将北进之敌赶回到清川江以南。这一胜利，粉碎了敌人在感恩节（11月23日）前占领朝鲜的狂妄企图，鼓舞了朝鲜军民的斗争信心，初步稳住了朝鲜战局，使我军在朝鲜站稳了脚跟，并取得了同美、李军作战的初步经验，增强了胜利信心，为尔后的作战创造了有利条件。

第二次战役，从1950年11月25日开始到12月24日结束，历时一个月。敌军在遭到我军第一次打击之后，不甘失败，集中20余万兵力，于11月25日起发动了所谓"圣诞节（12月25日）"结束朝鲜战争的总攻势，大举北犯。我军采取诱敌深入的作战方法，主动将西线我军撤回清川江以北。当敌军进入我江北预定作战地区时，我西线主力六个军向敌人发起猛烈反击，29日敌军开始全线溃退。我军乘胜追击，在价川、三所里德川、宁远地区给敌以重创。12月5日收复平壤，把敌人赶回到"三八线"以南。东线我军两个军于11月27日在长津湖地区发起反击，经过一系列激烈战斗，到12月24日，先后收复了咸兴、元山等地。这次战役共歼敌3.6万余人。不仅收复了"三八线"以北的全部地区，彻底粉碎了敌人迅速占领朝鲜北半部的企图，而且还解放了"三八线"以南的瓮津半岛和延安半岛，原在敌人战线后方的朝鲜人民军第2军团、第5军团各一部也越过"三八线"进占春川、加平。迫使敌人由进攻转入防御，从而扭转了朝鲜战局，为争取整个战争的胜利奠定了基础。

第三次战役，从1950年12月31日开始，至1951年1月10日结束。这次战役是为追歼南逃之敌，在第二次战役胜利的形势下，中国人民志愿军和朝鲜人民军发动的新年攻势。我志愿军在朝鲜人民军的配合下，12月31日发起进攻，迅速全线突破敌"三八线"阵地。我右翼四个军乘胜前进，于1951年1月4日占领汉城，接着又攻占水原、金浦、仁川港等地。左翼两个军和朝鲜人民军两个军团奋勇突击，先后攻占洪州、横城和原州等地。此役于1月8日结束，中朝人民军队推进到"三八线"以南80—110公里，歼敌1.9万余人，驱敌到三十七度线南北地区。这次战役是我军对预有防御准备之敌发动的一次较大规模的进攻战役，我军英勇顽强攻势凌

凯歌行进的时期（1949—1956）

厉、迅速突破了敌人的防线，粉碎了敌人妄图据守"三八线"既设阵地，整顿败局，准备再犯的企图。这一战役扩大了中朝两国军队在国际上的政治影响，进一步加深了敌人内部矛盾和失败情绪，推动了祖国人民抗美援朝保家卫国运动的高涨。

第四次战役，从 1951 年 1 月 25 日开始，至 4 月 21 日结束，历时 87 天。在前三次战役中，美李军连遭打击，节节败退，引起敌人的极大恐慌。美帝急忙从欧洲及其本土和日本抽调老兵补充朝鲜前线，整顿败军，妄图挽救颓势。1951 年 1 月 25 日，敌人集结 16 个师 3 个旅和一个空战团共 23 万余人，从汉江南岸向我全线发动反扑。我军转入了防御作战，在汉江两岸，依托野战工事节节阻击敌人。2 月 11 日，东线敌军在横城地区的侧翼暴露，我军抓住战机反击，激战三昼夜，歼美李军 1.2 万余人。后因在砥平里一役中我军受挫，于 2 月 27 日全线回撤，在运动中阻击歼敌，3 月 14 日我军主动撤出汉城，4 月 20 日全军撤至"三八线"附近固守阻敌。这次战役我军由南回撤 100 余公里，但歼灭敌人却大大超过前三次战役，共歼敌 7.8 万余人，给敌人有生力量以重大杀伤。这次战役，我军积累了坚守防御、战役反击和运动防御等多种样式的作战经验，特别是在技术装备处于劣势的情况下为迟滞敌人掩护战略预备队的集结，进行多层次的运动防御作战的经验。迫使敌人平均每天要付出 900 人的伤亡代价才能前进 1.3 公里，为我军胜利完成防御任务赢得了时间，从而为第五次战役创造了有利条件。

至此，朝鲜战争的发展，彻底打破了美帝一举鲸吞朝鲜的美梦，变成了对侵略者的持久消耗战。而战争旷日持久僵持下去，必然危及美国战略重点的欧洲军事防务。因此，杜鲁门政府被迫决定把战局稳定在"三八线"附近后，即寻求谈判以达成停战协议。但作为朝鲜前线联合国军司令的麦克阿瑟却公开发表他的主张，提出欧亚并重，坚持把侵朝战争扩大到中国去，说什么"如果联合国改变它力图把战争局限在朝鲜境内的容忍决定，而把我们的军事行动扩展到赤色中国的沿海和内陆基地，那么，赤色中国就注定有立即发生军事崩溃的危险。"[①]麦克阿瑟这一论调被公开后，立即引起了杜鲁门政府及其同盟国的强烈反应，因此，在第四次战役尚未结束时，美国政府即于 4 月 11 日作出决定，免除麦克阿瑟的职务，由李奇微担任联合国军司令。

---

① 转引自军事科学院军事历史研究部编著：《中国人民志愿军抗美援朝战史》，军事科学出版社 1988 年版，第 123 页。

第五次战役，是由中朝两国军队发起的春季反击战。这次战役从 1951 年 4 月 22 日开始，至 6 月 10 日结束。此役分为三个阶段。第一阶段，我军集中 12 个军和 4 个炮兵师，向北汉江以西、议政府地区之敌发动猛攻，从 4 月 22 日至 29 日，连续激战 7 天，歼灭敌人 2.3 万余人，迫敌退至汉城、北汉江、昭阳江以南地区。第二阶段，我军以 6 个军的兵力，对东线县里地区之敌发起进攻，从 5 月 16 日到 21 日，激战 5 天，歼敌 2.3 万余人。第三阶段，从 5 月 23 日以后，我军主动北撤，在转移中机动歼敌，到 6 月 10 日撤回到"三八线"附近。在 20 天的阻击战中，我军又歼敌 3.6 万余人。总之，第五次战役，中国人民志愿军和朝鲜人民军协同作战，连续奋战 50 天，共计歼灭敌人 8.2 万余人。

上述五次战役共歼敌 23 万余人，其中包括美军 8.8 万余人，把美李军从中朝边境重新赶回到"三八线"附近。狠狠地打击了美国侵略者的嚣张气焰，从根本上扭转了朝鲜战局，迫使敌人由战略进攻转为战略防御。

抗美援朝战争进行了 8 个月，到 1951 年 6 月时，中、朝人民军同美、李军经过五次战役的较量，敌我双方力量的对比基本上趋于均势。随着战争的发展，美、李军投入战场上的兵力由原来的 42 万人增至 69 万人，我志愿军参战的兵力由初入朝时的 30 万人增至 77 万人，朝鲜人民军由原有的 11 万人增至 34 万人，我方总兵力达到 112 万余人，敌我兵力对比为 1：1.6，我居优势。而在技术装备上，我军仍处于极大的劣势，我军的装备在数量和质量上都大大落后于敌军，而且制空权制海权完全操在敌人手中。但是，由于敌之兵力不足，没有足够的后备力量，它对于步兵占有巨大优势且构筑绵亘防线的中朝人民军队，已不能如战争初期那样长驱直入了，即使突破我军某一防线也是十分吃力了。

在我军方面，虽然步兵占有很大优势，炮兵、坦克部队和后勤保障工作也得到了部分改善，但由于装备处于劣势的状况未得到根本改变，因此仍难以充分发挥我军的作战潜力，要消灭敌人的重兵集团还做不到。

鉴于以上两方面的情况，敌我双方要想大量消灭对方有生力量，从而按照各自的意愿迅速解决朝鲜问题，都不可能。这样就客观地出现了战争的相持局面，决定了战争的持久性。

这种相持和持久的局面，对我并无大的不利，而对美国则是很不利的。因为美国如果长期把力量消耗在朝鲜战场，这同他以欧洲为重点的全球战略即发生了深刻的矛盾。同时经过与我较量，使得美国统治集团也已被迫承认单纯依靠军事手段解决朝鲜问题已不可能。因此，他不得不考虑解决朝鲜问题的新的途径。美国的同盟者及世界舆论也纷纷要求早日采取谈判政治解决朝鲜问题。1951 年 5 月 16 日，美国国家安全委员会向杜鲁门总统递交了该委员会通过的在恢复战前状态的"三八线"上停战谈判结束敌对行动的建议，当即得到批准。6 月上半月，美国政府即通过联合国秘书长赖伊以及一些中立国的外交使节，向我政府进行试探。6 月 23 日，苏联驻联合国代表马立克提出和平解决朝鲜问题的建议，6 月 25 日，我《人民日报》发表社论，表示"中国人民完全支持马立克的建议，并愿为其实现而努力"。此后经过双方前线司令李奇微、彭德怀及朝鲜首相金日成的协商，1951 年 7 月 10 日，交战双方停战谈判在开城（后移至板门店）开始举行。

根据上述新的形势，中央军委毛泽东主席充分估计了敌人是不会老实服输的，必须做两手准备，因而适时地提出了"充分准备持久作战和争取和谈达到结束战争"的指导方针。这一方针要求，军事斗争和政治斗争密切配合，打谈结合，以谈促和，以打促谈，争取在公平合理的基础上解决朝鲜问题。在军事上确定了"持久作战积极防御"的方针，要求利用朝鲜的有利地形，构筑坚固防御阵地，抵御敌人的进攻，以运动防御和反击相结合的作战方法，大量消灭敌人的有生力量，以促进和平谈判的成功。

四　打、谈结合的复杂斗争

美国侵略者被迫同我谈判开始后，果不出毛泽东和中共中央所料，不断玩弄伎俩进行政治讹诈，妄图骗取他在战场上得不到的东西。对此，我方早有警惕。谈判一开始，中共中央和毛泽东主席就指示志愿军全体官兵，要严阵以待，防止敌军的挑衅，并准备打几场恶仗，以迫使敌人在走投无路时接受停战。根据这一指示，我军正确地把谈判和打仗有力地配合起来，与敌人进行了针锋相对的斗争。这样，就在朝鲜战场上出现了两年零一个月的一场军事与政治相交织的激烈斗争。

谈判开始不久，美国就以海空军优势要在陆地分界线上得到补偿的强盗逻辑，公然提出将军事分界线划在我军所控制的"三八线"以北地区内，妄图不战而侵吞我方 1.2 万平方公里的土地。这一无理要求遭到我方严词拒绝后，美方就单方面终止了谈判，并叫嚷"让炸弹大炮和机关枪去辩论吧"。从 1951 年 8 月 18 日开始，先后发动了所谓"有限目的"的夏季攻势和秋季攻势。敌人采用所谓"钢铁战术"，对我方交通线及军事设施进行狂轰滥炸，同时在地面上主攻我北汉江以东至东海岸朝鲜人民军防守的阵地，正面约 80 公里。朝鲜人民军采取以阵地防御为主的战术，依托野战工事和坑道工事，进行了顽强的阻击和积极反击，与敌人展开反复争夺战，有的阵地敌我反复争夺 10 余次之多，战斗异常激烈。截至 9 月 18 日敌人的夏季攻势终于被粉碎。一个月内朝、中人民部队英勇顽强战斗，共歼灭敌军 7.8 万余人（其中美军 2.2 万余人），敌军在东线仅突破我阵地 2—8 公里，占我 179 平方公里土地。我志愿军在配合朝鲜人民军粉碎敌人夏季攻势作战中，还从美军手中夺回西方山、斗流峰等军事要点，改善了北汉江以西平康地区我军的防御态势。

敌人的夏季攻势被我粉碎后，还不死心，仍企图以军事压力迫我就范，以实现他在谈判桌上提出的无理要求。经过其迅速准备和整顿，接着于 9 月 29 日起很快又发动了所谓"秋季攻势"。这次进攻的重点是北汉江以西我志愿军防守的阵地。敌人先以两个师零三个旅的兵力向我西线高旺山、天德山至大马里一线 40 公里正面发动猛烈进攻，我军顽强抵抗坚守阵地。敌人伤亡惨重，被迫停止。10 月 8 日，敌人攻势转向东线，美军三个师和李承晚军三个师猛攻我志愿军据守北汉江东西两侧的阵地，我军依托阵地顽强阻击，特别是创造了反敌坦克群的战例，大大减少了对我军作战的威胁。经过一个月的激战，到 10 月 22 日，敌人的秋季攻势被彻底粉碎。此役共歼敌 7.9 万余人。敌仅占我方土地 467 平方公里。

在秋季反击战中，我军还大力构筑坑道工事，逐步发展完善形成了从前沿到纵深的、以坑道为骨干的防御体系，极大地增强了我军阵地防御的稳定性。

综计，中、朝人民军在粉碎敌人之夏秋季攻势中，共歼敌 16.8 万余人，敌人以如此重大伤亡的代价仅占领我方 646 平方公里的土地，远未达到其预期的目的。这不仅给了迷信武力的美国侵略者沉重打击，而且有力地配合了停战谈判斗争。敌人的失败，美国统治集团内部也自认为这是得不偿失的战略失败。美国参谋长联席会议主席布莱德雷在给总统杜鲁门的报告中即指出，李奇微"所施行的占领个别高地的战术，不符合美国远东的全盘战略"，"用这种战法，李奇微至少用 20 年的光景才能到达鸭绿江。"

美国在其使用"军事压力"迫我就范的计划遭到破产后，被迫于 1951 年 10 月 25 日，在双方商定的新会址板门店重新恢复谈判。经过反复的谈判斗争，于 11 月 23 日，美国不得不放弃原来的无理要求，接受了我方提出的"以实际接触线为军事分界线"的方案。

　　在谈判期间，美方仍态度蛮横拒绝平等协商，并且故意设置种种障碍拖延和搁置谈判。美国始终没有放弃其使用"军事压力"来逼我就范的企图。这样朝鲜停战谈判，就形成了时断时续、边打边谈的持久复杂的尖锐斗争局面。对此，朝中谈判代表始终坚持公平合理的基础上谋求达成协议的态度，并以极大的坚定和耐心与敌周旋，逐次揭穿美方的反动阴谋和无理行径。

　　谈判期间，美国依仗其空军优势，发动了目的在于——摧毁我军交通运输线和军事设施的所谓"绞杀战"（亦称"空中封锁战役"），企图阻止我军军需物资和兵员的运输和补给，瓦解我军的战斗力，达到其在谈判中迫我就范的目的。1951 年 8 月起，美国派出大量航空飞机，对我后方一切设施和铁路、公路、桥梁车辆等滥肆轰炸，给我军造成极大危害。为了进行反"绞杀战"斗争，我航空兵协同苏军航空部队（当时苏军援助两个师的航空部队）保护平壤以北主要交通线和掩护安州地区机场修建任务外，并加强了铁道线上的高射炮部队，按照"集中兵力，重点保卫"的原则，重新调整了整个防空部署。为加强铁路线上反"绞杀战"斗争的领导，又专门成立了中朝联合铁道运输司令部，负责统一指挥朝鲜境内的铁路运输线上的防空、抢修、抢运工作。我志愿军空军、高射炮兵、铁道兵、工程兵和后方勤务部队，以无比英勇和智慧，同敌人进行了极其顽强的斗争，作出了巨大的贡献，涌现了许多可歌可泣的英雄模范人物。如铁道兵登高英雄杨连弟为抢修东清川江桥而英勇献身，被朝鲜最高人民会议常任委员会授予"朝鲜民主主义人民共和国英雄"称号。经过我朝、中军民英勇顽强，日夜抢修，建立了一条炸不烂、打不垮的铁路运输线，保证了前线兵员物资源源不断的供应。敌人持续将近一年的"绞杀战"，虽然对我造成严重破坏，但并未能达到其阻止我兵员物资供应的目的。而敌人的飞机却被我军击落击伤 4528 架。因此，侵朝美军总司令李奇微不得不承认其新实施的"空中封锁战役"并"没有能够阻止敌军（指我军）运输其进行阵地防御所需的补给品，也没有能够阻止住敌人将部队运往北朝鲜"。[①] 我军经过反"绞杀战"的斗争，经验愈来愈丰富，斗志愈来愈昂扬，最终粉碎了敌人的"空中封锁线"，取得了战略上的一个重大胜利。战后，美国空军官方发表的《朝鲜战争中的美国空军》一书即承认，"对铁路线进行的历时 10 个月的全面空中封锁，并没有将共军挫伤到足以

---

① 转引自军事科学院军事历史研究部编著：《中国人民志愿军抗美援朝战史》，军事科学出版社 1988 年版，第 199、203 页。

迫使其接受联合国军方面的停战条件的地步"。①

　　1952 年 1 月，美国侵略者在进行"绞杀战"的同时，公然违背国际公法，又对我实施灭绝人性的细菌战。敌人在北朝鲜和我东北地区秘密布撒带菌昆虫及鼠雀一类小动物。经查验这些昆虫和鼠雀身上带有鼠疫杆菌、霍乱杆菌、伤寒杆菌、痢疾杆菌、脑膜炎双球菌、脑炎滤过性病毒等 10 余种病菌。敌人将这些病菌通过人工培植，附在苍蝇、蚊子、跳蚤、蚂蚁、蜘蛛、鼠、兔、鸟等身上，或附在树叶、棉花、食品、宣传品等杂物上，制成细菌弹，由飞机投掷布撒，或由火炮发射撒布，用以污染水源、交通孔道与居民集中点为目标，危害对象除我军人员及居民以外，还包括家禽、牲畜及农作物。敌人称这种细菌弹为"不爆炸的炸弹"。企图用这种细菌战，枯竭中朝人民的战斗力量，绝灭我军民的生机。其用心，可谓良苦。

　　为了揭露和战胜敌人的细菌战，朝中军民除了紧急掀起大规模群众性的防疫卫生运动，有效地扑灭敌机空投的细菌，采取各种防护措施，确保我人、畜和农作物的安全外；同时向全世界揭露和控诉美国的罪行，当即引起了国际舆论的强烈谴责。我国红十字会，各人民团体和有关专家、学者组成了"美帝国主义细菌战罪行调查团"于 3 月下旬到 4 月上旬到朝鲜和我国东北地区进行了现地调查。接着，朝中两国政府又先后接受了"国际民主法律工作者协会调查团""调查在朝鲜和中国的细菌战事实国际科学委员会"，到朝鲜和我国东北地区进行现地调查。三个调查团先后公布了调查报告，在报告中都从事实上和哲理上揭露了美帝国主义进行细菌战的罪行。国际科学委员会的调查报告中指出"朝鲜及中国东北的人民，确已成为细菌武器的攻击目标，美国军队以许多不同的方法使用了这些细菌武器，其中有一些方法，看起来是把日军在第二次世界大战期间进行细菌战所使用的方法加以发展而成的"。②

　　在这期间，我国还在北京和沈阳举办了美帝国主义细菌战罪行的实物、图片展览。1952 年 5 月以后，我新华社又陆续公布了 25 名美军被俘飞行员关于美军进行细菌战的供词，其中有三个上校军衔的战俘还分别供述了美国官方关于进行细菌战的决策情况，从而更加有力地驳斥了美帝国主义的无耻抵赖，全世界各国人民和国

---

① 转引自军事科学院军事历史研究部编著：《中国人民志愿军抗美援朝战史》，军事科学出版社 1988 年版，第 199、203 页。

② 转引自军事科学院军事历史研究部编著：《中国人民志愿军抗美援朝战史》，军事科学出版社 1988 年版，第 207 页。

凯歌行进的时期（1949 — 1956）

际性民主组织一致谴责美帝国主义的罪行。美帝在政治上和国际道义上遭到了可耻的失败。

1952 年冬，中国人民志愿军和朝鲜军民经过将近一年的斗争，终于彻底战胜了美帝国主义进行的细菌战。在反细菌战的斗争中，我军民的卫生健康水平也得到了显著的提高，传染性发病率不但没有增加，反而大大下降了。美帝的可耻目的并未能实现。

从 1951 年 11 月到 1952 年 8 月，我军在粉碎敌人的"绞杀战"和"细菌战"的同时，在正面战场上为了对付敌人小部队对我进行袭扰和进攻，我军除大力加强和巩固现有阵地、巩固我军后方、改善供应运输、加强部队装备和训练外，在战场上采用了"零敲牛皮糖"的作战方法，积极开展小部队战斗活动，以各种手段，积极主动地打击敌人，杀伤消耗敌人。由于我军以坑道为骨干的防御体系日臻完善，我军小部队的狙击和出击收到了显著成效，逐渐将作战重点推向敌人阵地，挤占了敌我双方中间地带和攻取了敌人突出的连排支撑点。敌人对我所攻击的阵地"有失必反"，双方在某一点上往往投入众多兵力反复争夺，战斗十分激烈，时间有的长达到数十天之久。1952 年春夏，我军共进行大小战斗 1800 余次，歼灭敌人 11.7 万余人（含人民军歼敌 3 万）。这样，美国在军事上屡遭失败，政治上理屈词穷，道义上孤立的情况下，被迫于 1952 年 8 月就朝鲜停战草案（除战俘问题外）达成了协议。

在战俘问题上，美国提出意在扣留我方战俘的所谓"自愿遣返"的荒谬主张，并对我被俘官兵进行惨无人道的残害和屠杀，以胁迫其叛国。敌人的罪恶勾当，遭到我方的揭露和严厉谴责后，于 1952 年 10 月 8 日至 11 月 25 日，再次中断谈判，并于 10 月 14 日对我军发动了"金化攻势"，以图迫使我接受美方提出的关于遣返战俘的方案。

上甘岭位于我中部战线战略要点五圣山（金化以北）南麓，是我五圣山主阵地前的两个连的支撑点，阵地突出，直接威胁着敌人金化防线。敌人发动的"金化攻势"，首先要攻占上甘岭制高点，以改善金化敌人的防御态势。并妄图从我方战线中央突破一个缺口，分割我军防御体系，迫我后撤，以造成其在谈判中的有利地位。上甘岭阵地面积只有 3.7 平方公里，敌人为攻取这一阵地先后投入兵力 6 万余人，出动飞机 3000 余架次，坦克 170 余辆和火炮 300 余门，倾泻了 190 余万发炮弹，投掷炸弹 5000 余枚（最多的一天为炮弹 30 余万发，炸弹 500 余枚），上甘岭两个高地的土石被炸松 1—2 米，成为一片焦土。在整个战役的 43 天内，我军先后投入兵力 4 万余人，顽强坚守阵地，共打退敌营以上兵力的冲击 25 次，营以下兵力的冲击 650 余次，同时，我军也进行了数十次的反冲击，平均每天打退敌人 30—40 次，从班排到营团的连续攻击，我英雄阵地岿然不动。最终守住了阵地，粉碎了敌人的进攻。战斗中我军涌现出五十多名战斗英雄模范，全军闻名特级英雄黄继光和一级英雄孙占元、邱少云、伍先华、胡修道都是这一时期出现的。后来朝鲜最高人民会议常任委员会授予他们"朝鲜民主主义人民共和国英雄"称号。上甘岭战役，我共歼敌 2.5 万余人，我军伤亡 1.15 万余人，敌我伤亡对比为 2.21：1；我击落击伤敌机 270 余架，击毁击伤敌大炮 61 门，坦克 14 辆。美国新闻界评论说："这次战役实际上却变成了朝鲜战争中的'凡尔登'"。举世闻名的上甘岭战役以中国人民志愿军的光辉胜利和美国侵略者的惨败而名垂史册。

1952 年秋季，我军进行全线战术反击和上甘岭防御战役，这两次战役，再加上整个秋季所进行的其他一些战斗，我军共歼敌 11 万余人（含朝鲜人民军战绩）。敌人屡遭失败，丧失了大量有生力量，消耗了大量物资器材，士气愈来愈低落，处境更加被动。我军则愈战愈强，阵地更加巩固，防守更加稳定。特别在上甘岭战役以后，敌对我日益坚固的正面战线已无可奈何，再也无力发动大规模的战役进攻了。

美国在军事上遭到惨败后，还玩弄外交手段，利用他操纵的联合国对我施加压力。1952 年 12 月 3 日，第七届联合国大会通过了所谓"不强迫遣返战俘"的决议，企图逼我就范。遭到中朝两国政府的一致反对，指出这一决议是违反日内瓦国际公约、袒护美国扣留我战俘的非法决议。

1953 年 2 月 7 日，毛泽东主席在中国人民政治协商会议第一届全国委员会第四次会议上的发言中，郑重宣布："由于美帝国主义坚持扣留中朝战俘，破坏停战谈判，并且妄图扩大朝鲜战争，所以抗美援朝的斗争，必须继续加强，我们是要和平的，但是，只要美帝国主义一天不放弃他那种蛮横无理的要求和扩大侵略的阴谋，中国人民的决心就是只有同朝鲜人民一起，一直战斗下去。这不是因为我们好战，我们愿意立即停战，剩下的问题期待将来去解决。但美帝国主义不愿意这样做，那么好吧，就打下去，美帝国主义愿意打多少年，我们也就准备跟他打多少年，一直打到美帝国主义愿意罢手的时候为止，一直打到中朝人民完全胜利的时候为止。"毛泽东的这个讲话，表达了中朝人民不屈服于任何压力，坚决抗击美帝侵略的坚强意志和必胜信心。美国搁起板门店谈判，借助联合国，本想借此压我就范，但联大压不服，战场上也没有什么办法取胜。1953 年 1 月 20 日艾森豪威尔接替杜鲁门就任美国总统。他亲自同出兵朝鲜的 16 国代表协商，提出要用台湾蒋介石的武装进攻大陆，并对我国进行军事封锁。这遭到英国等国的坚决反对，并激怒很多中间国家，即在美国国内，许多民主党参议员也激烈指责艾森豪威尔的此项政策。美国侵略者在内外交困的情况下，不得不转而再度与我谈判。1953 年 2 月 22 日联合国军司令克拉克①致函中朝方面，建议先行讨论病伤战俘遣返问题。试图以此为转机恢复停战谈判。我方 3 月 28 日复函表示同意。3 月 30 日，我国政府总理周恩来就朝鲜停战谈判发表声明说：为谋取战俘问题的通盘解决，促成朝鲜停战，双方应立即遣返其所收容的一切坚持遣返的战俘，而将其余的战俘交中立国，以保证他们的遣返问题能够得到公正的解决。周恩来的这一建议，得到了世界各国舆论的普遍欢迎，认为这一建议消除了停战的最后障碍，表现了中朝方面谋求和平的诚意。这一建议导致了停战谈判的恢复。4 月 26 日，中断六个月之久的停战谈判重新恢复。

在谈判期间，美方继续进行讹诈，一方面拒绝战俘遣返问题的公正解决办法，提出变相扣留我战俘的所谓"就地释放"的花招，纵容李承晚集团无理扣留我战俘2.7 万余人。还故意节外生枝，拖延谈判，另一方面积极扩编和装备李伪军，作继续战争的准备。

对此，我中朝双方作了两方面的准备：

第一方面是加强东西海岸的防御工事，随时准备粉碎敌人的登陆进攻。艾森豪威尔上台之后曾计划利用其海空优势，在朝鲜东西两岸实施登陆作战，企图从侧后截断我军后路，造成包剿聚歼我军之势。但他的这一阴谋，早为我所识破，并在全军作了规模巨大的反登陆作战的充分准备。在中朝人民的大力支持下，全军经过四个月的艰苦奋战，在朝鲜东西海岸构筑了两道防御阵地，纵深达 10 公里。在敌军便于空降和坦克行动的纵深地域，还构筑了反空降和反坦克阵地。共计动用了人工6，000 多万个，挖掘坑道 8，090 多条，总长 720 余公里，挖堑壕、交通壕 3，100多公里，还构筑了 605 个永久性水泥工事及大量火器掩体。在东西海岸和正面绵亘1，130 多公里的弧形防线上，形成了一条以坑道或钢筋水泥工事为骨干支撑点式

---

① 1952 年 4 月 28 日，美国总统杜鲁门宣布以克拉克接替李奇微继任联合国军司令。李奇微调
  任为北大西洋公约组织总司令。

的坚固防御体系，并储备了足够数量的弹药和军事物资，和可供全军食用 8 个半月的粮食；改善了后方的铁路公路运输线。我军大规模的反登陆作战准备，是对敌人企图进行登陆冒险的有力打击，是朝鲜战争进入相持阶段时期后的一个重要战役部署，其时间之长，规模之大，远胜于任何一次战役准备，其重要意义也不亚于任何一次战役。反登陆作战准备的完成，使我军东西两翼海防和正面防御更加稳定和完善，不仅兵力雄厚，实力增强，阵地更为巩固，而且后方供应和交通运输亦远胜于作战以来任何一个时期，我军已完全立于主动地位。这样，就迫使敌人不得不放弃登陆作战的企图。

其次，为了给迷信武力的侵略者狠狠的一击，促进谈判的和平实现，我军主动出击，发动了大规模的夏季反击战役。从 5 月 13 日至 7 月 27 日两个半月的作战中，我军有计划地实施了三次进攻作战，前后共进行大小战斗 139 次。在最后实施的金城攻坚阵地作战中，为了给狂妄叫嚣要"单独干"和"北进"的李承晚集团以狠狠的打击，我军在 25 公里的正面，集中 24 万人的兵力，1，360 多门火炮，消耗弹药 19，000 余吨（约等于五次战役时总消耗量的 2.2 倍）。在我军的强大攻势面前，敌人惊恐万状，溃不成军。我军一举突破了全部美式装备的李承晚军四个师 25 公里的防线，突入敌防御纵深最远达 15 公里，极大地显示了我军攻坚作战的威力。整个夏季反击战役共歼敌 12.3 万余人，收复土地 240 平方公里。美国侵略者眼见得大势已去，败局已无法挽回，不得不罢战言和。我军作战的胜利，终于迫使美国侵略者向我方作出了实施停战协定的保证。6 月 29 日，侵朝联合国军司令克拉克来信表示"保证停战条款将被遵守"。7 月 13 日至 16 日，美方谈判代表哈利逊又对有关停战协定实施的所有问题，作出了明确的保证，其中包括南朝鲜军也不得破坏停战协定。表示：如果南朝鲜军破坏协定，美军仍将保持停战状态，并不给南朝鲜以装备和供应上的支持。一向骄横的美国侵略者，一再向我方作出保证，可见他着实被打痛了。我军本来还可以乘胜取得更大的战果，但为了世界和平的利益，仍然同意了美方尽快签字的要求。1953 年 7 月 27 日，朝鲜停战协定在板门店签字。至此，朝鲜战争结束。

五　抗美援朝战争的伟大胜利及其历史意义

历时三年零一个月的朝鲜战争，中朝人民共同反抗美帝国主义侵略的斗争，取得了具有世界历史意义的伟大胜利。

抗美援朝战争中，中朝军队共毙伤俘敌军 109.3 万余人，其中美军 39.75 万余人。击落击伤和缴获敌机 12，224 架，击毁击伤和缴获敌军坦克 3，064 辆，击毁击伤和缴获敌军各种炮 7，695 门，击沉击伤敌军舰 257 艘。据美方供认，这是美国历史上第一次真正的失败；是一次流血最多代价最高的战争。

在抗美援朝战争中，中国人民也付出了重大的牺牲。我中国人民志愿军先后投入的兵力达 130 余万人，伤亡的志愿军人数达 36 万余人。全国人民在人力物力和财力上进行了全力的支援，付出了巨大的代价。

抗美援朝战争的胜利，是中朝两国人民军队以劣势装备战胜具有现代化技术装备军队的世界头号强国美帝国主义的伟大胜利。它为现代化战争条件下弱国战胜强国树立了一个光辉的典范。侵朝战争中，美国除了以它自己军队为主和指挥动用南朝鲜全部军事力量外，还胁迫 15 个国家参战，并且用联合国军的名义，对我施加军事上和政治上的强大压力，气势汹汹，不可一世。但中朝人民是压不服的，以大无畏的精神对侵略者展开了英勇顽强的斗争。美国侵略者在侵朝战争中，动用了他自己的陆军 1/3、空军 1/5，海军的近半数，消耗作战物资 7，300 万吨，直接消耗战费达 200 亿元以上。但在中朝人民军的抗击下，美国仍然遭到了史无前例的惨败，美军的伤亡超过了第一次世界大战的伤亡（美国在第一次世界大战中伤亡 36 万余人），也超过了美国在第二次世界大战时太平洋战争 44 个月的伤亡（18.1 万余人）的一倍还多。抗美援朝战争，打破了"美军不可战胜"的神话，粉碎了"海空威慑"的恐吓，打出了中朝两国的军威和国威，使美国侵略者无可奈何不得不罢战言和。当时美国《芝加哥论坛报》发表的社论指出，"美国在这次战争中，除去获得这次试验所能提供的教训外，什么也没有赢得"。美国前国防部长马歇尔供认："神话已经破灭了，美国原来并不是像人们所想象的那样一个强国。"[1] 美国侵略者在朝鲜战争中失败的这一事实，告诉人们一条普遍真理：对待任何侵略者，懦怯退让只会助长侵略者的气焰，使之得寸进尺。只有敢于斗争，善于斗争，给侵略者以严重打击，才能制止侵略。

抗美援朝战争的胜利，粉碎了美帝国主义侵占朝鲜民主主义人民共和国的狂妄计划，保卫了朝鲜的独立和我国的安全。这一胜利极大地鼓舞了亚洲和全世界人民

---

[1] 转引自《世界知识》1953 年第 18 期，第 7 页。

保卫和平和反对侵略的信心，中朝人民的胜利，还有力地证明帝国主义为所欲为称霸世界的日子永远结束了，觉醒和组织起来的民族是不可侮的，团结起来的人民力量是不可战胜的。

抗美援朝战争，使我军取得了同现代化装备敌人作战的丰富经验。美国侵略者在朝鲜战争中，除了原子弹之外，当时的一切新式武器和军事技术全部用上了。战争的剧烈程度，在许多方面超过了第二次世界大战。战争中，我军对敌人进行过运动战，也进行过阵地战，打过防御战，又打过进攻战，还创造了著名的坑道工事和坑道作战的新战术，学会了反"绞杀战"、反"细菌战"和反"间谍战"。总之，在作战中无论敌人使用什么样的战术和技术，都一一被我军粉碎了。抗美援朝战争中，我军发扬人民军队高度革命英雄主义精神，全军涌现出 30 余万英雄模范和人民功臣，6,100 多个集体立功单位，中国人民的优秀儿子黄继光、邱少云、杨根思、李家发、杨连弟、罗盛教等就是这支部队的光荣代表。他们在战斗中的积极性、创造性和英勇牺牲精神和国际主义精神，集中体现了我军的政治军事素质。而我军指挥员的正确指挥又保证了作战的胜利。当时纽约《世界电讯报》载文评论说："中国人民志愿军已成为一支强大的第一流的军队"。[1] 联合国军总司令克拉克也不得不公开承认："站在联合国部队统帅的地位，我必须承认彭德怀是一个资质很高的敌人"。[2] 抗美援朝战争，使我军经受了前所未有的实战锻炼，提高了我军应付现代化战争的能力，推动了我国现代化国防建设，这对保卫我国的安全和反对侵略战争具有深远的意义。

朝鲜停战证明，在第二次世界大战后出现的国际新形势下，解决国际争端的唯一可行的途径只能是采取和平协商的办法。朝鲜战争前，美国反动统治集团迷信他的"实力政策"，撕毁莫斯科苏美英三国外长会议的决定，拒绝和平解决朝鲜问题，走上了军事冒险的道路。而朝鲜战场上的残酷现实证明这条道路已经无法走通，逼得他只能接受停战，重新回到和平协商的道路上来解决朝鲜问题。这对于迷信用"实力政策"来解决国际争端的冒险家们是一次极重大的教训和警告，而对于各国人民争取和平解决国际争端的斗争则是一个很大的鼓舞。一切爱好和平的人们都会承认，为时三年有余而且极其激烈的朝鲜战争可以用协商的办法获得停战，那么，

---

① 转引自《世界知识》1953 年第 17 期，第 27 页。

② 克拉克：《从多瑙河至鸭绿江》第 7 章，台北黎明文化服务中心出版。

现在任何国际未决的问题和争端，当然也就可能在有关各国互相协议的基础上取得和平解决。

当然朝鲜停战谈判有它自己的特殊性，有别于任何别的谈判，它是一个妄图称霸世界的帝国主义者，在侵略战争中遭受年青的新兴的人民民主国家的反抗和遏制之后，不得不罢手而勉强接受的停战谈判。很显然侵略者对于这样的谈判是不会甘心情愿地接受的，他无时无刻不在玩弄阴谋或企图翻案。因此，朝鲜停战谈判，不能不是一场异常尖锐复杂的、长期的军事与外交相交织着的斗争。美方在整个谈判过程中，始终表现出不肯承认军事失败，不愿平等协商，不顾起码的国际公法的狂妄态度，屡屡制造事端，拖延和破坏谈判，因此朝鲜战争打了三年竟谈了两年。但是我方始终坚持在公平合理的基础上谋求达成协议的真诚态度，并以极大的坚定和耐心，逐次击破美方使用的政治讹诈和军事压力，侵略者在技穷力竭的情况下最后不得不接受停战协议。因此，朝鲜战争证明，被侵略的民族，不但要敢于反抗侵略的武装进攻，而且要善于同侵略者进行政治斗争，要善于用革命的两手对付侵略者的两手。抗美援朝战争的胜利，给世界爱好和平的人民和反对侵略和保卫民族独立的国家提供了具有历史意义的宝贵经验，这就是，不但提供了战胜侵略者的军事斗争经验，而且还提供在政治上外交上战胜敌人的经验。

六　强大的后盾——五亿人民

抗美援朝战争，是为保卫祖国安全、保卫朝鲜人民的独立自由、保卫远东和世界和平的反侵略的正义战争，它代表着祖国人民和全世界爱好和平人民的意志和愿望。因此，得到了全国各界和各族人民的广泛支持和拥护。全国五亿人民是志愿军的坚强后盾。毛泽东早在 1938 年抗日战争时所著的《论持久战》一文中，就深刻地指出"战争的伟力之最深厚的根源，存在于民众之中"，[①]"动员了全国的老百姓，就造成了陷敌于灭顶之灾的汪洋大海，造成了弥补武器等等缺陷的补救条件，造成了克服一切战争困难的前提。"[②]志愿军出国作战三年，获得了祖国人民源源不绝的物质供应和正气磅礴的精神鼓舞，这是朝鲜战争赢得胜利的力量源泉。当抗美援朝

① 《毛泽东选集》第 2 卷，人民出版社 1991 年版，第 511 页。
② 《毛泽东选集》第 2 卷，人民出版社 1991 年版，第 480 页。

战争开始后，中国共产党即在国内领导广大人民掀起了轰轰烈烈的"抗美援朝、保家卫国"运动的热潮。党和政府在全国人民中进行了普遍深入的政治动员和组织工作，在首都和全国各地成立了抗美援朝总会和分会，开展了广泛的宣传活动，采取各种宣传形式有计划有组织地在城市和农村、工矿和学校、机关和部队开展时事学习和形势教育。经过普遍深入的教育，大大地提高了全国人民爱国主义和国际主义的政治觉悟，清除了在一部分人们头脑中存在已久的"亲美"、"崇美"、"恐美"的思想情绪，提高了民族自尊心和自信心，树立起战胜美帝国主义的大无畏精神，这是我国人民在思想上政治上消除帝国主义影响的一次伟大的胜利，由此奠定了抗美援朝胜利的思想基础。

随着全国人民思想觉悟的提高，全国人民纷纷以实际行动参加抗美援朝活动。首先掀起了志愿赴朝参战的热潮。人民解放军战士，人人上书请求走上朝鲜前线杀敌立功；广大青年踊跃报名参加志愿军，到处出现了母亲送儿子、妻子送丈夫、兄弟争先入伍的感人事迹；成千上万的铁路员工、汽车司机和民工组织运输队、担架队随军赴朝，担负前线的各种运输和战勤服务；医务工作者组织大批医疗队上前线为中朝部队服务。

广大工人群众热烈响应毛泽东主席提出的"增加生产，厉行节约，以支持中国人民志愿军"的号召，提出了"工厂即战场，机器即枪炮"的战斗口号，开展了热火朝天的增产节约竞赛，发扬了高度的生产积极性和创造性，保证了国民经济的恢复和发展，及时而充分地供应了前线军事物资的需要。

广大农民开展爱国增产运动，努力提高农田产量，使全国农业生产得以迅速恢复和超过历史最高水平，对朝鲜前线的粮、棉供应提供了保证。

1951 年 6 月，当志愿军在朝鲜取得五大战役的光辉胜利后，祖国人民掀起了制定爱国公约、捐献飞机大炮和优待烈军属的群众性运动。截至 1952 年 5 月，全国各地区各阶层人民共捐献了相当于当时价值 3，710 架战斗机的捐款。这一捐献武器的成果，加强了中国人民志愿军急需的装备，进一步提高了我军的军事威力，使战局稳定在"三八线"附近。通过订立爱国公约的形式，各界各业群众把自己的爱国思想和实际行动结合起来，将爱国热情变为雄伟的物质力量，有力地推动了各方面的生产建设工作，为抗美援朝战争提供了雄厚的物质基础。全国人民还把优待烈、军属工作当作巩固国防和巩固部队的重大政治任务，在"先军属，后自己"的口号下，采取了一切措施，保证了烈、军属的生活和生产，并在精神上给予烈、军

凯歌行进的时期（1949—1956）

属鼓励和慰问，树立光荣感。这不仅鼓舞了烈、军属的生产积极性，而且直接鼓舞了前方战士的士气，增强了中国人民志愿军部队的战斗力。

　　此外，祖国人民还不断地组织慰问团，前往朝鲜慰问中国人民志愿军和朝鲜人民军。代表团组织各方代表人物，代表了中国各民主党派、各人民团体、人民解放军以及革命烈士家属、革命军人家属、工业和农业劳动模范、妇女、青年、学生、工商界、文教界、宗教界和海外华侨等各界人民，向志愿军献礼致敬。全国人民还捐献了 126 万多件慰问品和 77 万多个慰问袋，向中国人民"最可爱的人"——中国人民志愿军表示无限的敬意。这一切都大大地鼓舞了中国人民志愿军和朝鲜人民军的战斗意志。

　　最后，还必须指出，中国人民志愿军作战的胜利，同朝鲜军民的支援和帮助是不可分的。英雄的朝鲜人民以无比的热情爱护和支援我军，朝鲜劳动党和朝鲜民主主义共和国政府无时不在关心帮助我军，中朝两国军民亲同骨肉，相处无间，不仅鼓舞了我军的战斗勇气，而且更加提高了我军的国际主义思想。

　　总之，抗美援朝战争的伟大胜利是中朝人民战争的胜利，它以无可辩驳的真理表明：一个觉醒了的、敢于为祖国独立、安全而奋起战斗的民族，是不可战胜的。

社論

應當重視電影「武訓傳」的討論

在我們看來，陶行知同志「陶行知先生表揚『武訓用介紹武訓畫傳』一文對，我們沒有異論」，此類是對於電影「武訓傳」的進一步的討論。

為什麼要來重視這個問題呢？

「武訓傳」所提出的問題帶有根本的性質。像武訓那樣的人，處在清朝末年中國人民反對外國侵略者和反對國內的反動封建統治者的偉大鬥爭的時代，根本不去觸動封建經濟基礎及其上層建築的一根毫毛，反而狂熱地宣傳封建文化，並為了取得自己所沒有的宣傳封建文化的地位，就對反動的封建統治者竭盡奴顏婢膝的能事，這種醜惡的行為，難道是我們所應當歌頌的嗎？向著人民群眾歌頌這種醜惡的行為，甚至打出「為人民服務」的革命旗號來歌頌，甚至用革命的農民鬥爭的失敗作為反襯來歌頌，這難道是我們所能夠容忍的嗎？承認或者容忍這種歌頌，就是承認或者容忍誣蔑農民革命鬥爭，誣蔑中國歷史，污衊中國民族的反動宣傳為正當的宣傳。

電影「武訓傳」的出現，特別是對於武訓和電影「武訓傳」的歌頌竟至於如此之多，說明了我們文化界的思想混亂達到了何等的程度！

在《人民日报》上刊登的《应当重视电影〈武训传〉的讨论》的社论。

第六章
建国初期的文化教育事业

　　建国初期社会的大变动，也反映在文化领域中。"一定的文化是一定社会的政治和经济在观念形态上的反映。"① 中华人民共和国成立后新民主主义的政治制度和经济制度的建立，必然要求建立和发展新民主主义的文化，以与之相适应。人民政府根据巩固人民民主专政，以及恢复和发展国民经济的需要，按照《共同纲领》的规定对旧有文化教育事业进行了改革，在团结和争取一切爱国的知识分子为人民服务的同时，也注意帮助他们学习马克思列宁主义，树立新的世界观。由于缺乏经验，在取得许多成绩的同时也存在着不少缺点，特别是对电影《武训传》的批判有许多教训值得吸取。

一　对旧有文化教育事业的改革

　　旧中国的教育事业，基本上被帝国主义和官僚地主阶级所控制，并为他们的利益服务，具有浓厚的半殖民地半封建性。旧的学制、系科设置、教学内容和教学方法，严重地与社会生产和需要相脱节，广大工农劳动群众和他们的子女基本上被剥夺了受教育的权利，全国90%以上的人是文盲。以具有悠久文化著称于世的中国，

---

① 《毛泽东选集》第2卷，人民出版社1991年版，第694页。

由于封建制度的长期统治，以及帝国主义的侵略和奴役，在近几百年来却变成为文化上愚昧与落后的国家。

中华人民共和国的成立，为中国教育事业的发展开创了广阔的天地；同时，也对它提出了新的要求。《共同纲领》规定："中华人民共和国的文化教育为新民主主义的，即民族的、科学的、大众的文化教育。人民政府的文化教育工作，应以提高人民文化水平，培养国家建设人才，肃清封建的、买办的、法西斯主义的思想，发展为人民服务的思想为主要任务。""中华人民共和国的教育方法为理论与实际一致。人民政府应有计划有步骤地改革旧的教育制度、教育内容和教学方法。"

随着人民解放战争的胜利，在中国人民解放军所到之处，立即由军事管制委员会接管了国民党政府统治下的各级学校，并派遣干部到这些学校帮助工作，使其迅速恢复正常秩序，开学上课。在接管以后，人民政府还根据需要与可能对这些学校进行了初步的调整和改革，如取缔学校内的反动党团组织；组织校务委员会，实行民主管理制度；取消"党义"、"公民"、"童子军"、"军事训练"等反动课程，开设革命政治课；在一些学校还公开了中国共产党组织，并开始建团、建队，建立进步的革命教工组织。人民政府还颁布有关私立学校的暂行办法，根据保护维持、加强领导、逐步改造的方针，把私立学校引上为人民服务的轨道。

1949 年 12 月，中央人民政府教育部在北京召开了第一次全国教育工作会议，明确了全国教育工作的总方针，以及改革旧教育的方针、步骤和发展新教育的方向。会议指出：（一）中华人民共和国的教育是民族的、科学的、大众的新民主主义教育，它的主要任务是提高人民的文化水平，培养国家建设人才，其方法是理论与实际一致；（二）教育必须为国家建设服务，学校必须为工农开门；（三）教育工作的发展方针是普及与提高相结合；（四）老解放区的教育，首先是中小学教育，应以巩固与提高为主，条件许可时，可作某些发展。新解放区教育工作的关键，是争取、团结和改造知识分子，坚决执行维持原有学校，逐步作可能与必要的改善的方针；（五）对中国人办的私立学校，采取保护维持、加强领导、逐步改造的方针。

由于建国初期百废待兴，百端待举，人民政府对接受外国津贴的学校在其遵守中国政府的法令的条件下仍允许其存在，并容许它们继续接受外国的津贴。但帝国主义分子仇视中国人民革命，不甘心丧失对华文化侵略的特权，拒不服从中国政府的规定。办理辅仁大学的天主教会，先是用削减对学校的辅助经费的办法阻碍学校的进步和发展，随后又以侵犯我国教育主权的无理要求作为拨付经费的条件。在其

凯歌行进的时期（1949—1956）

无理要求遭拒绝后，竟然以停拨一切经费要挟我国政府。几经交涉无效后，为了保证该校师生的工作和学习不受影响和损失，1950 年 10 月 12 日，中央人民政府政务院发布命令，接收辅仁大学自办。这一年，美帝国主义发动侵朝战争后，利用接受其津贴的文化教育和救济机关在我国进行造谣、诽谤和反动宣传，出版和散布反动书刊，甚至隐藏武器，勾结匪特，进行间谍活动；同时，美国政府宣布冻结中国在美国的财产，企图以此来增加人民政府的困难，和威胁接受美国津贴的机构中的全体工作人员的生活。美帝国主义的侵略行径，激起了中国人民的愤怒，各地教会学校和教会医院的师生员工纷纷举行爱国反美示威游行，要求将这些机构由政府接办，或转由中国人自办。

为了排除帝国主义的影响和干涉，维护中国人民对文化教育事业的自主权，中央人民政府政务院第 65 次会议于 1950 年 12 月 29 日通过和公布了《关于处理接受美国津贴的文化教育救济机关及宗教团体的方针的决定》。决定指出，人民政府将协助人民使现有接受美国津贴的文化教育救济机关和宗教团体实行完全自办。对接受美国津贴的文化教育医疗机关，应分别情况，或由政府接办，改为国家事业，或由私人团体继续经营，改为中国人民完全自办的事业。私人团体经营确有困难者，政府予以适当补助。同时，政务院还公布了《接受外国津贴及外资经营之文化教育救济机关及宗教团体登记条例》，要求接受外国津贴和外资经营的文化教育救济机关按照有关规定在限期内向当地政府登记，接受审查。

中央人民政府政务院关于处理接受外国津贴的文化教育救济机关及宗教团体的方针的决定公布后，受到了全国人民和有关单位的拥护，北京协和医学院、燕京大学、南京金陵大学等许多接受外国津贴的院校的师生员工纷纷致电政务院周恩来总理或发表宣言，坚决拥护和支持人民政府的决定。1951 年 1 月，中央人民政府教育部在北京召开处理接受外国津贴的高等学校会议，拟定了处理和接受这些学校的原则、办法和具体政策措施。经过调查研究和酝酿协商，最后处理的结果是：1950年年底全国接受外国津贴的高等学校共计 20 所，其中 11 所改为公办学校，9 所改为中国人自办，仍维持私立，政府予以补助。

为了使教育事业进一步适应国家建设的需要，贯彻理论与实际一致，为人民服务，为生产与建设服务的方针，人民政府还陆续作出了一系列决定，加深对旧有教育事业的改革。1950 年 8 月，政务院公布了《关于实施高等学校课程改革的决定》和批准了教育部制定的《高等学校暂行规程》、《专科学校暂行规程》。10 月，发出

《关于举办工农速成中学和工农干部文化补习学校的指示》。1951 年 10 月，政务院又公布了《关于改革学制的决定》。11 月，中央人民政府教育部召开有关会议拟定了工科院校调整方案，1952 年 7 月拟定了农林院校调整方案和专业设置方案，等等。

对旧有教育事业的进一步改革包括：

（一）改革旧的学制。我国的旧学制有许多缺点，其中最重要的是工人、农民的干部学校，各种补习班、训练班，在学校系统中没有应有的地位；初级学校修业六年并分为初高两级的办法，使广大劳动人民子女难于受到完全的初等教育；技术学校没有一定的制度，不能适应培养国家建设人才的要求。为了改正这些缺点，人民政府规定和实行了新的学制，废除了旧学制的弊端。在新的学制中，工人、农民的干部学校和各种训练班被列入了正规的学校教育系统之内，并建立了必要的制度，以便不断地供应国家建设所需要的人才；小学改行五年一贯制，取消了初小和高小两级修业六年的分段制，使劳动人民的子女都能受到完全的初等教育；此外，还使各类学校系统互相衔接，彼此沟通，从初等教育到高等教育形成一个新的教育系统，使全体人民都有通过各条渠道受到高等教育的机会。

（二）大力发展工农教育。旧的教育制度剥夺了工农群众受教育的权利。人民政府规定，所有教育设施都向工农劳动人民开门，尽量给工农青年提供入学受教育的方便。为此，除一般学校尽量吸收工农子弟入学外，人民政府还创办了一大批工农速成初等学校、工农速成中学、工农干部文化补习学校和工人政治学校，广泛吸收工农干部和产业工人入学，给他们以受教育的机会。在农村，人民政府和教育部门兴办各种夜校，开展扫盲运动，努力提高农民的文化水平。据 1952 年统计，全国初等学校学生中，工农成分已达到 80% 以上；中等学校学生中，工农成分已达到 60% 左右；高等学校学生中，工农成分已达到 20% 以上，这是中国历史上前所未有的现象。

（三）努力发展少数民族教育。在旧的教育制度下，少数民族更缺乏受教育的机会，有的民族连自己的文字也没有，更谈不到接受教育和学习科学文化。为了改变这种状况，提高少数民族的文化水平，为少数民族地区培养建设人才，人民政府把发展少数民族地区的教育作为自己的一项重要工作。1951 年 8 月，中央人民政府教育部召开了第一次全国民族教育会议，讨论了新中国民族教育的工作方针及发展民族教育的措施。会议确定，少数民族教育目前应以培养少数民族干部为首要任务，以满足各民族在政治、经济、文化以及教育建设等方面的需要；同时，加强小学教育及成人业余教育，以提高少数民族地区的文化水平，并应努力解决少数民族各级学校的师资和生源问题。会议还规定，有现行通用文字的民族，小学、中学必须用本民族语文教学。在教育经费上，人民政府对少数民族地区学校的特殊困难，也适当予以补助。为了鼓励和帮助少数民族青年接受高等教育和专业教育，除在一般高等学校招生中给少数民族考生以适当照顾，保证他们优先入学外，人民政府还在北京设立了中央民族学院，为少数民族发展政治、经济、文化建设培养干部。另外还在西北、西南、中南等地设立了 8 个中央民族学院的分院，和普遍开办了各种民族干部训练班和民族干部学校。

（四）对高等院校的院系进行调整。高等教育，担负着为国家培养大批高级建设人才的任务。但是旧中国高等学校在院校分布和系科设置上存在着严重的无政府状态和脱离实际的问题，院系设置重复，人力物力非常分散，布局也很不合理，有的学校的某些系教师的人数超过学生的人数，甚至有的系只有一两个学生。这种状况，很不适应新中国经济文化建设的需要。为了从根本上改变这种状况，促进高等教育的发展，人民政府决定以华北、东北、华东为重点对全国高等院校的院系设置进行大规模的调整，调整的方针是："以培养工业建设人才和师资为重点，发展专门学院和专科学校，整顿和加强综合大学"。高等院校调整工作是从 1951 年开始的，到 1953 年基本结束。经过调整，各类高等学校的性质和任务比以前明确了，高等工业院校得到加强和发展。据 1952 年统计，高等工业院校由原来的 31 所扩充到 47 所，新设了钢铁、地质、矿冶、水利等国家建设急需的 12 个专门工业学院。工学院学生在全部高等院校学生中所占的比例由 1949 年的 18% 上升为 1952 年的 35.4%，占各科学生数的第一位。在调整中，农林院校也得到加强，由原来的 18 所扩充到 33 所。医药学院由原来的 29 所扩充到 32 所。师范院校由原来的 30 所扩充到 34 所。北京大学、南开大学、复旦大学、南京大学、中山大学等学校，被改为综合性大学。

（五）开展了高等学校的课程改革。旧的高等学校的课程设置很不合理，严重地脱离实际，脱离社会生产的需要。1950 年 8 月，中央人民政府政务院发出《关于实施高等学校课程改革的决定》，提出对高等学校的课程必须实行有计划有步骤的改革，达到理论与实际的一致。一方面克服"为学术而学术"的空洞的教条主义的偏向，力求与国家建设的实际相结合，这是我们现有高等学校主要的努力方向；另一方面，要防止忽视理论学习的狭隘实用主义或经验主义的偏向。决定要求各系科课程设置应在注意系统的理论知识教育的基础上，实行适当的专门化，加强必需的重要课程，删除重复的和不必要的课程。加强教学和实践结合，将实习和参观作为教学的重要内容。决定还要求坚决废除政治上的反动课程，开设新民主主义的革命的政治课程。1952 年 10 月，教育部发出《关于全国高等学校马克思列宁主义、毛泽东思想的课程的指示》，规定了各高等院校应设立的政治课程。人民政府还要求在各高等学校试行政治工作制度，设立政治辅导处，加强政治思想工作。

通过以上改革，从根本上改变了旧中国遗留下的半殖民地半封建的教育制度，消除了帝国主义、封建买办势力在教育领域中的影响，使整个国家的教育机关和各级各类学校成为为人民服务，为新中国新民主主义建设服务的力量，奠定了新中国教育事业的基础。对旧有教育事业的改革，也促进了教育事业的发展，为提高中华民族的文化，为培养国家急需的政治、经济、文化建设人才，作出了重要贡献。

在对教育事业进行改革的同时，人民政府还对文化艺术、医药卫生等事业进行了有计划有步骤的整顿和改革。1949 年，在北京召开了第一次全国文学艺术工作者代表大会，讨论了新中国人民文艺的方向，建立了全国文学艺术界的统一的联合组织。随后还分别建立了美术、舞蹈、曲艺、文学、音乐、戏剧、电影等专业文艺工作者的协会。1951 年 5 月，中央人民政府政务院发布了《关于戏曲改革工作的指示》，明确了"推陈出新，百花齐放"的方针，向戏曲界提出了"改戏、改人、改制"的号召，加强了对戏曲改革工作的领导和管理。为了使一切医疗力量组织起来，有效地为人民服务，人民政府于 1950 年召开了第一次全国卫生会议，提出了卫生工作"面向工农兵、预防为主、团结中西医"的三大原则，制定了健全和发展全国卫生基层组织，调整医药卫生事业中的公私关系，医药界团结互助学习，发展卫生教育和培养各级卫生工作人员的四项规定。根据我国医疗机构和卫生人员的数量远远不能满足需要的状况，人民政府除积极吸收社会零散医务人员参加各级卫生机关工作外，还号召和动员私人开业的医务人员组织起来，尽可能参加公私联合或私人联合的医疗机构，最大发挥对社会的效能。鉴于我国医疗人员绝大部分集中在几个大城市，人民政府还提倡和鼓励医务工作者到国防部门和农村、工矿、少数民族地区去工作。结合抗美援朝运动，人民政府还在全国城乡开展了爱国卫生运动，建立和健全了基层卫生组织、医疗机构，以及群众性的卫生委员会。

二 二百万知识分子的学习运动

知识分子是掌握现代科学文化知识，具有各类专门技术的脑力劳动者。他们是国家的宝贵财富，是巩固人民民主专政、进行经济文化建设不可缺少的一支重要力量。

由于旧中国科学文化的落后，它遗留给我们的知识分子是很少很少的。据建国初期的粗略统计，全国大约有各类知识分子 200 万人，仅占全国总人口 5.4 亿人的 0.37%。这种比例不仅低于发达国家，而且也低于一些发展中国家，几乎处于世界最低比例的行列。

建国初期知识分子队伍的构成，大体包括三部分人：一是投身革命经过战争锻炼，或在革命战争中培养成长起来的革命的知识分子。他们是建国初期我国知识分子队伍的核心和骨干。但是他们的人数不多，而且其中大部分人从事党、政、军或其他行政组织工作。二是从旧社会过来的各类专家、学者、教授，以及文艺工作者、医生、工程师、记者、教员等。他们是建国初期知识分子队伍的主要组成部分，知识分子问题主要是就他们而言的。三是旧社会培养出来的广大青年学生。后两部分人中也有一定数量的在中国共产党的领导和影响下参加过人民革命运动，与共产党同战斗共患难的革命知识分子。中国知识分子的大部分，在民主革命时期虽然没有直接参加革命，但由于他们在旧中国深受帝国主义、封建主义、官僚资本主义的压迫，亲眼看到在帝国主义的侵略和国民党反动政府的腐朽统治下自己的祖国饱经苦难蒙受屈辱，因而具有强烈的爱国主义和程度不同的革命性。随着人民革命的胜利，他们拒绝帝国主义和国民党反动派的威胁和利诱，纷纷站到革命人民一边。中国知识分子中，死心塌地为帝国主义、封建地主和买办阶级效劳，坚决与人民为敌的只是极少数。

中国共产党和人民政府对知识分子是十分珍惜和十分重视的。早在抗日战争时期，中国共产党就作出了大量吸收知识分子参加革命工作的决定，指出"没有知识分子的参加，革命的胜利是不可能的"；要求"一切战区的党和一切党的军队，应该大量吸收知识分子加入我们的军队，加入我们的学校，加入政府工作"，"并按照具体情况将具备了党员条件的一部分知识分子吸收入党"。中华人民共和国成立后，中共中央认为，革命需要吸收知识分子，建设尤其需要吸收知识分子。特别是由于解放前的我国是一个文化落后科学落后的国家，我们就更必须珍视和充分利用旧社会遗留下来的这批知识分子的积极作用，使他们为我国的社会主义建设服务。毛泽东在中共七届三中全会上明确指出，要"争取一切爱国的知识分子为人民服务"[1]。他批评了在一部分干部中存在的企图用简单粗暴方法对待知识分子的错误。建国初期，人民政府对从旧社会过来的知识分子采取了"包下来"的方针，绝大多数都给以适当的工作，其中一部分人还分配了负责的工作；对原来失业的知识分子也努力帮助他们就业，或先安排他们学习。在政治上，也给了许多知识分子的代表人物以应有的地位。

但是，也应看到，从旧社会过来的知识分子由于长期生活和工作在旧社会，在他们的身上也不可避免地沾染了许多旧的东西，并把它带到新社会来。这些东西，和新民主主义制度，和为人民服务，以及和国家的经济文化建设是格格不入的。如在从旧社会过来的知识分子中，有的人以清高超脱自居，存在着超阶级超政治的观点；有的人存在着为学术而学术，为研究而研究的倾向，脱离实际，脱离群众；有的人盲目崇拜西方，存在着浓厚的崇美、亲美、恐美的思想；有的人还存在着正统观念，在敌我问题上存在着许多模糊认识；有的人存在着严重的个人主义，一切从个人利益和个人兴趣出发，患得患失；有的人还对中国共产党、人民政府存在某些偏见和疑虑，等等。显然，这是不适合新社会的需要的。从总体上来看，从旧社会过来的知识分子在立场和世界观上基本上还是资产阶级的，对马克思列宁主义和为人民服务很不熟悉，对新的环境尚不适应。这种状况，不仅阻碍着他们的进步，而且也影响着他们在新中国经济文化建设中发挥更大的作用。因此，中国共产党和人民政府在争取、团结、信任和使用知识分子的同时，也向他们提出学习和改造的任务。《共同纲领》规定，人民政府要"给青年知识分子和旧知识分子以革命的政治教育，以应革命工作和建设工作的广泛需要"。毛泽东在政协一届三次会议上也指出，"思想改造，首先是各种知识分子的思想改造，是我国在各方面彻底实现民主改革和逐步实行工业化的重要条件之一"[2]。

知识分子的学习和思想改造工作，从解放后就开始了。建国初期，各级人民政府就举办军政大学、革命大学和各种训练班，以及利用寒暑假组织学习会，吸收知

---

① 《毛泽东文集》第 6 卷，人民出版社 1999 年版，第 71 页。
② 《毛泽东文集》第 6 卷，人民出版社 1999 年版，第 184 页。

凯歌行进的时期（1949—1956）

识分子参加学习。人民政府还利用经常的政治学习，组织各大中学校教师、学生，以及各机关干部学习政协三大文件，学习社会发展史，学习新民主主义论。据不完全统计，在 1950 年约有 100 万人参加了这种学习。另外，人民政府还注意通过业务活动，以及组织知识分子参加土地改革、抗美援朝、镇压反革命等社会活动，树立正确的政治观点和业务观点，努力为人民服务。以上的措施和活动，都收到了很好的效果。

从 1951 年秋季开始，人民政府有组织有计划地在全国知识分子中开展了一个学习和改造思想的运动，即人们所常说的知识分子思想改造运动。

这次学习运动，是由北京大学校长马寅初先生在北京大学教师中首先发起的。马寅初先生当时曾谈过他发起和组织北京大学教职员学习和改造思想的经过。他说，北京大学是一个具有革命传统的学校。他于 1951 年 6 月就任北京大学校长以后，深感广大教职员工愿意接受一切新思潮，愿意把一所旧型的大学改造成为新型的人民的大学。但是在实际工作中，特别是遇到院系调整、课程改革，以及教学内容和教学方法的改革时，也出现了不少问题和阻力。阻力主要来自教职员工的旧思想和旧习惯。他说这就提出了一个问题，即如何提高教员的政治水准问题，使他们适应新的形势。马寅初先生说，自己深深地体会到，要把旧北大改造为新北大，一个最主要的关键，就是要使全校师生都能真正认识到改革的必要，自觉自愿地进行思想改造，使自己更好地为人民服务。他鉴于暑期组织职员学习提高了工作效率的经验，决定在全校教职员中发动一次有计划、有系统的学习运动。他说，这次学习的目的，就是希望经过思想改造来推动学校的改造，为国家培养出既能掌握技术，又能站稳立场，真正能为人民服务的干部。学习的方法是听报告、学文件、展开批评与自我批评，以马列主义和毛泽东思想来武装自己。为了把这次学习运动搞好，他要求周恩来总理给北京大学教职员作一次报告。

马寅初先生在北大的决定和要求，受到中央人民政府和周恩来总理的赞扬和支持，并决定把这一学习运动推广到京津所有高等学校，经过试验，取得经验后再推向全国。周恩来总理还主持了会议，对这次学习的目的和内容作了研究。为了统一领导京津两市高等学校的学习，教育部成立了京津高等学校教师学习委员会，各大学成立了学习委员会分会。参加此次学习的京津两市的高等学校有：北京大学、清华大学、北京师范大学、燕京大学、北京农业大学、辅仁大学、北方交通大学、华北大学工学院、协和医学院、北京大学医学院、天津大学、南开大学、津沽大学、中国矿业学院、河北师范学院、河北医学院、河北水产专科学校、外国语学校、中央美术学院、中央音乐学院，共 20 所院校。学习时间定为 4 个月。

9 月 29 日下午，周恩来总理在京津高等学校教师学习会上向 3，000 余名高等学校的教师作了题为《关于知识分子的改造问题》的报告。报告共分 7 个部分：（一）立场问题；（二）态度问题；（三）为谁服务问题；（四）思想问题；（五）知识问题；（六）民主问题；（七）批评与自我批评。在报告中，周恩来总理就知识分子如何正确认识思想改造，取得革命立场、观点、方法等问题谈了自己的切身体会。周恩来总理说，他参加革命的 30 多年，就是不断进步、不断改造的过程。30 多年中，他犯过许多错误，栽过筋斗，碰过钉子。之所以如此，一方面是由于对理论、原则认识得不清楚，另一方面是由于自己相信的那一点道理跟实际相矛盾，行不通；因此，就必须向进步的理论求教，向广大群众求教，从实践中求得新的认识，发现新的道理。他说，这样做了，就有了力量，就行得通了，就可以不犯或少犯错误了。他说，现在自己虽然担负了政府的领导工作，但还要学习和改造，因为自己不知道的事情还很多，没有明白的道理也很多，所以要不断地学习，不断地认识，这样才能够进步。在报告中，周恩来总理还论述了取得正确的立场和态度的重要性。他说，每一个人在学习和工作中都会遇到一个立场和态度问题，即站在什么立场和抱什么态度看待和处理问题。他要求知识分子应该首先站在人民的立场上，即为绝大多数人民的最高利益着想的立场，然后再经过学习、实践和锻炼进一步站到工人阶级立场。他说中间立场，中间态度是没有的。他恳切希望教师们认真学习，开展批评与自我批评，努力使自己成为文化战线上的革命战士。他要求大家建立这样一个信心：只要决心改造自己，不论是怎样从旧社会过来的，都可以改造好。周恩来总理语重心长、循循善诱的报告，使听者受到深刻的教育和启发。马寅初先生说，"周总理讲了 5 小时之久，时间虽长而听者不觉得疲倦"。"问题愈深入，愈动人听闻，讲到最后一段时，周总理恳切地详尽地介绍了自己的学习经验，听者莫不感动。"他说，"以这样的办法来领导知识分子改造思想，在我看来是最有效的。这不仅启发了知识分子学习的要求，而且巩固了学习者的信心，提高了学习者的情绪，推进了思想改造的进程"。

9 月 29 日，京津高等院校教师听取周恩来总理的报告以后，一个以学习马克思列宁主义、毛泽东思想为主要内容，联系本人思想和学校情况，通过批评与自我批评，肃清封建买办思想，批评资产阶级和小资产阶级思想，推动教育改革的学习

凯歌行进的时期（1949—1956）

运动在京津两地各高等学校展开。

11 月 2 日，京津高等学校教师学习委员会在京召开各校分学习委员会扩大联席会议，清华大学介绍了组织领导学习的经验，北京大学介绍了如何开好小组会的经验。11 月 25 日，教育部发出通报，向全国教育系统介绍了京津高等学校教师的学习情况和初步经验。于是，从京津高等学校发起的知识分子学习和改造思想的运动逐步推广到全国各地的高等学校、中等学校的教师中。据统计，全国高等学校教职员的 91％，大学生的 80％，中等学校教职员的 75％参加了这次学习运动。

1952 年年初，"三反"、"五反"运动的开展，进一步推动了在全国范围进行的知识分子的学习运动，并丰富了学习的内容。各学校都结合反贪污、反浪费、反官僚主义，在师生中进行了反对资产阶级腐蚀和揭发批判资产阶级教育思想的斗争。"三反"、"五反"斗争的实践，使知识分子受到了一场生动的阶级教育。在此期间，人民政府还分期分批组织高等学校的教师和学生到农村参加土地改革运动，深入实际了解社会，在实际斗争中学习和运用马列主义和毛泽东思想，树立全心全意为人民服务的人生观。

鉴于文艺界也是知识分子比较集中的地方，建国两年来文艺工作虽然取得了不少成绩，但同时也存在许多缺点，特别是在文艺工作的领导方面存在着一种忽视思想、脱离政治、脱离群众，对各种错误思想无原则迁就的倾向。在部分文艺干部中也存在着某些无组织无纪律的现象。根据中共中央宣传部的建议，全国文联决定组织和发起北京文艺界开展一次整风学习，通过学习文件，开展批评与自我批评，克服文艺工作中的不良倾向，加强对文艺工作的领导，为了准备这次整风学习，中宣部召开了文艺工作会议，对文艺领导工作进行了检查，开展了批评与自我批评，全国文联常委也召集了两次会议，并成立了北京文艺界学习委员会。1951 年 11 月 24 日，北京市文艺界召开了整风学习动员大会。会上胡乔木、周扬、丁玲分别作了题为《文艺工作者为什么要改造思想?》、《整顿文艺思想、改进领导工作》、《为提高我们刊物的思想性、战斗性而斗争》的讲话，还有其他一些同志作了发言。大会之后，北京文艺界整风学习正式开始，参加这次整风学习的有文化部所属文艺部门、文艺组织、文艺学校、文艺报刊等单位的 1，200 余名文艺工作者。通过整风学习，基本上划清或初步划清了无产阶级文艺与资产阶级文艺、小资产阶级文艺的界限，并对文艺刊物、文艺团体、文艺机构进行了整顿。

鉴于许多方面的学习已在有领导的进行，并取得良好的效果，人民政协全国委员会常务委员会于 1952 年 1 月做出关于开展各界人士思想改造的学习运动的决定，并成立了学习委员会，负责组织和领导各党派民主人士，各级政府、人民团体和协商机关中的无党派人士，政府和企业中的专家，工商界人士，宗教界人士的学习。决定规定，人民政协全国委员会和各地协商委员会，目前应以组织领导各界人士学习为主要任务。参加学习均以自愿为原则。学习的内容包括三项：1. 学习理论，即学习马克思列宁主义的基本理论，学习马克思列宁主义与中国革命相结合的毛泽东思想，以求了解中国革命的前途，取得正确的革命的观点；2. 学习政策，即学习《共同纲领》，中央和各大行政区的重要政策文件；3. 整风，即实行批评和自我批评，以求纠正违反国家利益、人民利益和革命利益的错误思想和错误行为。这样，从北京高等学校开始的以改造思想为主要内容的学习运动，逐步普及到全国各界知识分子中去，发展成为全国规模的知识分子学习运动。

知识分子思想改造学习运动，于 1952 年秋基本结束。

这次学习运动，是一次在知识分子中学习和普及马克思列宁主义、毛泽东思想的运动，是一次通过批评和自我批评，引导和帮助知识分子进行自我教育的运动。它在建国初期，对于帮助从旧社会过来的知识分子学习新思想、新观点、新方法，肃清封建的、买办的、法西斯主义的思想影响，划清敌我界限，划清工人阶级和资产阶级的思想界限，转变立场，树立为人民服务的革命的人生观，实现向工人阶级知识分子的转变起到了重要的作用。在总结学习收获中，不少专家、学者、教授在刊物、报纸上发表文章，畅谈自己参加学习的收获。他们说，通过学习卸掉了各种包袱，去掉了盲目性，提高了学习和改造的自觉性，获得了前进的方向和力量，和人民靠得更近了。他们决心为新中国的建设贡献出自己的最大力量。周恩来总理在 1956 年 1 月召开的知识分子问题会议上曾回顾过这一段历史，对知识分子的学习运动作了评价。他说，正是由于党和政府组织知识分子学习马克思列宁主义的基本知识，参加各种社会实践，才使我国知识界的面貌在过去的 6 年中发生了根本的变化，成为工人阶级的一部分，其中有的人还光荣地加入了中国共产党，成为无产阶级的先进分子。

在这次学习运动中，也存在着一些不足。在一些问题上界限划分不清，把一些不该反对的东西也加以反对，对西方资本主义国家科学教育中应当继承的东西重视和继承不够。在学习和开展批评与自我批评中，有些做法比较粗糙，出现过人人检讨，群众斗争"过关"的错误，伤害了一些人。尤其是在学习运动的后期，把组织

凯歌行进的时期（1949—1956）

清理工作和学习改造思想混在一起进行，把改造思想的学习运动和清理反革命分子工作绞在了一起，有的学校甚至发生了乱检查、乱逮捕、乱控诉、乱斗争的事件。这种偏向虽然很快得到纠正，但影响是很坏的。经验证明，学习马克思列宁主义，改造世界观，是一件细致而艰巨的任务，需要经过长期的努力和做过细的工作，更需要结合业务实践进行。知识分子队伍中每部分人的情况各不相同，需要区别对待，并有不同的要求；企图通过群众运动，在很短的时间，用简单的办法，是很难解决问题的。

三 电影《武训传》的风波

1951 年春，由于电影《武训传》的上映在全国引起了一场风波，开创了政治大批判的先例，为新中国的文艺事业的发展带来了一定的消极影响。

电影《武训传》是由孙瑜编导，赵丹主演的一部历史故事片。它摄制于 1949 年到 1950 年，1950 年年底到 1951 年年初先后在上海、北京、天津等大城市上映。电影《武训传》以一个小学教师给学生讲故事为引子，描写和赞扬了武训行乞兴学的事迹。故事的梗概是：清朝末年，山东省堂邑县武庄有一个叫武七的孩子，他长得聪明伶俐，非常愿意上学。但由于家境贫寒，未能实现上学读书的愿望，成为一个大字不识的"睁眼瞎"。他长大给地主张老辫扛活时，张老辫欺他不识字，用伪造假账的手段赖掉了他 3 年的工钱。武七只说了一句"一个人要凭良心"的话，就被张老辫指使打手毒打一顿，赶出门外。武七无家可归，病倒在一座破庙中，三天三夜不省人事。在梦幻中，武七游历了地狱和天堂，他看到穷人之所以受地主的欺压和凌辱，陷入黑暗的地狱，就是由于他们被地主剥夺了受教育的权利，有两眼而不识字，辨别不出方向。在天堂，则是另外一番景象，人人都读书识字，和睦相处，幸福生活。经过一番梦幻之后，武七大彻大悟，懂得了一个道理：穷人之所以受穷受苦，没有好日子过，就是由于不识字。穷人读了书，就会有好日子过，就会不再受地主的欺压。怎么能使穷人都读书识字，过上好日子呢？武训苦思冥想之后，想出了行乞兴义学的办法。于是他忘记了伤痛，狂笑起来，决心靠乞讨攒钱兴办义学，让穷人都可以读书识字。他不顾别人的劝阻，毅然开始了行乞兴学的生活。为了博得人们的怜悯和施舍，他把自己打扮成一副十分可怜和滑稽的样子，穿着一身破衣服，头上留着一个小辫而且不时变换地方，到处向人下跪磕头乞讨。为了乞讨几个钱，他还当众吞食砖头瓦块蛇蝎粪便，喝脏水，趴在地上学驴做马让人骑，甚至任人拳打脚踢，"打一拳，两个钱；踢一脚，三个钱。"为了乞求有权有势的地主豪绅帮他办学，他也采用下跪磕头的办法，跪在他们的门前三天三夜，直到答应为止。经过 30 年的乞讨，武七在他 50 岁的时候，终于办起了一座义学。他同样用下跪乞求的办法请来了教师和学生，当他看到穷人的孩子都高高兴兴来上学时，激动地泪流满面。然而武七并不以此为满足，他又一手拿着一个破铜瓢，一手拄着一根棍子，肩上披着一个褡裢，为兴办第二座、第三座义学去乞讨流浪。

在电影即将结束时，电影编导借讲故事的小学教师之口，对武训作了评价。一方面指出，武训这样人反抗是不够的，单凭念书也是解放不了穷人的，中国劳苦大众，经过几千年的苦难和流血斗争，才在为人民服务的共产党组织之下，在无产阶级的政党的正确领导下，打倒了帝国主义和国民党政权，得到了解放。一方面又认为，武训为了穷孩子们争取受教育的机会和封建势力斗争了一辈子。他要了 40 年饭，办了三座义学，让穷孩子们也能念书学文化，真正了不起。他要求大家以武训为榜样，学习他刻苦耐劳的作风，学习他全心全意为人民服务的精神。这时还响起了电影的主题歌，唱道："谁启我愚？谁济我贫？大哉武训，至仁至勇。行乞兴学，千古一人。"电影的编导还在一篇谈电影《武训传》的文章中说，武训"典型地表现了我们中华民族的劳动、勇敢、智慧的崇高品质。热爱他可以热爱我们的民族，提高民族的自豪和自信。"

电影《武训传》上映后，先是获得了一片赞扬声。不少人在报纸刊物上发表文章，赞扬电影《武训传》和武训。他们说电影《武训传》"是一部富有教育意义的好电影"。颂扬武训是"中国历史上伟大的劳动人民企图使本阶级从文化上翻身的一面旗帜"，是"为人民服务的革命者"，是"人民的战斗英雄和劳动模范"。说武训"艰苦不拔和全心全意为人民服务的崇高精神和行为，是永垂不朽而值得学习的榜样"。有的文章还说，"武训兴学之革命意义，是和太平天国那样的革命意义有某种相同处——都为了劳动人民的解放，不过一重在革命武装，一重在普及文化教育而已"。同时，还出版了电影小说《武训传》，章回小说《千古奇乞》和《武训画传》，在社会上形成了一股小小的"武训热"。

不久，有人发表文章，对电影《武训传》和武训提出了批评。他们认为电影《武训传》是一部"缺乏思想性，有严重思想错误的作品"，它"所表现的题材是根本不值得表现的一个题材"，"它歌颂了不应当歌颂的人物，它表扬了不必要表扬的事

凯歌行进的时期（1949 — 1956）

迹"。他们认为电影中的武训，"是歪曲了中国人民斗争，反现实主义的人物"，没有反映"广大农民生活中的本质的要求"。他们认为武训"不足为训"，他走的是"阶级调和的路线"，"没有站稳立场，是向统治者作了半生半世的妥协和变节"。"统治阶级也正利用了武训和武训的事迹来宣传，来表扬，以缓和当时尖锐的阶级斗争"。他们认为，以武训的精神教育人民，只能是"降低和腐蚀群众的文化和政治上的战斗力"，"给予人民在精神上的影响不是自尊与自豪，而是自卑与自贱，这与我们伟大祖国的历史不相称，与伟大的现实运动不相应。"

一场关于电影《武训传》的讨论，正在展开。

一部电影的上映，以及出现对它的不同评价，这是一件正常的事情。不同意见的自由争论，是促进文艺事业发展的重要途径。究竟应当如何评价电影《武训传》，它存在哪些缺点和不足，这是文艺创作中的问题，完全可以通过文艺界的自由讨论得到解决，即就有某些不同意见一时难以统一，也可以通过实践，在再思考、再认识中逐步解决。然而，毛泽东却过分地看重了电影《武训传》，过分地看重了围绕电影《武训传》的争论。

电影《武训传》上映后不久，毛泽东看了这部电影，也看到了文艺界教育界关于电影《武训传》和武训的讨论中的两种不同意见。他认为电影《武训传》所提出的问题带有根本的性质，关系到如何看待中国历史，如何看待中国革命的大问题。他很不满意文艺界教育界某些人对电影《武训传》和武训的颂扬，更不满意一些党员，主要是文艺界一些负责干部在这个问题上的表现。他毫不犹豫地支持对电影《武训传》的批评，并决心干预这件事情，开展对电影《武训传》的批判。他执笔为《人民日报》写了一篇题为《应当重视电影〈武训传〉的讨论》的社论，刊登在1951 年 5 月 20 日《人民日报》头版的显著地位。

在社论中，毛泽东尖锐地抨击了武训的行乞兴学的活动，指出在清朝末年中国人民反对外国侵略者和反对国内的反动封建统治者的伟大斗争的时代，武训根本不去触动封建经济基础及其上层建筑的一根毫毛，反而狂热地宣传封建文化，并为取得自己所没有的宣传封建文化的地位，对反动封建统治者竭尽奴颜婢膝之能事。他说，武训的这种行为是丑恶的。毛泽东指出，电影《武训传》向人民歌颂这种丑恶行为，甚至打着为人民服务的旗号来歌颂，是不能容忍的。他批评电影《武训传》的作者是站在维护旧事物的立场上，宣扬了向反动的封建统治者投降的思想，否定了被压迫人民的阶级斗争。他说容忍这种宣传和颂扬，就是承认或者容忍污蔑农民革命斗争，污蔑中国历史，污蔑中国民族的反动宣传为正当宣传。

在社论中，毛泽东列举了一大批在报刊上发表赞扬电影《武训传》和武训的文章及其作者，认为对于武训和电影《武训传》的歌颂如此之多，说明了我国文化界的思想混乱达到了何等的程度。他严厉地批评和质问一些共产党员，在这场斗争中学得的马克思主义跑到什么地方去了？他惊呼，资产阶级的反动思想侵入了战斗的共产党。

在社论中，毛泽东要求应当重视和开展对电影《武训传》及其他有关武训的著作和论文的讨论，以求得彻底澄清在这个问题上的混乱思想。

同日，《人民日报》党的生活专栏发表了《共产党员应当参加关于〈武训传〉的批判》的评论。评论指出，对电影《武训传》的批判，是一场原则性的思想斗争，要求每个看过这部电影或看过歌颂武训的论文的共产党员都不应当对这样重要的思想政治问题保持沉默，都应当起来自觉地同错误思想进行斗争。如果自己犯过歌颂武训的错误，就应当作严肃的公开的自我批评。评论还要求担任文艺工作、教育工作和宣传工作的党员干部，特别是与武训、《武训传》及其评论有关的北京、上海、天津、山东、平原等地文化界的干部，尤其应自觉地、热烈地参加这一场原则性的思想斗争，并按照具体情况作出适当的结论。要求凡是放映过《武训传》的各城市，都要有计划地领导对《武训传》的讨论，要把领导这一讨论当作一个严肃的思想教育工作。

毛泽东为《人民日报》写的题为《应当重视电影〈武训传〉的讨论》的社论，以最高权威对电影《武训传》作出了裁决，名为讨论，实际上是下达了大批判的命令。社论的发表，使刚刚开始的自由讨论戛然而止，立即呈现出一面倒的形势和一种十分紧张的气氛，随之在全国范围内掀起了对电影《武训传》的猛烈批判。

5月，中宣部、教育部、华东局先后发出指示和通知，指出开展对电影《武训传》的批判，"乃是重要的政治任务"，是"一种全国性的思想运动"。说"武训精神"已经"成为人民教育事业前进的严重的思想障碍"，要求要把对电影《武训传》的批判普及每一个学校、每一个教育工作者和文艺工作者，并且要联系实际检查自己。

紧接着全国各地文艺界、教育界召开各种会议，有讨论会、座谈会、学习会、批判会，对电影《武训传》和武训进行声讨和批判。从中央到地方的报纸、刊物，发表了大量批判电影《武训传》和武训的文章。这时，持不同意见的人已经无法表

凯歌行进的时期（1949—1956）

达自己的意见。电影《武训传》的编导和主要演员，与此事有关的领导干部，以及发表过赞扬电影《武训传》和武训的文章的同志都被迫作了检查。在一些学校还搞人人过关，批判所谓的"小武训"、"活武训"。山东省堂邑县县委宣传部的一个干部，由于不同意对武训的批判，竟然被开除了党籍和公职。

1951 年 6 月，根据毛泽东的意见，人民日报社和文化部组成了武训历史调查团，专程到山东省对武训的历史进行了长达 20 余天的调查。调查，就是实事求是。为了澄清事实，使讨论能够更加符合客观事实，对武训的历史进行调查是完全必要的。然而，在一边倒的大批判形势下，这次调查完全违背了实事求是的原则，是先已有了结论，然后去搜集"事实"为结论服务。这实际上是对调查的最大的亵渎。经过一番搜集、筛选、加工、改造之后，调查组回到北京写出了《武训历史调查记》，经过毛泽东修改，连载在 8 月 23 日至 28 日的《人民日报》上。调查记从主观需要出发，根据推测和判断，给武训戴上三顶大帽子，认定他是"被当时反动政府赋予特权而为整个地主阶级和反动政府服务的大流氓、大债主和大地主"，他"以'兴学'为手段，对农民进行十分残酷的剥削"。调查记说武训所办的义学，是"不义之学"，是依靠封建统治势力，剥削、敲诈劳动人民的财富，替地主和商人办学校。调查记宣称，电影《武训传》的编导和其他有关武训的著作的作者，都是站在反动立场上，指鹿为马，颠倒黑白，欺骗中国人民。《武训历史调查记》的发表，实际上为对电影《武训传》和武训的批判作了总结。从此，电影《武训传》成为反动电影，武训成为永世不得翻身的封建地主阶级的奴才，"文化大革命"中遭到掘墓鞭尸的惩罚。

1951 年，对电影《武训传》的批判，是非常简单和粗暴的，在批评的内容上也不够实事求是，攻其一点，不及其余，无限上纲，否定一切。对电影《武训传》的批判，开创了对文艺创作干涉过多，对文艺作品的评价依靠少数人裁决，以及用群众运动，大批判解决文艺创作中是非问题的先例，这对文艺事业的发展带来很不好的作用。但是，对电影《武训传》的批判，和"文化大革命"中的大批判还是有区别的。上面说过，对电影《武训传》的批判是过火的、片面的，使电影《武训传》的编导孙瑜和主要演员赵丹在运动中受到很大的政治压力，但那时并没有对他们做什么政治结论和组织处理，事后也没有停止他们的工作，还继续让他们参加一些影片的执导和演出。这和"文化大革命"中的做法还是有区别的。对毛泽东为《人民日报》所写的社论也应做进一步的分析，他提出用马克思主义观点重新研究和评价一些历史人物的任务，以及他在这个问题上发表的见解，也不是毫无可取之处，应当说有些见解是深刻的和重要的。对于宣传历史唯物主义的观点起了积极的作用。

上海黄浦区国际贸易业的资本家排队向"五反"委员会递交"坦白书"。

第七章
整风整党和"三反"、"五反"

　　中国共产党是中国革命和建设事业的领导核心。中华人民共和国的成立，使中国共产党的领导责任更加重了。为了加强共产党的领导，根本问题是必须重视和加强共产党的自我建设。建国初期，中共中央是十分重视这个问题的，从建国后的实际情况出发，围绕着执政党建设这个新课题进行了大量的工作，1950年和1951年在全党开展了整风和整党运动，取得了良好效果。为了加强党和政府的建设，在1952年还开展了以反贪污、反浪费、反官僚主义为内容的"三反"运动，同时在工商界开展了反行贿、反偷税漏税、反盗骗国家财产、反偷工减料、反盗窃国家经济情报的"五反"运动。

一　执政党面临的新考验

　　中国共产党是中国工人阶级的先锋队和中国各族人民利益的最坚定和最忠实的代表。它集中了中华民族最优秀、最觉悟、最勇敢、最坚定的代表，以及一大批具有才能和富有创造力的干才。中国共产党从它成立的那一天起，就把全心全意为人民服务，作为自己的根本立场和唯一的宗旨，要求全体党员和干部不论职位高低都是人民的勤务员，吃苦在前，享乐在后，不计报酬，无私奉献。中国共产党还是一个最有组织纪律和密切联系人民群众的党，它是严格地按照民主集中制建立起来的，与广大人民群众有着血肉般的联系。

中国共产党是一个伟大的党、光荣的党、正确的党。它以自己对中华民族无限的忠诚和巨大的贡献，赢得了全国人民的热烈拥护和爱戴。"没有共产党，便没有新中国"，这是中国人民发自内心的对中国共产党的最高赞誉和正确的评价。

中国民主革命的胜利和中华人民共和国的成立，不仅使整个国家和民族的地位发生了巨大的变化，而且也使中国共产党所处的环境和地位发生了历史性的变化。中国共产党从战争时期进入了和平建设时期，由一个被压迫、被围剿、被屠杀的不合法的在野党，变为担负着全国领导责任和执掌着全国政权的胜利的党、领导的党和执政的党。

中国共产党在全国领导和执政地位的确立，是中国共产党和中国人民长期流血奋斗的结果，是一个巨大的历史进步。它为中国共产党更直接、更广泛地联系、宣传和教育群众，直接依靠和通过政权贯彻自己的纲领和路线，发动、组织和团结全国人民在民主革命胜利的基础上，进一步把中国建设成为一个独立、民主、繁荣、进步的新中国创造了条件。

但是，环境和地位的变化，也为中国共产党带来许多新的考验。

首先，新的形势和新的任务向中国共产党提出了更高的要求。

中华人民共和国成立前，中国共产党的主要任务是领导中国人民进行新民主主义革命，中心是用武装夺取全国的政权。完成这个任务，无疑是十分艰巨和充满着困难的。但是在长期的革命斗争中，经过成功和失败，中国共产党已积累了丰富的经验，开创了一条符合中国实际的正确的革命道路，形成了一整套成熟的路线、方针、政策和工作作风。中国共产党人在指导阶级斗争和革命战争方面的艺术，可以说已经达到了炉火纯青、运用自如的程度，并在 1949 年领导中国人民取得了全国解放战争的伟大胜利。

中华人民共和国成立后，中国共产党的任务发生了变化，中心工作由革命战争转向经济建设，由夺取政权转向发展社会生产力。和指导革命战争比较起来，进行经济建设和发展社会生产力的任务更为艰巨和复杂，需要更长的时间和更加艰苦的努力。尤其是在我们这样一个经济文化十分落后，自然经济、半自然经济占统治地位的国家，如何进行经济建设，如何把落后的农业国变为先进的工业国，更是一个十分困难、十分艰巨的历史任务；对此，中国共产党是十分陌生和缺乏经验的。虽然解放前中国共产党在根据地和解放区也进行过经济建设，但那是在封闭的局部的农村环境下进行的，规模很小，程度很低，内容也非常简单。所谓的工业，不过是一些规模不大的手工业作坊；所谓的商业，主要是一些根据地的土特产品的运销和某些与战争有关的物资的采购，其复杂程度和建国后中国共产党所担负的在 5 亿人口的大国中进行经济建设的任务是不能相比的。在新的形势和任务下，过去领导阶级斗争和进行革命战争的经验许多已经不适用了。毛泽东在《论人民民主专政》中指出："严重的经济建设任务摆在我们面前。我们熟习的东西有些快要闲起来了，我们不熟习的东西正在强迫我们去做。"[①] 这就需要中国共产党人从头学习，进行一场新的试验和探索，今后共产党员必须比过去具有更高的条件，才能担负这个历史任务。

其次，在胜利和执政的情况下，中国共产党内各种不良倾向有可能滋长。

中国共产党胜利和执政以后，进了城，手中有了权，相当一部分党员担任了各级政府和其他部门的领导工作，做了官，环境、地位和生活都发生了很大的变化。和战争时期相比，党内各种不良风气和腐败现象产生的可能性增大了。陈云在 1954 年中国共产党召开的七届四中全会上，曾针对一些人认为革命已经胜利似乎可以不出张国焘之类人物的想法讲了下面一段话。他说，"原来想，革命已经胜利，似乎可以不出张国焘之类人物了。现在看来，恰恰相反，革命胜利了的国家，更容易出，现在比起秘密工作和在山沟里打游击的时代，更容易出野心人物。大家是为革命来的，还是为做官来的呢？回答这个问题也容易。起初是干革命来的，以后是革命加做官，既革命，又做官。后来官越做越大，味道也越来越大，有人就只想做官，不想革命了，把革命忘光了。在胜利了的国家里头，有电影，有照片，开会时热烈鼓掌，阅兵时可威风啦。火车站欢迎的时候，送鲜花，夹道欢呼。物质享受是很具备的，很可以腐化。从前在瑞金、延安时，想腐化也很难，现在腐化很容易。"[②]

胜利和执政，对中国共产党是一种新的考验，在某种意义上说，这是比战争更严峻更复杂的一种考验。历史上曾经有多次农民起义军进城以后，由于经受不住权力和物质享受的考验而溃败。中国共产党是无产阶级的政党，完全可以避免重蹈农民起义军的覆辙，但少数党员经不住权力和物质享受的引诱发生变化的可能性还是存在的。在胜利和执政的情况下，党内以功臣自居，骄傲自满，止步不前，贪图物

---

① 《毛泽东选集》第 4 卷，人民出版社 1991 年版，第 1480 页。

② 《陈云文选（1949—1956）》，人民出版社 1984 年版，第 230 页。

凯歌行进的时期（1949—1956）

质享受的情绪，官僚主义、命令主义、脱离群众和滥用权力，以权谋私的不良倾向也有可能蔓延和滋长，少数不坚定分子也可能在地主资产阶级思想侵袭下腐化堕落，成为革命的败类。这对执政的中国共产党来说，是最大的危险。

再次，投机分子对中国共产党的袭击加强了。

在中华人民共和国成立以前，中国共产党处在非法的、被镇压、被屠杀的地位，参加中国共产党是违法的，阅读马克思列宁主义的书籍是犯罪的，甚至看一本红色封皮的书也有被逮捕的危险。因此，在当时参加中国共产党和中国共产党领导下的革命活动必须具有很高的政治觉悟和勇气，不仅要下定吃苦的决心，而且还要做好随时被捕、坐牢和杀头的准备。这样，那些企图以中国共产党为跳板，从革命中捞取好处，追求升官发财和物质享受之辈，就会望而生畏，和中国共产党保持一定的距离。艰苦的斗争环境，敌人的压迫、追捕、屠杀，从客观上筑起了一道屏障，这对防止各式各样的投机分子混入党内起了不可忽视的作用，并且经常地自然地把一些动摇分子淘汰出党。

中华人民共和国成立后条件发生了变化，加入中国共产党不仅不会有什么危险，而且还可以从执政的地位捞取到许多好处。比如，党员由于政治条件的优越，可以从事多方面的工作，可以受到组织的信任和重用，容易得到提拔，等等。中国共产党的崇高的威望和共产党员的光荣称号，也可以成为投机分子招摇撞骗的资本。于是，不少人把加入中国共产党看作是升官发财的"捷径"。一些心术不正、别有用心的投机分子，就会削尖脑袋，千方百计地钻进中国共产党内来，把加入共产党变成他们谋取个人私利，往上爬的阶梯。中国共产党的组织一旦被这些人所控制，势必在性质上发生变化，这是中国共产党成为执政党以后面临的又一个严重危险。

如果说，在民主革命时期，中国共产党的状况如何关系着革命能否取得胜利；那么，当革命在全国取得胜利，中国共产党成为执政党以后，中国共产党的状况如何，就直接关系到国家的前途和 5 亿人民的命运。加强中国共产党的建设和整顿，克服各种不良倾向，这不仅关系到中国共产党本身的生死存亡，而且也关系到全中国人民的切身利益，成为当代中国政治经济生活中的一件大事。

二 中国共产党的整风和整党

对于民主革命胜利后自身地位和所处环境的变化，以及由此而带来的一系列新的问题和新的考验，中国共产党是有清醒的认识和充分的准备的，并采取了一些防范措施。

1949 年 3 月，中国共产党中央在七届二中全会上已经就民主革命胜利后党内可能出现的问题，向全党敲响了警钟。中共中央郑重指出，"因为胜利，党内的骄傲情绪，以功臣自居的情绪，停顿起来不求进步的情绪，贪图享乐不愿再过艰苦生活的情绪，可能滋长。因为胜利，人民感谢我们，资产阶级也会出来捧场。""可能有这样一些共产党人，他们是不曾被拿枪的敌人征服过的，他们在这些敌人面前不愧英雄的称号；但是经不起人们用糖衣裹着的炮弹的攻击，他们在糖弹面前要打败仗。"中共中央指出，"我们必须预防这种情况。"它谆谆告诫全党，"夺取全国胜利，这只是万里长征走完了第一步……以后的路程更长，工作更伟大，更艰苦。这一点现在就必须向党内讲明白，务必使同志们继续地保持谦虚、谨慎、不骄、不躁的作风，务必使同志们继续保持艰苦奋斗的作风。"为了防止剥削阶级旧思想的腐蚀，防止党内骄傲自满、脱离群众和突出个人的倾向的发生，七届二中全会还作出了 6 条规定：1. 不给党的领导者祝寿；2. 不送礼；3. 少敬酒；4. 少拍掌；5. 不用党的领导者的名字作地名、街名和企业的名字；6. 不要把中国同志和马、恩、列、斯平列。

1949 年 11 月，中共中央决定成立中央及各级党的纪律检查委员会。中共中央认为，中国共产党已经成为全国范围内执政的党。为了更好地执行党的政治路线及各项具体政策，保守国家与党的机密，加强党的组织性与纪律性，密切地联系群众，克服官僚主义，保证党的一切决议的正确实施，有必要成立中央及各级纪律检查委员会。中央和各级党的纪律检查委员会的职责是：检查中央直属各部门及各级党的组织、党的干部及党员违犯党的纪律的行为；受理、审查并决定中央直属各部门、各级党的组织及党员违犯纪律的处分，或取消其处分；在党内加强纪律教育，使党员干部严格遵守党纪，实行党的决议与政府法令，以实现全党的统一与集中。

1950 年 4 月，中共中央又作出在报纸刊物上展开批评与自我批评的决定，要求通过在报纸刊物上公开的认真的批评与自我批评，吸引广大人民群众对党的工作的监督，及时揭露和纠正党在工作中可能发生的缺点和错误，克服官僚主义，加强党与人民群众的联系，促进党和国家的民主化，保证新中国建设任务的完成。

1950 年 5 月，中共中央又发出关于发展和巩固党的组织的指示。中共中央指出，由于革命战争的胜利发展，一年来党的组织也有很大的发展。据 1949 年年底统计，全国党员总数已达 450 万人以上，去年一年内即发展新党员 140 万人。党组织的发展工作总的来讲是健康的，但也存在严重的缺点，这就是将一些不够党员条件或不完全具备党员条件的人吸收到党内来。鉴于党已经成为全国人民所公认的领导的党，近几年来的组织大发展已使党增加 330 万新党员，其中许多人思想作风不纯，还没有来得及给以有计划的教育训练等情况，中共中央决定在党的发展工作中必须采取严格审查的方针和稳步前进的办法。今后发展的重点应放在城市中，首先是工人阶级上，对农村党员的发展应加以限制，在老区农村要着重加强党的教育和调整党的组织。

　　中国共产党不是生活在与世隔绝的真空中，而是扎根于现实生活之中，与现实社会有着千丝万缕的联系，社会上的各种思潮和矛盾都会反映到中国共产党的内部。建国前后，中共中央虽然对党组织的发展和巩固，对防止党内出现腐化堕落和思想组织不纯等现象采取了若干防范性措施，但还是出现了一些值得注意的问题。首先是在组织大发展中相当多的党组织忽视和放松了必要的审查，事后又缺乏及时的有计划的教育和训练，致使数以百万计的新党员中有许多人思想作风极为不纯，也使少数投机分子和坏分子混入党内。其次，在老党员老干部中，由于革命的胜利，很多人滋长了严重的骄傲自满情绪和官僚主义、命令主义作风，或高高在上当官做老爷，或把完成任务与执行政策对立起来，认为"为了完成任务，不强迫命令不行"，有的甚至说"三句好话，不如一马棒"，采取蛮横的态度去完成工作任务。官僚主义、命令主义严重地破坏了党与人民的关系，损害了党和人民政府的威信，引起群众的强烈不满。如西北军政委员会农林部某些干部由于沾染了严重的官僚主义，在关中地区发放 260 万斤棉种中疏于检查，致使因棉种不纯和霉变 17 万亩棉田出苗不好，最坏的只有一成苗，必须补种或翻种，因此国家将损失投资 30 多万元，群众损失更大。陕西省华阴县有一户农民因没有种政府发的棉种，竟被干部强迫铲掉棉苗，并处罚一年内不许种棉花。第三，少数党员经不起胜利和执政的考验，经不起剥削阶级的思想的腐蚀，发生了贪污腐化，政治上堕落的现象。据北京市政府报告，进城一年来，已发现 88 名干部有贪污舞弊行为。济南市一年多因违法乱纪受到处分的干部有 58 人，其中属于贪污腐化原因者占被处分人数的 3/4。上述问题虽然还是局部性质的，但危害是严重的，任其发展下去后果将是不堪设想的。

　　鉴于以上情况，中共中央于 1950 年 5 月决定在 1950 年夏秋冬 3 季，结合各项工作任务，在全党全军中开展一次大规模的整风运动。整风的目的和内容是，提高干部和一般党员的思想水平和政治水平，克服以功臣自居的骄傲自满情绪，克服官僚主义和命令主义，改善党和人民的关系。整风的重点，是整顿各级领导机关干部的作风。整风的方法，是阅读文件，总结工作，分析情况，开展批评与自我批评。为了把这次整风搞好，中共中央还要求各中央局、各省市委负责人，在该地整风运动开始时，都应对本区领导机关与下级工作人员工作作风中的主要缺点作出分析，并举出足为典型的事例公开发表，作为本地区整党的主要教材，以便学习者用来做学习一般文件和反省自己工作的桥梁。

中共中央关于整风的决定下发后，各地党组织按照中央的布置，从6月份开始分批分期地在本地区开展了整风运动。各地的具体做法是，先从学习文件入手，提高认识；然后结合总结工作，开展批评与自我批评；最后进行总结，订出改进办法与健全制度。有的地区还举办了整风训练班，或召开三级干部会，对县、区、乡干部进行整训。

此次整风，收到一定成效，在党内滋长和存在的骄傲自满情绪，官僚主义、命令主义作风得到了一定的制止和克服，党员干部的思想、政治水平也有所提高，党和群众的联系得到改善和加强，在各地的工作中也出现了一些新的气象。如河北省各级干部普遍加强了对群众负责和对上级负责一致的观点，改变了工作作风，取消和合并了不必要的会议，精简了不必要的报表，各地法院采取巡回就审的方法，积极清理积案，仅束鹿县用这种办法很快清理了400多件积案。察哈尔各厅建立了逐级负责的制度，领导干部减少了文牍主义，加强了对基层工作的检查，等等。在一些干部中存在的功臣思想、退坡思想也得到一定程度的克服，少数党员干部的贪污腐化、严重违法乱纪行为也得到了处理。

由于这次整风时间短，重点是解决各级领导机关干部的工作作风问题，因此近几年党的组织大发展所带来的党的基层组织中的思想不纯和组织不纯的问题没有得到很好的解决。在胜利和执政的情况下，如何严格党员的标准，纯洁党的组织，充分发挥党员的模范作用和党的基层组织的战斗堡垒作用，成为新时期党的建设中一个亟待解决的重要问题。1951年2月，在有各中央局负责同志参加的政治局扩大会议上专门讨论了这个问题。会议认为，我们的党是伟大的、光荣的、正确的，这是主要方面，必须加以肯定，并向各级干部讲明白。但是存在着问题，必须加以整理，并对新区建党采取慎重的态度，这方面也要讲明白。会议决定从1951年下半年起，用三年时间有计划、有准备、有领导地进行一次整党运动。1951年，以一

凯歌行进的时期（1949—1956）

年时间普遍进行关于怎样做一个共产党员的教育，使所有党员明白做一个共产党员的标准，并训练工作人员，同时进行典型试验。然后，根据经验进行整党。整党时，首先将各种坏分子清除出党，然后对经过教育而确实不合党员条件者劝其退党。中共中央还决定召开第一次全国组织工作会议，研究和贯彻中央关于整党的决定。

经过充分的准备，1951 年 3 月 28 日到 4 月 29 日，第一次全国组织工作会议在北京召开。

会议着重分析了全国革命胜利后党的组织情况和存在的问题。

会议认为，中国共产党经过 30 年的伟大斗争，已经领导中国人民取得了民主革命的胜利。中国共产党在思想上、政治上的领导是正确的，在组织上密切地联系着全国广大人民群众。在党内，有一批对工人阶级和人民群众无限忠心的领袖，有数十万久经考验的干部和数百万优秀党员。这是我们党取得胜利的根本原因。这是我们党的总的情况和主要的情况。

但是，在党内也存在着问题，有的地方还存在着严重的问题。

第一，由于中国革命的胜利，中国共产党已经成为领导国家的党，很多人愿意加入我们的党，在这种情况下，投机分子、坏分子也在想各种办法钻入到共产党内来，这就增加了对党的危险性。又由于党的高级领导机关在过去对接收党员工作没有实行严格的控制与检查，以致有一些不够党员条件的人也被接收到党内来。还有一些坏分子也乘机钻入党内，个别党组织甚至被他们控制着。

第二，由于中国革命的胜利，一些党员思想发生变化，他们缺乏一个共产党员所应有的阶级立场和组织观念，或者消极疲沓，不求上进，或者个人主义膨胀，居功骄傲，闹名誉，闹享受，或者自以为是，官僚主义严重，脱离群众。

第三，还有一些党员，以为民主革命胜利就是中国革命业已完成，他们认为以后的事业就是如何享受革命胜利的果实，如何发展他们的私人事业，有的人甚至拒绝党分配给他们的任务，少数人完全堕落蜕化，成为不可救药的分子。

会议完全拥护中共中央关于对党的基层组织，有计划、有准备、有领导地进行一次普遍的整理的决定。会议具体地研究和明确了这次整党的目的和内容：第一，是要对所有党员进行一次共产主义和共产党的教育，从思想上继续提高那些好的党员，教育和改造那些不具备或不完全具备共产党员条件的党员；第二，对党的基层组织进行一次普遍的认真的审查，发现并清除混入党内的各种坏分子，对不够党员条件，经教育仍达不到党员标准的，劝其退党。总之，这次整党是要通过思想教育和组织整理，保持我们党的纯洁性，提高我们党的质量和战斗力。

会议指出，这次整党是一件十分严肃的工作，各级党委必须采取严肃而又谨慎的态度去进行。对于被派遣到基层组织去进行整党工作的人员，特别是负责人员，必须经过慎重的选择，必须把这件工作委托给那些经过考验、对党完全忠实、作风正派、又有整党建党知识和能力的人员去进行。各省、市、区党委及各军区党委应根据各地各个系统不同的情况，拟定整党计划，经各中央局审查，报告中央批准实行。

为了对党员普遍进行一次怎样做一个共产党员的教育，使每一个党员都明白做一个共产党员的标准，会议经过讨论，制定和通过了中国共产党党员的八项标准：（一）一切党员必须了解中国共产党是中国工人阶级的党，是工人阶级的先进的有组织的部队；（二）一切共产党员必须有为彻底实现党的最终目的，为在中国实现共产主义制度而坚决奋斗的决心；（三）一切共产党员必须下定决心，终身英勇地坚持革命斗争，在任何情况下，不退缩，不叛变党，不投降敌人；（四）一切共产党员的斗争和工作，必须在党的统一领导下进行，必须执行党的政策和决议，严格遵守党的纪律，积极参加党所领导的革命运动和建设工作，并在人民群众中起模范作用；（五）一切党员必须把人民群众的公共利益，即党的利益，摆在自己私人的利益之上，党员的私人利益必须服从人民的即党的公共利益；（六）每个共产党员，应该经常地用批评与自我批评的方法，检讨自己工作中的错误和缺点，并及时加以纠正；（七）一切党员必须全心全意为人民服务，虚心地听取人民群众的要求和意见，及时向党反映，并把党的政策向人民群众作宣传解释，使党与人民群众保持密切的联系，领导群众前进；（八）一切党员必须努力学习，使自己懂得更多的马克思列宁主义、毛泽东思想。

会议还讨论了发展新党员的问题。鉴于老区党的组织已经发展的很大，新区的党组织都还很小；农村党员数量很大，产业工人党员数量很小，会议决定，老区党组织目前以整党为重点，停止发展。在土地改革已经完成的新区和城市工厂、矿山、企业、机关和专科以上学校中，应有领导有计划地本着慎重的方针接受一部分新党员；同时，又必须严防各类坏分子钻到党内来。

会议最后通过了《中国共产党第一次全国组织工作会议关于整顿党的基层组织的决议》和《中国共产党第一次全国组织工作会议关于发展新党员的决议》。

5 月 5 日，中共中央将第一次组织工作会议通过的两个决议，连同刘少奇在组织工作会议上的报告批发全党，要求立即传达并组织贯彻执行。

从 1951 年 5 月开始，建国后的第一次整党工作在全党有计划、有步骤地展开。1952 年，当反贪污、反浪费、反官僚主义运动开始以后，中共中央又接连发出了《关于"三反"运动应和整党运动结合进行的指示》和《中共中央关于在"三反"运动的基础上进行整党建党工作的指示》，使整党工作和"三反"运动结合起来进行，使"三反"运动成为对每一个共产党员的严格考验和对党组织的一次实际的有效的整理，使整党工作增添了新的内容和动力，收到了很好的效果。

这次整党运动，到 1954 年基本结束。此次整党根据革命胜利后的新形势和新任务，抓住了执政党建设这样一个新课题，普遍对党员进行了一次在执政情况下怎样做一个合格的共产党员的教育，大大提高了全党的思想水平和政治水平，帮助广大党员明确了自己肩负的责任，坚定了为社会主义、共产主义而奋斗的决心。同时，通过组织清理，也使党的队伍更加纯洁，党的基层组织的战斗力得到进一步的提高。据 1955 年统计，此次整党中共有 65 万人离开了党的组织，其中有被开除党籍的完全丧失党员条件的堕落蜕化分子和混入党内的各种坏分子，也有经过劝告退出党组织的不够党员条件经过教育确实无效的消极落后分子。在整党的同时，各级党组织本着慎重的方针，在完成土改的新区农村和城市的工矿企业机关学校中共发展了 107 万名新党员，新建立了 82，000 个支部，使全国职工人数在 50 人以上的厂矿企业、高等学校一般都有了党的组织，初步改变了党的基层组织和党员分布不平衡的状态，密切了党和群众的联系。

1951 年的整党，是一次成功的整党，它为革命胜利后执政党的建设，摸索和积累了经验，使党经受住了胜利和执政的考验。这次整党，还对团结全国各族人民胜利地完成国民经济恢复任务，大力恢复工农业生产，以及实现从新民主主义向社会主义的过渡起到了重要的保证和推动作用。

三　增产节约和"三反"运动

从 1950 年 10 月到 1951 年 10 月，抗美援朝战争已经进行整整一年了。在这一年中，中国人民志愿军在前线取得了五战五捷的胜利，打击了美帝国主义不可一世的嚣张气焰。1951 年 7 月，美帝国主义被迫接受停战谈判，抗美援朝进入了边谈边打的阶段。在国内，全国人民在边打、边稳、边建方针的指导下，抓紧时间，努力恢复工农业生产和交通运输事业，同时也挤出资金开始了有重点的经济建设。另外，在土地改革、镇压反革命，以及政权建设等方面也都取得了许多成就。然而，在抗美援朝战争和其他各项工作中也存在着许多问题和困难。由于志愿军在装备上处于劣势，决定了抗美援朝战争不可能在短期内取得胜利，并在财政供应和人力物力消耗上给国家带来巨大的负担，国家不得把本来可用于经济、文化和其他事业的财力物力和人力转用于国防。经济建设因财力物力所限而不能迅速进行。在政权建设中存在着机构重叠，人浮于事，铺张浪费等现象。军事行政费用的增加，也造成了国家财政的困难。据 1951 年秋匡算，该年财政支出将较原概算增加 75%，其中军事费用为 55%。如果这种情况不加以重视和解决，1951 年财政收支平衡的计划就不可能实现，1952 年的预算必将继续膨胀，收支不能接近平衡，物价必然发生波动，这就会直接影响抗美援朝战争和国内建设，并导致国内局势的动荡。

为了支援抗美援朝战争，巩固国防，保证国民经济恢复工作和重点建设的进行，特别是为 1953 年开始的大规模的经济建设创造条件，1951 年 10 月召开的中共中央政治局扩大会议决定，在全国各条战线开展一个精兵简政、增产节约运动。其主要内容是：整编部队，加强国防力量；精简机构，提高工作效率；增产节约，准备国家大规模建设；平衡收支，继续稳定物价。

1951 年 10 月 23 日，毛泽东主席在政协一届三次会议开幕词中向全国人民提出：增加生产，厉行节约，以支援中国人民志愿军，这是中国人民今天的中心任务。

陈云副总理在代表中央人民政府政务院向大会所作的关于经济工作和财政工作的报告中，专门论述了增产节约问题。他指出，增产节约，是人民政府的重要财经政策之一。他说，东北地区去年单从经济方面提倡节约和增产，就多创造 1,000 万吨粮食的价值。如果我们从全国范围的一切方面都实行节约，就可以找出大批的钱，用到经济投资和国防建设上去。他指出，从现在起，我们要在全国范围内开展一个节约增产运动，各机关单位不但要将可用可省的开支全部加以节省，就是该用的费用也要找出节约的办法。不急的事务和设备，必须停办。重叠臃肿的机构，必须加以裁减。各企业要在经营管理上实行经济核算，一方面反对浪费，厉行节约；另一方面努力增产，降低成本。在生产经营中，要加速资金周转，合理使用原材料，改进技术，提高设备利用率，尽可能为国家节约资金，增加财富。

毛泽东主席和陈云副总理代表中央人民政府提出的开展增加生产，厉行节约的

凯歌行进的时期（1949—1956）

意见，受到出席会议的全国政协委员的一致赞同，会议在通过的《关于中央人民政府各项报告的决议》中，号召全国人民立即开展一个爱国增产节约运动，用实际行动支持抗美援朝战争和国内经济建设。全国政协把提倡和推动爱国增产节约运动作为各级政协在今后一个时期的主要工作之一。

全国人民热烈响应人民政府的号召，一个规模巨大、扎扎实实的爱国增产节约运动迅速在全国城乡展开。所有的工矿企业都深入发动群众挖潜力，找窍门，查浪费，堵漏洞，制定增产节约计划。同时还广泛开展群众性的生产竞赛活动，改进生产技术，推广先进经验，力争优质高产完成生产任务。在增产节约运动中，各地涌现出大批革新能手、劳动模范和先进人物，不断刷新生产纪录。仅华北一地，就计划从加速资金周转、降低成本、提高设备利用率、改善操作方法、增加产量、提高质量、减少废品、减少浪费等方面入手，在1951年为国家增产节约35万元的财富。"五一织布工作法"推广之后，使织布工人的工作更有规律和计划，既节省时间，又节省力气，大大提高了看台能力，普通织布机看台从4—6台增加到8台，自动织布机看台从12—16台增加到24—32台；同时，还提高了产品质量，降低了停台率。在农村，在农业生产互助组和劳动模范的带动下，亿万农民掀起了声势浩大的爱国增产竞赛运动，通过改进耕作技术，推广先进经验，争取多打粮食，为国家作出更大的贡献。

随着增产节约运动的深入发展，各地都暴露和发现了大量的惊人的浪费、贪污现象和官僚主义问题。有的部门生产缺乏计划，大量积压资金和物资；有的缺乏严格管理，损坏机器，浪费原料；有的保管不负责任，使大量物资霉烂受损；有的工程设计勘察不周，造成窝工停工返工；有的机构重叠臃肿，人浮于事；有的生活铺张，侈奢成风，结果大量国家财富被白白地浪费掉。另外，贪污现象也屡有发生，并有逐渐上升之势。据华北地区报告，1950年共发现和处理贪污受贿腐化堕落干部303人，1951年上半年增至531人。北京市重点检查市供销合作社系统，发现九区联合消费合作社132名工作人员中，有贪污行为者39名，占该社总人数的30%。六区联合消费合作社132名工作人员中，有贪污行为者26名，占该社总人数的26%。在东北，仅沈阳一地在工商局各专业公司就发现3,629人有程度不同的贪污行为。令人吃惊的是，河北省在11月揭发出了原天津地委书记、石家庄市委副书记刘青山，原天津专区专员、天津地委书记张子善的巨大贪污案。

刘青山，雇工出身，1931年入党。张子善，学生出身，1933年入党。他们均系参加革命 20 余年，担负地方党和行政重要领导职务的老党员、老干部。在国民党的血腥白色恐怖下，在艰苦的八年抗日战争和三年多的人民解放战争中都曾奋不顾身地为党的事业和人民群众的解放做过不少工作，有过相当的贡献。他们在枪林弹雨中不愧是英雄好汉。刘青山曾参加过 1932 年高阳、蠡县的农民暴动，被国民党反动派逮捕后，在敌人的严刑逼供下丝毫没有屈服。张子善在领导铁路工人罢工斗争中，曾带头卧轨，打破了敌人破坏罢工的阴谋，在狱中曾参加过绝食斗争。然而进城以后，他们经不起胜利和执政的考验，发展了严重的个人主义，居功自傲，革命意志消沉，贪图享受，腐化堕落，由革命战士蜕化为贪污犯罪分子。他们扬言，"天下是老子打下来的，享受一点还不应当吗？"活生生地暴露出一副市侩的嘴脸。他们凭借手中的权力，贪污盗窃机场建筑款、救济灾民款、治河款、干部家属救济款、地方粮款，剥削克扣民工工资，假借机关生产名义，勾结私商进行非法经营，共计贪污盗窃人民币数十万元之巨。他们生活腐化堕落，刘青山吸毒成瘾，借口有病，长期不工作。他们还把自己负责的地区视为他们个人的天下，宣扬天津地区党内只能有"一个领袖"、"一个头"。在工作中欺上压下，独断专行，打击和排斥对他们提意见的人，实行封建式的家长统治。

贪污浪费现象的发生，又和各级领导机关中存在着官僚主义有着密切的关系。河北省委在关于刘青山、张子善的问题向中共中央华北局的报告中讲道，刘青山、张子善"在革命胜利之后，经不起和平环境的考验，经不起地主资产阶级腐化堕落思想的侵袭，而致违犯国法党纪，丧失了共产党员所应有的品质，其所犯罪恶行为，固应完全由本人负责，但省委在领导上的官僚主义，未能及时发现与处理，致使国家资财、党的影响受到很大损失。"对此，河北省委表示"实为痛心"，决心检查和克服官僚主义，并请求处分。

增产节约运动中暴露出的浪费、贪污和官僚主义问题，向中国共产党和人民政府敲响了警钟。在这一年的 11 月，中共中央先后向各中央局、分局和各省市区党委批转了东北局、华北局有关揭发和反对浪费、贪污问题的报告。中共中央指出，在增产节约运动中发现的严重的浪费贪污，给我们提出了警告。必须严重地注意干部被资产阶级腐蚀发生严重贪污行为这一事实，注意发现、揭露和惩处，并须当作一场大斗争来处理。中共中央严肃指出，我们需要来一次全党的大清理，彻底揭露一切大中小贪污事件，而着重打击大贪污犯，对中小贪污犯则取教育改造不使重犯的方针，才能停止很多党员被资产阶级所腐蚀的极大危险现象。

凯歌行进的时期（1949—1956）

12 月 1 日，中共中央作出了《关于实行精兵简政、增产节约，反对贪污、反对浪费和反对官僚主义的决定》。决定指出，进城两年来，严重的贪污案件不断发生，证明了七届二中全会所提出的防止和克服资产阶级思想腐蚀方针的正确性。现在是切实执行这一方针的紧要时机了，否则就会犯大错误。中共中央要求把反贪污、反浪费、反官僚主义作为贯彻精兵简政、增产节约这一中心任务的重大措施，采取自上而下和自下而上相结合的方法，检查贪污浪费现象。

12 月 8 日，中共中央发出关于反贪污斗争必须大张旗鼓地去进行的指示，要求把反贪污、反浪费、反官僚主义的斗争看作如同镇压反革命的斗争一样重要，一样的发动群众包括民主党派及社会各界人士去进行，一样的大张旗鼓去进行，一样的首长负责，亲自动手，号召坦白检举，轻者批评教育，重者撤职，惩办，判处徒刑（劳动改造），直至枪毙一批最严重的贪污犯，才能解决问题。

12 月 29 日，中国人民政治协商会议全国委员会发出关于增产节约运动与反贪污、反浪费、反官僚主义斗争的指示，要求各地协商机关必须通过各民主党派、各人民团体，协助政府把反贪污、反浪费、反官僚主义运动发展到社会各阶层群众中，大胆地检举贪污浪费，同时揭发某些奸商贿赂干部，盗窃国家财产的犯罪行为。

1952 年 1 月，毛泽东主席在中央人民政府元旦团拜的祝词中号召全国人民和人民政府的工作人员一致起来，大张旗鼓地，雷厉风行地，开展一个大规模的反对贪污、反对浪费、反对官僚主义的斗争，把这些旧社会遗留下来的污毒洗干净。

为了领导"三反"运动，中央和地方各级人民政府都成立了节约检查委员会，具体负责"三反"运动的领导、督促和检查工作。

从 1952 年 1 月起，"三反"运动在全国范围内形成了高潮。

"三反"运动大体经历了三个阶段。第一阶段为检举揭发阶段，首先由各级领导运用事实，反复向群众说明贪污、浪费、官僚主义对国家的危害，和开展"三反"运动的必要性和重要性，讲清开展"三反"运动的方针、政策，号召群众以主人翁态度，大胆地坚决地检举和揭发一切贪污、浪费和官僚主义行为，并检查本单位的问题，虚心听取群众的批评。同时，责令有贪污行为的人，在限期内坦白交代自己的问题，并检举其他贪污分子的罪行。为了用事实教育群众和发动群众，同时也向犯有贪污行为的人指明出路，坦白者从宽，抗拒者从严，各地都召开了公审大贪污犯的大会。1952 年 2 月 1 日，北京市举行公审大贪污犯大会，对罪行严重，拒不坦白的大贪污犯薛昆山（原任中国畜产公司业务处副处长，任职期间贪污盗窃国家财产 20 余万元)、宋德贵(原任公安部行政处处长,任职期间贪污人民币 6 万余元)判处死刑,没收其全部财产。对大贪污犯雷亚卿、孙建国、王丕业等分别判处 15 年、10 年和 5 年徒刑,追缴全部赃款。对能自动坦白悔过,并积极检举其他贪污罪犯,或戴罪立功的大贪污犯夏茂如、杭效祖则免于刑事处分,追缴赃款后由主管机关给予行政处分。10 日,河北省举行公审大贪污犯刘青山、张子善大会,经最高人民法院批准,判处两犯死刑,立即执行,没收其本人全部财产。对大贪污犯的严厉惩处,鼓舞和坚定了人民向贪污、浪费、官僚主义进行斗争的勇气和决心。

1952 年 3 月,"三反"斗争进入第二阶段——处理阶段。为了正确地统一地处理运动中所发现的贪污、浪费和官僚主义问题,中央人民政府政务院于 3 月 11 日公布了《关于处理贪污、浪费及克服官僚主义错误的若干规定》。接着又公布了《关于三反运动中成立人民法庭的规定》、《关于追缴贪污分子赃款赃物的规定》和《中华人民共和国惩治贪污条例》。上述几个文件规定,对于在"三反"运动中所揭发出的贪污分子的处理,必须采取改造与惩治相结合的方针,对大多数情节较轻或彻底坦白,立功自赎者,从宽处理;对少数情节严重而又拒不坦白,予以严惩。对浪费与官僚主义的处理,亦应以严肃态度,分别情况,予以适当解决,以教育干部,团结群众。

6 月,定案处理工作基本结束,"三反"运动进入第三阶段——建设阶段。建设阶段的主要工作包括思想建设和组织建设。思想建设,是要通过学习、总结、使全体工作人员进一步划清工人阶级和资产阶级的思想界限,树立全心全意为人民服务的思想。组织建设,是要在总结经验的基础上,根据实际情况确立编制,精简机构,建立必要的工作、学习制度。建设阶段的基本任务,就是要从思想上、作风上、组织上、制度上巩固"三反"运动的成果,树立和发扬廉洁朴素,为人民服务的革命工作作风。

据不完全统计,全国参加"三反"运动的人数约 380 万人,共查出贪污分子和犯有贪污错误的人约 120 人,其中贪污在 1,000 元以上者为 105,000 人。约有 900 人因贪污数额巨大,手段恶劣,给国家造成严重损失,或顽固不化,拒不坦白,受到了法律制裁。其中约有 40 人,被判处死刑。

"三反"运动,是一场破旧立新的重大社会改革。它批判和涤荡了旧社会遗留下来的贪污、浪费、官僚主义等污毒,清理了一批腐败分子,教育和挽救了一批干部,树立了廉洁朴素的社会风气。"三反"运动对于防止旧的地主资产阶级的腐朽思想对共产党和人民政权的侵袭，保持共产党的纯洁性，把各级人民政府建设为廉洁高效，密切联系群众，全心全意为人民服务的政府起了重要作用。它向人民说明，中国共产党和人民政府完全有能力清除旧社会遗留下来贪污、浪费、官僚主义的污毒，抗拒剥削阶级的思想腐蚀，开创一代新风。"三反"运动，对于保证国家建设事业的进行，对于在全国范围内形成革命的、健康的、朝气蓬勃的社会道德风尚也起了重要的作用。

"三反"运动也不是没有缺点的。由于"三反"运动采取了疾风暴雨式的群众运动的斗争方式，在运动开始之后的一个时期内未能掌握实事求是的精神，对存在于党员、干部中的贪污现象和贪污分子估计过重过多，按地区按部门主观地层层下达打"老虎"（贪污 1，000 元以上者为"老虎"，即大贪污犯）的任务，而且不断加码，结果造成了一种虚假、过火的现象。不少地方为了完成打"老虎"的任务，发生了"逼、供、信"的偏向，有的地方逼供、诱供、假供的情况比较严重，错误地伤害了一些同志，打出了一批假"老虎"。在"三反"运动的高潮中，全国共打出"大老虎"29 万余个，到定案处理时能落实下来的只有 105，000 个，减少了 65%。另外，"三反"运动对反贪污、反浪费、反官僚主义斗争的长期性、艰巨性认识不够，企图通过一个运动就将旧社会遗留下来的污毒洗干净，抓尽抓完"老虎"。"三反"运动后期虽然有一个建设阶段，但当时对如何从体制上、制度上防止和克服贪污、浪费、官僚主义现象考虑不够，对如何运用法律武器和群众监督的办法防止和克服贪污、浪费、官僚主义重视不够。因此，以后虽然有过多次反对官僚主义的斗争，然而收效并不明显。"三反"运动，有其成功的一面，在当时阻止和打击了在党员干部中滋长的贪污、浪费、官僚主义，使党经受住了胜利和执政的考验，保证了国民经济恢复工作的进行。但也有不成功的一面，对贪污、浪费以及官僚主义的斗争主要还是依靠临时性的群众运动，尚未找到一条有效地防止和克服贪污、浪费、官僚主义的途径。

四 "五反"运动

随着"三反"斗争的深入，在揭发和清查贪污分子的过程中，不断发现许多贪污分子的违法行为和社会上不法资本家的违法活动有着密切的关系。许多事实说明，从 1950 年调整工商业以来，资产阶级的违法活动日趋严重。资产阶级的违法活动，不仅腐蚀了一批国家干部，引发和助长了贪污、浪费、官僚主义，而且严重地破坏了国家经济建设，资产阶级的主要违法活动有：行贿、偷税漏税、盗骗国家财产、偷工减料、盗窃国家经济情报（简称"五毒"）。

据典型调查，在 1950 年第一期缴纳营业税中，上海 351 家纳税户中有偷漏税行为的占 99%。天津在 1，807 家纳税户中有偷漏税行为的占 82%。1951 年春，沈阳市税务局调查，全市已缴纳的所得税平均仅占应缴数的 52%，被偷漏的税款将近半数。不法资本家在偷漏税款中使用的手法有：设置假账、后账，伪造单据，少记营业收入，多记开支，进销货不登账，以物易物，等等。他们用上述手法隐瞒真实营业情况，大肆偷漏国家税收。

不法资本家在承包国家建设工程、承办器材和接受加工订货任务时，还经常用以次充好，以假当真，以少报多，虚报成本，提高价格，偷工减料，粗制滥造等手段，大肆盗骗国家资财。据估计，天津解放 3 年来，资本家仅偷工减料一项，即骗取国家财产约计 2，612 万元。据河南治淮工程部揭发，在治淮工程中，不法资本家竟然置国家利益和人民生命财产安全于不顾，通过以旧充新、以坏充好、抬高价格、偷工减料等手段，大肆盗窃国家财产，其价值约达 100 万元以上，为治淮工程带来许多困难和严重的损失。令人发指的是，不法资本家在承办抗美援朝军用物品中，竟然把用油桶皮制造的一铲就卷的铁锹，用方铁涅铁制造的一刨就断的铁镐和用废胶次胶制造的一穿就裂的胶鞋卖给志愿军，他们还丧心病狂地把坏鸡蛋、胡萝卜粉掺进蛋粉，用臭牛肉、坏牛肉、死牛肉制造罐头，用废棉烂棉制造救急包送到抗美援朝前线。不法资本家的上述行为，严重地危害了抗美援朝战争和志愿军指战员的生命安全。在激烈的战斗中，因为用了带有化脓菌、破伤风菌和坏疽菌的救急包，许多不该致残的志愿军战士致残了，许多不该牺牲的战士牺牲了。

不法资本家还采取"打进来、拉出去"的手段，在国家机关和经济部门安插坐探（有的已经形成相当规模的坐探网），窃取国家的经济情报。诸如国家的贸易计划，物资储备调拨情况，某些产品的生产运销情况，有关市场、金融、税收方面的决策和动向，以及人民政府有关方面的人事安排，都成为他们千方百计盗取的对象。1950 年 8 月北京、天津两地市场发生的白糖价格暴涨风潮和 1951 年北京市场碱价的剧烈波动，都是由资本家通过安插在北京市有关部门的坐探窃取到这两种商品的储备情况后兴风作浪造成的。

为了使偷税漏税、偷工减料、盗骗国家资财和盗窃国家经济情报的违法活动得逞，不法资本家还用各种行贿办法，拉拢、腐蚀和收买国家机关和经济部门的工作人员。他们先是吹捧拍马，称兄道弟，请吃请喝，请看戏打牌跳舞，建立所谓的感情，然后送东西。开始"夏天送西瓜，秋天送螃蟹"，逐步发展为送珍贵药品、衣料服饰，满堂家具、大把钞票，或送佣金、回扣、干薪、干股，一步一步把干部拉下水。上海有一个资本家，专门在自己的商店设立一个腐蚀、勾引干部的"外勤部"，扬言自己的商店就是"干部思想改造所"，凡来他们商店做生意的干部都可以得到改造。

有的资本家还串通起来，组织所谓聚餐会，有组织、有计划地盗窃国家资财，破坏国家经济建设，抗拒社会主义改造。

"五毒"俱全严重违法的不法资本家虽属少数，但不同程度的违法活动在私人资本主义工商业中却是十分普遍的。据北京、上海、天津、武汉、广州、沈阳、西安、重庆等 9 大城市被审查的 45 万户私营工商业统计，犯有不同程度"五毒"行为的有 34 万多户，占被审查户数的 76%，其中上海市犯有不同程度"五毒"行为的工商户占该市工商户总数的 85%，北京市高达 90%。

不法资本家的"五毒"行为，是资产阶级消极落后、腐朽黑暗一面的集中表现。周恩来总理在 1952 年 1 月 5 日政协一届常委三十四次会议上指出："今天的中国民族资产阶级有其积极进步的一面，那就是由于他们长期受过帝国主义、封建主义和官僚资本主义的压迫，他们中间一部分代表人物，在一定时期、一定程度上参加过或同情过人民解放斗争。解放后，他们逐渐参加了人民中国的建设，并在国家的领导下，发挥着一定的积极作用。但是中国民族资产阶级还有其黑暗腐朽的一面，那就是由于他们与帝国主义的、封建的、官僚买办的经济有着千丝万缕的联系，同时，中国资产阶级本身也同世界各国的资产阶级一样，具有唯利是图、损人利己、投机取巧的本质。因此，解放后，他们中间有很多人，正如天津工商界自己所检举的，常常以行贿、欺诈、谋取暴利、偷税漏税等犯法行为，盗窃国家财产，危害人民利益，腐蚀国家工作人员，以遂其少数人的私利。"[①]

国家机关和经济部门中发生的贪污、浪费、官僚主义现象，虽然不能说全都是由于资产阶级的"五毒"行为所引起和造成的；但资产阶级腐朽思想的腐蚀，不能不是这些现象得以发生和滋长的一个重要根源。据某些部门统计，在已发现的贪污

---

① 《周恩来选集》下卷，人民出版社 1984 年版，第 81—82 页。

分子中，有50%以上的与不法资本家的腐蚀拉拢有关。常州市税务局有贪污行为的85名干部中，有58名与不法资本家有勾结，向他们行贿的商号多达293家。河南治淮工程总部1951年派到上海的13个采购员，有12个被不法资本家拉下水，成为贪污分子。不法资本家的"五毒"行为，不仅在经济上为国家造成严重的损失，使大量国家财富被盗窃，严重地破坏了国家的经济建设，而且在政治上也使大批国家工作人员被腐蚀和毒害，引发和助长了革命队伍内贪污、铺张浪费、追求个人享受和官僚主义坏作风的滋长，使少数不坚定分子蜕化变质，丧失立场，堕落为贪污犯罪分子，有的充当了不法资本家安插在革命阵营的坐探。因此，为了把"三反"斗争进行到底，有效地制止干部被腐蚀的危险，保卫国家经济建设，就必须同时进行"五反"运动，打击资产阶级的"五毒"行为。周恩来总理在政协一届常委三十四次会议上明确指出，对资产阶级的"五毒"行为，"如果不加以打击和铲除而任其发展下去，则我们革命党派、人民政府、人民军队、人民团体日益受着资产阶级的侵蚀，其前途将不堪设想。"他说，"人民政府所保护和欢迎的是那些拥护《共同纲领》、服从政府法令的工商业家，而不是那些不受领导和限制而想自由发展、盲目生产、贪图暴利的工商业家。"他说人民政府"不能容许行贿、欺诈、偷税漏税、盗窃、引诱等犯法行为继续发生，听其侵蚀人民政权，损害国家财产，腐蚀国家工作人员。凡有犯者必须惩办，坦白自首者则从宽处理。"[①] 他号召工商界人士积极参加反贪污、反浪费、反官僚主义斗争，进行检讨和坦白，希望他们在巩固人民民主政权和树立新的社会风气上有所贡献，在自我改造上有所收获，争取与全国最大多数人民一道前进。

根据斗争的发展和需要，1952年中共中央发出《关于在城市中限期开展大规模的坚决的彻底的"五反"斗争的指示》。指示要求在全国一切城市，首先在大城市和中等城市，团结工人阶级、团结守法的资产阶级及其他市民，向着违法的资产阶级开展一个大规模的坚决的彻底的反对行贿、反对偷税漏税、反对盗骗国家财产、反对偷工减料和反对盗窃经济情报的斗争，以配合党政军民内部反对贪污、反对浪费、反对官僚主义的斗争。中共中央严肃指出，目前开展这个斗争，是极为必要和极为及时的。中共中央要求各地在斗争中，对于阶级和群众的力量必须作精密的部署，必须注意利用矛盾，实行分化、团结多数、孤立少数的策略，在斗争中迅

---

① 《周恩来选集》下卷，人民出版社1984年版，第82、83页。

凯歌行进的时期（1949—1956）

速形成"五反"的统一战线，以便彻底揭露和孤立少数严重违法分子。

2月上旬，"五反"运动首先在各大城市展开，随后迅速扩展到各中小城市，在全国范围内形成了一个反对不法资本家"五毒"行为的斗争高潮。

在"五反"斗争中，中国共产党和人民政府，一方面注意发动群众，特别是注意发动私营企业中的工人店员揭发不法资本家的违法行为，同时勒令一切不法资本家向政府坦白交代"五毒"行为，并派出检查组到私营工厂、商店进行检查；另一方面也注意调查研究，实事求是和区别对待，注意组织广泛的"五反"统一战线，维持经济生活的正常进行。在"五反"斗争中，中国共产党和人民政府，对基本守法的工商户，以思想教育和思想改造为主，对他们的错误，指出其不对并要求其以后不要重犯，一般地免于追究，对他们坚定不移地实行团结和保护的政策，鼓励和支持他们照常营业。对问题不大的半违法半守法的工商户，也尽快给他们做出结论。他们大多数只有偷税漏税问题，一部分有侵吞盗窃国家财产的问题，对他们的政策是，除令他们补税一年，有侵吞盗窃者退出侵吞盗窃的财产外，宣布免于罚款，以安定绝大多数资本家。斗争的重点，是资产阶级中的少数严重违法户和完全违法户。对上层资本家，人民政府十分注意工作方法。上海市在对他们进行审查时，普遍采用开小组会，通过资本家互助互评，自动坦白的办法解决问题，或采用检查队与资方和平谈判的方法解决问题。对他们的问题，一不登报，二不到大会上斗争。工人对他们的检举揭发，采取背靠背的方式进行。这样，尽管"五反"斗争是深刻和激烈的，牵扯到每一个资本家，但由于人民政府在斗争中十分注意政策，讲求斗争方式和方法，因此整个运动进行得比较平稳，迅速形成了包括守法的资本家及其他市民在内的"五反"统一战线，使少数罪大恶极的反动资本家完全陷于孤立。

"五反"运动，大体经历了两个阶段，即检举揭发和坦白交代阶段和定案处理阶段。

3月以后，"五反"运动逐步转入定案处理阶段。为了指导各地做好定案处理工作，保证运动的完满结束，中央人民政府政务院3月8日批准和公布了《北京市人民政府在"五反"运动中关于工商户分类处理标准和办法》。北京市人民政府以有无违法行为及其违法行为的轻重大小，违法性质的恶劣程度为基本标准，同时考虑违法户在"五反"运动中是采取坦白悔改的态度还是采取拒不坦白、怙恶不悛的态度，将工商户分为五类，并根据过去从宽，今后从严；多数从宽，少数从严；坦白从宽，抗拒从严；工业从宽，商业从严；普通商业从宽，投机商业从严的五条基本原则，对各类工商户制定了处理办法。

（一）守法户：即经过审查无违法行为者，给以守法户通知书。

（二）基本守法户：即违法所得未满 200 元者，或违法所得超过 200 元，但情节轻微，并彻底坦白者，对前者其违法所得一般免退，或酌退一部，对后者令其退出超过 200 元的部分，并均给以基本守法户处理通知书。

（三）半守法半违法户：即违法所得超过 200 元，但无其他严重危害者，或情节虽较严重，但在"五反"运动中已彻底坦白并立功赎罪者，对其处理办法是"补退不罚"，并给以半守法半违法户处理通知书。

（四）严重违法户：即违法所得数量较大又有严重危害作用者，或虽无严重危害但拒不坦白者。完全违法户，但尚非罪大恶极，且已彻底坦白，并有立功表现者，亦列入本类工商户。处理办法是，令其退出违法所得，并按情节酌处罚金。

（五）完全违法户：即对国家社会建设事业（特别是国防军事设施），或人民安全有极严重危害作用的盗窃犯；集体盗窃案的组织者和大盗窃犯；借盗窃国家经济情报牟利，使国家人民遭受极严重损失，或有其他特别恶劣的犯罪行为者；有严重违法行为，拒不坦白或抗拒运动者。对以上四种完全违法户的处理办法，应予法办，除令其退出违法所得外，并按其情节从重处以罚金，或判处徒刑，最重者可判死刑，并没收其财产的一部或全部。

关于违法行为的追算期限，北京市人民政府规定：偷税漏税、偷工减料两项违法所得，一般只补退 1951 年的，1951 年以前的免予补退。但拒不坦白及情节特别严重者，得酌情令其补退一年半或两年，两年半或三年。其他各项违法行为和违法所得，一般自中华人民共和国成立之日即 1949 年 10 月 1 日算起。

根据以上标准，北京市初步划分的结果是：全市 5 万私人工商户中，守法户约 5，000 户，即占 10% 左右；基本守法户约 3 万户，即占 60% 左右；半守法半违法户约 12，500 户，即占 25% 左右；严重违法户约 2，000 户，即占 4% 左右；完全违法户约 500 户，即占 1% 左右。

6 月 13 日，政务院又发出《关于结束"五反"运动中的几个问题的指示》。指示指出，"五反"运动在全国已经进行的各大、中城市均已进入结束阶段，因之目前对于各类工商户的正确定案、适当处理，是巩固"五反"运动胜利和发展生产的具有关键意义的工作，为了很好结束这一运动，达到消灭"五毒"、改造工商业者和在消灭"五毒"之后顺利发展生产起见，政务院提出要注意防止和反对两种偏向：

凯歌行进的时期（1949—1956）

一种是虎头蛇尾，草率结束，特别是误解处理从宽的原则，而对违法工商户缺乏应有的严肃性，以致引起工人和店员的不满，并因而导致不法工商业者再施"五毒"；另一种是不肯将计算较高的工商户违法所得的数目合理地降下来，即不愿意根据实际情况，认真核实，正确定案。政务院要求各地在"五反"结束阶段，必须按照宽大与严肃相结合的精神，实事求是地做好定案处理工作，务求做到合情合理，使能既有利于清除工商业者的"五毒"，又有利于团结工商业者发展生产和营业。

"五反"运动，历时半年，到1952年6月基本告一段落。

"五反"运动，基本上达到了预期目的：（一）彻底查明了私人工商业的情况，为团结和控制资产阶级，进行国家计划经济建设创造了条件；（二）明确划分了工人阶级和资产阶级的界限，肃清了工会中的贪污现象和脱离群众的官僚主义现象，清除了资产阶级在工会中的走狗；（三）帮助同业公会、工商联合会、民主建国会整顿了组织，特别是整顿了这些团体的领导机关，使之成为能够代表资产阶级的合法利益，并以《共同纲领》教育资产阶级的团体；（四）打击和制止了不法资本家的"五毒"行为，使整个资产阶级服从国家法令，经营有益于国计民生的工商业；（五）废除后账，经济公开，逐步建立了工人店员监督生产和经营的制度；（六）从补、退、罚、没中追回国家及人民的大部分经济损失；（七）在一切大的和中等的私营企业的工人店员中建立了党的支部，加强了党的工作。

"五反"运动是一次深刻的社会改革，同时也是对私营工商业的一次非常必要的民主改革，它给了资产阶级以深刻教育，使资产阶级认识到在新中国，在人民民主制度下，只有服从工人阶级的领导，走共同纲领所指出的道路，才有光明的前途，否则是没有出路的。

"五反"运动，总的来讲是成功的，取得了不少成绩，但也存在着缺点和不足。在无产阶级取得政权的条件下，对资产阶级违法活动的斗争，应当依靠必要的制度和运用法律手段来进行，而不是依靠临时性的群众政治运动来进行。用群众运动的方法来打击资产阶级的违法行为，势必带来不少消极作用，也有伤法律的尊严，为法制建设带来障碍。在"五反"初期，由于运动来势迅猛，限期开展，许多地区对本地区各类工商户的情况不甚明了，准备工作不够，仓促发动"五反"。曾引起一些混乱。如触动和打击面过宽，各机关自由派人到私营工商户检查，随便传讯资本家，有的甚至采取逼、供、信方法，侵犯了资本家的正当权益，干扰了正常经济生活的进行。不受法制限制的群众运动，也助长了一种"左"的思想，有这种思想的人只看到资产阶级落后的一面，没有看到私人资本主义经济对国计民生仍然具有积极作用的一面，不了解资产阶级在新民主主义社会仍然是一支不可缺少的力量，不了解团结资产阶级是国家的一项长期的政策，而是企图从根本上消灭资产阶级。这就影响到许多在工商管理、贸易税收、银行等部门工作的干部不愿意和不敢与资产阶级打交道，或在工商管理、税收信贷、加工订货等方面对私营工商业限制过多，条件过于苛刻。在私营企业内，也发生工人监督太广、太严、太多的现象，有的把监督变成管理，要资本家同样劳动，按劳评资，等等。上述"左"的思想和行为，加剧了一些资本家的动摇观望、消极经营的思想，一些资本家对前途失望，躺倒不干。这样，在全国各地程度不同地出现了城乡内外交流不畅，市场萧条，工业生产下降，公私、劳资关系紧张的情况。同时也造成大批失业工人，引起一部分劳动人民生活水平下降。

在"五反"运动中，中共中央和人民政府及时发现了上述某些缺点，采取了一些调整措施。针对资本家最感紧张的清退违法收入和补足偷漏税款的问题，人民政府对资本家违法所得予以从宽核减，并实行了"先活后收"、"先税后补"的方针，即首先使私营工商业能够继续经营下去，然后再收款；在收款时先收税，后补退，一时无力退补者，可分期偿还。为了扶持资本主义工商业，人民政府扩大了对私营工业的加工订货和收购。中央贸易部督促各地贸易机关重新审查新签订的加工订货合同，正确核算成本，保证私营工厂获得它所应得的利润，在正常合理经营情况下每年可获得 10%、20% 到 30% 的利润。中央贸易部还调整了一般商品的地区差价和批零差价，收缩国营零售业务，国营零售以稳定市场为度，吸引和支持私营商业参加物资交流。人民银行也适当降低贷款利息，尽可能扩大对私营工商业贷款的范围。税务部门，也纠正了对个别行业厂商计税不当的偏向。在劳动工资方面，对工人监督过广过多和在福利方面要求过高等偏向也予以纠正，使资方的财产所有权，以及在企业中的经营管理权和人事调配权得到保证。这样较快地扭转了运动中发生的"左"的偏向和市场萧条现象，安定了人心，使"'五反'就是要实行社会主义"，"政府就是要钱"种种流言，不攻自破。到 1953 年，资本主义工商业的生产和经营不仅得到恢复，并有较大的发展，同时也促进了整个国民经济的发展。事实一再告诉我们，正确认识我国资产阶级的两面性，正确掌握对待资产阶级的政策，是取得革命和建设胜利的一个重要条件。在这个问题上，中国共产党和人民政府的基本政策和方针是正确的。

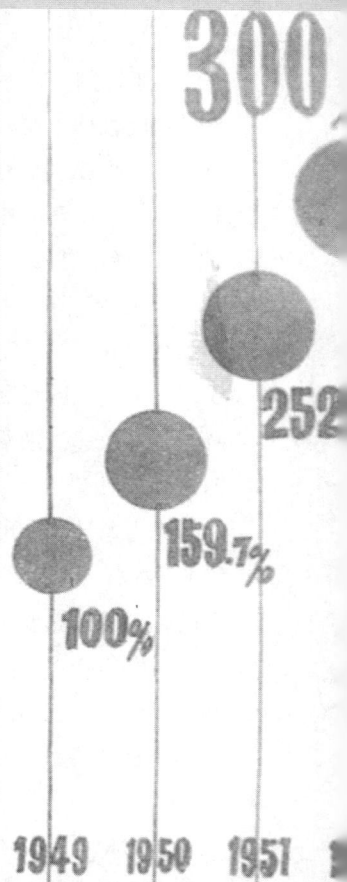

1952 年，中国棉花产量居世界第 2 位，达 130.4 万吨。

第八章
恢复国民经济任务的胜利完成

全国人民经过三年的紧张战斗，恢复国民经济，实现国家财经状况基本好转的任务在 1952 年如期胜利完成，工农业生产达到和超过历史上最高水平，市场丰盈，物价稳定，人民生活水平有显著提高。中国人民只用了短短的 3 年，就奇迹般地医治好了 12 年的战争创伤，使新中国昂首屹立在世界的东方，并为有计划的经济建设创造了条件。这是中国人民在建国后取得的第一个具有战略意义的胜利，是值得大书特书的一件业绩。3 年恢复时期中国共产党和人民政府的工作是十分成功的，有许多经验需要我们认真地总结和汲取，这是历史留给我们的一份宝贵财富。

一　光辉的成就

从 1949 年到 1952 年，在中国共产党和中央人民政府的正确领导和精心指挥下，经过全国各族人民的三年艰苦奋斗和多方面的努力，克服重重困难，胜利地完成了争取国家财政经济状况根本好转的任务，圆满地结束了 3 年国民经济恢复时期。恢复国民经济任务的胜利完成，使我国度过了一个最艰难的时期，国家由乱到治，到处呈现出一派欣欣向荣、蒸蒸日上的新气象。这是中华人民共和国成立后，中国人民取得的第一个具有战略意义的胜利。

恢复国民经济任务的胜利完成和国家财政经济状况的根本好转，表现在以下几

凯歌行进的时期（1949—1956）

个方面：

第一，受到长期战争破坏的工农业生产得到了全面的恢复和发展，主要产品的产量均已达到或超过历史上的最高水平，工农业的装备水平和技术水平也有明显的提高，为进一步实现国家的工业化奠定了一个良好的基础。

在工业方面，1952 年钢产量达到 134.9 万吨，比 1949 年增加 7.54 倍，比历史最高水平增加 46.2%。生铁产量达到 192.9 万吨，比 1949 年增加 6.66 倍，比历史最高水平增加 7.1%。原煤产量达到 6，649 万吨，比 1949 年增加 1.05 倍，比历史最高水平增加 7.4%。发电量达到 72.6 亿度，比 1949 年增加 68.1%，比历史最高水平增加 21.9%。和人民生活密切相关的棉纱产量 1952 年达到 362 万件，比 1949 年增加 1 倍，比历史最高水平增加 47.8%。棉布产量 1952 年达到 38.3 亿米，比 1949 年增加 1.03 倍，比历史最高水平增加 37.4%。

在各项产品获得大幅度增长的同时，我国工业的装备水平和技术水平也有明显的提高。工业固定资产 1952 年为 158 亿元，比 1949 年增加 23%。煤炭部直属煤矿机械化采煤量，1950 年为 79.3 万吨，1952 年为 729.4 万吨，增长 8.2 倍。机械化采煤在采煤总量中所占的比重，由 1951 年的 49% 提高到 1952 年的 77.6%。机械运煤在总运煤量中所占的比重由 1951 年的 51.6% 提高到 1952 年的 69.6%。在设备利用率方面，1952 年与 1949 年比较，发电设备利用率提高 63%，炼铁设备能力利用率提高 168%，炼钢设备能力利用率提高 135%，棉纺织时间利用率提高 62%，织布机时间利用率提高 65%。国营煤矿总回采率从 30% 提高到 75%，每一个采煤工人每日采煤量提高 86.8%。每一个细纱工人看管的纱锭由 250 枚增至 800 枚，每一个织布工人看管的普通织布机由 4 台增至 24 台，自动织布机由 10 台增至 32 台，每一个纺织工人每年创造的产值提高 51%。

在国民经济恢复时期结束时，许多我国过去不能生产的产品，如某些优质钢材、钢板、钢轨、无缝钢管、新式刨床、铣床、矿山机械、成套纺织机械、3000 千瓦发电机组、1000 千瓦电动机、300 马力的空气压缩机我们都能制造了，拖拉机和汽车也试制成功。长达 500 公里的成渝铁路完全是用国产钢轨铺设的，新建的几个棉纺织厂也安装的是国产的新式纺织机械。这在中国历史上都是第一次。

在农业生产方面，3 年中主要农产品的产量也都有显著的增长，农村劳动力、畜力、农具、耕地的数量也都达到和超过了战前的水平。1952 年，粮食产量达到 16，392 万吨，比 1949 年增加 36%，比历史最高水平增加 9.3%。棉花产量达到

130.4 万吨，比 1949 年增加 1.93 倍，比历史最高水平增加 53%。大牲畜头数达到 7，646 万头，比 1949 年增加 27%，比历史最高水平增加 6.9%。生猪存栏数达到 8，977 万头，比 1949 年增加 55.2%，比历史最高水平增加 14.3%。3 年中，农村副业的产值大约增加 55.1%。

在农业总产量增加的同时，由于改进耕作技术，推广优良品种，兴修水利等原因，各种农作物的单位面积产量也有明显的提高，并出现了一批丰产典型。据统计,1952 年与 1949 年比较，粮食平均亩产提高 15%（水稻最高亩产达到 1,620 市斤，小麦最高亩产达到 915 市斤），棉花平均亩产提高 41%（最高亩产达到籽棉 912 市斤），油菜籽平均亩产提高 3%，大豆平均亩产提高 33%。

随着工农业生产的恢复和发展，我国的工农业产值和国民收入也有了较大的增长。1952 年工农业总产值达到 810 亿元，比 1949 年的 466 亿元增长 73.8%，其中工业总产值增长 199.2%，农业总产值增长 41.4%。1952 年国民收入达到 589 亿元，比 1949 年的 358 亿元增长 57.7%。

第二，国民经济中工农业两大部类的比例，工业在国民收入中所占的比重，以及工业内部的结构，都发生了明显的变化。

1949 年全国工农业总产值为 466 亿元，其中农业总产值为 326 亿元，占工农业总产值的 69.9%；工业总产值为 140 亿元，占工农业总产值的 30.1%，工业和农业之间的比例为 3∶7。我国是一个落后的农业国。经过 3 年努力，到 1952 年，全国工农业总产值达到 810 亿元，其中农业总产值为 461 亿元，占工农业总产值的 56.9%，工业总产值为 349 亿元，占工农业总产值的 43.1%。3 年中，工业总产值在工农业总产值中的比重有了明显的上升，工业和农业之间的比例由 3∶7 变为 4.3∶5.6。3 年中工业中现代工业的产值也有了较大的发展。1949 年，现代工业的产值在工农业总产值和全部工业总产值中所占的比例分别为 17% 和 56.4%，到 1952 年分别上升为 26.7% 和 64.4%。3 年中，我国工业的发展，还表现在来自工业方面的收入在整个国民收入中所占的比重也有了明显的增加。1949 年国民收入总额为 358 亿元，其中来自农业的收入为 245 亿元，占总收入的 68.2%，来自工业、建筑业和运输业的收入为 58 亿元，占总收入的 16.2%，来自商业的收入为 55 亿元，占总收入的 15.6%。到 1952 年，国民收入总额增长为 589 亿元，其中来自农业的收入为 340 亿元，占总收入的 57.6%，来自工业、建筑业和运输业的收入为 161 亿元，占总收入的 27.5%，来自商业的收入为 88 亿元，占总收入的 14.9%。国民收

凯歌行进的时期（1949—1956）

入中，来自工业方面的收入中三年中增长了 2.7 倍，高于农业和商业方面的增长。以上这一切，说明了，经过全国人民在国民经济恢复时期的 3 年努力，我国落后的农业国的面貌开始有了变化；虽然这种变化还是很微小的，但在建国初期国家承担着繁重的社会改革任务和艰巨的恢复国民经济的任务，以及还需要用相当大财力物力进行抗美援朝战争的情况下，能够取得这样长足的进步已经是很了不起了，对其意义不能低估。

在国民经济恢复时期的三年中，工业内部的结构也发生了变化，重工业以及国民经济所急需的产品都有了比较大的增长。1949 年全国工业总产值为 140 亿元，其中重工业的产值为 37 亿元，在工业总产值中所占的比重为 21.4%；轻工业的产值为 103 亿元，在工业总产值中所占的比重为 73.6%。到 1952 年，工业总产值为 349 亿元，其中重工业产值为 124 亿元，在工业总产值中的比重上升为 35.5%；轻工业产值为 225 亿元，在工业总产值中的比重下降为 64.5%。在工业总产值中，大型工业和小型工业的产值所占的比重也发生了变化，1950 年它们分别为 58% 和 14%，到 1952 年则分别为 68% 和 10.6%。在重工业中，钢铁工业和机器制造工业的发展尤为迅速。1952 年与 1949 年比较，钢铁工业的产值增加了 6 倍，机器制造工业的产值增加了 6.5 倍。钢铁工业在整个工业中所占的比重由 1949 年的 1.8% 上升为 1952 年的 4.9%；机器制造业在工业中所占的比重由 1949 年的 1.7% 上升为 1952 年的 5.2%。生产资料工业和大型工业的优先发展，使我国工业基础薄弱的状况开始发生变化，为我国工业、农业、交通运输业以及国防事业的发展奠定了一个初步的基础。

第三，交通运输和国内外贸易事业得到了恢复和发展，城乡经济活跃，市场繁荣，物价稳定。

在三年国民经济恢复时期中，我国的交通运输事业不但得到了全面恢复，而且有很大的发展。1952 年，全国铁路营业里程达到 2.29 万公里，客运量为 16,352 万人，货运量为 13,217 万吨。公路通车里程为 12.67 万公里，客运量为 4,559 万人，货运量为 13,158 万吨，载重汽车由 1949 年的 3.2 万辆增加到 1952 年的 4.43 万辆。内河航运里程为 9.5 万公里，客运量为 3,605 万人，货运量为 5,141 万吨，轮船的载重量由 1949 年的 37 万吨增加为 1952 年的 53 万吨。民用航空线为 1.31 万公里，客运量为 2 万人，货运量为 0.2 万吨。除铁路客货运输量稍低于解放前最高水平外，其他各项指标均超过了历史上的最高水平。

由于交通运输设备的增加和改善，新的生产方法的采用，以及管理水平的提高，我国交通运输的效率不断得到提高，铁路货运机车，每日行走里程1952年比1949年提高28.5%，平均牵引总量提高23.1%，每日运量提高47.1%。货车周转时间1952年比1949年提高33.9%，每日行走里程提高50%。货运列车运行速度，1952年比1949年提高28.1%。以上各项指标，都改写了中国铁路运输史上的最高纪录。

三年中，邮电事业也有很大的发展，一些偏僻的农村开始有了邮路和电话。1952年与1949年比较，邮电局、所由2.63万处发展到4.95万处，增加了88.2%；邮路长度由70.6万公里发展到128.97万公里，增加了82.6%；邮电业务总量由0.7亿元增加到1.64亿元，增加了69%。

经过三年恢复，我国城乡市场呈现出购销两旺的繁荣景象。1952年全国商品零售总额为27.68亿元，比1950年增加62.3%。某些主要商品的销售额以1950年为100，1952年增长的幅度分别如下：粮食为271.28%，棉纱为171.43%，棉布为245.76%，煤炭为141.68%，煤油为262.67%，食盐为152.89%，纸烟为194.41%。3年中，农副产品采购额和生产资料供应额也有很大的增长。1952年农副产品采购总额达到129.7亿元，比1950年增长62.1%；农业生产资料供应额达到14.1亿元，比1950年增长93.2%。在国内贸易获得蓬勃发展的同时，我国的对外贸易事业也有了飞速的发展。到1952年，我国冲破了帝国主义的重重封锁，先后同苏联、波兰、匈牙利、罗马尼亚、保加利亚、民主德国、捷克斯洛伐克、阿尔巴尼亚、朝鲜、锡兰、缅甸、印度、巴基斯坦，以及英国、法国、瑞士、西德、芬兰、荷兰、智利、日本等国建立或发生了贸易关系。3年中，对外贸易额连年增长，1950年进出口贸易额为41.6亿元，已经超过了1931年九一八事变以来的任何一年。1951年，进出口贸易额上升为59.5亿元，比1950年增加43%。1952年进出口贸易额再上升为64.6亿元，比1950年增加55%。

由于工农业生产的发展，以及国家财政经济状况的根本好转，3年来市场物价一直保持着稳定的局面。全国物价批发指数以1950年3月为100，则1950年12月为85.4，1951年12月为92.4，1952年12月为92.6。北京、天津、上海等8大城市的零售物价指数，以1950年3月为100，则1951年为94.6，1952年为93.7。旧中国通货膨胀、物价飞涨的局面已一去不复返了，人民群众再也不必为物价一日三涨，纸币贬值而提心吊胆了，物价的稳定，为工农业生产的进一步发展，为国家

凯歌行进的时期（1949—1956）

开始有计划的经济建设创造了条件。

第四，国家财政状况获得了根本性的好转，从 1951 年以后国家财政收支大幅度增长，收大于支，连年结余，有力地支持了工农业生产的发展和保证了市场物价的稳定。

从 1950 年到 1952 年，财政收支情况如下：1950 年总收入为 65.2 亿元，总支出为 68.1 亿元，支大于收，当年有 2.9 亿元的财政赤字，占总支出的 4.1%，1951 年总收入为 133.1 亿元，总支出为 122.5 亿元，分别比 1950 年增长 104.9% 和 79.8%，收大于支，转亏为盈，当年结余 10.6 亿元。1952 年总收入为 183.7 亿元，总支出为 176 亿元，继续保持增长的势头，分别比上年增长 38% 和 43.7%，收支相抵，结余 7.7 亿元。从 1951 年开始，国家财政收支由亏转盈，连年结余，标志着我国财政已度过困难时期，发生了根本性的好转。这不仅在新中国财政史上具有重要意义，在近代中国财政史上也是一件了不起的事情。3 年中，国家财政收支的稳步增长，极大地壮大了新中国的实力，保证了恢复和发展生产的需要，支持了抗美援朝战争，巩固了人民民主专政。

国家财政状况的根本好转，还表现在国家财政收支的构成有了很大的变化。在国家财政收支中，来自国营企业的收入部分和经济文化教育建设费的支出都有很大的增长。在国家财政总收入中来自国营企业收入的部分，1950 年为 8.7 亿元，占 13.3%；1951 年为 30.5 亿元，占 23%；1952 年为 57.3 亿元，占 31.2%。各项税收的绝对数字 3 年中也有很大增长，但在国家财政总收入中所占的比例则逐年下降。1950 年各项税收为 49 亿元，在总收入中占 75.1%；1951 年为 81.1 亿元，下降为 60.9%；1952 年为 97.7 亿元，再下降为 53.1%。在税收中，工商税收入的比例不断增加，农业税收的比例则有较大的缩小。农业税收入在国家财政收入中所占的比例，1950 年为 29.6%，1951 年为 18.2%，1952 年为 16%。在财政总支出中，经济建设和文化教育科学卫生事业的费用不断增加，1950 年为 17.5 亿元，为总支出的 25.7%；1951 年为 37.6 亿元，为总支出的 30.7%；1952 年为 60.2 亿元，为总支出的 34.2%。国防费、行政管理费在国家财政总支出中的比例相应逐年下降，1950 年两项合计为 41.4 亿元，为总支出的 60.8%；1951 年为 68.1 亿元，为总支出的 57.2%；1952 年为 61 亿元，为总支出的 36.3%。上述这种变化，说明了我国财政状况的好转是工农业生产发展的结果，具有稳固的基础；同时又说明了我国财政状况的好转，又支持了工农业生产的发展，我国国民经济步入了一个良性循环状态中。

第五，随着工农业生产的恢复和发展，以及国家财政状况的根本好转，全国人民的物质文化生活水平也有了显著的改善和提高，人民和政府之间，全国各族人民之间的团结进一步得到巩固和加强。

农民，占我国人口的80%。经过3年恢复时期，他们的物质生活和文化生活都有了明显的提高。首先，经过土地改革，5亿农民彻底摆脱了封建土地剥削制度的束缚，仅废除每年向地主交纳的地租和高利贷利息，全国每一个农民每年平均可多收入粮食200—300斤。其次，由于国家采取了兴修水利，开展互助合作，帮助农民改进耕作技术，发展农业生产，以及提高农产品收购价格、减轻农民负担等项措施，也使广大农民增加了收入，改善了生活。据统计，1952年与1949年比较，各地农民的收入一般增加30%，平均每人的消费水平约增长20%。1952年，农民每人每年平均消费粮食383斤，食油3.4斤，肉11斤，棉布13.7尺，均比1949年增长50%左右。农村中有不少农户开始盖新房，拴车买马，添置生产资料。自行车、暖水瓶、搪瓷脸盆、胶鞋、雨靴等日用品也进入了农民的家庭。再次，由于土地改革和保护私有政策的实行，农民的生产积极性得到空前的发扬，土改后的农村普遍出现了中农化的趋势，即贫雇农减少，中农增加，农民的经济地位大有改善。据各地典型调查，一般农村中中农户都达到总农户的60%—70%左右。

城市居民的生活，在恢复时期的3年中也得到很大的改善。这首先表现在城镇居民中就业人员迅速增加和失业人员的普遍减少。全国解放时，城市中失业人员达到400多万人，相当于1949年年末全国在职职工人数的一半，其生活状况十分困难，相当一部分人靠人民政府的救济维持生活。经过人民政府的积极安排，并随着生产事业的发展，到1952年400万失业人员中已有200多万人得到了就业，其他人员也得到妥善的安排，该年年底全国职工总数达到1,603万人，比1949年增加将近1倍。其次，3年中随着生产的发展，全国职工的工资也有较大幅度的增长，增长幅度一般为60%—120%。到1952年，平均每一户职工的总收入比1949年增加38%，绝大部分工人的工资收入已达到或超过抗日战争前的水平。职工收入的普遍增加，还表现在城镇居民在银行存款的大幅度增加，1952年与1951年比较，城镇居民在银行存款的总额增长了5.5倍。再次，城市职工的社会福利事业有了很大的增加，国营大企业普遍对职工实行了劳动保险制度，全国公教人员也普遍实行了公费医疗制度。政府和企业还举办了托儿所、疗养院、休养所。据1952年统计，全国享受劳动保险的职工人数为330万人，享受公费医疗的职工为400多万人，全国共有职工疗养院 51 处，休养所 35 处，业余疗养所 347 处。工矿企业中女工的困难也得到了适当的照顾，除产前产后规定的 56 天假期外，全国还有为工人所办的托儿所 1，600 余个，较大的工厂都增设了哺乳室。3 年中，国家还为职工建设住宅 1，462 万平方米，改善了职工的住宿条件。

在经济物质生活得到改善和提高的同时，全国人民的文化生活也得到显著的改善和提高。据 1952 年统计，全国高等学校在校学生人数比 1949 年增加 69％；中等学校在校学生人数比 1949 年增加 142.2％；小学在校学生人数比 1949 年增加 101％。1949 年到 1952 年，全国电影放映单位由 646 个增加为 2，285 个，艺术表演团体由 1，000 个增加为 2，084 个，剧场由 891 个增加为 1，510 个，文化馆由 896 个增加为 2，430 个，公共图书馆由 55 个增加为 83 个，博物馆由 21 个增加为 35 个。图书发行册数由 1950 年的 2.7 亿册（张）增加为 7.9 亿册（张）。卫生机构由 1949 年的 2600 个增加为 3，540 个，病床由 80，000 张增加为 160，000 张，卫生人员由 541，000 人增加为 819，000 人。

二　新因素的增长

三年国民经济恢复时期，我国国民经济的发展和变化，还表现在社会主义、半社会主义经济成分的迅速增长，及其在国民经济中比重的不断增大，社会主义经济在国民经济中的主导地位得到进一步的加强和巩固。

土地改革后的农村，由于封建地主土地所有制的被废除和农民土地所有制的确立，为农业生产的恢复和发展带来巨大的活力和生机。从 1950 年到 1952 年，农业生产以每年平均 13.8％的速度向前发展，农村呈现出一派生机盎然的新景象。这充分说明，一家一户的个体农民所有制基本上适合和有利于我国农村生产力的发展，显示了旺盛的生命力。但是，一家一户的个体农业经济也有其脆弱的一面。由于我国地少人多，自然灾害频繁，以及封建地主阶级的残酷剥削，我国的农业长期陷于封闭、落后、贫困的状态，这就使刚刚翻身的农民家底十分薄弱，许多农户虽然分得了土地，但因缺乏其他生产资料在生产中存在许多困难。据对 23 个省 15，432 户调查，土地改革后贫农每户平均仅占有耕畜 0.47 头，犁 0.41 部，水车 0.07 部。他们每年可拿出购买生产工具的资金，每户平均仅有 3.5 元。不少农户由于缺乏资金，缺乏耕牛和农具无法独立进行生产。如果遇到天灾人祸，他们的处境就更加困难。因此，中国共产党和人民政府在巩固土地改革成果，确定地权，保护私有，充分发挥农民个体经营积极性的同时，也十分注意提倡和鼓励农民在保持生产资料私有的基础上，根据自愿互利的原则实行各种形式的生产互助合作，依靠劳动者相互之间的协作。克服一家一户分散生产中无法克服的困难，达到发展生产，改善生活的目的。

为了更好地分析和认识土改后农村的形势，把握农业生产互助合作，1951 年 9 月，中共中央召开了第一次农业生产互助合作会议，会议认为，农民在土地改革的基础上发扬起来的生产积极性表现在两个方面，一方面是个体经济的积极性，另一方面是劳动互助的积极性。农民的这些生产积极性，乃是迅速恢复和发展国民经济和促进国家工业化的基本因素之一。正确地认识和对待农民的这些积极性，对于正确地领导农业生产具有重要的意义。会议还根据我国的经济条件指出，农民个体经济在一个相当长的时期内还将大量存在，因此应当充分了解农民小私有者的特点，看到农民个体经济积极性的不可避免性及其重要性，决不可忽视和粗暴地挫伤农民这种个体经济的积极性。会议要求各级党委必须按照《共同纲领》的规定，保护农民已得土地的所有权，使各种经济成分，包括农民和手工业者的个体经济，在国营经济的领导之下，分工合作，各得其所，以促进整个社会经济的发展。会议指出，即就对富农经济，也还是让它发展的。会议也分析了个体农民在一家一户分散经营中存在的许多困难，指出为了帮助农民克服这些困难，使广大贫困农民能够迅速地增加生产而走上丰衣足食的道路，为了使国家得到比现在多得多的商品粮食和其他工业原料，也必须提倡和帮助农民组织起来，按照自愿的原则，发展农民劳动互助的积极性。为了保证农村生产互助合作的健康发展，会议指出应根据可能的条件，采取稳步前进的方针，采取消极的态度或急躁的态度都是不对的，都是有害于农业生产互助合作的。

会议在总结各地开展农业生产互助合作经验的基础上，指出目前农业生产互助合作的形式大体有 3 种，即临时互助组、常年互助组和生产合作社。临时互助组和常年互助组，是在保持土地、耕牛以及其他生产资料私有和各家各户独立经营的基础上，参加互助组成员之间按照等价交换的原则在劳力、耕畜、农具等方面实行互助协作，以克服一家一户在分散生产中无法解决的困难的集体劳动组织。临时互助组和常年互助组的区别是，临时互助组是季节性的，农忙互助，农闲分散；常年互助组带有一定的稳定性，常年互助，农副业结合，并有简单的生产计划和某些公共

凯歌行进的时期（1949—1956）

财产。合作社是互助组的进一步发展，它的特点是社员的土地统一作股入社，在土地保持私有的基础上由合作社统一经营，入社的土地和劳动力按照一定的比例分红。社员入社自愿，退社自由。合作社的优点是，通过统一经营解决了互助时无法解决的共同劳动和分散经营之间的矛盾，在土地的使用上可以实行统一规划，因地种植；在劳动力的使用上可以实行合理分工，充分发挥每一个劳动者的特长；在生产的深度上，可以更多地采用先进耕作技术和进行较大规模的农田基本建设。

会议还根据稳步前进的方针，以及不同地区的不同情况，对各地农村互助合作的发展提出了不同的要求：在新解放区和互助合作基础比较薄弱的地区，要有领导地大量发展临时互助组；在有初步互助合作的地区，要着重发展常年互助组；在群众有比较丰富的互助合作经验而又有比较坚强的领导骨干的地区，要有重点地发展农业生产合作社。

经过认真的讨论，会议起草和通过了《中共中央关于农业生产互助合作的决议（草案）》。12 月，中共中央将该决议（草案）下放县、区党委试行，要求各级党委把互助合作当作一件大事去做。

中共中央关于农业生产互助合作的决议，反映了广大农民，特别是许多贫苦农民的愿望与要求，受到了他们的拥护和支持。到 1952 年年底国民经济恢复时期结束时，已有 4，542 万户农民（占全国总农户的 39.9%）参加了互助合作组织。他们共组织了 800 多万个互助组（其中有常年互助组 175 万个，临时互助组 627 万个）和 1，092 个农业生产合作社（其中有 10 个高级农业生产合作社，1，082 个初级农业生产合作社）。这就是说，在国民经济恢复时期结束时农村已经有 40% 的农户迈上了互助合作的道路，加上供销合作社、信用合作社的建立，合作经济在农村已经有了相当的发展，成为团结和领导农民发展农业生产的一支重要力量。

对个体手工业的互助合作，中共中央和人民政府也是十分重视的。中华人民共和国成立后，中共中央和人民政府多次发出指示，强调指出手工业在国民经济中占有相当大的比重，它们在支持工农业生产，满足人民生活需要等方面具有非常重要的作用，要求各级党委和政府必须重视对手工业生产的保护和扶植，严防破坏手工业行为的发生。中共中央和人民政府强调指出，破坏手工业的行为，就是破坏了中国共产党和人民政府恢复和发展生产的根本方针，是一种自杀政策，对此是绝对不能允许的。同时，中共中央和人民政府也指出，个体手工业由于生产规模狭小，势单力薄，在生产中，特别是在原料采购、产品销售中存在着许多困难，严重地妨碍了手工业生产的发展。因此在保护和扶植手工业生产的同时，也必须通过说服教育，典型示范，在自愿的基础上引导个体手工业者逐步组织起来，通过互助合作，克服困难，扩大和发展生产。1951 年 6 月，在中共中央和政务院的指导下，召开了第一次手工业生产合作会议，明确了手工业合作社的性质、目的和任务，讨论和通过了手工业合作社的社章。1952 年 8—9 月，又召开了第二次手工业生产合作会议，根据前几年试办手工业生产合作社的经验，对手工业生产合作社的组织对象作了明确的规定，制定了发展手工业生产合作社的发展计划。经过 3 年发展，到 1952 年年底，全国已有 22 万个个体手工业者（占个体手工业者总人数的 3.1%）参加了手工业生产合作社（组），共组织了 1,000 多个手工业生产合作社，产值为 2.55 亿元，占手工业总产值的 3.5%。另外，还有一批手工业供销合作社（组）。

在三年国民经济恢复时期，国家在大力扶助和支持私人资本主义工商业的过程中，国家资本主义也得到了迅速的发展。建国初期，私人资本主义工商业在国民经济中占有较大的比重，它在恢复和发展工农业生产，活跃城乡经济，满足社会需求等方面具有十分重要的作用。中国共产党和人民政府十分注意利用和发挥它对国计民生的积极作用。然而，由于在旧社会遭到帝国主义、封建主义和官僚资本主义的压迫和摧残，以及长期战争的破坏，全国解放时私人资本主义工商业已元气大伤，在生产和经营中存在许多困难，如设备陈旧、资金不足、原料匮乏、产品积压等等，它们迫切要求人民政府予以扶助和支持。为了帮助私人资本主义工商业度过困难，同时也为了扩大和掌握货源，稳定市场，在各大城市解放后不久人民政府就组织力量大量收购私人资本主义工业企业的产品，提供原料委托他们加工和有计划地向他们订货。在 1950 年调整工商业中，对私人资本主义企业的加工订货得到了进一步的发展。1951 年，由于人民政府对棉纱实行统购，私营棉纺行业全部纳入了为国家加工的轨道。到 1952 年年底，私人资本主义工业接受国家加工订货的产值已达到其总产值的 56%。这就意味着，在国民经济恢复时期结束时，已有一半以上的私人资本主义工业企业是在国家的计划指导下为国家进行生产。因而这些企业在性质上已经开始发生了变化，它们已经不再是普通的私人资本主义经济，而是一种特殊的资本主义经济，即在人民政府管理下的，用各种形式和国营社会主义经济联系着的，并受工人监督的，具有一定社会主义因素的国家资本主义经济。

在三年国民经济恢复时期，在私人资本主义工商业中公私合营企业也得到了一定的发展。到 1952 年年底，已有 1,000 多个私人资本主义企业实行了公私合营，

凯歌行进的时期（1949—1956）

其中公私合营工业企业为 997 个，资本总额为 5.37 亿元，占公私合营工业和私营工业资本总额的 24.5%，其产值约占全国工业总产值的 5%。在 1952 年年底，全国的私营银行、钱庄也全部实行了公私合营。公私合营企业，属于高级形式的国家资本主义，它的全部生产资料为国家和私人共有，在企业中公方代表居领导地位，其生产经营已基本纳入了国家的计划。

三年国民经济恢复时期，各种形式的国家资本主义的出现和发展，是中国共产党、人民政府和广大群众在实践中的一种创造，它把对私人资本主义工商业的利用、限制和改造紧密地结合起来，融为一体。通过各种形式的国家资本主义，国家一方面帮助私人资本主义工商业解决了不少困难，扶持和帮助了它们的发展，较好地发挥了它们有利于国计民生的积极作用；另一方面也一步一步把它们引上与国营社会主义经济合作，基本上为国计民生服务的轨道，限制了它不利于国计民生的消极作用，同时也使它的性质在逐渐发生变化，到公私合营阶段私营资本主义企业已经成为半社会主义性质的企业了。当条件成熟时，再进一步转变为完全社会主义性质的企业就不难了。

在建国后的最初 3 年里，在公私兼顾的原则下，社会主义国营经济、合作社经济、国家资本主义经济、个体经济和私人资本主义经济都得到了发展。由于国家的支持和社会主义经济的优越性，在五种经济成分共同发展中社会主义经济和半社会主义经济的发展更为迅速，在整个国民经济中所占的比重不断增大。1949 年，社会主义工业的总产值为 37.3 亿元，在全国工业总产值中所占的比重为 34.7%。国家资本主义工业的产值为 10.31 亿元（其中公私合营工业的产值为 2.2 亿元，资本主义工业接受加工订货的产值为 8.11 亿元），在全国工业总产值中所占的比重为 9.5%。资本主义工业自产自销部分的产值为 60.17 亿元，在全国工业总产值中所占的比重为 55.8%。到 1952 年，社会主义工业总产值增加为 151.2 亿元，国家资本主义工业的总产值为 72.65 亿元（其中公私合营工业的产值为 13.67 亿元，资本主义工业接受加工订货的产值为 58.98 亿元），分别比 1949 年增长 5—6 倍，在全国工业总产值中所占的比重分别上升为 56% 和 26.9%，两项合计为 89%。在此期间，资本主义工业的总产值也有增加，但在全国工业总产值中所占的比重则下降为 39%，自产自销部分产值在全国工业总产值中只占 17.1%。在商业中，1950 年国营商业、合作社商业和国家资本主义商业在社会商品总批发额中只占 23.9%，在社会商品总零售额中只占 16.5%，在 1952 年分别上升为 63.7% 和 42.2%，在进出口贸易中，1950 年国营商业所占比重为 66.5％，到 1952 年则达到 93％，在金融业中，1950 年国家银行、公私合营银行在存放款余额中所占的比例各为 96.1％和 96.9％，到 1952 年分别上升为 99.9％和 100％，在农村，则有 40％的农户走上了互助合作的道路，合作经济有了很大的发展。

建国后头 3 年社会主义经济、半社会主义经济成分的优先增长，是新民主主义经济制度发展的必然结果，是中国人民在国民经济恢复时期所取得的重大成就之一。社会主义因素的增长，不仅保证了在重重困难条件下国民经济恢复任务的胜利完成，也保证了中国新民主主义社会沿着社会主义方向向前发展。

三　有益的启示

1949 年到 1952 年国民经济恢复工作的胜利完成，是中国人民在中华人民共和国成立后取得的第一个具有巨大战略意义的胜利，是中华人民共和国发展史上的一个重要的里程碑。

它的历史意义是：

第一，国民经济恢复工作的胜利完成，粉碎了帝国主义和国民党反动派妄图通过经济上的封锁和禁运，使新中国归于失败的阴谋，有力地巩固了新生的人民民主专政，使中华人民共和国像巨人一样屹立在世界的东方。这就为我国在政治上的独立和经济上的发展，为在平等的基础上和世界各国建立外交关系，发展贸易往来奠定了坚实的基础。

第二，国民经济恢复工作的胜利完成，使我国的经济制度发生了根本性的变化，半殖民地半封建残余彻底被摧毁，资本主义经济也受到一次洗礼，以社会主义国营经济为领导的，包括合作经济、国家资本主义经济、私人资本主义经济、个体经济在内的新民主主义的经济制度在全国范围内得到确立，国家的面貌焕然一新。这就为我国经济的迅速发展和稳步地向社会主义过渡打通了道路。

第三，国民经济恢复工作的胜利完成，标志着建国初期我国各项民主改革和经济改组的任务已经完成，中国人民和帝国主义、地主阶级、国民党残余之间的矛盾已经得到解决，经济运行已经走上正轨，被破坏的社会生产力已经得到恢复，这就为开始有计划的经济建设创造了条件。从 1953 年开始，我国进入了发展国民经济的第一个五年计划建设的新时期。

凯歌行进的时期（1949—1956）

在三年国民经济恢复时期，中国共产党和人民政府的工作是非常成功的，为我们提供了许多有益的启示。最根本的一点，就是中国共产党和人民政府谦虚谨慎，不骄不躁，从我国的国情出发，在政治上坚持了以新民主主义即人民民主为中华人民共和国建国的政治基础，在经济上坚持了在社会主义经济领导下的多种经济成分并存和公私兼顾、劳资两利的方针，从而团结了全国各阶层人民，调动了各方面的力量，达到了发展生产、繁荣经济的目的，奇迹般的在短短的三年里恢复了 12 年战乱破坏的国民经济。

具体说，在三年国民经济恢复时期，中国共产党和人民政府在工作中有以下一些成功的经验。

第一，正确地处理政治和经济的关系，牢牢地把恢复国民经济，争取国家财政经济状况的根本好转作为全党和全国人民的中心工作，使其他一切工作服从和服务于这个中心。

建国初期，我国社会矛盾错综复杂，工作千头万绪，在前进的道路上存在着重重困难。但中国共产党和人民政府清醒地看到战争已经基本过去，组织和安排好社会经济生活的重担已经落到自己的肩上。能不能做好这件工作，则关系到新生的人民民主专政能否站稳脚跟。早在七届二中全会上，中共中央就明确指出，"从我们接管城市的第一天起，我们的眼睛就要向着这个城市的生产事业的恢复和发展"。"城市中其他工作……都是围绕着生产建设事业这一中心工作并为这个中心工作服务的。如果我们在生产工作上无知，不能很快地学会生产工作，不能使生产事业尽可能迅速地恢复和发展，获得确实的成绩，首先使工人生活有所改善，并使一般人民的生活有所改善，那我们就不能维持政权，我们就会站不住脚，我们就会要失败。"中共七届三中全会重申和坚持了这个方针，明确地规定全党全国人民在 3 年恢复时期的基本任务和奋斗纲领就是全力争取国家财政经济状况的根本好转，其他各项社会改革，如新解放区的土地改革、城市调整工商业、对旧有文化教育事业的改革、统一战线工作，以及镇压反革命等等，都是为这个基本任务服务的。1950年 5 月 20 日，毛泽东还向各中央局负责同志写了一封信，要求他们"必须亲自抓财政、金融、经济工作，各中央局会议必须经常讨论财经工作，不得以为只是财经业务机关的工作而稍有放松。"他指出，"各分局、大市委、省委、区党委亦是如此。"他还告诉各中央局负责同志，"中央政治局现在几乎每次会议都要讨论财经工作。"中共中央和人民政府认真地贯彻了上述方针，比如在繁重的新解放区的土地改革中，中共中央和人民政府一开始就明确规定，土地改革的目的就是为了解放农村生产力，发展农业生产，土地改革一律利用农闲时间进行，并适时将消灭富农经济的政策改为保存富农经济的政策，对地主阶级除没收其土地、大型农具和在农村的多余房屋外，其他浮财一律不动。1951 年 8 月，在土地改革已经在一部分农村完成的情况下，中共中央及时发出指示，明确指出，"对农村工作除继续完成土地改革外，对土地改革后的农村，应以提高农村生产和农民政治觉悟为中心任务，去布置一切工作。"就在这个指示中，中共中央还强调指出，"发展市内生产，发展城乡物资交流，是城市一切工作的中心任务。"在抗美援朝战争发生后，中共中央并没有放松对经济工作的指导，及时地提出了"边稳、边建、边抗"的方针，把全国人民的政治热情引向搞好生产和建设，号召工人多生产机器，农民多打粮食，用增产节约的实际行动支援抗美援朝战争。在建国后的头 3 年里，虽然社会改革任务比较繁重，政治运动比较频繁，又发生了抗美援朝战争，但这些都没有动摇和削弱恢复国民经济，争取国家财政经济状况基本好转这项中心工作，而且从不同方面促进和保证了这项中心工作的顺利进行和圆满的完成。正确处理经济工作和其他工作的关系，把搞好国民经济工作，发展社会生产力作为自己一切工作的基点和中心，这是中国共产党和人民政府在国民经济恢复时期一条极为成功的经验。

第二，正确处理社会主义经济和非社会主义经济之间的关系，在坚持和巩固社会主义经济的领导地位的前提下，充分利用和发挥其他非社会主义经济在国计民生中的积极作用。

新中国，脱胎于半殖民地半封建社会，是一个经济十分落后的国家。建国初期，不仅存在着多种经济成分（有社会主义国营经济、合作社经济、国家资本主义经济、私人资本主义经济和个体经济），而且非社会主义经济成分在国民经济中占据绝对的优势，广大农村还没有完全摆脱封闭的自然经济状态。这就决定了在我国不可能很快地消灭和根绝资本主义和个体经济；相反，它们在社会生产中还占有十分重要的地位。尤其是资本主义经济，在促进全国从自然经济向商品经济的转化过程中，在实现社会化大生产的过程中具有不可忽视的作用。毛泽东在七届二中全会上曾指出，"中国的私人资本主义工业，占了现代性工业中的第二位，它是一个不可忽视的力量。""由于中国经济现在还处在落后状态，在革命胜利以后一个相当长的时期内，还需要尽可能地利用城乡私人资本主义的积极性，以利于国民经济的向前发展。在这个时期内，一切不是于国民经济有害而是于国民经济有利的城乡资本主义成分，都应当容许其存在和发展。这不但是不可避免的，而且是经济上必要的。"①

他尖锐地批评了企图很快消灭资本主义的主张。他认为，"国营经济是社会主义性质的，合作社经济是半社会主义性质的，加上私人资本主义，加上个体经济，加上国家和私人合作的国家资本主义经济，这些就是人民共和国的几种主要的经济成分，这些就构成新民主主义的经济形态。"②《共同纲领》明确规定，"中华人民共和国经济建设的根本方针，是以公私兼顾、劳资两利、城乡互助、内外交流的政策，达到发展生产、繁荣经济之目的。国家在经营范围、原料供给、销售市场、劳动条件、技术设备、财政政策、金融政策等方面，调剂国营经济、合作社经济、农民和手工业者的个体经济、私人资本主义经济和国家资本主义经济，使各种社会经济成分在国营经济领导之下，分工合作，各得其所，以促进整个社会经济的发展。"中国共产党和人民政府，在国民经济恢复时期不折不扣地执行了上述政策，切实地保障广大农民和手工业者的个体私有制，珍惜和保护他们的个体生产积极性；多次通过调整工商业，予资本主义经济以应有的扶助和支持，充分发挥它在为社会提供产品，促进商品流通，满足人民需要，积累建设资金，以及培训技术人才，维持劳动就业等方面的作用。这样做的结果，使各种经济成分在社会主义国营经济的领导下，在各自领域和从不同方面发挥了其对国计民生的积极作用，国家、集体、个人一起上，迅速赢得了恢复国民经济工作的胜利，仅用 3 年的时间就医治好了 12 年战争造成的创伤，使工农业生产达到和超过了历史上的最高水平。

第三，重视巩固和扩大人民民主统一战线工作，在政治上采取和实行了争取和团结一切可能团结的人，调动一切积极因素的方针。

中国共产党领导下的人民民主统一战线，是我们取得民主革命胜利的三大法宝之一；它在建国初期完成国民经济恢复，争取国家财政经济状况的基本好转中仍然具有十分重要的作用。建国初期，我国处在一个新旧交替的大变动大改组的时期，经济战线和政治战线上的任务十分繁重和艰巨，团结一切可以团结的人，调动一切可以调动的力量，组成一支浩浩荡荡的革命和建设大军就成为一个十分重要的问题。中国共产党和人民政府十分重视这个问题，多次强调要认真地、谨慎地做好

---

① 《毛泽东选集》第 4 卷，人民出版社 1991 年版，第 1431 页。
② 《毛泽东选集》第 4 卷，人民出版社 1991 年版，第 1433 页。

统一战线工作，要求在国内必须团结各民族、各民主阶级、各民主党派、各人民团体，以及一切爱国民主人士，依靠全国人民的团结和努力，克服前进道路上的障碍，实现国家财政经济状况的根本好转。1951 年 2 月 18 日，中共中央发出《关于进一步加强统一战线的指示》，要求各级党委，必须向干部讲清楚加强和发展统一战线的重大意义；要求各中央局、分局、省、市、区党委，于 1951 年内召开两次会议，讨论统一战线工作，并向中央作两次关于这方面的专题报告。中共中央在这个时期，特别注意纠正由于革命胜利在党员干部中滋长的"左"倾关门主义情绪，批评了急于消灭资产阶级，用简单粗暴方法对待知识分子，以及轻视和不愿意和民主党派、党外人士合作的错误倾向。即对那些被打倒的反动阶级的分子，中国共产党和人民政府也主张对他们加以区别对待。1951 年 8 月，中共中央在《关于新区土地改革完成后在经济上应团结所有的人进行生产的指示》中指出，"在新区土地改革完成后，在农村中，除了严格禁止地主及其他反动分子进行反革命活动外，在经济上应团结所有的人来进行生产；就是对那些守法并认真进行生产的地主，亦应包括在团结和保护之列。对这些地主在生产和生活上的实际困难，亦应在可能范围内予以适当解决，对于他们生产中所积累起来的财产，亦应加以保护，不得再加分配。"中国共产党和人民政府有关加强和扩大统一战线的决定和努力，取得了很好的效果，团结了一切可能团结的人，调动了各方面的积极因素，并一直影响和扩大到海外。在建国后的最初日子里，在国外华侨、留学生中出现了一个回国的热潮，他们克服重重困难，漂洋过海回到祖国，参加新中国的建设。中国共产党和人民政府团结一切可以团结的人组成广泛的爱国统一战线的政策，对胜利完成国民经济恢复任务，实现国家财政经济状况的基本好转发挥了极为重要的保证作用。

第四，重视发挥国家的经济职能，在尊重客观经济规律的基础上充分利用和发挥经济杠杆的作用，用经济手段管理和治理经济。

中国人民夺取政权以后，可以直接依靠和运用自己手中掌握的政权领导和管理经济，这是中国革命的一大成果，是中国共产党和人民政府治理好国家经济的一个重要条件。但是，这并不意味着治理经济可以不顾客观经济规律，完全按照主观意志依靠行政手段去行事。中国共产党和人民政府充分注意到这一点，它在领导全国人民恢复和发展国民经济工作中十分注意利用客观经济规律和运用经济手段管理经济。在平抑物价、稳定市场的斗争中，中国共产党和人民政府除运用行政手段加强市场管理，严禁和取缔投机活动，查抄证券大楼外，所采取的具有决定意义的措施是，根据货币流通和市场供求的规律，通过统一财经，消灭赤字，大力回笼货币抽紧银根，用釜底抽薪的办法，从根本上解决了通货膨胀、物价上涨的问题，迅速达到了预期目标。在打击投机资本的斗争中，中国共产党和人民政府还以掌握足够的重要物资为后盾，在摸清投机资本活动规律的基础上选择最适当的时机，在全国统一行动，集中抛售，利用市场价值规律的作用，予投机资本以毁灭性的打击。资产阶级对中国共产党和人民政府不用政治力量而能战胜投机资本，稳住物价，深表佩服。中国共产党和人民政府在对资本主义工商业的利用、限制过程中，也着重从经济领域入手，根据资本主义工商业在生产和交换中的需要，采用在经济活动中为人们所熟悉和惯用的形式，和他们建立收购包销、加工订货、经销代销等关系，同时配合市场管理、税收政策、银行贷款、价格管理，以及对某些重要工业原料的控制，逐步地把它们引上国家资本主义道路。重视客观经济规律，通过经济政策和经济手段管理和调节经济，是建国初期国民经济恢复得以迅速恢复的一个重要原因，也是中国共产党和人民政府建国初期在领导恢复国民经济工作中的一条重要的经验。

第五，在新的条件下，中国共产党十分注意自身建设，及时地开展了整风、整党，保持和发扬了自己的优良传统和作风，加强了对国民经济恢复工作的领导。

中国共产党是一个伟大的党、光荣的党，是中国人民的领导核心和革命事业取得胜利的根本保证，这已为中国民主革命的实践及其胜利所证实。革命离不开共产党的领导，建设同样需要共产党的领导。但是，在民主革命胜利后，中国共产党面临着一系列新的考验。中国共产党成为执政党以后，环境和地位发生了根本性的变化，和平代替了战争，被压迫的党变成执政的党。条件和地位的变化，使中国共产党内容易产生以功臣自居，骄傲自满，贪图享受，以权谋私等不良倾向，容易滋长官僚主义、命令主义等脱离实际、脱离群众的不良风气。社会上一些钻营之徒也把加入中国共产党作为升官发财的捷径，从外部对中国共产党构成了新的威胁。因此，在新的历史时期能否保持中国共产党的先进性和纯洁性，能否保持中国共产党的实事求是、密切联系群众、全心全意为人民服务的优良传统和作风，就成为在新的历史时期能否保持和加强党的领导，能否保证国民经济恢复任务顺利实现的关键。在1949年3月举行的七届二中全会上，中共中央已经预见到民主革命胜利后中国共产党面临的新的形势和考验，提醒和号召每一个共产党员要继续保持和发扬党的艰苦奋斗和密切联系群众的作风，谦虚谨慎，戒骄戒躁，严防资产阶级糖衣炮

弹的袭击，把中国革命和建设事业进行到底。1950年，中共中央又针对革命胜利
后在党的干部中滋长着的官僚主义、命令主义和以功臣自居、骄傲自满情绪，开展
了全党全军的整风运动，提高了干部的思想水平，端正了作风，密切了党和群众的
联系。1951年，根据党组织大发展带来的党的基层组织思想不纯、组织不纯的现
象，中共中央又有领导有步骤地在全党开展了整党运动。在运动中，普遍向全体党
员进行了一次共产主义和怎样做一个共产党员的教育，同时从组织上进行了整顿和
清理。在整党的同时，中国共产党还加强了党组织的发展工作，在新解放区农村、
工厂、矿山、企业和专科以上的学校发展和建立了中国共产党的组织。通过以上一
系列工作，中华人民共和国成立后，中国共产党的组织更加纯洁、更加壮大，和群
众的联系更加密切，党的实事求是的思想路线进一步得到发扬，这对于发挥中国共
产党的核心和领导作用，对于团结和率领全国人民顺利完成国民经济恢复任务起到
了重要的保证作用，并且为随后开始的有计划的经济建设从思想上、领导上做好了
准备。

第三篇
创业探索

根据中共中央过渡时期的总路线，政府对私营工商业采取了委托加工、计划订货、统购包销、委托经销代销、公私合营、全行业公私合营等一系列从低级到高级的国家资本主义过渡形式。1953年9月7日，毛泽东邀集民主党派和工商界的部分负责人谈话，阐明了中共对私营工商业改造的方针、政策。图为中共中央下发的这次谈话要点。

第一章
战略思想的转轨

七届二中全会决定的战略方针是："在革命胜利以后，迅速地恢复和发展生产，对付国外的帝国主义，使中国稳步地由农业国转变为工业国，由新民主主义国家转变为社会主义国家。"也就是经过一个相当长的新民主主义社会的发展，先实现由农业国到工业国的转变，再开始向社会主义转变。1953 年 6 月，中共中央提出的过渡时期总路线，使我国在实现工业化的同时，对生产资料私有制实行社会主义改造，开始了直接向社会主义过渡的进程。这是毛泽东和中共中央关于我国由新民主主义向社会主义转变的战略思想的重大变更。

一　新情况、新问题

随着土地改革的渐次完成，国民经济的恢复，无论是农村和城市都出现了一些新的情况，提出了一些新的问题。

农村的情况是：土改以后，出现了中农化的趋势。少量土地集中和雇工现象开始出现，初步拉开了贫富差距，阶级关系发生了新的变动。农民的基本要求是发家致富。由于生产条件和经营能力的差别，各阶层对互助合作抱有不同的态度，老解放区的互助组织出现涣散现象。

据中共山西省委 1950 年在老区武乡 6 个村的典型调查，中农户数已占总户数

86%，人口占 88.7%，土地占 88.7%，牲畜占 84.6%，产量占 86%。两年间出卖土地的有 139 户，占总户数的 11.8%，出卖土地 410 亩占总亩数 2.28%。除因调整生产需要和转业迁移出卖土地 79 户外，因疾病、死亡、灾难等原因出卖土地的有 50 户（占总户数 4.32%），出卖土地 151.9 亩（占全部出卖土地的 37.1%）。有的富裕中农占有土地已超过当地平均数的 1 至 2 倍，并有少量雇工。[①]

1952 年，中共山西忻县地委报告说，因买地引起成分上升的，据 102 个村的调查，上升为新富裕中农的占总户数的 0.9%；上升为新富农的占总户数的 0.18%。这些上升户一般是土改以前的老中农、富裕中农和上升较早的新中农。上升的原因，主要是由于劳力强、有畜力、生产投资充足。其次，新富农的形成大都是与商业投资和高利贷剥削相联系的。在今天的社会制度下，土地大量的集中是不可能的，许多新富农在土地上并不占绝对优势，他们多数是雇人种地，自己做"走水"买卖，养胶皮车，开作坊等。[②]

同年 3 月，中共中央东北局指出，东北农村约有 1% 左右的农户已成为新富农。据 18 个村调查，富农占农村户数的 1.8%、人口的 2.6%、土地的 3.9%、耕畜的 6%、车辆的 7.7%。[③] 同年 9 月，华北局政策研究室在关于农村资本主义发展情况和对策的报告中说：新富农所占比重，据河北、山西、察哈尔 8 个村统计，占总户数的 2% 稍强，加上其他剥削阶层共占 2.23%，估计可代表华北农村一般情况。这是当时农村调查材料反映新富农发展状况的最高估计。[④]

当时，农民的基本心态是：具备了独立生产条件的中农，尤其是富裕中农愿意单干，不愿参加互助合作，但又不敢"冒尖"，怕戴剥削帽子；还不具备独立生产条件的贫农或不善于经营者，则希望通过互助组把自己发展起来，并有一种自发的农业社会主义平均思想。东北局在一份报告中说，在农民群众中：少数经济上升比较快的要求买马拴车，其中许多人要求"单干"，对单干和旧式富农感兴趣，对组织起来感到苦恼。他们说，"这个国家好，就是组织起来不好"，"共产没啥意思，地也没有个干净埋汰的"。他们认为只有单干才能"侍弄"好地。他们觉得"单干才能发财，有穷有富才能发财"。因之认为把他们编在互助组，是为了"拉帮穷人"，

---

① 《中国农业合作化运动史料》下册，生活·读书·新知三联书店 1959 年版，第 235—239 页。

② 《中国农业合作化运动史料》下册，生活·读书·新知三联书店 1959 年版，第 252—253 页。

③ 1953 年 3 月《东北局关于推行农业生产合作化的决议》。

④ 中共中央西南局农村工作委员会编：《西南区农村工作会议参考材料》，第 17 页。

是因为他发展太快了要他们"等一等"。因之他们有些人苦恼，影响了生产的积极性，或者生产不积蓄，认为够吃够喝就行了。那些经济虽有上升，但因车马不够拴一副犁杖的农民，虽对某些换工插犋违反自愿两利的缺点有意见，但他们仍愿参加变工，因为不参加地就种不上。但他们有些人希望在变工组把自己发展起来，将来买马拴车，实行单干。他们之中经济条件较差的，仍有农业社会主义平均思想，有的说：我虽欠你粮食，但过不几年，还不是一同和你走入"共产社会"；甚至看到别人买马，他说，将来走入社会主义，你还不是一样没有马?!　① 华北局的一个报告中也说：由于过去"左"倾错误影响和农村中普遍流行单纯农业社会主义思想，一般中农顾虑是大的，剩余财产除吃点穿点外，仅以坏房换好房、坏牲口换好牲口、坏地换好地，再向上就觉得严重。一部分富裕中农现在向我们讨指示：继续发展往哪里去呢? 富农的道路是他们盼望的，但视为畏途，不愿戴剥削帽子，投资工商业又感到没把握。目前许多中农正以这些人的马首是瞻。另一部分农民则要求国家给予技术上、资金上的援助，以解决生产上的困难，特别是畜力困难。②

　　面对农村出现的新情况，如何引导农民积极发展生产，就是摆在中共各级党委和各级人民政府面前的新课题。对此，党内不少人发生忧虑，担心农民走向资本主义。

　　最具代表性的是 1951 年 4 月 17 日，中共山西省委作了《把老区互助组织提高一步》的报告。报告说："山西老区的互助组织，基础较大，历史较长，由于农村经济的恢复和发展，战争时期的劳、畜力困难，已不再是严重的问题，一部分农民已达到富裕中农的程度，加以战争转向和平，就使某些互助组织中发生了涣散的情形。……从实践证明：随着农村经济的恢复与发展，农民自发力量是发展了的，它不是向着我们所要求的现代化和集体化的方向发展，而是向着富农的方向发展。这就是互助组发生涣散现象的最根本原因。当然这也不是说，目前已发展了多少富农，而是说富农方向已经是农民自发的一个趋势，这一问题，我们是很注意的。如搞不好，会有两个结果：一个是使互助组涣散解体；一个是使互助组变成为富农的'庄园'。"③

---

① 《农业集体化重要文件汇编》上册，中共中央党校出版社 1981 年版，第 8—9 页。

② 中共中央华北局《建设》第 74 期，第 13 页。

③ 《农业集体化重要文件汇编》上册，中共中央党校出版社 1981 年版，第 35 页。

这种思想中共中央东北局和华北局都有反映。东北局农村工作部编的农村调查中说："新富农出现后，发展生产两条道路的竞争，在农民思想上，特别是在有了三、四个马的富裕农民中走那条道路，就更加踌躇徘徊（因为他们有了单干条件），他就趋向单干的路，这也是必然的。农村经济的迅速发展，三马以上的户逐年增多。我们劳动互助工作跟不上形势的发展，所以单干户逐年增多，参加换工互助的户逐年减少，这是严重的自流现象。"[①]1952 年 9 月，华北局政策研究室《关于农村资本主义发展情况和对策给毛主席、中央的报告》说："农村阶级分化之所以如此迅速明显，从党的领导作用方面来说，与互相合作开展不力，党在农村的政治工作不强，有极大关系；但是，其实际社会原因：在于个体农民自发发展着资本主义。这种自发发展着的资本主义的倾向，具体表现在：农村雇佣劳动，债务剥削，土地买卖，租佃和典当，均有了相当的发展；要求我们采取一系列的政策措施，给以必要的限制。不能放任自流、任其泛滥。"[②]同年 7 月，中共河北省邯郸地委更惊呼："农村资本主义倾向的严重滋长，已经是当前进一步发展农业生产的主要障碍。"[③]

城市的情况是："五反"中揭发出不法资本家为牟取暴利进行的种种非法活动以至罪恶勾当，资产阶级损人利己、唯利是图的丑恶思想来了一个大"曝光"。于是，资产阶级是否还存在"两面性"的问题、是否应当在"五反"以后趁势一举消灭资本主义的问题，被提了出来。1952 年 6 月，陈云在一次讲话中谈到市场出现了停滞现象时说："现在的情况，一个是资本家观望，再一个是部分工人有'左'倾情绪。他们想，搞'五反'，打'老虎'，这一下子可快到社会主义了……"[④] 这种思想在思想理论界也有反映。由中共中央宣传部主办的理论刊物《学习》杂志，在 1952 年第 1、2、3 期连续发表《只有马克思列宁主义才能领导资产阶级思想改造》、《论资产阶级的"积极性"》、《认清资产阶级思想的反动性》、《明确对资产阶级思想的认识，彻底批判资产阶级思想》等文章，对于民族资产阶级在新民主主义革命和建设中有一定的地位与作用，不加分析，一概抹煞。甚至把资产阶级在新民主主义革命中的积极性描写为一种欺骗的手段。实际上否定了民族资产阶级在现阶段还存

---

① 中共中央东北局农村工作部编：1950—1952 年《东北农村调查汇集》，第 55 页。

② 中共中央西南局农村工作委员会 1952 年 11 月编《西南区农村工作会议参考材料》，第 17 页。

③《中国农业合作化运动史料》下册，生活·读书·新知三联书店 1959 年版，第 260 页。

④《陈云文选（1949—1956）》，人民出版社 1984 年版，第 181 页。

在着两面性，认为只有反动的腐朽的一面，从而达到了根本否定民族资产阶级在现阶段仍有其一定的积极性的结论。

于是，如何正确分析和对待农村贫农、中农、富裕中农、富农之间的矛盾，城市工人阶级同资产阶级之间的矛盾，整个社会中的社会主义成分同资本主义成分之间的矛盾；七届二中全会规定的，"在革命胜利以后一个相当长的时期内还需要尽可能地利用城乡资本主义的积极性，以利于国民经济的向前发展"的方针和与之相应的政策，是否应当继续执行，就是中共中央在当时必须作出明确回答的中心问题。

二 刘少奇"巩固新民主主义秩序"的主张

国家统计局发表的《关于1952年国民经济和文化教育恢复与发展情况的公报（修正本）》说，1952年是我国经济恢复阶段的最后一年。这一年中，工农业生产继续有很大的增长，工农业主要产品的产量，绝大部分已超过我国解放前的最高年产量。仅仅3年时间，就使连续十几年战争破坏已经千疮百孔的国民经济得到了恢复，这是一个很了不起的成就。但是，值得提出的是，所谓解放前的最高年产量，就是指的抗日战争爆发以前1936年的水平。实际上，那时的中国还是一个十分落后而且濒临破产的农业国，绝大多数人民还没有达到温饱水平。这说明，国民经济虽已恢复，但旧中国经济文化落后的根本状况并没有发生变化。也就是说，七届二中全会分析的基本国情尚未开始得到改变；毛泽东据此得出的中国资本主义不是多了，相反地，"我们的资本主义是太少了"的结论，更没有过时。基于这种认识，以刘少奇为代表的中共中央部分领导人，提出了"巩固新民主主义秩序"的主张——也就是继续贯彻执行七届二中全会决议和《共同纲领》的主张。

最早反映出对富农经济发展表示担心的是东北地区。1950年1月23日，刘少奇在同安子文等人的谈话中，针对当时东北有70%的农户参加了变工互助，党内有许多人对此感到欢欣鼓舞，以为是社会主义积极性的表现；又把有三马一犁一车的农民看成是富农的"左"倾情绪，明确指出，今天东北的变工互助是建筑在破产、贫苦的个体经济基础上的，这是一个不好的基础。农民参加变工互助之所以能有这样多，就是因为个体经济的破产，农民不得不变工。将来的发展，个体经济都能独立生产，变工互助，势必要缩小。这是好现象，证明经济发展了，农民成为中农的更多了，他能够单干了，这是应有的现象。他说，有三匹马一副犁一挂大车的农民，不是富农，而是中农。现在东北这种农户不超过 10%，真正富农更少。应该使这种有三马一犁一车的富裕农户，在几年之后发展到 80%，其中有 10% 的富农。有了这样的基础，将来才好搞集体农庄。关于富农剥削，他说，现在必须剥削，要欢迎剥削，不剥削就不能生活，剥削是救人，今年关里大批难民到东北去，关外的富农能剥削他，他就会谢天谢地。因此，富农雇人多买了马不要限制他雇人，这不是自流。将来我们对富农有办法，现在要让他发展，没坏处。

针对山西省委提出，要把互助组提高一步组成合作社，用积累公积金和按劳分配的办法逐步动摇、削弱，直至否定私有制，战胜农民自发因素的意见，刘少奇在多次讲话中指出，有的同志现在就想从实际上来提社会主义改造的问题。他说：山西省委在农村里边提要组织农业合作社（苏联叫共耕社）；这种合作社也是初步的，10 家、8 家、30 家、20 家的农民组织起来，土地、牲畜、农具共同使用。当然这种合作社是有社会主义性质的，可是单用这一种 10 家、8 家组织的农业合作社、互助组的办法，使我们中国的农业直接走到社会主义化是不可能的。因为仅仅依靠农村的条件不能搞社会主义，农业社会化要依靠工业。有了国家工业化，才能供给农民大量的机器，然后实行土地国有化、农业集体化才有可能。以为目前组织合作社就可以改造中国的农业，使个体的小农经济走上社会主义的农业去，那是幻想。[①]1951 年 7 月 3 日，在将山西省委的报告印发给党内负责同志和马列学院的学员时，刘少奇加了一段批语，尖锐地指出了党内有一部分人害怕资本主义的发展，企图用平均主义去战胜资本主义的错误。批语说："在土地改革以后的农村中，在经济发展中，农民的自发势力和阶级分化已开始表现出来了。党内已经有一些同志对这种自发势力和阶级分化表示害怕，并且企图去加以阻止或避免。他们幻想用劳动互助组和供销合作社的办法去达到阻止或避免此种趋势的目的。已有人提出了这样的意见：应该逐步地动摇、削弱直至否定私有基础，把农业生产互助组织提高到农业生产合作社，以此作为新因素，去'战胜农民的自发因素'。这是一种错误的、危险的、空想的农业社会主义思想。"[②]

关于私人资本主义工业，刘少奇说，比较进步的近代生产方式，中国只有

---

① 《农业集体化重要文件汇编》上册，中共中央党校出版社 1981 年版，第 31—32 页。
② 《农业集体化重要文件汇编》上册，中共中央党校出版社 1981 年版，第 33 页。

10%。10%中间，一部分是国营经济，一部分是私营经济。所以中国近代的工厂、私人工厂有进步作用。不管资本家的工厂也好，国营工厂也好，中国的工厂多一点，中国的生产力就会提高，人民的生活就会改善，所以它是进步的生产方式，为人民服务的，还要发展。因此，如果现在就采取社会主义步骤，把工业收起来，对人民没有利益，而且人民也不愿意这样搞，如果搞，就要伤害工业生产的积极性。在农村里面，我们曾经宣传过劳动致富。劳动致富，就是劳动发财，农民是喜欢发财的。过去有些地方，因为没收地主的财产，把私有观念动摇了，农民就不大放心。宣传劳动致富，就是为了提高农民的生产积极性。总之，伤害私人工业家和个体小生产者的生产积极性，这是破坏作用，是反动的，就是所谓"左"的错误。因为它破坏生产积极性，妨碍生产力的提高。①

概括起来说，刘少奇认为当时党和国家的总任务和总战略是巩固新民主主义秩序，而不是采取社会主义的步骤。他在 1951 年 3 月召开的中共第一次全国组织工作会议上报告说："中国共产党的最终目的，是要在中国实现共产主义制度。它现在为巩固新民主主义制度而斗争，在将来要为转变到社会主义制度而斗争，最后要为实现共产主义制度而斗争。"②6 月 30 日，刘少奇在中共成立 30 周年庆祝大会上的讲话中说，我们必须努力"完成新民主主义的建设事业，使中国由农业国进到工业国。在此以后，还要进到社会主义和共产主义社会去"。③

与刘少奇"巩固新民主主义秩序"主张相一致的，有中南军政委员会提出的允许农村有"四大自由"和政务院财经委员会颁布的"新税制"。

由于新解放区在土地改革中保存富农经济的政策没有得到很好执行，在农民斗争中富农经济实际上已受到很大的削弱；由于《中共中央关于农业生产互助合作的决议（草案）》于 1951 年 12 月下发并开始宣传，使小土地出租者不敢出租土地，富农不敢雇长工，有余钱不敢放债，中农不敢发展生产。为消除农民疑虑，稳定生产情绪，继 1951 年华东军政委员会和中南军政委员会颁发的春耕生产十大政策的布告以后，1952 年 3 月 22 日，中南军政委员会再次发布《关于 1952 年农业生产十大政策的布告》。布告开宗明义指出，目的是"为了指明土地改革以后发展农

---

① 刘少奇 1951 年 5 月 13 日在政协全国委员会民主人士学习座谈会上的讲话。
② 《刘少奇选集》下卷，人民出版社 1985 年版，第 62 页。
③ 《新华月报》1951 年 7 月号。

凯歌行进的时期（1949—1956）

业生产的方向"。主要内容有：（1）农民在土地改革中所分得的土地、房屋、农具、粮食等斗争果实，一律归新得户所有，产权财权已定，不再变动，并允许各人自由经营，自由处理。农民这种土地财产所有权政府坚决保护，任何人不得侵犯，侵犯者定予惩办。（2）提倡劳动互助，又许自由雇工。对未参加互助组而单独劳动的农民，不得有所歧视，他们需要雇请长工短工，一律保证雇佣自由，不得加以限制。（3）提倡信用合作，保证借贷自愿。借贷自愿、利息面议的政策，决予保障坚持不变。[①] 中共中央中南局机关报《长江日报》，1952 年 3 月 24 日，就中南军政委员会发布的农业生产十大政策发表《农村生产运动的新阶段》的社论，强调指出：争取今年再一个丰收，是改善农民生活，增强国防力量，并使国家有充分的物质准备，向着工业化的道路迈进的一个重要关键，也是昂扬经过土地改革所业已解放的农村生产力，加强与巩固工农联盟，团结各阶层人民走向经济建设，巩固新民主主义社会制度的重要步骤。

"新税制"是 1952 年 12 月 26 日经政务院第 164 次政务会议批准的。12 月 31 日政务院财经委员会发布关于税制若干修正及实行日期的通告，并公布商品流通税试行办法，同日中央财政部命令公布商品流通税试行办法施行细则，决定于 1953 年 1 月 1 日起实行。《人民日报》于 12 月 31 日发表题为《努力推行修正了的税制》的社论，对"新税制"的特点、原则、意义作了阐述。社论说，修正了的税制的特点是：保证税收、简化纳税手续。社论指出：随着经济的恢复与发展，公私经济比重的变化，新的商业网的建立及经营方法的改善，我国市场上的商品流转规律已经起了很大的变化。主要表现在国营商业及合作社大量采取加工、调拨及代购、代销或包销的方式，私营商业则趋向于组织联合采购、深购远销，各地城乡物资交流蓬勃发展，产销直接沟通。这种变化是经济上的重要进步，是旧中国经济改造的必然结果。为了适应于这种变化继续保护与培养税源，修正了的税制规定，加工收益税率统一调整为 5%，代购、代销或包销一律按进销货计税；并规定工业的总分支机构从产制、批发到零售，交纳三道营业税；商业的总分支机构，则从批发到零售只交纳两道营业税。这种由生产到消费过程只征收单一的商品流通税的办法，不仅使纳税手续大为简化，而且将便利公私企业实行经济核算制，便利城乡物资交流，适

---

① 中南军政委员会土地改革委员会编印：《土地改革重要文献与经验汇编》（续辑），第 153—158 页。

合今后国家发展经济的需要。社论说，修正了的税制继续保持公私一律平等纳税的原则。新税制将使国营商业及合作社增加了税收负担，同时又取消了今后合作社成立第一年免纳所得税及对合作社减征营业税 20%的优待，使国营商业、合作社与私商完全处在同等待遇之下。这样做，一方面照顾了私营企业，另一方面将有利于促使国营商业和合作社努力改善经营，推行经济核算制，降低成本，加速资金周转，降低流转费用。

"巩固新民主主义秩序"、"四大自由"、"公私纳税一律平等"，是毛泽东创立的新民主主义理论的题中应有之义；是七届二中全会决议和《共同纲领》关于新民主主义共和国的根本方针的正确体现和具体贯彻。因为二中全会规定对城乡资本主义实行利用和限制的政策，基本精神是节制资本，而非消灭资本。《共同纲领》第 30 条还突出强调："凡有利于国计民生的私营经济事业，人民政府应鼓励其经营的积极性，并扶助其发展。"关于如何正确处理国营经济和私营经济的关系问题，早在1950 年春天就提了出来，毛泽东曾用非常概括的语言回答说："有所不同，一视同仁"。所谓"有所不同"，就是国营经济是社会主义性质的，处在领导地位，它和其他经济成分不同，要加以区别。但在其他问题上要按《共同纲领》办事，公私一样看待，要使各种经济成分在国营经济领导之下，分工合作，各得其所，以促进整个社会经济的发展，有公无私是不对的。这就是"一视同仁"。农民和手工业者的个体经济更在保护之列。

可见，"巩固新民主主义秩序"，是沿着新民主主义理论、七届二中和三中全会的路线、《共同纲领》的思路，对国民经济恢复以后党应采取的基本战略作出的回答。

三　总路线的酝酿和提出

（1）毛泽东开始酝酿总路线

对《学习》杂志 1952 年第 1、2、3 期发表的关于批判资产阶级思想的几篇文章，毛泽东当时就明确批评，这些同志的文章，在关于资产阶级的问题上，犯有片面性的错误。第 4 期发表的《关于掌握中国资产阶级的性格并和中国资产阶级的错误思想进行斗争的问题》一文，历史地分析了资产阶级的两面性，同时指出"反击资产阶级的进攻并非在现在就要消灭资产阶级"。毛泽东作了肯定，认为这篇文章的观

凯歌行进的时期（1949——1956）

点基本上是正确的。

但是，毛泽东对城乡资本主义的发展是非常注意的。他尤为关注所谓农民的自发势力，担心农民走向资本主义。因此，1951 年山西省委关于把互助组提高为合作社以动摇私有基础的意见，得到了毛泽东的肯定。① 刘少奇认为这是农业社会主义思想的批语，受到了批评。于是制定了第一个互助合作决议(草案)。决议(草案)批评说，对互助合作运动采取消极态度，看不出这是我党引导广大农民群众从小生产个体经济逐渐走向大规模的使用机器耕种和收割的集体经济所必经的道路，否认现在业已出现的各种农业生产合作社是走向农业社会主义化的过渡的形式，否认它们带有社会主义的因素，这是右倾的错误的思想。同时还批评说："片面地提出'发家致富'的口号，是错误的。"②

关于全国革命胜利后的基本矛盾，二中全会决议有过如下的分析，即中国革命在全国胜利以后，中国尚存在着两种基本的矛盾。第一种是国内的，即无产阶级与资产阶级的矛盾。第二种是国外的，即中国与帝国主义国家的矛盾。因为这样，无产阶级领导的人民共和国的国家制度，在人民民主革命胜利以后，不是可以削弱的，而是必须强化。对内的节制资本和对外的统制贸易，是这个国家在经济斗争中的两个基本政策。经过近 3 年的新民主主义改革，国民经济已基本恢复，这时，毛泽东对国内的矛盾作了进一步的思考和判断。1952 年 6 月 6 日，他在中共中央统战部的一个文件上批示说："在打倒地主阶级和官僚资产阶级以后，中国内部的主要矛盾即是工人阶级与民族资产阶级的矛盾，故不应再将民族资产阶级称为中间阶级。"③ 在打倒地主阶级和官僚资产阶级以后，民族资产阶级就是剩下的最后一个剥削阶级。就阶级矛盾的范围而言，工人阶级与资产阶级的矛盾较之劳动人民内部的矛盾而言，无疑是主要的。但是，断定工人阶级同资产阶级的矛盾已成为中国社会的主要矛盾，这就不能不引起对原有战略重新进行考虑。

对于正确判断主要矛盾的意义，毛泽东早在他的哲学名篇《矛盾论》中有过精彩的阐述。他说：在复杂的事物发展过程中，有许多的矛盾存在，其中必有一种是主要的矛盾，由于它的存在和发展，规定或影响着其他矛盾的存在和发展。因此，

---

① 《中国农业合作史资料》1988 年第 4 期，第 6 页。
② 《农业集体化重要文件汇编》上册，中共中央党校出版社 1981 年版，第 40、43 页。
③ 《毛泽东文集》第 6 卷，人民出版社 1999 年版，第 231 页。

研究任何过程，如果是存在着两个以上矛盾的复杂过程的话，就要用全力找出它的主要矛盾。捉住了这个主要矛盾，一切问题就迎刃而解了。正因如此，毛泽东在作出土改以后国内主要矛盾的判断之后不久，就开始在中共中央领导层酝酿解决这个新的主要矛盾的新的方案了。

1952年9月，毛泽东在中央书记处会上讲道：10年到15年基本上完成社会主义，不是10年以后才过渡到社会主义。此后，毛泽东在视察工作时，同一些地方上的领导同志也谈到从现在逐步过渡到社会主义去的问题。1953年2月，毛泽东在中央书记处会议上说：我给他们（指孝感等地委）用扳指头的办法解释，比如过桥，走一步算过渡了一年，两步两年，三步三年，四步四年，五步五年，六步六年……10年到15年走完了。我让他们传到县委书记、县长。在10年到15年或者还多一些的时间内，基本上完成国家工业化及对农业、手工业、资本主义工商业的社会主义改造。①

1952年10月2日，刘少奇率领中共中央代表团抵达莫斯科出席苏共第19次代表大会。受毛泽东委托，刘少奇于10月20日写信给斯大林，向他阐述了关于中国怎样从现在逐步过渡到社会主义去的设想。信中说：中国现在的工业生产总值（不包括手工业），国营企业已占67.3%，私人企业只占32.7%。我们估计：再过5年，即我们执行了第一个五年经济计划之后，在工业中国营经济的比重将会有更大的增加，而私人资本主义经济的比重则会缩小到20%以下。再过10年，则私人工业会缩小到10%以下。私人工业在比重上虽将缩小，但在绝对数上则还会有些发展，因此，多数资本家还会觉得满意，并和政府合作。在10年以后，中国工业将有90%以上是国有的，私人工业不到10%，而这些私人工业又大体都要依赖国家供给原料、收购和推销它们的成品及银行贷款等，并纳入国家计划之内，而不能独立经营。到那时，我们就可以将这一部分私人工业不费力地收归国家经营。到那时，少数资本家可能完全处在社会主义的包围之中，全部工业（手工业除外）国有化的步骤，已经不能抵抗。这是我们设想的将来可能的一种工业国有化的方式。至于将来所要采取的具体的方式以及国有化的时机，当然还要看将来的情形来决定。在农业中，在土地改革后，我们已在农民中发展互助合作运动。我们准备在今后大力地稳步地发展这个运动，准备在今后10年至15年内将中国多数农民组织在农业

①《中共党史研究》1988年第1期，第19页。

生产合作社和集体农场内，在基本上实现中国农业经济集体化。在完成农村经济集体化的最后时期，应该采取怎样的办法来消灭虽然不是很多的富农，则要看那时的情形来决定。对于手工业，我们准备用力帮助小手工业者组织生产合作社，并鼓励手工作坊主联合起来采用机器生产，所需的时间可能要更长些。这就是我们所设想的怎样过渡到社会主义去的大体方法。[1]

斯大林在收到刘少奇的信后，会见了中共代表团，对中国向社会主义过渡问题的认识和意见作出了答复。他说，我觉得你们的想法是对的。当我们掌握政权以后，过渡到社会主义去是应该采取逐步的办法。你们对中国资产阶级所采取的态度是正确的。[2]

但是，直到 1953 年 6 月以前，向社会主义过渡的问题还处在酝酿阶段。据刘少奇说，当时"这些问题还没有在中共中央的会议上讨论过，还只是若干同志的一种设想并在非正式的谈话中谈论过"。1965 年，薄一波在写给田家英的一封信中说："过渡时期总路线，主席是从 1952 年 9 月以后经常讲的，但开始并未形成一个完整的提法。"[3] 而且，从刘少奇给斯大林的信来看，除了农业集体化的问题按照第一个互助合作决议作了说明外，如何实行私营工业国有化的问题，仍然是在完成了国家工业化——由农业国到工业国的转变以后，再开始进行的原有设想。

（2）1953 年 6 月 15 日中共中央政治局会议

为了研究在新的形势下的公私关系和如何加强对资本主义工业的改造等问题，1953 年 3、4 月间，中共中央统战部组织了包括国家计委和工商管理局参加的调查组，由中央统战部部长李维汉带领，到武汉、上海、南京、无锡、常州、济南等地进行调查研究。调查组邀请各地党的和财经行政各主管方面的负责人进行座谈讨论，谈情况，摆问题，讲看法。调查组结合调查同时学习《列宁、斯大林论社会主义经济建设》，着重地研究了国家资本主义问题，边学习，边调查，边讨论。讨论的结果，给中央写了调查报告，其中主要是《资本主义工业中的公私关系问题》。李维汉并就此报告给中共中央和毛泽东写了信。这个报告根据三年多来对资本主义工商业实行利用和限制政策的经验及其存在的问题，向中央提出了加强党的统一领

---

[1]《党的文献》1988 年第 5 期，第 53—55 页。

[2]《党的文献》1988 年第 5 期，第 60 页。

[3]《党的文献》1988 年第 5 期，第 53 页。

导，积极发展国家资本主义（尤其是作为国家资本主义高级形式的公私合营），并经过国家资本主义改造资本主义工业的重要建议。

李维汉在信中说：经验似已证明，国家资本主义的各种形式（其中一部分将由低级向高级发展），是我们利用和限制工业资本主义的主要形式，是我们将资本主义工业逐步纳入国家计划轨道的主要形式，是我们改造资本主义工业使它逐步过渡到社会主义的主要形式，是我们利用资本主义工业来训练干部，并改造资产阶级分子的主要环节，也是我们同资产阶级进行统一战线工作的主要环节。抓住了这个主要形式和主要环节，在经济和政治上都有利于领导和改造资本主义和资产阶级分子的其他部分。所以建议我们在目前集中地或着重地来解决我们同这一主要部分的资本主义工业的关系问题。

中共中央和毛泽东、刘少奇等，都非常重视中央统战部的调查报告，决定提交中央政治局讨论。毛泽东在报告上批示："党的任务是在 10 年至 15 年或者更多一些时间内，基本上完成国家工业化和社会主义的改造。所谓社会主义改造的部分：（一）农业；（二）手工业；（三）资本主义企业。"6 月 15 日，中央政治局召开会议。会议肯定了这个报告，决定通过国家资本主义的道路对资本主义工业进行社会主义改造，过渡到社会主义。毛泽东在会上讲话，第一次对过渡时期总路线和总任务的内容作了比较完整的表述。他说："党在过渡时期的总路线和总任务，是要在 10 年到 15 年或者更多一些时间内，基本上完成国家工业化和对农业、手工业、资本主义工商业的社会主义改造。这条总路线是照耀我们各项工作的灯塔。不要脱离这条总路线，脱离了就要发生'左'倾或右倾的错误。"

毛泽东关于过渡时期总路线的建议，为中央政治局所接受，并开始作为党的总路线正式向下传达，要求全党贯彻执行。1953 年 12 月，由中共中央宣传部拟订，经毛泽东修改和中共中央批准的《为动员一切力量把我国建设成为一个强大的社会主义国家而斗争——关于党在过渡时期总路线的学习和宣传提纲》，对总路线作了更为完整的表述：

"从中华人民共和国成立，到社会主义改造基本完成，这是一个过渡时期。党在这个过渡时期的总路线和总任务，是要在一个相当长的时期内，逐步实现国家的社会主义工业化，并逐步实现国家对农业、对手工业和对资本主义工商业的社会主义改造。这条总路线是照耀我们各项工作的灯塔，各项工作离开它，就要犯右倾或'左'倾的错误。"

凯歌行进的时期（1949—1956）

1954 年 2 月 6 日，刘少奇代表中央政治局向七届四中全会作报告。报告说：1953 年，我国进入有计划的经济建设时期，并开始执行第一个五年建设计划。党中央政治局认为在这个时机提出党在过渡时期的总路线是必要的和适时的，因此根据毛泽东的提议，确定了党在过渡时期的总路线。2 月 10 日，全会通过决议，批准了党中央政治局所提出的党在过渡时期的总路线。

（3）**过渡时期总路线的实质**

过渡时期总路线，就其主要内容来说被称为"一化、三改造"的路线，也称为工业化和社会主义改造同时并举的路线。而对总路线的权威解释，则数 1953 年 12 月的《关于党在过渡时期总路线的学习和宣传提纲》。

关于总路线的实质。宣传提纲说：由中华人民共和国成立到社会主义社会，是我国由新民主主义社会过渡到社会主义社会的历史时期，亦即改变现有的资本主义经济和小商品经济为社会主义经济，扩大现有的社会主义经济，使社会主义经济基本上成为我国唯一经济基础的时期。实现党在过渡时期的总路线，就是要充分地发展社会主义工业，并且把现有的非社会主义工业变为社会主义工业，使我国由工业不发达的落后的农业国变为工业发达的先进的工业国，使社会主义工业成为我国整个国民经济发展的起决定作用的领导力量。实现党在过渡时期的总路线，就是要扩大社会主义的全民所有制和合作社社员集体所有制，把农民和手工业者以自己劳动为基础的私人所有制改造为合作社社员的集体所有制，把以剥削工人阶级的剩余劳动为基础的资本主义所有制改造为全民所有制。发展社会主义工业和实行社会主义改造的任务是互相关联而不可分离的。社会主义工业是对整个国民经济实行社会主义改造的物质基础；对资本主义工商业和个体的农业、手工业实行社会主义改造，是实现社会主义工业化的重要条件和过渡时期总路线的根本目的。党在过渡时期总路线的实质，就是使生产资料的社会主义所有制成为我国国家和社会的唯一的经济基础。因为只有完成了由生产资料的私人所有制到社会主义所有制的过渡，才利于社会生产力的迅速向前发展，才利于在技术上来一个革命。

关于社会主义工业化。宣传提纲说：在革命胜利后，我们党和全国人民的基本任务就是要改变国家在经济上的落后状况，把落后贫穷的农业国家，变为富强的社会主义工业国家。这就需要实现国家的社会主义工业化，使我国有强大的重工业可以自己制造各种必要的工业装备，使现代化工业能够完全领导整个国民经济而在工农业生产总值中占据绝对优势，使社会主义工业成为我国唯一的工业。实现国家的社会主义工业化，就可以促进农业和交通运输业的现代化，就可以建立和巩固现代化的国防，就可以保证逐步完成非社会主义经济成分的改造。实现国家社会主义工业化就可以大大发展社会主义的商业，大大加强工农联盟，并且大大提高国家的经济财政力量和人民的收入，使全体人民的物质和文化生活水平可以有把握地、不断地提高。实现国家的社会主义工业化的中心环节是发展国家的重工业，以建立国家工业化和国防现代化的基础。只有建立了重工业，才能使全部工业、运输业以及农业获得发展和改造所必需的装备。资本主义国家从发展轻工业开始，一般是花了50 年到 100 年的时间才能实现工业化，而苏联采用了社会主义工业化的方针，从重工业建设开始，在 10 多年中就实现了国家的工业化。苏联过去所走的道路正是我们今天要学习的榜样。当然，在集中力量发展重工业的同时，必须相应地、有计划地发展交通运输业、轻工业、农业、商业和文化教育事业。如果没有这些事业的相应发展，不但人民的生活不能够改善，人民的许多需要不能够满足，就是重工业的发展和工业化的实现也是不可能的。

　　关于对农业和个体手工业的社会主义改造。宣传提纲说：小农经济是分散的和落后的。这种建立在劳动农民的生产资料私有制上面的小农经济，限制着农业生产力的发展，不能满足人民和工业化事业对粮食和原料作物日益增长的需要，它的小商品生产的分散性和国家有计划的经济建设不相适应，因而这种小农经济和社会主义工业化事业之间的矛盾，已随着工业化的进展而日益显露出来。同时，小农经济是不稳固的，时刻向两极分化。如果不对它实行社会主义改造，农村中少数人就会发展成为富农剥削者，而多数人就不得不忍受贫困甚至破产的痛苦。因此，必须按照社会主义的原则来逐步改造我国的农业，使我国农业由规模狭小的落后的个体农业进到规模巨大的先进的集体农业。对农业实行社会主义改造，必须经过合作化的道路。必须依靠贫农（包括土地改革后变为新中农的老贫农），巩固地与中农联合，逐步发展互助合作，逐步由限制富农剥削到最后消灭富农剥削。发展互助合作运动，是限制农村中的资本主义和增加农业生产的主要方法。农民这种在生产上逐步联合起来的具体道路，就是经过简单的共同劳动的临时互助组，和在共同劳动的基础上实行某些分工分业而有少量公共财产的常年互助组，到实行土地入股、统一经营而有较多公共财产的农业生产合作社，到实行完全社会主义的集体农民公有制的更高级的农业生产合作社（也就是集体农庄）。这种由带有社会主义萌芽到具有更多社会主义因素，再到完全社会主义的合作化的发展道路，就是逐步实现对农业社

凯歌行进的时期（1949—1956）

会主义改造的道路。对个体手工业的社会主义改造，也是要经过合作化的道路，把手工业劳动者的个体所有制改变为集体所有制。把手工业者逐渐组织到各种形式的手工业合作社（手工业生产小组、手工业生产供销社、手工业生产合作社等）中去，是国家对手工业实行社会主义改造唯一的道路。

关于对资本主义工商业的社会主义改造。宣传提纲说，国家对资本主义工商业实行社会主义的改造之所以必要，是因为资本主义所有制和社会主义所有制之间的矛盾，资本主义所有制和资本主义的生产社会性之间的矛盾，资本主义生产的无政府状态和国家有计划的经济建设之间的矛盾，资本主义企业内的工人和资本家之间的矛盾，都是不可克服的。如果不改变这种情况，这个广大部分的社会生产力就不可能获得充分的合理的发展以适应国计民生的需要，我国社会主义的工业化就不能全部实现。对资本主义工商业改造的第一个步骤，是经过国家对资本主义的监督和管理，经过国营经济对资本主义的联系和合作，把私人资本主义引导到国家资本主义的轨道上来。国家资本主义按照它们受社会主义国营经济领导及受国家和工人阶级监督的程度，有高级形式的公私合营以及加工、订货、统购、包销、收购、经销、代购、代销等其他各类形式。必须在一定的时期内有步骤地、有区别地把一切对国计民生有利的而又为国家所需要的资本主义企业基本上改造为国家资本主义企业，并有计划地稳步地使低级形式的国家资本主义向高级形式的国家资本主义发展。随着社会主义工业化的前进和社会主义经济的优势的加强，随着国家对整个国民经济的控制的加强，随着农业和手工业的合作化的前进以及它们与资本主义间的联系的缩小和消灭，随着国家资本主义企业中国家资金和国家管理力量的增大，随着人民对于社会主义的认识和要求的发展，国家就可以逐步地变国家资本主义经济为社会主义经济。

由上可见，过渡时期总路线，是随着工人阶级同资产阶级的矛盾已成为中国内部主要矛盾的结论提出而提出的。其目的就是要在实现国家工业化的同时，使现存的生产资料私有制改变为社会主义公有制，使社会主义经济基本上成为我国唯一的经济基础。对此，宣传提纲有过明白的说明。它说，中华人民共和国成立的时候，我们还须在广大的农村中解决封建主义与民主主义即地主与农民之间的矛盾。那时在农村中的主要矛盾是封建主义与民主主义之间，而不是资本主义与社会主义之间的矛盾，因此需要有两年至三年时间在农村实行土地改革。而现在，中国革命第二阶段的任务，就是要在中国建立社会主义的社会，完全消灭城乡资本主义的成分。

这与二中全会决定的由新民主主义向社会主义转变的战略相较，无疑是一个重大的改变。二中全会决议：以实现工业化——发展生产力为中心；总路线：以改变生产关系——消灭生产资料私有制为中心。二中全会决议：经过新民主主义社会的发展，再向社会主义转变；总路线：直接向社会主义过渡，砍去了一个新民主主义社会发展阶段。显然这是两种思路，两种战略。长时间里，我们不承认二者之间的质的不同，使得一系列的理论是非、思想是非以至于政治是非受到混淆。

（4）总路线与列宁的过渡时期学说

关于过渡时期总路线的理论依据，毛泽东说过，"中央委员会根据列宁关于过渡时期的学说"，提出了党在过渡时期的总路线。

从宣传提纲在阐述过渡时期的基本特征、基本任务等问题引用的列宁的言论来看，当时理解为列宁过渡时期学说的主要内容是：

第一，过渡时期的社会基本经济形态是：资本主义、小商品生产、共产主义；与之相应，存在着三种基本力量，即资产阶级、小资产阶级（特别是农民）、无产阶级。而农民的小商品生产是资本主义得以保存和复活的基础。农民经济有非常广阔而且深厚的资本主义基础。在这个基础上，资本主义得以保留和复活起来。

第二，过渡时期的基本特征是：死亡着的资本主义与生长着的共产主义，彼此进行极残酷的斗争。

第三，过渡时期的任务和要达到的目标是：创立社会主义社会，消灭社会划分为阶级的现象，使社会全体成员都成为劳动者，消灭任何人剥削人制度的基础。

归结到一点，就是认为列宁过渡时期学说的基本思想是：过渡时期的中心任务和直接目的，就是要把两种经济结构变成单一的经济结构。即不仅要消灭资本主义经济，而且要根本改造农民的小商品经济，以铲除任何人剥削人制度的基础，建成单一的社会主义经济。

应该说，上述各点是列宁过渡时期学说的基本点，列宁曾称此为"直接过渡"的思想。同时，又应该说，这是列宁晚年摒弃了的过渡时期学说。因为，以上各点反映的是列宁实行战时共产主义的思想，而从1921年起，列宁提出了新经济政策，并明确说明："我们不得不承认我们对社会主义的整个看法根本改变了。"[1] 由战时共产主义到新经济政策，是列宁对过渡时期学说的重大修正，是一个战略性的改

---

[1] 《列宁全集》第43卷，人民出版社1987年版，第367页。

变。其主要的不同之点有：

第一，在小农经济占优势的国家，过渡时期的首要任务不是立即按社会主义原则直接改组整个社会经济，而是发展生产力，建立作为社会主义社会唯一基础的大工业。

1921 年，列宁在总结战时共产主义政策的经验教训时指出："我们计划（说我们计划欠周地设想也许较确切）用无产阶级国家直接下命令的办法在一个小农国家里按共产主义原则来调整国家的产品生产和分配。现实生活说明我们错了。"[①] 又说："当时（指 1918 年——引者注）我们把建设工作、经济工作提到首位，只是从一个角度来看的。当时设想不必先经过一个旧经济适应社会主义经济的时期就直接过渡到社会主义。我们设想，既然实行了国家生产和国家分配的制度，我们也就直接进入了一种与以前不同的生产和分配的经济制度。"[②]

列宁强调指出，在俄国的广大农村，"到处都是几十里几十里的羊肠小道，确切些说是几十里几十里的无路地区，这样就把乡村和铁道隔离了开来，即和那联结文明、联结资本主义、联结大工业、联结大城市的物质脉络隔离了开来"。这些地区还"到处都为宗法制度、奥勃洛摩夫精神和半野蛮性所统治"。"试问能不能由这种在俄国占优势的状态，直接过渡到社会主义去呢？是的，在某种程度上是可能的，但必须有一个条件……这个条件就是电气化。"[③] 不久，列宁又指出："开发资源、建立社会主义社会的真正的和唯一的基础只有一个，这就是大工业。如果没有资本主义的大工厂，没有高度发达的大工业，那就根本谈不上社会主义，而对于一个农民国家来说就更是如此。"[④]"我还必须再一次着重指出，大机器工业是社会主义唯一可能的经济基础，谁忘记这一点，谁就不是共产主义者。"[⑤]

1921 年 10 月 29 日，列宁在莫斯科省第七次党代表会议的报告中明确指出："我们既已提出提高生产力和恢复作为社会主义社会唯一基础的大工业的任务，我们就应当努力做到正确地对待这一任务，并且务必完成这一任务。"[⑥]

[①]《列宁全集》第 42 卷，人民出版社 1987 年版，第 176 页。

[②]《列宁全集》第 42 卷，人民出版社 1987 年版，第 221 页。

[③]《列宁全集》第 41 卷，人民出版社 1986 年版，第 216 页。

[④]《列宁全集》第 41 卷，人民出版社 1986 年版，第 301—302 页。

[⑤]《列宁全集》第 42 卷，人民出版社 1987 年版，第 52 页。

[⑥]《列宁全集》第 42 卷，人民出版社 1987 年版，第 233 页。

第二，对整个社会经济的改造，不是采取革命的方式，直接过渡到"纯社会主义"；而应采取"改良主义式"的方法，通过曲折、迂回的中间途径实行过渡。

1921年10月，列宁在回顾十月革命后党对向社会主义过渡的设想时说："我们那时已认为，革命的发展、斗争的发展的道路，既可能是比较短的，也可能是漫长而艰辛的。但是，在估计可能的发展道路时，我们多半（我甚至不记得有什么例外）都是从直接过渡到社会主义建设这种设想出发的，这种设想也许不是每次都公开讲出来，但始终是心照不宣的。"[①] 接着，列宁指出："到1921年春天已经很清楚了：我们用'强攻'办法即用最简单、迅速、直接的办法来实行社会主义的生产和分配原则的尝试已告失败。"[②] 列宁还曾指出："群众已经感到的，我们当时还不能自觉地表述出来，但是过了几个星期，我们很快就认识到了，这就是：向纯社会主义形式和纯社会主义分配直接过渡，是我们力所不及的。"[③]

列宁把1921年春提出的新经济政策，称之为是"完全另一种改良主义式的办法"。他指出："所谓改良主义的办法，就是不摧毁旧的社会经济结构——商业、小经济、小企业、资本主义，而是活跃商业、小企业、资本主义，审慎地逐渐地掌握它们，或者说，做到有可能只在使它们活跃起来的范围内对它们实行国家调节。""与原先的革命方法相比，这是一种改良主义的办法。"列宁认为，在有千百万小农的落后国家，要向社会主义过渡，"现在就不得不采取一系列缓慢的、渐进的、审慎的'围攻'行动来完成这项任务。"[④]

第三，不再强调小农是资本主义复活的基础，而强调农民是建设社会主义的依靠力量；认为不应当在小生产基础上奢想向集体化过渡，强调关心农民的私人利益，要通过商品交换建立工农之间巩固的经济联盟；强调作为买卖机关的合作社是引导小农走向社会主义的组织形式。

对于引导农民过渡到社会主义的问题，列宁认为："现在还不能设想向社会主义和集体化过渡"。[⑤] 他在俄共（布）第十次代表大会上的报告中指出："在这个过渡时期，在农民占大多数的国家里，我们必须会采取从经济上满足农民要求的办

[①]《列宁全集》第42卷，人民出版社1987年版，第219—220页。

[②]《列宁全集》第42卷，人民出版社1987年版，第225页。

[③]《列宁全集》第43卷，人民出版社1987年版，第278页。

[④]《列宁全集》第42卷，人民出版社1987年版，第245、249页。

[⑤]《列宁全集》第40卷，人民出版社1986年版，第177页。

凯歌行进的时期（1949—1956）

法，采取尽量多的措施来改善农民的经济状况。当我们还没有把他们改造过来的时候，当大机器还没有把他们改造过来的时候，就应当保证他们有经营的自由。"[①] 他还指出，如果某个共产党人，空想在三年内可以把小农业的经济基础和经济根源改造过来，那他当然是一个空想家。列宁认为，实质上可以用两个东西来满足小农。第一，需要有一定的周转自由，需要给小私有主一定的经营自由。第二，需要供应商品和产品。列宁在俄共（布）第十次全国代表大会《关于新经济政策问题的决议草案》中写道："应当把商品交换提到首要地位，把它作为新经济政策的主要杠杆。如果不在工业和农业之间实行系统的商品交换或产品交换，无产阶级和农民就不可能建立正常的关系，就不可能在从资本主义到社会主义的过渡时期建立十分巩固的经济联盟。"[②]

至于引导农民走向社会主义的组织形式，列宁认为，作为买卖机关的合作社是使私人利益、私人买卖利益与国家对这种利益的检查、监督相结合，并使私人利益服从共同利益的好形式。他在《论合作社》中说，"我们要做的事情'仅有'一件，就是要使我国居民'文明'到能够懂得人人参加合作社的一切好处，并参加进去。'仅有'这一件事情而已。为了过渡到社会主义，目前我们并不需要任何其他特别聪明的办法。"[③]

第四，过渡时期中，在无产阶级国家的调节下，在一定限度内，可以容许自由贸易和发展资本主义，可以容许社会主义同资本主义通过市场进行经济竞赛。

1921 年以后，列宁多次谈到，虽然 1918 年就提出过国家资本主义问题，"但是当时根本没有提出我们的经济同市场、同商业的关系问题。"[④]列宁认为，试图完全禁止、堵塞一切私人的非国营的交换的发展，即商业的发展，即资本主义的发展，而这种发展在有千百万小生产存在的条件下是不可避免的。一个政党要是试行这样的政策，那它就是愚蠢，就是自杀。

因此，列宁在《关于工会在新经济政策条件下的作用和任务的提纲草案》中写道："无产阶级国家在不改变其本质的情况下，可以容许贸易自由和资本主义的发

---

① 《列宁全集》第 41 卷，人民出版社 1986 年版，第 23 页。

② 《列宁全集》第 41 卷，人民出版社 1986 年版，第 327 页。

③ 《列宁全集》第 43 卷，人民出版社 1987 年版，第 364 页。

④ 《列宁全集》第 42 卷，人民出版社 1987 年版，第 221 页。

展。"①他认为，新经济政策容许建设中的社会主义同力图复活的资本主义，在通过市场满足千百万农民需要的基础上实行经济竞赛。无疑，这仍然是无产阶级和资产阶级之间"谁战胜谁"的斗争，但这显然不是原先那种政治斗争，而是一场经济斗争。在这方面，无产阶级的任务就是要学会经商。列宁说：现在全部问题在于，要善于把我们已经充分表现出来而且取得完全成功的革命气势、革命热情，同（这里我几乎要说）做一个有见识的和能写会算的商人的本领（有了这种本领就足以成为一个优秀的合作社工作者）结合起来。列宁强调指出：以为一个人既然做买卖，那就是说没有本领做商人。这种想法是根本不对的，他虽然在做买卖，但这离有本领做个文明商人还远得很。他现在是按亚洲方式做买卖，但是要能成为一个商人，就得按欧洲方式做买卖。他要做到这一点，还需要整整一个时代。②

第五，党的工作重心不应该再放在政治斗争方面，而应当转到和平组织"文化"工作上面。

1923 年，列宁在《论合作社》中明确提出了工作重心的转移问题。他在谈到对社会主义整个看法的根本改变时指出："这种根本的改变表现在：从前我们是把重心放在而且也应该放在政治斗争、革命、夺取政权等等方面，而现在重心改变了，转到和平的'文化'组织工作上去了。""现在，只要实现了这个文化革命，我们的国家就能成为完全社会主义的国家了。但是这个文化革命，无论在纯粹文化方面（因为我们是文盲）或物质方面（因为要成为有文化的人，就要有相当发达的物质生产资料的生产，要有相当的物质基础），对于我们说来，都是异常困难的。"③

由上可见，不论从要过渡到的社会主义的标准或模式，还是从如何过渡到社会主义的方法或道路来看，新经济政策和战时共产主义相比，都是一种新的、发展了的理论。由于历史的原因，我们党对列宁过渡时期学说的理解不能不受到斯大林的影响。斯大林把列宁针对战时共产主义这个阶级斗争白热化时期所讲的一些观点，当作是过渡时期的基本理论和指导思想，误认为新经济政策只是为了恢复面临枯竭的国民经济的一种暂时的、策略性的权宜之计，而不是向社会主义过渡的新理论、新战略；误认为它并不改变以消灭资本主义和一切私有经济为过渡时期首要的直接

① 《列宁全集》第 42 卷，人民出版社 1987 年版，第 366 页。

② 《列宁全集》第 43 卷，人民出版社 1987 年版，第 364 页。

③ 《列宁全集》第 43 卷，人民出版社 1987 年版，第 367、368 页。

目标。被我们认为是马列主义百科全书的《联共（布）党史简明教程》正是这样说的。

反映在宣传提纲中的我们党对列宁过渡时期学说的理解，正是斯大林继承和发展了的以改变生产资料私有制为中心的战时共产主义思想，而不是列宁晚年以发展生产力为中心的新经济政策思想。

四　高岗、饶漱石反党

1953 年，正当我国进入有计划地大规模经济建设，党中央在战略指导上实行重大转变的过程，党内发生了高岗、饶漱石阴谋分裂党、篡夺党和国家最高权力的重大事件。

（1）错误的估计

为了适应大规模经济建设和全面开展社会主义改造的需要，党和国家的组织形式应该随着任务的变化而有所改变。为此，中共中央开始酝酿召开第八次全国党代表大会和全国人民代表大会的问题。并具体考虑中共中央是否增设副主席和总书记，政府体制是否采用苏联的部长会议体制。毛泽东还曾提出中央分成一线、二线的主张。对此，高岗、饶漱石从争夺权力的角度来看，认为这是一次权力再分配的极好机会。

在党的战略指导发生转变的开始阶段，如前所述，党中央领导之间是有不同意见的。分歧最早可追溯到 1951 年。

关于中共山西省委《把老区互助组织提高一步》的意见，在党内并非只是刘少奇个人不同意。1951 年 5 月 4 日，华北局曾作了正式批复，指出：山西省委"抓紧对互助组领导，注意研究新发生的问题是对的"。但是，省委提出"用积累公积金和按劳分配办法来逐渐动摇、削弱私有基础直至否定私有基础是和党的新民主主义时期的政策及共同纲领的精神不相符合的，因而是错误的。"目前"提高与巩固互助组的主要问题，是如何充实互助组的生产内容，以满足农民进一步发展生产的要求，而不是逐渐动摇私有制的问题。这一点必须从原则上彻底搞清楚"。① 为纪念中国共产党 30 周年，薄一波在 1951 年"七一"前夕发表《加强党在农村中的政治工作》一文。文中也说，中国将来一定要达到农业集体化（即集体农场），如果没

① 《农业集体化重要文件汇编》上册，中共中央党校出版社 1981 年版，第 34 页。

有农业集体化，就不会有全部的巩固的社会主义，就不能最后地解放农民。而要达到农业集体化，还必须发展以国有企业为基础的强大的工业，没有强大的国有化的工业，就不能有全体规模的农业集体化。因此，"所谓'在互助组内逐渐动摇、削弱直至否定私有财产，来达到农业集体化'，这样的农业集体化道路，是一种完全的空想，因为目前的互助组是以个体经济为基础的，它不能在这样的基础上逐渐发展到集体农场，更不能经由这样的道路在全体规模上使农业集体化"。7 月 3 日，刘少奇将山西省委的报告加了批语印发马列学院学员，并分发各中委和中央局后，毛泽东找了刘少奇、薄一波、刘澜涛等进行谈话，明确表示，我现在不能支持你们，我支持山西省委的意见。并且指示陈伯达召集第一次互助合作会议，起草农业生产互助合作决议。

1951 年党内发生的第二个大分歧，是关于工会工作的方针问题。

建国以后不久，如何正确处理工会同党、政府、工人群众之间的关系问题就被提出来了。1950 年 7 月，邓子恢在中南总工会筹委扩大会议上作报告，鉴于当时工会工作中已经出现脱离工人群众的情况，公营工厂中有些工会组织不重视维护工人群众的正当利益，放弃了自己应有的独立的主动的工作等问题，邓子恢指出，公营企业中的工会工作者与企业行政管理人员、政府工作人员之间，在"基本立场"一致即双方都是为国家、同时也是为工人自己的利益服务这样的前提下，在"具体立场"上仍有所区别。他们各自的工作岗位、任务不同。即使在公营工厂中，工会仍有"代表工人的利益"、"保护工人群众日常切身利益"的基本任务，而不能脱离这个基本任务，形成为"厂方的附属品"。当厂方某些规定或措施对工人不利时，工会工作者就应该反映工人的意见，同厂方商量修改完善。邓子恢的意见曾于 7 月 29 日在中南局关于中南总工会筹委扩大会情况的电报中向中共中央作了报告。8 月 4 日，刘少奇为中央拟稿批转邓的报告[①]，批语中说："这个报告很好"，望"照邓子恢同志的做法，在最近三个月内认真地检讨一次工会工作并向中央作一次报告"。这个批语经毛泽东、周恩来、朱德、李立三圈阅后发了下去。同日《工人日报》登载了邓子恢《在中南总工会筹委扩大会上的报告》。全国总工会通知全国工会干部学习。9 月 4 日，《人民日报》又全文转载了邓文。

1950 年 12 月 22 日，毛泽东在西北局关于职工运动的报告上批示说：四中全会

---

① 中央书记处分工刘少奇主管全国总工会的工作。

凯歌行进的时期（1949—1956）

一定要讨论工会工作，并且以管好工厂工会工作为中心来研究，因此要组织一个委员会，起草一个决议案；过去工会工作是有成绩的，成绩很大，问题甚多；有的工厂企业中，党、工会与群众关系不正常，如群众正在谈话，党员一去便不谈了，群众害怕党员，怕党员汇报，甚至有个别地方把党员看成"特务"，这是一个脱离群众的现象；工会也是如此，脱离群众的现象很多；因此，全党都要注意这个问题，各中央局、分局、省市委要专门讨论工会工作，不是小规模地讨论，要大规模地讨论。

高岗对邓子恢的上述观点持否定态度，1951 年 4 月，他主持写出了《论公营工厂中行政与工会立场的一致性》的文章，准备作为《东北日报》社论发表。该文对邓子恢的观点提出了针锋相对的批评。文章说，公营工厂中没有阶级剥削，没有阶级矛盾，行政与工人的利益是一致的，行政与工会没有立场的不同。认为"具体立场不同"的说法，第一是模糊了工人阶级在国家政权中的领导地位，第二是模糊了公营企业的社会主义性质，模糊了公营企业与私营企业在本质上的区别。高岗于 4 月 22 日写信请毛泽东审改该文，并请示"可否在报上发表"。4 月 29 日，胡乔木 ① 就此事向毛泽东和刘少奇写信报告，认为"具体立场不同"的说法"确有不完满的地方"，但高文"用正面批驳的方法也不适宜"，认为"最好指出所以如此是有原因的，工会更应当重视工人的直接福利，许多工会不重视是不对的"。5 月 10 日，刘少奇在胡乔木的信上批示："我意高岗同志文章暂不发表，待四中全会讨论此问题时，当面谈清楚。高文可送邓子恢同志一阅。"5 月 16 日，刘少奇又写信给高岗说："关于工厂与工会立场问题你写的文章，我已看过，已送交主席，可能主席尚未来得及看。我的意见以为四中全会即将召开并要讨论这个问题，子恢同志亦来，可以在那时加以讨论，因此，你的文章暂时以不发表为好。"

1951 年 10 月 2 日，全国总工会主席、党组书记李立三写了《关于在工会工作中发生争论的问题的意见向毛主席的报告》。报告说：有同志认为在国营企业中公私利益是完全一致的，无所矛盾，甚至否认"公私兼顾"的政策可以适用国营企业。另一种意见认为在国营企业中公私利益是基本一致的，但在有关工人生活的劳动条件等问题上是存在矛盾的，但这种矛盾的性质是工人阶级内部的矛盾，因而是可以而且应当用协调的方法，即公私兼顾的方法来求得解决的。李立三明确表示："我

---

① 胡乔木，当时任毛泽东的秘书。

个人是同意后一种意见的。我觉得公私关系问题,不仅在目前国营企业中,而且在将来社会主义时期各种对内政策问题上也还是一个主要问题,否认,公私兼顾的原则可以运用到国营企业中的意见,可能是不妥当的。"

不久,李立三的意见被否定。毛泽东在中央一个文件上批示说:工会工作中有严重错误。11 月,中共中央批准成立由刘少奇、李富春、彭真、赖若愚、李立三、刘宁一组成全国总工会党组干事会,负责指导全总党组工作。12 月 13 日至 22 日,由李富春主持,全总党组举行第一次扩大会议,通过了《关于全国总工会工作的决议》。认为李立三(1)在工会工作的根本方针问题上犯有狭隘经济主义的错误;(2)在工会和党的关系问题上犯有严重的工团主义错误;(3)在工作方法上犯有主观主义、形式主义、事务主义甚至家长制的错误等。并指出这些错误,"是严重的原则错误","表现了社会民主党的倾向","是完全反马克思主义的,是对于职工运动和我们党的事业极其有害的"。于是,这场关于工会问题的争论,就以李立三被解除全国总工会主席职务而告结束。原定 1951 年召开的四中全会也推迟了。

再一个大的分歧,就是土地改革完成、国民经济恢复以后,是否应该继续执行新民主主义政策,建设新民主主义社会,也就是是否应该"巩固新民主主义秩序"的问题。这个问题,也如前两个问题一样,在党中央内部并未开展讨论。在毛泽东提出工人阶级同资产阶级的矛盾是国内的主要矛盾,并开始酝酿过渡时期总路线以后,党中央其他领导人虽处于不很理解的状态,都还是努力跟上的。但在正式提出过渡时期总路线的过程中,对"巩固新民主主义秩序"的主张,毛泽东作了极严厉的批评。这突出反映在 1953 年 6 月 15 日和 8 月 12 日毛泽东的两次讲话中。

6 月 15 日,在中共中央政治局会议上,毛泽东在提出过渡时期总路线的同时,批评说:

"有人在民主革命成功以后,仍然停留在原来的地方。他们没有懂得革命性质的转变,还在继续搞他们的'新民主主义',不去搞社会主义改造。这就要犯右倾的错误。"

"右倾的表现有这样三句话:

'确立新民主主义社会秩序'。这种提法是有害的。过渡时期每天都在变动,每天都在发生社会主义因素。所谓'新民主主义社会秩序',怎样'确立'?要'确立'是很难的哩!……我们现在的革命斗争,甚至比过去的武装革命斗争还要深刻。这是要把资本主义制度和一切剥削制度彻底埋葬的一场革命。'确立新民主主义社会秩序'的想法，是不符合实际斗争情况的，是妨碍社会主义事业的发展的。

'由新民主主义走向社会主义'。① 这种提法不明确。走向而已，年年走向，一直到十五年还叫走向？走向就是没有达到。这种提法，看起来可以，过细分析，是不妥当的。

'确保私有财产'。因为中农怕'冒尖'，怕'共产'，就有人提出这一口号去安定他们。其实，这是不对的。"②8 月 12 日，在全国财经工作会议上，毛泽东对"新税制"和认为个体农民经过互助合作就能进入社会主义是一种空想又作了尖锐批评，并提出"要在党内开展反对资产阶级思想的斗争"。他说：

"对于财经工作中的错误，从去年十二月薄一波同志提出'公私一律平等'的新税制开始，到这次会议，都给了严肃的批评。新税制发展下去，势必离开马克思列宁主义，离开党在过渡时期的总路线，向资本主义发展。

过渡时期，是向社会主义发展，还是向资本主义发展？按照党的总路线，是要过渡到社会主义。这是要经过相当长期的斗争的。新税制的错误跟张子善的问题不同，是思想问题，是离开了党的总路线的问题。要在党内开展反对资产阶级思想的斗争。"

"薄一波的错误，是资产阶级思想的反映。它有利于资本主义，不利于社会主义，违背了七届二中全会的决议。"

"薄一波写了《加强党在农村中的政治工作》的文章，他说：个体农民经过互助合作到集体化的道路，'是一种完全的空想，因为目前的互助组是以个体经济为基础的，它不能在这样的基础上逐渐发展到集体农场，更不能经由这样的道路在全体规模上使农业集体化。'这是违反党的决议的。"

"为了保证社会主义事业的成功，必须在全党，首先在中央、大区和省市这三级党政军民领导机关中，反对右倾机会主义的错误倾向，即反对党内的资产阶级思想。……

为了保证社会主义事业的成功，必须实行集体领导，反对分散主义，反对

---

① 1952 年 1 月 5 日，周恩来在全国政协第 34 次常委会上讲话说，私人资本主义经济的存在和发展，是要在国营经济领导之下的。"只有这样，中国经济的发展道路才能由新民主主义走向社会主义"。《周恩来选集》下卷，人民出版社 1984 年版，第 82 页。

② 毛泽东：《批判离开总路线的左倾观点》，1953 年 6 月 15 日。

主观主义。"①

在此之前，毛泽东就认为新税制的问题，是政务院在组织上犯了分散主义的错误。根据他的提议，1953 年 3 月 10 日，中共中央作了《关于加强中央人民政府系统各部门向中央请示报告制度及加强中央对于政府工作领导的决定（草案）》。决定尖锐地指出：为了使政府工作避免脱离党中央领导的危险，今后政府工作中一切主要的和重要的方针、政策、计划和重大事项，必须经过党中央的讨论和决定或批准。为此，作出的主要决定内容有：

第一，政府各部门对于中央的决议和指示的执行情况及工作中的重大问题，均须定期地和及时地向中央报告或请示，以便能取得中央经常的、直接的领导。

第二，为了加强中央对于政府工作的领导，以及便于政府各部门中的党的领导人员能够有组织地、统一地领导其所在部门的党员，贯彻中央的各项政策、决议和指示的执行，今后政府各部门的党组工作必须加强，并应直接接受中央的领导。因此，现在的中央人民政府党组干事会已无存在的必要，应即撤销。②

第三，今后政务院各委和不属于各委的其他政府部门一切主要的和重要的工作均应分别向中央直接请示报告，如属两个部门以上而又不同隶于一委的事项，则经由政务院负责同志向中央请示报告。如系主席直接交办的事项，应直接向主席请示报告。

如应向中央请示报告的事项而竟未向中央提出，则最后经手的政府负责同志应负主要责任。

为了更好地做到现在政府工作中的各领导同志直接向中央负责，并加重其责任，特规定明确的分工如下：

国家计划工作，由高岗负责；

政法工作（包括公安、检察和法院工作），由董必武、彭真、罗瑞卿负责；

财经工作，由陈云、薄一波、邓子恢、李富春、曾山、贾拓夫、叶季壮负责；

---

① 毛泽东：《反对党内的资产阶级思想》，1953 年 8 月 12 日，毛泽东在 1953 年夏季全国财经工作会议上的讲话。

② 中央人民政府党组干事会于 1950 年 1 月 9 日建立，周恩来任书记。

文教工作，由习仲勋负责；

外交工作（包括对外贸易、外对经济、文化联络和侨务工作），由周恩来负责；

其他不属于前述五个范围的工作（包括监察、民族、人事工作等），由邓小平负责。

5月15日，根据中共中央的决定，政务院发出《关于中央人民政府所属各财政经济部门的工作领导的通知》。对中央人民政府所属各财政经济部门的工作领导，重新作了分工。即：

（1）所属的重工业部、一机部、二机部、燃料工业部、建筑工程部、地质部、轻工部和纺织部，划归国家计委主席高岗领导；

（2）所属的铁道、交通和邮电部，划归政务院副总理邓小平领导；

（3）所属的农业、林业和水利部，划归财委副主任邓子恢领导；

（4）所属的劳动部，划归计委委员饶漱石领导；

（5）所属的财政、粮食、商业、对外贸易和人民银行，仍属财委主任陈云领导；在陈云养病期间，由副主任薄一波代理。

毛泽东对党中央领导人之间不同意见所作的批评，中共中央因此在组织上所作的若干重大调整，在高岗看来，刘少奇、周恩来都在政治上"犯了错误"，"失去了"毛泽东的"信任"；而他自己，不仅在工会问题的争论中"得了分"，而且在政府中的地位得到了加强，虽然名义上依然是政务院下属的国家计划委员会的主席，事实上政务院管经济的大权都划给了他，俨然形成了一个"经济内阁"。于是，高岗的头脑膨胀了，他认为打倒"刘、周"，取而代之的时机已经成熟。然而，历史的规律是，凡是个人野心膨胀，热昏头脑，为夺取权力搞阴谋活动的人，无一不以身败名裂而告终。

（2）高、饶分裂党的阴谋活动

高、饶的阴谋活动，大体可分三个阶段：1953年6月至8月的全国财政经济工作会议；高岗南下"休假"；9、10月间第二次全国组织工作会议到12月。

全国财经工作会议。

这次会议的主要议题是，讨论贯彻过渡时期总路线和第一个五年计划，同时检查四年来的财经工作。会议对财经工作中存在的缺点、错误，特别是对"新税制"提出了批评。高岗利用党批评财经工作中的缺点和错误的机会，别有用心地制造紧张气氛，硬说财经工作中的错误是路线错误，与中央书记处书记刘少奇、周恩来有关。他们还以批薄一波为名，断章取义地引用刘少奇曾经讲过的一些话，进行攻击和煽动。搞"明批薄，暗攻刘"。

在会外，高岗大肆散布流言蜚语，曲解中央的政治生活，指名道姓地攻击刘少奇、周恩来。他把刘少奇1945年关于"和平民主新阶段"的讲话、1947年全国土地会议的讲话、1949年的天津讲话、1950年对安子文等人的谈话、1951年对山西省委《把老区互助组织提高一步》的批语，抄成档案，作为炮弹，攻击刘少奇犯有对资产阶级、富农投降的原则错误，是路线错误。高岗还造谣说中央有宗派，诬蔑刘少奇有"圈圈"，周恩来有"摊摊"。高岗、饶漱石还到处散布中央组织部副部长安子文拟过的一个政治局委员"名单"。这个"名单"，明明是高岗同安子文议论过的，他们却倒打一耙，说"名单"来源于刘少奇。"名单"中既有薄一波，又有林彪。他们却散布"有薄无林"，妄图制造党内不和。

由于高岗会内会外煽动起哄，使周恩来无法作会议结论。后来，毛泽东请陈云（正在养病）、邓小平到会，他们做了工作，说了公道话，周恩来8月11日才在会上作了结论报告。结论肯定了近四年来的财经工作，基本上执行了党的二中全会、三中全会的决议及党中央和毛泽东的指示，成绩是显著的。财经工作中的有些错误是严重的，是违反二中全会所规定的原则的。"由于所有这些错误，还未构成一个系统，所以还不应该说成是路线错误"。并且指出，会上"有些发言不尽妥当"。

高岗南下游说。

高、饶以为他们在财经会议期间的活动已经初步成功。会后，高岗以"休假"为名，到华东、中南进行有计划的夺取中央领导权力的活动。在这次"周游"中，他大量散布所谓"枪杆子上出党"、"党是军队创造的"，制造"军党论"的荒谬理论，作为分裂党和夺取领导权力的工具。他硬说中国党内对党史有二元论，即所谓毛泽东代表红区，刘少奇代表白区；他说中国共产党的骨干是军队锻炼出来的，白区现在要篡夺党。因此，他提出编党史，要对党内若干历史问题的决议加以修改，重下结论；要按照他的"军党论"准备八大代表团。他还私拟中央委员和候补中央委员的补充人选名单，在一些高级干部中封官许愿，鼓吹他的"改组"党中央和国家领导机关的计划。高岗在杭州还与林彪共同议论过"中央人选"的名单。

第二次全国组织工作会议。

在高岗南下"休假"期间，饶漱石在北京以中央组织部和全国组织工作会议为中心进行阴谋活动。他首先在中央组织部内向中央组织部副部长安子文发动蛮横无理的"斗争"，然后在 9、10 月间举行的第二次全国组织工作会议上，以批评安子文为名，把锋芒指向刘少奇，导演了一出"讨安倒刘"的闹剧。展开了直接反对刘少奇和反对党中央的斗争。原东北局组织部长在会上的发言，对中央组织部 1953 年以前的工作进行了恶意的攻击。在这个煽惑性的发言中夸大过去中央组织部工作的缺点，诬蔑中央组织部工作是"敌我不分，对坏人没有足够的警惕"，领导上有"右倾思想"，没有很好地保证正确政治路线的执行。后来查明，这个发言是高岗等人早已准备好的。饶漱石对这个发言极为满意。他们会内会外进行煽动、要挟，妄图全面夺取人事大权，改组中组部的领导，并预谋点出刘少奇的名字，实行公开"摊牌"。

第二次全国组织工作会议的领导小组，由刘少奇、朱德、李富春、胡乔木、习仲勋、杨尚昆、钱瑛、饶漱石、安子文以及 6 个中央局的组织部长组成。为解决所谓"饶、安的矛盾问题"，领导小组专门召开了会议，刘少奇严肃地说：毛主席指示我们把中组部的争论拿到桌面上来解决。并明确指出："中央组织部过去的工作是有成绩的，在工作中是执行了中央的正确路线的。"对于中央组织部工作中的某些缺点和错误，刘少奇以无产阶级革命家的胸怀，主动承担了责任。邓小平在会上讲话也明确指出：中央组织部的工作是有成绩的，是贯彻了中央的路线的。并强调说："这是与毛主席特别是少奇同志的直接领导分不开的；但子文同志也有成绩，不能设想只是领导得好，他们做不好而会有成绩"。[①] 在 10 月 27 日的闭幕大会上，中央领导在明确肯定过去中组部贯彻执行了党的正确路线的同时，再次强调了党的团结。大会责成参加会议的每个代表在全党各个组织中认真传达中央强调团结的指示。党中央的明确态度，打破了饶漱石利用组工会议分裂党的阴谋。

高岗在南方活动回到北京以后，自以为他的反中央宣传能够收效，更积极地更狂妄地展开了夺取党和国家最高权力的阴谋活动，以至当 1953 年 12 月毛泽东依照前例提出在他休假期间委托刘少奇代理中央领导工作的时候，高岗就出面反对，并且私自活动，要求由他来担任党中央的总书记或副主席，要求改换政务院总理的人选，即是说要由他来担任政务院总理。这样就充分暴露了他的篡夺党和国家的最高领导权的野心。

---

① 《安子文传略》，山西人民出版社 1985 年版，第 103—104 页。

（3）严肃的处理

关于高岗、饶漱石阴谋活动被揭露的过程，邓小平在一次谈话中说："毛泽东同志在一九五三年底提出中央分一线、二线之后，高岗活动得非常积极。他首先得到林彪的支持，才敢于放手这么搞。那时东北是他自己，中南是林彪，华东是饶漱石。对西南，他用拉拢的办法，正式和我谈判，说刘少奇同志不成熟，要争取我和他一起拱倒刘少奇同志。我明确表示态度，说刘少奇同志……是好的，改变这样一种历史形成的地位不适当。高岗也找陈云同志谈判，他说：搞几个副主席，你一个，我一个。这样一来，陈云同志和我才觉得问题严重，立即向毛泽东同志反映，引起他的注意。"① 这时，许多听过高岗反党宣传的同志也陆续向中央揭发了高岗的问题。毛泽东掌握情况后，也做了调查，找一些同志了解情况。他在同罗瑞卿的一次谈话中，风趣地谈到防止政治感冒和鼻子不灵的问题，意味深长地说：睡觉有两种情况，一种是睡在床上，一种是睡在鼓里，若不是其他同志向我反映高、饶的问题，我还蒙在鼓里哩！

中央书记处经过调查，掌握情况后，采取了坚决措施制止高、饶的阴谋活动。

1953 年 12 月 24 日，中央政治局举行会议揭露高岗的问题。毛泽东在会上指出，高岗他们在"刮一种风，烧一种火"，叫"刮阴风、烧阴火"，"其目的就是要刮倒阳风、灭掉阳火，打倒一批人"。毛泽东还提出了关于增强党的团结的建议。中央政治局一致同意这个建议，决定起草《关于增强党的团结的决议》，提交七届四中全会讨论。同时，党中央向高岗指出他的错误的严重性，要他沉痛反省，停止一切坏的想法和做法，以免错上加错，自绝于党。

中共七届四中全会，于 1954 年 2 月 6 日至 10 日在北京举行。毛泽东因在休假期间没有出席全会。刘少奇受中央政治局的委托作了《中央政治局向第七届第四次中央全会的报告》，周恩来、朱德、陈云、邓小平等 44 位同志作了重要发言，经过详细讨论，全会通过了《关于增强党的团结的决议》，通过了批准三中全会以来中央政治局的工作和在 1954 年年内召开党的全国代表会议的决议。高岗在全会上作了表面的检讨，饶漱石也作了一般的检查，但他们完全没有悔过的表示。

四中全会结束以后，根据中央书记处的决定，2 月中旬分别举行了有中央委员和候补中央委员 37 人、重要工作人员 40 人参加的关于高岗问题和饶漱石问题的两

---

① 《邓小平文选（1975—1982）》，人民出版社 1983 年版，第 257 页。

个座谈会。在这两个座谈会上，对证了高岗、饶漱石阴谋活动的各项事实。周恩来在高岗问题上做了总结性发言，邓小平、陈毅、谭震林根据饶漱石问题座谈会揭发的材料向中央政治局做了报告，这个发言和报告均经中央政治局审查和批准。在座谈会期间，在无可抵赖的事实面前，高岗不但不低头认罪，反而以自杀（未遂）拒绝党对他的挽救，并终于在 8 月再一次自杀身死。饶漱石在座谈会上做了初步的检讨，但对自己所进行的阴谋活动仍不采取彻底承认的态度，而是避重就轻，实行抵赖。座谈会后，饶漱石虽然作出了书面检讨，承认了一些别人已经揭露的事实，但对许多重要关键问题避而不提，并且还不断企图抵赖，向党反攻。

1955 年 3 月 21 日至 31 日，中共举行全国代表会议。毛泽东主持会议并作开幕词和结论；陈云作《关于发展国民经济的第一个五年计划的报告》；邓小平作《关于高岗、饶漱石反党联盟的报告》。经过全体代表认真的讨论，会议通过了《关于高岗、饶漱石反党联盟的决议》，鉴于高岗死不悔悟，饶漱石也从无悔改之意，决定开除高岗、饶漱石党籍。[①] 鉴于高、饶事件的教训，会议还通过了《关于成立党的中央和地方监察委员会的决议》。决定成立党的中央和地方的各级监察委员会，以代替中央和地方各级党的纪律检查委员会，借以加强党的纪律，反对党员中各种违法乱纪的现象，特别是防止像高岗、饶漱石分裂党、篡夺党和国家权力这类严重危害党的利益的事件重复发生。根据这一决议，会议选举产生了以董必武为书记，刘澜涛、谭政、王从吾、钱瑛、刘锡五为副书记的中央监察委员会。

4 月 4 日，中共举行七届五中全会，批准了党的全国代表会议通过的各项决议和选出的中共中央监察委员会的人选，通过了中国共产党中央委员会关于全国代表会议的公报。全会补选了林彪、邓小平为中央委员会政治局委员。

关于 1953 年发生的高岗、饶漱石阴谋篡夺党和国家的最高权力的事件，过去有过一种解释，即认为这是"我国阶级斗争形势复杂化和深刻化的反映"，是"适应了帝国主义和资产阶级反革命分子的愿望"，"他们实际上已成为资产阶级在我们党内的代理人"。后来，又说这是一次"路线斗争"。现在看来，这些论断都是不准确的。

[①] 饶漱石在被开除党籍的同时，"因发现他有包庇反革命等政治问题"，1955 年 4 月 1 日，公安部按法律程序将饶逮捕审查。1965 年 8 月 30 日，最高人民法院宣判饶有期徒刑 14 年，剥夺政治权利 10 年。1965 年 9 月 23 日，予以假释。1967 年重新收监，1975 年 3 月 2 日患中毒性肺炎死亡。

其一，正如《关于高岗、饶漱石反党联盟的决议》所指出的，高岗、饶漱石反党活动的特点"就是他们始终没有在任何党的组织或任何党的会议上或公众中公开提出过任何反对党中央的纲领，他们的唯一纲领就是以阴谋手段夺取党和国家的最高权力"。

其二，就高岗的政治思想而言，反映出来的主要倾向是"左"而不是右。如在对待城市资产阶级的政策上，1949年5月，中共中央关于对民族资本家政策问题致东北局电中就曾指出，据说在东北城市工作中也有这种实际上立即消灭资产阶级的倾向，"望东北局立即加以检讨并纠正"。在工会问题上，高岗只强调政府和工会在根本立场上是一致的方面，不承认工会有保护工人具体利益的责任。在农村政策上，1952年3月，由他主持制定的《东北局关于推行农业生产合作化的决议》，其中提出："在五、六年后，东北一切使用新式马拉农具的地区，农业生产合作社，将成为互助合作运动的主要形式，以适应生产工具改革的新要求。因而今后五、六年内，东北地区互助合作运动的历史，将成为东北农业生产合作化的重要的历史阶段。"

其三，饶漱石在对城市资本家，农村的地主、富农以及镇压反革命工作中的问题，主要也是属于工作上的错误。

因此，说同高、饶的斗争是一次路线斗争，是不确切的；说他们是适应了帝国主义和资产阶级反革命分子的愿望，其目的是为了复辟资本主义，实际上已成为资产阶级在我们党内的代理人，也是与事实不符的。

高岗、饶漱石当时急于进行篡夺权力的阴谋活动，是由于党在战略思想转轨的过程中，党中央主要领导之间出现的不同意见，没有得到正常的处理，从而使有个人权力欲的野心家感到有隙可乘。在这方面，是有深刻教训可以吸取的。从这个思路来看，不妨说"高饶事件"，是党的战略思想转轨过程中发生的一个"插曲"。

河北邯郸市郊区酒务楼村的农民报名入社。

第二章
以农业生产作为农村的中心工作

"农民在土地改革基础上所发扬起来的生产积极性，表现在两个方面：一方面是个体经济的积极性，另方面是劳动互助的积极性。农民的这些生产积极性，乃是迅速恢复和发展国民经济和促进国家工业化的基本因素之一。因此，党对于农村生产的正确领导，具有极重大的意义。"① 第一个农业生产互助合作的决议正是以此为出发点而制定的。在这个决议指导下开展起来的互助合作运动，一方面，解决了刚经过土地改革新翻身的农户缺乏耕畜、农具和口粮的困难，使生产得以顺利进行；对兴修、整修小型水利，防旱、防涝及防治病虫害等也起到了积极作用。另一方面，由于一开始在指导思想上，就把是否搞互助合作看作是否走社会主义道路的问题，因此急躁冒进的倾向也就伴随发生，这又影响了农民的生产积极性。

一　互助合作中的小冒进

（1）1952 年上半年互助合作运动的基本情况

中央人民政府农业部农政司发布的《1952 年上半年农业互助合作运动发展情况》中说：中央人民政府政务院关于 1952 年农业生产的决定中提出"老解放区要

---

① 《农业集体化重要文件汇编》上册，中共中央党校出版社 1981 年版，第 37 页。

凯歌行进的时期（1949—1956）

在今明两年把农村 80%—90% 的劳动力组织起来，新区要争取三年左右完成这一任务"和"在全国范围内应普遍大量发展简单的季节性的劳动互助组；在互助有基础的地区应推广常年定型的农副业结合的互助组；在群众互助经验丰富而又有较强骨干的地区，应当有领导、有重点地发展土地入股的农业生产合作社"的方针后，全国各地互助合作运动有了很大发展。组织起来的劳动力，西北区 60%，比 1951 年增加 1 倍以上；华北区 65%，比 1951 年增加 20%；内蒙古达 70%；东北区组织起来的农户达 80% 以上；华东区 33%，比 1951 年增加 60%。据不完全统计，中南区组织互助组 100 万个，西南区 55 万个，占各该区总农户数 18% 以上。总计全国共有互助组 600 余万个，农业生产合作社 3000 余个，全国组织起来的农户 3500 余万户，约占全国总农户 40%，比 1951 年增加 40%。互助合作组织的大量发展，使今年防旱抗旱春耕播种及开展爱国增产竞赛运动获得了很大成绩。同时也指出：由于某些干部中存在着单纯任务观点，在不少地区产生了盲目追求高级形式和数字的形式主义偏向，他们不从生产出发，甚至有的机械地为完成组织起来的数字任务，不去耐心教育农民，而采取简单生硬的办法威胁与强迫群众编组，这种做法严重违反了自愿两利原则，在群众中造成不良的影响。也有的互助组和生产合作社对于组、社员私有的耕畜和生产工具，规定使用代价过低，甚至白使，或企图过早地取消土地分红。这种"左"的情绪，亦不符合党和人民政府在农村中的政策。[1]

（2）**农村整党和对苏联集体农庄的宣传**

1952 年 8 月至 9 月，中共中央委托中央政策研究室召开全国第二次互助合作会议，对《关于农业生产互助合作决议（草案）》进行修改，并检查如何办好农业生产合作社的问题。廖鲁言在会上讲话说，中央关于农业生产互助合作决议草案下达后，下面干部与自发的资本主义倾向做斗争的信心提高了，有了明确的发展方向。在谈到目前互助合作运动发展中的几个问题时，他首先强调了"与自发的资本主义倾向的斗争，仍须加强"。[2]

1952 年秋，农村开始进行整党，主要解决三个问题：第一，进行共产党员标准的教育，普遍提高党员觉悟，加强农民党员的积极性，改善党与群众的关系；第

---

[1] 《农业集体化重要文件汇编》上册，中共中央党校出版社 1981 年版，第 78—85 页。

[2] 廖鲁言当时是中共中央政策研究室副主任，主任为陈伯达。毛泽东委托陈伯达管农业互助合作方面的工作。廖鲁言这个讲话提纲，经过陈伯达审阅并作过修改。详见《中国农业合作史资料》1987 年第 4 期，第 4 页。

二，明确农村中经济发展的方向，贯彻党在农村中的政策——不是走资本主义的道路，而是走组织起来互助合作的道路；第三，严肃地处理违法乱纪品质恶劣的分子及其他坏分子，妥善地处理消极分子及落后分子。在老解放区，农村整党还同时批判了在互助合作中的所谓右倾思想。

这时，由农业劳动模范为主组成的中国农民代表参观团于 4 月底到 8 月中旬去苏联参观后回到国内，并在 11 月——中苏友好月对苏联的集体化农业的好处作了广泛的宣传。

全国著名的农业丰产模范李顺达说：

"苏联集体化的农业真好。苏联地大，经过集体化之后，把土地集中起来，能够充分地使用劳动力和机器。从苏联的经验看来，要集体化就要把小块土地联成大块，要制造大机器，要把劳动力组织起来。"

"我们的农业生产合作社再进一步发展就是集体农场。我们要把集体化的好处多多告诉自己的农民。我们要办好农业生产合作社，多多积累公共财产，好好使用新式农具。我们要在广大农民中树立集体化思想，同时要发展工业，制造农业机器。我们的农业要保证给工业足够的原料，而工业将供给农业以机器。"

全国全面丰产模范耿长锁说：

"苏联集体化农业的好处说不完。我们那里常受旱涝的威胁。但在苏联，坡地不旱，洼地不涝，都长得好庄稼。因为苏联不靠天吃饭。伟大的斯大林改造自然计划改变着气候。防风护田林带、水渠和人造雨，使土壤保有充足水分。这是我们亲眼见到的。"

"我们到过的乌克兰，那里集体农场有土地一两万亩的算小的，有一、二十万亩的很平常。我们看到了拖拉机和联合收割机做着比人工效率高得不可比拟的工作。……集体化和机械化以后，劳动效率何止提高 10 倍。"

"集体农民的生活真是令人美慕。他们吃的是面包、肉、牛奶，星期天穿的不是哔叽就是绸子，睡的是钢丝床，房子里有自来水、电灯、收音机，柜橱桌椅齐备。每个集体农场都有俱乐部、图书馆、无线电转播站、电影场。集体农民一面工作一面唱歌。那里没有人剥削人的现象，大家都很快乐。这种生活只有集体化才能得来。看了之后，真使人美慕。我们一定要努力争取这种生活在中国实现。这先要农民大伙认识这种好处，携起手来干。"

吉林韩恩农业生产合作社的领导人韩恩说：

"一看苏联农村，就觉得我们的道路是广阔的。我们的农业生产合作社就是初步的集体化。苏联的集体农场是由无到有，由小到大。苏联今天的道路，就是我们明天的道路。……只要大家努力，那么苏联的集体化农业离我们是不远的。"

"苏联农业集体化的经验告诉我们：由分散的个体的小农经济到集体经营的农业，需要许多条件。第一是党的正确政策。第二是国家工业化，由工业供应集体化所需要的农业机器。第三是国家的指导和帮助，如通过国家农场和拖拉机器站在大规模生产、使用机器和先进科学耕作方法方面给农民示范。"

全国全面丰产模范吕鸿宾说：

"我们所看的 21 个集体农场，都是从无到有，从小到大的。大部分都是从共耕社发展起来的。也有犯过急性病，建立过平均主义的农业公社，但那是个别的情形。格鲁吉亚共和国卡布列提区莫洛托夫集体农场成立时才 28 户，现在有 200 多户。我们的互助组去年转为生产合作社。有些不明事理的人说，快吃'大锅饭'了。我们这次参观，看到苏联集体农场也不吃'大锅饭'。相反的，多劳动多得，少劳动少得，工作有定额，超额有奖励。中国农业必须走集体化的道路。"①

农民代表参观团团长张林池说：

"在参观学习中，我们深深地体会到了：农业必须走集体化的道路。只有集体化才能使农民不走痛苦的资本主义道路，而走幸福的社会主义道路。"②

在农村整党和大力宣传苏联农业集体化带来的好处的背景下，1952 年冬，互助合作运动出现了一股"热潮"。于是有的地区发生了急躁冒进，搞大社，过多地搞公共财产，以至强迫命令等偏向。

（3）急躁冒进和强迫命令种种

华北地区：

华北局指出：近据各地报告，在发展农业生产合作社中，盲目冒进的偏向十分严重。不少地方在办社中存在着甚至个别地区是发展着"宁多勿少，宁大勿小"、"越多越好，越大越好"的错误思想，因而违反农民自愿，胡乱地多办社、办大社。有的地方为了集中骨干建社而拆散了互助组，使许多组员丢在社外单干。盲

---

① 《新华月报》1952 年 12 月号，第 131—133 页。
② 《新华月报》1952 年 9 月号，第 123 页。

目追求公共财产的现象也是严重的，如长治专区新建的千余个农业生产合作社中，有 76% 是将牲口、农具等全部归社公有的，有的甚至连棺木寿材、老羊皮袄也归了社。这些"左"倾冒险的错误，已在群众中引起思想混乱，造成生产上的损失。不少地方一冬无人拾粪，副业生产无人搞，场里、地里庄稼无人收拾，牲口无人喂（甚至有饿瘦、饿死者），有的地方已发生卖牲口、砍树、杀猪、大吃大喝等现象。[①] 如河北省大名县，1952 年有 180 个农业生产合作社，1953 年 1 月中旬将原有的社合并成 82 个，又新建了 345 个社。在这 427 个社中，300 户以上的 1 个，50 户以上的 32 个。据对 20 个 50 户以上大社的初步检查，发现的问题有：

> 五区堤上的两个社，发展社员时在街上摆了两张桌子，村干部向群众说，"社会主义，资本主义，两条道路，看你走哪条，要走社会主义的在桌上签名入社"，"咱村就这两个社，不入这个入那个，凭你自由选择，反正得入一个"。文集村村干部在群众大会上讲，"谁要不参加社就是想走地主、富农、资产阶级、美国的道路。"为了建大社，把该村所有的磨粉家具和大车全部控制在文福庆社里，以不入社不叫使用的办法强迫群众入社。该村文东有互助组不愿入社，村干部借口文东有以前赌过钱，要捆到村政府去，最后文答应入社，问题才解决。六区老庄朱秀亭社扩大时，一个区干部在群众会上讲："我把合作社的好处都给你讲完了，你再不入社就没有理由了，不入社，以后社里不借给你东西使，叫你自己打井。"威胁群众入社。强迫入社的结果，引起群众生产情绪低落。四区小龙杨文选社，未并社前社员生产都很起劲，盲目并成 144 户的大社后，冬季积肥和副业生产搞不起来，社员闲了一冬天，社里的 20 多垛花生秧子和一堆堆的谷挠子都丢在村外场里，任风雪飘没，无人经营。一区儒家寨村里村外满地粪无人拾，遍地棉柴没人拔。五区小寨张遂学社扩大后，运输歇业，磨粉数量较 1951 年冬减产 50%，积肥数量也大为减少，社内的 61 个牲畜，因缺草断料都饿瘦了。又六区老庄朱秀亭社共有 10 头牲畜，已饿死母牛 1 头，还有 3 头瘦得要死。[②]

东北地区：

早在 1952 年 7 月，中央政策研究室李林朴等在黑龙江两县三个村关于互助合

---

① 《农业集体化重要文件汇编》上册，中共中央党校出版社 1981 年版，第 150 页。

② 《农业集体化重要文件汇编》上册，中共中央党校出版社 1981 年版，第 153—154 页。

作运动考察报告中也说：农村的某些干部、党员，在克服了右倾观点以后，产生了追求高级形式，忽视低级形式消灭单干的情绪。他们急于要求发展农业生产合作社，看不起互助组，歧视单干，对互助合作的新道路产生了若干错觉。他们说："只有农业生产合作社与集体农庄才是新道路，其他都是旧道路"。有的区村干部提出了："组织起来消灭单干"、"谁要单干政府来见"等口号。这些错觉产生的原因，固与农业生产合作社特别是集体农庄之成立在农民中起了影响有关，但更重要的是下层干部在互助合作运动的宣传教育中，未能把社会主义的远景和目前新民主主义阶段允许富农和单干存在的政策严格区别清楚，未能把不许党员雇工、放高利贷的党内政策和仍然允许农民雇工、放债的社会政策区别清楚，把前途教育当作目前政策去做，有的地方不分党内党外错误的提出"反雇工、反剥削"的口号，因而在农村中产生了若干混乱思想。[①]

1953 年 2 月 17 日，中共辽西省委宣传部在《1952 年农村宣传工作总结》中指出：少数先进分子，明确了农村经济发展方向与互助合作道路，并了解现行政策，任劳任怨，"棒打不散"，坚决走互助合作道路。但其中也有些人有急躁情绪，急于提高互助组，扩大公有财产，照顾社员利益不够，因而有脱离群众的偏向。但同时认为，经过互助合作教育取得的成果之一，是在一般农民的思想上划清了两条道路的界限，提高了识别富农剥削的能力，在农村中有了不愿再受剥削的舆论。在低级互助组内，很多组员对人畜力换工不等价，有牲畜户说了算的现象表示不满，要求取消富裕户说了算的"权利"。他们时常凑到一起谈论："单干不好"，"雇工不对"，"某某某简直是富农剥削"，表示坚决不再受剥削。有些干部和农民也感到剥削可耻，自动辞退了长工，参加了互助组，有些有剥削行为的农民（多数是贫雇农）也自动放弃剥削。[②] 这种盲目地反对剥削的思想，恰恰是导致急于提高互助组，侵犯中农利益等急躁冒进偏向的重要原因。

中南地区：

中南局报告说，根据全区原 117 个社的初步统计，省领导有计划试办的约占 1/3，共 30 余个，另外 70 多个社（约占总数 2/3）则是由县区干部或群众自发搞起来的，这些社也有一部分条件比较成熟，办得较成功，一部分则条件很差，仍需要

---

① 《农业集体化重要文件汇编》上册，中共中央党校出版社 1981 年版，第 75—76 页。

② 《中国农业合作史资料》1987 年第 3 期，第 1—2 页。

转为互助组。目前的具体情况是：第一，凡是条件比较成熟，领导强的农业生产合作社，一开始就显示了它的优越性，取得群众的拥护，突出成绩为产量的显著提高。第二，试办一开始也就露出冒进的苗头，尽管一年来试办的数量并不大。如河南鲁山县由 2 个社一跃而为 71 个社，该县马楼乡一下就搞起了 10 个社，泌阳一个区一开始即办了 50 个社。产生冒进的原因，主要由于一部分干部不懂得或不完全懂得互助合作运动的发展规律，盲目追求高级形式，与存在着不健康的互比工作条件，互不服气的情绪，不批准就自己偷偷干，其次则为宣传农业生产合作社的优越性时，没有着重的讲清楚发展过程与条件，片面鼓吹好处，因而引起一部分积极分子与劳动模范为了争光荣而盲目带头。再次则为政府扶持过多，群众红眼，有为争扶持而组社的。第三，自愿互利政策贯彻不够，残存的农业社会主义思想还相当严重存在：主要表现为不尊重私人财产权，许多社对牲畜都采取折价入社的办法，实际则长期不付价（金额太大，社员一下吃不消）等于变相归公，群众说是"软共产"。其次表现为发展生产观点不明确，平均主义严重，公益金用得多，消耗大。①

与之同时，区乡基层组织任务多、会议和集训多、公文报告表册多、组织机构多、积极分子兼职多的现象相当严重，压得区乡干部喘不过气来。即连县上卫生院、人民银行、新华书店、水利管理处、合作社联合社等事业单位也直接给乡上下命令、发通知、召开乡村干部会，布置任务，要统计材料等。乡村干部实感应接不暇，只好"啥紧作啥"，谁来跟谁转。只求完成任务，不讲方式方法。许多工作强调是中心，往往失掉中心，样样工作都要做，样样做不好。由于这些问题的存在，使乡村工作经常处于忙乱被动状态，工作质量差、效果低，强迫命令与形式主义相当严重。

据此，中共中央在 1953 年 3 月采取多种措施，坚决纠正上述偏向，稳定农民情绪，以利农村生产的发展。

二　毛泽东强调农村一切工作要为生产服务

中共中央为纠正农村中的急躁冒进偏向，于 1953 年 3 月下达了一连串的指示：3 月 8 日《中央关于缩减农业增产和互助合作发展的五年计划数字给各大区的指示》；

---

① 《农业集体化重要文件汇编》上册，中共中央党校出版社 1981 年版，第 145—146 页。

凯歌行进的时期（1949—1956）

16 日《中国共产党中央委员会关于春耕生产给各级党委的指示》；17 日《中央关于布置农村工作应照顾小农经济特点的指示》；19 日由毛泽东亲自起草的《中央关于解决区乡工作中"五多"问题的指示》。26 日，《人民日报》发表了题为《领导农业生产的关键所在》的社论。① 上述指示和社论的主要内容是：

（1）**压缩计划指标**

中共中央指出：关于农业增产的五年计划数字和互助合作五年的发展计划数字以及 1953 年这两项的指标数字，各大区所已经提出者，现在看来都嫌过高。在农业增产方面，不能根据三年恢复时期中每年的增产率来计划今后五年的增产，因为发展时期的增产比恢复时期困难得多。苏联第一个五年计划的经验证明，农业增产的计划也不能订得太高。而且我国在第一个五年计划之内，基本上不可能有机器投入农业，农业增产主要还是靠农民群众积极性与互助合作，靠兴修水利与若干新式农具和初步的技术改良。如果计划一开始就订得太高，完成不了，将大大伤害干部和群众的积极性。因此，中央现正考虑将农业五年计划增产数字缩减到以 1952 年实产量为基数的 30%。其中 1953 年的指标是增产约 7%。在互助合作方面，计划订高了，也势必发生急躁冒进，贪多贪大，盲目追求高级形式与强迫命令形式主义。因此，中央现正考虑将互助合作的发展计划，五年之内，组织起来的农户，老区控制在占农村总户数的 80% 左右，新区控制在 70% 左右。其中农业生产合作社老区平均控制在占农村总户数的 45% 左右，新区平均控制在 12% 左右；常年组新区控制在占农村总户数的 30% 左右。中央要求各大区根据当地的实际情况，把原定的数字加以压缩，提出新的计划数字报告中央。

3 月 14 日，中央在批转华南局的报告中还特别指出：一切才结束或结束土地改革不久的地区，都应将主要注意力放在端正地贯彻各项社会政策和经济政策，以解除群众对发展生产的疑虑，和组织临时性互助组以克服农民在土改后所遇到的生产困难，而不宜过早过多的举办农业生产合作社，将自己的精力吸引在这一次要方面。②

（2）**切实保证把春耕生产作为压倒一切的中心工作**

中共中央指出：目前农村中的工作很多，例如贯彻婚姻法、整党建党、准备普

---

① 《农业集体化重要文件汇编》上册，中共中央党校出版社 1981 年版，第 104—129 页。
② 《农业集体化重要文件汇编》上册，中共中央党校出版社 1981 年版，第 144 页。

选运动、部分地区的土改复查、试建民兵基干团等等；再加上某些业务部门片面强调各自的部门工作，到了县、区、乡以后，"人人是上级，事事是中心"，"样样都要首长负责，党委保证"，而不允许下面分别轻重缓急统筹布置。这种情况如不改变，势必脱离群众和违误农时，严重影响春耕生产，造成不可补救的损失。因此，中央决定，当前农村中压倒一切的中心工作是加紧春耕的准备工作和开始进行春耕生产，其他一切工作都必须围绕并结合春耕生产来进行，凡是影响和障碍春耕生产这一中心任务的任何工作，均应改变、推迟或缩小甚至取消原来的计划。由县以上的各级党委和人民政府根据当地具体情况，统一安排各项工作，任何业务部门向农村布置任务均应经中央或同级地方党委或各大行政区及省的主席、专员、县长批准，不得直接下达区乡，以切实保证春耕生产的顺利进行。在春耕农忙季节，农村中应停止一切妨碍生产的会议，亦不得任意抽调干部到上面来开会或进训练班，以免违误农时。

毛泽东更进一步强调指出："农业生产是农村中压倒一切的工作，农村中的其他工作都是围绕着农业生产而为它服务的。凡足以妨碍农民进行生产的所谓工作任务和工作方法，都必须避免。"[1]

(3) 应照顾小农经济的特点

中共中央指出：最近各地均发现在农业生产工作中有许多突出的严重的强迫命令错误，这种错误屡纠屡犯，实有一重大原因，这就是党政机关在布置任务时对小农经济的私有性、分散性这些本质特点认识不足，不予照顾。因此，应教育广大干部，使他们深刻认识，在向农村布置任务的时候，在农村进行工作的时候，领导农业生产的时候，时刻记住并且照顾到小农经济的特点，多强调自下而上，集中群众要求，因地制宜，而不可强调自上而下布置任务，强求一致完成。即使在互助合作组织普遍发达的农村，也要照顾这种分散的特点，因为目前的互助组和农业生产合作社的组织还是小型的组织，并且是建立在私有财产基础之上的，使用落后工具的。这一个原则如不掌握好，则所有好事都会变成坏事。

毛泽东也明确指出：目前我国的农业，基本上还是使用旧式工具的分散的小农经济，这和苏联使用机器的集体化的农业，大不相同。因此，我国在目前过渡时期，在农业方面，除国营农场外，还不可能施行统一的有计划的生产，不能对农民

---

[1]《毛泽东文集》第6卷，人民出版社1999年版，第273页。

凯歌行进的时期（1949—1956）

施以过多的干涉；还只能用价格政策以及必要和可行的经济工作和政治工作去指导农业生产，并使之和工业相协调而纳入国家经济计划之中。超过这种限度的所谓农业"计划"，所谓农村中的"任务"，是必然行不通的，而且必然要引起农民的反对，使我党脱离占全国人口百分之八十以上的农民群众，这是非常危险的。所谓区、乡工作中的"五多"问题，其中有很大的成分就是这种过多地干涉农民的表现（另一部分成分是因为革命战争和土地改革的需要而产生和遗留下来的），已经引起农民的不满，必须加以改变。①

（4）正确解决农民的个体利益与公共利益的结合

中共中央指出：为正确地组织领导农民，发挥农民的生产积极性，必须切实纠正农业生产互助合作运动中正在滋长着的急躁冒进倾向。这种急躁冒进倾向的具体表现，在新区和互助运动基础较差的地区主要是：打击单干农民，强迫编组；满足于形式主义的做法。有些地方的工作干部，在土地改革刚刚结束以后，不在农民群众中充分进行保护农民所有制的政策宣传，解除农民"怕归公"的思想顾虑，安定农民的生产情绪，而是盲目要求大量发展互助组，把土地改革的思想和做法搬到互助合作运动中来，在互助组内强调满足贫雇农利益，因而侵犯中农利益，损害了新区农村中占人口绝大多数的个体农民的生产积极性。在老区和组织起来的面比较广的地区，"左"倾冒进的倾向主要是：轻视初级互助组，提倡土地耕畜农具公有制，盲目追求高级形式，违反中央所指示的有控制地试办农业生产合作社的方针，而贪多贪大；在组内社内的经营管理方法上标新立异，越复杂越好，越"社会化"越好；在入社的土地牲畜农具的报酬问题上忽视目前的农业生产合作社是建立在私有财产基础之上的特点，而侵犯农民的私有财产，侵犯中农利益，不根据群众的经验水平与生产发展的程度和需要，盲目要求增加社会主义因素；过多过急地扩大公积金和公共财产，有的甚至采取共同消费的制度；等等。必须提醒同志们，在组织互助组合作社时，不要忘记从群众的觉悟水平与切身体验出发，从群众的实际要求出发，从小农经济的生产现状出发，正确地解决农民的个体利益与公共利益的结合问题，稳步地循序而进，任何急躁冒进的方针都会挫折广大农民的生产积极性，因此都是极有害的。中共中央还明确指出：在农村中取消雇佣自由、借贷自由与贸易自由，企图完全排除富农发展的可能性，这在今天对发展生产也是不利的，而且是不

---

① 《毛泽东文集》第 6 卷，人民出版社 1999 年版，第 273 页。

可能的。

对以上中共中央的指示精神，《人民日报》社论概括为领导农业生产要掌握好两个关键：第一，按照中央指示切实将生产任务当作农业中压倒一切的中心工作，反对工作上的平均主义和分散主义。第二，按照中央指示"从小农经济的生产现状出发"改进对农村生产运动的领导方法，使之符合于现在农村经济的现实状况，反对工作上的主观主义和命令主义。

4月1日，中共中央把《关于农业生产互助合作的决议》[①]、《关于春耕生产给各级党委的指示》、《人民日报》社论《领导农业生产的关键所在》三个文件，汇编为一个册子，由毛泽东定名为《当前农业工作指南》出版下发。中共中央在通知中说：这三个文件，提示了党在当前阶段指导农村工作时所必须掌握的理论认识和重要政策原则，以及群众路线工作方法。各级党委务须指定一定时间组织一切从事农村工作的人员，包括从事政治工作的、财经工作的、文化工作的、人民武装工作的各方面工作人员，来一次认真的学习。中央希望通过这一次学习，能将上述各种工作人员的思想水平在全体规模上提高一步，以保证党在农村战线上工作中的不断胜利。

由于中共中央发现问题及时，指导思想正确，措施果断有力，政策具体明确，各级党委和人民政府贯彻得力，到6月初急躁冒进倾向基本得到纠正。7月间，华北局向中央报告说："纠正冒进的结果，农民生产情绪已趋安定，原部分地区卖土地、卖耕畜、杀猪宰羊、伐树等混乱现象已停止，抗旱播种的任务已顺利完成。干部认识了冒进对工作的危害，开始转变了重社轻组的错误认识。曾消沉一时的互助组，又开始活跃起来并有了发展。"[②]华北地区是原来农业生产合作社发展的最多和问题也最严重的地区，这个报告反映的情况，在全国是很有代表性的。

三　邓子恢的重要政策思想

由于从1953年起，全国将要开始进行大规模的有计划的经济建设，中共中央、中央局、中央分局和省委的领导重心必然要放在城市的工业建设上。为了不减弱对

---

① 1953年2月15日中共中央通过的正式决议。
② 《农业集体化重要文件汇编》上册，中共中央党校出版社1981年版，第186页。

农村工作的领导，中共中央于 1952 年 11 月 12 日作出决定：在省委以上的党委领导下，一律建立农村工作部（1953 年 2 月又决定县和专区两级党委设立生产合作部或农业工作部），作为各级党委在领导农村工作方面的助手。其任务是帮助党委掌握农村各项工作的政策方针，而中心任务是组织与领导广大农民的互助合作运动，以便配合国家工业化的发展，逐步引导农民走向集体化的道路。除农民的互助合作运动由党委的农村工作部直接管理外，农村工作的各项具体业务应由政府的农业、林业、水利等部门及合作社分别负责，农村工作部则与这些部门的党组建立经常的联系，并代表党委对他们的工作加以指导。

中共中央农村工作部于 1953 年 2 月成立，中央任命邓子恢担任部长。3 月间，中共中央为纠正农村工作中的急躁冒进倾向发出的一系列指示，就是在 3 月 8 日听取了中央农村工作部关于当前农村情况的汇报后，于当日和随后相继发出的。4 月 3 日至 23 日，受中共中央委托，中央农村工作部召开了第一次全国农村工作会议。邓子恢在会上作了总结报告。在这次会议前后和这个总结报告中，邓子恢对党的农村政策作了全面的阐述。他除了明确阐明农村工作的基本任务是发展农业生产，中心环节是领导农民组织起来搞互助合作，必须从小农经济的现状出发等党的总的指导思想外，对如何在保护农民生产积极性的基础上，逐步引导他们走互助合作的道路，以及现阶段互助合作应着重贯彻的政策原则，提出了很多极有见地的重要思想。[1] 主要的有：

（1）要改变生产资料个体私有制又要保护私有权

邓子恢到中央农村工作部任职的最初几天，就在全体工作人员会议上明确指出："农村工作部的主要任务是，在一定的时间内，完成农业社会化，配合国家工业化，把四万万七千万农民组织起来，过渡至集体农庄，究竟需要多少年，要看我们的工作，看工业化的进度，看国内外的形势，时间不能定，但方向就是这样"。[2] 在第一次全国农村工作会议上，他传达了毛泽东提出的要在 10 年至 15 年或更长一点的时间内，在全国范围内基本上完成社会主义改造的任务。

因此，邓子恢指出，把农民组织起来是总方向，不能怀疑动摇。但又不是短时

---

[1] 《农业集体化重要文件汇编》上册，中共中央党校出版社 1981 年版，第 130—143 页；《新华月报》1953 年第 8 号，第 49—52 页。

[2] 《中国农业合作史资料》1988 年第 5 期，第 10 页。

间一下子就能完成，而要 10 年至 15 年，甚至更长时间才能完成。于是就存在一个在组织互助合作的同时，如何正确对待大量存在的个体农民的问题。针对农村中不少农民存在着怕露富、怕"共产"的不安情绪，他强调，在发展互助合作运动的同时，要照顾个体农民的积极性。为此必须：1. 尊重农民的土地财产所有权。保护农民的私有财产不受侵犯。2. 相对地固定负担。3. 限制富农剥削，允许富农存在。他说：所谓"确保私有制"是不对的，因为对农民的土地和其他生产资料的私人所有制是要积极加以改造的，农民现在的这种私人所有制必须逐步由将来的集体所有制来代替，怎样"确保"呢？不能确保。但农民的土地财产所有权必须尊重，农民的私有财产必须受到保护。必须把逐步改造农民小私有制与保护农民土地财产所有权分清楚，如果我们在这个问题上弄不清，就会造成群众恐慌。改造农民私有制是总方向，决不能动摇，但不能说横竖将来要归公，就随便去侵犯农民的土地及其他私有财产。

关于富农问题，他认为，总的方针是限制富农发展，这个是决不能犹豫决不能动摇的。这个改变了，那么进到社会主义就不可能。但今天的问题是既要限制富农发展，又要允许富农存在，不能说不允许富农存在，而且完全不让富农有一点发展也是不可能的，富农发展一点不要害怕。因此，笼统提出"四大自由"的口号是不妥当的，但关于雇佣、借贷、租佃和贸易四个问题则应有正确的处理。即：雇佣自由的口号可以提，对雇工的工资待遇等问题，当然不是允许像资本主义国家那样自由，这个自由是有条件的。今天要提倡自由借贷，因为国家没有这些钱去帮助农民完全解决困难。对高利贷，我们要搞信贷合作，低利借贷，用经济手段慢慢战胜它，最后消灭它，单纯用行政命令，是禁止不了的。土地买卖和租佃的自由，土地法上规定了，今天还不能禁止。但是否让随便买卖呢？不是的。我们要尽可能帮助贫困农民克服困难，如贷款、互助合作等，使他不卖地。应尽量缩小这个自由的范围，所以这个自由很有限。商业买卖自由是不禁止的，但要在国营贸易领导和节制下。所谓领导就是控制，不是让其泛滥发展。

总之，"必须把当前政策和发展方向联系起来又区别开来，既稳定农民积极性，又有利于按总方向前进。"也就是既要向社会主义集体所有制转变，又要保护个体农民的财产私有权，以有利于发展生产。

（2）要按部就班慎重稳进

邓子恢认为，对农民实行社会主义改造，这个过程现在就应当开始，但要在这样一个大国，这样多的农业人口中完成小农经济的社会主义改造，又不是轻而易举的事，需要一个很长的时期。如果认为现在农民的绝大多数已经可以接受集体农场制度，那无疑是绝大的错误。

他强调：互助合作必须根据需要和可能的条件去建立。这就是生产有需要，群众有要求，干部有领导能力。农民在土改后由于牲口农具不足，或者劳动力不足，要求互助，你帮我，我帮你，解决牲口、农具、劳力问题。等到这些问题解决了，就进一步要求再发展，再增产，就不仅要求季节互助，而且要求全年互助，不仅要求搞农业互助，而且要求搞副业互助，多搞点钱。生产要求提高了，组织形式就改变了，就自然进到常年互助。常年互助办好了，就自然要求更提高一步，要求劳动分工、土地合营，搞合作社。所以，互助合作必须是按部就班地：由临时的季节性的互助组提高到常年互助组，再提高到农业生产合作社。互助合作是一个群众运动，必须按照群众运动的发展规律办事，由小到大，由少到多，由点到面，由低级到高级，发展一步巩固一步，有阵地的前进，绝不能一步迈进，一哄而起。一哄而起者必将一哄而散。互助合作关系到农民的生产和生活的根本问题，必须慎重稳进。

（3）**互助合作是改造经济不是阶级斗争**

邓子恢非常明确地指出：要分清今天搞互助合作同过去搞战争动员不同，这是改造经济的斗争，不能采用"一切服从战争"的办法。互助合作和土改也不同。土改是农民和地主的关系问题，是阶级斗争。互助合作是对农民的教育问题，这不是阶级斗争，绝不能采取阶级斗争的方式。今天有些地方强迫命令，用威胁、限制、戴大帽子等办法强迫农民入组入社，这是完全错误的。必须采取教育说服的方式，根据自愿互利的原则来对待互助合作运动。说不服怎么办？那就等待他的觉悟，一定要自觉自愿，照顾双方。

（4）**要兼顾贫农和中农双方的利益**

邓子恢指出，要办好互助组和合作社，就要处理好组内和社内的关系，主要是贫农与中农的关系。一方面对中农要照顾，要克服贫农向中农揩油的思想，不能像土改时那样，土改时搞地主以满足贫雇农，那是对的；今天揩中农油以满足贫农，那就错了。今天的贫农将来也要成为中农的，今天让他揩中农的油，将来就会让别人来揩他的油，这就使贫农对上升增加顾虑，结果两头不讨好。另一方面也要防止有的中农、富裕中农企图把牲口大农具估价过高，分红过多，使贫农吃亏。在对待组内社内的关系问题上，要坚持等价互利的原则。当然，这也不能那样理想化、绝对化，但一定要双方兼顾，逐渐做到更加合理。

（5）吃大锅饭必须反对

邓子恢认为，现在各地举办的合作社，只是把土地这个主要生产资料，根据农民自愿由农民私人耕种转为合作社大家共同使用。至于其他生产资料如农具、牲畜等，仍归农民私有，合作社要用，只能出钱租用，或者作价收买，而不能白用或无代价归公。所有生活资料如房屋、家具、衣着、家禽等，更是完全归农民个人所有，即使将来进一步实行集体农庄制度之后，除了土地及其他的基本生产资料，根据农民自愿由个人私有转变为集体农民大家所共有外，当然也是同苏联集体农民一样，农民还能拥有小块园地以供个人使用，还拥有这些园地上所有的副业，以及住宅，食用牲畜、家禽，小农具和家具等个人的财产。农民个人劳动的收入和积蓄，无论何时都保有他个人的所有权。这就是说，无论现在的农业生产合作社或将来的集体农庄，都只能是共同生产个别消费制度，而不是实行共同生产共同消费制度。因此，他强调：合作社吃大锅饭必须反对。共同生产、共同消费是共产主义，今天办不到。硬要搞，一定搞坏。合作社必须是按土地、牲口、农具、劳力来分配，分到的粮食由各人自由支配。共同消费一定要纠正。

关于共同生产问题，他又进一步指出，有的地方提出"时时互助，事事合作"的口号，这是不妥当的，行不通的。农村中有三种活，一种是一定要互助的，靠集体劳动才搞得好，一种是可互助可不互助的，还有一种是单干较互助好的，如喂鸡、喂猪、种点蔬菜及其他家庭副业劳动。哪些集体搞，要根据各地的具体情况，根据农民的自愿而定，农民的劳动时间不要通通集体支配了，如果他自己连冬闲和农事闲隙时间也没有一点活动的自由，那是不行的，会使农民生活上极不方便，生产上也有妨碍，一定要遭到群众反对。

（6）主要危险是急躁冒进

邓子恢指出：互助合作运动中，存在两种偏向：一种是自流等待，就是等待集体化到来，认为目前好像不必要搞互助合作，要等到将来拖拉机出来才搞。这种偏向之所以产生，就是忽视了互助合作在今天和将来的作用。另一种偏向就是急躁冒进，过左的偏向，计划贪多贪大，盲目要求高级形式。而且是下级看上级，上急下更急。这种急躁冒进过左的偏向产生的思想根源：一是过高估计互助组合作社的性质，不了解互助组合作社是具有两方面性质的，是过渡形式，而把它看作与社会主义完全一样。可能还有一部分人包含有单纯农业社会主义的观点，认为这样就可以完全社会主义化了，不了解合作社还是建立在私有基础之上的，实现社会主义还要有工业化条件。二是不了解工业化和集体化的前进过程，工业化并不那样快（拖拉机到 1959 年才能有 1 万多台），可是我们的同志要 5 年就达成合作化。三是不了解互助合作是不可逾越的过渡形式，没有它就不可能过渡到社会主义集体化。由于这三种思想原因，就产生了急躁冒进。急躁冒进和放任自流两种偏向今天都存在，但在全国范围来说，急躁冒进是主要的偏向，是主要的危险。

由上可见，邓子恢阐述的党的农村政策的重要思想，就其基本精神而言，是有其独特贡献的。中共中央关于农业互助合作的决议和有关指示中在原则上虽都曾作过规定或有过指示，但他明确强调要把继续贯彻新民主主义的经济政策同向社会主义转变的发展方向联系起来又区别开来；发展互助合作要按部就班，慎重稳进；吃大锅饭必须反对；急躁冒进是主要危险；等等。

四 梁漱溟的"九天九地"[①]

1953 年 9 月，在中央人民政府委员会第 27 次会议期间，著名爱国民主人士梁漱溟，突然受到了严厉批判，被说成过去是"代表地主反共反人民的"；他提的意见被认为是"反动化的建议"，"是资产阶级路线"，是反对党在过渡时期总路线的。1955 年 5 月至 11 月，全国报刊又集中地发表了一批文章，对梁漱溟的政治（特别是他的"乡村建设运动"理论）、哲学、文化、教育等思想公开进行批判。这是在过渡时期总路线问题上，在党内批判"确立新民主主义秩序"、"确保私有"、"四大自由"、"新税制"的同时，对党外民主人士的一次具有代表性的批判。

（1）**这桩公案的缘起**

1953 年 9 月 8 日，全国政协常委会举行第 49 次扩大会议（当时的全国政协常务委员会和中央人民政府委员会的委员都比较少，总共不过数十人，有时因会议内容比较重要，这两个会常常举行扩大会议，邀请一部分政协委员和各民主党派负责人列席，梁漱溟便是列席的政协委员之一），周恩来在会上作了过渡时期总路线的报告。

---

① 详见《文汇月刊》1988 年第 1 期。

9月9日上午分小组讨论周恩来的报告。在小组召集人章伯钧发言之后，梁漱溟即在会上发言说："这一总路线原是人人意中所有的，章伯钧先生更发挥了周总理所讲的话，我于此深表赞同，没有什么新的意见可说。路线既无问题，那么就看怎样去做了。要把事情做好，全靠人人关心这一事业，发现不论大小问题，随时反映给负责方面，以求减少工作上的错误。例如《人民日报》读者来信栏，时常有人把他所见到的问题写信提出来，而党报收到来信亦马上能注意检查或交给该管机关部门去检查纠正，这就是最好最好的。这样做，一面看出人民能关心公家的事情，一面看出党和政府能够随时听取老百姓的意见解决问题。这种精神，在贯彻执行过渡时期总路线时应该继续发扬。只有自始至终发扬民主，领导党又能认真听取意见，这建国运动才能变成人民群众的自觉行动，其效就能倍增。"下午召开大会，由周恩来主持，他提议通过大会发言以交流委员们在各小组发表的意见。梁漱溟建议，请各小组召集人把各组内讨论情形在大会上统一汇报，以代替每个人再重复自己说过的话。梁漱溟所在的小组由章伯钧把大家发表的意见讲了个大概，其中包括梁的发言。会议结束前，周恩来宣布第二天的大会由个人发言。周恩来在离开会场时对梁漱溟说："梁先生，明天的大会你也说一说，好不好？"梁回答说："好。"

梁漱溟以为，如果把小组会上的发言到大会上再重复一遍，就没有意思了。而且小组会上几乎全是非共产党人士，他所说的话是就党外广大群众而说的。而现在是领导党的负责人要他在大会上说话，他就应该说一些对领导党有所贡献的话。在这种思想指导下，梁漱溟连夜做了发言准备。但第二天（10日）下午大会发言甚踊跃，而且许多人是外地来的，如上海、天津等地的工商界人士，讲得很好，因此会议中间休息时，梁漱溟便写了一张条子给周恩来，说会议应该尽量让外地来的人发言，在北京的人说话机会多，况且会议今天就要结束，他准备的发言可改为书面发言。周恩来说，让大家都能充分发表意见，会期要延长一天，请梁明天在大会上发言。在11日下午的大会上，梁漱溟按已做的准备发言。他说：

　　"连日听报告，知道国家进入计划建设阶段，大家无不兴奋。前后已有多位发言，一致拥护，不过各人或由于工作岗位不同，或由于历史背景不同而说话各有侧重罢了，我亦愿从我的岗位（政协一分子）和过去的背景说几句话。

　　"我曾经多年梦想在中国能展开一个伟大的建国运动。40年前我曾追随过旧民主主义革命，那时只晓得政治改造，不晓得计划建国。然而我放弃旧民主主义革命已有30年了。几十年来我一直怀抱计划建国的理想，虽不晓得新民主主义之说，但其理想和目标却大体相合。由于建国的计划必须方方面面相配合、相和合，我推想政府除了已经给我们讲过的建设重工业和改造私营工商业两方面之外，像轻工业、交通运输等等如何相应地发展，亦必有计划，希望亦讲给我们知道。此其一。又由于建国运动必须发动群众、依靠群众来完成我们的计划，就使我想到群众工作问题。在建设工业上，我推想有工会组织可依靠就可以了；在改造私营工商业上，亦有店员工会、工商联和民主建国会；在发展农业上，推想或者是要靠农会。然而农会虽在土改中起了主要作用，土改后似已作用渐微。那么，现在只有依靠乡村的党政干部了。但据我所闻，乡村干部的作风，很有强迫命令、包办代替的，其质其量上似乎都不大够。依我的理想，对于乡村的群众，尤其必须多下教育工夫，单单传达政令是不行的。我多年曾有纳社会运动于教育制度之中的想法，这里不及细说，但希望政府注意有更好的安排，此其二。

"还有其三，是我想重点提出的。那就是农民问题或乡村问题。过去中国将近 30 年的革命中，中国共产党都是依靠农民而以乡村为根据地的。但自进入大城市之后，工作重点转移于城市，从农民成长起来的干部亦都转入城市，乡村便不免空虚。特别是近几年来，城里的工人生活提高得快，而乡村的农民生活却依然很苦，所以各地乡下人都往城里（包括北京）跑。城里不能容，又赶他们回去，形成矛盾。有人说，如今工人的生活在九天，农民的生活在九地，有'九天九地'之差，这话值得引起注意。我们的建国运动如果忽略或遗漏了中国人民的大多数——农民，那是不相宜的。尤其是共产党之成为领导党，主要亦在过去依靠了农民，今天要是忽略了他们，人家会说他们进了城，嫌弃他们了。这一问题望政府重视。"

这就是梁漱溟的所谓"九天九地"说。也正是引起对他进行严厉批评的导火线。

当日，周恩来在会上作了总结发言。他说："这次会议是有收获的，各位朋友提了很多意见，其中有很多好的意见，应引起各主管部门的注意。"然后，他重点讲了三个问题：（一）社会主义改造与国家资本主义问题；（二）私营工商业的前途问题；（三）国家建设问题。最后，在讲其他具体问题时说："对这次会议如何传达的问题。关于过渡时期总路线，关于五年建设计划的基本任务，关于工商业者的前途，关于社会主义改造等理论上的问题，下去可不必传达，因为我们谈这些是为了在各方面的领导人物中认识上求得一致或接近。下去传达时，可以只讲国家资本主义问题。"①

（2）对"九天九地"的批评

9 月 12 日，中央人民政府委员会举行第 24 次（扩大）会议。会议听取了彭德怀《关于中国人民志愿军抗美援朝工作的报告》，并通过给中国人民志愿军的慰问电。参加政协常委扩大会议的大多数人，列席了本次会议。

在彭德怀作报告后，毛泽东即席讲话。他说，有人不同意我们的总路线，认为农民生活太苦，要求照顾农民。这大概是孔孟之徒施仁政的意思吧。然须知有大仁政小仁政者，照顾农民是小仁政，发展重工业、打美帝是大仁政。施小仁政而不施大仁政，便是帮助了美国人。有人竟班门弄斧，似乎我们共产党搞了几十年农民运动，还不了解农民。笑话！我们今天的政权基础，工人农民在根本利益上是一致的，这一基础是不容分裂，不容破坏的！毛泽东的这些话，是对梁漱溟 11 日发言的不点名的批评。

梁漱溟听完毛泽东的这番话，一方面甚感意外，一方面很不服气。他觉得自己是拥护总路线的一员，只不过是说了点心里话，想贡献给领导党，提醒注意某些问题，根本没有想到会有损总路线，有损工农联盟。于是，当即提笔给毛泽东写信说明情况。信中说：你说的一些话，是说我。你说我反对总路线、破坏工农联盟，我没有这个意思，你说得不对，请你收回这个话。我要看看你有没有这个雅量。信中还特别指出，他发言时毛本人不在场，希望毛泽东给个机会，由他当面复述一遍他原来发言的内容，以求指教，解除误会。13 日上午，梁漱溟将信在会场上当面交毛泽东。毛泽东约他当晚谈话，即在怀仁堂举行的晚会之前约 20 分钟时间。由于时间很短，梁在简说自己发言的本意后要求毛泽东解除对他的误会。毛泽东则坚持梁是反对总路线之人，只是不得自明或不承认而已。梁漱溟十分失望，但态度坚决，言语间与毛泽东频频冲突，不欢而散。梁漱溟并不作罢，他还想再寻觅机会在大会上复述自己的观点，让公众来评议。

9 月 14 日、15 日，中央人民政府委员会举行第 25、26 次会议。会议听取和批准陈云《关于财政经济工作的报告》、李富春《关于与苏联政府商谈苏联对我国经济建设援助问题的报告》。李富春报告后，梁漱溟请求发言，会议主席允于次日再讲。16 日至 18 日，中央人民政府委员会举行第 27、28 次会议。会议听取并通过

① 国防大学党史党建政工教研室编：《中共党史教学参考资料》第 20 册，第 145 页。

彭真《关于政治法律工作的报告》、郭沫若《关于文化教育工作的报告》；听取了邓小平就全国人民代表大会及地方各级人民代表大会的选举问题的说明，通过了关于推迟召开全国人民代表大会及地方各级人民代表大会的决议。16 日，梁漱溟登台发言，复述了 9 日和 11 日分别在小组会和大会上的发言内容，并以此再三陈述自己并不反对总路线，而是热烈拥护总路线的。

9 月 17 日，毛泽东在会上对梁漱溟作了若干分量很重的批评。主要有：

"你（指梁漱溟，下同——引者注）虽没有以刀杀人，却是以笔杀人的。"

"人家说你是好人，我说你是伪君子！"

"对你的此届政协委员不撤销，而且下一届（指 1954 年）政协还要推你参加，因为你能欺骗人，有些人受你欺骗。"

"假若明言反对总路线，主张注重农业，虽见解糊涂却是善意，可原谅；而你不明反对，实则反对，是恶意的。"

"你提出所谓'九天九地'，'工人在九天之上，农民在九地之下'，'工人有工会可靠，农会却靠不住，党、团、妇联等也靠不住，质、量都不行，比工商联也差，因此无信心'。这是'赞成总路线'吗？否！完全的彻底的反动思想，这是反动化的建议"。

梁漱溟在现场听到这些话后，深感自己因出言不慎而造成的误会已经很深很深了。倔强好胜的个性驱使他要求当场发言作答。会议主席嘱他作准备，明天再讲。9 月 18 日下午，梁漱溟拿着准备好的稿子再次在大会发言。他开门见山地说：

"昨天会上中共领导人的讲话，很出乎我的意外。当局认为我在政协的发言是恶意的，特别是主席的口气很重，很肯定我是恶意的。但是，单从这一次发言就判我是恶意，论据尚不充足，因此就追溯过去的事情，证明我一贯反动，因而现在的胸怀才存在很多恶意。但我却因此增加了交代历史的任务，也就是在讲清当前的意见初衷之外，还涉及历史上的是非。而我在解放前几十年与中共之异同，却不是三言两语说得清楚的，这就需要给我比较充裕的时间……"

梁漱溟的答辩发言刚刚开了头，会场上便有一些人打断他，不让他再往下讲。而梁漱溟正迫不及待地要往下讲清楚事情的来龙去脉，以解除落在自己身上的大误会。相持之下，梁漱溟离开讲稿，把话头指向主席台，特别是毛泽东，以争取发言权。梁漱溟说：

"现在我唯一的要求是给我充分的说话时间。我觉得，昨天的会上，各位说了我那么多，今天不给我充分的时间，是不公平的。我很希望领导党以至于在座的党外同志考验我，考察我，给我一个机会，就在今天。同时我也直言，我还想考验一下领导党，想看看毛主席有无雅量。什么雅量呢？就是等我把事情的来龙去脉都说清楚之后，毛主席点点头，说：'好，你原来没有恶意，误会了。'这就是我要求的毛主席的雅量。"

毛泽东插话说，"你要的这个雅量，我大概不会有。"梁漱溟说，"主席您有这个雅量，我就更加敬重您；若您真没有这个雅量，我将失掉对您的尊敬。"毛泽东说，"这一点'雅量'还是有的，那就是你的政协委员还可以当下去。"梁漱溟说这一点倒无关紧要，"我现在的意思是想考验一下领导党。因为领导党常常告诉我们要自我批评，我倒要看看自我批评是真是假。毛主席如有这个雅量，我将对您更加尊敬。"毛泽东说，"批评有两条，一条是自我批评，一条是批评。对于你实行哪一条？是实行自我批评吗？不是，是批评！"梁漱溟还坚持说，"我是说主席有无自我批评的雅量……"会场上发生这种前所未有的同毛泽东你一言、我一语的顶撞场面，使会开不下去了。最后，大会对是否让梁漱溟继续发言付诸表决，除毛泽东等少数人举手赞同他讲话外，大多数举手反对。于是，梁漱溟被轰下了台。

事过不久，梁漱溟给主持全国政协工作的副主席陈叔通和秘书长李维汉写信，要求请长假，闭门思过。李维汉派人告诉他，今后需要出席的会议和活动，通知照发，但参不参加自便。梁也并没有受到任何处分。1955 年，在批判胡适思想的运动中，中共中央宣传部于 5 月向中央作了《关于胡适思想批判运动的情况和今后工作的报告》，提出要使胡适思想批判进一步深入和提高，逐步扩大战线，并转入长期化和经常化。在逐步扩大范围的内容中，具体点名提到要对"近几十年来其他资产阶级思想代表人物在今天还有影响的（如梁漱溟）进行批判"[1]。中共中央批准并转发了这个报告。因此，1955 年才又出现在报刊上公开批判所谓"梁漱溟反动思想"。

33 年以后，1986 年深秋，梁漱溟回顾到这一历史公案时，以带有自我批评的口吻说道："1953 年 9 月，由于我的狂妄自大、目中无人，全不顾毛主席作为领袖人物的威信，当众与他顶撞，促使他在气头上说了若干过火的话。如果说当时意气用事，言语失控，那么也是有我的顶撞在先，才有毛主席的批判在后。平心静气而

---

① 《中共党史教学参考资料》第 20 册，第 562—565 页。

论，这些气头上的话，双方冲口而出，大都经不起推敲和检验。"

（3）历史的评价

"梁漱溟先生是著名的爱国民主人士"，"是中国共产党的老朋友"，"是著名的哲学家、教育家"，是一位敢于坚持真理的爱国知识分子。[①] 这是对梁漱溟一生（1893—1988）的公正评价。

梁漱溟与同时代的志士仁人一样，为民族独立、为国家富强积极追求探索。他曾醉心于西方政治制度在中国的实现，先赞成"君主立宪"，随后又加入同盟会，投身辛亥革命，后来他转入从中国传统文化中寻求改造旧中国，建设新中国的"路向"。他认为中国是"伦理本位，职业分途"的特殊社会形态，必须从乡村入手，以教育为手段来改造社会，并积极从事乡村建设的实践。但由于他认为中国缺乏阶级，不赞成用暴力革命解决中国社会问题，到头来他虽付出"一生心血、全副肝胆"的努力，仍没有也不可能实现他的夙愿。新中国成立后，他"醒悟"到自己走的是改良主义的道路，是行不通的。尽管如此，梁漱溟这种"改造旧中国，建设新中国"的爱国初衷和为之奋斗的不懈努力是值得人们称道的。

抗日战争爆发后，梁漱溟和其他爱国民主人士一起，坚决主张团结抗日，一致对外，提出"一多相容，透明政权"的主张。他对国民党顽固派制造摩擦、挑起"党争"、破坏抗战，忧心如焚。为联合中间势力，形成政团力量，促进联合抗日，梁漱溟发起参与组织"统一建国同志会"，又是"中国民主政团同盟"的发起人和组织者之一。1941 年他在《光明报》发表民盟成立宣言和政治纲领，明确主张"实践民主精神，结束党治"，"厉行法治，保障人民生命财产及身体之自由"。1943 年梁漱溟对国民党当局"民有痛痒务撞之，士有气节必摧之"的独裁专制极为不满，断然拒绝参加国民党一手操办的所谓"宪政实施协进会"。1946 年梁漱溟任民盟秘书长，积极参加了当时的政治协商会议，同其他民主人士一道为争取国内和平做了不少有益的工作。同年，他受民盟总部委托赴昆明调查"李闻惨案"，发表《李闻案调查报告》、《李闻被杀真相》，旗帜鲜明、义正词严地痛斥国民党特务的暴行。他激愤地说："我要连喊一百声'取消特务'，我们要看看国民党特务能不能把要求民主的人都杀完！我在这里等着他！"在白色恐怖面前，不畏强暴，表现出崇高的气节。解放前夕，他拒绝参与国民党策划的假和谈，在重庆等待解放。

[①] 新华社发《梁漱溟先生生平》，《光明日报》1988 年 7 月 8 日。

梁漱溟是中国共产党的老朋友，他同情并敬重中国共产党改造社会的精神和为之进行的努力。思想意识上的分歧并没有妨碍他在争取独立、民主的斗争和社会主义建设中成为中国共产党的朋友。他曾于1937年和1946年两次访问延安，与毛泽东等中共中央领导人多次推心置腹地交换意见。全国解放后，梁漱溟于1950年1月，应毛泽东、周恩来之邀，由重庆来到北京。他为国家统一和经济发展的形势所鼓舞，庄严宣布："我已经认定跟着共产党走了。"并对自己的政治主张进行了认真的反思。同时，他以"帮助共产党认识旧中国"为己任，对解放初期的政治运动提出意见和建议。1974年在"批林批孔"运动中，梁漱溟反对以非历史的观点评价孔子，反对把批判孔子与批判林彪相并提，并为刘少奇、彭德怀辩护，当受到围攻时，他傲然宣称，"三军可夺帅，匹夫不可夺志。"在"四人帮"猖獗一时，万马齐喑的境况下，他不顾个人身处逆境，仗义执言，表现了一位爱国知识分子敢于坚持真理的高尚品格。

梁漱溟是在国内外享有盛誉的学者，是著名的哲学家、教育家。在半个多世纪里，他发表了大量有影响的著作，主要有：《东西文化及其哲学》、《印度哲学概论》、《乡村建设论文集》、《中国民族自救运动之最后觉悟》、《乡村建设理论》、《我的自学小史》、《中国文化要义》等。中国共产党十一届三中全会以后，他重新活跃于学术舞台，完成了50年前着手的《人心与人生》，出版了《我的努力和反省》、《梁漱溟教育论文集》等。为弘扬民族文化，扩展中外文化交流，贡献了毕生的精力。

五　由强调照顾小农经济特点到批评"言不及义"

1953年春天，在纠正互助合作运动中出现的急躁冒进问题上，党中央内部在认识上是一致的，并且突出强调了农村工作要照顾小农经济特点，或曰要从小农经济的现状出发。但在当年10月至11月召开的第三次互助合作会议期间，毛泽东却批评了中共中央农村工作部，这就是"群居终日，言不及义，好行小惠，难矣哉"四句流传甚久，以至被看成经典的话。这究竟是为什么呢？

（1）统购统销的出台

随着国家大规模的有计划经济建设的开始，农业生产特别是粮食生产不能适应工业建设需求的矛盾，就开始显露出来了。1953年上半年内，一方面销售量超过计划很大，若干市场在入春以后一度发生问题，情况相当紧张；另一方面，收购的

凯歌行进的时期（1949—1956）

计划却没有完成。5 月 25 日，中共中央就下发了《关于彻底做好农业税征收工作给各级党委的指示》，指出"少征多购"将是我们在粮食问题上的长期的政策。并强调："要从分散的小农经济农民手中，购买如许大量的粮食，是一件不容易的事情，必须用正确的'价格政策以及必要和可行的经济工作和政治工作'才能办到。"要充分认识到这种依靠个体农民零星出售的收购工作的艰巨性。[①]7 月以后，全国粮食问题更趋严重。

第一，收进的少，销售的多。7、8、9 三个月共收进了 98 亿斤，超过原定计划 7 亿斤；销售了 124 亿斤，超过原定计划 19 亿斤。收增加了，销增加得更多。

第二，不少地方开始发生混乱。全国的大、中城市大体上是平静的，但是，在受灾地区和粮食脱销地区，小城市和集镇已开始发生混乱现象。粮贩子大肆活动，特别是粮食少的地方，粮贩子的活动更厉害。从事这种活动的，有的是农民，有的是集镇上的小贩，数量达几十万人。这种情况反过来又助长了农民不肯卖粮的情绪。地区之间互相封锁，也造成了粮食的抢购和抬价。

第三，东北的灾情很重，减少了收成，完不成预定的收购任务。当年上调给中央的粮食将减少 16 亿斤（中央掌握的粮食一共是 96 亿斤，减少 16 亿斤是个不小的问题）。

第四，北京、天津的面粉已出现不够供应的情况。

第五，全国的收购计划将完不成（8 月全国财经会议决定收购粮食 340 亿斤），销售计划将被突破（原计划销售数量是 480 亿斤）。一减一增，将出现一个很大的差额。

10 月 10 日，陈云在全国粮食会议上概述了粮食问题的严峻形势，指出在粮食问题上必须处理好四种关系，即：国家跟农民的关系；国家跟消费者的关系；国家跟商人的关系；中央跟地方、地方跟地方的关系。这四种关系中，难处理的是头两种，而最难的又是第一种。只要收到粮食，分配是容易的。他说："我现在是挑着一担'炸药'，前面是'黑色炸药'，后面是'黄色炸药'。如果搞不到粮食，整个市场就要波动；如果采取征购的办法，农民又可能反对。两个中间要选择一个，都是危险家伙。"经过对可能采取的办法的对比，陈云提出："根据现在的情况，处理这些关系所要采取的基本办法是：在农村实行征购，在城市实行定量配给，严格管

---

① 《中共党史教学参考资料》第 20 册，第 170 页。

制私商，以及调整内部关系。"这是一个长远的大计，只要我们的农业生产没有很大提高，这一条路总是要走的。①

据此，中共中央于 10 月 16 日作出《关于实行粮食的计划收购与计划供应的决议》②，确定在 11 月底以前完成各级的动员和准备，12 月初开始在全国范围内实行粮食的统购统销。决议强调：必须指出，现在全国商品粮食产量的增长速度，虽落后于粮食需要的增长速度，但是只要调度得法和措施得当，还是够吃够用，且能略有积余的。现在在供销方面所表现的紧张性，其本质是反映了国家计划经济与小农经济和自由市场之间的矛盾，反映了工人阶级领导与农民自发势力和资产阶级反限制的市场之间的矛盾，归根结底，是反映了社会主义因素与资本主义因素之间的矛盾。（着重号是引者加的。下同）所以粮食问题不是采取枝节的办法所能解决的，为了从根本上解决粮食问题，把粮食供应放在长期稳固的基础之上，除了努力促进农业生产的互助合作化和技术改良，借以增产粮食，把粮食生产发展的速度，逐步提高到足以保证国民经济向前发展的水平外，必须在全国范围内，采取如下的措施：1.在农村向余粮户实行粮食计划收购（简称统购）的政策；2.对城市人民和农村缺粮人民，实行计划供应（简称统销）的政策，亦即是实行适量的粮食定量配售的政策；3.实行由国家严格控制粮食市场，对私营粮食工商业进行严格控制并严禁私商自由经营粮食的政策；4.实行在中央统一管理之下，由中央与地方分工负责的粮食管理政策。

决议认为：实行上述政策，不但在现在的条件下可以妥善地解决粮食供求的矛盾，更加切实地稳定物价，和有利于粮食的节约；而且是把分散的小农经济纳入国家计划的轨道之内，引导农民走向互助合作的社会主义道路和对农业实行社会主义改造所必须采取的一个重要步骤，它是党在过渡时期的总路线的一个不可缺少的组成部分。

11 月 19 日，政务院第 194 次政务会议根据中共中央的上述决议通过了《政务院关于实行粮食的计划收购和计划供应的命令》，规定了实行粮食统购统销的具体办法，并于同月 23 日颁布执行。

由于同样的原因，根据中财委的报告，中共中央于 11 月 15 日还作出了《关于

---

① 《陈云文选（1949—1956）》，人民出版社 1984 年版，第 202—216 页。
② 《中共党史教学参考资料》第 20 册，第 180—184 页。

在全国实行计划收购油料的决定》；12月1日，中共中央批准中财委《关于目前副食品的产销情况及今后措施的报告》，决定成立专门机构——在中央商业部成立全国食品公司，负责统筹副食品的收购、市场供应与出口。1954年9月9日，政务院又颁布了对棉花实行计划收购、对棉布实行计划收购和计划供应的命令。

由上可见，由于粮、油、棉和副食品供求关系相继紧张，人们在研究问题的原因时，开始把注意力集中到"小农经济和自由市场"上，认为它们与国家计划经济之间的矛盾，是"资本主义因素"与"社会主义因素"之间的矛盾。这同1953年春天的认识相比，是一个重要的变化。因此，加强对小农经济的改造，加快互助合作的步伐必然会随之被提上日程。统购统销的出台，还反映了国民经济高度集中统一的领导体制被极大地强化了。

（2）"纲举目张"①

1953年10月26日至11月5日，中共中央委托中央农村工作部召开第三次农业互助合作会议。邓子恢因公外出，会议由副部长陈伯达、廖鲁言主持。会前（10月15日），毛泽东同中央农村工作部负责人谈了话。他说：

"各级农村工作部要把互助合作这件事看作极为重要的事。个体农民，增产有限，必须发展互助合作。对于农村的阵地，社会主义如果不去占领，资本主义就必然会去占领。难道可以说既不走资本主义的道路，又不走社会主义的道路吗？资本主义道路，也可增产，但时间要长，而且是痛苦的道路。我们不搞资本主义，这是定了的。如果不搞社会主义，那资本主义势必要泛滥起来。"

"城市蔬菜供应，依靠个体农民进城卖菜来供应，这是不行的，生产上要想办法，供销合作社也要想办法。大城市蔬菜的供求，现在有极大的矛盾。"

"粮食、棉花的供求也都有极大的矛盾，肉类、油脂不久也会出现极大的矛盾。需求大大增加，供应不上。"

"从解决这种供求矛盾出发，就要解决所有制与生产力的矛盾问题。是个体所有制，还是集体所有制？是资本主义所有制，还是社会主义所有制？个体所有制的生产关系与大量供应是完全冲突的。个体所有制必须过渡到集体所有制，过渡到社会主义。合作社有低的，土地入股；有高的，土地归公，归合作社之公。"

---

① 《中国农业合作史资料》1987年第5期，第1—6页。

"总路线也可以说就是解决所有制的问题。国有制扩大——国营企业的新建、改建、扩建。私人所有制有两种，劳动人民的和资产阶级的，改变为集体所有制和国营（经过公私合营，统一于社会主义），这才能提高生产力，完成国家工业化。生产力发展了，才能解决供求的矛盾。"

"办好农业生产合作社，即可带动互助组大发展。"

"……办得好，那是韩信将兵，多多益善。"

"责成地委、县委用大力去搞，一定要搞好。中央局、省市委农村工作部就要抓紧这件事，工作重点要放在这个问题上。"

"要有控制数字，摊派下去。摊派而不强迫，不是命令主义。10月开会后，11月、12月、明年1月、2月，北方还有3月，有4、5月可搞。明年初，开会检查，这次就交代清楚。明年初是要检查的，看看完成的情形怎样。"

第三次互助合作会议开始，廖鲁言首先在大会上传达了毛泽东的谈话精神，然后以大区为单位，分头开会讨论，准备大会发言；再进行大会讨论，由各大区负责同志汇报互助合作运动的情况并提出今冬明春的和五年的发展计划；最后还分组讨论了第二个互助合作决议草案，提出了修改意见。

各大区在讨论和大会发言中，一致认为毛泽东"对这一次会议的指示是切合时宜的，完全拥护"。认为"今春农村工作会议纠正了各地互助合作运动中当时存在着的程度不同的急躁冒进倾向，是有成绩的。但同时各地在纠正急躁冒进倾向之后，都轻重不同地产生了小心拘谨与稳步而不前进的现象"。毛泽东的指示，"恰切而及时地纠正了这种现象，把今后运动引向积极发展"。认为毛泽东"关于总路线的指示大大提高了与会同志的思想水平，更加强全党同志今后在实际工作中对农业生产合作社工作的重视，使同志们今后再遇到各种错误观点时，有了批判的武器"。华北区负责人在大会上发言说：

"1952年，三反以后，华北党内普遍学习了高岗关于农村发展道路的报告，同时批判了党内右倾思想。8月至9月间开了全国第二次互助合作会议，中央检查了如何办社。李顺达、耿长锁自苏联回来在中苏友好月中到处宣传社会主义。经过一个时候，到1952年秋后，互助合作运动看起来是一个高潮。至冬天，办社很积极。结合了1951年整党反对右倾思想。但此时又一般地发生了强迫命令，急躁冒进。大编组，强调50户以上的大社，过多地搞公共财产，影响了生产情绪并且发生了偏向，需要纠正。今年上半年三大文件（指

1953 年 3 月中共中央纠正急躁冒进的指示——引者注）起了决定作用，解决了问题。（回）过去研究，纠偏中两个问题未搞好：

1. 纠时一般看来是一般化的。有偏也纠，无偏也纠。冒进的约 17 个县，其他甚至有的县尚未发展多少，而纠时却一般化了。

2. 纠时的目标、方针、方向似乎不十分明确。纠偏中互助合作运动约有二个月之消沉时期。个别地方时间尚长，小小受了点挫折。但后段已扭转过来。

中央三大文件完全正确，问题是要吸（取）土地改革时的经验，是 80% 与 20% 的问题，20% 有偏该纠，80% 无偏其中有的甚至是右了，就不应纠。纠时阵容有些乱。纠偏是纠急躁冒进，但纠是为了稳步发展或不发展未弄清楚。因此一些自发的口号就来了。晋东南有的同志（长治地委副书记）尚提'新民主主义关键问题就是确保私有'。有的地方提'雇工自由'等，散布一些不大正确的东西。在大名、黎城则是'冒退'了。① 纠的过程中，自发地有'自愿就干，不愿就散'的提法。却不提中央三大文件中提出的可行的政治工作和经济工作。因此，影响很大，尤以互助组为甚。这些已先后经省委纠正，现在发展较正常了。"

关于互助合作当前的发展情况与今后的发展计划，六个大区分别在会上作了报告。当前的情况是：

地区	组织起来户数占总农户的比例	农业生产合作社数
东北	75%	4822 个
华北	50%	6331 个
华东	50%	2130 个
西南	40%	59 个

---

① 会议第二号简报说：个别地区纠正急躁冒进，变成急躁冒退，突出的表现是河北省大名县和山西省黎城县。大名县去冬今春一窝蜂而起搞了 400 余个农业生产合作社，纠偏时又一窝而散，只留下 50 余个。这种地方的群众、积极分子和干部的互助合作积极性，已受到挫折，甚至迷失了方向。（见《中国农业合作史资料》1987 年第 5 期，第 5 页）大名县纠偏的真实情况是：在河北省委和邯郸地委工作组的指导下，根据"积极慎重，稳步前进"的方针，从入社"是否自愿"，"能否增加收益"，"领导经验"等条件作为衡量标准，确定各社"存在"，"分开"，"减少户数"或"转为互助组"。经过几次整顿，前后全县留下 68 个社，社员 1297 户。"整散"了 358 个社，其中包括有名无实的假社 48 个。缺点是整掉了 43 个基本够条件能够巩固的合作社。以后又恢复起来 30 个。（见《中国农业合作史资料》1986 年第 3 期，第 27—29 页）

中南	30%	527 个
西北	45%	302 个
全国总计	43.5%	14171 个（另有 4000 余个未经批准的自发社）

今后的发展计划：

地区	1954 年秋前达到（含现有数）	1957 年达到	占农村总户数的百分比
东北	10000 个社	80000—100000 个社	25%—30%
华北	12000 个社	150000 个社	38%
华东	6000 个社	160000 个社	15%
西南	359 个社（1954 年春达到）		1957 年达到 7%
中南	3500 个社	240000 个社	
西北	522 个社（1954 年春达到）		1957 年达到 7%
全国总计	32500 个社	700000 个社左右	16%

会议分组讨论中的发言和各大区负责人的大会发言，中央农村工作部均及时整理成简报，报送中央领导同志。根据会议反映的情况，毛泽东于 11 月 4 日再次同中央农村工作部负责人谈话，批评了当年春天的反冒进，并明确提出一切工作都要围绕解决社会主义和资本主义的矛盾这个主题，要以这个为纲。他说：

"做一切工作，必须切合实际，不合实际就错了。切合实际就是要看需要与可能，可能就是包括政治条件、经济条件和干部条件。发展农业生产合作社，现在是既需要，又可能，潜在力很大。如果不去发掘，那就是稳步而不前进。脚本来是走路的，老是站着不动那就错了。有条件成立的合作社，强迫解散，那就不对了，不管那一年，都是错的。'纠正急躁冒进'，总是一股风吧，吹下去了，吹倒了一些不应当吹倒的农业生产合作社。倒错了的，应当查出来讲清楚，承认是错误，不然，那里的乡干部、积极分子，就憋着一肚子气了。

要搞社会主义。'确保私有'是资产阶级观念。'群居终日，言不及义，好行小惠，难矣哉'。'言不及义'就是言不及社会主义，不搞社会主义。搞农贷，发救济粮，依率计征，依法减免，兴修小型水利，打井开渠，深耕密植，合理施肥，推广新式步犁、水车、喷雾器、农药，等等，这些都是好事。但是不靠社会主义，只在小农经济基础上搞这一套，那就是对农民行小惠。这些好事跟总路线、社会主义联系起来，那就不同了，就不是小惠了。必须搞社会主义，使这些好事与社会主义联系起来。至于'确保私有'，'四大自由'，那更是小

凯歌行进的时期（1949—1956）

惠了，而且是惠及富农和富裕中农。不靠社会主义，想从小农经济做文章，靠在个体经济基础上行小惠，而希望大增产粮食，解决粮食问题，解决国计民生的大计，那真是'难矣哉'！

有句古语，'纲举目张'。拿起纲，目才能张，纲就是主题。社会主义和资本主义的矛盾，并且逐步解决这个矛盾，这就是主题，就是纲。提起了这个纲，各项帮助农民的政治工作，经济工作，一切都有统属了。"

"'农村苦，不大妙，措施不合乎小农经济'，党内党外都有这种议论。农村是有一些苦，但是要有恰当的分析。其实，农村并不是那样苦，也不过10%左右的缺粮户，其中有一半是很困难的，鳏寡孤独，没有劳动力，但是互助组、合作社可以给他们帮点忙。他们的生活比起国民党时代总是好得多了，总是分了田。灾民是苦，但是也发了救济粮。一般农民的生活是好的，向上的，所以有80%—90%的农民欢欣鼓舞，拥护政府。农村人口中间，有7%左右的地主富农对政府不满。'农村苦，不得了了'，我历来就不是这样看的。有些人讲到农村苦，也讲到农村散，就是小农经济的分散性；但是他们讲分散性的时候，没有同时讲搞合作社。对于个体经济实行社会主义改造，搞互助合作，办合作社，这不仅是个方向，而且是当前的任务。"

"各级农村工作部的同志，到会的人，要成为农业社会主义改造的专家，要成为懂得理论、懂得路线、懂得政策、懂得方法的专家。"

"这次会开得有成绩。现在不开，明年1月再开，就迟了，今年冬天就错过去了。明年3月26日再开会，要检查这次计划执行得怎样。这次会决定下一次会议的日期，并且决定下次会检查这次会决议的执行情形，这个办法很好。明年秋天还要开一次会，讨论规定明冬的任务。"

毛泽东的这个讲话，在11月5日会议结束时廖鲁言向大家作了传达。实际上也就是第三次互助合作会议的总结。

（3）从注重互助组转向注重合作社

第三次互助合作会议，是农业生产互助合作运动由注意互助组转向注意合作社的一次转折性的会议。因为1953年2月15日中共中央通过作为正式决议的第一个互助合作决议，仍决定主要是办好互助组，只是在群众有比较丰富的互助组经验，而又有比较坚强的领导骨干的地区，有领导而有重点地发展土地入股的农业生产合作社。10月4日，中共中央在对《华北局关于纠正农业生产互助合作运动中急躁冒进倾向后的情况及当前工作任务向中央的报告》的批示中也继续认为："华北局在此报告中，确定当前农业生产互助合作运动应以发展和巩固互助组为中心环节，是完全正确的。在目前的条件下，从全国范围看来，互助组依然是适合广大农民群众生产要求和文化水平的一种合作形式；同时也是目前在克服生产困难和向自然灾害作斗争中，便于广泛地发挥农民群众力量的一种组织形式。认为互助组的形式业已过时，认为它简易好办，因而只满足于组织起来的百分比，放松了积极、具体和深入的指导工作等等的想法和做法，都是错误的，必须予以批判和纠正。"①而第三次互助合作会议，根据毛泽东的谈话精神主要是讨论如何办好合作社的问题，并明确要求订出发展合作社的规划，强调"办好农业生产合作社，即可带动互助组大发展。"据此《第二个互助合作决议》也明确改名为《关于发展农业生产合作社的决议》。

12月16日，中共中央通过了《关于发展农业生产合作社的决议》，并注明这个决议不适用于某些少数民族的地区。②决议强调指出，根据党在过渡时期的总路线，我国的国民经济建设不但要求工业经济的高涨，而且要求农业经济要有一定的相应的高涨。但孤立的、分散的、守旧的、落后的个体经济限制着农业生产力的发展，它与社会主义的工业化之间日益暴露出很大的矛盾。为着进一步地提高农业生产力，党在农村工作的最根本的任务，就是要逐步实行农业的社会主义改造，使农业能够由落后的小规模生产的个体经济变为先进的大规模生产的合作经济。决议认为，农民（主要是中农）本身具有既是劳动者又是私有者的两重性质。这就不可避免地在农村中产生了社会主义和资本主义这两条发展道路的斗争，而由于农业经济的恢复和逐步上涨，这两条发展道路的斗争，就越来越带着明显的、不能忽视的性质。由此可知，党对于改造个体的小农经济，发展农业的互助合作，必须采取积极领导的态度，而不能采取消极放任的态度。接着，决议指出农业生产合作社在试办和初期发展的过程中已经充分显示出十大优越性：

第一，解决了互助组中难以解决的一些矛盾，特别是共同劳动和分散经营的矛盾；

第二，实行土地统一经营，能够因地种植，进行较合理的、有计划的分工分业的劳动，可以大大地提高劳动生产率；

---

① 《农业集体化重要文件汇编》上册，中共中央党校出版社1981年版，第184页。
② 《农业集体化重要文件汇编》上册，中共中央党校出版社1981年版，第215—227页。

凯歌行进的时期（1949—1956）

第三，集中经营，就有更大的劳动力量和经济力量进行农业的技术改革和基本建设，有效地逐步扩大农业的再生产；

第四，能够节约出更多的劳动时间和劳动力发展副业的生产事业，从而加强农民的经济地位；

第五，实行一定的按劳分配制度，能够大大地鼓励农民对于劳动和学习技术的积极性和创造性；

第六，能够有力量保证贫农和中农的团结，也就能够更有效地与农村中的资本主义活动和贫富分化的现象作斗争；

第七，能够逐步地进行有计划的生产，在供、产、销方面更容易地和国营的社会主义经济相结合，便于逐步地纳入国家经济计划的轨道；

第八，可能更多地和更快地带动个体经济向互助组发展，并为更多地发展农业生产合作社开辟道路；

第九，农业生产合作社是农民在经济上、在生活的相互关系上得到集体主义和爱国主义教育的很好的学校；

第十，使个体农民和加入了互助组的农民在他们进到农业的完全社会主义的经济制度的时候不感到突然，因而能够避免由于突然变化所可能引起的种种损失。

因此，中央认为生产合作社已日益变成为我们领导互助合作运动继续前进的重要的环节。因此，中央认为各级党委有必要更多地和更好地注意对于发展农业生产合作社的领导，根据当地的具体情况，准备逐步试办和逐步推行，继续贯彻"只许办好，不许办坏"的方针，以带动整个互助合作运动前进。目前许多地区的党委在这方面注意太少，缺乏领导或没有领导的状态，必须加以改变。

在重申了农业合作化必须遵循自愿、互利的根本原则；积极领导，稳步前进的方针以及若干办好农业生产合作社的具体政策的同时，决议规定了第一个五年计划期间全国农业生产合作社的发展数字。即：

从1953年冬季到1954年秋收以前，全国农业生产合作社应由现有的14000多个发展到35800多个（第三次互助合作会议各大区提出的计划总数为32500个）。其中，华北由6186个发展到12400多个；东北由4817个发展到10000个；华东由3301个发展到8300多个；中南由527个发展到3600多个；西北由302个发展到700多个；西南由59个发展到600多个。

在第一个五年计划内，即到1957年，全国农业生产合作社应争取发展到80万个左右，参加的农户应争取达到农村总户数的 20% 左右（第三次互助合作会议各大区提出的计划总数是 70 万个左右，占农户总数的 16%）。

在毛泽东关于农业互助合作的两次谈话精神指导下召开的第三次互助合作会议，12 月 26 日中共中央通过的关于发展农业生产合作社的决议和 28 日批准发出的关于过渡时期总路线学习宣传提纲，使兴办农业生产合作社开始掀起了热潮。1954 年 2 月 12 日，中共中央农村工作部在《关于目前各地建立农业生产合作社情况与问题向中央的报告》中说：经过此次购粮工作对农村资本主义自发趋势的抑制，及空前规模地宣传了过渡时期总路线，加上各级党委对互助合作的抓紧领导，和大部分原有的农业生产合作社的成就的吸引，除一些工作落后的乡村外，在广大地区的确出现了群众互助合作的积极性空前高涨的局面，酝酿成立互助组成了群众性的运动；在某些互助合作基础较强的地方，则出现了互助组要求转社的热潮。报告接着说："各地党委均已根据这种情况，追加了第三次互助合作会议时拟订的办社计划。追加的结果，连原有社数在内，计：东北 12500 个，华北 17000 个，华东10000 个，中南 4000 个，西北 1000 个，西南 1000 个，全国总计 45000 余个，较原计划数增加 1 万余个。"[①]（这个计划，是指 1954 年秋前达到的数字——引者注）后来的事实表明，这一切正是 1954 年秋冬农业合作化运动再次发生急躁冒进，导致党和农民关系紧张的诱因。

---

① 《农业集体化重要文件汇编》上册，中共中央党校出版社 1981 年版，第 230—231 页。

上海市工商界代表荣毅仁（左一）、胡厥文（左二）、盛丕华（左三）等带着《申请书》步入申请公私合营大会会场。

第三章
改造工商业的必经之路

在对待民族资本主义工商业的问题上，从建国之初起，中共党内就存在着一种提早消灭资本主义的"左"倾情绪，并在实际工作中时有表现。中共中央曾多次予以制止和纠正。中共中央提出的过渡时期总路线，明确规定了对资本主义工商业实行和平改造的方针，并在实践中形成了一套较为完整的政策。

一　过渡时期有两个联盟

为了贯彻过渡时期总路线，研究、部署对资本主义工商业进行社会主义改造以及检查和总结民族工作的问题，经中共中央批准，中央统战部于 1953 年 6 月 25 日至 7 月 22 日召开了第四次全国统战工作会议。7 月 16 日，中共中央政治局会议对统战工作作了讨论。会议指出，在统一战线问题上，党内有一部分同志把它看作包袱，主张干脆取消、丢掉。对此，毛泽东说，当作包袱主张干脆取消是不对的，是应该批判的。"干脆取消"，应该是干脆不取消；"丢掉包袱"应该为不要丢掉包袱。首先要肯定民主党派、各种上层人物、知识分子和宗教界人士是可以改造的，这样做统战工作才有信心。如果认为他们大多数是不可改造的，那么做统战工作就没有信心了。毛泽东进一步指出，我们有两个联盟：一种是工人阶级和农民的联盟，就是劳动人民的联盟；一种是工人阶级和剥削者的联盟，跟资产阶级的联盟。头一个

凯歌行进的时期（1949—1956）

联盟为后一个联盟的基础，没有头一个联盟，我们就没有力量。必须有这个联盟，才有力量去联合那些可以合作的剥削者，他们才会来同我们合作。①7 月 18 日，刘少奇在第四次全国统战工作会议上作了讲话。他根据政治局讨论的精神，阐述了统一战线工作的必要性、长期性和重要性，深刻阐明了两个联盟的思想。他说：

"党内有一些同志认为党的统一战线工作似乎不是那么必要的，而是可有可无、可做可不做的，或者认为从现在起就可以降低统一战线工作的重要性，缩小统一战线工作的范围，甚至可以不要统一战线工作了。这些观点是和党中央的观点不一致的，是不正确的。党中央认为统一战线工作是一种必要的工作，过去是必要的，现在是必要的，将来一个相当长的时期内也是必要的，今后还要进一步加强这项工作。"

"我们现在有两个联盟：一个是工农及其他劳动者的联盟，这是我们阵线的基础，是最重要的，是决定我们命运的。革命能不能胜利，政权能不能巩固，国家能不能工业化以及能不能建成社会主义，都决定于这个联盟。另一个是劳动人民和一部分可以联合的剥削者及其代表的联盟，即在工农及其他劳动者联盟的基础上，再和民族资产阶级、上层小资产阶级及其知识分子和政治代表结成联盟，此外，加入这个联盟的还有少数民族的上层分子、宗教界人士等。这就是目前我们说的人民民主统一战线。为了实现我们伟大的目的，我们不仅需要在劳动人民内部有巩固的联盟，而且还要和一部分剥削者结成联盟。而后一个联盟是服从于和服务于前一个联盟的。在劳动人民内部结成联盟，党内认识是一致的，没有争论的；但和一部分剥削者结成联盟的问题，党内有些同志还有不同的认识，还有分歧。目前我们所说的统一战线工作，主要的是指后一种和一部分剥削者结成联盟的那种工作。"

"要走社会主义的道路，在我国建成社会主义社会，就要消灭一切剥削阶级。消灭剥削阶级可以有两种方法：一种是采取直接剥夺的方法……另一种是采取逐步改造的方法，也就是统一战线的方法，即经过教育、说理、批评和自我批评，在政治上工作上生活上进行安排等又团结、又斗争的方法，引导那些能够服从社会主义改造或不坚决反抗社会主义改造的资产阶级分子走上社会主义的道路。"

---

① 《历次全国统战工作会议概况和文献》，第 126—127 页。

"从总的方面来讲，党的这种统一战线工作只是实现党的总任务的总斗争中的一个方面的工作，是一种配合的辅助性质的工作，但从消灭我国现存的剥削阶级来讲，这种统一战线的方法，即和平过渡的方法，又可能是主要的方法，而直接剥夺的方法则可能是次要的方法。所以，统一战线工作对党的总任务、总斗争来讲是配合的，对消灭现存的剥削阶级的方式来讲则可能是主要的。"

"所以，结论是：这种统一战线工作不能取消，统一战线工作是党的一种必要的工作，在今后一个相当长的时期内还是必要的。取消统一战线工作是不对的，轻视统一战线工作也是不对的。"[①]

两个联盟的思想，是中共新民主主义革命时期人民民主统一战线思想的合乎逻辑的发展。不同的是，从这时开始强调统一战线是为消灭资产阶级这个总任务服务了。因此，它一方面对纠正当时党内存在的把统一战线"看作包袱，主张干脆取消"的"左"的思想起了极大作用；另一方面，因强调统一战线是为了配合消灭现存剥削阶级这个总任务的，所以，它又不可能从根上纠正急于消灭资产阶级的"左"的思想。

二　工商界学习总路线

(1)　经过国家资本主义完成对资本主义的改造[②]

经过国家资本主义，完成由资本主义到社会主义的改造，这是 1953 年 9 月 7 日毛泽东同民主党派和工商界部分代表谈话的主题。

毛泽东说，有了 3 年多的经验，已经可以肯定，这是较健全的方针和办法。首先肯定国家资本主义是改造资本主义工商业和逐步完成社会主义过渡的必经之路，这一点应该在中央及地方的领导人物的头脑中明确起来。私营工商业（拥有大约 380 万工人和店员），是国家的一项大财富，在国计民生中有很大的作用。私营工商业不仅对国家供给产品，而且可以为国家积累资金，可以为国家训练干部。他指出：有些资本家对国家保持一个很大的距离，他们仍没有改变唯利是图的思想。有些工人前进得太快了，他们不允许资本家有利可得。我们应向这两方面的人们进行

---

① 《刘少奇选集》下卷，人民出版社 1985 年版，第 117—124 页。
② 《毛泽东文集》第 6 卷，人民出版社 1999 年版，第 291—293 页。

教育，使他们逐步地（争取尽可能快些）适合国家的方针政策：即使中国的私营工商业基本上是为国计民生服务的，部分地是为资本家谋利的——这样就走上国家资本主义的轨道了①。公私合营、全部出原料收产品的加工订货和只收大部产品，是国家资本主义在私营工业方面的两种形式。私营商业亦可以实行国家资本主义，不可能以"排除"二字了之。他提出需要继续在资本家中间进行爱国主义教育，为此需要有计划地培养一部分眼光远大的、愿意和共产党和人民政府靠近的资本家，以便经过他们去说服大部分资本家。

　　毛泽东强调，实行国家资本主义，不但要根据需要和可能（共同纲领），而且要出于资本家自愿，因为这是合作的事业，既是合作就不能强迫，这和地主不同。因此，只能稳步前进，不能太急。将全国私营工商业基本上引上国家资本主义轨道，至少需要 3 年至 5 年的时间。至于完成整个过渡时期，即包括基本上完成国家工业化，基本上完成对农业、对手工业和对资本主义工商业的社会主义改造，则不是 3、5 年所能办到的，而需要几个五年计划的时间。在这个问题上既要反对遥遥无期的思想，又要反对急躁冒进的思想。

　　毛泽东这次的谈话，实际上成为同年 10 月间召开的中华全国工商业联合会会员代表大会的指导思想。

　　（2）工商界接受和拥护总路线

　　1951 年 10 月 22 日，全国政协第 30 次常委会议决定筹备成立全国工商业联合会，并推定陈叔通、李维汉、章乃器邀集有关方面进行研究，以陈叔通为召集人。26 日，全国政协召开工商界人士座谈会，商谈筹组全国工商联的有关事宜，会上共同推定李烛尘、盛丕华、叶季壮等 9 人起草工商联的筹备办法。同年 12 月 27 日，全国政协第 33 次常委会议通过了《中华全国工商业联合会筹备委员会筹备处章程》。1952 年 1 月和 4 月，全国政协第 34 次、37 次常委会议又分别听取了全国工商联筹备处主任陈叔通关于筹备工作情况的报告和关于召开筹备代表会议各地代表分配名额问题的报告，并修正通过了《中华全国工商业联合会筹备代表会议组织条例》和《中华全国工商业联合会筹备代表会议地区代表产生办法》。

　　经过 1 年多的筹备工作，中华全国工商业联合会会员代表大会于 1953 年 10 月

---

① 国家资本主义企业利润分配的大体比例是：所得税 34.5%，福利费 15%，公积金 30%，资方红利 20.5%。

23 日开幕，陈叔通致开幕词。他号召全国工商界人士要为实行国家总路线、正确地发挥私营工商业的积极作用而奋斗。① 李维汉在会上讲话，进一步阐述了过渡时期总路线，尤其是对国家资本主义和私营工商业的若干问题的政策原则作了详细的说明。他说：

> "国家对于资本主义工商业的社会主义的改造，第一步是鼓励其向国家资本主义发展，经过国家资本主义的道路，逐步完成其由资本主义转变到社会主义的改造。中国人民政治协商会议共同纲领所规定的国家资本主义，是在社会主义经济直接领导下的社会主义成分与资本主义成分的经济联盟；国家资本主义企业也就是社会主义成分同资本主义成分按照不同条件，采取各种形式，而在不同程度上进行联系或合作的企业。"

> "生产关系一定要适合于生产力的发展。全国解放以来，国家和人民的需要日益增长，有利于国计民生的资本主义企业和它们的生产量虽然在绝对数上有所增加，但是资本主义企业内部劳资关系的矛盾的发展、资本主义生产无政府状态与国家计划建设的矛盾的发展，已日益暴露出资本主义企业原有的生产关系不适合生产力发展的情况，不少资本主义企业扩大生产困难，甚至生产下降；有些企业则陷于瘫痪状态。因此把资本主义推向国家资本主义轨道，在不同程度上使它们原有的生产关系或经营关系有所改变，适当地处理它们内部的劳资关系，促使他们进一步接受社会主义经济的直接领导，从而使生产力提高一步，使工人群众对于自己的劳动感到兴趣，愿意提高劳动生产率，增加产品的数量，提高产品的质量，降低产品的成本，以供应国家和人民的需要，这无论从哪方面说来，都是有利的。这种情况，在国家资本主义的高级形式——公私合营企业中，表现得最为显著。"

> "一切比较发展了的国家资本主义形式的企业较之一般私人资本主义企业所具有的优点，大体上有如下各项：第一，国家资本主义企业在不同程度上有了适应国家计划建设的条件，可以逐步纳入国家计划的轨道。它们在不同程度上便利于国家的统筹兼顾，因此，就有可能进一步改善公私关系，而使那些为国计民生所需的设备，可以逐步发挥其潜力，供、产、销可以逐步平衡。第二，由于企业是为国家的需要而生产或经营，或主要是为国家的需要而生产或

---

① 《新华月报》1953 年第 12 号，第 57 页。

经营，又由于企业利润是采取国家所得税、企业公积金、职工福利奖金及资方的股息、红利等4个方面合理分配的原则，这就使得工人的劳动主要是为人民服务，只有一较小部分是为资本家谋利，这就改变了资本主义企业过去那种唯利是图的情况；因此就更有可能改善劳资关系，使劳资双方合力改进企业的生产和经营。第三，在公私关系和劳资关系改进的基础上，企业的生产、经营和管理可以逐步改进，并有可能争取向同类性质和相近规模的国营企业大体看齐，其中一部分企业还可能获得改建或扩建。第四，在以上基础上，就不但首先使企业对国计民生有益，而且可以做到企业有利可图，资本家有利可得，代理人的物质待遇有适当保证，职工的生活可以逐步提高。第五，资本家与资本家代理人获得充分贡献与发展其经营管理才能或技术的机会，并在与社会主义成分合作中逐步受到教育，为最后完成社会主义改造准备条件。国家资本主义的高级形式——公私合营企业，因属半社会主义性质，又比国家资本主义的其他形式具有较大的优越性，更有利于发展生产，稳步完成社会主义改造。"

"4年来，我们已看到工商业者中有越来越多的人理解到在工人阶级领导下的国家资本主义的好处，要求人民政府更有计划地实行国家资本主义的方针。我们相信，由此前进，再过若干年，也会有越来越多的人理解到社会主义的优越性，认识到只有社会主义生产的不断增长和不断完善，才能使社会的物质和文化需要更大地获得满足，认识到将生产资料的资本主义所有制最后改变为社会主义所有制的必要性。到了那个时候，生产资料私有制取消了，消费资料仍然私有；而一切对人民有过贡献的人们，他们的工作和地位，也就会获得适当的安排；同时，他们的子女也受到国家的教育，获得贡献其智能于国家的广大机会。""一切积极为实现过渡时期总路线而努力的私营工商业者，今天有合法的利润可得，将来有适当的工作可做，和全国人民一道为社会主义事业服务，并同样享受社会主义社会中的幸福生活。这是私营工商业者的现实和前途，也就是他们的光明大道。"[①]

与会代表对陈叔通的开幕词和李维汉的讲话经过认真的讨论，于11月12日通过决议，郑重宣告接受和拥护国家在过渡时期的总路线、总任务和对私营工商业所

---

① 《新华月报》1953 年第 12 号，第 60—65 页。

采取的利用、限制和改造的政策。① 大会选举产生了全国工商联的领导机构，陈叔通被选为全国执行委员会主任委员，李烛尘、南汉宸、章乃器、许涤新、孟用潜、盛丕华、荣毅仁、傅华亭、陈经畲、黄长水、巩天民、李象九为副主任委员。中华全国工商业联合会宣告成立。

（3）工商界人士的复杂心态 ②

全国工商联成立以后，就在工商界广泛开展了学习宣传总路线的活动。工商界各阶层人士接受总路线和国家资本主义的内心世界是极其矛盾的。他们认为，新民主主义"很优越"，还是"让我们多喊几声新民主主义万岁吧"。所以，总路线一公布，对他们震动很大。有的资本家自问，"1949 年为什么不讲总路线？"认为"那时讲，人都跑了；现在讲出来，谁也没有办法"。因此，虽然对总路线不满，但又无可奈何。有的资本家形容自己的处境是"上了贼船"，"跟着走，能有出路"，"逆着办，只有下水"，"船在河中，只好认头"。

对国家资本主义，不同阶层有着不同的反映：第一类是中上层中长期和政府合作的资本家，他们认为总路线是"大势所趋"，自己"先走了一步"，"自动走吧，何必让人用鞭子赶呢"，"晚合不如早合"（指公私合营——引者注），合营"可以当国家干部"。他们对公私合营关心三件事：第一，什么是财产估值"公平合理"的标准？第二，人事怎样安排？第三，如何保障有利可得？第二类是中小企业家，这是资产阶级的多数。他们"自称是武大郎攀杠子，上下够不着"。合作化"没有我的事"，公私合营"没有我的份"。感到内心"搅拌，矛盾很大"。这类资本家对国家资本主义是不甘心的，认为"大的已经过了"，自己没有"上套"，能躲就躲。对当前改进生产，扩大经营抱着消极态度，认为"冒大、发展，到时候一捆就完"。第三类是小业主，认为总路线与己无关，手工业搞合作化还可以干几年。万一没有出路，可以敛起棉袄打倒轮，再当工人。第四类是商业资本家，怨天尤人，非常不满，认为国家"待遇不平"，前途"黑漆一片"。因此，总路线公布以后，就开始出现中小工业联营并厂和商业资本家进行转业的苗头。并厂的动机：有"创造条件"丢包袱的；有互为利用的；有和国家抗衡的，不一而足。被合并的中小户对大户不满，认为大户把他们当作"台阶"。商业资本家转业分上、中、下三策。上策是转

---

① 《新华月报》1953 年第 12 号，第 68 页。

② 《中共党史教学参考资料》第 20 册，第 198—199 页。

投资公司，既是国家资本主义，又"稳当省事"；中策是转入公私合营工厂；下策是转入工业。争取中上策，不得已始求艾末。商业资本家自叹"走到社会主义，比工业更难"。

广大的私营工商业者，就是在这种矛盾的复杂心理状态下，开始走上了社会主义的道路。

三　加快私营工业的公私合营

经中共中央批准，中财委（资）于 1954 年 1 月 6 日至 16 日召开了 1954 年扩展公私合营工业计划会议。[①]

会议分析了 4 年来对私营工业利用、限制、改造的状况。指出，资本主义工业占国家现代工业的第二位，是国民经济中一项重要因素。它的基本特点是：大型厂少，但产值大；小型厂多，但产值小；轻工业多，重工业少。其现状是，从产值说，资本主义工业大部分已经纳入各种形式的国家资本主义轨道。但国家资本主义高级形式的比重还小，低级形式的比重在下降，占主要地位的是中级形式。

会议认为，经过国家资本主义的各种中级形式，社会主义成分在不同程度上控制了资本主义工业的原料供应和产品销售，限制了资本主义的剥削。因此，中级形式对发展生产、保证需要，起了相当作用，为平衡供、产、销和纳入国家计划轨道，准备了一定条件；对企业的改革和组合，起了促进作用；对资本家及其代理人等，进行了爱国守法和接受国营经济领导的教育；对工会和党的工作，提供了有利条件——这些使国家资本主义的中级形式可能发展为高级形式。由于中级形式的国家资本主义，并不触及生产工具及一部分其他生产资料的资本家所有制，企业基本上仍是按照资本主义方式管理，所以劳资矛盾、公私矛盾及由此引起的其他许多矛盾，不能获得更有效的处理，从而限制了劳动生产率的提高和社会生产力的发展，限制了对于资本家及其代理人等的教育和改造，这些都要求将国家资本主义的中级形式发展为高级形式。因为，高级形式的国家资本主义——公私

[①]《中共党史教学参考资料》第 20 册，第 284—291 页；《中华人民共和国国民经济和社会发展计划大事辑要（1949—1985）》，第 49—50 页。"中财委（资）"，是中财委分管资本主义工商业的办公厅的简称。

合营，是社会主义成分在企业内部同资本主义成分合作，并居于领导地位，因此它使生产关系发生重要的变化：企业由私有变为公私共有，资本主义所有制丧失其对企业的原有支配地位；工人的地位改变了，公方和工人群众结合在一起掌握企业的领导，资产阶级分子（资本家及其代理人的高级职员）即处在被领导的地位，并受到经常直接的教育和改造；产品分配除小部分利润外，脱离了资本家的掌握。这样，劳资矛盾和公私矛盾，就能够获得更适当更有效的处理。从而能够提高劳动生产率，增加产品的数量，提高产品的质量，降低产品的成本，逐步向国营企业看齐；能够更有效地改进生产，纳入国家计划，积累资金，发展社会生产力，并保证其基本上为人民服务；能够更多地培养工人干部，改造原有人员，并向国营企业输送干部。

会议认为，将私营企业改造为合营企业的条件正在成熟。这就是：工人阶级的政治优势和经济优势的日益壮大，公私合营的优越性日益显著，总路线的宣传起了推动作用；资本主义的体系日益被割裂和打乱，私营工业矛盾突出，资产阶级日趋孤立，大势所趋，资本家只有走这条路，这对他们的现实和前途都有利，现已出现了一批进步分子，愿意公私合营的日渐增多。

据此，会议提出：要在今后若干年内（两个五年计划时期，可能更短一点）积极而稳步地将国家需要的、有改造条件的 10 个工人以上的私营工厂，基本上（不是一切）纳入公私合营轨道，然后在条件成熟时，将公私合营企业改造为社会主义企业。1954 年是有计划地扩展公私合营工业的第一年，应以"巩固阵地、重点扩展、作出榜样、加强准备"为工作方针。计划将 500 个私营厂矿（17 亿产值）转变为公私合营。

会议还就发展公私合营的方针、政策提出了具体意见。即：发展公私合营，要以国家投入的少量资金和少量干部，去充分利用原有企业的资金、干部和技术来改造资本主义工业。循此方针，采取"驴打滚""翻几番"的方法，发展一批，作为阵地，加以巩固，再发展一批，经过几滚几翻，将有 10 个工人以上的资本主义工业基本上纳入公私合营轨道。合营的条件，必须依据国家的需要、企业改造的条件、供产销平衡的可能、干部和资金的准备以及资本家的自愿稳步前进。关于公私关系的政策问题：一是清产定股，要依据实事求是、公平合理的原则处理；二是对原有实职人员一般要包下来，并参酌原有情况量材使用，使之各得其所；三是合营企业内部以公方为主（居于领导地位），这是确定不移的。同时承认私方的合理合法权益；四是利润分配，股息红利得占到企业利润的 1/4 左右，私股应得部分必须分给，并听其自由支配。合营方式，可以采取：国家投入资金和干部于私营工厂（主要是大厂和重要厂），实行合营；先私私联营、合并，再公私合营；国营小厂与私营大厂实行合营；公私合营大厂吸收私营小厂；国营大厂投资若干私营小厂，作为附属厂等。

会议最后形成了《关于有步骤地将有 10 个工人以上的资本主义工业基本上改造为公私合营企业的意见》。1 月 30 日，中财委（资）向中共中央作了《关于 1954 年扩展公私合营工业计划会议的报告》。3 月 4 日，中共中央批准了上述《报告》和《意见》。

上述意见的执行，加快了对资本主义工业实行社会主义改造的步伐。到 1954 年年底，有 905 家私营厂矿合并组成 793 户公私合营企业，当年产值为 25.6 亿元。较原计划：厂矿数超过 80%，产值超过 50%。

四　对私商由"排挤"到"改造"

（1）由国营和合作社商业取代私商

在 1953 年提出过渡时期总路线的时候，确定了对私营工商业实行利用、限制、改造的方针。但是，如何实行改造，对私营工业和商业的考虑是不同的。对私营工业，中共中央批准了李维汉关于《资本主义工业中的公私关系问题》的报告，明确了通过国家资本主义由低级到高级的多种形式实行社会主义改造的具体途径。对私营商业，当时中共中央考虑采取的是排除的方法，即每年排除若干，逐步以国营商业、合作社商业取代之。

决定用"排挤"的办法改造私营商业，是与当时把私商简单地看成是一种不从事生产的"中间剥削"行业相关的。1951 年 5 月 3 日，中共中央批准的全国合作总社《关于对资本家的方针问题》的报告中说："合作社对资本家的方针，应该把工业资本家和商业资本家，加以区别地对待。对前者是团结的方针，对后者则是免不了要和他们竞争的。""商业资本家要中间剥削，合作社要减除中间剥削，斗争是不可免的。在新民主主义阶段，商人在一定时期有其发展的余地，同时，合作社是由小到大发展的，首先会代替小商人（并且先是小商人的下层），然后逐渐地代替其他商人。""团结工业资本家，和商业资本家竞争，就可使商业资本向工业方面转移."①1952 年 3 月 15 日，毛泽东约中国民主建国会总会主任委员黄炎培谈话，毛泽东说：我们要从经济观点，向大的远的方面看，现在中国的私人资本，在全国工商业经济上，比重还是相当大，向着社会主义走，公私双方都需要发展的。只不要让它向坏的方面发展。他强调：要教育改造他们（指工商业资本家——引者注），中间还要特别重视工业，劝导大家在人民政府领导之下，依据国家经济需要，有步骤地把商业资本转向工业，于国家是有利的。②

（2）重作思考的过程

在实践中，人们逐步认识到对私营商业也不能采取简单的排除办法。1953 年夏季召开的全国财经会议，批评了财经工作中的错误。8 月 6 日，陈云在财经会议领导小组会上发言说："恢复与壮大国营商业阵地，这是应该做的，但不要盲目排挤私商"。"要注意，不要来一个'左比右好'，犯'左'倾的毛病"。"对零售商与批发商要有区别"。"对待批发商，我们的做法也应有区别"。"只有那些我本来不应收缩而被私商占了的阵地，才可以去挤。但在挤时，要区别什么行业，数量多少，并且要有步骤地前进"。"总之，国家的力量是强大的，挤私商并不困难，一定要采取谨慎的态度"。③9 月 4 日，中共中央有关方面负责人邀请黄炎培、陈叔通、李烛尘座谈。会后，陈叔通的一席话实际上反映了商业界人士对前途感到茫然的情绪。他说："商业的数目很大，是最难办的。我认为应向他们公开地讲清私人商业的方向、前途、困难和办法，告诉他们要消灭商业，以国营贸易、合作社代替之。"④9月 7 日，毛泽东在同民主党派和工商界部分代表的谈话中开始明确指出："私营商业亦可以实行国家资本主义，不可能以'排除'二字了之。"同时又说："这方面经验较少，尚须研究。"⑤ 对此，9 月 8 日周恩来在全国政协常委第 49 次扩大会议作过渡时期总路线的报告中又作了进一步的阐述。他说：

"商业方面有没有国家资本主义？毛主席说，对私营商业不能简单地以'代替'或'排除'了事。当然，对私营商业中投机倒把、有害于国计民生的部分应该排除。但我们认为，商业方面也有可能实现国家资本主义。如对国计民生确有作用的大的

---

① 《刘少奇论合作社经济》，中国财政经济出版社 1987 年版，第 226—227 页。
② 《中共党史教学参考资料》第 19 册，第 540—541 页。
③ 《陈云文选（1949—1956）》，人民出版社 1984 年版，第 194—195 页。
④ 《党史研究》1986 年第 3 期，第 22 页。
⑤ 《毛泽东文集》第 6 卷，人民出版社 1999 年版，第 292 页。

私营商业公司，可以实行公私合营，利用其合理的经营管理，改革其不合理的部分，使其能为国家服务。此外，私营商业可以依照国家规定的价格替国家批发，或代购代销。私营商业的数量很大，从大的公司到小的摊贩有几百万户，我们必须带着它们前进。至于采取什么具体形式，这方面的经验较少，还要研究。"①

（3）对批发商和零售商的不同方针

对私营商业通过国家资本主义实行改造的具体形式，是从 1953 年 10 月全国粮食会议决定在全国范围内实行粮食统购统销以后逐步明确起来的。陈云在会上报告说："粮食基本上由国家经营，私商只能做代理店。"②

从粮、油实行统购统销开始，经营这些商品的批发商业就全部实行了国营，进而又逐步扩大到所有主要的批发商业。这一措施实行以后，我国市场关系发生了根本性质的变化。国营商业已在批发环节上逐渐排挤了私营批发商，到 1953 年年底，国营批发比重已经达到 70%左右。私营零售的主要部分，已不能像过去那样依靠从私营批发商或从生产者方面进货，而必须依靠从国营商业、合作社商业方面进货，来维持它们的营业。这样，旧的自由市场的活动范围已经大大缩小，国营商业对整个市场的统一管理和对私营商业的领导和监督得到了加强和巩固。这种市场关系的变化和改组，一方面为国家对私营商业实行改造创造了前提，另一方面又必不可免地使商业中的公私关系日趋紧张，使私商的经营发生困难。到 1954 年 7 月，大城市中有 10 余万从业人员的私营批发商，因得不到货源而没有买卖可做。集镇的私商，因为主要农产品和农业副产品由国家扩大收购，营业额日益缩小。在城市中，由于粮食和食油的计划供应，减少了私商的销货量，还由于国营商业和合作社商业扩大了经营范围，再加上不适当地过多地扩大了零售额，私营零售比重迅速下降，私营零售商已经惶惶不安。在城乡交流方面，由于农村宣传过渡时期的总路线，私商难于下乡，合作社对一般土产一时又无法全部经营，致使某些农产品和农业副产品存在流通阻塞现象。

中共中央在分析了上述情况之后，于 1954 年 7 月 13 日下发了《关于加强市场管理和改造私营商业的指示》③。指示指出：中国私营商业的从业人员的数量很大

---

① 《周恩来选集》下卷，人民出版社 1984 年版，第 113 页。

② 《陈云文选（1949—1956）》，人民出版社 1984 年版，第 214 页。

③ 《陈云文选（1949—1956）》，人民出版社 1984 年版，第 245—253 页。

（坐商和摊贩共有七八百万人），对他们盲目地加以排挤，一律不给安排，不给生活出路，势必增加失业人口，造成社会混乱。这是必须防止和纠正的。目前正确的方针，必须是充分利用市场关系变化和改组的有利条件，对私营商业积极地稳步地进行社会主义改造，采取一面前进、一面安排和前进一行、安排一行的办法，把现有的私营小批发商和私营零售商逐步改造成为各种形式的国家资本主义商业。根据已有的经验，指示对私营批发商和私营零售商的改造和安排，分别作了如下规定：

对私营批发商。以零售为主而兼营批发的，一般的转为零售商。专营的批发商或以批发为主而兼营零售的，其中凡能继续经营者，让其继续经营；凡为国营商业所需要者，可以为国营商业代理批发业务；凡能转业者，辅导其转业；经过上述办法仍无法安置者，其职工连同资方代理人可经过训练，由国营商业录用。

对城乡私营零售商。除一部分必须和可能转业的以外，一般的应逐步地把他们改造成为合作商店或国家资本主义的零售商。各地除经营粮食和食油的私营零售商已经采取代销形式和经销形式，改造成为国家资本主义的零售商外，今年下半年各大、中城市中，应再选择一个或两个行业，同样采取代销形式和经销形式，把私营零售商改造成为国家资本主义的零售商。应把这些改造私营零售商的办法，向社会宣布，以安定各业私营零售商的经营情绪。

指示还指出，对全部摊贩的改造，是一项更加复杂的工作，只能在处理了坐商之后，才能作全盘处理。

上述对私营批发商和零售商不同的改造和安排的规定，前者被简称为"留、转、包"方针；后者在实行中，形成了对经营同一商品的私商，从大到小同时安排、改造的"一条鞭"方法。这样，对私营批发商和零售商区别对待，对零售商主要采取经销代销形式的改造形式就形成了。这个指示的贯彻执行，到 1954 年年底，私营商业在全国商业企业零售额中的比重，由 1952 年的 57.2%下降为 25.6%。在全国商业企业批发贸易中，国营商业已基本上代替了私营批发商业。①

---

① 《中华人民共和国国民经济和社会发展计划大事辑要（1949—1985）》，第 57 页。

中国第一座现代化纺织机械制造厂——国营经纬纺织机械制造厂于 1954 年 8 月 1 日投产。

第四章
工业化的起步

1953 年 1 月 1 日，《人民日报》发表的《迎接 1953 年的伟大任务》的元旦社论指出，1953 年将是我国进入大规模建设的第一年，将开始执行国家建设的第一个五年计划。国家建设包括经济建设、国防建设和文化建设，而以经济建设为基础。经济建设的总任务就是要使中国由落后的农业国逐步变为强大的工业国。这说明，从 1953 年开始，中国人民终于迈开了近百年来不少仁人志士曾炽热追求的实现国家工业化的步伐。

一　工业化的目标和道路

（1）原有的基础

旧中国的工业，在整个国民经济中只占很小的比重：在 1949 年，使用机器的工业的产值约占工农业生产总值的 17％左右，而农业及其副业、个体手工业和工场手工业的产值约占工农业生产总值的 83％左右。这种状况，不仅与欧美发达的资本主义国家不能比，就是与资本主义发展比较落后的俄国和第二次世界大战前的东欧各国相比，也是远远落后的。

第一次世界大战前，俄国的工业总产值为世界的第 5 位，欧洲的第 4 位。1913年，俄国的工业总产值占工农业总产值的 42.1％，农业占 57.9％，重工业产值占工业总产值的 42.9%，轻工业占 57.1%。[1]1933 年到 1937 年，匈牙利的平均工业产值，占工农业总产值的 38%。罗马尼亚的工业，1942 年占工农业总产值的 30% 以上。比较更为落后的保加利亚，1942 年也占 20%。[2]旧中国工业的落后程度，可见一斑。

我国这仅有的工业当中，重工业不到 30%，轻工业占全部工业的 70% 以上。在重工业内部，又是门类残缺不全，互不协调，多数是采矿业，或生产初级原料的工厂，除一些从事修理和装配的工厂外，没有自己独立的机器制造业。因此，主要工业产品的数量，以 1933 年的中国产量与 1913 年的俄国产量相比，煤为俄国的 97%，电力为 57%，石油为 1%，生铁为 14%，钢为 0.5%，机器制造业为 4.6%，纱锭为 59%。[3]

从主要工业品的人均占有量来看，全国解放前最高年产量——钢为 92.3 万吨，原煤 6188 万吨，石油 32 万吨，电 60 度亿。[4]按 1949 年全国人口 5.4167 亿人[5] 计算，人均钢 1.7 公斤，原煤 114.1 公斤，石油 0.6 公斤，电 11 度。而 1937 年的捷克斯洛伐克和波兰，钢已分别达到人均 159 公斤和 43 公斤，煤人均 1156 公斤和 1054 公斤，电人均 285 度和 106 度。[6] 都大大高于我国。

以上说明，俄国和第二次世界大战前的东欧各国，不仅工业比重比旧中国大得多，而且它们的重工业也都已具有相当的规模和基础。而旧中国则基本上是一个落后的农业大国，人民的衣食住行所依靠的基本上还是传统的农业和手工业。

旧中国经济落后的再一个特点，就是全国发展极不平衡，仅有的一点工业，基本上集中在沿海和东北的少数城市及地区。据国民党政府经济部 1947 年对中国主要都市所有制造业的统计，上海、天津两地的工厂数占全国工厂总数的 63%，工人总数的 61%。东北地区的重工业，占全国的半数以上。据日伪统计，1943 年东北生铁产量占全国的 87.7%，钢材占 93%，煤占 49.5%，电占 78.2%，水泥占 66%。[7]工业布局的不合理，又加剧了沿海地区和内地经济文化发展的极大不平衡。

---

[1] 苏联科学院经济研究所编：《苏维埃经济的发展》，第 8、10—11 页。

[2] 《中共党史教学参考资料》第 19 册，第 6 页。

[3] 《中共党史教学参考资料》第 19 册，第 6 页。

[4] 中国统计出版社《光辉的三十五年》统计资料，第 3、24 页。

[5] 中国统计出版社《光辉的三十五年》统计资料，第 3、24 页。

[6] 《从数字看波兰》，世界知识出版社 1959 年版，第 19 页。

[7] 《中共党史教学参考资料》第 19 册，第 6—7 页。

由于工业落后，旧中国的农业和手工业的生产工具基本上还是几千年来祖传的手工工具，有些农村地区甚至还停留在杵臼时代，生产力水平极其低下。1949 年，我国粮食产量为 1.1318 亿吨，棉花 44.4 万吨。[1] 人均粮食只有 209 公斤，棉花 8.2 公斤。基本上是一种自给半自给的自然经济，商品经济极不发达，人民处于食不果腹、衣不蔽体的艰难之中。

由于工业落后，现代交通工具和通信设备极其缺乏。在我国 960 万平方公里的大地上，1949 年铁路营业里程仅有 21，800 公里，公路 80，700 公里，内河航道 73，600 公里；全国邮电局、所 26，300 处，通邮里程 76.6 万公里。[2] 整个社会处于地区隔绝的封闭半封闭状态，信息极不灵通。

由于工业落后，经济不发达，科学、文化、医疗卫生事业也极不发展。全国解放前，学龄儿童入学率只有 20% 左右，每万人中只有中学生 23.8 人，大学生 2.2 人，90% 以上的中国人都是文盲。1949 年，全国各级医院只有 2，600 所，平均每千人只有 0.14 张病床。[3] 人民的文化素质和健康素质极差。

经过 1950—1952 年这 3 年的恢复时期，我国使用机器的现代工业的产值，在工农业总产值中的比重上升到 28% 左右，农业及其副业、个体手工业和工场手工业产值的比重降为 72% 左右。这就是说，现代工业有了明显的增长，但它在工农业生产中所占的比重仍不及 3/10。我国在国民经济发展水平上还是落后的、贫穷的农业国，还不能自己制造汽车、拖拉机、飞机，不能自己制造重型的和精密的机器，没有现代国防工业的国家。在 1952 年，我国钢的年产量人均只有 2.4 公斤，棉布的年产量人均只有 9 公尺。[4]

在这样的基础上开始工业化的起步，无疑是极其艰难的，要实现工业化的目标——使我国由落后的农业国变为强大的工业国——必将是一个长期的艰巨任务。加之，建国不久，就开始了抗美援朝战争，巨大的军费开支和帝国主义对我国的封锁政策，更增加了实现工业化的困难。

（2）15 年的目标

过渡时期总路线规定：要在一个相当长的时期内，逐步实现国家的社会主义工

---

① 中国统计出版社《光辉的三十五年》统计资料，第 53—54 页。

② 中国统计出版社《光辉的三十五年》统计资料，第 84、90 页。

③ 中国统计出版社《光辉的三十五年》统计资料，第 134、137 页。

④《中共党史教学参考资料》第 20 册，第 206 页。

凯歌行进的时期（1949—1956）

业化。这个相当长的时期，总路线宣传提纲有一个具体解释：要完成这个任务，大约需要经过三个五年计划，就是大约 15 年左右的时间（从 1953 年算起，到 1967 年基本上完成），那时中国就可以基本上建设成为一个伟大的社会主义国家。

对 15 年要达到的具体目标，1954 年 5 月 12 日，李富春在第二次全国宣传工作会议上作的《关于社会主义工业化问题的报告》中说：我国实现社会主义工业化，要经过逐步的、相当的时间，毛泽东提出大致 15 年左右。实现社会主义工业化的标志，从数量上看是社会主义工业产值占工农业总产值的 60%左右；从质量上看，要有独立的工业体系和农业相应的协调发展。[①] 同年 8 月下旬，国家计委在《编制 15 年远景计划的参考材料》更全面提出，15 年远景计划总的轮廓是：用 15 年时间，在政治上消灭剥削阶级和产生剥削阶级的根源，在经济上基本上完成社会主义工业化、农业合作化和机械化。1967 年，全国工农业总产值比 1952 年约增加 3 倍，年平均增长 9.9%；基本上完成国家工业化，现代工业在工农业总产值中的比重将达到 60%；基本上实现对私人工业的社会主义改造，10 人以上的资本主义工业通过国家资本主义道路，最后将全部由公私合营转化为国营，其余的私营工业也将经过各种方式基本上改造完毕；基本上完成农业合作化，全国 90%的农户参加集体农庄和农业生产合作社，其耕地将占全国耕地面积的 84.4%；人民的物质和文化生活水平将显著提高。[②]

把现代工业在工农业总产值中的比重达到 60%，作为实现工业化的目标，现在来看，无疑是太简单了一些，但同质量上要求建成独立的工业体系和农业相应的协调发展结合起来看，这显然是一项规模宏大、结构复杂的工程。

（3）**工业化的道路**

关于中国如何实现国家工业化的问题，1950 年刘少奇曾作过设想。他认为，如果我们进行经济建设的和平环境在相当长的时期内有了保障，在经济恢复以后，我们要先发展农业、轻工业，再以主要力量发展重工业。他提出：

　　首先，我们必须恢复一切有益于人民的经济事业，并使那些不能独立进行生产的已有的工厂尽可能独立地进行生产。其次，要以主要的力量来发展农业和轻工业，同时，建立一些必要的国防工业。再其次，要以更大的力量来建立

---

① 《中华人民共和国国民经济和社会发展计划大事辑要（1949—1985）》，第 54 页。
② 《中华人民共和国国民经济和社会发展计划大事辑要（1949—1985）》，第 58—59 页。

我们重工业的基础，并发展重工业。最后，就要在已经建立和发展起来的重工业的基础上，大大发展轻工业，并使农业生产机器化。中国工业化的过程大体要沿着这样的道路前进。

中国工业化的过程为什么要采取这样的步骤？

在恢复中国的经济并尽可能发挥已有的生产能力之后，第一步发展经济的计划，应以发展农业和轻工业为重心。因为只有农业的发展，才能供给工业以足够的原料和粮食，并为工业的发展扩大市场。只有轻工业的发展，才能供给农民需要的大量工业品，交换农民生产的原料和粮食，并积累继续发展工业的资金。同时，在农业和轻工业发展的基础上，也可以把劳动人民迫切需要提高的十分低下的生活水平提高一步，这对于改进人民的健康状况，在政治上进一步团结全体人民，也是非常需要的。而建立一些必要的急需的国防工业，则是为了保障我们和平建设的环境所不可缺少的。只有在这一步做得有了成效之后，我们才有可能集中最大的资金和力量去建设重工业的一切基础，并发展重工业。只有在重工业建立之后，才能大大地发展轻工业，使农业机器化，并大大地提高人民的生活水平。[1]

当时，建国伊始，这个问题还来不及进行讨论。不久，朝鲜战争爆发，国际形势发生了新的变化。根据形势的要求，尤其是根据苏联当年建设工业化的经验，过渡时期总路线宣传提纲指出，我国实现工业化，必须以发展国家的重工业为中心环节，以建立国家工业化和国防现代化的基础。

宣传提纲在阐述何以必须以发展重工业作为实现工业化的中心环节时说：只有建立了重工业，才能使全部工业、运输业以及农业获得为发展和改造所必需的装备。因为我国过去重工业的基础极为薄弱，经济上不能独立，国防不能巩固，帝国主义国家都来欺侮我们，这种痛苦我们中国人民已经受够了。如果现在我们还不建立重工业，帝国主义是一定还要来欺侮我们的。因为我国过去几乎没有重工业，交通运输也不发展：在广大的国土上只有二万多公里铁路，火车头不能自制，钢轨也大部分从外国输入；汽车公路通车的在解放前只有 7.5 万多公里，货运客运汽车为数很少，而且都是从外国输入的；内河航运和海运都不发展，内河只有很少的古老的轮船，几乎完全没有远洋的运输；完全没有自己的航空业。如果我们不建立重工

---

[1]《刘少奇选集》下卷，人民出版社 1985 年版，第 4—5 页。

凯歌行进的时期（1949—1956）

业，我们的运输业还会停留在破旧的状态上。轻工业虽然有一些，但是也远远不能满足人民的需要，并且因为我国没有重工业，许多轻工业的机器，尤其是精密的机器不能制造；如果我们不建立重工业，我们现有的轻工业就会一天一天破旧，而得不到新的装备的补充和改造，要扩大轻工业和建立新的轻工业也会困难。因为没有重工业，过去在我国农业中就几乎完全不使用机器，也很少使用化学肥料；如果现在我们还不发展机器工业和化学工业，我国的农民就会长期得不到新式农具和农业机器，长期得不到更多更好的化学肥料，我国农业的合作化和农产量的增加就会遇到困难。所有这一切都说明国家社会主义工业化的中心必须是发展重工业。宣传提纲强调指出：

> "资本主义国家从发展轻工业开始，一般是花了50年到100年的时间才能实现工业化，而苏联采用了社会主义工业化的方针，从重工业建设开始，在10多年中（从1921年开始到1932年第一个五年计划完成）就实现了国家的工业化。苏联过去所走过的道路正是我们今天要学习的榜样。……我国实现国家的社会主义工业化，正是依据苏联的经验从建立重工业开始。当然，在集中力量发展重工业的同时，必须相应地、有计划地发展交通运输业、轻工业、农业、商业和文化教育事业。如果没有这些事业的相应发展，不但人民的生活不能够改善，人民的许多需要不能够满足，就是重工业的发展和工业化的实现也是不可能的。"[1]

从建立重工业开始，这就是过渡时期总路线提出的时候确定的我国实现社会主义工业化的道路。当时，抗美援朝战争正在紧张地进行着，国际形势要求我们更多地注意我国的国防建设。而国防工业又是要在重工业的基础上发展的。在这种特定的历史条件下，确定以重工业为重点进行工业化建设，是有它一定的合理性的。但是，把苏联实现工业化的经验绝对化，并把从发展轻工业开始还是从发展重工业开始，提到资本主义工业化和社会主义工业化的两条道路的原则高度，又是不妥当的。

---

[1]《中共党史教学参考资料》第20册，第207页。

二　"一五"计划的蓝图

（1）酝酿筹划

第一个五年计划，早在 1951 年春，就开始由中财委着手试编。1952 年 8 月又编制出"一五"计划的轮廓草案。中财委提出，今后 5 年是我国长期建设的第一阶段，其基本任务是：为国家工业化打下基础，以巩固国防，提高人民的物质与文化生活，并保证我国经济向社会主义前进。五年建设的方针是：第一，工业建设以重工业为主，轻工业为辅。第二，工业的速度，在可能条件下应力求迅速发展。第三，工业的地区分布应有利于国防和长期建设，并且应结合目前实际情况。五年计划的主要指标为：工农业总产值增长 78%。工业总产值增长 156%（即每年递增 20% 强），其中生产资料增长 230.5%（即每年递增 27%）；农业总产值增加 53%（即每年递增 8.9%）。①

1952 年 11 月 15 日，中央人民政府委员会第 19 次会议为加强国家工作的统一和集中领导，适应国家大规模建设的需要，决定增设国家计划委员会。任命高岗为国家计划委员会主席，邓子恢为副主席，陈云、彭德怀、林彪、邓小平、饶漱石、薄一波、彭真、李富春、习仲勋、黄克诚、刘澜涛、张玺、安志文、马洪、薛暮桥为委员。秘书长马洪、副秘书长王光伟。（1953 年 9 月 29 日，中央人民政府委员会第 28 次会议任命李富春、贾拓夫为国家计委副主席）。12 月 22 日，中共中央发出《关于编制 1953 年计划及长期计划纲要若干问题的指示》。中央指出：第一，必须按照中央的"边打、边稳、边建"的方针来从事国家经济建设，这是制订计划的出发点，并且要以此来考虑国家工业建设的投资、速度、重点、分布和比例。第二，必须以发展重工业为建设的重点，集中有限的资金和建设力量首先保证重工业和国防工业的基本建设，特别是确保那些对国家起决定作用的、能迅速增强国家工业基础与国防力量的主要工程的完成。要求 1957 年工业生产比 1952 年提高 1—1.5 倍。第三，必须充分发挥现有企业的潜力，反对保守主义。第四，必须以科学的态度从事计划工作，使计划能够正确反映客观经济发展规律。第五，必须广泛吸收群

---

① 《中华人民共和国国民经济和社会发展计划大事辑要（1949—1985）》，第 29 页。

众特别是各部门中先进人物参加讨论计划，以提高计划的科学程度。①

1953 年，中财委会同国家计委、中央各部、各大区对原计划作了进一步修改。6 月，国家计委根据中共中央指示，并参考苏联国家计委的意见，对五年计划纲要又修改了一次。1954 年 4 月 19 日，中共中央决定成立编制五年计划纲要草案 8 人工作小组，由陈云任组长。"一五"计划开始了全面的编制工作。10 月 29 日，中共中央将 8 人小组多次讨论修改后形成的第一个五年计划草案（初稿）发各地区、各部门讨论。1955 年 3 月中旬，第一个五年计划草案正式编出，并于 3 月 31 日经中共全国代表会议同意。6 月，中共中央对这个草案作了适当修改后，建议由国务院通过并提请人大一届二次会议审议决定。②

在"一五"计划酝酿筹划的全过程中，周恩来是主要的指导者和设计者之一。

（2）计划要点

第一个五年计划，于 1955 年 7 月 30 日由人大一届二次会议通过。同年 11 月 9 日和 12 月 19 日，国务院先后颁布命令，将第一个五年计划下达各地和各部执行。这个计划的主要内容规定有：

战略目标：第一，建立我国社会主义工业化的初步基础。1957 年，我国现代工业在工农业总产值中的比重，由 1952 年的 26.7%，上升到 36%。第二，建立对于农业和手工业的社会主义改造的初步基础。发展部分集体所有制的农业生产合作社和手工业生产合作社，1957 年，参加初级形式农业生产合作的农户，在全国农户中的比重，达到 1/3 左右。第三，建立对于私营工商业的社会主义改造的基础，基本上把资本主义工商业分别纳入各种形式的国家资本主义的轨道。1957 年，私营工业的产值有一半转变为公私合营；半数以上的私营商业转变为各种形式的国家资本主义。第四，保证国民经济中社会主义成分的比重稳步增长。1957 年，国营、合作社营、公私合营的工业产值在工业总产值中的比重，上升到 87.8%，私营工业下降到 12.2%；国营、合作社营商业占社会零售总额中的比重，上升到 54.9%，各种国家资本主义形式的商业和合作形式的小商业上升到 24%，私营商业将下降到 21.1%。第五，保证在发展生产的基础上逐步提高人民物质生活和文化生活的水平。5 年内工人、职员的平均工资增长 33%；农村购买力，1957 年比 1952 年提高

---

① 《中华人民共和国国民经济和社会发展计划大事辑要（1949—1985）》，第 31、32—33 页。

② 《中华人民共和国国民经济和社会发展计划大事辑要（1949—1985）》，第 53、72 页。

一倍。总之，要使我国国民经济落后面貌发生一个巨大的变化，在我国建立起社会主义工业化的初步基础，并为社会主义改造打下基础。

战略措施：首先集中主要力量发展重工业，建立国家工业化和国防现代化的基础；相应地培养技术人才，发展交通运输业、轻工业、农业和扩大商业；有步骤地促进农业、手工业的合作化和对私营工商业的改造；正确地发挥个体农业、手工业和私营工商业的作用。

投资比例和发展速度：5 年内，全国经济建设和文化教育建设的支出总数为766.4 亿元，折合黄金 7 万万两以上。计划决定以发展重工业为重点的同时，充分注意工农业之间、轻重工业之间、重工业内部各部门之间，以及工业与交通运输业、文教卫生之间的比例关系，务求各项事业都能全面地有配合地向前发展。计划规定基本建设各部门的投资比例是：工业部门占 58.2%（其中重工业和轻工业的比例为九比一），农、林、水利部门占 7.6%，运输邮电部门占 19.2%，文化教育和卫生部门占 7.2%，贸易、银行和物资储备部门占 3%，城市公用事业建设占 3.7%，其他占 1.1%。计划还特别注意了财政、物资、信贷的平衡，不留缺口。因此，整个计划的安排比较符合我国的实际情况，各项宏观经济决策，特别是对固定资产投资的决策，基本上是正确的。工农业生产发展速度——工业平均每年增长 15.3%、农业平均每年增长 4.3%。

总之，"一五"计划的建设规模在中国历史上是空前的。它是在借鉴苏联建设经验的基础上，又注意了我国当时的实际情况，经过反复的经济技术论证和研究之后，确定的一个经过综合平衡的比较好的中期发展计划。以后实施的结果也表明，基本上是成功的。

（3）156 项工程

集中主要力量进行以苏联帮助我国设计的 156 个建设单位为中心的、由限额[①]

[①] 国家为便于管理和掌握重大的基本建设单位，按照我国的具体情况，规定出各类基本建设单位的投资限额。如：钢铁工业、汽车、拖拉机、船舶、机车车辆制造工业的投资限额为 1 千万元；有色金属、化学、水泥工业的投资限额为 6 百万元；电站、输电线路和变电所，煤炭采掘、石油开采、石油加工工业，除交通机械以外的机器制造工业、汽车和船舶的修配工业、纺织（包括印染）工业的投资限额为 5 百万元；橡胶、造纸、制糖、卷烟、医药工业的投资限额为 3 百万元。凡一个建设单位，不论其为新建、改建或恢复，它的全部投资额大于限额者，为限额以上的建设单位；小于限额者，为限额以下的建设单位。

以上的 694 个建设单位组成的工业建设，建立我国的社会主义工业化的初步基础。这是"一五"计划规定的基本任务的主要内容。

为与苏联政府商谈对我国经济建设予以援助的问题，1952 年 8 月，以周恩来为首的中国政府代表团访问莫斯科。经与苏联政府代表团谈判，原则确定后，周恩来、陈云等先行回国。李富春和若干助手继续与苏联领导人商谈对我国经济建设援助的具体细节。前后历时 8 个月，对每个项目都进行了比较详细周密的研究。

1953 年 5 月 15 日，中苏两国政府在莫斯科签订了《关于苏维埃社会主义共和国联盟政府援助中华人民共和国中央人民政府发展中国国民经济的协定》。协定规定，苏联政府援助中华人民共和国建设与改建 91 个企业，即 2 个钢铁联合厂，能力各为年产钢 120 万—150 万吨；8 个有色冶金企业，8 个矿井，1 个煤炭联合厂，3 个洗煤厂，1 个石油炼油厂，32 个机器制造厂，7 个化学厂，10 个火力电站，2 个生产磺胺、盘尼西林和链霉素的医药工业企业及 1 个食品工业企业。这 91 个项目连同以前已签订的中苏协定所规定的对建设与改建 50 个企业所给予的援助一同进行。上述 141 项将在 1953 年至 1959 年期间分别开工。协定规定，对上述项目，苏联负责完成各项设计工作和设备供应，在施工过程中给予技术援助，帮助培养这些企业所需的干部，并提交上述各企业中组织生产产品所需的制造特许权及技术资料。中国政府组织现有企业生产一部分供上述 141 项所需配套用的和辅助性的半制品、成品和材料；完成建设上述企业的技术设计与施工图的 20%—30% 的设计工作。同日，以协定议定的形式规定苏联对中国 35 个国防工业企业保证完成各项设计工作和设备供应，并给予其他各种技术援助。

为了保证我国国民经济各部门的互相配合及需要，并根据苏联政府派来我国的 5 个综合专家组对发展各该部门工业远景计划的研究，1954 年 10 月 12 日，应邀前来我国参加国庆五周年庆典的以赫鲁晓夫为首的苏联政府代表团，又与中国政府代表团签订了关于苏联政府给予中国政府 5.2 亿卢布长期贷款的协定和关于苏联政府帮助中国政府新建 15 项中国工业企业和扩大原有协定规定的 141 项企业设备的供应范围（苏联补充供应的设备总值在 4 亿卢布以上）的议定书。至此，中苏共签订了 156 个苏联援助我国的建设项目。

156 个建设项目，是"一五"计划建设的骨干工程。当时的苏联政府，从勘测、设计、设备的供应与安装，直到技术力量的培训，都给予了巨大的援助。陈云说过，"第一个五年计划中的 156 项，那确实是援助，表现了苏联工人阶级和苏联人民对我们的情谊"。[①]

三　集中统一管理体制的确立

(1) 受主客观条件制约着的要求

"一五"计划的建设规模宏伟，但国家的财力、物力、人力都很有限，要完成这样大规模的建设任务是相当艰巨的。具体说来：

一是国家的建设资金不足。"一五"计划安排用于基本建设的投资是427.4亿元，其中工业投资248.5亿元。在执行"一五"计划期间，财政收入不可能有大量增加，国家的其他开支如军政费用，以及预备费等，又不能再减少。在基本建设中，既要重点抓好工业建设，也要对国家其他方面的建设事业作出统筹安排。既然工业建设资金有限，就不能撒"胡椒面"，只有集中使用，才能更好地发挥它的效益。

二是技术力量和经验缺乏。据初步计算，5年内工业和交通运输两项需要增加技术人员39.5万人，但高等学校及中等技术学校的毕业生仅为28.6万人，相差11万人。要想多培养，一下子也来不及。这就要求，把有限的技术力量集中起来，首先保证重点建设的需要。

三是限额以上建设项目，特别是苏联帮助设计的156项重点工程，都是技术比较复杂、投资较大、关系到国家经济命脉的项目。建设这些项目不是一省一地的需要，而是全国的需要；也非一省一地力所能及，必须由中央及有关部门集中统一管理。

实行集中统一管理的体制，正是在这种困难的历史条件下，应运而生。

(2) 集中统一的主要内容

统一计划工作的领导。国家计委建立以后，1953年2月13日，中共中央向各中央局、分局发出《关于建立计划机构的通知》，指出，为适应国家有计划的大规模建设的需要，中央人民政府已成立国家计划委员会，中央一级各国民经济部门各文教部门，必须迅速加强计划工作，建立起基层企业和基层工作部门的计划机构，各大区行政委员会和各省、市人民政府的财经委员会应担负计划任务，有关计划业务，受国家计划委员会指导。1954年2月1日，中共中央又发出《关于建立与充

---

① 《陈云文选（1956—1985）》，人民出版社1986年版，第258页。

凯歌行进的时期（1949—1956）

实各级计划机构的指示》，要求县以上各级人民政府均建立计划委员会。指示指出，中央人民政府所属各经济部门和文教部门，必须建立和健全计划机构，并把计划机构逐级建立到基层工作部门和基层企业单位。各大区行政委员会、各省（市）、省属市及县人民政府，应设立计划委员会，吸收党委、政府和财经、文教部门的负责同志 9 人至 15 人组成。各级计划委员会在业务上同时受上级计划机关及国家计委的指导。从而开始从上到下建立了计划委员会的机构，加强了经济工作中的直接计划管理工作。

划分收支、分级管理、侧重集中的财政体制。为集中必要的财力进行重点建设，中央人民政府规定，在国家财政收入中，举凡关税、盐税、烟酒专卖收入，以及中央和大行政区管理的企业收入、事业收入等，都属于中央的固定收入。此外，还有按税种划分的地方固定收入、中央同地方的固定比例分成收入和中央的调剂收入。对国家的财政支出也划分了中央与地方的范围，其中中央经管的基本建设投资属于中央财政支出，由财政部拨款。这种财政体制，侧重于集中统一，又保持一定的分散性和灵活性，能使中央的财政收入得到保证。从"一五"计划时期实际执行的结果看，中央支配的财力约占 75%，地方支配的财力约占 25%。

人力、物力的统一调配。1953 年 11 月 24 日，中共中央作出《关于统一调配干部，团结、改造原有技术人员及大量培养、训练干部的决定》，决定指出，必须为新建、改建和扩建的厂矿配备足够数量和一定质量的干部。在目前工业建设干部极端缺乏而现有干部的分布和使用又不尽合理的情况下，要妥善地、合理地解决干部问题。为此，规定了统一调整，重点配备，大胆提拔的原则。决定要求，由党的组织部门会同有关方面，对全国地委以上党政机关和各厂矿的主要干部，及其他适合于转入厂矿工作的干部，进行一次统计，以便根据国家建设的需要，统一制定分期分批调配干部的计划，报经中央批准实施。为了支援重点建设，当时从全国调集了 1 万名优秀的干部走上基本建设第一线，又从文教、科研部门和原有企业中抽调一大批工程技术人员充实新建单位。与此同时，有计划地抓紧人才培训，采用出国留学、实习，由大学、中等专业学校、技工学校培训等多种形式，较快地造就出一批建设骨干。在物资分配方面，从 1953 年起，在全国范围实行计划分配制度，对关系国计民生的通用物资由国家计委平衡分配（即统配物资），专用物资由各主管部门平衡分配（即部管物资）。到 1957 年，统配、部管物资达到 532 种。这个时期的物资流通体制，也基本适应集中物力保证重点建设的需要。

　　基本建设项目以中央各部门为主进行管理。凡重点建设项目，都是由中央各主管部门从人、财、物的调度到设计施工（有不少部有自己的施工队伍）、生产准备的安排一抓到底。地方的基本建设，主要是搞一些农林水利、城市公用事业、文教卫生等方面的建设，但项目仍须由中央各部指定，设计施工任务由国家下达。

　　在经济建设中实行这种集中统一管理的体制，对当时集中全国的财力、物力和主要技术、管理干部，保证重点建设的需要，曾起过重要作用。但即使在当时，这种体制也暴露出它的缺点。由于主要是以中央各部门"条条"为主进行管理，各部的投资基本上用于工业建设，对城市建设很少考虑。

普选宣传活动。

第五章
第一部宪法的诞生

1953年，在经济上开始实行有计划的大规模建设的同时，在人民民主政治建设和法制建设方面，也开始了新的起步。这就是《中华人民共和国全国人民代表大会及地方各级人民代表大会选举法》的颁布，全国基层普选工作的完成和地方各级人民代表大会的先后召开。1954年9月，全国人大一届一次会议的召开和通过的《中华人民共和国宪法》，是中华人民共和国历史发展的里程碑。

一　普选制度开始实行

（1）召开全国人大的决策

全国政协组织法规定：中国人民政协全体会议，每三年开会一次，由全国委员会召集之。1952年，一届政协即已到期。这时，是召开政协三届一次会议，还是召开全国人民代表大会，制定宪法，就提到日程上来了。经过中共党内的酝酿，中共中央决定向全国政协常委会提出召开全国人大的建议。

1952年12月24日，全国政协常委会举行第四十三次会议[①]，就中共提议由全国政协向中央人民政府委员会提出定期召开全国人民代表大会和地方各级人民代表

[①]《新华月报》1953年第1号，第3—4页。

大会的建议交换意见。会议由李济深主持。周恩来代表中共中央说明中国共产党的提议。

周恩来报告说：根据《共同纲领》的规定，我国的政治制度是人民代表大会制度。在建国之初，考虑到人民解放战争还没有结束，各种基本的政治社会改革工作还没有在全国范围内进行，经济也需要一个恢复时期，人民代表大会制度还没有立即实行的条件，因此，《共同纲领》又规定在全国人民代表大会召开以前，由中国人民政协的全体会议执行全国人民代表大会的职权，选举中央人民政府委员会，并付之以行使国家权力的职权，而在地方人民代表大会召开以前，则由地方各界人民代表会议逐步代行人民代表大会的职权。现在，这种过渡时期已经过去了，我国即将进入大规模的有计划的经济建设的新时期。为着适应这一新时期的国家的任务，就必须根据《共同纲领》的规定，定期召开全国人民代表大会和地方各级人民代表大会，以求进一步地巩固人民民主，以便充分发挥人民群众参加国家建设事业的积极性。今天，在召集全国人民代表大会和地方各级人民代表大会的条件已经具备的时候，我们就应该依照《共同纲领》第12条、第13条、第14条的规定，及时召开由人民用普选方法产生的全国人民代表大会和地方各级人民代表大会，改变现在由中国人民政治协商会议的全体会议执行全国人民代表大会职权的办法和地方各界人民代表会议代行地方人民代表大会职权的办法。为此，中国共产党提议由全国政协向中央人民政府委员会建议，根据中央人民政府组织法第7条第10款所规定的职权，于1953年召开全国人民代表大会和地方各级人民代表大会，并开始进行起草选举法和宪法草案等准备工作。

周恩来报告后，到会各委员相继发表意见。李济深代表中国国民党革命委员会，马叙伦代表中国民主同盟和中国民主促进会，许德珩代表九三学社，彭泽民代表中国农工民主党，章乃器代表中国民主建国会，赖若愚代表中华全国总工会，章蕴代表中华全国民主妇女联合会，对中国共产党的建议表示赞同。大家都认为在3年来所取得的伟大胜利的基础上，在开始大规模建设的同时，召开全国人民代表大会和地方各级人民代表大会，是完全正确的，适时的，符合于全国人民要求的。

1953年1月20日，中央人民政府委员会举行第20次会议，[①] 讨论关于召开全国人民代表大会问题。周恩来在会上对这个问题作了说明。他说，关于这个问题，

---

① 《新华月报》1953年第2号，第5—6页。

中国共产党已向人民政协全国委员会常委会提出建议，并经各民主党派、各人民团体和无党派民主人士一致同意。兹特提请中央人民政府委员会依照中华人民共和国中央人民政府组织法的规定通过决议，在 1953 年召开由人民用普选方法产生的乡、县、省（市）各级人民代表大会，并在此基础上接着召开全国人民代表大会，以制定宪法，批准国家 5 年建设计划纲要和选举新的中央人民政府。在讨论中，李济深、章伯钧、黄炎培、张治中、傅作义、陈叔通、马叙伦、彭泽民、乌兰夫、陈嘉庚、李章达、何香凝等相继发言，对周恩来总理所提出的提议表示赞同。在结束讨论时，毛泽东作了结论。他说，就全国范围来说，大陆上的军事行动已经结束，土地改革已经基本完成，各界人民已经组织起来，因此，根据中国人民政治协商会议共同纲领的规定，召开全国人民代表大会及地方各级人民代表大会的条件已经成熟了，这是中国人民流血牺牲，为民主奋斗历数十年之久才得到的伟大胜利。召开人民代表大会，可以更加发扬人民民主，加强国家建设和加强抗美援朝的斗争。人民代表大会制的政府，仍将是全国各民族、各民主阶级、各民主党派和各人民团体统一战线的政府，它是对全国人民都有利的。最后，中央人民政府委员会一致通过了《关于召开全国人民代表大会及地方各级人民代表大会的决议》。[①] 决议的主要内容是：

　　"中央人民政府委员会认为现在召开全国人民代表大会的条件已经具备，根据中华人民共和国中央人民政府组织法第 7 条第 10 款的规定，决议于 1953 年召开由人民用普选方法产生的乡、县、省（市）各级人民代表大会，并在此基础上接着召开全国人民代表大会。在这次全国人民代表大会上，将制定宪法，批准国家五年建设计划纲要和选举新的中央人民政府。

　　"为了进行起草宪法和选举法的工作，并决议：成立中华人民共和国宪法起草委员会，以毛泽东为主席，以朱德、宋庆龄、李济深、李维汉、何香凝、沈钧儒、沈雁冰、周恩来、林伯渠、林枫、胡乔木、高岗、乌兰夫、马寅初、马叙伦、陈云、陈叔通、陈嘉庚、陈伯达、张澜、郭沫若、习仲勋、黄炎培、彭德怀、程潜、董必武、刘少奇、邓小平、邓子恢、赛福鼎、薄一波、饶漱石为委员组成之；成立中华人民共和国选举法起草委员会，以周恩来为主席，以安子文、李维汉、李烛尘、李章达、吴玉章、高崇民、陈毅、张治中、张奚

---

① 《新华月报》1953 年第 2 号，第 6 页。

若、章伯钧、章乃器、许德珩、彭真、彭泽民、廖承志、刘格平、刘澜涛、刘宁一、邓小平、蔡廷锴、蔡畅、谢觉哉、罗瑞卿为委员组成之。以上两个委员会应即制定自己的工作程序。"

（2）《选举法》的颁布

选举法起草委员会成立后，根据人民政协共同纲领有关实行普选问题的规定，研究 3 年来我国人民民主专政的实际情况，吸收苏联选举的经验，并征求各方面的意见，经过多次讨论和修改，于 1953 年 2 月 11 日，将拟定的《中华人民共和国全国人民代表大会及地方各级人民代表大会选举法》草案，提交中央人民政府委员会第 22 次会议审查、批准。

会上，邓小平对《选举法》草案作了说明。[①] 他指出，选举法草案贯穿一个总的精神，就是根据我国当前的具体情况，规定一个真正民主的选举制度。这主要表现在选举权的普遍性和平等性方面。所谓普遍性，按选举法草案规定：凡年满 18 周岁之中华人民共和国公民，不分民族和种族、性别、职业、社会出身、宗教信仰、教育程度、财产状况和居住期限，均有选举权和被选举权。只是那些依法尚未改变成分的地主阶级分子、依法被剥夺政治权利的反革命分子、其他依法被剥夺政治权利者和精神病患者，没有选举权和被选举权。但这几种分子占人口总数的比例是很小的。因此，我们国家的选民，将占全国人口很高的比例。我们的选举，将是名副其实的普选。所谓平等性，表现在选举法草案规定所有男女选民都在平等的基础上参加选举，每一选民只有一个投票权。选举法草案还规定全国及地方各级人民代表大会代表的名额及代表的产生，均以一定人口的比例为基础。同时又适当照顾地区和单位，在城市与乡间，在汉族与少数民族间，都作了不同比例的规定。邓小平解释说，这些在选举上不同比例的规定，就某些方面来说，是不完全平等的，但是只有这样规定，才能真实地反映我国的现实生活，才能使全国各民族各阶层在各级人民代表大会中有与其地位相当的代表，所以它不但是合理的，而且是我们过渡到更为平等和完全平等的选举所完全必需的。

关于选举的方法，邓小平指出，选举法草案规定只在乡、镇、市辖区及不设区的市等基层政权单位实行直接的选举，而在县以上则实行间接的选举。只在县以上采用无记名投票方法，而在基层政权单位，则一般地采用举手表决的投票方法。也

---

① 《新华月报》1983 年第 3 号，第 6—11 页。

就是说，我们的选举还不是完全直接的，投票方法也不是完全无记名的。他解释说，这是由于我国目前的社会情况、人民还有很多缺乏选举经验以及文盲尚多等实际条件所决定的。因此，这乃是在目前条件下能够充分保证人民民主权利的切合实际的行得通的办法。随着我国政治、经济、文化的发展，我国的选举制度一定要更加完备。

邓小平还指出，中华人民共和国全国人民代表大会及地方各级人民代表大会选举法的通过和公布，在我国的政治生活中，是一件具有重大历史意义的事件。如果说我们国家正开始的第一个五年建设计划标志着我国经济、文化发展的新阶段，那么，选举法的颁布正标志着我国人民民主政治发展的新阶段。

中央人民政府委员会审议通过了《中华人民共和国全国人民代表大会及地方各级人民代表大会选举法》。3 月 1 日，毛泽东以中央人民政府命令，将《选举法》公布施行。

(3) 首次普选结果 ①

在基层选举工作中，各地首先进行了人口调查登记工作。根据中央人口调查登记办公室的初步统计，1953 年 6 月 30 日 24 时的全国人口总数是 6.01912371 亿人。其中 5.7387667 亿人为直接调查的数字，0.08708169 亿人为没有进行基层选举的少数民族地区的间接调查的数字，700 余万人为台湾的估计数字；其余为国外华侨的数字。这是我国有史以来第一次经过全面的普查所得到的准确的人口数字。通过这次调查，不仅为选举工作的进行打下基础，而且也为国家的计划建设提供了可靠的根据。

在人口调查工作进行的同时，各地进行了选民登记的工作，按照选举法的规定，正确地处理了选民资格的问题。根据中央选举委员会的统计，在全国进行基层选举的地区，选民资格审查的结果，登记选民总数为 3.23809684 亿人，占进行选举地区 18 周岁以上人口总数的 97.18%。全国依法被剥夺选举权利的人加上精神病患者，只占进行选举地区人口总数的 1.64%，占进行选举地区 18 周岁以上人口总数的 2.82%。

除少数暂不进行基层选举的地区外，按照选举法的规定，全国进行基层选举的单位共为 21.4798 万个，进行基层选举地区的人口共为 5.71434511 亿人。全国各地

① 《新华月报》1954 年第 7 号，第 17—18 页。

共选出 566.9144 万名基层人民代表大会的代表，其中妇女代表占 17.31%。

1954 年 6 月 19 日，邓小平在中央人民政府委员会第 32 次会议上报告了基层选举工作完成的情况。他说，这次普选是一个规模巨大的民主运动。全国基层选举的胜利完成，大大推动了我国人民民主制度的发展，并为县以上各级人民代表大会奠定了基础。在此基础上，我国的第一次全国人民代表大会将能够集中全国人民的意志，实现其庄严的使命。

二　第一次全国人民代表大会

（1）受人民重托的全国人大代表

中央选举委员会和中央人民政府政务院于 1954 年 4 月 15 日下达了关于召开省、市、县人民代表大会的几个问题的决定，6、7 月间，全国 150 个省辖市，2064 个县、自治县及县一级的单位和 170 个中央直辖市的区，全部召开了人民代表大会会议。在这次会议中，各地均按照《选举法》的规定，以无记名投票的方法，分别选举了省、自治区和直辖市的人民代表大会代表共 16680 人。

1954 年 7 月底到 8 月中旬，各省、直辖市和内蒙古自治区先后召开了人民代表大会会议。在这次会议中，除了讨论中华人民共和国宪法草案、审查政府工作报告等议程之外，都分别选举了全国人民代表大会代表。西藏地方和昌都地区采取了代表会议的形式选出了全国人民代表大会代表。全国 25 个省、内蒙古自治区、西藏地方、昌都地区和 14 个直辖市共选出全国人民代表大会代表 1136 人。军队召开了军人代表大会，选出了全国人民代表大会代表 60 人。华侨事务委员会在所召开的有国外华侨代表参加的侨务扩大会议上，选出了全国人民代表大会代表 30 人。总计各地区和各单位所产生的全国人民代表大会代表共 1226 人（台湾省应选全国人民代表大会代表，名额暂缺）。

在 1226 名全国人大代表中，有妇女代表 147 人，占代表总数的 11.99%；少数民族代表除选举法规定的 150 人外，各省、市还选出 27 人，共占代表总数 14.44%。这样，按《选举法》选出的全部代表名额中，各民族、各阶层都有与其地位相当的代表。我国的一切国家权力将开始由全国人民普选产生的全国人民代表大会集中行使了。

1954 年 8 月 11 日，中央人民政府委员会第 33 次会议决议：中华人民共和国第一届全国人民代表大会第一次会议，定于 1954 年 9 月 15 日召开。

（2）**庄严的使命**

全国人大一届一次会议，1954 年 9 月 15 日隆重开幕。到会代表 1211 人，因病因事请假没有报到的代表 15 人。大会的任务是：制定宪法；制定几个重要的法律；通过政府工作报告；选举新的国家领导工作人员。

毛泽东致开幕词。他说：

> 我们这次会议具有伟大的历史意义。这次会议是标志着我国人民从 1949 年建国以来的新胜利和新发展的里程碑。这次会议所制定的宪法将大大地促进我国的社会主义事业。

> 我们的总任务是：团结全国人民，争取一切国际朋友的支援，为了建设一个伟大的社会主义国家而奋斗，为了保卫国际和平和发展人类进步事业而奋斗。

> 我国人民应当努力工作，努力学习苏联和各兄弟国家的先进经验，老老实实，勤勤恳恳，互勉互助，力戒任何虚夸和骄傲，准备在几个五年计划之内，将我们现在这样一个经济上文化上落后的国家，建设成为一个工业化的具有高度现代文化程度的伟大的国家。

接着，刘少奇向大会作《关于中华人民共和国宪法草案的报告》。在经过充分讨论之后，9 月 20 日，大会通过《中华人民共和国宪法》。同日，大会主席团发表公告，予以公布。随后，大会相继通过了《中华人民共和国全国人民代表大会组织法》、《中华人民共和国国务院组织法》、《中华人民共和国人民法院组织法》、《中华人民共和国人民检察院组织法》、《中华人民共和国地方各级人民代表大会和地方各级人民委员会组织法》。

9 月 23 日，周恩来向大会作《政府工作报告》，对建国 5 年来在恢复国民经济、工业化建设、发展农业、对资本主义工商业改造、改善人民生活、学校教育和科学文化事业、政权建设、外交工作等方面取得的成就作了全面的说明，指出了国家建设中的困难、问题和工作上存在的缺点。他说：我们的国家机关是属于人民群众的，是为人民群众服务的，因此它同旧中国的压迫人民的国家机关在本质上根本相反。组成我们的各级国家机关的各民主阶级的活动分子，主要是劳动人民的活动分子。我们的一切国家机关工作的指导原则是民主集中制、集体领导制和群众路线。假公济私、贪污诈骗、任用私人、欺压群众这些旧官僚机关的传统恶习，在我们的

凯歌行进的时期（1949—1956）

国家机关里是完全不允许的，事实上，这些现象在我们绝大部分的国家工作人员中已经绝迹了。人民群众第一次看到了廉洁的、认真办事的、艰苦奋斗的、联系群众的、同群众同甘苦共患难的自己的政府。他又指出：目前我们国家机关的工作还是有缺点的。中共中央和中央人民政府在过去 5 年内曾经多次地要求全国的一切国家机关注意克服工作中的官僚主义和命令主义，克服骄傲自满情绪，开展批评和自我批评，加强同人民群众的联系。应当指出，目前还有一些工作人员违反民主集中制和群众路线的原则。他们往往用个人的领导来代替集体的领导，用脱离群众的官僚主义来代替民主领导。他们往往不关心群众的痛痒，不愿意倾听群众的批评，甚至对批评者加以压制和报复。所有这些倾向，都是同我们的国家制度不相容的，必须彻底克服。只有这样，我们的国家机关才能够正确地为社会主义建设事业服务。周恩来最后说：5 年以来，中央人民政府根据《共同纲领》所规定的目标进行了自己的工作，得到了全国人民的支持。应当说，我们的工作是胜利的。这个胜利是人民的胜利。这个胜利的光荣是属于人民的。现在，全国人民代表大会已经通过了中华人民共和国宪法。我们相信，即将由全国人民代表大会第一次会议产生的国家行政机关，根据这个伟大的人民的宪法所规定的各项原则，依靠全国人民的支持和全国人民代表大会的监督，一定能够尽到自己的责任，把我们国家的各项事业推向新的更大的胜利。

对周恩来的政府工作报告，从 9 月 23 日到 26 日，有 75 位代表在大会发言，总结了成就，指出了不足，提出了希望。大会于 26 日通过决议，批准了政府工作报告，并对中央人民政府在中国共产党和毛泽东主席的领导下 5 年来的努力和取得的巨大成就，表示满意。

大会于 9 月 27 日对国家领导工作人员进行选举，同日，大会主席团发表公告，公告选举结果。其中主要有：

中华人民共和国主席：毛泽东，副主席：朱德。

第一届全国人民代表大会常务委员会委员长：刘少奇，副委员长：宋庆龄、林伯渠、李济深、张澜、罗荣桓、沈钧儒、郭沫若、黄炎培、彭真、李维汉、陈叔通、达赖喇嘛·丹增嘉措、赛福鼎；秘书长：彭真；委员：王昆仑等 65 人。

最高人民法院院长：董必武。

最高人民检察院检察长：张鼎丞。

大会根据中华人民共和国主席的提名，决定周恩来为中华人民共和国国务院总理。

9 月 28 日，根据国务院总理周恩来的提名，大会通过了中华人民共和国国务院组成人员的人选的决定；根据国家主席毛泽东的提名，通过了中华人民共和国国防委员会副主席和委员的人选的决定。29 日，国家主席毛泽东根据决定予以任命。他们是：

国务院副总理：陈云、林彪、彭德怀、邓小平、邓子恢、贺龙、陈毅、乌兰夫、李富春、李先念。国务院各部部长、委员会主任、秘书长 36 人。

国防委员会副主席：朱德、彭德怀、林彪、刘伯承、贺龙、陈毅、邓小平、罗荣桓、徐向前、聂荣臻、叶剑英、程潜、张治中、傅作义、龙云。国防委员会委员 81 人。

根据大会主席团的提名，大会于 28 日还通过了第一届全国人大民族委员会、法制委员会、预算委员会的主任委员和委员的人选。

至此，大会圆满完成了它所担负的各项重大的历史任务，于 9 月 28 日胜利闭幕。这次会议的整个进程，显示了我国政治的民主性质和全国人民在民主基础上的团结一致。这次会议标志着我国人民从 1949 年建国以来的新胜利和新发展的里程碑。

（3）人民代表的厚望

在讨论政府工作报告时，代表们的发言对政府工作给予了高度的评价，又诚恳地提出了批评、建议。现将其中若干主要意见[①]摘抄如下：

——改进党对政府的领导方法。程潜代表发言说，这几年，我们之所以取得这么重大的成绩，主要是依靠了团结，依靠了劳动人民的团结，依靠了共产党和党外人士的团结，依靠了各族各界人民的团结。在进行团结工作当中，共产党起了核心的、主要的作用。共产党大公无私，实事求是，与党外人士民主协商进行工作的优良作风，已经是有目共睹、有口皆碑的事实。但是，在党对政府的领导方法上，以及在党同非党团结协作的实际工作中，还不能说是已经尽善尽美了。共产党是我们国家事务的领导核心，这一点是绝对不能动摇的；共产党的决定通过政府来实现，这也是肯定不移的。在这里，共产党好比是神经中枢，通过政府、人民团体和全体群众来实现共产党的决定，有如"身之

---

① 《新华月报》1954 年第 10 号，第 93、96、104、111、137 页。

使臂，臂之使指"，必须气血周流，脉络贯通，才能收到得心应手之效。如果我这个比方恰当的话，我就觉得：在有些工作中，气血脉络还欠灵活呼应；党对政府的领导以及党同非党的团结协作，也还未能达到有原则的乳水交融的境界。这就是美中不足之处。希望共产党对政府在领导方法上注意改进，加强思想领导，建立科学的分工负责制，以此来更加加强党同非党的团结协作，更进一步地发挥所有国家工作人员的聪明才智和积极性，为建设社会主义社会的共同事业而努力。

——尊重人民民主，加强法制观念。董必武代表发言说，必须指出，在我们人民民主国家中，任何不重视人民民主权利、违反人民民主制度的现象都是不能允许的。我们在过去的紧张的战争环境中，为了及时地执行各项迫切的任务，在高度发扬群众的革命热情和政治觉悟的基础上，主要地依靠直接动员群众的方式进行工作，因而不可能采取比较完备的民主形式来解决各项重大问题，那是可以理解的。但是，当着有可能采取比较完备的民主形式，并且国家已有了制度规定的时候，那种习惯于简单方式处理问题的做法，就完全不合时宜，而且是违法的了。他还指出，有些干部对法律的严肃性认识不足，不按法律办事，不知道运用法律武器来和违法犯罪现象作斗争，例如对于经济建设中发生的事故，常常只注意政治事故而很少注意追究责任事故；同时对责任事故，又常常只注意单纯的教育，而很少注意用必要的法律制裁，以便更有效地消灭和预防违法犯罪的现象。还有些干部居功自傲，不把国家的法律、法令放在眼里，以为法律是用来管老百姓的，似乎自己可以不遵守，违了法也不要紧。这种思想是极端错误的。

——中央要更多地了解下情。曹荻秋代表发言说，我们在执行国家各项任务中，是有许多缺点的。造成这些缺点的原因，是由于我们对中央的指示、决定研究不够，执行机械，工作不深入。但我们同时感到中央有些部门对下情了解不够，以致在工作指导上有不尽合乎实际的地方。例如在提高厂矿企业管理水平的指导上有些一般化，对某些厂矿的特殊情况照顾不够，因而使工作走了弯路。另一种情况是对某些工作的要求不恰当，例如劳动就业、扫除文盲和小学 5 年一贯制、医院盲目增加床位等，都有过高过急的缺点。

——改进粮油统购统销工作。梁希代表发言说，去年统购余粮，由于没有进行认真调查，对有些农民的部分必需的口粮，亦勉强劝他们当作余粮拿出来卖，在农民群众中引起一些不满情绪。今年统购余粮时，希望能够不重复这种现象。农村中实行食油计划供应后，农民觉得油量太少，颇有意见。食油供应量似乎需要增加些。

——不要用行政方式领导文化工作。沈雁冰代表发言说，文化工作的缺点表现在我们的大多数作品缺乏旺盛的想象力，缺乏活泼多样的格调。又表现在我们有时对作品的政治性理解得太机械、太狭隘，动辄板起面孔说教，以致造成了脱离群众的现象。所以有这些缺点，原因当然很多。我们曾经有一个时期，错误地用行政方式去组织创作。

无疑，这些意见反映了人民对人民政府的信赖、支持和寄予的厚望。

三　第一部根本大法

（1）1.5 亿人民的讨论

中华人民共和国宪法起草委员会成立以后，在 1954 年 3 月接受了中共中央提出的宪法草案初稿进行起草工作。从 3 月 23 日至 6 月 11 日，除开过多次收集和交换意见的非正式会议外，宪法起草委员会开过 7 次正式会议，进行了详细、周密的研究和讨论。在起草工作进行期间，全国政协以及各大行政区、各省市的领导机关，各民主党派、各人民团体的地方组织和武装部队的领导机关，组织了各方面人士 8000 多人，用两个多月的时间，对宪法草案初稿进行讨论，提出了 5900 余条的修改意见，对起草工作给予了重大的帮助。所以，刘少奇说："应当说，这 8000 多人都是宪法起草工作的参加者。"[1] 6 月 14 日，中央人民政府委员会第 30 次会议通过了《中华人民共和国宪法草案》，并决议公布交付全国人民讨论。全国人民的讨论进行了两个多月，共有 1.5 亿多人参加。广大的人民群众热烈地拥护这个宪法草案，同时提出了很多修改和补充的意见。据统计，包括 8000 人讨论的意见在内，前前后后征集到各方面的意见 118 万多条[2]。例如，上海全市 627 万人口中有 270 万人听到了有关宪法草案的报告，其中有 156 万人参加了讨论，提出了 16.5 万多

---

[1]《新华月报》1954 年第 10 号，第 4 页。

[2]《新华月报》1954 年第 10 号，第 38 页。

条修改、补充的意见。[1]9 月 9 日，中央人民政府委员会第 34 次会议讨论通过提交全国人大的《中华人民共和国宪法草案》，就是在广大人民群众深入讨论的基础上，经过反复修改形成的。

（2）宪法的主要条文

第一，关于国家的性质。宪法第 1 条规定："中华人民共和国是工人阶级领导的、以工农联盟为基础的人民民主国家。"

工人和农民，是我国人民中的最大多数。工人阶级领导和以工农联盟为基础，标志着我们国家的根本性质是人民民主国家。

宪法序言指出："今后在动员和团结全国人民完成国家过渡时期总任务和反对内外敌人的斗争中，我国的人民民主统一战线将继续发挥它的作用。"

人民民主统一战线，是以工农联盟为基础而又较工农联盟更为广泛的联盟，即劳动人民同可以合作的非劳动人民（主要是民族资产阶级和少数民族中属于其他阶级成分的爱国人士）之间的一种联盟。

所以，我国又是存在着广泛的人民民主统一战线的人民民主国家。

第二，关于过渡到社会主义社会的步骤。宪法第 4 条规定："中华人民共和国依靠国家机关和社会力量，通过社会主义工业化和社会主义改造，保证逐步消灭剥削制度，建立社会主义社会。"

为了贯彻这个方针，宪法总纲中又作了许多规定。既规定了建设社会主义社会这个总的目标，又规定了建设社会主义社会的具体步骤。

第三，关于人民民主的政治制度和人民的权利和义务。宪法第 2 条规定："中华人民共和国的一切权力属于人民。人民行使权力的机关是全国人民代表大会和地方各级人民代表大会。"宪法规定：全国人民代表大会是最高国家权力机关，是行使国家立法权的唯一机关。

这表明我国的政治制度是人民代表大会制度。国家的行政机关，从国务院到地方各级人民委员会，分别由全国人民代表大会和地方各级人民代表大会产生，受它们的监督，并可由它们罢免。国家元首职权由全国人民代表大会选出的全国人大常委会和中华人民共和国主席结合起来行使。不论人大常委会或国家主席，都没有超越全国人民代表大会的权力。

---

[1]《新华月报》1954 年第 10 号，第 30 页。

宪法规定我国公民享有的权利和应尽的义务有："公民有言论、出版、集会、结社、游行、示威的自由。""有宗教信仰的自由"。"公民的人身自由不受侵犯。任何公民，非经人民法院决定或者人民检察院批准，不受逮捕。""公民的住宅不受侵犯，通信秘密受法律的保护。""公民有居住和迁徙的自由。"有劳动的权利和受教育的权利。劳动者有休息的权利和在年老、疾病或者丧失劳动能力的时候获得物质帮助的权利。公民必须遵守宪法和法律，遵守劳动纪律，遵守公共秩序，尊重社会公德；公民有爱护和保卫公共财产的义务，有依照法律纳税的义务，有依照法律服兵役的义务。

第四，关于民族区域自治。宪法序言和许多条文规定了国内各民族间平等友爱互助的关系，保障了各少数民族的自治权利。为保证各少数民族在聚居的地方，都能真正行使自治权，宪法规定，民族自治地方的自治机关，不仅行使一般的地方国家机关的职权，而且能够依照宪法和法律规定的权限管理本地方的财政，依照国家的军事制度组织本地方的公安部队，可以制定自治条例和单行条例以适应当地民族的政治、经济和文化的特点。民族自治地方的自治机关的形式，可以依照实行区域自治的民族大多数人民的意愿去规定。自治机关在执行职务的时候要使用当地民族通用的语言文字。在只有一个乡的民族聚居地区内，虽然不可能也不需要建立自治机关行使上述各种自治权，但也要设立民族乡，以适应聚居的民族成分的特殊情况。

可见，一届人大通过的宪法，是一个人民民主的宪法、保证我国走向社会主义的宪法、全国各族人民大团结的宪法。

（3）欢呼有法可依

《中华人民共和国宪法》为全国人大第一次会议通过并正式颁布，受到了人大代表和全国人民的热烈拥护。人们欢呼经过近百年的艰苦斗争和流血牺牲，人民终于有了自己的宪法，国家的治理有法可依；由衷地希望，依法治国的精神得到发扬。这从人大代表在大会的发言①中可见一斑。

李济深代表发言说，这个宪法的全部内容和每一个条文都贯穿着真正的民主精神；它总结了过去和现在革命斗争的经验，指出来一条不能反对的真理，就是我们只有走社会主义的道路。然而社会主义不是我们坐着等待就可以实现的。在过去几

---

① 《新华月报》1954 年第 10 号，第 17—18、33、37、44、47、56 页。

年中，我们在各方面已经取得了惊人的成就，这是谁也不能抹煞的事实。但工作中也不是没有缺点和错误的。什么是合法而必须执行的？什么是非法而必须禁止的？宪法已明白规定了，那么，我们制定了宪法之后，第一个要求就是严格地遵守宪法和积极地执行宪法。

张澜代表说，宪法是国家根本大法，从中央到地方，从政府到人民，都要切实遵行，共同执守。我们全国人大的全体代表，都亲自参加了这个庄严的制宪会议，更应当以身作则，严格遵守宪法，并担负监督宪法实施的重大责任。以中国共产党为领导的各民主阶级、各民主党派和各人民团体，都要共同负责，以保证宪法的彻底实施。

陈叔通代表说，要使宪法彻底贯彻，全国人民还必须运用批评和自我批评的武器。自我改造，树立守法的精神。只有全国人民都懂得守法，而且是上下一致地守法以后，建设社会主义的事业，才能获得胜利前进的重大保证。

陈其尤代表说，我希望从今以后，我们国家机关的工作人员必须严格地实行宪法的每一条每一句。全国人民更不要放弃自己的权利，拿出当家作主的精神，对国家机关工作人员经常监督，使妨害人民利益的事不再发生，我们光明和伟大的前途才会光辉灿烂。

彭真代表说，"法律面前人人平等"这个口号，在资本主义国家中，是不可能实行的。在我们这里就根本不同，我们的国家是工人阶级领导的人民民主国家，我们全体公民在法律面前可能平等，也必须平等。人人遵守法律，人人在法律上平等，应当是，也必须是全体人民、全体国家工作人员和国家机关实际行动的指针。在我们这里，不允许言行不符，不允许有任何超于法律之外的特权分子。

罗隆基代表说，中国人民就要有一部真正民主的宪法了，这真是多大的一件喜事。这些年来，我们曾经用政府的政策做政法人员的工作方针。有些下级干部因为对政策体会得不够清楚，所以在贯彻政策的时候，就不免有了些偏差。这是事实。几年来中央人民政府曾经先后制定过一些主要的法律，不过在宣传法律上，在解释法律上，在执行法律上，有过些缺点，犯过些错误，这是事实。个别的上层负责人，不但不倡导守法精神，反以超越法律的特殊地位自居，这也是事实。这些年来，没有满足人民愿望，完全发扬法治精神，这种缺点，我们应该承认的。国家越是进步，法治的精神就越应该提高。国家马上就有一个根本法了！依据这个根本法制定国家应有的法律，提高国家法治的水平，这就是最高国家权力机关的责任，这就是我们在座代表们的责任。我们必须在毛主席领导之下把这个责任完全担负起来！

许德珩代表也建议，全国人大即将成立的法案委员会，根据宪法的规定和国家建设的需要，加强各项立法工作，使我们革命的法制，一步步地趋于完备。

总之，《中华人民共和国宪法》的正式颁布，是我国走向依法治国的重要标志和新的起点。

四　人大召开后的政协

（1）团结一切爱国者 [①]

召开人民代表大会以后，政协将处于何种地位。或者说，统一战线是否还有必要。

就在1953年1月13日通过《关于召开全国人民代表大会及地方各级人民代表大会的决议》的中央人民政府委员会第20次会议上，毛泽东针对党外人士的思想疑虑，讲了实行选举对于有些党派、阶级、团体是不是有利的问题。他说，在全国，人数多的民族是汉族、人数多的党派是共产党，人民多的阶级是农民阶级、小资产阶级，人数多的团体是工会、青年团、妇联、农协。这样一来，是否人数少的民族、阶级、党派就没有份了呢？是不是人多称王呢？不是的。不是从今年起，或者明年起就不要各民族、各民主阶级、各民主党派、各人民团体的团结和努力了，还是要团结和努力的。凡是一切爱国者，能够团结的人都应该团结起来，而且永远是这样。我们的重点是照顾多数，同时照顾少数，凡是对人民，对国家的事业忠诚的，做了工作的、有相当成绩的、对人民态度比较好的各民族、各党派、各阶级的代表性人物都有份。总之，凡是爱国者都会一道进入社会主义，没有理由不跟他们一道进入社会主义。

为了做好人民代表大会制实行时对民主人士的工作，真正做到各民族、各民主党派、各阶级的代表人物都有份，中央统战部在1953年7月，制定了《关于实行人民代表大会制时安排民主人士的意见》和《关于人民代表大会制实行后统一战线组织问题的意见》。明确指出，人民代表大会制度的实行，决不意味着要削弱统一

[①]《历次全国统战工作会议概况和文献》，第192—196页。

凯歌行进的时期（1949—1956）

战线，而是更应使之巩固和加强。在对民主人士的安排上，对于凡是已经同我们合作的，仍应根据具体情况，用各种方式从各个方面分别予以适当安排。对各方面新的代表人物和在工作上有特殊贡献者，应适当提拔。还指出，在人民代表大会制实行以后，中国人民政治协商会议不再代行全国人大的职权，它作为统一战线组织将继续存在，并在国家政治生活和巩固发展人民民主统一战线方面，继续发挥重要作用。认为统一战线组织可有可无的观点是错误的。1954 年 1 月，制定了《关于县、市以上地方各级人民代表大会制实行时安排民主人士和人民代表大会制实行后人民民主统一战线组织问题的补充意见》。中共中央批准了中央统战部的以上意见。为了进一步通盘考虑和研究中央及各省、市民主人士的安排问题，经中共中央批准，中央统战部于 1954 年 3 月 20 日至 4 月 11 日召开第五次全国统战工作会议。李维汉在会上作了《关于国家资本主义和对资产阶级代表人物安排问题》的报告，主要讲了：（一）实行过渡时期总路线，还要不要统一战线。（二）在国家的权力机关和管理机关中，还需要不需要安排资产阶级代表人物以及安排的原则和我们应该采取的工作态度。经过讨论，会议形成《关于各省、市人民代表大会和省、市人民政府委员会中民主人士安排方案的意见》。4 月下旬，中共中央批准了这个方案。主要内容有：

第一，中央、大区和省、市的各方面民主人士，应以全国人民代表大会，省、市人民代表大会，省、市人民政府委员会，政协全国委员会等 5 个方面通盘考虑，适当安排，尽量减少兼职，以便提拔和吸收一批新的代表人物，扩大阵容，并使其中能够工作的人有较多的时间从事实际工作。

第二，对原已在中央、大区和省、市三级政府委员会、政协和省、市人民代表会议安排的民主人士，这几年又有贡献或进步的，都要分别予以适当安排。如原有名额过多，不能在上述 5 个方面安排，可采取其他办法加以适当安置。

第三，为了适应国家社会主义建设和社会主义改造的需要，在上述 5 个方面的安排中，都应注意吸收一批文教工作人员（包括中、小学教职员和医务卫生人员）和科学技术人员；适当吸收私营工商业中有代表性的人物。同时还应注意从各方面吸收有适当代表性的妇女，条件不宜要求太高。

第四，省、市人民代表大会中，民主人士在总名额中的比例，省可占到 30%，市可占到 35%。省、市人民政府委员会中民主人士所占比例，可较其在当地省、市人民代表大会中所占比例适当提高。

第五，少数民族地区省、市人民代表大会和政府委员会中民主人士和民族上层分子应占的比例，由省、市党委依据当地具体情况提出方案。

第六，在县、市和市辖区的人民代表大会和人民政府委员会中，也要适当地安排民主人士。

1955 年 1 月 17 日，中共中央又专门发出了《关于统一战线工作的指示》，尖锐批评了党内存在的忽视统一战线和爱好清一色的倾向，要求各省、市委必须正确地配备省、市厅、局长和政协地方委员会的人选，加强政协地方委员会和地方统一战线的工作。其中，对省、市厅、局长和各级政协委员中的党外人士安排作了具体规定：（一）现在国务院各部、委正职中非党人士占 37.2%。各省、市厅、局长正职和副职中，非党员的比例一般以 1/4 或 1/5 左右为宜。（二）政协全国委员会委员中党员约占 27%；常委中党员约占 1/3。在政协地方委员会中，党员同党外人士的比例应大体与此相近。

上述一系列的原则规定，保证了在人民代表大会制实行以后，中国共产党同各民主党派和民主人士在国家政治生活中的团结合作关系。

（2）政协章程 [1]

全国政协于 1954 年 12 月 21 日至 25 日举行二届一次会议。参加会议的全国委员会委员由一届政协的 180 名扩大到 559 名。陈叔通作第一届全国委员会工作报告，章伯钧 [2] 作《关于〈中国人民政治协商会议章程〉草案的说明》，周恩来作政治报告。

关于政协的性质和任务，章伯钧说：由于中华人民共和国第一届全国人民代表大会第一次会议已经召开，中国人民政治协商会议已不再代行全国人民代表大会的职权，但是它作为人民民主统一战线的组织在我国政治生活中仍将发挥重大的作用。因此，总纲明确地规定了：今后中国人民政治协商会议的性质是"团结全国各民族、各民主阶级、各民主党派、各人民团体、国外华侨和其他爱国民主人士的人民民主统一战线的组织"。它的性质一方面不同于国家机关，另一方面也不同于一般的人民团体。它是党派性的人民民主统一战线的组织。今后它的基本任务是在中国共产党领导下，继续通过各民主党派、各人民团体的团结，更广泛地团结全国各族人民，共同努力，克服困难，为贯彻宪法的实施，建设一个伟大的社会主义国家

---

[1]《新华月报》1955 年第 1 号，第 1—9 页。

[2] 全国一届政协常委会委员。

而奋斗。

周恩来强调，政协今后需要在中国共产党领导下，继续作为人民民主统一战线的组织，发挥它应有的作用。他根据政协章程（草案）总纲的规定，把今后政协的任务归纳为5点：第一，协商国际问题。第二，对全国人民代表大会代表和地方同级人民代表大会代表的候选人名单以及中国人民政治协商会议各级组织组成人员的人选进行协商。第三，协助国家机关，推动社会力量，解决社会生活中各阶级间相互关系问题；并联系人民群众，向国家有关机关反映群众的意见和提出建议。第四，协商和处理政协内部和党派团体之间的合作问题。第五，在自愿的基础上，学习马克思列宁主义和努力进行思想改造。

达赖喇嘛·丹增嘉措、罗隆基、许德珩、沈雁冰、史良、张治中等67位委员在会上发言。会议通过了关于第一届全国委员会工作报告的决议、中国人民政治协商会议章程和中国人民政治协商会议宣言。

会议推举毛泽东为第二届全国政协名誉主席。选举周恩来为主席，宋庆龄、董必武、李济深、张澜、郭沫若、彭真、沈钧儒、黄炎培、何香凝、李维汉、李四光、陈叔通、章伯钧、陈嘉庚、班禅额尔德尼·却吉坚赞、鲍尔汉为副主席。会议还选出常务委员65人。

政协二届一次会议的召开和通过的章程，表明在中国共产党领导下，各民主阶级、各民主党派和其他爱国民主人士之间的团结合作关系得到了巩固和发展。

　　为适应现代化战争的需要，中国人民解放军先后组建了空军、海军、炮兵、装甲兵、铁道兵、工程兵等多兵种部队。图为中国人民解放军坦克部队。

第六章
向国防现代化迈进

在祖国大陆全部解放以后，人民解放军的建设就进入了由低级阶段向高级阶段的转变时期。即把基本上是"小米加步枪"的单一兵种（步兵）的人民解放军，建设成拥有现代武器装备的、多军兵种组成的正规化、现代化的革命军队。在20世纪50年代的前期和中期，国防现代化建设迈出了坚实的步伐，取得了显著的进展。

一　新时期军队建设的任务

当革命战争即将在全国范围胜利结束的前夕，人民军队的建设方向问题就提出来了。毛泽东在1949年9月21日全国政协第一届全体会议的开幕词中就明确指出："我们的国防将获得巩固，不允许任何帝国主义者再来侵略我们的国土。在英勇的经过了考验的人民解放军的基础上，我们的人民武装力量必须保存和发展起来。我们将不但有一个强大的陆军，而且有一个强大的空军和一个强大的海军。"[1]《共同纲领》明确规定："中华人民共和国建立统一的军队，即人民解放军和人民公安部队，受中央人民政府人民革命军事委员会统率，实行统一的指挥，统一的制度，统一的编制，统一的纪律。""人民解放军和人民公安部队根据官兵一致、军民

---

① 《毛泽东文集》第 5 卷，人民出版社 1996 年版，第 345 页。

一致的原则，建立政治工作制度，以革命精神和爱国精神教育部队的指挥员和战斗员。""中华人民共和国应加强现代化的陆军，并建设空军和海军，以巩固国防。"①

遵照《共同纲领》的规定，1949 年 11 月到 1950 年 11 月，空军、海军、炮兵、装甲兵、防空部队、公安部队的领导机构先后建立。中央人民政府人民革命军事委员会主席毛泽东任命：刘亚楼任空军司令员；肖华任空军政治委员；肖劲光任海军司令员；陈锡联任炮兵司令员；许光达任装甲兵司令员；周士第任防空部队司令员；钟赤兵任防空部队政治委员；罗瑞卿为公安部队司令员兼政治委员。

为了适应新时期任务的需要，中央军委决定在全军开展大规模的文化教育，建立各级各类军事院校。1950 年 8 月 1 日，中央军委下达了《关于在军队中实施文化教育的指示》。指示指出：鉴于人民解放军的指挥员、战斗员一般的文化水平太低的情况，为了要完成伟大的新任务，就必须提高全体指挥员、战斗员的文化、科学与技术水平，并从军队中培养大批的从工农出身的知识分子。因此，中央决定：全军除执行规定的作战任务和生产任务外，必须在今后一个相当时期内着重学习文化，以提高文化为首要任务，使军队形成一个巨大的学校，组织广大指挥员和战斗员尤其是文化水平低的干部参加文化学习。指示要求：自 1951 年 1 月正式开始，务求在 3 年之内，使一般战士及初级小学程度以下的干部达到高级小学的水平，使一般相当于高级小学程度的干部达到初级中学的水平。②1952 年，中央军委再次决定，全军执行以文化教育为中心的训练任务。从当年 6 月 1 日开始，全军展开了大规模的向文化进军的运动。经过这次学习运动，全军指战员的文化水平普遍得到了提高。

1950 年 11 月，中央军委召开全军军事学校及部队训练会议，主要讨论教育方针，教育计划，教育制度、教材、器材供应计划和学校编制等问题。朱德到会讲了话。会议确定军事训练的基本方针是：在人民解放军现有素质的基础上，用迅速而有效的方法，使部队学会掌握现代化的兵器及其他军事技术，使指挥员学会组织与指挥各兵种的联合作战与协同动作，了解参谋与通信勤务，以加速我军的正规化和现代化建设。1951 年 1 月 15 日，中国人民解放军军事学院在南京成立，刘伯承任院长兼政治委员。1952 年 5 月，后勤学院在北京成立，李聚奎任院长。1953 年 1 月，

---

① 《中共党史教学参考资料》第 19 册，第 75 页。

② 《中共党史教学参考资料》第 19 册，第 176 页。

总高级步兵学校在南京成立，宋时轮任校长兼政治委员；9 月，军事工程学院在哈尔滨成立，陈赓任院长。1952 年和 1953 年，毛泽东代表中央军委分别给这 4 所院校颁发了训词。

训词指出，中国人民的建军历史，已经走过了 25 年的长期路程。但在中国人民尚未获得全国胜利之前，由于客观物质条件的限制，其军事建设又尚处于比较低级的阶段。自从中国人民获得了全国范围的胜利之后，这种客观情况已经起了基本上的变化，我们现在已经进到了建军的高级阶段，也就是进到掌握现代技术的阶段，客观条件已完全具备了这种可能，只需加上不疲倦的主观努力，就一定可以实现。与现代化装备相适应的，就是要求部队建设的正规化，就是要求实行统一的指挥、统一的制度、统一的编制、统一的纪律、统一的训练，就是要求实现诸兵种密切的协同动作。为此，就需要克服在过去时期曾经是正确的，而现在则是不正确的那种不集中、不统一、纪律不严、简单现象和游击习气等等，而必须加强整个工作上、指挥上，而首先又应该是从教育训练上培养的那种组织性、计划性、准确性和纪律性。这是建设正规化、现代化的国防部队所不可缺少的重要的条件之一。同时，为了组织这种复杂的、高度机械化的、近代的战役和战斗，没有健全的、具有头脑作用的、富于科学的组织和分工的司令机关不可。过去那种不健全的、效力不高的甚至是极不胜任的司令机关，今后就必须大大地加强起来；过去那种只重视政治工作（重视政治工作是对的，今后也还必须重视），而忽视参谋工作的现象，必须加以坚决的改变；过去把一些比较弱的、缺乏组织能力的，甚至是犯了一些错误而积极性不高的人来做司令机关的工作，这种现象必须加以根本上的改正。今后必须挑选优秀的、富于组织和指挥才能的指挥员到各级司令机关来，以创造司令机关新的作风和新的气象。这同样是建设正规化、现代化的国防部队所不可缺少的重要的条件之一。

训词还指出，向苏联学习，这是我们建军史上的优良传统，无论任何时候，任何工作部门，都应如此。我们必须学习苏联的先进科学和技术知识，学习苏联军事工程建设的丰富经验。在学习上应该是虚心诚恳，不要学到一点就自满和骄傲。

上述训词，是办好军事院校的指针，也是全军正规化、现代化建设的指针。到 1953 年年底，全军共创办各级各类院校 107 所。对新时期军队建设发挥着重要的作用。

二　军队现代化建设的途径和方法

为了统一全军高级干部对军队建设方针、任务的认识，研究解决军队建设中一系列重大问题，1953 年 12 月 7 日至 1954 年 1 月 26 日，中共中央召开了全国军事系统党的高级干部会议。朱德致会议开幕词、闭幕词，彭德怀作报告和总结。

彭德怀在报告中指出：4 年来工作的结果，统一了全国，取得了抗美援朝战争的伟大胜利，并使我军开始了从分散走向集中统一，从简单的兵种走向诸兵种合成军队，从落后的装备改变为比较现代的装备；特别是在与世界上头号帝国主义军队的作战中，使我军获得了新的作战经验，这是极为宝贵的。可以说，4 年来的军事工作是有很大成绩的。他指出，全军干部对于建立一支现代化军队这一目标是明确的，是积极热情的，但如何建设它，应采取怎样的具体步骤等重大问题，却不是很明确的。具体表现有两种思想倾向：一种是墨守成规，满足于自己过去的经验，不认识今天已经改变了的主客观条件，盲目地骄傲自满，不虚心学习，不认真研究，不加分析，企图以不适合今天情况的老一套的工作方法方式来解决新的问题；另一种是急于求成，不考虑主观的力量和可能的条件，片面地或局部突出地提出过高过急的要求，甚至想把 5 年或者更长些时间内才能完成的事情，要提前到两三年内完成。他们不了解要建设起现代化的军队，首先就必须掌握现代的军事业务和技术，掌握科学知识。他们不了解国防现代化是离不开国家工业化的基础和技术水平的，不了解我们今天应尽量腾出钱来，首先集中主要力量建设重工业，为国家工业化和国防现代化打下基础；不了解在我国工业基础还很薄弱、技术水平不高的今天，虽然我们可以得到苏联帮助，解决相当一部分的装备问题，但还不可能立即解决严重的干部和技术问题以及供应、修理、补充等问题。他明确提出，在党的过渡时期总路线规定的历史时期内，在现有基础上，有步骤地把我军建设成一支强大的现代化的革命军队，就是摆在我们面前最根本的任务。

会议经过充分讨论，在下列重大问题上取得了一致的认识：

第一，明确了军事建设的总方针和总任务。根据过渡时期总路线的精神，根据中苏友好同盟互助条约的精神，根据国内外的情况，会议明确规定把建设一支优良的现代化革命军队，以保卫我国社会主义建设，防御帝国主义侵略，主要是防御美帝国主义和日本军国主义的侵略，作为我军军事建设的总方针、总任务。

第二，明确了建设现代化军队的道路。会议认为，现代化的军队必须有现代化的装备和现代化的交通及交通工具，这些不是单靠国外订货所能解决的，必须建设我们国家自己的工业，特别是重工业。为此，会议明确确定军队总定额，各特种兵以在现有基础上继续巩固提高为主，减少国外订货，选择重点建设，执行中共中央关于目前全部国家机构费用最高不超过国家总支出的 30% 的指示，以便挤出钱来，发展重工业。会议认为，这是我国建设现代化军队应走的正确道路。

第三，明确了现代化军队建设中长期的、经常的中心工作是训练部队，特别是训练干部。会议认为，建设现代化军队的任务是繁重的，工作是复杂多端的，军队的编组、制度的建立、条令的制定、国防工程的建设都是重要的工作，但最主要的、长期的、经常的工作则是训练干部。因为，虽有现代化的装备，现代化的组织编制、制度，现代化的工程建筑，如果没有坚强的、现代化的指挥干部和专家来掌握使用，则上述一切均成废物。而要把我们现有的干部变成坚强的能够掌握现代装备技术的干部，比之解决装备、组织编制、工程建筑、建立制度等，其困难不知要大多少倍。因此，应明确确定，训练干部的工作，是我们在建设现代化军队中长期的、经常的中心工作的中心。

会议还就学习苏联先进军事科学问题、我军组织编制、加强团结、改善领导等问题统一了认识。还讨论了关于实行义务兵役制、薪金制、军衔制等重大问题。

会后，《八一杂志》发表《训练干部是我军现代化建设的中心工作的中心》的专论，着重阐述了军事系统党的高干会议关于训练干部是建军中头等的具有决定意义的工作的精神，强调必须紧紧掌握这一环节，切实把它作为建军中的长期的、经常的中心任务贯彻下去。专论指出，为了完成训练干部这一严重而艰巨的任务，必须采取学校培养训练和在职培养训练两种方法，而学校训练又是主要的。因为学校是专门训练干部的场所，可以使干部得到较全面、系统的知识，更快地提高干部的水平；还可以起到统一思想、统一指挥、统一制度、统一纪律和统一训练的作用。这样，学校就带动着部队向着现代化、正规化的道路前进。因此，办好学校对我军现代化建设有着深远的重大意义，它像是我们建设现代化革命军队的"重工业"。完成这一任务，不仅要依靠学校本身的努力，而且要依靠全军的共同努力。

全国军事系统党的高干会议，明确统一了的上述思想，尤其是强调要把训练干部的工作，作为现代化建设中长期的、经常的中心工作的中心来抓，对推动军队建设起了积极的指导和推动作用。

三 "三大制度"的实行

实行义务兵役制、军衔制、薪金制（简称"三大制度"）是人民解放军制度上的一项重大改革，也是军队现代化正规化建设的一项重大措施。

将原有的志愿兵役制改变为义务兵役制，可以为国家训练好强大的预备兵员，以适应现代建军和作战的需要；可以缩减常备军，节省人力物力，加强国家的经济建设；可以为军队实行统一的编制和正规的制度打下基础，克服因志愿兵役制度不合理（志愿兵役制在过去是合理的）产生的许多消极与不利的因素，使现役军人的服役、待遇、婚姻、家庭、复员就业一系列问题从根本上获得解决；还可以使全国公民都能根据宪法公平合理地为国家服兵役。实行薪金制度、军衔制度和对有功人员颁发勋章奖章，将有利于确定数十万以军事工作为职业的军官在军队中的地位和社会上的荣誉，解决军官的家庭及个人的生活问题，克服由于长期供给制所产生的依赖思想、平均主义和浪费的弊端；对于全体军人，更能够鼓励上进、激发荣誉感和责任感，增强纪律性，以保证高度集中统一，提高工作效率，推进人民解放军正规化现代化建设。

在经过充分准备，反复酝酿讨论的基础上，1955年2月8日经全国人大常委会第6次会议审议通过，中华人民共和国主席毛泽东命令公布《中国人民解放军军官服役条例》；2月12日经全国人大常委会第7次会议审议通过，又公布了《中华人民共和国授予中国人民解放军在中国人民革命战争时期有功人员的勋章奖章条例》。7月30日，经全国人大一届二次会议审议通过，公布了《中华人民共和国兵役法》。

全国人大常委会于9月23日举行第22次会议。根据《中国人民解放军军官服役条例》、《中华人民共和国授予中国人民解放军在中国人民革命战争时期有功人员的勋章奖章条例》，审议了国务院周恩来总理建议授予中华人民共和国元帅军衔的名单和提请授予勋章的第一批名单，通过了《关于授予中华人民共和国元帅军衔的决议》、《关于授予在中国人民革命战争时期有功人员一级八一勋章、一级独立自由勋章、一级解放勋章的决议》。决定授予对创建和领导人民武装力量、领导战役军团作战、立有卓越功勋的高级将领朱德、彭德怀、林彪、刘伯承、贺龙、陈毅、罗荣桓、徐向前、聂荣臻、叶剑英以中华人民共和国元帅军衔。决定授予朱德等131

人以一级八一勋章，授予朱德等 117 人以一级独立自由勋章，授予朱德等 570 人以一级解放勋章。同日，毛泽东发布授予元帅军衔和勋章的两项命令。

9 月 27 日，中华人民共和国主席授予中国人民解放军军官以中华人民共和国元帅军衔及授予中国人民解放军在中国人民革命战争时期有功人员勋章典礼在北京隆重举行。毛泽东主席将授予中华人民共和国元帅军衔的命令状，一一授予朱德、彭德怀、刘伯承、贺龙、陈毅、罗荣桓、徐向前、聂荣臻、林彪、叶剑英。接着，毛泽东主席将一级八一勋章、一级独立自由勋章、一级解放勋章，分别授予在中国工农红军时期、抗日战争时期、解放战争时期参加革命战争的有功人员，在解放战争时期直接领导原国民党军队起义的有功人员，对人民解放战争有功人员，以及对和平解放西藏地区有功人员。同日，国务院举行授予中国人民解放军军官将官军衔典礼。周恩来总理分别把授予大将、上将、中将、少将军衔的命令状，一一授予粟裕等在京将官。随后，解放军各总部和各大军区分别举行了给各级军官的授衔授勋典礼。全军于 10 月 1 日开始佩戴军衔肩章、符号。

这次被授予大将军衔的有：粟裕、徐海东、黄克诚、陈赓、谭政、肖劲光、张云逸、罗瑞卿、王树声、许光达。被授予上将军衔的 55 名，被授予中将军衔的 175 名，被授予少将军衔的 792 名。[①]

"三大制度"的实行，是我国武装力量正规化、现代化建设中的重要措施。它激励着全体军人和军官更高度地发扬爱国主义和革命英雄主义精神，以高度的积极性和创造性为人民解放军的正规化现代化建设作出更大的努力。

四　保卫祖国的战略方针

为加强中共中央对军事工作的领导，1954 年 9 月 28 日，中共中央政治局作出关于成立党的军事委员会的决议。决定在中央政治局和书记处之下，成立一个党的军事委员会，担负整个军事工作的领导。并决定中共中央军事委员会由毛泽东、朱德、彭德怀、林彪、刘伯承、贺龙、陈毅、邓小平、罗荣桓、徐向前、聂荣臻、叶

[①] 1965 年 5 月 22 日第 3 届全国人大常委会第 9 次会议，决定取消人民解放军军衔制度。从 1955 年至 1965 年，全军共授予元帅 10 名，大将 10 名，上将 57 名，中将 177 名，少将 1356 名，共计少将以上军官 1610 名。

剑英组成，毛泽东任主席，彭德怀主持日常工作。

中共中央军委于 12 月 12 日召开扩大会议，讨论了军队建设和战备工作，通过了全国各大军区的划分方案。为适应新形势下国防建设和战备工作的需要，1955年 2 月 21 日，国务院决定，将全国东北、华北、西北、华东、中南、西南 6 个大军区改划为 12 个大军区，即沈阳、北京、济南、南京、广州、武汉、成都、昆明、兰州、新疆、内蒙古、西藏军区（1956 年又增设福州军区）。

1956 年 3 月 6 日至 15 日，中共中央军委再次召开扩大会议，着重讨论了保卫祖国的战略方针、国防建设以及与此有关的重大问题。

会议分析了当前的国际形势，认为总的趋势基本上是向着有利于世界持久和平的方向发展的，只要我们继续加强社会主义阵营的经济力量和国防力量，继续扩大和平共处的外交活动，我们就会有更大的可能来制止或推迟战争的爆发，争取世界持久和平：但另一方面，只要帝国主义制度存在，垄断资本集团企图发动侵略战争的可能性总是存在的。目前尤其是美帝国主义正在进行着异常广泛的、世界规模的战争准备。从 1954 年到 1957 年，美国的直接军事费用就占总支出的 60% 以上。它陆、海、空军的很大一部分，都直接驻扎在国外的基地上，并且现在还霸占着我国领土台湾。因此，在国际紧张局势趋向缓和的形势下，我们仍然应当保持高度的警惕，做好随时应付突然事变的一切准备。这是我们军事工作的基本出发点。

为了有效地防御帝国主义对我国的突然袭击，为了切实执行宪法赋予人民解放军的"保卫人民革命和国家建设的成果，保卫国家的主权、领土完整和安全"的光荣任务，会议深入讨论了战略方针问题。会议认为，中华人民共和国的国家性质、我国在过渡时期的总任务和外交政策，都规定了我军在战争爆发之前的战略方针是防御的，而不是主动进攻对别国发动战争的。但是，我们的防御决不是消极防御，而应该是积极防御。会议明确指出，积极防御的方针，应该是不断地加强我国的军事力量，继续扩大我国的国际统一战线活动，从军事上和政治上来制止或推迟战争的爆发。当帝国主义不顾一切后果向我国发动侵略战争的时候，我军要立即给予有力的回击，并在预定设防地区阻止敌人的进攻。因此，在平时就必须做好充分的战争准备，以便减少帝国主义的突然袭击所加于我们的各种破坏和损失，并保证处在第一线的部队能够适时地进入战斗，掩护全国由平时迅速转入战时状态。要在战略部署上掌握强大的机动部队，以便在战争一旦发生之后，能够在战役和战术上适时地组织积极的反攻和进攻，配合守备部队消耗和消灭敌人，完成战略防御任务。这就是我军积极防御战略方针的基本内容。只有采取积极的而不是消极的防御方针，才能够在战争的初期将敌人的进攻阻止在预定设防的地区，把战线稳定下来，打破敌人速战速决的计划，迫使敌人同我军进行持久作战，从而逐渐剥夺敌人在战略上的主动权，使我军逐渐转入战略上的主动，也就是由战略的防御转入战略的进攻。

会议认为，为使军队的建设适应形势和任务的需要，必须克服军队党内存在的严重的保守思想，改进领导方法。会议指出，军队党内的保守思想，主要表现在领导方法、干部问题、发挥军队的潜在力量和提高军队建设的质量等方面。例如：我们军队已基本上按照现代化军队的要求组织起来，已经把整个军队组织成为一部完整的复杂的机器，这就需要掌握这部机器的各级领导人员具有新的知识、新的办法来使用这部机器，使各个部门按照统一的意志自动运转，发挥力量。可惜的是，我们还是拘守着领导单一兵种或游击队的老经验，来领导这个已经变化了的现代化合成军队。结果，上面常常顾此失彼，下面常常不知所从，经常出现各自为政、无人负责、互相矛盾、互相脱节、互相抱怨的混乱现象。又如：由单一兵种转为现代合成军队的过程中，我们需要建设新的军种和兵种，需要建立培养各种军官的学院和学校，需要建立统率机构和各种各样的业务机构，需要大量的干部。但是，我们在干部提拔工作上存在着严重的保守思想，被许多清规戒律所束缚，不敢引进新生力量。再如：建设现代化合成军队需要大量的有文化和科学知识的一般知识分子和高级知识分子。我们军队的党没有很好的认识这一点，没有把中央团结、教育和改造知识分子的政策认真贯彻到实际工作中去，在对知识分子的使用、信任、待遇等方面都作了许多不必要的限制和歧视，致使许多知识分子不安心于军队工作，不能发挥他们的特长和力量。会议强调，为提高军队建设的"质量"，必须克服领导上被动和脱离实际的现象，必须克服保守思想。在领导方法上，要采取适合已经变化了的实际情况的措施。

这次军委扩大会议明确的保卫祖国的战略方针，强调指出要克服军队党内的保守思想，对当时军队的建设工作起了重要的指导作用。

4月24日亚非会议胜利闭幕。会议通过的《亚非会议最后公报》，在和平共处五项原则的基础上，提出了处理国与国之间关系的十项原则。图为北京群众游行庆祝亚非会议取得的成就。

第七章
和平外交的成就

在国际事务中，中国政府一贯奉行的方针是为世界和平和人类进步的崇高目的而努力。从 1953 年到 1956 年，中国政府为缓和国际紧张局势和促进世界各国的和平共处作出了积极的贡献，赢得了很高的声誉。

一 步入国际舞台

朝鲜停战以后，亚洲总的形势开始趋于缓和。美国为从朝鲜战争的被动局面中解脱出来，并加紧对亚洲其他国家和地区的控制，在与英、法密商以后，向苏联提出召开日内瓦会议讨论朝鲜问题和印度支那问题的建议。1954 年 2 月 18 日，苏、美、法、英 4 国外长发表柏林会议公报，宣称达成如下协议：鉴于用和平方法建立一个统一与独立的朝鲜将是缓和国际紧张局势和恢复亚洲其他地区和平的重要因素，建议由苏、美、法、英、中华人民共和国、大韩民国、朝鲜民主主义人民共和国及其他有武装部队参加朝鲜战争并愿意参加会议的国家的代表于 1954 年 4 月 26 日在日内瓦举行会议，以期对朝鲜问题取得和平解决；同意在那个会议上还要讨论恢复印度支那和平的问题，届时将邀请苏、美、法、英、中华人民共和国及其他有关国家的代表参加；经取得谅解，无论是邀请参加上述会议或举行上述会议，都不得被认为含有在任何未予以外交承认之情况下予以外交承认之意。[①] 由于当时美、法、英同中国都没有外交关系，所以通过苏联邀请中国参加。这样，尽管上述公报表示，邀请参加会议并不含有予以外交承认之意，但这一事实本身表明了中国在解决亚洲重大问题上的国际地位。从此，中国就与苏、美、法、英并列，作为 5 大国之一步入了国际舞台。

（1）打开经过协商解决国际争端的道路

为了弄清美、法、英 3 国提出召开这次会议的目的，会议可能解决哪些问题，我们要争取解决哪些问题，哪些问题不可能得到解决，以及我们应采取的策略，会前，周恩来 3 次访问莫斯科，与苏联政府作了详尽的磋商。[②] 莫洛托夫[③] 认为，这次日内瓦会议可能解决一两个问题，但不能抱不切实际的幻想，因为帝国主义国家有他们不可动摇的利益。我们的方针是力争，要看会议的发展和国际形势的变化，机动灵活地采取对策。莫洛托夫还介绍了他们的经验，作了各方面的分析。周恩来表示，希望同苏联很好地合作，互通消息，互相帮助，步调一致。

中共中央十分重视这次会议，确定中国代表团参加这次会议的方针是，"加强外交和国际活动，以破坏美国的封锁禁运、扩军备战的政策，以促进国际紧张局势的缓和"，并且要尽一切努力达成某些协议，"以利于打开经过大国协商解决国际争端的道路"。[④]

4 月 19 日，中国政府正式任命周恩来总理兼外长为中国出席日内瓦会议代表团的首席代表，以副外长张闻天、王稼祥、李克农为代表，王炳南为秘书长。代表团成员还有乔冠华、陈家康、龚澎、黄华、马列、蒲寿昌、康一民等共 100 余人。在出国前的准备过程中，周恩来指出，要通过这次会议打开我国外交局面，使更多的国家了解新中国，并争取同他们建立外交关系。临出发前，周恩来召集代表团成员全体会议，要求任何人不论职务高低都要遵守代表团的制度和纪律，不得违反。他还特意让找两位有特长的名厨师随行，以便在会议期间请客交朋友。4 月 20 日，周恩来率领中国代表团一行乘专机，从北京出发经莫斯科于 24 日抵达日内瓦。

---

① 《日内瓦会议文件汇编》，第 1 页。

② 《人物》1989 年第 1 期，第 37—38 页。

③ 当时任苏联部长会议副主席兼外交部部长。

④ 王炳南：《中美会谈九年回顾》，世界知识出版社 1985 年版，第 5—6 页。

(2) 争取和平解决朝鲜问题的努力 [①]

日内瓦会议于 1954 年 4 月 26 日开幕。从 4 月 27 日至 6 月 15 日讨论了朝鲜问题，参加会议的有：苏联外长莫洛托夫、美国国务卿杜勒斯（杜勒斯于 5 月 3 日返美，由副国务卿史密斯接替）、英国外交大臣艾登、法国外长皮杜尔、中国外长周恩来、朝鲜民主主义人民共和国外务相南日以及南朝鲜、澳大利亚、加拿大、希腊、菲律宾、卢森堡、新西兰、泰国的外长和土耳其、比利时、哥伦比亚、阿比西尼亚、荷兰的代表。会议决定由泰国、苏联、英国三国首席代表逐日轮流担任主席。

南朝鲜代表卞荣泰首先作了背离和平解决朝鲜问题主题的发言。接着，南日发言指出，朝鲜人民期望这次会议将有助于和平解决朝鲜问题。为此，他提出了和平解决朝鲜问题的 3 点方案：一、举行全朝鲜自由选举；二、一切外国武装力量于 6 个月内撤出朝鲜；三、恢复朝鲜国家的统一。杜勒斯发言，要求实现所谓联合国统一朝鲜问题的决议。

周恩来发言首先指出，日内瓦会议肩负着缓和国际紧张局势，巩固世界和平的重任。苏联、美国、英国、法国、中国和其他国家的外长们坐在一起来审查和解决最迫切的亚洲问题，这还是第一次。我们的任务是复杂的。但是举行这个会议的本身，就意味着经过和平协商解决国际争端的可能性的增长。中国代表团希望参加这次会议的全体代表们都为着实现这一任务作出真诚的努力。他说，中华人民共和国政府和人民一贯爱好和平，反对战争。我们从不侵略、也不会侵略任何国家，但也决不容许任何人对我们进行侵略。我们尊重各国人民的选择和维护他们自己的生活方式和国家制度而不受外来干涉的权利；同时，我们也要求其他国家用同样的态度对待我们。只要世界各国都遵守这些原则，并抱有互相合作的愿望，我们认为，在不同的社会制度下的世界各国是可以和平共处的。基于巩固远东和平的利益和朝鲜人民的民族利益，中国政府对这次会议讨论和平解决朝鲜问题极为重视。在揭露了美国侵略朝鲜和侵占中国的台湾，以及美国和大韩民国公然违反停战协定的某些重要条款的种种事实以后，周恩来郑重表示：中国代表团完全支持南日外相所提出的关于恢复朝鲜的国家统一和举行全朝鲜的自由选举的 3 项建议。最后他说，中国政府认为，亚洲国家彼此之间应该进行协商，以互相承担相应的义务的方法，共同努力维护亚洲的和平和安全。我们认为，为了维护国际和平，应该如苏联所建议的那

[①] 《日内瓦会议文件汇编》，第 4—112 页。

样，经由协商、首先是大国协商的道路，停止武装西德，并在所有欧洲国家集体努力的基础上保证欧洲的安全。

莫洛托夫发言指出，这次日内瓦会议可以说是一个关于亚洲问题的会议。我们不应该低估这样一个事实：所有大国——法国、英国、美国、中国和苏联——都参加了这个会议，在近年来这还是第一次。在这方面，特别应该强调的是，亚洲的大国——中华人民共和国将能够对我们的会议在上述有关亚洲局势的重要问题方面的工作作出贡献。我们面临的问题是通过和平方式建立一个统一、独立的朝鲜的问题。这个问题的解决对朝鲜人民有极大的重要意义，同时将是缓和国际紧张局势的一个重要因素。在这里，我们有机会听取各种意见，并且在交换意见之后，能为这里所提出来的问题找到既符合有关各国人民的利益、又符合进步和巩固和平的利益的解决方法。如果日内瓦会议本着亚洲人民完全有权利来解决自己的事情的原则，那么会议将能达到这一目的。他说，中华人民共和国代表团首席代表周恩来，在这里讲到希望亚洲各国齐心协力以实现亚洲的和平。苏联代表团完全同意这种意见。无论是欧洲国家或亚洲国家都应同样地采取有利于巩固欧洲、亚洲和全世界和平的步骤。朝鲜民主主义人民共和国政府对于和平解决朝鲜问题的意见，也在这里提了出来。苏联代表团认为，南日外相提出的建议，可以作为对于朝鲜问题采取适当决定的一种基础。这些建议符合朝鲜人民关于恢复他们国家统一的民族愿望，并符合巩固国际和平的利益。

皮杜尔和艾登先后发言，主张在联合国监督下举行选举。卞荣泰在美、英、法代表意见的基础上提出在联合国监督下举行全朝鲜选举的 14 点建议。

由于与会代表大多数的发言都是各说各的，谁也不听谁的，风马牛不相及，这样谈了一个半月，渐渐都感到厌倦了，美、英、法密商不再开下去了。莫洛托夫及时掌握了这一动向，并告诉了中国代表团。

6 月 15 日，举行和平解决朝鲜问题的最后一次会议。朝鲜民主主义人民共和国、苏联和中国代表团，本着一贯谋求和平解决朝鲜问题的真诚愿望和协商精神，在会上接连作了建设性的重大努力，先后提出了三个有助于达成协议的新建议，以期在最后时刻挽救会议免于破裂。

南日在会上首先发言，他提出一个关于保证朝鲜的和平状态的 6 点建议，以期打开会议的僵局。主要内容是：（一）各有关国家的政府采取措施，遵照按比例的原则尽速从朝鲜境内撤退一切外国军队。从朝鲜撤退外国军队的期限，由日内瓦会议的参加国协议决定。（二）在不超过一年的期限中，缩减朝鲜民主主义人民共和国和大韩民国的军队力量，双方军力不得超过 10 万人。（三）由朝鲜民主主义人民共和国和大韩民国的代表组成一个委员会，来研究创造逐步解除战争状态的条件、将双方军队转入和平时期状态等问题，朝鲜民主主义人民共和国政府和大韩民国政府缔结相应的协定。（四）日内瓦会议的参加国有必要保证朝鲜的和平发展，为尽速把朝鲜和平统一为一个统一、独立和民主的国家创造有利的条件。

周恩来接着发言，他表示完全支持南日外相提出的保证朝鲜和平的 6 项建议，同时建议本会议召开中、苏、英、美、法、朝鲜民主主义人民共和国和大韩民国 7 国参加的限制性会议，讨论巩固朝鲜和平的有关措施。

莫洛托夫表示支持南日外相提出的 6 项建议。他还建议由所有与会者发表一项共同宣言：参加日内瓦会议的各国业已同意：在等待朝鲜问题在建立一个统一、独立、民主国家的基础上最后解决期间，不得采取任何可能足以对维持朝鲜和平构成威胁的行动。与会者表示相信，朝鲜民主主义人民共和国和大韩民国将为了和平的利益依照本宣言而行动。

会议休息 40 分钟后，美国代表史密斯第一个发言，他根本不提南日外相的 6 项建议。又以朝鲜停战协定已有规定为借口，拒绝莫洛托夫外长提出的关于共同宣言的建议。

澳大利亚代表凯西发言说，他还没有充分时间来研究南日外相的建议。他含糊其辞地说，莫洛托夫外长的建议"大致上"是可以同意的。

比利时代表斯巴克发言说：他希望即使会议没有得到成功，战事也不会再起。他还表示，希望不久将来能再来看看能不能在和平统一朝鲜方面达成协议。他表示不能接受莫洛托夫外长的建议。他说：不接受这一建议的理由就是因为刚才美国代表反对这一建议。

大韩民国代表卞荣泰发言，拒绝会议达成任何协议。

接着，泰国代表旺亲王宣读了 16 国 [①] 共同宣言。宣布他们决心使会议在未达成任何协议的情况下结束。

莫洛托夫接着发言，他说，我们正面临结束我们关于朝鲜问题的会议。结束会议的动议是由那些刚才代表 16 个在朝鲜作战了几年的国家宣读宣言的人提出来的。

---

① 以联合国军名义派军队侵略朝鲜的 16 国。

他们不愿意接受苏联的建议，又提不出反建议。而且，这些代表团以前提出过的建议都忽然不见了。现在完全清楚了，这些代表团有一个很明确的目标。他们企图把反民族、反民主的南朝鲜政权强加于北朝鲜，并且他们要利用日内瓦会议来达到这个目的。然而，这些企图没有实现，而这就是再也没有任何协议可以为李承晚代表团以及那些支持它的代表团所接受的原因。他表示，我们将继续为朝鲜人民的利益，为统一朝鲜的利益，为全世界和平的利益而努力。

周恩来接着发言，他说，中国代表团不能同意联合国军方面有关各国经过泰国代表所宣读的 16 国宣言的态度和立场。16 国宣言断然表示要停止我们的会议，这不能不使我们感到极大的遗憾。为了作最后的努力，周恩来建议会议通过以下协议：日内瓦与会国家达成协议，它们将继续努力以期在建立统一、独立和民主的朝鲜国家的基础上达成和平解决朝鲜问题的协议。关于恢复适当谈判的时间和地点，将由有关国家另行商定。

比利时代表斯巴克发言。他先说，莫洛托夫的建议和周恩来的建议已经包括在停战协定中，表示希望以后将在"更有利的环境下"恢复关于朝鲜问题的讨论。后来他又说：为了消除任何怀疑，我本人赞成大家接受中华人民共和国代表团这个建议。

莫洛托夫表示，他愿无保留地支持刚刚得到比利时代表赞成的中国代表团的建议。

会议主席艾登接着发言。他说：据我了解，我们面前有一个中华人民共和国代表所提出的建议。如果我的了解是正确的话，比利时代表认为这个建议表达了本会议工作的精神。如果大家同意，我可否认为，这个声明已为会议所普遍接受？

此时，美国代表史密斯仓皇发言。他假装不了解周恩来的建议的"范围和真正的问题"。他说他不准备在未向美国政府请示的情况下同意这个建议。

由于美国的无理阻挠，日内瓦会议关于朝鲜问题的讨论被迫结束。

（3）日内瓦会议最后宣言[①]

5 月 8 日，日内瓦会议开始讨论印度支那问题。参加会议的有：苏联外长莫洛托夫、英国外相艾登、法国外长皮杜尔、美国副国务卿史密斯、越南民主共和国副总理兼代理外长范文同、法兰西联邦印度支那三成员国的代表——越南国代表阮忠

---

① 《日内瓦会议文件汇编》，第 134—273 页。

荣、老挝王国代表冯·萨纳尼空、柬埔寨王国代表泰普潘。根据会前协议，关于印度支那问题的讨论，由艾登和莫洛托夫轮流担任主席。

会议前夕，5月7日，越南人民军在以陈赓、韦国清为首的中国军事顾问团帮助下组织实施的奠边府战役胜利结束。共歼敌21个营零10个连，精锐部队1.6万余人。法军越南西北地区司令、奠边府法军守军司令德卡斯特莱准将为越人民军所俘。被毙、俘敌上校高级军官16名，少校以下军官353名以及军士1396名。奠边府战役的胜利，为日内瓦会议和平解决印度支那问题创造了极为有利的条件，使越、中、苏等国的代表有了很大的主动权。

会议开始后，皮杜尔首先发言，他企图歪曲印度支那的历史和抹煞越南民主共和国的合法性，并提出仍以战胜者自居的停战建议。

范文同接着发言，建议通过邀请高棉和寮国抗战政府的代表参加会议。随后，范文同提出了和平解决印度支那问题的8点建议：一、法国承认越南、高棉和寮国的主权与独立；二、自越、棉、寮3国领土上撤退一切外国军队；三、在越、棉、寮3国举行自由普选；四、越南政府代表团就越南政府愿意依照自由意志的原则与加入的条件而加入法兰西联邦的问题发表声明；棉、寮两国也应发表相应的声明；五、越、棉、寮3国承认法国在这些国家内现存的经济与文化上的利益；六、交战双方保证不对在战争时期和另一方合作的人起诉；七、实行互相交换战俘；八、在执行一至七项前，应先停止敌对行动，并由法国和3国中的各国缔结适当的协定。

艾登和史密斯相继发言，都建议以法国提案作为讨论的基础。

周恩来发言指出，印度支那问题的实质是必须承认越南、高棉和寮国人民有充分权利获得他们各自的民族独立、国家统一和民主自由，并在他们各自的祖国的土地上过和平生活。印度支那战争是法国殖民主义者挑起的一个企图重新奴役印度支那人民的殖民战争。而美国干涉者扩大印度支那战争的目的决不限于夺取印度支那，它还企图以印度支那为基地来对整个东南亚进行侵略。他说，中国政府认为：亚洲国家应该互相尊重各国的独立和主权，而不互相干涉内政，应该以和平协商方法解决各国之间的争端，而不使用武力和威胁；应该在平等互利的基础上建立和发展各国之间的正常的经济和文化关系，而不容许歧视和限制。只有这样，才能使亚洲国家避免新的殖民主义者利用亚洲人打亚洲人的空前灾难而获得和平和安全。周恩来表示：中国代表团完全支持范文同的声明和建议，他的建议可以成为本会议讨论在印度支那战争和恢复和平问题并通过适当决议的基础。

莫洛托夫发言支持范文同的建议，并建议建立中立国监察委员会，对于停止敌对行动的协定条款加以适当的国际监察。

法国代表皮杜尔发言，主张只解决军事问题，而不解决政治问题。

随后，根据参加会议国家的协议，5月17日举行限制性会议。29日，会议通过了英国代表团提出的三点建议：一、双方司令部的代表应即在日内瓦会晤，并在当地也开始接触；二、他们应研究在停止敌对行动后军队的部署问题；三、他们应尽快向会议提出报告和建议。

6月16日，中国代表团在限制性会议上以5月27日中国代表提出的6点建议和5月29日会议通过的决议为基础，提出了解决老挝和柬埔寨问题的6点建议。中国代表团指出：根据本会议5月29日的决议，印度支那敌对行为应该早日和同时停止。研究老挝和柬埔寨问题，就必须从这一原则出发，以便作出具体安排，使老挝和柬埔寨的停火同越南的停火同时实现。6月18日，几乎所有各国代表团都认为中国代表团16日的建议是富有建设性和协商精神的，只有美国代表罗伯逊宣称这个建议是美国不能接受的。19日，会议就关于停止在柬埔寨和老挝的敌对行动问题达成协议。

会议期间，周恩来还广泛地与各国代表进行外交活动。除苏、越两国外长外，先后同英国外相艾登、法国外长皮杜尔、澳大利亚外长凯西、加拿大代理团长朗宁、瑞士联邦政府主席陆巴特尔和政治部长彼蒂彼爱、英国议员威尔逊和罗布逊—布朗、挪威、瑞典、芬兰3国驻瑞士公使、老挝王国外交大臣萨纳尼空、柬埔寨王国外交大臣泰普潘等进行了会晤。

6月23日，周恩来在瑞士首都伯尔尼会晤了法国新任总理兼外长孟戴斯·弗朗斯，就有关恢复印度支那和平问题进行自由交谈。周恩来从交谈中了解到法国经不起越南战争的消耗，国内反战情绪高涨，急于拔出陷在越南的这只脚。但是法国又是个宗主国，死要面子。只要能使它在形式上体面地撤出越南就满足了。此次谈判成功与否，对孟戴斯·弗朗斯的地位能否稳住，起着举足轻重的作用。这对越南来说，无疑是十分有利的。周恩来心中有了底，并将这个底交给了越南，说服范文同不要在16度、17度线上计较，给法国一点面子，换取法国军队的撤出是很合算的。周恩来说："法国撤出，全越南都是你们的"。[①]7月3日至5日，周恩来与越

---

① 《人物》1989年第1期，第42—43页。

凯歌行进的时期（1949—1956）

南民主共和国胡志明主席在中越边境举行会谈，就日内瓦会议关于恢复印度支那和平问题及其他有关问题作了全面、详细的讨论。胡志明主席完全同意南北划线的方案，并估计对方最多只能让到 17 度线。①

7 月 10 日，法国总理兼外长孟戴斯·弗朗斯抵日内瓦。17 日，孟戴斯·弗朗斯发表广播演说，认为印度支那问题可能达成协议。各国代表之间举行了多次会外会谈以后，18 日继续举行限制性会议。21 日，越南人民军总司令部代表及越南志愿人员和寮国战斗单位代表谢光宝，印度支那法兰西联邦部队总司令部代表及老挝王国部队代表戴尔特尔分别在越南停止敌对行动协定和老挝停止敌对行动协定上签字。越南志愿人员和高棉战斗单位代表谢光宝、柬埔寨王国部队代表刁隆在柬埔寨停止敌对行动协定上签字。

7 月 21 日，日内瓦会议举行关于印度支那问题的最后一次全体会议，通过了由 9 国代表参加的关于恢复印度支那和平问题的日内瓦会议的最后宣言，并决定将老挝王国政府、柬埔寨王国政府、法兰西共和国政府的声明列为最后宣言的附件。最后宣言指出，会议坚信：本宣言和各项停止敌对行动协定中所规定的条款的实施，将使柬埔寨、老挝和越南从此能够完全独立自主地在国际的和平大家庭中起它们的作用。日内瓦会议的每个与会国家在对柬埔寨、老挝和越南 3 国的关系上，保证尊重上述各国的主权、独立、统一和领土完整，并对其内政不予任何干涉。与会各国同意就国际监督和监察委员会向他们提出的任何问题彼此进行协商，以便研究为保证柬埔寨、老挝和越南的停止敌对行动协定被尊重所必需的措施。美国代表史密斯在会上宣读了美国代表团在这个问题上的立场的单独宣言，声明美国不愿同与会各国一起参加保证恢复印度支那和平的共同工作。随后，各国代表先后发言。

周恩来在最后一次会议上发言高度评价了日内瓦会议的成就，他指出：日内瓦会议 9 个代表团经过 75 天的工作，终于克服了最后的阻挠，就恢复印度支那和平问题获得一致协议。我深信，我们达成的这些协议不仅将结束 8 年的印度支那战争，把和平带给印度支那人民和法国人民，而且也将进一步缓和亚洲及世界的紧张局势。毫无疑义，我们会议的成就是很大的。印度支那的停战再一次证明了和平的力量是阻挡不住的。世界上赞成和平共处的国家越来越多。任何制造分裂、组织对

---

① 王炳南：《中美会谈九年回顾》，世界知识出版社 1985 年版，第 13 页。

立的军事集团的实力政策，是不得人心的。亚洲人民所要求的决不是分裂和对立，而是和平和合作。让我们更加坚定信心，继续为维护和巩固世界和平而努力。

延续近 3 个月的日内瓦会议到此闭幕。

7 月 23 日，出席日内瓦会议的中国代表团首席代表、总理兼外长周恩来离开日内瓦，临行在机场发表谈话，再次向全世界表明了中国政府愿为维护世界和平努力的诚意。他说：印度支那和平的恢复，缓和了国际紧张局势，并为进一步协商解决其他重大国际问题开辟了道路。我深信，只要爱好和平的国家和人民坚持不懈地努力，世界和平是可以得到保障的。中华人民共和国愿意与有关各国为达到这个目的而共同努力。

二　和平共处五项原则

（1）首创五项原则

由于朝鲜战争加剧了的资本主义和社会主义两大阵营之间的对立，由于美国政府设置的种种障碍和进行阻挠，亚洲不少国家对新中国一直存有疑虑。为使更多的国家和人民对新中国的和平外交政策有所了解，使国家与国家之间的关系建立在相互都能接受的原则基础之上，周恩来代表中国政府首创了著名的和平共处五项原则。1953 年年底，印度政府派代表团来北京与中国政府代表团就中印两国在中国西藏地方的关系问题举行谈判，周恩来在会见印度代表团时首次指出：互相尊重领土主权、互不侵犯、互不干涉内政、平等互利与和平共处的原则，是新中国处理中印两国关系的原则。这些原则得到印度政府的赞同。双方一致同意在这五项原则下进行谈判。1954 年 4 月 29 日，两国政府代表团在经过充分协商后达成了《中华人民共和国、印度共和国关于中国西藏地方和印度之间的通商和交通协定》。

协定明确写明："中华人民共和国中央人民政府和印度共和国政府为了促进中国西藏地方和印度之间的通商贸易和文化交流并便利两国人民互相朝圣和往来起见，双方同意基于（一）互相尊重领土主权、（二）互不侵犯、（三）互不干涉内政、（四）平等互惠、（五）和平共处的原则，缔结本协定"。[①]

这样，和平共处五项原则就第一次被写进了国家与国家之间签署的正式文件。

---

① 《新华月报》1954 年第 5 号，第 17 页。

（2）中印、中缅总理的联合声明 [①]

日内瓦会议期间，周恩来总理应印度总理尼赫鲁的邀请，于 6 月 24 日离日内瓦赴印度访问。25 日，周恩来到达新德里时发表谈话说：中国政府和人民十分重视与印度政府和人民的友谊。中印两国 9.6 亿人民的和平友好是维护亚洲及世界和平的一个重要因素。

6 月 26 日，尼赫鲁为周恩来举行招待宴会，他在宴会上致辞高度评价了和平共处五项原则。尼赫鲁说：我们两国不久前已经获得了自由和按照自己的意志，安排我们的命运的机会。目前世界面临的重大问题是如何驱散今天压抑着这样多的国家和人民的战争、恐惧和憎恨的阴影。最近，印度和中国签订了一个关于某些事项的协定，在签订这协定的过程中，我们定下了某些原则，这些原则应成为我们两国关系的规范。这些原则就是承认每一国家的主权和领土完整、互不干涉内政、平等互利以及和平共处。这些原则不但对我们两国适用，而且对其他国家也适用，对其他国家来说，这些原则很可以作为一个榜样。假如这些原则在更广的范围得到承认，那么，对战争的恐惧就会消失，国际合作的精神就会得到发扬。尼赫鲁还高度赞扬了周恩来和其他政治家一道在日内瓦会议为和平作出的努力。周恩来在会上致辞说：今年 4 月间，中印两国关于中国西藏地方和印度之间的通商和交通协定的签订，不仅进一步加强了中印之间的友谊，而且体现了两国互相尊重领土主权、互不侵犯、互不干涉内政、平等互利与和平共处的原则。这就提供了国际间以协商方式解决问题的一个良好的范例。亚洲人民都要求和平。目前对于亚洲和平的威胁是外来的。但是，今天的亚洲已经不是昨天的亚洲。外来的力量可以自由决定亚洲命运的时代已经过去了。我们深信，亚洲爱好和平的国家和人民的团结一致，将使战争挑拨者的计划归于失败。我希望，中印两国为着维护亚洲和平的崇高目的而更加紧密地合作。

中印两国总理在会谈中讨论了两国共同有关的事项，特别讨论了东南亚的和平前途和日内瓦会议关于和平解决印度支那问题。6 月 28 日，中印两国总理发表联合声明。声明指出：

"最近中国和印度曾经达成一项协议。在这一协议中，它们规定了指导两国之间关系的某些原则。这些原则是：

---

① 《新华月报》1954 年第 7 号，第 52——54 页。

甲、互相尊重领土主权；

乙、互不侵犯；

丙、互不干涉内政；

丁、平等互利；

戊、和平共处。

两国总理重申这些原则，并且感到在他们与亚洲以及世界其他国家的关系中也应该适用这些原则。如果这些原则不仅适用于各国之间，而且适用于一般国际关系之中，它们将形成和平和安全的坚固基础，而现时存在的恐惧和疑虑，则将为信任感所代替。

两国总理承认，在亚洲及世界各地存在着不同的社会制度和政治制度。然而，如果接受上述各项原则并按照这些原则办事，任何一国又都不干涉另一国，这些差别就不应成为和平的障碍或造成冲突。有关各国中每一国家的领土主权和互不侵犯有了保证，这些国家就能和平共处并相互友好。这就会缓和目前存在于世界上的紧张局势，并有助于创造和平的气氛。

两国总理特别希望在对印度支那问题的解决中，适用这些原则。……采纳上述的各项原则，并将有助于创造一个和平的地区。如果情况许可，这一地区可以扩大，从而减少战争的可能，并加强全世界的和平事业。"

周恩来和尼赫鲁在声明中共同倡导把和平共处五项原则作为处理国际关系的指导原则，对亚洲和世界是个很大的贡献。

应缅甸总理吴努的邀请，周恩来总理6月28日由新德里飞抵仰光进行访问。两国总理就与两国共同有关的事项作了自由的和坦诚的讨论。29日，中缅两国总理发表联合声明。声明说：两国总理重申他们的立场，他们将竭力促进全世界的特别是在东南亚的和平。他们希望正在日内瓦讨论的恢复印度支那和平的问题将得到满意的解决。声明明确阐明，两国总理同意关于中国和印度所协议的指导两国之间关系的五项原则，也应该是指导中国和缅甸之间关系的原则。并认为，如果这些原则能为一切国家所遵守，则社会制度不同的国家的和平共处就有了保证，而侵略和干涉内政的威胁和对于侵略和干涉内政的恐惧就将为安全感和互信所代替。两国政府重申、各国人民都应该有选择他们的国家制度和生活方式的权利，不应受到其他国家的干涉。革命是不能输出的，同时，一个国家内人民所表现的共同意志也不应容许外来干涉。

中印、中缅总理的联合声明确认和平共处五项原则为指导国家关系的原则，在亚洲和世界各国引起了广泛的反响，博得了国际舆论的极高评价。1954 年 7 月 1 日苏联《真理报》社论指出：周恩来和尼赫鲁在德里的会谈是为了和平而举行的。正因为如此，亚洲和世界各国的舆论都对这次会谈的结果表示欢迎。各国的舆论相信，这次会谈将促进世界和平事业。[①]

三　求同存异的万隆精神

1955 年 4 月的最后一周，亚洲和非洲 29 个独立国家的政府代表在印度尼西亚的万隆举行亚非会议（也称"万隆会议"），共商加强合作，并肩反对殖民主义，维护民族独立和国际和平的大计，它标志着殖民大国主宰亚非命运时代的告终。

从日内瓦会议到万隆会议是一个里程碑。如果说日内瓦会议是为了消除殖民主义留下的祸根和解决朝鲜与印度支那战争所带来的问题，那么万隆会议则是要讨论如何最有效地摆脱帝国主义的羁绊，维护亚洲和非洲新生国家的政治和经济独立。

（1）**南亚五国总理发起**

1954 年 4 月 28 日至 5 月 2 日，印度、巴基斯坦、缅甸、印度尼西亚和锡兰（今斯里兰卡）5 国总理在锡兰首都科伦坡举行会议（也称"科伦坡五国会议"）。会议公报呼吁立即在印度支那实行停火，欢迎日内瓦会议通过谈判恢复印度支那的和平，并提出召开亚非会议问题。12 月 28 日和 29 日，5 国总理再次在印度尼西亚茂物举行会议，决定邀请包括中华人民共和国在内的 25 个非洲和亚洲国家参加定于 1955 年 4 月的最后一个星期在印度尼西亚举行亚非会议。会议发表的联合公报[②]说：

总理们一致同意，亚非会议应由他们联合发起召开。

亚非会议的目的是：（一）促进亚非各国间的亲善和合作，探讨和促进相互与共同的利益，建立和促进友好与睦邻的关系。（二）讨论参加会议各国的社会、经济与文化问题和关系。（三）讨论对亚非国家人民具有特别利害关系的问题，例如有关民族主权的问题和种族主义及殖民主义的问题。（四）讨论亚非国家和

---

① 《新华月报》1954 年第 7 号，第 60 页。
② 《新华月报》1955 年第 1 号，第 164 页。

它们的人民今天在世界上的地位，以及它们对于促进世界和平与合作所能作出的贡献。

总理们商定会议应有广泛的和地理上的基础，亚洲和非洲所有具有独立政府的国家都应当被邀请。根据这个基本原则稍作变动和修改，他们决定邀请下列国家，阿富汗、柬埔寨、中非联邦、中国、埃及、阿比尼西亚、黄金海岸（加纳）、伊朗、伊拉克、日本、约旦、老挝、黎巴嫩、利比里亚、利比亚、尼泊尔、菲律宾、沙特阿拉伯、苏丹、叙利亚、泰国、土耳其、北越、南越、也门25个国家以及5个发起国——缅甸、锡兰（斯里兰卡）、印度、印度尼西亚和巴基斯坦参加会议。

总理们指出，任何一个国家接受邀请，绝不牵涉到或甚至意味着它对于任何其他国家的地位所抱的看法有任何改变。它仅仅意味着，这个被邀请国是一般地同意会议的目的的。他们也牢牢记住这项原则，任何一国的政府形式和生活方式绝不应受到任何其他国家的干涉。一个或一个以上的参加国在会议上所表示的意见对任何其他国家都无约束力，也不应认为是被任何其他国家所接受，除非后者希望这样。会议的基本目的是，使有关的国家能够更好地了解彼此的见解。总理们希望，这种澄清将使所有被邀请的国家都能接受对他们的邀请。

上述公报，既表明了发起国希望通过这次会议增进亚非国家的相互了解，促进亚非各国间的亲善合作和友好睦邻关系，共同反对殖民主义的真诚愿望；又表明了亚非国家之间还存在互不信任、相互疑惧和严重分歧。

（2）"克什米尔公主号"事件

南亚五国总理在茂物会议上作出的关于召开亚非会议的决定，提出的反映亚非人民共同愿望和要求的会议目的，立即得到了被邀请的亚非各国政府的热烈响应和世界各国人民的普遍欢迎。中国政府当即复电同意亚非会议的目的。

根据全国人民代表大会常务委员会的决定，毛泽东主席任命国务院总理兼外长周恩来为中华人民共和国出席亚非会议代表团首席代表，陈毅、叶季壮、章汉夫、黄镇为代表。

为送中国代表团去印度尼西亚参加亚非会议，中国政府向印度航空公司包租了由美国洛克希德飞机厂制造的C—69型命名为"克什米尔公主号"星座式客机。蒋介石特务机关图谋乘中国代表团赴印尼途中，通过破坏中国代表团租用的印度包机，暗杀以周恩来为首的中国代表团和破坏亚非会议。中国政府在获悉蒋介石特务机关这一阴谋后，由外交部于4月10日9时半将这一情况通知了驻北京的英国代办处，要求英国代办处转告香港英国当局注意，并采取措施以保障中国代表团人员的安全。英国代办处的官员答应当即用电报通知香港英国当局。4月11日12时1刻，"克什米尔公主号"载着参加亚非会议的中国政府代表团工作人员、越南民主共和国代表团工作人员和随同前往采访亚非会议新闻的中外记者11人由香港起飞，前往印度尼西亚首都雅加达。该机在飞越北婆罗洲沙捞越西北的海面时，突然爆炸起火，机身坠入海中。机上人员除副驾驶员M.C.狄克希特、领航员J.C.派塞克、维修工程师A.S.卡尼克3人幸免外，中国代表团工作人员石志昂、李肇基、钟步云，新闻记者沈建图、黄作梅、杜宏、李平、郝凤格，以及越南民主共和国代表团工作人员王明芳，波兰记者J.斯塔列茨，奥地利记者严斐德（弗里德里奇·琼逊）以及机组人员：驾驶员D.K.杰塔、飞行工程师K.F.顿哈、飞行事务员C.杰苏查、助理飞行事务员J.J.毕门塔、空中小姐格拉里娅·蓓莉等16人全部遇难。这就是震惊中外的"克什米尔公主号"事件。

4月12日，中华人民共和国外交部就美蒋特务破坏我国出席亚非会议代表团人员座机事发表声明，指出英国政府和香港英国当局对这次不幸事件负有严重责任。要求英国政府和香港英国当局对这一事件进行彻底查究，将参与这一阴谋暗害事件的特务分子逮捕法办，以明责任。声明宣告：中华人民共和国代表团一定要同与会各国代表团一起在亚非会议中为远东和平和世界和平而坚决奋斗。美国和台湾统治集团的卑劣行为，只能加强亚洲、非洲和全世界人民争取和平和自由的共同行动。①

北京各界人民4月17日举行追悼大会，追悼石志昂、李肇基、钟步云、沈建图、黄作梅、杜宏、李平、郝凤格，以及王明芳、斯塔列茨和严斐德等烈士。中国红十字会总会会长李德全在追悼大会上讲话。她说，石志昂等11位烈士是被蒋介石特务谋杀的；这是一种卑鄙的暗算，是一种没有人性的杀人的阴谋。不仅如此，他们的目标还是要谋杀我们敬爱的周恩来总理和我国出席亚非会议代表团全体人员。这是对中国人民的挑战，也是他们破坏亚非会议的阴谋计算的一部分。这是一个重大的国际政治阴谋。帝国主义妄图用这种卑鄙无耻的阴谋来达到吓倒亚非各国人民、破坏亚非会议的目的。但是，人民是吓不倒的。只要亚非各国人民对帝国主义的阴谋提高警惕，团结起来进行斗争，帝国主义的罪恶阴谋是一定会被粉碎的。

---

① 《新华月报》1955年第5号，第38页。

中国人民向全世界控诉：谋杀石志昂等 11 位烈士的凶手，就是蒋介石特务分子。①
这 11 位烈士的牺牲是为中国而牺牲，为亚非会议而牺牲，为和平而牺牲的。我们
一定要为 11 位烈士报仇，要杀人的凶手受到应受的惩罚。

（3）中国代表团为求团结而来

敌人的破坏、威胁，损害不了中国的威望，也影响不了中国代表团为促进亚非
团结反帝事业的决心和勇气。4 月 16 日，以周恩来为首的中国代表团一行按原计
划飞抵雅加达。

亚非会议 4 月 18 日在万隆开幕，除中非联邦外，29 个亚非国家的 340 名政府代表
出席会议。印度尼西亚总统苏加诺致开幕词。会议选举印度尼西亚总理阿里·沙斯
特罗阿米佐约为会议主席。经代表团团长会议商定，会议的议程是：（一）经济合
作，（二）文化合作，（三）人权和自决权，（四）附属国问题，（五）世界和平和合
作的促进。巴勒斯坦、突尼斯和摩洛哥问题也将予以讨论。全体会议通过了这个
议程。

各国代表开始大会发言后，许多代表强调要加强亚非国家反帝国主义、反殖民
主义的团结，赞扬了和平共处的五项原则。但是，社会制度和意识形态的不同，前
殖民国家造成并加剧的彼此之间的隔阂和误解，特别是经过朝鲜战争，当时某些同
美国结盟的国家对中国还有对立情绪，所以在会议开始的头两天，就有少数参加美
国军事联盟的国家的代表在会上背离会议的主要精神，发表反对和平共处、反对共

---

① 1956 年 1 月 11 日，美国合众社、美国新闻处和《印度时报》从伦敦发表的消息说：英国殖
　民部今天宣布，这次破坏行为是香港机场的一个职员干的……英国对"克什米尔公主号"失
　事原因调查委员会的报告指出：27 个曾经在香港机场上到过这架飞机旁边的人当中，有个人
　名叫周梓铭，化名周驹，他是香港航空公司的职员。在警察到达前几个钟头，他已乘民航机
　逃出香港，当天就到了台湾。在审问过去曾和周梓铭有过来往的人时查明，他与国民党特务
　机关有联系，该特务机关答应他破坏成功后，给他一笔优厚的报酬。从其中的证词中查明，
　周梓铭曾不止一次地向他的朋友们夸耀他曾参与了这次犯罪。证人的证词可归纳为以下几点：
　一、飞机是周梓铭破坏的。二、他曾得到许诺，可以获得 60 万港币的报酬。三、他用了一
　枚带有钟表结构的定时炸弹进行破坏。同时还证实了，周梓铭在飞机失事前后（在他到台湾
　之前）花了好几百元港币，这是一个大大超出他的正常收入的数目。据此，香港警察当局于
　1955 年 9 月 3 日发出了逮捕周梓铭的传票，宣布他的罪名是预谋杀人。但是国民党当局拒绝
　把凶手引渡给法庭惩办。他们通知驻淡水的领事说："有关当局无法处理这件事，因为香港当
　局没有法律根据。"（A.S. 卡尼克：《克什米尔公主号》，第 135—136 页。）

凯歌行进的时期（1949—1956）

产主义的言论。有人发言主张既要反对殖民主义，也要反对共产主义。有人认为中国同印度、缅甸分别签署发表的和平共处五项原则，除了和平共处以外，在国际法中并不是什么"新东西"。而"和平共处"这个词是共产党的语言，因此他反对采用。还有人对中国的政策表示怀疑，散布中国对邻国在搞"渗入和颠覆活动"。[①] 从而，使会议气氛紧张了起来。

中国代表团是本着"争取扩大世界和平统一战线，促进民族独立运动，并为建立和加强我国同若干亚非国家的事务和外交关系创造条件"的方针[②] 来到万隆的。周恩来仔细听取了每位代表的发言，对各种不同意见进行了冷静分析，为了研究和答复上述问题，决定将原来准备的发言稿作为书面发言印发给与会者，另行起草补充发言稿。19 日下午，在听完大多数国家代表的发言之后，周恩来在会上作补充发言。[③] 他开门见山地说：

"中国代表团是来求团结而不是来吵架的。我们共产党人从不讳言我们相信共产主义和认为社会主义制度是好的。但是，在这个会议上用不着来宣传个人的思想意识和各国的政治制度，虽然这种不同在我们中间显然是存在的。"

"中国代表团是来求同而不是来立异的。在我们中间有无求同的基础呢？有的。那就是亚非绝大多数国家和人民自近代以来都曾经受过、并且现在仍在受着殖民主义所造成的灾难和痛苦。这是我们大家都承认的。从解除殖民主义痛苦和灾难中找共同基础，我们就很容易互相了解和尊重，互相同情和支持，而不是互相疑虑和恐惧、互相排斥和对立。"

"我们的会议应该求同而存异。同时，会议应将这些共同愿望和要求肯定下来。这是我们中间的主要问题。我们并不要求各人放弃自己的见解，因为这是实际存在的反映。但是不应该使它妨碍我们在主要问题上达成共同的协议。我们还应在共同的基础上来互相了解和重视彼此的不同见解。"

接着，周恩来就不同的思想意识和社会制度问题、宗教信仰自由问题、所谓颠覆活动问题阐述了中国的政策。他说：

"第二次世界大战后，亚非两洲兴起了许多独立国家，一类是共产党领导

---

① 《新华月报》1955 年第 5 号，第 24—25、27 页。

② 王炳南：《中美会谈九年回顾》，世界知识出版社 1985 年版，第 44 页。

③ 《新华月报》1955 年第 5 号，第 16—17 页。

的国家；一类是民族主义者领导的国家。""我们这两类国家都是从殖民主义的统治下独立起来的，并且还在继续为完全独立而奋斗。我们有什么理由不可以互相了解和尊重、互相同情和支持呢？五项原则完全可以成为在我们中间建立友好合作和亲善睦邻关系的基础。""我们亚非会议既不要排斥任何人，为什么我们自己反倒不能互相了解、不能友好合作呢？"

"我们共产党人是无神论者，但是我们尊重有宗教信仰的人。我们希望有宗教信仰的人也应该尊重无宗教信仰的人。""中国代表团中就有虔诚的伊斯兰教的阿訇。""挑起宗教纷争的时代应该过去了，因为从挑起那种纷争中得到利益的并不是我们中间的人。"

"中国人民选择和拥护自己的政府，中国有宗教信仰自由，中国决无颠覆邻邦政府的意图。相反的，中国正在受着美国政府公言不讳地进行颠覆活动的害处。大家如果不信，可亲自或派人到中国去看。我们是容许不知真相的人怀疑的。中国俗语说：'百闻不如一见。'我们欢迎所有到会的各国代表到中国去参观，你们什么时候去都可以。我们没有竹幕，倒是别人要在我们之间施放烟幕。"

周恩来这一入情入理的发言，照顾大局善与人同的和解精神，提出的"求同存异"这一为与会者都可以接受的指导原则，使会场的气氛顿时轻松了起来，从而使会议绕过了暗礁回到正确的轨道上来。

(4) 中国愿与美国谈判

关于台湾问题，周恩来在补充发言中明确说道，本来，对于美国一手造成的台湾地区的紧张局势，我们很可以在这里提出来请求会议加以讨论。中国人民解放自己的领土台湾和沿海岛屿的要求是正义的，这完全是内政和行使自己的主权，并得到许多国家的支持。但是，我们没有这样做。因为，这样一来，就很容易使我们的会议陷入对这些问题的争论而得不到解决。

在周恩来大会发言的两天后，21日各国代表团团长组成的政治委员会开会的时候，锡兰代表团团长、总理科特拉瓦拉忽然退出了会场，单独在他的别墅里临时举行了一个记者招待会。他公开宣称台湾应该取得独立国地位。他建议把台湾托管4年或5年。他还提出同共产主义无法和平共处，要"解散共产主义团体"的主张。当时，同这位总理持类似观点的还有几个国家的代表。亚非会议再次遇到了挑战：是讨论一国内政问题还是互不干涉内政，讨论维护共同利益的问题？是讨论不同意

凯歌行进的时期（1949—1956）

识形态、不同社会制度的是非长短，还是讨论如何争取和维护独立，捍卫和平，在新兴国家的经济文化发展方面加强互助合作的问题？会议处在十字路口。

面临这一挑战，周恩来从容不迫，高屋建瓴，首先在会上简明表示中国不能同意科特拉瓦拉总理的一些言论，但不准备展开争论，并保留下次会上发表意见的权利。休会之后，周恩来就在会场找科特拉瓦拉总理单独进行了长谈，向他介绍了有关台湾问题的实际情况和中国的政策主张。这一席诚恳又坦率的交谈减少了疑虑和对立，科特拉瓦拉总理对中国的态度表示理解，同意不在会上展开争论。周恩来还分别向许多国家的代表团长耐心介绍情况，解释问题，阐述中国的政策、立场。经过深入细致的工作，争取了一位又一位国家首脑对中国立场的理解。

23 日，在印尼总理沙斯特罗阿米佐约举行的 8 国代表团团长的午宴上（东道国印尼、印度、缅甸、锡兰、巴基斯坦、菲律宾、泰国和中国），周恩来向大家专门介绍了围绕着台湾局势的两个不同性质的问题：（一）解放台湾是中国的内政，不容外国干涉；（二）台湾地区的紧张局势是美国武装干涉造成的。中国政府为了缓和这一紧张局势，愿意同美国政府举行谈判。中国不愿意同美国打仗。在朝鲜战争时期，中国曾经通过印度政府警告美国，如果美国在朝鲜的军事行动扩大，中国不能置之不理。历史的真相是美国对中国的警告置若罔闻，美国军队咄咄逼人，飞机和炮弹越过了鸭绿江，只是在这种情况下，中国志愿军才开到朝鲜战场。印度总理尼赫鲁当场证实了这些情节。从而，使有些国家的代表对美国诬蔑"中国好战"的真实背景以及中国既维护主权、又谋求和解，既坚持原则、又重视协商的立场有了新的认识。

就在这次 8 国会谈时，缅甸等国建议中国公布自己的立场。23 日下午，周恩来在 8 国代表团团长会议上就台湾地区局势问题发表声明。声明说：

"中国人民同美国人民是友好的。

中国人民不要同美国打仗。中国政府愿意同美国政府坐下来谈判，讨论和缓远东紧张局势的问题，特别是和缓台湾地区的紧张局势问题。"

中国政府总理的这一声明，在万隆、在全世界立刻博得了广泛的同情与赞赏。

（5）**历史性的文件**

为了使会议取得可能达成的最大限度的协议，与会各国都作出了各自的贡献。以周恩来为首的中国代表团自始至终贯彻了中国政府确定的求同存异、平等协商的精神，不仅同意见接近或一致的国家领导人很好地合作，而且尊重那些持不同意见的国家领导人，虚心听取他们的谈话，心平气和地交换看法，尽可能采纳各种建议，耐心寻找共同点。

关于和平共处五项原则，有人不喜欢某些措辞或写法。周恩来在政治委员会上发言说："在座的有些代表说，和平共处是共产党用的名词。那么我们可以换一个名词，而不要在这一点上发生误会。"他主动建议，采用联合国宪章序言中的提法，改用"和平相处"。他说，"这是我们应该能够同意的，我们能够站在联合国宪章的立场上来谋求和平合作"。还有人不完全同意五项原则的措辞，或者认为不止五项。周恩来发言说："写法可以修改，数目也可以增减，因为我们所寻求的是把我们的共同愿望肯定下来，以利于保障集体和平。"

会议本着这种求同存异的精神，采纳了与会各国代表的意见，终于达成了一致意见，于 4 月 24 日通过了《亚非会议最后公报》。① 公报的内容分 7 个部分：（一）经济合作，（二）文化合作，（三）人权和自决，（四）附属地人民问题，（五）其他问题，（六）促进世界和平和合作，（七）关于促进世界和平和合作的宣言。

会议宣布："殖民主义在其一切表现中是一种应当迅速予以根除的祸害"。指出争取和维护民族独立，完全结束殖民主义统治仍然是摆在当前亚非人民面前的严重任务。会议支持"人民和民族自决的原则"，并确认："自决是充分享受一切基本人权的先决条件"。会议还谴责种族隔离和种族歧视政策，支持一切反对种族歧视的斗争。会议宣布支持一些北非国家人民的自决和独立的权利，支持巴勒斯坦的阿拉伯人民的权利。

在和平共处五项原则的基础上，会议通过的《关于促进世界和平和合作宣言》提出了指导国家关系的十项原则。宣言提出：

> "各国应当在消除不信任和恐惧、彼此以信任和善意相待的情况下，在下列原则的基础上，作为和睦的邻邦彼此实行宽容，和平相处，并发展友好合作：
>
> 一、尊重基本人权、尊重联合国宪章的宗旨和原则。
>
> 二、尊重一切国家的主权和领土完整。
>
> 三、承认一切种族的平等、承认一切大小国家的平等。
>
> 四、不干预或不干涉他国内政。

---

① 《新华月报》1955 年第 5 号，第 21—23 页。

五、尊重每一国家按照联合国宪章单独地或集体地进行自卫的权利。

六、（子）不使用集体防御的安排来为任何一个大国的特殊利益服务；（丑）任何国家不对其他国家施加压力。

七、不以侵略行为或侵略威胁或使用武力来侵犯任何国家的领土完整或政治独立。

八、按照联合国宪章，通过如谈判、调停、仲裁或司法解决等和平方法以及有关方面自己选择的任何其他和平方法来解决一切国际争端。

九、促进相互的利益和合作。

十、尊重正义和国际义务。

亚非会议宣布它确信按照这些原则的友好合作对于维持和促进国际和平和安全将会作出有效的贡献，而在经济、社会和文化方面的合作将有助于促进大家的共同繁荣和福利。"

会议最后公报的一致通过表明，即使与会各国代表之间存在着意识形态和其他分歧，并且还有外来因素造成的种种隔阂和疑惧，但是，只要从亚非人民的共同利益出发，以亚非各国团结反殖的事业为重，本着求同存异的精神进行友好协商，他们就能够为维护和平和促进友好合作作出贡献。因此，亚非会议的成功，可以说是求同存异精神的重大胜利。它为世界其他地区探讨解决共同问题树立了一个范例。

在闭幕会议上，各国代表对一致通过的会议公报作了高度评价[①]：

阿富汗副首相兼外交大臣萨达尔·穆罕默德·纳伊姆汗说，我们怀着很大的希望来参加这个会议，我很高兴地说，我们怀着更大的希望离开这里。他说："这种建立在世界一大部分地区合作的基础上的、得到世界大多数人民支持的贡献，无疑地配得上人们认为它具有的历史意义。"

缅甸总理吴努说："在这个为猜疑和误解所包围的纷争的世界上，在它的任一地区取得些微的谅解，都必须认为是个进步。""无庸讳言，会议有时陷入看来似乎是僵持的局面，但是，各位卓越的代表所表现的稳健、忍耐、坚韧和熟练的技巧，使我们得以找到脱离这种局面的途径和寻求一致的基础。从这个意义上讲，这次会议正是和平共处的具体表现。"

埃及总理纳赛尔说："我们的会议已经取得了巨大的成就。因为在我们的

[①] 《新华月报》1955 年第 5 期，第 25—27 页。

会议作出的决议中所表现出的团结和和谐将大大有助于国际和平和合作。各代表团的忍耐与和解的精神帮助我们的讨论避免分歧而走上友好和建设性的道路。"

印度总理尼赫鲁说，这个会议是亚非历史上的新的一章。

会议主席、印尼总理阿里·沙斯特罗阿米佐约在闭幕词中说："如果我把我们的联合公报称为一个具有历史意义的文件的话，这是因为我们可以期望我们的意见不单受到我们两洲的重视，而且还受到全世界的重视。""我十分虔诚地希望，当世界其余地区对我们的决议加以适当的注意的时候，他们也将表现我们这次会议所表现的同样令人钦佩的具有善意、容忍、节制和智慧的精神。"他最后说："愿我们在我们已经共同采取的道路上继续前进，并愿万隆会议成为指引亚洲和非洲的进步前途的灯塔。"

四　中美会谈

（1）开辟接触渠道

中美接触的大门是在 1954 年日内瓦会议期间打开的。

朝鲜战争停战以后，中美关系仍然十分紧张，尖锐对立。美国敌视中国的僵硬态度，从美国国务卿杜勒斯规定参加日内瓦会议的美国代表团，不论谁都不准同中国代表团的人握手这条纪律中可见一斑。但是，美国也有一桩心事要和中国交涉，即美国的一批在朝鲜战场上被俘的军人和在中国犯了罪的平民尚关押在中国。美国公众舆论对此反应十分强烈，认为这些在押人员的命运受到了美国政府僵硬的对华政策的摆布，他们将成为这种政策的牺牲品。美国政府受到了很大的压力。在美国统治集团内也有人对其政府敌视中国的僵硬态度不满。

日内瓦会议初期，在杜勒斯未抵日内瓦前，苏联外长莫洛托夫宴请美国代表团。在私下谈话时，美国代表团副团长、副国务卿史密斯流露出一种批评美国政府的看法，他觉得美国对中国实行敌对政策是不现实的。莫洛托夫及时地向周恩来通报了这一情况，并说，史密斯在二次大战中是美国在欧洲作战的将军，很有地位，他的这种观点，值得重视。5 月 3 日杜勒斯返回美国后，史密斯为美国代表团团长。会议快要结束前，史密斯有一天在酒吧间端着酒，主动找中国代表团首席代表周恩来的翻译浦寿昌攀谈，讲了许多友好的话。这在敌对的两个代表团来说是不寻

凯歌行进的时期（1949—1956）

常的。中国代表团很重视史密斯这一举动。周恩来说："好啊，既然史密斯愿意而且敢于同我们接触，那明天休息时，我也找他谈谈。"第二天会间休息时，周恩来在酒吧间向史密斯走去，并要向他伸出手时，史密斯左手拿着雪茄，右手急忙端起咖啡，表示无法握手，他笑容可掬地和周恩来打招呼，从中国的古老文明到中国瓷器，客客气气聊了一阵子，又讲了一些好话。会议结束的最后一天，又是休息时，周恩来正和别人聊天，史密斯微笑着主动凑上来同周恩来交谈。他说："会议即将结束，能够在这里和你认识，我感到非常荣幸和高兴。你们在这次会议上发挥了很大的作用。我们希望不管朝鲜也好，越南也好，都能恢复和平。"说完，他抓住周恩来的胳臂摇晃了几下，笑眯眯地走开了。这样，史密斯既遵守了杜勒斯规定不握手的纪律，又聪明地用摇胳臂的方式表达了他对周恩来的钦佩。①

尽管美国统治集团中以杜勒斯为代表的顽固势力坚持对中国采取敌视政策，但美国政府在国内公众舆论的压力下，又想要回被扣留在中国的美国人。当时英国已和中国建立了代办级外交关系，它受托于美国，照管美国的在华利益。这时，美国企图既能要求遣回那些在华人员，又不同中国政府直接接触，以免造成承认中华人民共和国的既成事实。于是，日内瓦会议期间，美国政府决定通过参加会议的英国驻北京代办汉弗莱·杜维廉来接手办理美国在华被押人员问题。

中国代表团得到这个消息后，周恩来连夜召集代表团研究如何对待这个问题。周恩来认为我们不应该拒绝和美国接触。在中美关系如此紧张，美国对华政策如此

---

① 美国前总统尼克松在《领袖们》一书中说："1954 年，在讨论越南问题的日内瓦会议上发生的一件事……碰巧在一天上午的会议前夕，杜勒斯与周恩来都提前到达了，而且相遇了，周恩来伸出手来，准备握手，杜勒斯却一摇脑袋，走出房间，使这位中国外长受了侮辱。"对此，当年参加日内瓦会议的中国代表团秘书长王炳南在《中美会谈九年回顾》中作了澄清。他说："有人说，在日内瓦期间，周恩来总理要同杜勒斯握手，被杜勒斯拒绝了。实际上并没有发生过这样的事。在整个会议期间，我始终在周总理左右。开会时，每次都是我陪着周总理进入会场。……会场座位是按每个国家的英文名称的第一个字母排列的。中国 CHINA，C 在前，美国 USA，U 排在后，和苏联代表团在一起，距离我们很远，国联大厦会议大厅有好几个入口处，我们同美国代表团不是从同一门进入会场，不可能碰在一起。会议中间有 15 分钟的休息……我们代表团从不和美国代表团聚在一起。而且，当时总理非常审慎和严谨。杜勒斯是坚决反共的头子，总理从来就没想去和他握手。因此无论从客观和主观都不存在总理主动去握手而遭到拒绝的可能。在一些美国人的回忆录中，甚至在尼克松和基辛格的回忆录里都写到此事，实际上是以讹传讹。"

敌对和僵硬的条件下，我们可以抓住美国急于要求在华的被押人员获释的愿望，开辟接触的渠道。于是，中国代表团决定告诉英国代办，现在中美双方都有代表团在日内瓦开会，有关中美双方的问题可以由两个代表团进行接触，没有必要通过英国作为第三者插手。5 月 26 日，中国代表团发言人黄华向新华社、塔斯社、路透社、美联社、合众社、法新社、国际新闻社等通讯社记者发表关于美国政府无理扣押中国侨民和留学生的谈话，而且表示，中国愿意就被押人员问题同美国举行直接谈判。

美国统治集团也想要摸摸中国政府的情况。杜勒斯尽管外表上激烈反共，内心却有兴趣探索同中国缓和紧张关系以及使在押人员获释的可能途径。当时美国的一些盟国认为，中、美双方如能接近一些，将会促进太平洋地区的和平。在美国内外都希望中美进行接触的气氛下，美国政府同意中美两国代表会晤。

这样，在中美之间的巨大鸿沟上终于架起了一座中、美官员接触的桥梁。

（2）初步商谈

通过英国代办杜维廉的安排，中美两国代表就两国侨民问题于 1954 年 6 月 5 日至 21 日举行了初步商谈。中国政府指定王炳南为代表；美国政府指派当时美国驻捷克斯洛伐克大使 A. 约翰逊为代表。

6 月 5 日举行第一次会谈，双方商定了会谈的方式。10 日第二次会谈时，约翰逊提交了美方认为是被中国政府拘留的美国侨民与军人的名单，要求中国方面给予这些人早日回国的机会。王炳南答复说："只要双方都有解决问题的诚意，这个问题是不难解决的。""在中国的美国侨民，只要遵守中国的法律，是会得到保护的。他们可以在中国境内居留，从事合法的职业。如果他们为了某种原因要离开中国回美国去，只要他们没有未了的刑事案件或民事案件，他们随时都可以走。实际上，从中华人民共和国成立以来，已经有 1，485 名美国侨民离开了中国。至于极少数美国人在中国从事间谍和破坏活动，他们被扣押是罪有应得的。你方交来的名单，我们将进行研究并将在下次会谈中答复你们。关于美国政府扣留的中国留学生问题，我们准备在下次会谈中提出。"

在 6 月 15 日第三次会谈时，王炳南答复说，中国方面同意因犯罪而被扣押的美国侨民和军事人员通过中国红十字会与他们的家属通信，他们的家属也可以邮寄小包裹。中国政府是按他们所犯的罪来量刑的。判刑后，如罪犯表现好，中国政府可以考虑减刑或提前释放。我们曾经这样做过。至于约翰逊先生上次会谈中交来的名单，一经中国代表团收到这些人员的材料，当与美国约期会谈。接着，王炳南严正指出：中国现在有 5，000 多名留学生在美国，有不少留学生要求回国，但遭到美方的百般刁难。当他们向美国政府申请离境时，美国政府却通知他们不得离开，甚至威胁说，谁要违反这一命令，将被判处 5，000 美元以下罚款或者 5 年以下徒刑，或者同时予以两种处罚。这是毫无道理的。约翰逊表示，扣留中国的学者完全是按美国的法律行事的。在朝鲜战争期间，美国政府确曾发布过一道命令，规定凡高级物理学家，其中包括受过像火箭、原子能以及武器设计这一类教育的中国人，都不准离开美国。王炳南对此表示，这条无理的规定应予废除。

6 月 21 日，举行第四次会谈。王炳南首先建议双方起草一个联合公报，宣布住在一方的对方守法侨民和留学生将具有返回祖国的完全自由，并建议在相互平等的基础上由第三国代管双方侨民和留学生的利益，中方的合理建议，遭到美方的顽固拒绝。约翰逊说，美国政府将单独发表声明，肯定中国侨民依照美国的法律和规章，有完全自由到他们愿意去的任何地方。所谓"依照美国的法律和规章"，实际上就是不肯放中国留学生回国。此后，7 月 16 日和 21 日，双方派联络员又接触了两次。中方代表是外交部科长浦山，美方代表是国务院中国司政治事务官艾尔弗雷德·詹金斯。双方审核了各自提交的名单。中方代表向美方提出 6 名已经获准出境的在华美侨的名单，同时要求美方提供在美的中国侨民和留学生情况，并再次询问美方是否同意中国方面在上几次会议中提出的请第三国使节代管双方侨民利益的建议。美方代表用外交辞令对中国批准 6 名美侨出境表示感谢，但他没有进一步提供有关在美的中国侨民和留学生的新情况，并再次拒绝了中方关于第三国代管双方侨民利益的建议。

日内瓦的初步商谈，虽没有取得什么积极的结果，但终究是打开了在没有正式外交关系的情况下表达双方意见的通道，成了后来中美大使会谈的前奏。

（3）一定要解放台湾

日内瓦会议以后，国际形势由紧张趋向缓和。但美国为使其侵占台湾的行为合法化，以台湾为基地扩大对中国的军事对抗和准备新的战争，开始积极筹划同蒋介石集团搞一个所谓"共同防御条约"。中共中央研究了这一时期的形势，认为必须击破美蒋的军事和政治联合，决定向全国、全世界提出"解放台湾"的口号。

1954 年 8 月 1 日，人民革命军事委员会总政治部举行中国人民解放军"八一"建军 27 周年纪念大会，朱德总司令在会上讲话。他指出：台湾自古以来就是我国的领土，中国人民一定要解放台湾。他要求中国人民解放军陆、海、空军全体指战员，加强政治、军事训练，熟练手中武器和诸兵种协同作战，加速国防现代化的建设，提高警惕性，经常保持战斗准备，在前线英勇作战，为解放台湾、保卫祖国而奋斗。① 8 月 11 日，中央人民政府委员会第 33 次会议通过《关于批准政务院总理兼外交部长周恩来的外交报告的决议》，号召全国人民和中国人民解放军，从各方面加强工作，为解放台湾、消灭蒋介石卖国集团，以最后完成我中国人民的神圣解放事业而奋斗。② 8 月 22 日，中国人民政协全国委员会、中国共产党、中国国民党革命委员会、中国民主同盟等 19 个党派和团体发表《中华人民共和国各民主党派各人民团体为解放台湾联合宣言》，严正地向全世界宣告：台湾是中国的领土，中国人民一定要解放台湾。宣言指出：中国人民是爱好和平的。中华人民共和国一贯执行和平政策。周恩来总理兼外交部部长在 1954 年 8 月 11 日的外交报告中说过："中国没有侵略别国领土的意图，也决不容忍别国侵略中国的领土。中国没有侵犯别国主权的意图，也决不容忍别国侵犯中国的主权。中国没有干涉别国内政的意图，也决不容忍别国干涉中国的内政。中国决不威胁别国的安全，也决不容忍别国威胁中国的安全。"这是我们中国 6 万万人民的共同意志。台湾是中国领土不可分割的一部分，决不容许美国侵占，也决不容许联合国托管。解放台湾，是行使中国的主权，是中国的内政，决不容许任何外国干涉。如果外国侵略者敢于阻挠中国人民解放台湾，那就是干涉中国的内政，侵犯中国的主权，破坏中国的领土完整，他们必须承担这一侵略行为的一切严重后果。③

12 月 2 日，美国政府和蒋介石集团在华盛顿签订所谓《共同防御条约》，公然声称："为期更有效达成本条约之目的起见，缔约国将个别并联合以自助及互助之方式维持并发展其个别及集体之能力，以抵抗武装攻击及由国外指挥之危害其领土完整与政治安定之共党颠覆活动。""中华民国政府给予，美利坚合众国接受，依共同协议之决定在台湾、澎湖及其附近为其防卫所需要而部署美国陆海空军之权利。"④ 其实质就是使美国侵占台湾合法化，并企图依靠美国的武装力量阻挠中国人民解放台湾。

---

① 《新华月报》1954 年第 9 号，第 16 页。

② 《新华月报》1954 年第 9 号，第 11 页。

③ 《新华月报》1954 年第 9 号，第 3 页。

④ 《新华月报》1955 年第 1 号，第 67—68 页。

凯歌行进的时期（1949—1956）

　　12 月 8 日，周恩来发表《关于美蒋〈共同防御条约〉的声明》，深刻揭露了这个条约的本质，指出这个条约是非法的，我们绝不承认。声明郑重宣告：中国人民热烈地要求和平，但是决不会拿自己的领土和主权作代价乞求和平。中国人民懂得，只有反抗侵略，才能保卫和平。[①] 为了表示中国人民解放台湾的决心，为了打击美蒋的"防御条约"，1955 年 1 月 18 日中国人民解放军一举解放江山岛；2 月 13 日又解放了大陈岛。1954 年年底，中国政府又扣押了 13 名在中国从事破坏活动的美国间谍。

　　在此情况下，美国政府要求联合国出面"斡旋"。1955 年 1 月，在美国指使下，联合国秘书长哈马舍尔德通过印度，征得中国政府同意后以他个人名义访华，以试探中国将如何判处 13 名美国间谍案以及其他情况。周恩来向哈马舍尔德指出，联合国在中国代表权问题和朝鲜战争问题上的立场是不公正的。同时指出，是美国跑到远东来制造紧张局势，美国应停止干涉中国内政，从台湾和台湾海峡撤走军队。亚非会议期间，周恩来发表"中国政府愿意同美国政府坐下来谈判"的声明以后，许多中立国，特别是参加亚非会议的广大国家，都向美国施加压力，希望美国能同中国政府直接谈判。美国也想找机会缓和一下中美之间的紧张关系，以安抚国内舆论在被押人员和间谍案问题上对美国国务院的指责。于是，7 月 13 日，美国政府通过英国向中国政府建议，中美双方互派大使级代表在日内瓦举行会谈。

　　（4）"要回了一个钱学森"

　　为指导中美会谈，研究会谈中的对策，在周恩来直接领导下外交部成立了中美会谈指导小组。章汉夫任组长，乔冠华任副组长，董越千任秘书长。中国政府任命驻波兰大使王炳南为首席代表，美国政府任命驻捷克斯洛伐克大使约翰逊为首席代表。

　　1955 年 8 月 1 日，中美大使级会谈在日内瓦国联大厦举行首次会谈。为表示中国政府的诚意，王炳南首先宣读了中国政府释放 11 名美国间谍的声明。约翰逊向中方表示了谢意。接着双方商谈会谈议程。中方认为，会谈应着重讨论台湾问题以及安排杜勒斯国务卿和周恩来总理直接会谈和建立两国的文化联系等实质性问题。美方则只想先要回扣押在中国的美国人，并要求中国保证不对台湾使用武力。为使会谈先开起来，双方达成会谈议程的协议：（一）遣返双方侨民问题；（二）双

---

① 《新华月报》1955 年第 1 号，第 59—60 页。

方有争执的其他实际问题。同时确定 8 月 2 日继续举行会谈。第 2 次会谈，双方提出了遣侨名单。中方提出的名单中包括有钱学森（1955 年 6 月，钱学森在一封给国内的家信中夹带了给陈叔通副委员长的信，信里要求政府帮助他早日回国。周恩来当即将信转给王炳南）。中方还提出授权印度作为第三国关照在美国的中国公民的利益。美方提出休会一天，以便请示国务院。

在第 3 次会谈中，美方要求中方立即无条件地让所有在中国的美国人离境，以便为进入第 2 项议程的讨论扫清道路。中方认为如何处理美国在华被押人员的问题是会谈的内容，决不是继续会谈的条件。中方郑重重申了对遣返中国留学生和侨民的立场，同时提出，美国必须立即释放那些被无辜监禁的所有中国人，使他们有机会返回祖国。

由于美方的顽固态度，会谈迟迟无法取得积极成果。为使中美会谈不在一个问题上纠缠，尽快地进入实质性会谈，中国政府指示王炳南大使于 9 月 10 日向美方代表宣布，中国有关当局对在华的 12 名美国人的复查已经结束，他们可以获准出境。由于中国方面的主动，并在一些具体问题上作了适当的让步，9 月 10 日中美会谈终于达成了一个协议——《中华人民共和国和美利坚合众国两国大使协议的声明》。协议采用各自表述的方法声明如下：

"中华人民共和国（美利坚合众国）承认在中华人民共和国的美国人愿意返回美利坚合众国者（承认在美利坚合众国的中国人愿意返回中华人民共和国者），享有返回的权利，并宣布已经采取且将继续采取适当措施，使他们能够尽速行使其返回的权利。"

9 月 20 日，中美会谈进入第 2 阶段，即讨论其他实质性问题。美方先是企图绕开台湾问题，在遭到中方拒绝后又提出双方保证在台湾问题上不诉诸武力的问题。中方明确阐明：台湾问题有两个方面。一方面，美国侵占台湾已经成为国际争端，美国在台湾的军事存在，是针对中华人民共和国的，美国应该放弃对中国使用武力，从台湾和台湾海峡撤出它的一切武装力量；另一方面，从中国来说，台湾是中国不可分割的领土，中国人民愿用什么方式解放台湾，这是中国的内政，美国无权干涉，无权要求中国政府不使用武力。这两方面的问题是不能混淆的。由于美方毫无诚意，第二项议程的会谈长期停滞不前。中美大使级会谈终于成了历时长久的马拉松式的谈判，双方除就平民回国问题达成一项协议外，在涉及中美关系的一切实质问题上皆无结果。

20 世纪 50 年代末，周恩来在一次会议上说，中美大使级会谈至今虽然没有取得实质性成果，但我们毕竟就两国侨民问题进行了具体的建设性的接触，我们要回了一个钱学森 ①。单就这件事来说，会谈也是值得的，有价值的。

五　扩大建交

从日内瓦会议到万隆会议，中国政府代表团在周恩来总理兼外长领导下，根据中共中央确定的加强外交活动，促进国际紧张局势的缓和，和争取扩大世界和平统一战线，为建立和加强我国同若干亚非国家的事务和外交关系创造条件的方针，在国际舞台上积极开展和平友好的外交活动，在坚持原则立场的同时采取灵活的态度和政策，使和平共处五项原则被越来越多的国家所接受，使更多的国家领导人对新中国有了直接的了解。

万隆会议期间，中国政府和印尼政府在 4 月 22 日签订了《中华人民共和国和印度尼西亚共和国关于双重国籍问题的条约》。条约规定："缔约双方同意凡属同时具有中华人民共和国国籍和印度尼西亚共和国国籍的人都应根据本人自愿的原则就中华人民共和国国籍和印度尼西亚共和国国籍中选择一种国籍。"从而解决了历史遗留的不合理的双重国籍问题。条约签字后，印尼外长苏纳约发表讲话说："这是亚非国家关系上的历史事件。"周恩来在讲话中指出：

"印度尼西亚共和国和我国历来保持着和睦的关系，我们两国之间一向是互相尊重，友好相处。双重国籍问题是旧时代遗留给我们的问题，现在中华人民共和国和印度尼西亚共和国根据平等互利和互相尊重的原则，经过友好谈判，获得了合理的解决。

我们知道还有一些国家同样关心这个问题。这个问题能在亚非会议期间获得解决，是有重要意义的。这是我们亚洲和非洲各国之间以友好协商的精神解决繁难问题的又一个良好的事例。

---

① 钱学森是火箭专家、美国加利福尼亚州理工学院教授，曾经帮助制造了美国的第一枚导弹。他是文职人员，在研制导弹时获得美国陆军上校军衔。美国政府由于害怕这位洲际弹道导弹专家回到由共产党执政的祖国——中华人民共和国，把他扣留了 5 年之久。在中美大使级会谈于 1955 年 9 月 10 日达成协议后，9 月 17 日钱学森偕同妻子蒋英和两个孩子，乘"克利夫兰总统号"轮船离开美国回国。

我保证，中华人民共和国政府将坚决执行今天签订的条约。我希望，由于过去的历史所造成的持有双重国籍的具有中国血统的人们，根据自愿原则选择了他们的国籍之后，将严格遵守这条约的内容和精神，并加重他们对其所选择的国家的责任感。我希望，无论是选择中华人民共和国国籍或选择印度尼西亚共和国国籍的人们，将会为促进中华人民共和国和印度尼西亚共和国的友好睦邻关系共同努力。"[1]

中国和印尼关于双重国籍问题条约的签订和周恩来的讲话，不仅有力地击破了帝国主义关于中国利用华侨搞"渗入和颠覆活动"的恶意中伤，也澄清了不少国家领导人对中国的疑惧和误解。

以上这一系列的外交活动，为我国的外交工作打开了新的局面。从 1954 年到 1956 年，先后又有英国、挪威、荷兰、南斯拉夫、阿富汗、尼泊尔、埃及、叙利亚、也门等 9 国与我国建立外交关系。其中英国、荷兰为代办级关系。在此期间，中国和芬兰、瑞士、丹麦 3 国的关系则由公使级升格为大使级。早在 1952 年 10 月就同我国建立了贸易关系的锡兰，也于 1957 年 2 月同我国建立大使级外交关系。1956 年 2 月，当时还没有同我国建交的柬埔寨王国诺罗敦西哈努克亲王应周恩来总理的邀请来我国进行了友好访问；同年 8 月，处于同样情况的老挝王国首相梭发那·富马亲王也应邀前来我国访问。中柬、中老都发表了确认五项原则（潘查希拉）的联合声明。柬埔寨王国于 1958 年 7 月同我国正式建交。同年 8 月，伊拉克也同我国建立了外交关系。至此，同我国建立外交关系的国家达到 31 国。

所有这些，都是这一时期我国和平外交的积极成果。

---

[1]　条约和讲话均见《新华月报》1955 年第 5 号，第 92—94 页。

「關於胡風反革命集團的材料」的

序言

1955 年 5 月 13 日、24 日和 6 月 10 日，《人民日报》分 3 批刊登了《关于胡风反革命集团的材料》，毛泽东写了序言和按语。对胡风的思想批判演变成了政治上、组织上的"肃清胡风反革命集团"运动，从而造成了一桩错案。

第八章
反胡风和"潘、杨事件"

关于国内思想领域和政治领域阶级斗争的状况，中共中央在 1955 年 1 月和 7 月先后作过如下的估计和分析。[①]

一说："对俞平伯《红楼梦研究》的错误思想的批判已告一段落，对胡适派思想的批判已经初步展开，对胡风及其一派的文艺思想的批判亦将展开。这些思想斗争有极其重要的意义……思想战线是社会主义革命中的一条极端重要的战线，不加强这条战线，不首先在这条战线上取得胜利，就不能保证在实际斗争中取得社会主义的胜利。"

二说："胡风的文艺思想，是资产阶级唯心论的错误思想，他披着'马克思主义'的外衣，在长时期内进行着反党反人民的斗争"。

三说："随着我国社会主义事业的进展，阶级斗争必然日益尖锐化和复杂化，高岗、饶漱石事件，潘汉年、杨帆事件，胡风事件，就是这种阶级斗争状况的反映。这些事件表明，帝国主义，蒋介石集团和资产阶级中的反动分子，正在采取各式各样的斗争方式，加紧进行他们反革命的阴谋破坏活动。……高饶反党集团企图篡夺党和国家的最高权力；潘杨反革命集团主要在公安机关这样一个要害部门里同我们进行斗争；胡风反革命集团企图从思想战线文艺战线上来推翻党的领导。"

[①]《中共党史教学参考资料》第 20 册，第 459、461 页；第 21 册，第 45—46 页。

凯歌行进的时期（1949—1956）

如同中共十一届三中全会以后中共中央在纠正历史上的冤假错案时指出的那样，当时对国内阶级斗争形势的估计与实际状况是不相符合的。因而造成了用错误的方法来处理不同的学术观点问题，以致混淆了是非界限和敌我界限。

一 支持"小人物"批评"大人物"

（1）红学家俞平伯

俞平伯，原名俞铭衡，1900 年生。他早年积极参加新文化运动。1919 年从北京大学文科毕业后，先后在上海、北京等地大学任教。1922 年他同朱自清、郑振铎、叶圣陶、刘延陵等创办的《诗》月刊，是"五四"以后最早出现的诗刊。他是当时著名的新诗人之一，稍后又是闻名文坛的散文小品作家。在革命的艰苦年代，俞平伯就接受了中国共产党的领导，是一位进步的爱国学者。抗战时期，日伪办的北京大学多次邀请他去任教，他断然拒绝。抗战胜利前夕，王昆仑、许宝驹、王炳南等著名人士在重庆秘密建立"中国民主革命同盟"（简称"小民革"，是共产党的外围组织），他当即参加了这个革命组织。解放战争时期，他积极地参加反饥饿斗争。

俞平伯研究《红楼梦》开始于 1921 年。1922 年写成《红楼梦辨》，1923 年由上海亚东图书馆出版，与胡适的《红楼梦考证改定稿》并称为"新红学"的代表作。解放后，他将此书删改、增订，易名《红楼梦研究》于 1952 年由棠棣出版社出版。1954 年，他在香港大公报连载发表近 10 万言的《读红楼梦随笔》，在《新建设》上发表了他研究《红楼梦》成果的总结性文章《红楼梦简论》。俞平伯的《红楼梦研究》出版后，《文艺报》于 1953 年第 9 号"新书刊"栏目内作了报道，推荐说："研究《红楼梦》，向来有一个诨名，叫作'红学'。过去所有红学家都戴了有色眼镜，做了许多索隐，全是牵强附会，捕风捉影。《红楼梦研究》一书做了细密的考证、校勘，扫除了过去'红学'的一切梦呓，这是很大的功绩"。

（2）两位青年的评论

《红楼梦》是一部伟大的现实主义小说，它出世以后，即获得了广大读者的热爱和社会上的强烈反响。研究《红楼梦》成了专门学问，称为"红学"。"旧红学"的"索隐派"把《红楼梦》看成是影射清朝人物事件和清朝政治的，滥加猜度附会。新红学派批评了"索隐派""不去搜求那些可以考定《红楼梦》的著者、时代、版本等等材料,却去收罗许多不相干的零碎史事来附会《红楼梦》的情节",改变了研究的方法,即采用杜威的实验主义方法,求证的结果,认为《红楼梦》是作者的"自叙传"。这方面的代表作是胡适的《红楼梦考证》。俞平伯的《红楼梦辨》,原来也是持此"中心观念",但"有时也微持异议"。如他说,"曹雪芹此书虽纪实事,却也不全是信史","虽是以真事为蓝本,但究竟是部小说,我们却当他一部信史看,不免有些傻气"。1925年,他在《〈红楼梦辨〉的修正》(载《现代评论》1卷9期)中,明确表示不同意胡适的"自叙传"说。他说,"我以为文艺的内涵——无论写实与否——必须决定于作者生平的经验,同时,我又以为这个必非作者生平经验的重现,无论其作风偏于写实"。他认为文学创作是"经验的重构","既同出于经验里,又非同经验的重现",经验在创作中是"复合错综的映现,而非单纯的回现","一切文学皆为新生的,而非再生的"。这是"没有例外"的"通则"。"此通则应用于《红楼梦》的研究",说"取材"于曹家"可以讲得通",若说贾即是曹,一人一事的去附会,"这何以异于影射?何以异于猜笨谜?"实和"索隐派""用的是相似的方法"。1953年10月,俞平伯在《〈红楼梦〉的著作年代》中说,"自1923年《红楼梦辨》出版以后,我一直反对那'刻舟求剑','胶柱鼓瑟'的考据法,因而我对这旧版自己十分不满。""现在还通行的自传说","实有重新考虑的必要"。

　　1953年9月至10月,中国文学艺术工作者举行了第二次代表大会。根据过渡时期总路线的精神,大会提出,作为思想战线上重要一翼的文学艺术,在过渡时期中的基本任务,就是要以文学艺术的方法来促进人民生活中社会主义因素的发展,反对一切阻碍历史前进的力量,帮助社会主义基础的逐步增强和巩固,帮助社会主义改造事业的逐步完成。据此,大会认为,应将社会主义现实主义确定为过渡时期我国文艺创作和批评的最高准则。

　　李希凡、蓝翎两位青年作者在上述精神指导下,于1954年9、10月间,先后在山东大学学报《文史哲》和《光明日报》发表《关于〈红楼梦简论〉及其他》、《评〈红楼梦研究〉》两篇文章[1],对俞平伯的红学观点和研究方法提出了批评。李、蓝在文中对俞作的总的评价是:

　　"俞平伯先生的《红楼梦简论》,就红楼梦的'传统性''独创性'和著书情况作了全面的分析和介绍。其中某些见解和方法,较之他的《红楼梦研究》一书向前

---

[1]《新华月报》1954年第11号,第226—236页。

跨进了一步，但评价红楼梦的基本观点仍旧是前书的继续与发挥。"

"俞平伯先生在《红楼梦研究》中对旧红学进行了批判，在《红楼梦简论》中也曾对近年来把《红楼梦》完全看成作者家事的新考证学派进行了批评，这些批评自然都有一定的价值。但是，我们也不能不指出，从《红楼梦研究》到《红楼梦简论》，俞先生研究《红楼梦》的观点与方法基本上没有脱离旧红学家们的窠臼，并在《简论》一文中更进一步地加以发挥。"

李、蓝对俞作的具体意见：一是认为"俞平伯先生未能从现实生活的发展规律去探讨《红楼梦》鲜明的反封建的倾向，而迷惑于作品的个别章节和作者对某些问题的态度，所以只能得出模棱两可的结论。"二是认为"俞平伯先生离开了现实主义的批评原则，离开了明确的阶级观点，从抽象的艺术观点出发……对他所谓的《红楼梦》的'怨而不怒'的风格大肆赞扬，实质上是企图减低《红楼梦》反封建的现实意义。"三是认为"俞平伯先生不但否认《红楼梦》鲜明的倾向性，同时也否认它是一部现实主义作品"。"俞平伯先生很明白地确认过《红楼梦》的主要观念是色空"。"总之，俞先生是以反现实主义的唯心论的观点分析和批评了《红楼梦》。"

李、蓝对俞平伯研究《红楼梦》的观点和方法提出自己的意见，应该说是正常的不同学术观点的论争。作为青年作者，在当时敢于向红学权威提出挑战，这种精神是可贵的。也确实提出了一些值得研究的问题。

（3）毛泽东的一封信

李希凡、蓝翎上述两篇评论的发表，是经过了一些波折的。《文艺报》在 1954 年第 18 期转载《关于〈红楼梦简论〉及其他》一文时曾写了一段编者按语[①]，指出："这篇文章……的作者是两个在开始研究中国古典文学的青年，他们试着从科学的观点对俞平伯先生在《红楼梦简论》一文中的观点提出了批评，我们觉得这是值得引起大家注意的。因此，征得作者的同意，把它转载在这里。希望引起大家讨论，使我们对《红楼梦》这部伟大杰作有更深刻和更正确的了解。"又说："作者的意见显然还有不够周密和不够全面的地方，但他们这样地去认识《红楼梦》，在基本上是正确的。只有大家来继续深入地研究，才能使我们的了解更深刻和周密，认识也更全面，而且不仅关于《红楼梦》，同时也关于我国一切优秀的古典文学作品。"

毛泽东对李、蓝批评俞平伯的文章极为重视，专就此事于 1954 年 10 月 16 日

---

① 《新华月报》1954 年第 11 号，第 226 页。

给中共中央政治局和其他有关同志写了一封信。① 信中说：

> "驳俞平伯的两篇文章附上，请一阅。这是三十多年以来向所谓《红楼梦》研究权威作家的错误观点的第一次认真的开火。……看样子，这个反对在古典文学领域毒害青年三十余年的胡适派资产阶级唯心论的斗争，也许可以开展起来了。事情是两个'小人物'做起来的，而'大人物'往往不注意，并往往加以拦阻，他们同资产阶级作家在唯心论方面讲统一战线，甘心作资产阶级的俘虏，这同影片《清宫秘史》和《武训传》放映时候的情形几乎是相同的。被人称为爱国主义影片而实际是卖国主义影片的《清宫秘史》，在全国放映之后，至今没有被批判。《武训传》虽然批判了，却至今没有引出教训，又出现了容忍俞平伯唯心论和阻拦'小人物'的很有生气的批判文章的奇怪事情，这是值得我们注意的。"

> "俞平伯这一类资产阶级知识分子，当然是应当对他们采取团结态度的，但应当批判他们的毒害青年的错误思想，不应当对他们投降。"

这是继对电影《武训传》批判以后，又一次把文学艺术领域的不同学术观点提到政治问题的领域，被认为是无产阶级同资产阶级在思想战线的一场严重斗争，而《文艺报》的编者按则被认为是党内出现的向资产阶级投降的代表作。

10 月 24 日，中国作家协会古典文学部召开《红楼梦》研究座谈会；10 月 31 日至 12 月 8 日期间，中国文联主席团和中国作协主席团举行扩大联席会议，传达学习讨论了毛泽东这封信的精神，作出了相应的决议。11 月 8 日《光明日报》登载郭沫若《关于文化学术界应开展反对资产阶级错误思想的斗争对光明日报记者的谈话》；12 月 8 日在文联和作协两主席团扩大联席会议上郭沫若《三点建议》和周扬《我们必须战斗》的发言，都是对这封信的精神所作的阐述并对如何贯彻作了部署。②

郭沫若指出，由俞平伯研究《红楼梦》的错误观点所引起的讨论，是当前文化学术的一个重大事件。他说："这不仅仅是对于俞平伯本人、或者对于有关《红楼梦》研究进行讨论和批判的问题，而应该看作是马克思列宁主义思想与资产阶级唯心论思想的斗争；这是一场严重的思想斗争。"他希望文化学术界能够很好地来开

---

① 《毛泽东文集》第 6 卷，人民出版社 1999 年版，第 352—353 页。

② 《新华月报》1954 年第 11 号，第 225 页；第 12 号，第 208—209 页；1955 年第 1 号，第 269—281 页。

凯歌行进的时期（1949—1956）

展这个问题的讨论，"讨论的范围要广泛，应当不限于古典文学研究的一方面，而应当把文化学术的一切部门都包括进去；在文化学术界的广大的领域中，无论是在历史学、哲学、经济学、建筑艺术、语言学、教育学乃至于自然科学的各部门，都应当来开展这个思想斗争。作家们、科学家们、文学研究工作者、报纸杂志的编辑人员，都应当毫无例外地参加到这个斗争中来。"

周扬说："文艺上的思想倾向的斗争总是反映阶级斗争的过程的。从 1949 年中国人民民主革命胜利后，我们的国家就进入了社会主义改造、即社会主义革命的新的历史阶段。对资产阶级唯心论及其在文艺上的反现实主义倾向的斗争就成为思想战线上一个比以前更加迫切的严重的任务。""假如说电影《武训传》的批判关涉到如何正确地对待中国人民的革命传统的问题，那么，对俞平伯的《红楼梦研究》的批判就关涉到如何正确地对待中国人民的文化遗产的问题。……批判地接受旧的遗产，这就是我们建设新的文化的出发点。因此，我们决不能容忍资产阶级学者、作家用唯心论的观点来曲解和贬低我们祖国文学遗产的真正价值以及对这些遗产采取诽谤的虚无主义的立场。""我们要用马克思主义观点来解释和研究古典文学作品，阐明它们的真正价值，就必须对资产阶级唯心论的各种表现进行斗争。正确地继承自己民族文化的一切优良传统，在整个思想战线上树立批判的旗帜，这就是目前思想工作和文艺工作中一项十分重要的任务。""从这次思想批判运动中我们大家都感到过去文艺战线上没有斗争的风平浪静的状态并不是一种正常的现象，而只是一种严重的病态。"他强调："为着保卫和发展马克思主义，为着保卫和发展社会主义现实主义，为着发展科学事业和文学艺术事业，为着经过社会主义革命将我国建设成为一个伟大的社会主义国家，我们必须战斗！"

上述会议和发言虽然指出在学术研究上应展开自由讨论、自由争辩，但由于把这场讨论定性为思想战线无产阶级同资产阶级的斗争，因此，围绕俞平伯的《红楼梦研究》实际展开了一场政治性的围攻。

（4）一场政治围攻 [①]

毛泽东的信传达以后，理论界、学术界不少专家学者和知名人士发表对俞平伯的批判文章，其中虽然不少是不同的学术观点，但整个来说是一种政治批判。具有

[①]《新华月报》1954 年 11 号，第 234—240 页；第 12 号，第 209—220、222—228 页；1955 年第 1 号，第 281—282 页；第 2 号，第 269—280 页。

代表性的观点有：

第一，认为俞平伯是胡适路线的忠实追随者和实践者。

有的文章说："代表买办资产阶级的知识分子胡适之，为了抵抗马克思主义的宣传，在政治上提出了'多研究些问题，少谈些主义'的口号，在学术上提出了反动的实验主义的'考据学'。""胡适之所提倡的学术路线，其反动的目的就是阻挠马克思主义在青年中的传播，把他们蒙着眼睛牵着鼻子走向'国故'堆里去，脱离现实，避开阶级斗争。""在文学研究上，俞平伯先生的《红楼梦辨》就正是这条路线的忠实的追随者和实践者。""《红楼梦辨》在否定《红楼梦》社会内容的同时，也就否定了它的社会作用，亦即它反封建的倾向性。""这样就给《红楼梦》注射了消毒剂，清除了它的'危险'作用，这对于封建阶级是大大的有利。……对祖国优秀的文化遗产持虚无主义的否定态度，这正是'五四'以后洋场绅士的本色。从这种反动的虚无主义的否定论出发，必然会引导到丧失民族自信心。"

第二，认为俞平伯的思想是帝国主义的奴化思想和封建主义的复古思想的反动同盟。

有的文章认为："俞平伯先生研究《红楼梦》的立场、观点、方法，除了直接受了以胡适为代表的买办资产阶级思想的深刻影响以外，同时在其一切基本方面也继承和发展了……封建士大夫阶级意识的严重影响。这就是说：俞平伯先生的《红楼梦》研究的理论和实践，是买办资产阶级意识和封建士大夫阶级意识相结合的产物。按其思想本质来说，这是'外国帝国主义的奴化思想和中国封建主义的复古思想的反动同盟'在古典文学研究领域中向马克思列宁主义思想进攻的一种具体表现。"

第三，认为俞平伯的著作使胡适的实验主义在中国学术界借尸还魂。

有的文章认为："'新红学'的实质就在于它是士大夫阶级意识和买办思想的混血儿，是反动的实验主义在古典文学研究领域中的具体表现。""但在解放以后，在新的政治条件下，俞平伯先生非但没有对过去的研究工作和他的影响作深刻的检讨，相反的却把旧作改头换面地重新发表出来，这就是1952年出版的《红楼梦研究》。……新作除了提供了一些新的考证材料并将个别的字句和表面结论稍加修正之外，而骨子里的立场、观点和方法都毫无改变地保留下来。俞平伯先生以隐蔽的方式，向学术界和广大的青年读者公开地贩卖胡适之的实验主义，使它在中国学术界中间借尸还魂。"

以上对俞平伯的种种政治性的指责，当然不能完全由写这些批判文章的作者个人负责，它是简单化地用阶级斗争观点分析不同学术观点的结果，是当时历史条件的产物。

（5）历史的评说 ①

事隔 31 年以后，1986 年 1 月 20 日，在庆祝俞平伯从事学术活动 65 周年会上，中国社会科学院院长胡绳讲话说：

"俞平伯先生是一位有学术贡献的爱国者。他早年积极参加五四新文化运动，是白话新体诗最早的作者之一，也是独特风格的散文家。他对中国古典文学的研究，包括对小说、戏曲、诗词的研究，都有许多有价值的、为学术界重视的成果。"

"俞平伯先生在全国解放前夕，积极参加进步的民主运动，从此，对党是一贯亲近和拥护的。他在全国解放前的 28 年和新中国成立那一年起的 37 年中，在任何环境里孜孜不倦地从事对人民有益的学术活动和文艺活动，这种精神是值得钦佩的。"

"早在 20 世纪 20 年代初，俞平伯先生已开始对《红楼梦》进行研究，他在这个领域里的研究具有开拓性的意义。对于他研究的方法和观点，其他研究者提出不同的意见或批评本来是正常的事情。但是 1954 年下半年因《红楼梦》研究而对他进行政治性的围攻，是不正确的。这种做法不符合党对学术艺术所应采取的双百方针。《红楼梦》有多大程度的传记性的成分，怎样估计高鹗续写的后 40 回，怎样对《红楼梦》作艺术评价，这些都是学术领域内的问题。这类问题只能由学术界自由讨论。我国宪法对这种自由是严格保护的。我们党坚持四项原则。按照四项原则中的人民民主专政原则，党对这类属于人民民主范围内的学术问题不需要，也不应该作出任何'裁决'。1954 年的那种做法既在精神上伤害了俞平伯先生，也不利于学术和艺术的发展。接受这一类历史教训，我们要在学术界认真实行双百方针，提倡在正常的气氛下进行各种学术问题的自由讨论和辩论，团结一切爱国的、努力从事有益于人民的创造性工作的学术工作者，共同前进，共同追求真理。"

---

① 《文学评论》1986 年第 2 期，第 3—6 页。

刘再复代表文学所在祝词中概述了俞平伯为我国新文化的建设作出的重要贡献。他指出俞平伯在《红楼梦》研究方面的主要贡献是：

"（一）俞先生的研究着重从《红楼梦》这部作品的本身出发，以实事求是的方法和深刻的艺术辨析，探索了《红楼梦》的内蕴。这种研究打破了'五四'以前《红楼梦》研究中'索隐派'的猜谜式的方法，把我国最伟大的古典现实主义小说还原为文学现象来加以探讨，把作品同作者的身世、思想、生活联系起来考察，使《红楼梦》的研究比前人更加合理，从而走向科学的轨道。

（二）俞先生在自己的研究中，切实地把《红楼梦》这部代表我国古代文学最高成就的作品，放在审美的观点层次上，对它的美学价值，艺术成就，特别是对它的人物形象系列，作了许多细致入微的阐述，从而大大地深化了《红楼梦》的微观研究。

（三）俞先生对曹雪芹的《红楼梦》原稿的考证和佚稿钩沉做了大量工作。他把有关版本的历史、流变、特征的研究和《红楼梦》思想内容的研究结合起来，从而促进了对《红楼梦》创作过程的了解和曹雪芹创作方法的研究。俞先生又通过艰辛的劳动辨析曹雪芹原稿和高鹗续书在思想上和艺术上的差异。科学地分析了高鹗续书的得失，这种考证和辨析工作，充分地体现了俞平伯先生严谨的治学精神和不畏艰辛的劳动态度。"

胡绳和刘再复的讲话，是对俞平伯和他对《红楼梦》研究所作的历史的评价，也是对 1954 年批判俞平伯《红楼梦研究》的历史评价。

二　胡风的历史错案

（1）历史造就的不同思想

《在延安文艺座谈会上的讲话》[①]，是毛泽东在革命战争年代坚持以农村根据地为依托，开展武装斗争，深入土地革命，以实现农村包围城市、最后夺取城市的革命战略的斗争实践中总结出来的革命文艺思想。

《讲话》着重强调：文艺要为人民大众服务，也就是为工农兵服务；革命的文艺，是人民生活在革命作家头脑中的反映的产物。革命的文学艺术家，必须长期地无条

---

① 《毛泽东选集》第 3 卷，人民出版社 1991 年版，第 847—878 页。

凯歌行进的时期（1949—1956）

件地到工农兵群众中去，到唯一的最广大最丰富的源泉中去，观察、体验、研究、分析一切生动的生活形式和斗争形式，一切文艺和艺术的原始材料，然后才有可能进入创作过程；一切文化或文学艺术都是属于一定的阶级，属于一定的政治路线的。党的文艺工作，是服从党在一定革命时期内所规定的革命任务的。也就是说，文艺是服从于政治的；文艺批评有两个标准，一个是政治标准，一个是艺术标准。其中政治标准是第一位的；对"人性"、对"爱"都要作阶级分析。是"歌颂"还是"暴露"一定要站在无产阶级和劳动人民的立场，我们是革命的功利主义者；要为工农兵服务，就必须站到无产阶级的立场上来，彻底改造灵魂深处的小资产阶级知识分子的王国。

在《新民主主义论》中，毛泽东还说，新民主主义的文化，是民族的科学的大众的文化。"民族的形式，新民主主义的内容——这就是我们今天的新文化。"[①]

胡风，原名张光人，又叫张光莹，湖北省蕲春县人，1902 年生。20 世纪 20 年代初即接触新文学运动，1927 年加入共青团，1929 年在日本留学期间参加日本反战同盟并加入日本共产党。30 年代中期，结识鲁迅、冯雪峰等人，先后担任过左翼作家联盟宣传部长、书记，为中国共产党领导的左翼文艺运动作出了贡献。1937 年抗日战争爆发后，他先后创办和主编《海燕》、《七月》、《希望》等文艺刊物，发表了大量进步作家包括延安革命根据地作家的作品，在当时大后方的进步青年中有相当的影响，是坚持抗日、坚持民主的一支文艺力量。他的主要成就是文艺理论批评，共出版了《剑·文艺·人民》、《论民族形式问题》、《在混乱里面》、《逆流的日子》、《为了明天》、《论现实主义的路》等八本文艺理论批评集。他通过编刊物和文艺评论，培养和扶植了一批作家，形成了自己的文学流派和创作理论。

胡风文艺思想的著名观点是："到处有生活"、"写真实"和"主观战斗精神"。他认为，"他们（指小资产阶级知识分子——引者注）在生活上和劳苦人民原就有过或有着某种联系"，"他们和先进的人民原就有过或有着各种状态的结合"。他说："就是还没有接受这个革命思想，在被这个革命思想所引导的斗争发生之前，在某一关联上和人民有着联系的知识分子作家，由于对实际的'观察'，即鲁迅所说的'由于事实的教训'，虽然更为艰难，但依然有可能在相应的程度上进入人民的内容，汲取人民的要求流在自己身里，因而把握到历史现实的真实的本质的。'一部

[①]《毛泽东选集》第 2 卷，人民出版社 1991 年版，第 707 页。

文学史'就提供了丰富的例证，鲁迅就是这样在中国历史上站了出来的。因为，革命思想正是提升了历史现实的内容所形成的，否则，世界上就不会有什么历史唯物论，也不会有什么现实主义了。"他认为："如果一个作家忠于艺术，呕心镂骨地努力寻求最无伪的、最有生命的、最能够说出他所要把捉的生活内容的表现形式，那么，即使他……没有经过大的生活波涛，他的作品也能够达到高度的艺术的真实。因为，作者苦心孤诣地追求着和自己的身心的感应融然无间的表现的时候，同时也就是追求人生，这追求的结果是作者和人生的拥合，同时也就是人生和艺术的融合了。这是作家的本质的态度问题，绝对不是锤字练句的功夫所能够达到的。如果用抽象的话说，那就是，真实的现实主义的创作方法，能够补足作家的生活经验上的不足和世界观上缺陷。"[1] 这些论述也是胡风关于写真实或现实主义的基本观点。"主观精神（创作力量）与客观现实（创造对象）的结合"，"深刻地认识生活对象，勇敢地征服生活对象，由这来提炼出一个人生世界，创造出一个艺术世界"[2]，这是胡风关于创作过程的基本概括，他强调的是作家的主观能动作用。这就是他的"主观战斗精神"说。

毛泽东是革命家、战略家。胡风是个文学家。他们在各自不同的革命实践的基础上提出的文艺思想存在着差异，从认识论的角度看，是很自然的，完全可以理解的。

（2）**1952 年文艺整风**

1951 年 5 月，毛泽东在《应当重视电影〈武训传〉的讨论》一文中尖锐提出"资产阶级的反动思想侵入了战斗的共产党"以后，中共中央宣传部于 9 月 24 日至 11 月召开文艺工作会议，对文艺领导工作作了检查。

会议认为："文艺工作的领导，在进入城市后的主要错误是对毛主席文艺方针发生动摇，在某些方面甚至使资产阶级、小资产阶级的思想篡夺了领导。"其主要表现是：（一）迁就资产阶级、小资产阶级，放弃思想斗争和思想改造工作，缺少对思想工作的严肃性。在与资产阶级、小资产阶级文艺家的合作当中，表现无原则的团结，对他们的各种错误思想没有认真地加以批评。不少小资产阶级的文艺家任意曲解毛泽东的延安文艺座谈会的讲话，拒绝改造思想，拒绝以文艺为政治服务，

---

① 转引自《新华月报》1953 年第 2 号，第 220—221 页。
② 转引自朱寨主编：《中国当代文学思潮史》，第 231 页。

凯歌行进的时期（1949—1956）

要求文艺更多地表现小资产阶级的生活和趣味。他们认为今天文艺（例如电影）的主要群众是小市民，应多迎合小市民的趣味。他们反对以工人阶级的先进思想去改造和提高小市民，而要求将工人阶级思想降低到小市民水平。而党的文艺干部在这种资产阶级、小资产阶级思想包围下，有许多人随波逐流，表现出自己的立场是同他们一致的或接近的。（二）脱离政治，脱离群众。由于领导工作上放弃思想斗争，许多作家就脱离政治，脱离群众，而这正是目前文艺工作缺乏生气，创作不旺盛，许多作品不饱满的根本原因。（三）严重的自由主义，缺乏批评与自我批评，缺乏学习。

会议决定：在文艺干部中进行一次整风学习，借以澄清文艺界的各种错误思想，认真建立党对文艺工作的有效领导。

中央宣传部于 11 月 23 日向毛泽东和中共中央作了关于文艺干部整风学习的报告。中共中央批准了中宣部的报告，认为这一报告是正确的。11 月 24 日，北京文艺界举行学习动员大会，800 余人听取中共中央宣传部副部长胡乔木以及周扬、丁玲的报告。文艺整风的主要任务就是要"清除文艺工作中浓厚的小资产阶级倾向"，其内容是重新学习毛泽东《在延安文艺座谈会上的讲话》，确立毛泽东思想的绝对领导地位，改造所有文艺家的思想。

正是在这次整风中，1952 年 7 月，周扬通知胡风到北京参加关于讨论胡风文艺思想的会议。

周恩来对这次讨论会曾有指示，说不要先存一个谁错谁对的定见，平心静气地好好地谈谈。[1] 但从 9 月 6 日到 12 月 16 日先后召开过的四次讨论会，实际上是对胡风思想的批判会。周扬在会上指出，胡风在文艺理论上是反党的"路线"；虽说政治态度上无问题，但问题不决定于政治态度，而是决定于文艺理论；要在文艺理论上"脱裤子"，承认是反党的"路线"。[2] 对胡风文艺思想批判的具体内容，则集中反映在会后发表的由林默涵写的文章之中。

1953 年 1 月 30 日，《文艺报》第 2 期发表题为《胡风的反马克思主义的文艺思想》一文。[3] 文章指出："在批评胡风的文艺思想之前，应该说明：胡风曾经长期在国民

---

[1] 《百花洲》1988 年第 4 期，第 54 页。

[2] 《百花洲》1988 年第 4 期，第 57 页。

[3] 《新华月报》1953 年第 2 号，第 220—224 页。

党统治区从事文艺活动，在政治上他是站在进步方面，对国民党反动的法西斯文化作过斗争。在这方面，胡风有他的贡献。他的文艺思想，也不是全部错误的，在某些个别的问题上，也含有正确的成分。但个别问题上的某些正确看法，并不能改变他的文艺思想的根本性质的错误。"文章断言："胡风的文艺思想，在实质上是反马克思主义的，是和毛泽东所指示的文艺方针背道而驰的。"文章指出胡风文艺思想的主要错误是：

第一，非阶级观点。

文章说："胡风文艺思想的错误根源，是在于他一贯采取了非阶级的观点来对待文艺问题。他不是从阶级的根源去考察各种文艺的现象，而是离开了阶级关系去寻求文艺现象的原因。""胡风的这一错误，显著地表现在他对于现实主义的看法上。"

第二，否认思想改造。

文章说，胡风"不承认我们的文艺的根本问题是为工农兵的问题，由此也就否认文艺工作者的根本问题是思想改造，是由一个阶级变为另一个阶级的问题；相反地，却抽象地要求作家去加强所谓主观战斗精神，不是首先改造作家的主观，而是加强他们的主观。显然地，这是一个原则性的分歧。""胡风认为到处都有生活，到处都有人民，小资产阶级也是人民的一分子，并且是人民中的绝大多数。……他企图抹煞少数小资产阶级知识分子和广大劳动人民两者之间的区别，抹煞两者的生活之间的区别，而这正是他抹煞资产阶级、小资产阶级文艺和无产阶级文艺的区别的逻辑的结果。"

第三，否定民族文化。

文章说，胡风"是民族遗产的极端否定者"。"在《论民族形式问题》一书中，胡风用了很多的篇幅来攻击民间文艺，不加分析地把民间文艺一概看成封建文艺……胡风的错误，就是不了解在阶级社会中存在着一方面是剥削者的、另一方面是劳动人民的两种不同的文化，看不到劳动人民的革命要求必然通过种种方式——正面地或曲折地在文艺中反映出来。这是一种对于人民、对于民族文化的虚无主义的观点。"

文章结论说：胡风的文艺思想，"是一种实质上属于资产阶级、小资产阶级个人主义的文艺思想，它和马克思主义的文艺思想、和毛泽东同志的文艺方针没有任何的相同点；相反地，是反马克思主义的、反社会主义现实主义的"。

显然，这篇由林默涵个人署名的文章，决不只是他个人的意见。《人民日报》

在第 2 天，即 1 月 31 日，很快加编者按转发了林默涵的文章；2 月 15 日，《文艺报》又发表了何其芳的长文《现实主义的路，还是反现实主义的路?》。

（3）30 万言书 [①]

1951 年年底，周恩来曾约胡风谈过一次话。胡风说，周恩来批评他"也有点宗派主义"。所谈问题主要有：（一）你还是要合作，不合作不好，工作得大家一起做。关于 30 年代文艺问题，可找周扬好好谈谈，可能的话，开个小型座谈会；（二）你的组织问题应该解决，可找丁玲、周扬谈谈；（三）现在中央很忙，主要抓大事，抓经济，抗美援朝，来不及抓文艺。中央非常需要了解文艺情况，你可以写个材料给中央，谈你对文艺的看法。此后，胡风一直考虑着上书中央，系统反映文艺问题，解释自己的思想。但又感到时机未成熟。"胡风文艺理论讨论会"后，1953 年 9 月召开的第二届文代会，胡风虽应邀参加并仍被选为中国作协理事和文联委员，但处境并无改变。他认为这主要是因为与周扬等人有历史纠葛，而现在处于领导地位的周扬等人在整他。1954 年 2 月 18 日，《人民日报》发表中共七届四中全会公报。公报指出，在中国新民主主义革命胜利后，党内一部分干部滋长着一种极端危险的骄傲情绪，忘记了共产党员必须具有的谦逊态度和自我批评精神，夸大个人作用，强调个人的威信，自以为天下第一，只能听人奉承赞扬，不能受人批评监督，对批评者实行压制和报复，甚至把自己所领导的地区和部门看作个人的资本和独立王国。在胡风看来，周扬等领导的文艺界正是这种状况。于是，他决定给中共中央、毛泽东上书。

从 1954 年 3 月到 7 月，在路翎、徐放、谢韬、绿原 [②] 的积极参与下，胡风完成了 30 万言的《关于解放以来的文艺实践情况的报告》。7 月 22 日，胡风通过当时负责文教工作的习仲勋向中共中央，毛泽东、刘少奇、周恩来呈送了他的报告（简称"30 万言书"）和一封信。胡风在信中说明了他之所以要呈送 30 万言书的原委。他说：

"革命胜利了以后，阶级斗争展开了规模巨大和内容复杂的激烈变化的情势，但在文艺实践情况上反而现出了萎缩和混乱。这个反常的现象是早已引起了党和群众的普遍的关心的。许多使人痛苦的事实说明了这里面包含有严重的问题。我把阶级事业当作第一生命走了过来的文艺工作者，应该有责任正视这

---

① 《百花洲》1988 年第 4 期，第 58—68 页。

② 路翎、徐放、谢韬、绿原均为与胡风持同样文艺观点的文艺、文教工作者。

个事实，研究这个事实，向党提出我的意见，使党中央更多地掌握情况转入到主动的地位上面检查问题的。过去我也曾希图这样做，但一次一次都没有坚持到底。我自己的错误和努力不够应该负责任。但到了今天，客观情况已经发展到了再也不应该忍受下去的地步，而阶级斗争又在向着更艰巨更复杂曲折的深入的思想斗争上发展，不会容许这个应该担负起专门任务的战线继续瘫痪下去；如果我再不正视问题，就更不能有任何借口原谅自己了。

两年多以来，我自己终于被一些同志正面地全面地当作了文艺发展的唯一罪人或敌人，不但完全被剥掉了发言权，还完全被剥夺了劳动条件。这中间，我曾经尽能有的真诚做过努力，但一次又一次都失败了。虽然对于文艺实践情况的担忧和对于劳动的渴求总在咬嚼着我这个老工人的心，虽然一些同志甚至把从抗战初起周总理对于我的领导关系和思想影响都否定了，但我没有一次怀疑过，党中央对我基本上是信任的，没有放弃过要依靠党来解决问题的信心，一直相信斗争一定会展开，我的发言权和劳动条件一定会被恢复。然而，只有从四中全会决议的精神受到了批判以后，我才无限痛切地感到了非马上正视我所处的这个环境，担负起我应该担负的斗争不可。因为这，非马上首先正视我自己，向党交代问题，争取参加斗争的条件不可。但由于我的问题是从客观情况所产生的主要现象之一，完全不是个人问题的性质，我就只能直接向党中央提出我的报告。"

30万言书共分4大部分：

第一部分：几年来的经过简况。胡风详细陈诉自1949年以来遇到的种种打击，指责作为文艺界领导的周扬等将他视为文艺界"唯一罪人或敌人"。

第二部分：关于几个理论性问题的说明材料。胡风集中反驳林默涵、何其芳1953年年初发表的两篇文章，并阐明自己的观点。

第三部分：事实举例和关于党性。胡风对几年来涉及自己的一些重要问题作了解释和说明。共9个问题，其中主要有：小宗派——小集团问题、关于舒芜问题、关于陈亦门（阿垅）问题、关于路翎问题、关于党性。

第四部分：附件——作为参考的建议。胡风草拟出类似文艺大纲的材料，提出了作家协会的组成、工作程序、刊物存在方式、戏剧的组织等等业务上的安排办法。

30万言书认为，几年来文艺界的根本问题是周扬等歪曲了毛泽东关于思想改造的方针，是他们用错误的方法代替了毛泽东英明的决策。文艺要复兴，必须清除他们的影响。胡风写道：

"在这个顽强的宗派主义地盘上面，仅仅通过林默涵何其芳同志对我的批判所看到的，在读者和作家头上就被放下了5把'理论'刀子：

作家要从事创作实践，非得首先具有完美无缺的共产主义世界观不可，否则，不可能望见和这个'世界观''一元化'的社会主义现实主义的创作方法的影子，这个世界观就被送到了遥遥的彼岸，再也无法可以达到，单单这一条就足够把一切作家都吓哑了。

只有工农兵的生活才算生活，日常生活不是生活，可以不要立场或少一点立场。这就把生活肢解了，使工农兵的生活成了真空管子，使作家到工农兵生活里去之前逐渐麻痹了感受机能；因而使作家不敢也不必把过去和现在的生活当作生活，因而就不能理解不能汲收任何生活，尤其是工农生活。

只有思想改造好了才能创作，这就使作家脱离了实践，脱离了劳动，无法使现实内容走进自己的内部，一天一天枯下去，衰败下去，使思想改造成了一句空话或反话。

只有过去的形式才算是民族形式，只有'继承'并'发扬''优秀的传统'才能克服新文艺的缺点；如果要接受国际革命文艺和现实主义的经验，那就是'拜倒于资产阶级文艺之前'。这就使得作家即使能够偷偷地接近一点生活，也要被这种沉重的复古空气下面的形式主义和旧的美感封得'非礼毋视'，'非礼毋听'，'非礼毋动'。因而就只好'非礼毋言'，以至无所动无所言了。

题材有重要与否之分，题材能决定作品的价值，'忠于艺术''就是否定忠于现实'，这就使得作家变成了'唯物论'的被动机器，完全依靠题材，劳碌奔波地去找题材，找'典型'，因而任何'重要题材'也不能成为题材，任何摆在地面上的典型也不成其为'典型'了。而所谓'重要题材'又一定得是光明的东西，革命胜利了不能有新旧斗争，更不能死人，即使是胜利以前死的人和新旧斗争，革命胜利了不能有落后和黑暗，即使是经过斗争被克服的落后和黑暗，等等，等等。这就使得作家什么也不敢写，写了的当然是通体'光明'的，也就是通体虚伪的东西，取消了尚待克服的落后和'黑暗'也就是取消了正在前进的光明，使作家完全脱离政治脱离人民为止……

在这五道刀光的笼罩之下，还有什么现实主义，还有什么创作实践可言？

"问题不在这五把刀子，而是在那个随心所欲地操纵着这五把刀子的宗派主义。"

这就是后来把30万言书作为"反党纲领"而进行重点揭露批判的"五把刀子"说。

(4) 中宣部的报告 [①]

胡风的30万言书，中共中央宣传部在作了研究以后，于1955年1月20日向中央作了《关于开展批判胡风思想的报告》。报告认为胡风30万言书的理论部分是：

"……有系统地、坚决地宣传他的资产阶级唯心论、他的反党反人民的文艺思想。他在'马克思主义'外衣的掩盖下，借'现实主义'之名来否定文学的党性原则，抹煞马克思主义世界观对文学的作用，否认作家深入群众生活和学习马克思列宁主义理论的重要性，否定民族文艺遗产和民族形式。他认为我们提倡共产主义世界观，提倡作家到工农兵生活里去，提倡思想改造，提倡民族形式，提倡写革命斗争的重要题材，是插在读者和作家头上的'五把刀子'。他片面夸大我们文艺工作中的缺点，诬蔑现在文艺界的领导是'疯狂'的'宗派主义'的'军阀统治'。胡风报告中关于文艺工作的组织领导部分则是主张取消作家协会等团体的刊物而改办所谓'会员刊物'，实质上是取消党对文艺工作统一领导的原则，取消作家的统一组织，使文艺运动成为四分五裂的宗派活动。报告的其他两部分，主要是对宣传、文艺工作方面许多党员负责同志特别是周扬同志的恶毒的人身攻击，所讲的'事实'，许多是捏造的、不符事实的，以诬蔑和挑拨离间为目的。"

报告说：

胡风错误的文艺思想是有他长期的历史根源的。10多年来，他一直坚持着他的资产阶级唯心论的文艺思想，并以他的这种思想为中心形成一个小集团，顽强地同党的文艺思想和党所领导的文艺运动相对抗。报告认为胡风及其一派的错误思想，主要表现在：（一）在文艺和政治的关系上，否认艺术服从于政治的原则和为工农兵服务的方向，否认党对文艺工作的领导；（二）不承认革命作家的根本问题是阶级立场问题——即如何站在工人阶级的立场问题，而是加强固有的所谓"主观战斗精神"；（三）抹煞作家的世界观对于文艺创

---

① 《中共党史教学参考资料》第20册，第461—464页。

作的作用，否认社会主义现实主义的作家应具有先进的、共产主义的世界观；（四）否认文学反映人民的重大政治斗争和表现现实中的迫切题材的意义，而片面地强调描写自发斗争；（五）轻视民族遗产，否定文艺的民族形式。

报告结论说：

"胡风的文艺思想，是彻头彻尾资产阶级唯心论，是反党反人民的文艺思想。他的活动是宗派主义小集团的活动，其目的就是要为他的资产阶级文艺思想争取领导地位，反对和抵制党的文艺思想和党所领导的文艺运动，企图按照他自己的面貌来改造社会和我们的国家，反对社会主义建设和社会主义改造。他的这种思想是代表反动的资产阶级的思想，他对党领导的文艺运动所进行的攻击，是反映目前社会上激烈的阶级斗争。但是因为他披着'马克思主义'的外衣，在群众中所起的迷惑作用和毒害作用，就比公开的资产阶级反动思想更加危险。"

据此，报告提出，过去虽然对胡风思想进行过一些批判，但由于批判不彻底，没有发动更多的人来参加斗争，始终没有根本解决问题。因此，在批判胡适、俞平伯的资产阶级唯心论的同时，对胡风的资产阶级文艺思想进行彻底的批判，是十分必要的。为此，报告提出了具体部署。

中共中央批准了中央宣传部的报告，并且指出：胡风的文艺思想，是资产阶级唯心论的错误思想，他披着"马克思主义"的外衣，在长时期内进行着反党反人民的斗争，对一部分作家和读者发生欺骗作用，因此必须加以彻底批判。中共中央要求各级党委必须重视这一思想斗争，把它作为工人阶级与资产阶级之间的一个重要斗争来看待。

于是，对胡风文艺思想的批判，从 1955 年 2 月 1 日起就在报纸上全面展开了。

（5）升格为"反革命集团"

首次明确提出以胡风为首的"小集团"的概念，是 1952 年 6 月 8 日《人民日报》转载舒芜的文章加的编者按。按语说："本文原载 5 月 25 日《长江日报》。作者在这里所提到的他的论文《论主观》，于 1945 年发表在重庆的一个文艺刊物《希望》上。这个刊物是以胡风为首的一个文艺上的小集团办的。"

1953 年 1 月，林默涵在《胡风反马克思主义的文艺思想》文中又一次提到"胡风为首的小集团"。但他明确说明："并不是说他们有什么严密的组织，不，这只是一种思想倾向上的结合。他们的小集团作风的表现，是在于他们的强烈的排外性，凡是跟他们不同的意见，不论来自何方，都加以排斥和打击。自我批评对他们是根本不适用的。把自己一小伙人的利益，看成最高的利益。"显然，只认为他们是文艺思想上的小集团。

1955 年 1 月，中共中央在批发中央宣传部《关于开展批判胡风思想的报告》的批示中说胡风"在长时期内进行着反党反人民的斗争"，也明确指的是文艺思想的斗争。

4 月间，舒芜为了证明胡风当年是充分肯定他的《论主观》一文的观点，将胡风 20 世纪 40 年代写给他的信，交给了前来约稿的编辑。舒芜拿出的信，如文艺界领导人十分重视，决定将这批信由舒芜整理分类，配合胡风上送的检讨《我的自我批判》，一并在《文艺报》上发表。用以证明胡风的检讨并非讲的真话，而是在掩饰自己的错误，企图蒙混过关，以便将进行了几个月的批判高潮，再往前推进一步。

毛泽东看了舒芜整理出的信和胡风的检讨，断定胡风等人是一个"反党集团"。5 月初，由中共中央宣传部和公安部共同组成胡风问题的专案组，开始集中在全国各地调查胡风等人的历史情况，收集他们的有关信件。

5 月 13 日，《人民日报》发表了由舒芜整理的 1943 年到 1950 年胡风给他的信件材料，并冠以《关于胡风反革命集团的一些材料》的醒目标题。5 月 24 日、6 月 10 日《人民日报》又接连发表了第二批、第三批材料。6 月 15 日，《人民日报》编辑部将这三批材料汇集成单行本，定名为《关于胡风反革命集团的材料》，毛泽东写了序言（三批材料的编者按语也是毛泽东写的）。

这样，胡风文艺思想的问题就正式升格为"反革命"问题，原来被认为"以胡风为首的一个文艺上的小集团"也升格为"反革命集团"。5 月 18 日，全国人大常委会批准将胡风逮捕。[①] 历史错案就此铸成。

(6) 恢复政治名誉

胡风一案 27 人，经中共中央批准，1965 年判处胡风有期徒刑 14 年，剥夺政治权利 6 年；1966 年判处阿垅、贾植芳有期徒刑 12 年；1 人另案处理；其余 13 人免予起诉，给予撤职降级另行安置工作的处理。1965 年年底，胡风被假释出狱。"文化大革命"中，1969 年胡风被加判无期徒刑，收监关押。粉碎"四人帮"后，

---

① 胡风及其夫人梅志于 5 月 17 日凌晨被捕。在全国清查中，共触及 2100 余人，逮捕 92 人，隔离 62 人，停职反省 73 人。正式定为胡风集团分子的 78 人，其中划为骨干分子 23 人。78 人中给予撤销职务、劳动教养、下放劳动等处理的 61 人。

凯歌行进的时期（1949—1956）

1978 年年底撤销胡风无期徒刑的判决，宣布释放。胡风对 1965 年的判决不服，于 1979 年 4 月向中共中央提出申诉。

最高人民法院、最高人民检察院、公安部对胡风一案进行了复查。1980 年 7 月 21 日，最高人民法院、最高人民检察院、公安部党组向中共中央作了"胡风不是反革命分子；也不存在一个以胡风为首的反革命集团。胡风反革命集团一案应属错案错判。"建议对"'胡风反革命集团'一案予以平反"的复查报告。9 月 29 日，中共中央批准了这个复查报告并转发各省、市、自治区党委。中共中央指出：

> "'胡风反革命集团'一案，是在当时的历史条件下，混淆了两类不同性质的矛盾，将有错误言论、宗派活动的一些同志定为反革命分子、反革命集团的一件错案。中央决定，予以平反。凡定为胡风反革命分子的，一律改正，恢复名誉……凡因'胡风问题'受到株连的，要彻底纠正。"

> "造成所谓'胡风反革命集团'这件错案的责任在中央。"

胡风于 1985 年 6 月 8 日病逝。1986 年 1 月 15 日举行追悼会。文化部部长朱穆之在悼词中说，胡风是"我国现代革命文艺战士、著名文艺理论家、诗人、翻译家"。"胡风同志的一生，是追求光明、要求进步的一生，是热爱祖国、热爱人民并努力为文艺事业做出贡献的一生"。[①]

1988 年 6 月，经中共中央政治局常委会讨论决定，6 月 18 日中共中央办公厅发出《关于为胡风同志进一步平反的通知》，决定对 1980 年的复查报告中保留的胡风"把党向作家提倡共产主义世界观等正确的指导思想，说成是插在作家和读者头上的五把刀子"（经复查，这个论断与胡风的原意有出入）；"胡风等少数同志的结合带有小集团性质，进行过抵制党对文艺工作的领导、损害革命文艺界团结的宗派活动"；"胡风的文艺思想和主张有许多是错误的，是小资产阶级的个人主义和唯心主义世界观的表现"等 3 个政治性结论予以撤销。通知说：

> "在我国革命文学阵营的发展历史上，的确存在过宗派的问题，因而妨碍了革命文艺界的团结。形成这种情况的原因很复杂，时间长，涉及的人员也较多，不同历史阶段的矛盾还有不同的状态和变化。从胡风同志参加革命文艺活动以后的全部历史看，总的说来，他在政治上是拥护党中央的。"

> "对于胡风同志的文艺思想和主张，应按照宪法关于学术自由、批评自由

[①] 《人民日报》1988 年 1 月 16 日。

的规定和党的'百花齐放、百家争鸣'的方针，由文艺界和广大读者通过科学的正常的文艺批评和讨论，求得正确解决，不必在中央文件中作出决断。"

至此，胡风的政治名誉被全面彻底地恢复了。

（7）重新研究胡风

随着对胡风冤案从政治、历史、文艺思想等方面的彻底平反，对胡风整个文学活动全面、科学的探讨也开始展开。1988 年 7、8 月间，《文学评论》编辑部举行"胡风文艺思想反思"座谈会；《文艺报》召开"胡风文学活动讨论会"。这两个会讨论的共同问题有：第一，对胡风及胡风文学活动的重新认识和评价；第二，重新研究胡风文学活动的意义；第三，汲取历史的教训。① 与会者认为：

胡风是我国现代文学史上一位很有个性、很有创造性并有自己思想体系的马克思主义的文艺理论家、批评家和诗人，我们理应恢复其历史本来面目，给予科学的、公正的评价。由于历史的原因，我们以往在文艺学方面，只强调作品与社会生活的关系，不重视文艺自身的规律；而胡风恰恰在人们所忽略、所缺乏的方面作了认真的研究，如他对作家与社会以及与作品的关系，对人的主观精神和真诚的高度重视，对创作中公式化、概念化的批评等等。胡风始终将自己的理论研究作为一项学术工作，保持独立的学术品格。

当然，今天重新研究胡风文艺思想，并不讳言谈他的局限性和不妥之处，有不同意见应充分争鸣讨论，但重要的是要把他的理论作为一个整体放在当时的历史背景中进行科学的、实事求是的研究。

今后再也不能因为文艺思想就对作家、理论家进行政治甚至刑事的处理。文艺思想不能搞一个主义，这样势必会发展到搞文艺专制主义。要允许多种思路，多种声音的存在。要提倡真正的民主精神和学术自由，坚持学术研究的独立品格。这是胡风一生文学活动为我们提供的历史教训。

三　所谓"潘、杨事件"

（1）杨帆受审

中共七届四中全会揭露了高岗、饶漱石分裂党的非组织活动以后，对他们的问

---

① 《新华文摘》1988 年第 12 期，第 131—132 页。

题作了进一步审查。在揭发饶漱石主持华东地区工作中的错误时，提出他在镇压反革命问题上，片面地强调宽大；不认真执行党的依靠和发动群众镇压反革命的正确方针，片面地强调依靠公安机关的搜捕和所谓"以特制特"，犯有右倾错误。

杨帆，1949 年 5 月上海解放后担任上海市公安局副局长，1950 年任局长。审查饶漱石在镇压反革命问题上的错误，自然就把上海市公安局长杨帆牵连了进来。中共上海市公安局党组根据华东局和上海市委的指示，于 1954 年 9 月集中全局科以上干部开会，揭发杨帆在市公安局工作期间犯的错误。同年 10 月上海市公安局党组根据会议揭发的材料，向公安部报告杨帆的主要错误是：

第一，在反特斗争、镇压反革命方面。"由于杨帆同志对于党中央和毛主席历次有关镇反的方针政策，和各个时期的重要指示，一贯地阳奉阴违，割裂歪曲，甚至竟狂妄到公开抵制和抗拒。因而使当时镇压反革命的斗争无法贯彻，拖延了社会改革改造工作的顺利进展。"

第二，在对待组织和干部政策方面。"千方百计地将一大批敌特反革命重要骨干分子用于内部，授予大权，并包庇纵容一大批敌特反革命分子；阻挠发动群众肃清特务和彻底镇压反革命，实质上维持了反动统治阶级的旧秩序，同时，他又与饶漱石相互利用，采取各种手法抵制中央和华东局，向党委闹独立，并在公安系统内部采取宗派主义的干部政策，培植个人势力，专横独裁，搞独立王国。"

报告认为，杨帆的"错误和罪恶决不是偶然和一般性质的，而是系统的和极为严重的。由于这些罪恶，影响到镇压反革命和社会改革改造工作不能顺利进行，搞乱了公安队伍对敌斗争的阵营，造成了严重的恶果，使党和人民的利益遭受到不可弥补的损失。另一方面从杨的个人历史、思想体系和敌我不分、处心积虑掩护特务分子这些事实来看，政治上也是值得引起极大怀疑的。"报告向公安部建议："采取适当措施，进行政治审查，在审查期间，限制其自由活动，并组织力量专案专办"。

1954 年 12 月 31 日，杨帆被扣押受审。1955 年 4 月 12 日被正式逮捕。

（2）潘汉年入狱

1949 年夏至 1955 年春，潘汉年先后任中共中央华东局和中共上海市委社会部部长、统战部部长，中共上海市委常委、副书记、第三书记，上海市副市长兼市人民政府中共党组书记，主持日常市政工作。在就任上海市副市长以后，还兼管过一段对敌隐蔽斗争。

在审查饶漱石和杨帆在镇压反革命中的问题时，有些事因潘汉年过问过或者他知道，于是又被牵连。1955年4月初，中共中央召开全国党代表会议期间，潘汉年主动向党交代了他在抗日战争期间，一次去敌占区工作时，被人挟持到南京会见汪精卫的经过。并向党解释，当时他从敌占区回到华中局，和后来到延安，正赶上党内进行整风审干，他怕说出会见汪精卫的情况，会被严重怀疑而又无法解释清楚，因而没有把这件事向党报告。

当时，党组织把上述两件事联系起来，怀疑潘汉年为"内奸"，1955年4月3日将潘逮捕关押审查。并把潘汉年、杨帆二人连在一起，称为"潘、杨事件"。

（3）错判"潘、杨"

1963年1月9日，最高人民法院对潘汉年案作了判决。"认定：潘汉年1936年，在国共谈判中投降国民党；在1940年前后，投靠日本特务机关和秘密会见汪精卫；在上海解放后，掩护大批反革命分子并向台湾供给情报，引起'二六轰炸'（注：指1950年2月6日台湾国民党飞机对上海的轰炸）"。根据这3条罪名，认定潘汉年是"长期暗藏在中国共产党和国家机关内部的内奸分子"，判处有期徒刑15年，剥夺政治权利终身。随即假释，与妻董慧一起安置在北京团河农场。"文化大革命"中，1967年5月22日又被收监，关押在北京秦城监狱。1970年，当时的中央专案办公室报经中共中央批准，决定将潘汉年永远开除出党，改判无期徒刑（未办理改判手续）。1975年3月，被下放到湖南省公安厅洣江茶场劳动改造，剥夺公民权。1977年4月14日，蒙冤病故。杨帆也以"反革命"罪，在1965年8月被判处有期徒刑16年。1975年，杨帆被押送到湖北荆门县沙洋劳改农场"安置"。

（4）平反昭雪

"潘、杨事件"的平反，是从杨帆开始的。中共十一届三中全会以后，杨帆的妻子李琼向中共中央组织部写信询问杨帆是否还活着？经有关部门同意，杨帆的家属获准去湖北探望杨帆。后经复查，1980年4月，杨帆冤案初步平反，结论是："原判认定的事实失实，定性不准，判处不当，撤销1965年的判决书，宣告杨帆无罪释放。"但保留了"有严重错误"的尾巴。直到1983年8月，才又作出了新的结论："杨帆同志长期从事革命保卫工作，对党是忠诚的，对革命事业卓有贡献；解放后，在上海公安局任职期间，出色地完成了党赋予的各项保卫任务，在打击敌人和保卫人民方面作出了显著成绩。过去认定杨帆同志是内奸、反革命分子问题，均不是事实，应予否定。1955年后对杨帆同志的隔离、逮捕、判决都是错误的。杨蒙冤20

多年，应予平反，恢复名誉和消除影响。"①终于恢复了杨帆的历史真面目。

对于把潘汉年定为"内奸"，党内一直有人表示怀疑，但在当时的历史条件下，不可能进行复查。十一届三中全会以后，党内又有一些同志对潘案提出反证，要求重新审查潘汉年的问题。廖承志 1980 年在党内的一次会议上发言说，我认为潘汉年问题可以说是个冤案。他长期从事对敌隐蔽斗争的经历，党组织和中央主要领导人都是知道的。说他是叛徒、汉奸。我敢肯定他不是叛徒。因为当时潘汉年对上海、广东、香港地下党的情况很清楚，而潘到上海后，这些地方的地下党没有任何一个机构因为他而遭到破坏。因此，我正式严肃地建议，中央对潘汉年一案要重新审查。此案牵涉的人很多，而且都已获得平反、解放了，只剩得一对夫妇，虽然已经死了，但也应予昭雪、平反。1981 年 3 月，中共中央采纳这些同志的建议，责成中央纪律检查委员会复查潘案。中央纪委为此调阅和详细研究了公安部、最高人民检察院、最高人民法院以及原中央专案办公室关于潘案的全部材料，并查阅了中央档案馆和中央有关主管部门有关的历史档案，调查了几十位过去与潘汉年一起工作过的同志。复查结果表明，原来认定潘汉年是"内奸"的结论不能成立，应予否定。

中共中央据此于 1982 年 8 月 23 日发出《关于为潘汉年同志平反昭雪、恢复名誉的通知》。通知对潘汉年的一生作了高度评价，指出：

"潘汉年同志是我们党的一位很老的党员，在党内外历任重要领导职务，对党和人民的事业有许多重要贡献。1955 年以后被错定为'内奸'，受到错误的处理，蒙受冤屈 20 多年。现在，根据中央纪律检查委员会对潘汉年案的复查结果，中央确认潘汉年同志不是内奸，决定为他平反昭雪，恢复名誉。"

"潘汉年同志 1906 年生，江苏宜兴县人，1925 年加入中国共产党。在长期革命斗争中，他忠实执行并多次出色地完成党交给的任务，对党的文化工作、统一战线工作，特别是在开展对敌隐蔽斗争方面，曾经作出了重要贡献，是有很大功劳的。"

上海解放以后，"他积极协助陈毅等同志，领导上海市人民，为战胜美蒋封锁、恢复和发展生产、改造旧上海，开展对民族资产阶级及其他党外人士的统一战线工作和进行对敌隐蔽斗争，做了大量工作。"

---

① 1980 年和 1983 年两段结论，均见《人物》1986 年第 6 期，第 12 页。

"潘汉年同志几十年的革命实践充分说明，他是一个坚定的马克思主义者，卓越的无产阶级革命战士，久经考验的优秀共产党员，在政治上对党忠诚，为党和人民的事业作出了重要贡献。"

通知全面否定了1963年强加给潘汉年的三条罪名，明确指出：（一）关于1936年在国共谈判中"投降国民党"问题。经复查，潘汉年在1936年、1937年间，是我党同国民党谈判的正式代表。在整个谈判过程中，他是坚定地按照党中央的谈判方针行事的。在此后几十年中，也无任何事实表明，潘汉年有勾结国民党给我党造成危害的行为。"因此，所谓潘汉年同志'秘密投降国民党，充当国民党特务'的罪名，根本不能成立"。（二）关于抗日战争时期"投靠日本特务机关"和秘密会见汪精卫问题。经复查，潘汉年是根据中央和中央有关主管部门的指示，在敌占区利用各种社会关系，打入敌伪组织开展工作的。他进行这方面活动的情形，是向中央作过正式报告的；中央有关主管部门还支持过他的工作。他执行这项特殊任务所采用的一些特殊手段，都是组织上允许采用的，而且工作很有成效，多次得到中央的表扬。"一系列重要的历史事实确切证明，潘汉年同志没有'投靠日本特务机关'，'充当了日本特务'，而是出色地完成了党交给他的特殊使命"。至于"秘密会见汪精卫"的问题，已查明是在执行任务中被李士群（汪伪江苏省长，特务头子）突然挟持下发生的，当时已不可能向组织上请示。潘与汪精卫见面接触以后，我党在政治上没有受到任何损害。（三）关于上海解放后"掩护大批特务、反革命分子"和"供给敌人情报导致二六轰炸"问题。经复查，事实上不存在所谓掩护反革命分子的问题。当时破获的国民党"军统"特务的潜伏电台，"与潘汉年同志毫无关系"。"因此，所谓潘汉年同志供给敌人情报导致二六轰炸"的罪名，应予否定。

通知指出：潘汉年被错定为"内奸"，最主要的原因，是在他被逮捕当时的历史背景下，严重地忽视了对敌隐蔽斗争的特殊性，混淆了是非界限和敌我界限，以致作出错误的决定。中共中央郑重宣布：

"把潘汉年同志定为'内奸'，并将其逮捕、判刑、开除党籍，都是错误的。这是建国以来的一大错案，应予彻底纠正。"

"撤销党内对潘汉年同志的原审查结论，并提请最高人民法院依法撤销原判，为潘汉年同志平反昭雪，恢复党籍；追认潘汉年同志的历史功绩，公开为他恢复名誉。"所谓"潘、杨事件"，终于真相大白。

四　肃反运动

在胡风的文艺思想问题被认为是"反革命集团"的同时，又认为党内出了潘汉年、杨帆"反革命事件"，于是在对国内阶级斗争状况的估计上形成了这样的概念——如中共中央 1955 年 7 月 1 日发出的《关于展开斗争肃清暗藏的反革命分子的指示》[①] 中所说：

"高饶集团、潘杨集团、胡风集团的揭露，仅仅是我们肃清暗藏的反革命分子的斗争的开始，而不是这个斗争的终结。正确的估计应当是：在很多部门，在很多地方，大量的暗藏的反革命分子是还没有被揭露和肃清的。"

指示说：我国大陆全部解放以后，曾经进行过镇压反革命运动，把一个很大部分的公开的暴露的反革命分子肃清了，但是，这种公开的暴露的反革命分子，也还有一个不小的部分没有肃清；至于大批的采取两面派手法的暗藏的反革命分子，那我们就更没有来得及加以坚决的揭露和处理，相反的，他们却欺骗我们，钻进我们的"肝脏里"来了。这是因为：第一，我们的党的组织、国家机关、人民团体、文化教育机关和经济机关，在接收工作人员的时候，缺乏严格的审查；第二，我们是胜利者，各种人都向我们靠拢，其中鱼龙混杂，我们还没有来得及作彻底的清理；第三，暗藏的反革命分子是采取两面派的欺骗手段来进行破坏活动的，辨别和清理暗藏的反革命分子这件事，是要依靠领导机关的正确指导和广大群众的高度觉悟相结合才能办到，而过去，我们在这方面的工作是有缺点的，我们的很多人对于暗藏的反革命分子，警惕性是不高的，很多人简直丧失了警惕性。

据此，中共中央决定：在全国范围内大张旗鼓地进行一个广大的肃清暗藏的反革命分子的运动。这个运动的目的是：第一，教育全党和全国人民，首先是教育 500 万知识分子和干部，提高对暗藏的反革命分子的警惕性。第二，利用胡风事件，在全国各个工作部门和各条战线上，经过坦白检举，查出一批暗藏的反革命分子，并取得另一批暗藏的反革命分子的线索，为今后的镇压反革命的工作和干部的审查与清理工作做好准备。

中央指示下达以后，肃反运动在全国各省、市、自治区、人民解放军和中央一

[①]《中共党史教学参考资料》第 21 册，第 45—49 页。

级党的、政府和群众团体的机关首先展开。一个月后，中共中央又下达了《关于彻底肃清暗藏的反革命分子的指示》[①]。指示说：根据现在运动发展的状况，中央认为已经可以而且必须向全党提出这样庄严的任务，即应在全国范围内，按照中央七一指示所规定的依靠领导机关的正确指导同广大群众的高度觉悟相结合，大张旗鼓的宣传教育同严格的组织控制相结合的方针，进一步地展开肃清一切暗藏的反革命分子的运动，求得在这次运动中达到在机关、团体、军队、学校、企业（国营的、合作社营的和公私合营的）中彻底肃清一切暗藏的反革命分子的目的。不完成任务不要收兵。10 月 25 日，中共中央又发出了《关于肃清暗藏的反革命分子的运动在群众已经发动之后必须注意保证运动健康的指示》。

这次内部肃反运动分为两批进行。1955 年 7 月开始，中央机关、各省、市、自治区和军队共有 570 多万人参加第一批肃反运动，1956 年 7 月基本结束；第二批肃反运动从 1956 年开始，主要在县区干部、工厂矿山职工、中小学教职员、医疗卫生机关的医务人员中进行，共有 860 多万人参加，1957 年年底基本结束。通过运动，从党和国家机关、军队内部清查出一批反革命分子，纯洁了革命队伍，进一步巩固了人民民主专政；弄清了一些干部的政治历史问题，使他们放下了包袱。由于对敌情估计过于严重，有些问题政策界限不清，这次内部肃反运动曾经发生过斗争面过宽和"逼、供、信"的偏向。1956 年 9 月 19 日，罗瑞卿（公安部长）在中共八大发言中指出：

> "在 1955 年下半年开始的肃反运动中，也发生了一些缺点和错误。在社会上捕了一些本来可以争取投案自首的反革命分子，甚至错捕了个别的好人。在机关内部，某些单位也有斗争面过宽的缺点，斗了少数不该斗的人。……党中央最近决定：对于运动中错斗、错捕、错关、错判的人，必须认真进行检查，做好甄别、平反工作，切实加以妥善处理，绝不可因为是个别的、少数人的问题，就加以忽视。"[②]

根据中共中央的上述指示精神，运动后期，对清查对象及时进行了复查，对定性不准的进行了甄别，对绝大多数错捕、错整了的人进行了平反和妥善处理。

---

① 《中共党史教学参考资料》第 21 册，第 50—55 页。
② 《中国共产党第八次全国代表大会文献》，第 284 页。

为了扶持贫农参加农业生产合作社，政府发放合作基金贷款。

第九章
生产力"暴动"和"停缩发"方针

农业生产互助合作运动，在 1952 年冬到 1953 年春出现的"热潮"，造成了第一次冒进。1954 年，以土地入股、土劳分红为特点的农业生产合作社的发展，又一次出现"热潮"。1955 年年初，中共中央决定第二次纠正冒进。

一 购了"过头粮"

（1）发展计划越来越大

《过渡时期总路线宣传提纲》的广泛宣传，中共中央《关于发展农业生产合作社的决议》提出的 1954 年农业社发展到 3.58 万个，1957 年争取发展到 80 万个的要求，使农业社的发展很快就突破了计划指标，1954 年春季一下就达到了 9 万多个社。

1954 年 2 月 12 日，中共中央农村工作部就目前各地建立农业生产合作社情况与问题向中央作了报告。报告指出，在当前工作中，值得注意的有两方面的问题：一是对群众的热情缺乏冷静分析，轻易地批准办社；二是过分强调原计划的控制数字，对某些合乎办社条件的也不予批准。报告着重指出的是：一部分专、县、区级领导机关对于群众的热情，缺乏清醒的分析。不了解群众中有一部分固然是热情很高，对农业生产合作社有一定的了解，经过考虑而参加到运动中来的；但还有相当大一部分群众是基于一时的热情，接触到办社的具体问题时可能发生变化，有的是抱着"走社会主义的路，迟走不如早走"的心理，甚至有的是表面积极而内心顾虑甚多的。只笼统地表面地看到群众的热情，忽视尚处于观望状态和落后状态的群众的思想顾虑，就轻易而又急迫地批准办社；或者满足于购粮工作中宣传总路线所鼓舞起的群众热情，以为只要简单办一下批准手续，就可以把农业生产合作社办起来，轻视或忽视关于农业生产合作社的各项政策和具体做法的必要的深入细致的宣传教育和组织工作，因而造成建社工作中的夹生现象。报告为此提出了一些改进的办法。3 月 12 日，中共中央向各地党委批转了这个报告。

4 月间召开的第二次全国农村工作会议认为：随着国家社会主义工业化的发展，城市工矿人口不断增加，城乡人民生活水平不断提高，以及人口的自然繁殖（每年增加 1000 万人以上），和保证工业建设所必需的农产品出口的需要，就必须年年大量增产粮食、棉花、油料及其他工业原料作物。这就是说，在发展工业的同时，必须相应地按比例地发展农业。如果农业的发展赶不上工业发展的需要，工农业生产之间失去平衡，就势必打乱国家的整个建设计划，不能适应人民生活水平不断提高的需要，引起人民的不满，造成严重的困难。据各地材料，现有的农业生产合作社在其初建的一两年，一般可增产 20% 至 30%，往后还可每年保持一定的增产比例，比互助组高，比小农经济的增产率更高出很多。所以，合作化运动，不仅应该当作农村工作的中心，也应该当作生产运动的中心。发展农业生产和发展互助合作是统一的，不可分割的。那些把发展生产与合作化分裂开来、对立起来的看法和做法是错误的。据此，会议修订了发展农业生产合作社决议中的原定计划。确定 1955 年发展到 30 万个或 35 万个。把原计划 1957 年发展到 80 万个提高到 130 万个或 150 万个，参加合作社的农户由原定占全国总农户的 20% 提高到 35% 左右，合作化的耕地占全国总耕地的 40% 以上；其中，东北和晋、冀、鲁、豫 4 省及其他老解放区，合作化的程度都达到 50% 以上，并争取在平原及高产量地区、经济作物区和城市郊区取得先一步合作化。在第二个五年计划时期中（大约在 1960 年前后），在全国基本地区争取实现基本上合作化。① 中共中央于 6 月 3 日批转了中央农村工作部关于第二次全国农村工作会议的报告，指出，这个报告，经 5 月 18 日中央会议批准。望各地积极努力把现有的 9 万多个社切实办好，为迎接即将到来的合作社大发展的新形势做好准备工作。

在中央批准的第二次农村工作会议精神的指导下，1954 年夏农业生产合作社

---

① 《农业集体化重要文件汇编》上册，中共中央党校出版社 1981 年版，第 248—249 页。

又新建了 12 万个，连同原有的 9 万多个达到 22 万个。同年 10 月，全国第四次互助合作会议又一次修订了农业社的发展计划。将 4 月间提出的 1955 年发展到 30 万个或 35 万个的数字提高到在 1955 年春耕以前发展到 60 万个。会议认为：这个计划是大致合适的，建议中央予以批准。会议还提出，我国农业的社会主义改造事业发展的大体步骤将是：第一步，先于 1957 年前后基本上完成初级的合作化，在第二个五年计划时间再先后转入高级化；在这时期内只实施初步的技术改良和部分的机械耕作。第二步，约在第三、第四个五年计划时期，将依靠发展起来的工业装备农业，实现大规模的农业机械化。[①]

中共中央批准了第四次互助合作会议提出的关于农业社的发展计划。要求除地委县委须以主要力量来进行互助合作运动这一中心任务外，省委也应指定一个书记或副书记负责掌握有关农业生产互助合作的具体业务，而第一书记则应负责统筹指导，借以保证运动迅速健康的发展，使工农联盟更趋巩固。

在迎接农业生产合作社大发展的思想指导下，不少地区又一次出现盲目地订大计划，追求百分比，只看到少数骨干分子的积极性，就要求多建大社，多建高级社，甚至互相"比着干"，以致用简单粗暴手段去强迫农民入社，错误地宣传"单干就是犯法"，"不入社就是资本主义"。如浙江省在发展合作社中就发生：吴兴县善连区召开全区斗争富农大会，会上，县委宣传部长说："走社会主义道路，就办社。不入社，跟他们一样！"有的地方统购粮食，把个体农民的产量定得比合作社还高，使个体农民吃亏；农民害怕重划成分，与地主、富农在一起，不好过日子，因此有的农民痛哭哀求入社。[②] 加上部分已建立起来的合作社，对社员入社的生产资料、牲畜等作价过低，或虽折价公允但实际无法兑现，使农民的实际利益受到损害。这就不能不引起农民怕"归公"而产生恐慌。

1954 年 12 月底，农业生产合作社发展到 48 万个，其发展势头正越来越猛。

（2）多购 100 亿斤粮 [③]

正当农业生产合作社的发展掀起热潮的时候，11、12 月间，全国农村展开了

---

① 《农业集体化重要文件汇编》上册，中共中央党校出版社 1981 年版，第 260 页。

② 《农业集体化重要文件汇编》上册，中共中央党校出版社 1981 年版，第 321 页。

③ 一说 1954 年冬全国共计多购了 70 亿斤粮食（《中华人民共和国国民经济和社会发展计划大事辑要》，第 66 页），1954 年年底，"粮食收购 1036 亿斤，完成计划的 110%"，按此计算，应是多购 100 亿斤。

粮食统购工作。

1954 年夏季，长江、淮河地区和河北省遭到了几十年罕见的水灾。几年来建设的水利工程，如荆江分洪工程、淮河水利工程等在蓄洪和分洪方面发挥了显著作用，保住了沿江城市和荆江大堤，减轻了广大农村的灾情。全国被淹耕地 1613 万公顷，经排水、救苗和补种，成灾面积为 1131 万公顷；受灾人口 6000 万人，严重地影响了农业生产计划的完成。1954 年粮食产量为 3390 亿斤，比上年增加 53 亿斤，完成计划的 94.2%；棉花 2130 万担，比上年减产 22 万担，仅完成计划的 77.5%。

粮食生产没有完成计划，但收购粮食的计划并未削减。各地为保证完成任务，下达计划指标时又有所加码。结果，1954 年粮食收购了 1036 亿斤，完成原计划的 110%。全国共计较原计划多购 100 亿斤粮食，并出现了严重的强迫命令现象。中共中央华南分局在向中央的报告中指出：干部向农民宣传粮食政策时，只强调必须依法按通知书卖出余粮，对还未按通知书完成售粮任务的农民，随便轻易地加上犯法、自发势力等帽子，比较普遍地出现与滋长了命令主义作风，在部分地区更发生了严重的命令主义以至违法乱纪的极端错误的行为，情节十分恶劣。如新会县莲溪乡党支部在县委负责同志指示下捆绑农民，全乡绑了八九个人，竟将合作社的生产队长捆起来，由乡干部拿着秤挨家挨户称粮食，不卖的将当场绑起（绑了 2 人）。将用部分粮食去喂鸭子的一个中农来斗争，甚至没收了不卖余粮的农民的土地证（全乡没收了 3 户）；高要县第 9 区在购粮中捆打了 53 人，该区依坑乡搜屋 36 户，10 区东围乡封了 1 个富农的屋，竟将 1 位老太太亦封在屋内，以致上吊自杀，部分干部误认为多斗争富农就是高潮，全县各区均发生严重的吊打现象，群众反映"共产党比国民党还厉害"，全省因购粮问题而自杀者 111 人。这除因分局及各区党委交代购粮的政策不够全面，对滋长起来的命令主义与某些干部的违法乱纪行为未能及时发现坚决制止外，由于任务大，时间短，迫使干部为完成任务而不择手段。[①]值得指出的是，严重的强迫命令和违法乱纪现象，在全国不少地区都有发生。

二 生产力起来"暴动"

农业社发展过快过猛，工作中的简单粗暴，侵犯了农民利益；粮食统购工作中

---

① 《农业集体化重要文件汇编》上册，中共中央党校出版社 1981 年版，第 291—293 页。

的强迫命令，以至收购了农民的口粮，引起了农民的极大不安，生产力开始遭到破坏，农村各方面的关系也紧张了起来。

（1）**大量出卖与屠宰牲畜**

中央商业部在 1954 年 12 月发出的《关于目前牛羊市场情况和毛猪生产问题的通报》中指出：第 4 季度以来，许多地区牛羊上市量骤增，收购计划大大超过，且有许多母牛、乳牛、小羊、小猪、仔猪价格也随着下跌，这种情况几乎在全国各大市场均有发现。如热河省出现过大批宰杀耕牛，山西北部牲口向绥远倒流，四川农民养小猪数字大减。

据中共热河省委 1954 年 12 月报告说，入秋以来牲口市场上出现了比较严重的反常现象：各地牲口价格普遍下跌 1/3 到 1/2 左右，大批牲口有行无市冲击市场。国营公司 3 季度收购牛 15877 头，超过计划 199.1%，超过去年同时期的 6.5 倍；收羊 114842 只，超过计划 99.4%，超过去年同时期 10.2 倍。4 季度两个月又 10 天的统计，收牛 171442 头，羊 168276 只，其中并有一部分是耕畜母畜。有些地区还发生宰杀耕畜现象，据宁城县报告，全县杀驴 149 头；凌源 10 区 7 个村杀驴 21 头，杨大营子 1 个村即杀了 10 头；喀喇沁、平泉、朝阳、赤峰等地亦发现杀驴现象，甚至有的农民因政府禁止宰杀耕畜就故意先砸断驴腿，再要求杀驴。喀喇沁旗并曾发现有的养畜户见国营公司不收购耕畜，先把牛牙打掉再牵到市场出售，等等。[1]

中共中央华南分局的报告中也说：在购粮运动后期（12 月下旬），各地都普遍发生农民大量杀猪杀鸭，猪价陡降。中山县之张家边乡一个乡即杀死母猪 70 多头，小猪仔的价格从过去 60 万元到 100 万元（旧人民币）1 担的正常价格陡降至 14 万元 1 担。粤东潮安县 9 区发现即杀母猪 40 多头，台山县有 1 农户将刚生下的 10 个小猪全部弄死。[2]

牲畜被大量出卖和屠宰，使耕畜数量大大减少，无疑是对农村生产力的极大破坏。

（2）**农村关系全面紧张**[3]

农村生产力受到破坏的另一个重要表现是，农民生产积极性不高。春耕生产资料准备很差，耕畜普遍减少，农具添修不多，生产中最主要肥料——厩肥，由于猪

---

① 中共中央农村工作部编印《农村工作通讯》第 32 期。

② 《农业集体化重要文件汇编》上册，中共中央党校出版社 1981 年版，第 290 页。

③ 《中国农业合作史资料》1987 年第 2 期，第 13 页；《农业集体化重要文件汇编》上册，中共中央党校出版社 1981 年版，第 290—291 页。

牛羊的减少，而比往年减少，水利、治虫等计划也都没有完成。很多农业生产合作社的出勤率大大减低。这除因合作社派工或工分不合理外，主要原因是社员反映吃不饱，无法干重活而不出勤。有些地区青年团员也反映饿、冷、腿酸，连团支部会也开不成。

农民对粮食问题顾虑很大。广东中山县港口镇附近的农民在晚间偷偷地派人去看粮仓中的粮食是否运走，农民见到调运粮食的船开走后站在河边哭泣。不少地方都发现未领到购粮证的缺粮户到农民干部家中哭哭啼啼，情绪异常紧张。

农民（包括很多乡村干部）中对党与人民政府普遍地流露着一种不满情绪。广东新会县、高要县的农民反映："辛苦一年没得吃"；"共产党好是好，但是现在整死了"；"现在政府不知怎样，共产党要整死人"；"共产党变了脸"；"年年有购粮，以后日子怎么过"。

经过购粮，区干部和乡村干部的关系，乡村干部和群众的关系均起了变化。很多乡村干部反映，群众见了干部就走开，而区干部对他们也不相信，动辄批判、戴帽子，他们也不敢将真实的情况向上反映。

这表明，由于农业社发展中的急躁冒进和粮食统购中购了"过头粮"。使农民同党、政府、乡村干部之间，乡村干部同上级干部之间，乡村同城市之间的关系一时都紧张了起来。

（3）科学的论断

对当时农村大量出卖、滥宰耕畜和农民生产积极性下降的状况，毛泽东曾作过一个极为深刻的科学论断，他说：

"生产关系要适应生产力发展的要求，否则生产力就会起来暴动。当前农民杀猪宰羊就是生产力起来暴动"。[1]

三 "停缩发"三字方针

（1）两项建议 [2]

对农村的情况，在中央商业部发了关于牛羊市场情况的通报以后不久，1955

---

[1]《毛泽东年谱》（一九四九——一九七六）第二卷，中央文献出版社 2013 年版，第 355 页。

[2]《中共党史教学参考资料》第 20 册，第 478 页。

年1月4日,邓子恢以国务院第7办公室工作简报(第1号)的形式向总理和中共中央报告了农村合作化运动的情况并提出两项建议。简报说:

> 去年10月间中央批准全国各省共办60万个合作社,下边积极性很高,将计划提高到70多万个。现在看来真正办好60万个都是不容易的,原因是县区干部几乎全年12个月都在做统购统销等经济工作,可以抽一个短时间去发展合作社,但无经常而又系统去领导合作社的生产活动。现在全国已办起38万个新社(老社尚有10万),这批新社大部没有立住脚,没有人帮助这些社克服初建的种种困难,此时正赶上全国搞统购统销,部分农民抵触情绪很重,此种情绪和他们怕"归公"的思想顾虑结合在一起,就出现比较普遍的不利于生产的现象。例如不积极沤粪积肥,大批出卖牲畜,宰猪杀羊,有了钱不买生产资料,用于抢购不急用的用品,甚至用来修坟买棺材等等。这些现象提醒我们必须警惕小私有者对社会主义改造的动摇态度。

为此,邓子恢提议采取两项措施:

第一,需要制定一个全国性的章程,明确合作社的半社会主义性质,使干部不致乱立法,群众不致乱猜疑。现已拟好一个草案,先请党中央批发各地试行,然后集中意见再做修改,今年夏季提请人代会或常委会通过正式颁发。

第二,当前合作社的发展已离60万计划不远了,东北、华北、华南已接近完成计划。只中南、西南、西北须发展一些。整个运动须转向控制发展,着重做巩固工作阶段。某些地方如山东、河南、河北,原计划提的偏高,完成计划力所不及,已和他们商好主动减低。总的精神是完成60万个好,完成50万不出少出废品也应承认是最大胜利。现已拟出指示,送中央审批。这样做可以避免将统购和合作两种紧张碰在一起,引起更大的不利生产的现象。

(2)四道紧急指示[①]

中共中央接受了邓子恢的建议,结合全面的情况,从1月至3月接连下发了四道紧急指示。即1月10日《关于整顿和巩固农业生产合作社的通知》、1月15日《关于大力保护耕畜的紧急指示》、2月25日《关于在少数民族地区进行农业社会主义改造问题的指示》、3月3日中共中央和国务院联合发出的《关于迅速布置粮食购销工作安定农民生产情绪的紧急指示》。

---

① 《农业集体化重要文件汇编》上册,中共中央党校出版社1981年版,第227—284、295—298页。

指示认为，在短短的几个月内，合作社能够有这样大的发展，当然是好现象。但是，对这种有利的形势，需要有全面的估计，不能只是盲目叫好，将合作化工作看得过分容易简单而忽视了农民特别是中农在改变生产关系时，可能发生的严重的怀疑和顾虑，以及可能在农村中引起的震动。必须针对农民的实际思想状况，反复进行思想教育，细致地进行组织工作，认真地解决社内的重要经济问题，及时组织好当前生产活动；否则，必然造成工作中的夹生现象，影响合作化运动的继续前进，并可能引起不利于生产的严重后果。切不要以为党在农民中的信仰很高，现在所采取的半社会主义合作化的政策基本上取得农民拥护，就不会发生任何偏差。在合作化运动大发展时期，如果由于我们工作做得不好，发生了偏差，并因此而产生各种不利于生产的现象，即使是局部的、暂时的，也会遭致很大的损失，所以必须兢兢业业努力避免。

指示全面分析了造成农村关系紧张的原因。指出，应该看到，不少地方，农民大量杀猪、宰牛，不热心积肥，不积极准备春耕，生产情绪不高，这种情况是严重的，其中固然有少数富农和其他不良分子的抵抗破坏，但从整个说来，它实质上是农民群众，主要是中农群众对于党和政府在农村中的若干措施表示不满的一种警告。产生这种情况有很多原因，比如有些地区的互助合作运动搞得过粗过快；过早过急地实行牲畜折价归社，而估价又偏低，价款又不按期归还；农村供应工作有缺点等。但应该说，农民不满的主要原因是农民对统购统销工作感到无底；感到增产多少，国家收购多少，对自己没有好处；感到收购的数目过大，留的数目太少（口粮算的偏紧，未留牲畜饲料或留得不足），不能满足他们的实际需要；对于许多统销物资的供应，城市松，农村紧，也有意见。

指示强调指出，粮食紧张的根本原因在于生产不足，发展生产是解决粮食问题的决定环节。但是，农民是现实的，如果他们觉得增产没有好处，就不再热心增产。因此，农村工作的一切措施，都必须围绕发展生产这一环节，都必须有利于生产，有利于发挥农民的生产积极性，都必须避免对于这种积极性的任何损害。

据此，指示分别对整顿和巩固农业生产合作社、大力保护耕畜、农村的粮食购销工作作了具体部署。

关于整顿和巩固农业生产合作社问题，中央决定：

第一，当前的合作化运动，基本上转入控制发展，着重巩固阶段。按不同地区，分别执行以下方针：停止发展，全力巩固；适当收缩；在巩固中继续发展。例如：

东北、华北、华东各省基本上已完成或已超过原定发展计划的地方，应该停止，全力转向巩固。

山东、河南、河北、浙江等省原定计划过高，或准备不足仓促铺开的地方，应适当收缩。减低原定计划的过高指标；在不伤害积极分子热情，而又能保证新建社质量的原则下，合理地减少已有的社数和社员的户数。

中南、西南、西北各省离完成原定发展计划尚远的地方，应该认真巩固已建立的社，有准备地在巩固中发展。

第二，在巩固合作社的工作中，要着重宣传自愿原则，放手让广大社员说出内心的怀疑和顾虑，针对暴露出来的思想去进行教育工作。即使有少数人要求退社，也不必害怕，因为全体社员的自愿联合，乃是办好社最基本的保证。对那些有名无实的挂名合作社，经过帮助如不能继续办下去，应该允许他们改为互助组，将来再转为合作社。

第三，少数民族地区的农业合作化运动，必须充分注意到民族特点和政治、经济、文化各方面的落后状况，决心用更多的时间和慎重稳进的方针逐步地实现社会主义改造的情况下，才可能把少数民族地区的互助合作运动健康地顺利地推向前进。如果不去注意当地的特殊情况，企图用汉族地区同样的速度，同样的方式去推动少数民族地区的互助合作运动，就势必会发生急躁冒进的错误，造成工作的损失和困难，影响互助合作运动的健康发展，甚至可能发生群众性的骚乱。

关于大力保护耕畜问题，中央指示：必须把保畜工作列为当前重要工作之一，认真贯彻保护耕畜政策。

第一，在农业合作化运动中，对牲畜入社问题，必须妥善处理，克服急躁草率情绪。必须了解：耕畜入社问题，直接关系着有牲畜户的利益，关系着中、贫农的团结，必须正确贯彻依靠贫农和巩固地团结中农的阶级政策，根据互利原则，通过民主评议，给以公平合理的折价，分期归还，期限不宜太长，到期非特殊灾情不宜拖欠。一般新办的合作社，不必过早过急地实行耕畜折价归社的办法，可采取私有公用的办法，根据贫中农团结互利的原则合理评定畜工的报酬，使畜主不致吃亏，以稳定养畜情绪。

第二，切实帮助群众解决饲料困难，保护牲畜安全过冬。

关于农村粮食购销工作，中央决定：

1.国家对于粮食的统购数字和统销数字的规定，必须切合实际；必须进一步采取定产、定购、定销的措施，即在每年春耕以前，以乡为单位，将全乡的计划产量大体上确定下来，并将国家对于本乡的购销数字向农民宣布，使农民知道自己生产多少，国家收购多少，留用多少，缺粮户供应多少。这样，使农民心中有数，情绪稳定，有利于缓和农村的紧张情况，才使农民有可能制订自己的生产计划和安排自己的家务，才有利于发展农业生产，才有利于国家有计划地控制粮食的购销。

2.根据既照顾国家的需要，又照顾农民的可能这个原则，确定本年度（1955年7月至1956年6月）粮食征购指标为900亿斤。

中共中央认为，在把农村合作化的步骤放慢一些的同时，在保护耕畜和粮食购销工作方面积极做好上述各项工作，对于缓和当前农村紧张情况，安定农民生产情绪，有重大的意义。

(3)**"方针是三字经"**①

中共中央的上述各项指示迅速下达到各省区，但合作化运动的发展势头并未降下来。2月上旬，全国合作社达到58万多个，4月达到67万多个。此外，还有许多"自发社"存在。

3月上旬，毛泽东从外地回到北京以后，找中央农村工作部负责人邓子恢、陈伯达、廖鲁言、杜润生汇报工作。毛泽东肯定了这一时期农村工作中采取的措施，并予以总结，他说："方针是三字经，叫一曰停，二曰缩，三曰发"。当场共同议定：浙江、河北两省收缩一些；东北、华北一般要停止发展；其他地区（主要指新区）再适当发展一些。

4月20日，中共中央书记处召开有中央农村工作部负责人参加的汇报会，会议指出："今后总的方针是：停止发展，全力巩固"。会议还认为："全国合作社已发展到67万个，其中过多的省份有超过2、3万社的，主观力量控制不了，要收缩一些。"在5月10日、17日省、市委书记会议上，毛泽东又重申了"停、缩、发"的意见。

毛泽东概括的"停、缩、发"三字方针表明：1955年春在整顿巩固农业生产合作社的根本方针上，中共中央、中央农村工作部同毛泽东个人的意见是一致的。

---

① 《中国农业合作史资料》1988年第5期，第4页。

四　各地整社

（1）积极的成果

在中共中央和毛泽东的具体指导下，中央农村工作部和中央书记处第二办公室立即采取坚决有力的措施，展开整顿和巩固农业生产合作社的工作，以稳定农村的紧张形势。

3月22日，中央农村工作部发出《关于巩固现有合作社的通知》[1]，针对新建社中一般存在的部分社员不自愿或不很自愿的问题，提出了明确的处理原则和措施。（一）在加强教育的前提下，巩固自愿入社的社员，坚定不很自愿的社员，以巩固社的群众基础。对不自愿的社员，在讲明入社退社利害之后，充分尊重他们的意愿，愿留者留，愿退者退，绝不可借故控制限制或难为他们，更不可打击他们。（二）要分析不自愿的原因：是真正不愿而被迫入社？是因为社内政策不合心意而不愿留社？是看到社内的生产至今缺乏安排感到后悔而想退社？是因为社的某些工作人员对他们态度不好，负气不愿留社？然后对症下药，具体地分别情况解决实际问题，转变这些人的摇摆不定的思想，巩固社内的团结。（三）对某些只为了应付上级而徒挂空名并未正式建立的社，或虽有个空头组织，但并未联合起来进行生产的社，应该去掉空名，让大家各自去经营生产。通知还指出，在大发展之后，进行整顿巩固工作，社数和户数有合理减少是必要的。有些地方怕数字减少，百分比下降，就不敢贯彻自愿原则，这是不对的，应该改变。

当时，浙江省的问题最为突出，农业社的发展速度最快，有比较严重的侵犯中农利益的情况。中共中央上海局2月9日报告说：至1月中旬，浙江省合作社已从去秋的2016个社发展到41883个社，扩大了20多倍。由于摊子很大，问题很多，必须踏步一个时期，以便集中力量做好巩固和整顿工作。此后，浙江的合作化并未"踏步"巩固，反而更迅速地发展到5.3万多个社，并且"还有近万数的自发社"，入社农户接近全省农户的30%。少数地区的合作社竟比去年增加了50倍。这种大发展大多数是由于某些干部盲目追求合作社数字，搞强迫命令造成的，严重侵犯中农利益。在鼓动入社时有的办社干部公开宣布，入了社粮食可以少派征购任务，不

---

[1]《农业集体化重要文件汇编》上册，中共中央党校出版社1981年版，第308—310页。

入社则要多派。许多地区为了办社，要求土地联片，对于不入社农民的土地，要强制兑换，这就更侵犯了个体农民的利益。宣传上甚至用"入不入社是走毛泽东道路，还是走蒋介石道路"来恐吓农民，迫使许多农民勉强入社。有的农民说："合作社就是死路一条，我也要入了。"① 这种情况和粮食紧张交织在一起，就使农村更为动荡。当时除中央农村工作部直接派人去了解情况外，中央财委、中央纪委和中央政法小组也都先后向中央反映了大量"紧张情况"的材料，并且要求中央能帮助浙江省委采取措施，迅速缓和和稳定这种局面。

为迅速解决浙江省的严重情况，3 月 24 日，中央二办和中央农村工作部负责人，邀请当时浙江省委第一书记江华，在谭震林、邓子恢主持下，共同对浙江省问题进行了研究，根据毛泽东已经肯定了的对浙江农业社要收缩的精神，共同拟出了一个向浙江省委农村工作部的建议电文，电文的主要精神是：停止发展，进行适当收缩，全力巩固，消除由于发展过猛、违犯自愿互利原则所造成的后果。在电报中特别强调指出："正确的方针只能是：有条件办好的一定争取办好，不可冒退；没有条件办好的，应打通基层骨干和办社积极分子的思想，团结住他们，和他们一道领导群众实行改组，一道领导好退社的农民进行生产，无论他们是退回互助组或个体经营，都应把他们的生产搞好，不伤感情，为将来办好合作社而继续努力。"在电报中又建议"能巩固好 3 万个社，仍应承认是很大的收获"。同时还指出：压缩数字只由省委内部掌握，不要往下分配。电报系用中央农村工作部名义，稿子拟好后由邓子恢托陈伯达亲自送毛泽东审阅，陈很快在电话上告诉邓子恢说"中央同意"了，遂于 3 月 25 日发出。电报发出后，邓子恢出国访问，由谭震林召集中央二办和中央农村工作部负责人开会，江华参加，共同决定派杜润生、袁成隆到浙江省委再做口头传达。另外，谭震林、江华还分别亲自将研究的意见在电话上直接告诉了浙江省委。省委常委在霍士廉主持下进行了慎重的讨论，一致表示同意，并且在省委召集的 4 级干部会议上做了部署，及时展开全力巩固，坚决收缩的工作。②

浙江省经过 1 个多月的工作，到 5 月上旬取得的初步结果是：可以巩固的社更加巩固了；非退不可的分头转为互助组或个体经营；进退两难的，有的退了，有的

---

① 1955 年 4 月 12 日中央书记处二办副处长袁成隆写给谭震林的信，见《党史研究资料》1981 年第 5 期，第 4 页。

② 《中国农业合作史资料》1988 年第 5 期，第 4—5 页。

保留了。全省共收缩了 15000 个社，巩固下来的 4 万个。在入社问题上，侵犯中农利益的错误纠正了，一度紧张的中贫农之间的矛盾解除了，以往粮食紧张的情况缓和了；农民的生产积极性恢复了；干部政策水平提高了。5 月 8 日，浙江省委霍士廉向中央农村工作部电话汇报说：在各专区许多乡区内，宣传了互利、自愿合作政策，进行整社，效果是好的。好的社，社员满意，信心提高了，并未动摇，更有条件帮他们办好了。问题大的社，很快解决了问题。农民由社转组或转为单干经营，解除了顾虑，增加了肥料和插秧株数。全面宣传政策的主要效果有 3 条：（一）唤醒了干部，过去干部不知政策过左侵犯中农的害处，听到群众意见后，知道了。（二）群众了解了党的政策。有些贫农原以为合作是要合伙平产，有些中农以为是二次土改（去年老社分红有按人口分的，今年先吃中农投资，后吃贷款的风气也逐渐发展）。消除这种误解对社会生产和合作化有极大好处。（三）端正了合作政策，有利于粮食战线。中农怕露富，有钱都用于买粮食。解决合作政策思想后，有所好转。一切情况证明，政策上宣传上补了课，对浙江有积极意义。不仅对那些必须缩的社需要，对于应巩固的社也需要，对于广大群众更需要。①

全国整顿巩固农业社的结果，根据 1955 年 7 月 26 日中央农村工作部二处编制的"农业合作化运动最近的简情"统计，全国农业合作化运动在贯彻"停、缩、发"方针后，在原有 67 万个合作社中巩固下来的有 65 万余个。收缩地区有：浙江15500 个社，河北 7000 个社，山东 4000 个社，其他各省均无大的变动，有些省份有增加。这样，由于各省有增有减，全国合作社数量减少了 2 万余个。

（2）所谓砍了 20 万个

"文化大革命"中，把这次整顿巩固农业生产合作社的正确方针、措施和取得的积极成果，说成是刘少奇趁毛泽东"不在北京的机会"，"制定了'停'、'缩'、'整'的反动方针，并亲自批准了大砍合作社的计划。两个多月的时间，全国就有 20 万个合作社被砍掉了"。② 这完全是一种捕风捉影的不实之词。

如上所述，停、缩、发三字方针，是毛泽东对 1 月 10 日中共中央通知中提出的：按不同地区，分别执行停止发展，全力巩固；适当收缩；在巩固中继续发展的

---

① 《农业集体化重要文件汇编》上册，中共中央党校出版社 1981 年版，第 327—328 页。
② 《人民日报》、《红旗》杂志、《解放军报》编辑部：《中国农村两条道路的斗争》，《人民日报》1967 年 11 月 23 日。

凯歌行进的时期（1949—1956）

原则精神作的简练明确的概括。

在浙江和其他各省贯彻停、缩、发方针的过程中，中央书记处为了检查和指导这一工作，4 月 20 日召开了有中央农村工作部负责人参加的汇报会。会上刘少奇指出：今后一年农业合作社工作的总方针是："'停止发展，全力巩固'。现在全面停下来，秋后看情况再定，个别县、区、乡未办，有条件的可以试办。西南、中南粮食任务不大，可以发展，但不要太快。"会议肯定了对一些省实行收缩的工作，刘少奇指出："全国合作社已发展到 67 万个，其中过多的省份有超过 2、3 万社的，主观力量控制不了，要收缩一些。"认为"能巩固住 50 几万个社即是最大胜利。"还说："对有条件巩固的要尽一切力量巩固，巩固中要把政策与群众见面，宣布自愿。政策不与群众见面，巩固是假的。"会议认为，"收缩可以不要控制数字，40 万个以下也可以。"这一次会议前，刘少奇向邓子恢谈到收缩 10 万合作社对稳定局势的必要性，并要他提出意见。邓子恢根据中央指示精神，在 4 月 21 日至 5 月 7 日举行的全国第三次农村工作会议上，对全国的农业合作化工作进行了总结，并依据浙江省处理合作化问题的经验和刘少奇的意见，向各省提出收缩 5 万到 10 万个合作社的设想。后因夏收即将开始，与各省协商认为已没有必要，这个设想就打消了。[①] 实际整顿减少的就是 2 万多个社。

在 1962 年中共八届十中全会上，毛泽东重提阶级斗争，批判所谓"黑暗风"、"单干风"、"翻案风"。他批评邓子恢，说邓"对形势的看法几乎是一片黑暗"，"对包产到户大力提倡"，"这是与他在 1955 年夏季会议以前一贯不愿搞合作社，下令砍掉几十万个，毫无爱惜之心，而在这以前则竭力提倡四大自由，'好行小惠，言不及义'是相联系的"。[②]

由此可见，"砍掉了 20 万个社"之说，显系由 1955 年 4 月 20 日中央书记处会议关于"收缩可以不要控制数字，40 万个以下也可以"的意见，刘少奇同邓子恢谈到收缩 10 万个合作社对稳定局势的必要性的谈话，邓子恢向各省提出收缩 5 万到 10 万个合作社的设想和毛泽东批评"下令砍掉几十万个"演绎而来，并非历史真实。

---

① 《党史研究资料》1981 年第 5 期，第 5—6 页。
② 《中国农业合作史资料》1988 年第 5 期，第 9 页。

天津盛锡福帽厂挂上了公私合营的新厂牌，职工们在向经理祝贺。

第十章
反"右倾"和社会主义"高潮"

过渡时期总路线规定实现社会主义工业化和社会主义改造的任务，本来预定是经过三个五年计划，即15年或者更多一些时间完成的。但从1955年夏季以后，农业合作化运动骤然加快，以致整个社会主义改造到1956年就匆匆基本完成了。从实现过渡时期总路线来说，由15年完成社会主义改造到加快改造，不能不承认这又是一个战略性的转变。这种指导思想上的变化，首先从农业合作化发展速度的争论中反映了出来。

一 "上马"和"下马"之争

（1）春天的决心

经中共中央批准的全国第四次互助合作会议提出的农业合作化规划要求："在1957年组织50％以上的农户加入合作社，使现有形式的农业生产合作社在全国主要农业区成为主要的生产形式。"[①]

1955年3月，毛泽东在提出停、缩、发三字方针后不久，又单独约见邓子恢。他主张，全国合作化在3个五年计划期间，每一个五年计划以内各完成1/3。邓子

[①]《农业集体化重要文件汇编》上册，中共中央党校出版社1981年版，第260页。

恢听后，提出在第一个五年计划期间发展 50%农户入社的设想。毛泽东立即表示不同意，认为粮食已经到了界限，购粮任务是 900 亿斤，再多一点都不行，农业生产合作社在第一个五年计划发展 1/3，不要 50%了。后来，毛泽东又向谭震林说：到明年（指 1956 年——引者注）10 月停止发展。根据同样的精神，在全国党代表会议期间，刘少奇召集各省负责人谈话，强调农业合作化目前的中心问题是巩固和办好已经建立起来的这一批，"为了发展，就要巩固，因为已不可能再快，干部没有训练出来，经验不成熟，如果再像去年（指 1954 年——引者注）那样的速度发展下去是冒险的"。①

4 月 21 日至 5 月 7 日，中央农村工作部受中共中央委托召开第三次全国农村工作会议。② 会上，邓子恢传达了毛泽东关于在第一个五年计划期间，发展 1/3 农户加入合作社的意见。他在会议开幕词和总结报告中全面分析了农业合作化的发展情况和问题，阐述了今后工作的方针。

邓子恢指出，应该肯定，我们的成绩是主要的。我们在农村当中建立了几十万个社会主义据点，初步地建立了农村合作化的阵地，是我们今后合作化很重要的依靠。

他说，各地农村的紧张形势程度不同。这种紧张情况的本质，是工农关系的紧张，中贫农关系的紧张。造成这种紧张形势的因素有三：（一）最为突出的是粮食统购统销；（二）城乡对私商改造太快太猛，造成城乡流通"大通小塞"；（三）更根本的因素是农业社会主义改造（其中主要是生产合作）出了毛病。这三种都是属于社会主义改造这个范畴，都是造成紧张的带根本性的因素。但是，农村的社会改造——生产合作、供销合作、信用合作、统购统销，是以生产合作为中心环节的，生产合作是改变生产关系主要的一环，这是最根本的。因为，农民个体经营时只要有了土地、牲口、农具就可以进行生产，解决家庭生活的问题。入了社则起了根本的变化，生产资料虽仍属他所有，虽可以取得报酬，但已不能自由支配，支配权转到了社的手上，这是一个根本的改变。农民所倚以为生的全家财产交给你，自然在这方面关心就很大。这是一个最深刻的革命，目前虽然参加社的不多，但影响极

---

① 《党史研究资料》1981 年第 5 期，第 3—4 页。

② 《党史研究》1981 年第 1 期，第 2—9 页；《农业集体化文件汇编》上册，中共中央党校出版社 1981 年版，第 333—341 页；《中国农业合作史资料》1988 年第 5 期，第 6 页。

大。如东北所反映一般社的牲口瘦了，一部分牲口趴下了，少数牲口死了。农民看到哪能不慌，不顾虑呢！这是唯物论。至少当家的农民会睡不着觉。看到增产希望不大怎会不紧张？

他进一步指出合作化工作中有三方面的毛病：第一，计划上，去年定发展60万社的计划是大了一点，"冒"了一下。原因是：对主观力量估计过高。社的发展超过了干部主观可能和领导能力；对农民的社会主义觉悟估计过高。农民是靠眼睛不靠耳朵，农民的社会主义觉悟主要靠眼睛看，不是光靠耳朵听听。"百闻不如一见"，真要他相信，必须眼见。对办社贫农易于接受，中农中的中下中农也比较易于接受，大部分老中农、富裕中农包括新中农的上中农，就不易接受，因为社初办起来生产尚不一定比他们高的。有些同志在这个问题上估计过高，不从物质基础上（社办的好坏）看农民社会主义觉悟的高涨，这就是有点唯心主义了；对于把社办好看得太容易了，对增产的艰巨性认识不足。第二，政策上，违反自愿原则和互利原则。第三，工作上，不走群众路线，单纯用行政命令的现象增多了。

他根据中共中央和毛泽东的指示精神和决心，强调今后农业合作化工作要遵循的4条方针政策："1.要求一般停止发展。原来我们说今年秋天停止下来，以后主席（指毛泽东——引者注）说，干脆就停止下来，到明年秋后再看，停止一年半。""2.立即抓生产，全力巩固。""3.少数的省要适当的收缩。""4.把互助组办好，整顿好，照顾个体农民。"

（2）5 月的变化

4月底，中央负责同志都返回北京参加五一节活动。5月9日晚，在中南海颐年堂，毛泽东先后约见了李先念、邓子恢、廖鲁言、陈国栋。告诉他们，中央认为原定的征购900亿斤（粮食），可考虑压到870亿斤，这也是一个让步，粮食上减少一点，换来一个社会主义。还谈道今后两三年是农业合作化的紧要关头，必须在这3年内，打下合作化的基础。并问他们：1957年化个40%，可不可以？邓子恢说："上次说1/3，还是1/3左右为好。"毛泽东答复说："1/3也可以。"但接着又表示，农民对社会主义改造是矛盾的，农民是要"自由"的。党内也有一批干部反映农民这种情绪，不赞成搞社会主义，并提到据上海局柯庆施①说，党内有30%的高、

---

① 中共中央上海局第一书记。

中级和基层干部反映中农的情绪，不赞成搞社会主义。①

5 月 17 日，中共中央召集华东区、中南区和河北、天津、北京等 15 个省市书记会议，再次讨论农业合作化工作。毛泽东在会上讲话，② 他虽然重申了停、缩、发三字方针，但主要是批评了在农业合作化问题上的所谓消极情绪。他说：

"合作社问题，也是乱子不少，大体是好的。不强调大体好，那就会犯错误。在合作化的问题上，有种消极情绪，我看必须改变。再不改变，就会犯大错误。"他在解释停、缩、发三字方针时强调了"发"，并对各省农业合作社的发展数字提出了具体要求。他说：

"对于合作化，一曰停，二曰缩，三曰发。缩有全缩，有半缩，有多缩，有少缩。社员一定要退社，那有什么办法。缩必须按实际情况。片面的缩，势必损伤干部和群众的积极性。后解放区就是要发，不是停，不是缩，基本是发；有的地方也要停，但一般是发。华北、东北等老解放区里面，也有要发的。譬如山东 30% 的村子没有社，那里社都没有，停什么？那里就是发。该停者停，该缩者缩，该发者发。"

"发展合作社，河南 7 万、湖北 4.5 万、湖南 4.5 万、广东 4.5 万、广西 3.5 万、江西 3.5 万、江苏 6.5 万，也是自愿互利。发展合作社对国家是有利的，对你们各个地区也有利，如果你们自愿，那就拍板，把这个数字定下来。东北、西北、西南、华北，由林枫、马明方、宋任穷、刘澜涛去召开一个会，把精神传达一下，讨论解决。今天在会上已经认定了的，就照这样办，大体不会错。但是，发展起来的合作社，要保证 90% 是可靠的。"

（3）分歧所在

6 月 14 日中央政治局听取了农村工作部的汇报，批准了 1956 年在现有 65 万个社的基础上发展到 100 万个的计划。刘少奇讲："明春发展到 100 万个，关一下门，办好了，让中农自愿前来敲门，关键是保证中农自愿"。③

在 6 月中央政治局会议以后，毛泽东和邓子恢谈话，对 1955 年到 1956 年的发展计划，毛泽东的意见是，在 65 万个现有社的基础上翻一番，即 130 万个。邓子

---

① 《党史研究资料》1981 年第 5 期，第 6 页。

② 《农业集体化重要文件汇编》上册，中共中央党校出版社 1981 年版，第 331—332 页。

③ 《中国农业合作史资料》1988 年第 5 期，第 6 页。

凯歌行进的时期（1949—1956）

恢的意见是翻半番，仍然坚持 100 万个的计划。当时邓子恢主张少发展的主要理由是：

> 第一，整个合作化运动应与工业化进度相适应，第一个五年计划工业化还是打基础时期，农业技术改造的进度可能很慢，合作化还是手工劳动为主。在这样的情况下，要使农业生产有比较显著的发展，超过一般富裕中农的水平，初步显示出社会主义集体经济的优越性，向社外农民起到示范作用，就必须认真把经营管理搞好，特别是按劳分配和劳动组织方面工作搞好。而要做到这些，在办社的初期阶段，各种条件很差的情况下，过多过猛的发展，是不适当的。第二，根据各地实际情况反映，在现有 65 万个社中存在的问题很多，巩固工作量很繁重，如果再多发展，巩固与发展齐头并进，无论群众觉悟水平和干部领导能力都跟不上去。就可能使两方面工作都做不好，并会影响生产发展。第三，1955 年至 1956 年，是一个打基础的一年，这一着做好了，对以后实现全盘合作化有极其重大意义。因为在老区，在过去几年里，领导力量主要忙于发展社的工作，对巩固工作做得很少，入社户数虽然已经达到 20%—30%，但基础极不巩固，极需要缓步一下，以便做好巩固工作，在巩固的基础上再前进；在新区，那里素无互助合作习惯与传统，根据以往老区的经验和教训，主要任务还应当是继续完成布点工作，适当再发展一些，每一个乡争取建立若干个社，集中力量把它们办好，以便训练干部、作出示范，为以后由点到面的发展打好基础。至于那些边远地区和少数民族地区，有的还没有进行土地改革，有的生产极其落后，刀耕火种，连会计都找不到，很难办社，还需要多准备一些时间。总之，是要坚持毛泽东历来教导的工作方法：由点到面，积极而稳步地分批分期展开。这样做，从当前一个具体环节上看，似乎缓慢一些，但从整个合作化来看会是更快一些和更好一些。①

7 月 26 日，中央农村工作部二处整理了《农业合作化运动最近简情》，其中报告说：1955 年到 1956 年度的发展计划，据现有材料统计，将由现有约 65 万个社发展到 103 万余个社（缺山西、浙江、热河三省，内蒙古自治区和京津两市的发展数字），入社户数将由 1690 余万户发展到约 2920 万户（缺内蒙古和京津两市计划增加的户数）。毛泽东于 29 日将这个简报加上批语印发参加当时中央召开的各省、

---

① 《中国农业合作史资料》1988 年第 5 期，第 6 页。

市、自治区党委书记会议的同志。毛泽东批示说：

"要反对右的和'左'的错误观点：（1）在发展问题上，'不进'与'冒进'。目前不是批评冒进的问题，不是批评'超过了客观可能性'的问题，而是批评不进的问题，而是批评不认识和不去利用'客观可能性'的问题，即不认识和不去利用广大农民群众由于土地不足、生活贫苦或者生活还不富裕有一种走社会主义道路的积极性，而我们有些人却不认识和不去利用这种客观存在的可能性。农民的两面性——集体经营与个体经营两种思想的矛盾，哪一面占优势？随着宣传和合作社示范，集体经营的思想先在一部分人中占优势，然后在第二部分人中占优势，然后在第三部分人中占优势，然后在大部分人中占优势，最后在全体人民中占优势，我们应当逐步地（经过15年）造成这种优势。

（2）在改变所有制的问题上，即端正政策的问题。'揩油'问题已经发生，应当教育农民不要'揩油'，应当端正各项政策，并以发放贷款的办法去支持贫农，这是一方面。但同时应当教育中农顾全大局，只要能增产，只要产量收入比过去多，小小的入社时的不公道，可以就算了。要教育两方面的人顾大局，而不是所谓'全妥协'，全妥协就没有社会主义了。又团结、又斗争是我们的方针。

（3）要有坚定的方向，不要动摇。要别人不动摇，就要自己首先不动摇。要看到问题的本质方面，要看到事物的主导或主流方面，这样才能不动摇。事物的非本质方面，次要方面必须不忽视，必须去解决存在着的一切问题，但不应将这些看成事物的主流，迷惑了自己的方向。"[1]

毛泽东这段批语清楚地表明，他同邓子恢争论的不只是几十万个合作社，而是指导思想的问题。他的主张是，应当利用广大农民由于土地不足、生活贫苦或者生活还不富裕的状况而希望变革的心态，从速引导他们向社会主义过渡。在邓子恢看来，把合作社办好需要一定的条件，合作化运动应该是在办好现有社的同时，积极准备条件，按部就班，慎重稳进。这就是分歧所在。当时，中央农村工作部有的同志曾对邓子恢竟为几十万个社数去同毛泽东争辩表示吃惊，认为何必去"闯祸"。邓子恢苦笑着解释："不是几十万社问题了，要紧的是他认为办合作社那些条件都

---

[1]《中国农业合作史资料》1988 年第 5 期，第 13 页。

不必要的。这怎么能不讲清楚呢。"①

(4) 批"小脚女人"

1955 年 7 月 31 日，毛泽东在中共中央召集的省、市、自治区党委书记会议上作《关于农业合作化问题》的报告②，把在农业合作化问题上的这场争论推向了高潮，邓子恢被批评犯了右倾。

毛泽东的报告一开头，就断然指出：

"在全国农村中，新的社会主义群众运动的高潮就要到来。我们的某些同志却像一个小脚女人，东摇西摆地在那里走路，老是埋怨旁人说：走快了，走快了。过多的品头评足，不适当的埋怨，无穷的忧虑，数不尽的清规和戒律，以为这是指导农村中社会主义群众运动的正确方针。

否，这不是正确的方针，这是错误的方针。

目前农村中合作化的社会改革的高潮，有些地方已经到来，全国也即将到来。这是 5 亿多农村人口的大规模的社会主义的革命运动，带有极其伟大的世界意义。我们应当积极地热情地有计划地去领导这个运动，而不是用各种办法去拉它向后退。"

报告批评《中央农村工作部对浙江省目前合作化工作的意见》，是被"胜利吓昏了头脑"的"一种惊惶失措"的表现。报告说：

"浙江由于采取所谓'坚决收缩'的方针（不是浙江省委决定的），一下子就从 5.3 万个合作社中解散了 1.5 万个包括 40 万农户的合作社，引起群众和干部的很大不满，这是很不妥当的。这种'坚决收缩'的方针，是在一种惊慌失措的情绪支配下定出来的。这样一件大事不得中央同意就去做，也是不妥当的。"

"在胜利面前，我认为有两种不好：(1) 胜利冲昏了头脑，使自己的头脑大大膨胀起来，犯出'左'的错误，这当然不好。(2) 胜利吓昏了头脑，来一个'坚决收缩'，犯出右的错误，这也不好。现在的情况是属于后一种，有些同志被几十万个小型合作社吓昏了。"

报告认为这场争论的性质是"两条路线的分歧"。邓子恢的意见"是站在资产阶级、富农、或者具有资本主义自发倾向的富裕中农的立场上替较少的人打主意，而没有站在工人阶级的立场上替整个国家和全体人民打主意。"报告说：

---

① 《党史研究资料》1981 年第 5 期，第 8 页。

② 《毛泽东文集》第 6 卷，人民出版社 1999 年版，第 418—443 页。

"有些同志，从资产阶级、富农、或者具有资本主义自发倾向的富裕中农的立场出发，错误地观察了工农联盟这样一个极端重要的问题。他们认为目前合作化运动的情况很危险，他们劝我们从目前合作化的道路上'赶快下马'。他们向我们提出了警告：'如果不赶快下马，就有破坏工农联盟的危险。'我们认为恰好相反，如果不赶快上马，就有破坏工农联盟的危险。这里看来只有一字之差，一个要下马，一个要上马，却是表现了两条路线的分歧。大家知道，我们已经有了一个工农联盟，这是建立在反对帝国主义和封建主义、从地主手里取得土地分给农民、使农民从封建所有制解放出来这样一个资产阶级民主革命的基础之上的。但是这个革命已经过去了，封建所有制已经消灭了。现在农村中存在的是富农的资本主义所有制和像汪洋大海一样的个体农民的所有制。大家已经看见，在最近几年中间，农村中的资本主义自发势力一天一天地在发展，新富农已经到处出现，许多富裕中农力求把自己变为富农。许多贫农，则因为生产资料不足，仍然处于贫困地位，有些人欠了债，有些人出卖土地，或者出租土地。这种情况如果让它发展下去，农村中向两极分化的现象必然一天一天地严重起来。失去土地的农民和继续处于贫困地位的农民将要埋怨我们，他们将说我们见死不救，不去帮助他们解决困难。向资本主义方向发展的那些富裕中农也将对我们不满，因为我们如果不想走资本主义的道路的话，就永远不能满足这些农民的要求。在这种情况之下，工人和农民的同盟能够继续巩固下去吗？显然是不能够的。这个问题，只有在新的基础之上才能获得解决。这就是在逐步地实现社会主义工业化和逐步地实现对于手工业、对于资本主义工商业的社会主义改造的同时，逐步地实现对于整个农业的社会主义的改造，即实行合作化，在农村中消灭富农经济制度和个体经济制度，使全体农村人民共同富裕起来。我们认为只有这样，工人和农民的联盟才能获得巩固。如果我们不这样做，这个联盟就有被破坏的危险。劝我们'下马'的那些同志，在这个问题上是完全想错了。"

这样，邓子恢的正确意见就被彻底否定了，并从此开始了在农业合作化问题上批判"小脚女人"的"反右倾"斗争。

(5)"要使资本主义绝种"

1955年10月4日至11日，中共中央举行七届六中（扩大）全会。陈伯达代表中央政治局作了《关于农业合作化问题的决议草案的说明》，邓小平代表中央政治局作了《关于召开党的第八次全国代表大会的决议草案的说明》。刘少奇、周恩来、朱德、陈云、彭德怀、彭真、邓小平等在会上作了发言。毛泽东以《农业合作化的一场辩论和当前的阶级斗争》为主题作结论 ①。会议通过了《关于农业合作化问题的决议》② 和其他各项决议。

毛泽东在结论中进一步阐述了他的战略指导思想，第一次阐明了要使各方面的工作加快和要使资本主义绝种、小生产也绝种的战略意图。他说：

"我们这次会议，是一场很大的辩论。这是在由资本主义到社会主义过渡期间，关于我们党的总路线是不是完全正确这样一个问题的大辩论。这场全党性的大辩论，是从农业合作化的方针问题引起的，同志们的讨论也集中在这个问题上。但是，这场辩论牵涉的面很广，牵涉农业、工业、交通、运输、财政、金融、贸易、文化、教育、科学、卫生等部门的工作，牵涉手工业和资本主义工商业的改造，牵涉到镇压反革命，还牵涉军队，牵涉外交，总之，牵涉党政军民各方面的工作。应当有这么一次大辩论。因为从总路线发布以来，我们的党还没有这样一次辩论。这个辩论，要在农村中间展开，也要在城市中间展开，使各方面的工作，工作的速度和质量，都能够和总路线规定的任务相适应，都要有全面规划。"

"我们认为，只有在农业彻底实行社会主义改造的过程中，工人阶级同农民的联盟在新的基础上，就是在社会主义的基础上，逐步地巩固起来，才能够彻底地割断城市资产阶级和农民的联系，才能够彻底地把资产阶级孤立起来，才便于我们彻底地改造资本主义工商业。我们对农业实行社会主义改造的目的，是要在农村这个最广阔的土地上根绝资本主义的来源。"

"我们现在有两个联盟：一个是同农民的联盟，一个是同民族资产阶级的联盟。这两个联盟对我们都很必要，恩来同志也讲了这个问题。同资产阶级的联盟有什么好处呢？我们可以得到更多的工业品来换得农产品。十月革命后有一个时期，列宁就打这个主意。因为国家没有工业品去交换，农民就不拿粮食出来，单用票子去买他不干，所以列宁打算让无产阶级国家政权和国家资本主义结成联盟，为的是增加工业品来对付农村中的自发势力。我们现在搞一个同资产阶级的联盟，暂时不没收资本主义企业，对它采取利用、限制、改造的方

---

① 毛泽东：《农业合作化的一场辩论和当前的阶级斗争》，1955 年 10 月 11 日。

②《新华月报》1955 年第 11 号，第 9—13 页。

针，也就是为了搞到更多的工业品去满足农民的需要，以便改变农民对于粮食甚至一些别的工业原料的惜售行为。这是利用同资产阶级的联盟，来克服农民的惜售。同时，我们依靠同农民的联盟，取得粮食和工业原料去制资产阶级。资本家没有原料，国家有原料。他们要原料，就得把工业品拿出来卖给国家，就得搞国家资本主义。他们不干，我们就不给原料，横直卡死了。这就把资产阶级要搞自由市场、自由取得原料、自由销售工业品这一条资本主义道路制住了，并且在政治上使资产阶级孤立起来。这是讲这两个联盟的相互作用。"

"土地改革，使我们在民主主义的基础上同农民结成了联盟，使农民得到了土地。农民得土地这件事，是属于资产阶级民主革命的性质，它只破坏封建所有制，不破坏资本主义所有制和个体所有制。这一次联盟使资产阶级第一次感到了孤立。1950年，我在三中全会上说过，不要四面出击。那时，全国大片地方还没有实行土地改革，农民还没有完全到我们这边来，如果就向资产阶级开火，这是不行的。等到实行土地改革之后，农民完全到我们这边来了，我们就有可能和必要来一个'三反'、'五反'。农业合作化使我们在无产阶级社会主义的基础上，而不是在资产阶级民主主义的基础上，巩固了同农民的联盟。这就会使资产阶级最后地孤立起来，便于最后地消灭资本主义。在这件事情上，我们是很没有良心哩！马克思主义是有那么凶哩，良心是不多哩，就是要使帝国主义绝种，封建主义绝种，资本主义绝种，小生产也绝种。在这方面，良心少一点好。我们有些同志太仁慈，不厉害，就是说，不那么马克思主义。使资产阶级、资本主义在6亿人口的中国绝种，这是一个很好的事，很有意义的好事。我们的目的就是要使资本主义绝种，要使它在地球上绝种，变成历史的东西。"

"在阶级斗争中，我们已经取得了许多的胜利，并且将要继续取得胜利。拿过去一年国内的阶级斗争来说，我们主要做了四件事：一个是进行反唯心论的斗争，一个是镇压反革命，一个是解决粮食的问题，一个是解决农业合作化的问题。在这四个问题上的斗争，都带着对资产阶级作斗争的性质，给了资产阶级严重的打击，并且在继续给他们以粉碎性的打击。"

会议通过的决议，把邓子恢对农业合作化问题的意见升格为犯了"右倾机会主义"的错误。7月省、市、自治区党委书记会议和七届六中全会对所谓右倾、右倾机会主义的批判，损害了党内的民主讨论、实事求是的传统，助长了党内"左"倾思想的发展。

二　规划的日新月异

(1) 7 月规划

毛泽东在 7 月 31 日《关于农业合作化问题》的报告中，在认定农村中合作化的社会改革的高潮，有些地方已经到来，全国也即将到来的前提下，对 1955 年到 1956 年全国合作社的发展数字和整个农村社会改革、技术改革的全面规划提出了建议。他说：

> 1955 年春季，我党中央决定，农业生产合作社发展到 100 万个。这个数目字同原有的 65 万个社比较，只增加 35 万个，即只增加半倍多一点。我觉得似乎少了一点，可能需要比原有的 65 万个社增加一倍左右，即增加到 130 万个左右的合作社，使全国 20 几万个乡，除了某些边疆地区以外，每乡都有 1 个至几个小型的半社会主义性质的农业生产合作社，以作榜样。这些合作社，过一两年就有经验了，就成了老社了，别人就会向它们学习了。由现在到 1956 年 10 月秋收以前，还有 14 个月，完成这样一个建社计划，应当是可能的。希望各省区的负责同志回去研究一下，按照实际情况定出一个适当的计划，于两个月内报告中央。那时我们再来讨论一次，最后定案。

> 必须现在就要看到，农村中不久就将出现一个全国性的社会主义改造的高潮，这是不可避免的。到第一个五年计划最后一年的末尾和第二个五年计划第一年的开头，即在 1958 年春季，全国将有 2.5 亿左右的人口——0.55 亿左右的农户（以平均四口半人为一户计算）加入半社会主义性质的合作社，这就是全体农村人口的一半。那时，将有很多县份和若干省份的农业经济，基本上完成半社会主义的改造，并且将在全国各地都有一小部分的合作社，由半社会主义变为全社会主义。我们将在第二个五年计划的前半期，即在 1960 年，对于包括其余一半农村人口的农业经济，基本上完成半社会主义的改造。那时，由半社会主义的合作社改变为全社会主义的合作社的数目，将会加多。在第一第二两个五年计划时期内，农村中的改革将还是以社会改革为主，技术改革为辅；大型的农业机器必定有所增加，但还是不很多。在第三个五年计划时期内，农村的改革将是社会改革和技术改革同时并进，大型农业机器的使用将逐年增多，而社会改革则将在 1960 年以后，逐步地分批分期地由半社会主义发

展到全社会主义。中国只有在社会经济制度方面彻底地完成社会主义改造，又在技术方面，在一切能够使用机器操作的部门和地方，统统使用机器操作，才能使社会经济面貌全部改观。由于我国的经济条件，技术改革的时间，比较社会改革的时间，会要长一些。估计在全国范围内基本上完成农业方面的技术改革，大概需要四个至五个五年计划，即 20 年至 25 年的时间。全党必须为了这个伟大任务的实现而奋斗。[①]

（2）纷纷加码[②]

7 月底的省、市、自治区党委书记会议结束以后，各省相继在 8 月举行省委扩大会议或地、市委书记会议，传达学习毛泽东的报告，检查右倾思想，修订本省农业合作化的发展规划。从各省会后向中共中央的报告中，我们既可以看到在毛泽东批判了所谓的右倾以后党内的思想状况，又可看到党内在社会主义问题上的热诚、天真和稚幼。如：湖北省委报告说：

"省委常委会学习和讨论了主席指示。与会同志一致表示完全拥护党中央和主席的指示，每个同志都感到十分兴奋，并认真地作了自我批评，检查了半年多以来省委的工作和指导思想。""省委认为，在农业的社会主义改造问题上，我们是有右倾思想的，表现在有些怕多、怕乱。……所以产生这些错误想法的原因是由于我们不善于以工人阶级的立场观点，运用阶级分析的方法来观察问题"。"省委认为，主席关于'农业生产合作社问题'的指示，是过渡时期各项工作的指针，一切工作都应充分发挥潜力，克服困难，尽一切可能加速社会主义建设的进度，必须反对在困难面前消极动摇的右倾思想。"

"在批判右倾思想，分析各种条件的基础上，我们确定了我省发展农业生产合作社的规划为，到明年秋前发展到 7 万个社，占全省农业人口的 25% 左右，到 1957 年冬发展到 12 万个社，占全省农业人口的 50% 左右。"

辽宁省委报告说：

大家听了传达后，"一致感到又受到一次深刻的总路线教育。主席的指示帮助我们澄清了在农业社会主义改造和工农业关系问题上的若干模糊认识，对检查过去工作给了一面明亮的镜子，并增强了继续前进的信心。农业社会主义

---

① 毛泽东：《关于农业合作化问题》，1955 年 7 月 31 日。

② 《农业集体化重要文件汇编》上册，中共中央党校出版社 1981 年版，第 377—425 页。

改造的基本方针明确了，就必然会大大缩小工农业之间的矛盾，对发展我国国民经济，胜利完成我国社会主义工业化有极重大的意义。大家一致对主席的指示表示衷心的拥护，并保证坚决贯彻到实际工作中去。"

会议研究修订了明后两年合作化运动的大体发展规划，计划今冬明春新建1.5 万个社，占总农户 15%；1956 年春前新老社共达 4.5 万个，参加合作社的农户将达总农户的 55%左右。在此基础上，1957 年春耕以前再发展农户 30%左右，则合作化比重即可达总农户的 80%—85%。

安徽省委报告说：

传达讨论了主席指示，并作了初步检查。"一致认为主席指示是千真万确的。'新的社会主义群众运动的高潮就要到来'，'地方性的高潮，已经有了'，这可从以下几方面的事实得到充分的说明……另一方面，证明了小脚女人'过多的评头品足，不适当的埋怨，无穷的忧虑，数不尽的清规和戒律'，是损害了我们社会主义积极性的。会议中揭发这方面的材料是不少的。……以上材料充分证明：主席以'小脚女人'这个名词来形容这个情况真是淋漓尽致，无比深刻和正确的。""会议认为：安徽地区有'小脚女人'，有'改组派'，也有大脚。为了使小脚放大，'改组派'变成大足，必须在结合学习主席的指示当中继续深入检查，进一步揭发和批判'小脚女人'的丑态，才能正确贯彻主席的指示。"

"大家一致认为：有信心完成并争取超额完成中央给我们'翻一番'的任务。我们打算今冬明春再办 3.6 万多个社，连同老社共计 8 万多个，入社农户达到总农户的 33%到 35%。"

山西省委报告说：

"我们在会议上作了自我检讨。大家认为，毛主席的话说得很对。我们之所以会产生右倾保守情绪，主要是由于'看问题的方法不对'。我们只是片面地看到了不仅落后社的问题很多，而且许多先进的老社问题也不少。因而相信了'发展容易巩固难'的错误论调。同时，总觉得干部力量和干部经验都赶不上运动的发展，不懂得'干部和农民在自己的斗争中将改造自己'的道理，因而就产生了许多不必要的顾虑。在讨论中，地委书记也都同样地作了自我检讨。"

"会议确定 1955 年至 1957 年全省合作社发展的速度如下：1955 年社数由 31786 个增至 42000 至 44000 个，入社农户由占全省农户总数的 41%增至

51%—55%；1956年社数增至52000至54000个，入社农户达全省农户总数的67%—70%；1957年社数达56000至58000个（即达饱和状态），入社农户达全省农户总数的75%—80%。1957年全省农村基本上完成了半社会主义的改造后，消灭富农，农村阶级面貌将发生根本性的变化。"

河南省委报告说：

"大家听到毛主席对农业合作化问题的指示的传达后，一致热烈拥护，欢欣鼓舞，并作了认真的学习和讨论，开展了批评与自我批评，批判了错误的思想，着重检查了去年秋季以来，省委和各地委对合作化运动的指导思想，进一步明确了阶级立场和群众观点，大大提高了社会主义革命勇气和信心。……通过了全省在1957年年底以前农业生产合作社发展到18万个，入社农户达到占总农户的60%以上，在今冬明春发展到10万个社，入社农户达到总农户的30%的指标。"

浙江省委报告说：

"到会同志一致认为受到深刻的教育和极大的鼓舞，表示衷心拥护主席的指示，并保证坚决贯彻到实际工作中去。在这些会议上，以主席的指示为武器，检查了浙江农业合作化工作，初步研究了今后发展和巩固的规划。"

"1955年4月我们采取'坚决收缩'的方针是错误的。正如毛主席指出的：'是在一种惊慌失措的情绪支配下定出来的'，'胜利吓昏了头脑'。""解散1.5万多个社的后果是严重的。它使农村社会主义阵地缩小，反革命分子乘机进行各种破坏活动；农民自发倾向一度有所发展；大大地挫折了广大干部和农民群众的社会主义积极性，并一度迷失了前进方向，滋长了相当严重的消极情绪和自流倾向。""主席的指示，给了我们解决困难的信心和力量。大家普遍反映：'眼睛亮了，方向明确了'。"

"我们的初步规划是：在1955年秋季到1956年秋季以前，发展到6.5万个社左右（现有的3.75万个社在内），组织总户数的40%左右（现有的17.8%在内）；到1957年秋季之前，发展到10万个社左右，组织总户数的70%左右；到1958年秋季之前，采取以扩社为主，新建社为辅的原则，组织总户数的85%；到1960年秋季以前，组织总户数的90%以上，基本上完成对农业的半社会主义改造。"

甘肃省委报告说：

"会上经过对上述错误思想的批判，修正了发展计划。确定1956年春播前，全省新建 11101 个新社，加原有老社共 18252 个社，入社农户占总农户 23% 左右。1957 年冬季前，社数发展到 3.5 万个，入社农户达到 45% 以上。"

福建省委报告说：

"我们完全同意主席的指示：目前农村中社会主义高潮有些地方已经到来，全国也即将到来。根据我省农业生产合作社运动的情况，我们认为主席的指示贯彻下去以后，并逐级做好思想发动，克服、批判右倾思想，广大干部和群众的热情和积极性就会大大的发挥起来，经过今秋至明春的工作，我省社会主义群众运动的高潮就会到来。"

"我们计划今年秋至明年春耕前发展 1.9 万个社（连原有 3.8 个社），社员将由现在的占总农户 15% 发展到占总农户 35% 以上。"

云南省委报告说：

"大家一致拥护主席的指示并表示坚决贯彻执行。我们过去对农业的社会主义改造，在思想上和工作上都发生过摇摆。主席对这一战略问题的明确指示，将使我们停止这个摇摆并大大地鼓励全党和广大群众的积极性创造性。"

"经过大家讨论商定的全省发展农业生产合作社的规划是：今年秋收前完成由原有 7100 个社发展到 3 万个的计划，明年春耕前再发展 0.5 万—1 万，则全省入社农户占总农户 23% 左右。明年秋冬发展 2.1 万个，占农户 40%。到 1957 年发展至 7.3 万多个社，连同老社扩大、并社，全省 348 万多农户中，入社农户 194 万多，占总农户 55% 左右。"

以上 9 个省委的报告，较之毛泽东 7 月提出的 1958 年春季参加半社会主义性质合作社的农户占总农户 50% 的要求，除安徽、福建、甘肃 3 省未提到外，其余 6 个省都报告要在 1957 年冬提前实现并大大超过。

（3）10 月决议 [①]

各省报告表示 1958 年春参加合作社的农户达到 50% 的要求可以提前超额完成；七届六中全会上对所谓右倾机会主义批判的升级，使党内盲目冒进急于求成的情绪进一步发展起来。六中全会通过的决议提出了更为激进的要求，决议说："为着积极地和有计划地领导农业合作化运动，需要有全国的、全省（自治区）的、全专区（自治州）的、全县（自治县）的、全区的、全乡（民族乡）或者全村的关于合作

---

① 《农业集体化重要文件汇编》上册，中共中央党校出版社 1981 年版，第 460—461 页。

化的分期实行的规划。这种规划除了应该注意合作化运动的共同点以外，还应该注意各地方合作化运动的具体差别。根据不同地区的不同条件，各地方合作化运动发展的速度，将有下列主要的三类情况：

第一，在互助合作运动比较先进的地方，合作化程度在 1955 年夏季已经达到当地总农户的 30%—40%，大体上可以在 1957 年春季以前先后发展到当地总农户的 70%—80%，即在基本上实现半社会主义的合作化。这类地方主要是华北、东北各省，还有其他一些省份的一部或大部。

第二，在全国大多数地方，合作化程度在 1955 年夏季已经达到当地总农户的 10%左右或者 20%左右，大体上可以在 1958 年春季以前先后在基本上实现半社会主义的合作化。

第三，在互助运动基础比较薄弱、农业生产合作社现在还很少的地方，实现合作化需要更多的时间。这类地方主要是某些边疆地方。其中有个别的边疆地区，还没有实行土地改革，还没有互助合作组织；在这种地区，必须采取比较缓慢甚至长期等待的政策。"

各省、市和各自治区的党委在制定合作化规划的时候，应该注意在有条件的地方，有重点地试办高级的（即完全社会主义性质的）农业生产合作社。有些已经在基本上实现了半社会主义的合作化的地方，可以根据发展生产的需要、群众觉悟程度和当地的经济条件，按照个别试办、由少到多、分批分期地逐渐地发展的步骤，拟订关于由初级社转变为高级社的计划。

决议要求对不同地区的合作化工作采取分类指导的办法，当然是正确的。但是，在这里已经把原来要求 1958 年春达到入社农户占 50%的规划，改变为在比较先进的地方 1957 年春季以前、全国大多数地方 1958 年春季以前基本上实现半社会主义的合作化，并明确提出了由初级社转变为高级社的问题。这无疑是在已经燃烧起的火场里又添了一堆柴，使火势越来越猛，温度越来越高了。

（4）超前完成

中共七届六中全会以后，在批判右倾机会主义的推动下，各地农业合作化运动先后掀起热潮。1955 年 10 月，山西、浙江、广西、四川、广东 5 个省委向中共中央作了报告。[①]

---

① 中共中央农村工作部编印《农村工作通讯》第 45 期。

凯歌行进的时期（1949—1956）

山西省委报告说："在毛主席的报告鼓舞下，不到两个月的时间，全省已初步建成 14，821 个新社，加上原有的老社，现在全省共有 46，607 个社。新入社农户（包括老社扩大）近 60 万户，现在共有 194 万余户，已占到全省农户总数的 60%，达到了我们今冬明春的原定计划。""据各地同志估计，到明年春耕前，全省入社农户将发展到 210 余万户，即达到全省农户总数的 66%。那时全省将有 40 个县（全省共有 95 个县和 5 个市——引者注）基本上完成半社会主义的合作化。"

浙江省委报告说："全省新建立的合作社已经有 25，700 多个，加入新社的农户和老社扩大的农户，共有 75 万多户，加上老社原有的农户，共计 163 万多户，达到全省总农户的 33%。已完成规划的乡大多数超过了预定的控制指标：在合作化基础较好的乡，入社农户已发展到总农户的 70%—80%；基础一般的乡，发展到 50%—60%；基础较差的乡，发展到 30%—40%……经过两个多月的工作，'坚决收缩'错误方针所带来的消极因素，基本消除；合作化的高潮形势，已经在全省绝大部分地区出现了。"

广西省委报告说：三级干部会议后，"社会主义积极性空前高涨。""现在建社工作正进入紧张阶段，业已铺开的 20，850 个社已经做到建社第二步或第三步（主要是双造区的社），单造地区本月底、下月初又将铺开 16，851 个社，合计今冬明春第一批共建 37，701 个社，达到今冬明春发展指标 70%。"报告还介绍了发动群众的经验，指出：建社开始，各地普遍地抓紧了两个重要关键：其一是抓紧思想发动，突出地向农民群众进行两条道路对比教育，比生产、比生活、比出卖余粮、比抗拒灾害、比前途，经过对比，认识了社的优越性和个体经济的落后性；广泛展开了参观、访问老社，请老社干部做报告、解答问题等等活动，取得了显著的成效。如武鸣县等地积极分子带头批判旧思想，举出经济情况相同的兄弟俩分走两条道路的情况的后果，贵县永梧乡举出本乡由于分散经营，兴修水利难以解决水渠问题，建社后随即解决了的事例，教育农民，均引起了群众思想深刻的变化。在转社对象中，除了会议发动外，还强调了个别串联发动。

四川省委报告说：秋季全省共建农业社 27，270 个，现全省共有社 57，581 个。连秋前扩社在内参加农户共 2，286，297 户，约占全省总农户 17.4%。社数比秋前增加一倍稍弱，户数比秋前增加一倍稍强。下一期拟新建的 7 万多个社都在积极准备中。

广东省委报告说："运动到乡后，大部分地区均突破原来计划发展的数字，各

440

地经过乡规划结果，全省 1956 年春前连老社发展到 93,939 个（原计划发展到 85,000 个），入社农户占总农户 35.98%（原计划 33%）；个别县突破更多，如廉江县 1956 年春前原计划发展到总农户的 35%，乡规划结果增长到 44.7%，曲江县新老社合计，入社农户由原计划 44.9% 增长到占总农户的 52%。""经过了一系列的会议，大张旗鼓宣传和进行全面规划工作，特别是毛主席关于农业合作化问题的指示传到广大农村后，干部和群众情绪十分高涨，农村社会主义空气空前浓厚，农民社会主义觉悟大大提高，农民整村整乡地要求入社。……但由于准备不足，问题还是不少的。""省委决定：为了保证搞好质量，在目前发展数字不断突破的情况下，适当的控制发展的数量是完全必要的。全省 1956 年春前发展社的数字，最后确定不超过 9 万个。入社农户全省平均应占总农户数的 35%，某些地区可以低一些，但最低不低于 30%，某些地区需要多发展一些，但最高不超过 37%，超过的均需报省委批准。……新建社秋前不超过 3.5 万个，搞不完的拖到秋后。"看来，广东省委这时还是比较"冷"的。

但是，实际运动的发展，较之各省拟订的规划又要快得多。在你追我赶的形势下，到 1955 年年底，全国已建农业社 190.4 万多个（其中 1.7 万多个高级社），入社农户达 7500 多万户，占全国农户总数 63.3%。已接近 10 月决议中先进地区 1957 年春前达到 70% 的要求。形势发展之快，以致使毛泽东在 9 月 25 日为《怎样办农业生产合作社》一书写的序言不得不重新再写，并将书名也改为《中国农村的社会主义高潮》。毛泽东在说明为什么要重新作序时写道：

"问题还不是简单地在材料方面。问题是在 1955 年的下半年，中国的情况起了一个根本的变化。中国的 1.1 亿农户中，到现在——1955 年 12 月下旬——已有 60% 以上的农户，即 0.7 亿多户，响应中共中央的号召，加入了半社会主义的农业生产合作社。我在 1955 年 7 月 31 日所作关于农业合作化问题的报告中，提到加入合作社的农户数字是 1690 万户，几个月时间，就有五千几百万农户加入了合作社。这是一件了不起的大事。这件事告诉我们，只需要 1956 年一个年头，就可以基本上完成农业方面的半社会主义的合作化。再有 3 年到 4 年，即到 1959 年，或者 1960 年，就可以基本上完成合作社由半社会主义到全社会主义的转变。这件事告诉我们，中国的手工业和资本主义工商业的社会主义改造，也应当争取提早一些时候去完成，才能适应农业发展的需要。这件事告诉我们，中国的工业化的规模和速度，科学、文化、教育、卫生等项事业的发展的规模和速度，已经不能完全按照原来所想的那个样子去做了，这些都应当适当地扩大和加快。"

事情的发展又一次超出了毛泽东的估计。1956 年 5 月底，全国加入农业合作社的农户达到了 11013 万多户，占全国总农户的 91.2%。其中加入高级社的农户已达 7472 万余户，占总农户的 61.9%；初级社 3542 万多户，占总农户 29.3%。到 1956 年 11 月底，全国农业生产合作社共达 76.4 万多个，入社农户 11674 万多户，占全国农户总数 96.1%。其中高级社 48.85 万个，入社农户 1 亿多户，占全国农户总数 83%，平均每社 206 户。[1] 这样，原计划用 15 年左右（毛泽东在《关于农业合作化问题》的报告中还说在 1960 年以后）才能完成的农业社会主义改造——由个体私有制到集体所有制的转变，在短短 4 年间就匆匆完成了。

对 1955 年党内反右倾促成的农业合作化运动的热潮，毛泽东给予了极高的评价。[2] 他说：

"总之，1955 年的下半年，我国的阶级力量对比起了一个根本的变化，社会主义大为上升，资本主义大为下降。1956 年再有一年的努力，过渡时期内的社会主义改造的基础，就可以从基本上奠定了。"又说："1955 年，在中国，正是社会主义和资本主义决胜负的一年。这一决战，是首先经过中国共产党中央召集的 5 月、7 月和 10 月三次会议表现出来的。1955 年上半年是那样的乌烟瘴气，阴霾满天。1955 年下半年却完全变了样，成了另外一种气候，几千万户的农民群众行动起来，响应党中央的号召，实行合作化。到编者写这几行的时候，全国已经有 6 千万以上的农户加入合作社了。这是大海的怒涛，一切妖魔鬼怪都被冲走了。社会上各种人物的嘴脸，被区别得清清楚楚。党内也是这样。这一年过去，社会主义的胜利就有了很大的把握了。当然还有许多战斗在后头，还要努力作战。"

社会主义已经胜券在握，这是毛泽东对 1955 年农业社会主义改造形势发展得出的结论，也是他本人当时心态的深刻表露。历史证明，20 世纪 50 年代中后期党内"左"倾思潮的急剧发展，正肇始于此。

---

① 1957 年《人民手册》，第 197、474 页。

② 毛泽东：《〈中国农村的社会主义高潮〉的序言》，1955 年 9 月 12 日。

三 改造全面加快

大规模建设的展开，粮食等农产品生产的增长跟不上工业发展需要的矛盾开始突出，统购统销就是想用计划调节的办法来缓解这个矛盾；农业合作化则被认为是提高粮食等农产品产量的主要出路。国家为了掌握更多的工业品去换取农民手中的粮食，加快了对私营工商业改造的进程。但是国家对私营工商业尤其是私营工业的改造，又是根据国家的需要首先从规模较大，设备较先进，能提供更多产品的工厂开始的，于是又引起了公私合营的同没有合营的、大的同小的，沿海地区同内地的工厂之间的矛盾；商业方面，国营商业、合作社商业的发展，使广大私商，尤其是小商贩处于困难地位。这种种矛盾又促使人们从进一步加快改造中去寻求出路。1955年夏季以后，农业合作化在反右倾斗争中急速前进，促使了对资本主义工商业和手工业改造的全面加快。

（1）由"吃苹果"到"吃葡萄"

1954年是在全国范围内有计划地进行扩展公私合营工业的第一年。当时根据需要、可能、自愿的原则，经过准备，全国合营了一批规模较大、有关国计民生的重要企业。这被称为"吃苹果。"这种做法比较稳当，但也有矛盾。一个行业大中小厂都有，把大的都合营了，加工订货任务都交给大厂，小厂分不到任务，工资发不出去。资本家不出面，由工会主席带着工人向市委请愿，工人同党委闹矛盾。所以，公私合营"吃苹果"有好处，但又带来大与小、单位与单位之间的矛盾。小企业的水平虽也有相当高的，但多数是破破烂烂。1954年12月，国务院地方工业部召开扩展公私合营工业计划会议，各地方代表纷纷提意见，说中央仅吃"苹果"不吃"葡萄"，把一大堆"烂葡萄"甩给地方，又小又烂，怎么办？会议向周恩来、陈云作了汇报。周恩来说，资本家的企业在人民民主专政下应该受到照顾。生产的东西也是在国内用嘛。工人阶级只有一个，没有两个。国营企业的工人是工人阶级，资本家工厂的工人也是工人阶级。你只照顾大的公私合营企业，那小企业的工人干什么？

12月29日，周恩来在国务院常务会议上就调整和安排工业生产问题作了讲话。他说，根据党在过渡时期的有计划地发展社会主义、半社会主义工业，和利用、限制、改造资本主义工业的总任务，对中央和地方国营、合作社营、公私合营、私营四种工业，应保证社会主义成分不断稳步增长的条件下，采取统筹兼顾，各得其所的方针，进行合理安排，既要有所不同，又要一视同仁，以反对资本主义无计划的盲目发展和克服资本主义自发势力，并将各种经济逐步地纳入国家计划轨道。具体措施是：（一）逐行逐业分配任务，进行改造。（二）利用原有工业，控制基建和工业投资。（三）逐步提高技术，改造落后。（四）根据需要和可能实行裁并、迁移。（五）掌握国家订货，纠正加工订货的盲目性。（六）控制手工业盲目发展，加强对手工业合作化的管理。（七）扩大私营工业出口品种，提高出口规格。（八）统一领导，分业管理。①

　　据此，陈云就解决私营工业生产中的困难，提出了 3 条方针 9 项措施。12 月 31 日，他在扩展公私合营的会议上说：我们在相当长的时期内，对私营工业没有一个专门的业务管理机关，中央各部只管国营还管不了。地方有工商局，这是行政管理机关，只管歇业开业，不管成品和原料，因此对私营工业生产也就管不起来。现在原料、成品都由我们控制了，没有专门业务机关领导是不行的，因此我们在今年 10 月成立了地方工业部来管私营工业。现在来讨论私营工业生产安排问题，已经具备了一定的条件。条件是什么呢？就是将原料掌握起来，将成品管起来。去冬实行粮食统购，把主要农产品管起来，今春又把工业产品掌握起来，所以条件就具备了。应该采取什么方针来调整私营工业生产呢？就是要根据党在过渡时期的总路线，有计划地发展社会主义、半社会主义工业，利用、限制、改造资本主义工业，在国营经济的领导下，在保证社会主义成分不断稳步增长的条件下，对国营、合作社营、公私合营、私营工业实行统筹兼顾、各得其所的方针，进行合理安排。要反对资本主义的盲目性，克服资本主义自发势力。要把上述四种工业都纳入国家计划轨道。他提出解决工业生产中矛盾的办法三条方针是：

　　第一，公私之间的矛盾。国营能让出一部分原料和生产任务给私营的，就让出一部分。如果我们安排了私营生产，使私营工业比重下降较慢，能够维持下去，工人满意，他们就会督促资本家和我们搞合营。这就可以造成更便利、更快、更大量的搞公私合营的条件，使私营工业逐步顺利地转到社会主义方面来。

　　第二，先进与落后之间的矛盾。应该是奖励先进，照顾落后，淘汰有害（如坏药）。

---

① 《中华人民共和国经济管理大事记》，第 64 页。

第三，地区之间的矛盾。解决的办法是，维持上海、天津，照顾各地。因为上海、天津是老工业基地，不仅是日用工业品的主要产地，而且是城乡交流、内外交流的枢纽。维持上海、天津，对全国是有利的。

根据上述方针，他提出采取下列措施：第一，通过逐行逐业分配原料、分配生产任务、计算设备能力、安排生产计划等办法，来进行逐行逐业的社会主义改造。第二，要利用原有工业设备，控制新建和扩建，控制国家基本建设的投资。第三，私营工业的生产，要提倡提高技术、淘汰落后。对落后的先要促使其提高，如果提高不了，将来就要淘汰。第四，根据需要和可能，用各种形式来安排私营工业的生产。既要有临时的办法，又要有长远的办法。全国现有私营工业 13.4 万户，其中较大的就有 1.7 万户，如不组织起来很难管理。可采取母子联合、逐步合并的办法。第五，减少盲目加工订货。今后加工订货，必须经过国营商业部门或者省、市管理加工订货的机关。第六，对手工业合作社生产的发展，要加以管理和控制。手工业合作化宁可慢一点，使天下不乱。如果搞得太快了，就会出毛病。第七，要扩大私营工业的出口品种，提高出口产品的质量。第八，要加强国家对私营工业的业务领导。私营工业行业多，有轻工业，有重工业，而且规模小、户数多，都交中央各部来管也不行，有些部管国营还忙不过来。除地方工业部外，要成立一些新的领导机构，原则上按行业和产品来管理，不以经济性质来分。在地方上也要按照"一条鞭"的办法，分业管起来。所有中央和地方机构的任务是，研究计划平衡，管生产，管改造，不管厂。第九，要反对两种倾向。一种是只顾国营，不管私营的倾向；另一种是私营工业自己不想办法，坐待国家给办法的倾向。

会议认真讨论了周恩来、陈云的意见。提出了 1955 年扩展公私合营的计划。具体数字是：产值 17 万亿（旧人民币，按 1953 年计算，以下同）；户数 2508 户；职工约 20 万人。国家的现金投资为 5940 亿元。1955 年到 1957 年的扩展合营工业计划数字是：产值 54.53 万亿；户数 1.5 万余户；职工 60 余万人。经过研究，大家认为这个计划是可以完成，如果工作做得好，还可能超额完成。随着国家的社会主义工业化的发展，国营工业的比重将不断增长，随着国家对工业原料和产品控制范围的扩大，资本主义工业对国营经济的依赖，必日益加强；资本主义工业中的职工的社会主义觉悟不断提高，将愈来愈迫切地要求对他们所在的企业进行合营；公私合营企业的优点越加明显而资本主义经营本身所存在的矛盾则越加暴露，资本家中将有更多的人，愿意接受社会主义改造。同时，我们一年来在对资本主义工业的改造事业上，已经打下了良好的基础。所有这些都是有利于扩展公私合营工作和保证扩展合营工业计划顺利完成的条件。会议提出，为了顺利地实现上述计划，必须执行下列的具体措施：

第一，为了贯彻统筹兼顾的政策，在扩展合营的方式上，应采取个别合营与按业改造相结合的办法。因为我国的资本主义工业有很大的分散性、落后性。除了少数的现代化的大工业，还有数量众多的、落后的中、小工业。如果不按业通盘规划，只对较大重要企业，进行个别合营，不仅使多数的中、小企业，在经营上更加困难，而且会给扩展合营工作造成困难。但按业改造，并不等于原封不动地全部包起来或者一下子把企业合营过来，而是对企业的通盘规划，统一安排：可以个别合营的，就进行个别合营；需要进行联营合并的，就采取以大带小，以先进带落后的办法，进行并厂和生产改组，并使这种组合工作和合营工作，结合起来；需要而且可能迁厂的，就帮助迁厂，在适当时期再进行公私合营；至于那些没有改造条件必须淘汰的企业，则可以有计划、有步骤地吸收其人员，淘汰其企业。

第二，扩展合营工作，必须紧紧依靠职工，团结技术人员，不断地提高他们的觉悟，加强他们之间的合作，消除历史上遗留的对立情绪，同时要动员工人与技术人员参加对资产阶级分子的改造工作。

第三，新扩展的公私合营工业，应在国营经济的领导下，遵照国家计划，结合供销情况，贯彻"改革经营管理，节约原材料，提高质量，降低成本"的方针，不应盲目追逐产量、产值。对于投资必须正确地掌握其经济效果，防止盲目扩建，防止浪费资金。

第四，改造资本主义企业和改造资产阶级分子，是国家对资本主义工商业进行社会主义改造政策的一个整体的两个方面，因此，企业在合营后，应结合企业的改造，进行对资产阶级分子的改造。改造资产阶级分子的长远目标是要把他们改造成为社会主义社会的公民。

第五，必须注意干部的培养训练工作。

第六，为了继续给发展合营工作加强准备和不断地巩固合营工作的前进阵地，还须做好两项工作：加强对资本主义工业的加工、订货工作的领导，以促进企业的经营管理，提高生产的计划性；对于已合营但尚未整顿的企业，或虽已整顿但问题还很多的企业，应继续进行整顿。

这次会议明确提出的扩展公私合营要按行业作通盘规划，统一安排。分别情况实行个别合营；或采取以大带小，以先进带落后的办法进行联营合并的同时实行合营。这就解决了原先仅吃"苹果"不吃"葡萄"的矛盾，并为加快对资本主义工业的改造找到了途径。

不久，中共中央又对公私商业实行统筹兼顾，统一安排作了指示。1955 年 4 月 12 日，中共中央在《关于进一步加强市场领导、改造私营商业、改进农村购销工作的指示》中指出：随着工农业生产的向前发展，国家在 1954 年超额地完成了粮食、油料的统购任务，加强了其他农产品的收购，扩大了工业品的加工订货，国家掌握了主要工农业产品的货源，加上粮食、油脂、布匹统销的措施，因而在许多商品供不应求的情况下，稳定了市场，基本上满足了广大人民的需要，特别是保证了城市、工矿区供应和出口的需要，支援了国家的工业化。但是，1954 年入秋以来，城乡市场上出现了若干严重的情况，这就是：（一）城市私商的营业额大幅下降，经营困难，失业增加，不少私商有赔累，靠吃老本维持。私商生活难于维持的，1954 年 11 月仅上海一地即达 12 万人。惶惶不安的情绪继续发展。（二）农村私商多数无法经营，农民要的某些必需品不容易买到，国家要的农产品收购也有困难，农民的生产情绪很不稳定，农村情况相当紧张。农村中许多无法维持的商贩，转业无路；有的流入城市，增加城市的困难；许多能够勉强维持的，营业也日渐清淡。同时，农村里食油、粉条、豆腐、熟食等供应不足，糖、煤油和其他工业品，有的也供应紧张，到处排队，不少地方十多种商品都要排队才能买到，有的要跑得很远，农民反映"合作社忙死，农民等死，私商闲死"。因为农民有钱买不到的东西，就不愿意卖出自己的农产品。

中央认为：工农业产品的主要货源已为我所掌握，私营批发商业已大部为我所代替。我们掌握了货源。掌握了批发环节，就有足够的力量控制市场，就能够有计划地组织整个社会商品的流通，有效地对城乡私营零售商业进行社会主义改造。因此，在城市零售阵地上，社会主义商业前进过多的部分，应该考虑作必要的退让，使所有私营零售商能够在可以维持的水平上，继续经营，以维持生活，并使其服务于商品流转；然后在这个基础上，进一步贯彻逐行逐业安排改造的方针，通过国家资本主义的各种各样形式或其他方式，加以改造，经过一个相当长的时期，使他们逐步过渡为国营商业的分销处、门市部，或由国家吸收使用其人员。至于农村的小商贩，他们担负着收购、分配和距离运输等三种重要的社会任务。他们是劳动人民，性质上有别于商业资本家（城市小商小贩也有相似的性质），但是他们分散落后，无领导，无计划，自发性很大，在目前情况下维持也有困难；而且从商品流通所需要的商业人数来看，目前农村商业人员，包括全部私营商贩在内，人数并不算多。因此，在农村除了少数商业资本家可用经销、合营等形式加以改造外，对于上述小商小贩，改造的方针应该是：根据自愿的原则，在供销合作社领导和计划下，通过各种形式加以组织，使之经过互助合作的道路，分担农村商品流转的任务，并逐步过渡为供销合作社商业。

指示说，上述方针是中央 1954 年 7 月"关于加强市场管理和改造私营商业的指示"的进一步具体化。必须看到，我们在掌握了批发环节的基础上，把私营零售商纳入国家计划的轨道，把乡村商贩组织在供销合作社周围，这实质上将是大大地前进一步。我们提出将农村商贩"包下来"，将批发商吸收过来，并在零售阵地上作适当的退让，对公私商业，统筹兼顾，统一安排，其目的不但是为了缓和目前的紧张情况，而且也是为了有利于对私营商业的社会主义改造。指示还规定，今后城市私商的改造由商业部负责；农村私营商贩的改造由供销合作社负责。

这个指示的贯彻，实际上又把对私营商业，尤其是城乡小商贩的改造工作向前推进了一步。

（2）工商业改造的新阶段

七届六中全会作出了关于农业合作化问题的决议之后不久，1955 年 11 月 16日至 24 日，中共中央又召集各省、自治区和人口 50 万以上大中城市党委负责同志会议，讨论《关于资本主义工商业改造问题的决议（草案）》。陈云首先在会上作了《资本主义工商业改造的新形势和新任务》的报告。[①]

报告说：几年来，资本主义工商业的改造是有很大进展的。在工业方面，实行加工订货的，在大型企业（使用机器的工业是 16 个工人以上，手工业是 31 个工人以上）中已占了 93%，较大的厂差不多都实行加工订货了。到 1955 年 6 月底止，已经实行公私合营的工厂有 1900 多个，其产值相当于资本主义工业总产值的 58%。在商业方面，社会主义成分和国家资本主义成分也大大增加了。在 32 个大、中城市中，国营商业和合作社营商业在商品零售总额中的比重，已达 52% 左右，国家资本主义形式的经销、代销的比重，已达 22% 左右，纯粹私营的商业只占 25% 左右。也就是说，3/4 是社会主义和半社会主义的。纯粹私营的只有 1/4。

---

① 《陈云文选（1949—1956）》，人民出版社 1984 年版，第 280—292 页。

在农村集镇中，国营和合作社商业已占零售总额的 61%，经销代销占 10%，农民贸易占 11%，纯粹私营的只占 18%，较城市的比重更小。批发商业的比重，国营和合作社营已占了 91%，私营只占 9%。现在，全国不少地方出现了许多全行业合营的新情况，整个行业，几十家、几百家工厂一起实行公私合营。现在可以讲，我们已经用各种国家资本主义的方法，把资本主义工业纳入了国家计划的轨道，消除了生产无政府状态。同样，在国营商业掌握了货源的主要行业，已经把私商纳入了国家资本主义或者合作化的轨道，制止了私商的投机倒把。新的情况，要求现存的资本主义工业的生产关系向着社会主义更进一步的转变。据此，报告就资本主义工商业改造问题提出 6 点意见：

第一，要对各行各业的生产进行全国范围的统筹安排。统筹安排就是全面计划。国营与私营之间，私营与私营之间，工业与手工业之间，地区之间，行业之间，今天与明天之间，都需要统筹安排。应该看到，要对全国私营工商业进行社会主义改造，必须统筹安排生产，否则改造是无法进行的。

第二，各个行业内部，必须有或大或小的改组。资本主义工业，一般说来是分散的，小厂、落后厂占大多数。全国的私营工厂约有 13 万户，已实行公私合营的1900 多个工厂，产值占 58%，其余的 12 万多户只占 42%。这 12 万多户绝大多数是小的、落后的工厂，它们同国营商业部门没有加工订货的关系，因为做出来的东西不合规格，没有人要。因此，改组非常必要，不改组就不能安排。办法是以大带小，以先进带落后，即按社会主义的原则来处理这个问题。

第三，实行全行业的公私合营，这在目前是合适的、必要的。这并不是哪个人空想出来的，是经济发展的结果。现在既然按整个行业来安排生产、实行改组，那么，整个行业的公私合营也就是不可避免的。如果不实行全行业的合营，就无法安排生产，也无法进行改组。现在，如果还是一个厂一个厂地搞公私合营，十几万个工厂，要搞到哪一年呢？全行业合营比之单个工厂合营，是公私合营的高级形式，不仅合营的速度快，而且质量高。全行业合营打破了厂与厂的界限，这不仅可以提高生产力，而且便于过渡到完全的社会主义所有制。

第四，应该推广定息的办法。定息就是把原来分给资本家的利润，改变为按照固定资产价值付给定额利息。实行定息以后，工厂的生产关系有了很大改变，国家对工厂的关系，资本家对工厂的关系，都改变了。定息就是保持私股在一定时期内的定额利润，而企业可以基本上由国家按照社会主义的原则来经营管理。工厂企业管理的实际权力转到了国家手里。

第五，组织各行各业的专业公司（就是托拉斯），很有必要。因为有几十万户的私营工厂，有几百万户的私营商店，还有几百万户的摊贩，只有把他们组织起来，才能把他们纳入计划。专业公司是我们组织私营工商业的一个重要方式。为了安排全行业的生产和进行行业内部的改组，以及实行全行业的公私合营，也需要有专业公司。

第六，全面规划，加强领导。首先是要有生产规划。其次，要有社会主义改造的规划。规划应该分行业，分先后缓急，分地区，分进度。这一工作要以地方为主，与中央各有关部门一起合作进行。

报告最后强调，要在党内党外广泛地宣传我们党对资本主义工商业改造的方针、政策。各地方党委和中央有关各部，应该在明年1月底作出一个对本地区本部门的资本主义工商业改造的轮廓计划，规定先改造哪几个行业，后改造哪几个行业，哪一年改造到多少，哪一年完全改造好。中央准备在明年3月，提出一个对资本主义工商业改造的初步规划。李维汉就对资产阶级分子改造问题于11月23日在会上作了发言。[①] 他首先指出：

对资本主义工商业进行社会主义改造，就是要对资本主义企业和资产阶级分子，都按社会主义原则逐步加以改造，以为最后地改变所有制准备成熟的条件。按社会主义原则改造资产阶级分子，就是要教育他们从剥削分子或者半剥削分子，逐步地改变成为自食其力的、按劳取酬的劳动者。改造资本主义工商业的这两个方面的工作，是互相影响而不可分离的统一体，我们把它叫作"双重改造"。6年来，改造企业和改造资产阶级分子的工作都有很大的成绩，但比较起来，改造资产阶级分子的工作落后于改造企业的工作。公私合营企业的优点之一，是由于社会主义成分在企业中居于领导地位，给改造资产阶级分子的工作提供了有利条件。但是，就在合营企业中，这种落后情况也相当普遍。资本家在议论"共产党只要企业不要人"，他们的"吊桶"那么多，都是替自己的今天和明天担忧。这对于我们很不利。为此，他提出以下的具体意见：

第一，要以合营企业为基地，结合着企业改造，结合着新的工作（即劳动）和学习，有系统地对资产阶级分子进行教育改造工作。从新的工作即从劳动中来培养他们的劳动观点和劳动习惯，提高他们的工作技能，同时结合着工作时间以外的政

---

① 李维汉：《统一战线问题与民族问题》，人民出版社1982年版，第98—108页。

治教育和思想教育，还应当成为改造资产阶级分子的经常的和根本的方法。但是要做好这件事情，我们必须给以必要的条件，并要认真地加以领导和帮助。这首先要给他们安排适当的工作，并且使他们有事可做；在工作中帮助他们克服困难，做出成绩，吸取经验；做好了，做坏了，公平对待。如果让他们坐冷板凳，吃干薪，站在劳动之外，或者对他们的工作放任自流，不给以必要的指导和帮助，都不可能达到改造他们的目的。

第二，要进一步从资产阶级中分化和培养出更多的积极接受社会主义改造的核心分子即骨干分子，适当地使用和对待他们。几年来，这种核心分子的数量逐渐增多，质量也有所提高。他们靠拢党和政府，在爱国运动和社会主义改造中起着不同程度的积极作用。对他们的积极作用，一定要有足够的估计。要正确地使用和对待他们。目前，骨干分子的"吊桶"不一定比普通资产阶级分子少多少。他们还有自己在工作关系上的特殊的"吊桶"。有这样一些反映：要办差事，不同他们商量；要传达政策，不把政策交代明白；上司多，派差忙，上头千条线，下面一条绳；特别是对企业内部和外部的工作两头不讨好；一次带头，次次要带头；做了工作，批评多，鼓励少；代表合法利益，怕两头不讨好；反映意见，怕源源帽压；领导批评群众骂，回到家里老婆不说话；企业垮了，吃饭没办法（主要是中小企业）；等等。我们不应当轻信资产阶级的话，但是也不要一笔抹杀，不加分析。资产阶级核心分子也是具有两重性的，既有不同程度的积极性一面，又有不同程度的消极性一面。但是他们的积极性一面一般的大于消极性一面，基本上靠拢共产党和人民政府，可以说是从资产阶级队伍里逐步分化出来的特定意义上的国家干部。因为他们还是资产阶级分子，具有不同程度的消极性，对他们不应当估计过高，要求过多，或者盲目信任。但是，如果他们确实具备了上述核心分子即骨干分子的标准，则把他们当作国家干部，给予适当的信任，同他们商量办事，积极地领导他们，教育他们和关心他们，应当是利多害少，行得通的。

第三，要把原则性与灵活性结合起来。在同资产阶级分子的关系上，还需要区别哪些方面应当加快步子，哪些方面可以慢一点来，什么应当扣紧，什么可以放宽。要资产阶级分子四面不通风是不行的，不反抗就会躺倒。党的政策，是对他们网开一面，给以出路，逐步改造。总的说来，对于资本主义的剥削制度，是要逐步加紧地予以消灭的；而对于人，即资产阶级分子，则给以宽大的待遇，对他们实行赎买，并把他们包下来，使他们有工作、有政治权利、有经过教育改造变为自食其力的劳动者的光荣前途。同是资产阶级分子，对于他们中反抗改造、破坏社会主义建设的分子，应当严予制止以至法办，而对于一切愿意接受改造的人们，在给他们以工作机会、生活条件、政治待遇等方面，则可以而且应当适当从宽，借以换取和鼓励他们接受社会主义改造的积极性。同时，我们每一个重大的前进步骤，必然牵动公私、劳资关系的许多侧面，需要我们就这些侧面的政策问题分别主次，统筹安排。当我们在主要方面或者主要环节上进展较大、较快的时候，在次要方面和次要问题上，就不妨有意识地放宽、放慢一点，以利于主攻方面。在以往，在实际工作中不讲策略、不分主次，宁紧偏急的情况是不少的。这种情况，需要加以适当改变。

第四，要以教育为主、斗争为辅。对资本主义工商业的社会主义改造，要经过激烈而复杂的斗争，因为这是"谁战胜谁"的斗争，资产阶级不会自动地退出历史舞台，他们的接受改造是由于大势所趋的形势和我们的政策所决定的，有一小部分人还一定要抵抗。但是事情的另一个方面，即就在同一过程中，出现了经过教育和必要的斗争之后，他们中的大多数人不能不接受改造，并且逐步地有所进步，并涌现出了成批的进步分子。过去有一个阶级斗争的公式：资产阶级既然是一个要被消灭的敌对阶级，资产阶级分子即不可能再有什么积极性，而对付他们的办法就是斗争为主，斗争、斗争、再斗争，而且斗争的激烈程度也将越来越厉害。但是，这同几年来我国阶级斗争的实际形势和党的政策，都是不相符合的。这个阶级斗争的具体的方式和方法是复杂多样的，不仅决定于阶级斗争的性质，而且决定于阶级斗争的发展形势，随着阶级斗争形势的变化而发生变化，我们应当灵活地运用各种的斗争方式和方法。教育也是阶级斗争的一种方式和方法。在和平改造过程中，一般说来，阶级斗争的方法是采取以教育为主、斗争为辅。这就是说，除了大约占百分之几的具有严重情况的反革命分子及其他坏分子以外，其余的应当肯定是可以用又鼓励又批评的教育方法加以改造的。批评就是对于他们的主要的斗争方式。当然还要加上对违法者给予罚款等等斗争方式。大势所趋，允许我们这样做，现在的形势，更有利于我们这样做。我们这样做，政治上很主动，很能服人。

李维汉针对当时资本家的思想状况和党内在实际工作中存在的"左"的情绪，提出的上述意见，是非常适时的。特别是在反胡风以后，党中央强调"随着我国社会主义事业的进展，阶级斗争必然日益尖锐化和复杂化"的时候，李维汉在发言中对斯大林关于过渡时期阶级斗争越来越尖锐的理论提出异议，更是极有胆识的。可惜的是，这个正确思想在党内没有受到重视和被进一步发挥。

会议通过了中共中央《关于资本主义工商业改造问题的决议（草案)》。[①]

决议草案首先肯定，我们现在已经有了充分有利的条件和完全的必要把对资本主义工商业的改造工作推进到一个新的阶段，即从原来在私营企业中所实行的由国家加工订货、为国家经销代销和个别地实行公私合营的阶段，推进到在一切重要的行业中分别在各地区实行全部或大部公私合营的阶段，从原来主要的是国家资本主义的初级形式推进到主要的是国家资本主义的高级形式，在一切重要的私营行业中实行全部或大部的公私合营，使私营工商业分别地、同时是充分地集中在我们国家和社会主义经济的控制之下，这是资本主义所有制过渡到完全的社会主义公有制的具有决定意义的重大步骤。

决议草案接着指出：我们对于资产阶级，第一是用赎买和国家资本主义的方法，有偿地而不是无偿地，逐步地而不是突然地改变资产阶级的所有制；第二是在改造他们的同时，给予他们以必要的工作安排；第三是不剥夺资产阶级的选举权，并且对于他们中间积极拥护社会主义改造而在这个改造事业中有所贡献的代表人物给以恰当的政治安排，我们的赎买办法，就是从中华人民共和国成立的时候起，在大约 10 年左右的时间内，工人阶级在为了满足人民群众和国家的需要而生产的同时，也为资产阶级生产一部分利润，在企业利润的分配中，资本家所得虽然不到 1/4，但是如果以 10 年左右的时间计算，这笔利润的数目，就可能达到 20 亿元左右人民币。这是逐步的赎买，不是一下子赎买。也不是由国家另外拿出一笔钱来进行赎买，而是由工人阶级在 10 年左右的时间内用给资本家生产一部分利润的方法进行赎买。除了对于资产阶级的生产资料进行这种办法的赎买以外，对于那些有技术才能和有管理企业的能力因此使企业能够供给国家更多工业品的资本家，还给予较高的薪水，同时，直到现在还有许多资本家用职员的名义在企业中支取相当高的薪水，其中有一些人是没有能力而挂名支薪的。这些，在过渡时期，也是属于一种赎买的性质。这种赎买，也是必要的。在资产阶级没有别的出路的条件下，这是他们能够接受的方案。资产阶级中不仅有相当一批代表人物，而且这个阶级中的绝大多数人，已经公开表示接受这样的方案。这种做法就是使得我们有可能在阻力较少的道路上逐步地实现资本主义企业的社会主义变革。

[①] 1956 年 2 月 24 日，中央政治局作了个别的修改，追认为正式决议。《中共党史教学参考资料》第 21 册，第 201—207 页。

决议草案要求：中央有关各部和各省、各自治区和各城市的党组织，必须加强领导，进行充分的思想准备工作和组织准备工作，按照私营工商业的不同地方和不同行业的具体情况，提出关于把一切主要行业的私营工商业逐行逐业，分批分期，纳入公私合营的全面规划。同时提出，对于个体手工业的改造，一般地应该采取合作化的形式。但是根据各行业或者各地区的某些具体情况，有些个别的或部分的小手工业也可以和资本主义工商业一起实行公私合营。小商业的改造，在乡村中一般地应该采取合作化的形式，在城市中一般地可以在长时间内替国营商业和合作社商业执行代销经销的业务，这种代销经销的形式应该作为公私合营的一种形式。决议草案还具体规定：资本主义工商业按照全行业实行公私合营的改造和小手工业、小商业采取合作化及其他形式的改造，在第一个五年计划期间内，即在 1956 年和 1957 年，争取达到 90% 左右，并且准备在第二个五年计划期间内，争取逐步地使公私合营的企业基本上过渡到国有化。

会后，各地按照这个草案的精神，向中央提出关于改造资本主义工商业的规划。这样，私营工商业的社会主义改造，就从个别合营推进到全行业公私合营的新阶段。

（3）**手工业要"积极过渡"**[1]

关于个体手工业的社会主义改造，1953 年年底以前召开的第三次全国手工业生产合作会议根据已有的经验指出，组织手工业合作化大体有 3 种形式：手工业生产小组、手工业供销生产社、手工业生产合作社。

手工业生产小组，是广泛组织手工业劳动者的一种低级形式，也是手工业劳动者最容易接受的组织形式。它首先从供销方面把手工业劳动者组织起来，有组织地向供销、消费合作社或国营企业购买原料，推销成品，或为供销、消费合作社和国营企业加工。这种形式既使手工业劳动者避免受商业资本的控制和剥削，又便于进一步对手工业实行改造。

手工业供销生产社，是由若干个体手工业劳动者或几个手工业生产小组为解决原料采购和产品推销的共同困难而组织起来的。这种手工业供销生产社的主要活动是统一地向供销、消费合作社或国营企业购买原料，推销成品，统一承揽供销、消费合作社或国营企业的加工订货。这种组织形式的好处是更能有效地克服小生产者的困难，更便于帮助生产小组和社员逐步改变生产关系，逐步克服家长制度和改善师

---

[1]《中共党史教学参考资料》第 20 册，第 336—342、583—590 页；第 21 册，第 153—156 页。

徒关系，逐步以劳动者之间的互助合作关系来代替雇主与雇工的关系。同时，手工业供销生产社也有可能以自己业务经营中的积累来购置公有的生产工具，进行部分的集中生产，并逐渐增加社会主义因素，为稳定提高到手工业生产合作社准备条件。

手工业生产合作社，是手工业社会主义改造的高级形式。现有的 4000 多个手工业生产合作社中，一部分社的主要生产资料已完全归社员集体所有，完全实行了按劳分配，这已经是完全社会主义性质的生产合作社。还有一大部分社的主要生产资料尚未完全成为集体所有，实行工具入股分红，统一经营，收益之一部采取按劳分配，这是半社会主义性质的生产合作社。

第三次手工业生产合作会议确定手工业改造的基本方针是：根据当地手工业的具体情况，根据生产发展的需要和手工业劳动群众的觉悟程度，采用群众所能接受的组织形式，由群众自愿地组织起来；必须坚持积极领导，稳步前进的方针，既反对要求过高过急，贪大贪多，盲目发展，也反对放任自流，停步不前。会议设想，在 1953 年手工业生产合作社 4，806 个、社员 30 万人、全年生产总值 52，000 亿元的基础上，在 1954 年内，参加各种形式手工业合作组织的手工业劳动者计划发展到 90 余万人，产品总值将增至 10 万亿元以上。在第一个五年计划时期内要为手工业合作化运动建立巩固的基础，到 1957 年，各种手工业合作组织的成员计划发展到 500 万人；生产总值达 60 万亿元以上，预计第二个五年计划中期，在全国范围内基本上完成手工业合作化的组织任务，并进而谋求手工业生产合作社政治思想的提高和生产技术的革新，以适应国家社会主义工业化的要求。

1954 年年初结束的第四次全国手工业生产合作会议认为，一年来的实践证明，第三次会议关于对手工业进行社会主义改造，在方针上，应当是积极领导，稳步前进；在组织形式上，应当是由手工业供销生产小组、手工业供销生产合作社到手工业生产合作社；在方法上，应当是从供销入手，实行生产改造；在步骤上，应当是由小到大，由低级到高级的决定是完全正确的。第四次会议决定，1955 年手工业社会主义改造工作的中心任务是：把手工业主要行业的基本情况继续摸清楚，分别轻重缓急按行业拟定供、产、销和手工业劳动者的安排计划，以便有准备、有步骤、有目的地进行改造；整顿、巩固和提高现有社（组），每一县（市）分别总结出主要行业的社会主义改造和整顿社的系统的典型经验，为进一步开展手工业社会主义改造工作奠定稳固的基础。在上述两项工作的基础上，从供销入手，适当地发展新社（组）。这就是统筹兼顾、全面安排、积极领导、稳步前进方针的具体贯彻。

以上两次手工业生产合作会议的方针和规划，均先后为中共中央批准。

1955 年夏季以后，农业合作化的步伐加快，对手工业产生了强烈影响，手工业的建社速度也明显加快了。据统计，1955 年 6 月到 12 月半年内，全国手工业合作组织从 4.98 万多个发展到 6.46 万多个。社（组）员从 143.9 万多人发展到 220.6 万多人，增加了 53.5%。在中共七届六中全会"反右倾"的直接影响下，全国手工业合作总社筹委会于 12 月 9 日召开了全国重点地区手工业组织检查工作座谈会，检查所谓"与总路线不相适应的保守思想"，提出了"加快发展，迎接高潮，全面规划，计划平衡"的新的组织任务。接着于 12 月 21 日至 28 日召开了第五次全国手工业生产合作会议。

第五次手工业会议确定，在第一个五年计划期间要基本上完成全国手工业合作化的组织任务，并且要注意发展完全社会主义性质的生产合作社，积极推动低级形式的合作组织向高级的生产合作社过渡。在合作化基础较好的地区以及和农业生产、人民生活、国家建设有密切关系的行业，如金属制品、木材加工、棉纺织、针织、造纸、陶瓷、皮革等行业，合作化的发展速度还应当加快。在合作化发展的同时，还要求相应地进行手工业的技术改造，以逐步实现半机械化、机械化生产，从根本上改变手工业生产的落后状态。会议检查和批判了所谓的保守落后思想后，研究了今后全国手工业社会主义改造的全面规划，并要求各地订出全省（市）、全专区（市）、全县（市）和全区（以集镇为中心）手工业社会主义改造的全面规划；改变过去零打碎敲的建社方针，进行全行业分期、分批、分片的改造，积极发展，积极过渡。1956 年 1 月 7 日，中共中央批转这次会议拟定的全面规划。总的要求是：1956 年组织起来的社（组）员达到全国手工业人员总数的 70%，1957 年达到 90%，1959 年至 1960 年全部组织起来。

按照当时的实际情况，这个规划的速度已经过于快了，但实际的发展速度又大大超过了规划的要求。1956 年 3 月 5 日，毛泽东在国务院有关部门汇报手工业工作情况时说：

"个体手工业社会主义改造的速度，我觉得慢了一点。今年 1 月省市委书记会议的时候，我就说过有点慢。1955 年底以前只组织了 200 万人。今年头两个月就发展了 300 万人，今年基本上可以搞完，这很好。"[①]

---

① 毛泽东：《加快手工业的社会主义改造》，1956 年 3 月 5 日。

四 跨入社会主义的恐后争先

（1）"掌握自己的命运"

农业合作化迅速发展，手工业也动了起来，这就对资本家发生了震动。为此，毛泽东于 1955 年 10 月 29 日邀集全国工商业联合会执行委员会委员到中南海，座谈私营工商业的社会主义改造问题。毛泽东对他们说，现在我知道，你们思想上有顾虑。农业合作化了，手工业合作化了。共产党和资本家这些年合作得不错。现在大家都搞社会主义，你们不搞，你们心中是 15 个吊桶，七上八下。你们要认清社会发展规律，走社会主义道路，自己掌握自己的命运，进一步接受社会主义改造。

根据毛泽东谈话的精神，11 月 1 日至 21 日，全国工商联执行委员会举行一届二次会议。陈叔通作题为《适应国家的社会主义经济建设发展的形势，为进一步推动全国工商业者积极接受社会主义改造而奋斗》的开幕词。他说，目前，国家采取统筹安排、经济改组、按业改造等新方式，对私营工商业进行改造，这标志着国家对资本主义工商业实行社会主义改造，向前迈进了一步。"随着经济建设高涨和农业合作化高潮的到来，在国家对私营工商业社会主义改造的新的形势下，我们工商业者更有必要进一步加强努力，随着整个国民经济的发展而一同前进"。他分析了私营工商业者对改造的几种不同态度，指出：第一种是工商界的进步分子，他们比较了解政策，看清国家和世界的前途，愿意全心全意地在共产党领导下，积极地接受社会主义改造，并在实际行动中作出了贡献；第二种人明知社会主义改造是大势所趋，社会主义道路不得不走，但对资本主义的经营恋恋不舍，希望资本主义和社会主义互不干扰，同时并存，以致触及本身利益就摇摆不定；第三种是对社会主义改造心存不满而采取消极抗拒的人。他说，我们伟大的祖国正以飞跃的速度在繁荣富强起来，国家的前途就是我们个人的前途。我们的道路是光明的、广阔的。为了适应经济发展的新形势，掌握自己的命运，他号召一切爱国的工商业者把自己的命运和国家发展的前途统一起来，在现有的基础上进一步接受改造，在伟大祖国的伟大建设事业中，继续贡献自己的力量。他强调："我们必须加强努力，不断前进。"[①] 会议传达学习了毛泽东的讲话，听取陈云、陈毅关于资本主义工商业改造问

---

① 《新华月报》1955 年第 12 号，第 5—9 页。

题的报告。

11 月 21 日，全国工商联执委一届二次会议通过决议和告全国工商界书。决议同意陈叔通的开幕词，要求各级工商联组织在当地党和政府的领导下，积极向广大工商界传达，组织学习和讨论，为推动私营工商业者进一步接受社会主义改造而努力。告全国工商界书说，全国人民正在做我们前人从来没有做过的极其光荣伟大的事业，这就是把我们祖国从一个贫穷落后的农业国改变为繁荣富强的高度工业化的社会主义国家。我们工商业者当前的首要的任务是应该坚守爱国守法的立场，积极接受社会主义改造。对一些思想上有怀疑和顾虑的人，要进行耐心的帮助和善意的批评，使他们认清前进的道路。对少数破坏改造的违法分子，必须展开严肃的批判和斗争。希望全体工商业者努力学习，不断地改变旧思想，接受新思想，改变旧生活，接受新生活，把自己改造成为社会主义社会的良好公民。

毛泽东对工商联这次会议极为满意，他在 11 月 17 日写给黄炎培 ① 的信中说：

"工商界改造工作有进步，令人欣慰。惟须加强教育，使之普及到大中小城市的各行各业。看来在工商界是可以采用自我批评这个方法的，这次工商联合会讨论的经验可以推广。" ②

从 1955 年 9 月起，上海等大城市就开始出现了全行业公私合营的势头。到 11 月，上海轻工业中就有棉纺、毛纺、卷烟、搪瓷、面粉等 8 个行业整个行业实行公私合营；重工业的船舶、轧钢、机器、电器等 13 个行业，也已经或者正在进行整个行业的公私合营。天津的造纸业，北京的面粉、电机、制药等 9 个行业，广州的缝纫机业、油漆业，杭州的丝绸业等整个行业都先后实行了全行业公私合营。私营商业，如北京的棉布业、国药业，上海的绒线业也已采取了这一办法，全行业或行业的大部分实行公私合营。由于毛泽东的积极引导，中共中央《关于资本主义工商业改造问题的决议（草案）》提出了资本主义工商业按照全行业公私合营的改造和小手工业、小商业采取合作化及其他形式的改造，在第一个五年计划期间内，即在1956 年和 1957 年，争取达到 90%左右的新的要求；全国工商联执委一届二次会议的积极推动，使资本主义工商业的改造速度明显地大大加快了。到 1955 年 12 月上旬为止，仅据上海、天津、北京、武汉、广州和重庆等城市和江苏、浙江、安徽 3

---

① 黄炎培，当时任全国人大常委会副委员长、中国民主建国会主任委员。

② 《毛泽东书信选集》，人民出版社 1983 年版，第 503 页。

省的不完全统计，私营工业中有 30 多个行业、2000 多个工厂，私营零售商业中有 10 多个行业、3000 多家商店，已经由政府批准实行了全行业公私合营。

《人民日报》1956 年 1 月 3 日的社论说：从中华全国工商联执委一届二次会议闭幕以来，全国各地私营工商业中的职工和资本家，都以无比的热情接受社会主义改造。在全国私营工商业最集中的上海，到处可以看到"庆祝批准公私合营"的大红横幅和耀眼的金黄"喜"字。到处是工人和资本家们组织的报喜队。许多被批准公私合营或者被批准筹备公私合营的私营工厂和商店，都张灯结彩，举行庆祝仪式。工人们不仅欢欣鼓舞庆祝企业的新生，而且以主人翁的姿态把这种热情变为改善企业经营管理的力量。全国各地工商业者进一步认清了私营工商业者接受社会主义改造的光明前途，纷纷表现了走社会主义道路的决心。全国著名的上海宝大祥绸布庄，在申请公私合营被批准以后，资方又投入现款 3 万元作为公私合营的准备金。上海私营百达棉织厂的资方，把家中私藏的 420 两黄金卖给国家，投入企业生产，迎接全行业公私合营。

同一时间，首都北京资本主义工商业改造也出现热潮，各个区日夜锣鼓喧天，爆竹声连连不断；各大街上的私营厂、店，几乎家家挂上了红幛，到处张灯结彩，庆祝公私合营的队伍一队接着一队地在街上游行。1 月 10 日一天又有 17，963 户私营工商业走上了全行业公私合营的道路。至此，北京市的资本主义工商业全部过渡到国家资本主义的高级形式，成为全国第一个全市资本主义工商业实行公私合营的城市。

资本主义工商业改造的热潮来得如此之快，使毛泽东在喜悦的同时也感到搞得太快，要求太急了。他在 1956 年 1 月 25 日最高国务会议第六次会议上的讲话中说道："公私合营走得很快，这是没有预料到的，谁预料得到？现在又没有孔明，意料不到那么快。去年李烛老（全国工商联副主任委员李烛尘——引者注）在怀仁堂讲高潮，我那个时候还泼了一点冷水。我说，你那样搞太厉害，你要求太急了。又对他讲，要瓜熟蒂落、水到渠成，要有秩序、有步骤地来，不要搞乱了。"[1]

（2）敲锣打鼓要公私合营

在资本主义工商业改造的热潮中，小手工业者和小商小贩也纷纷要求进入社会主义。

---

[1] 《论〈关于建国以来党的若干历史问题的决议〉》，第 8 页。

凯歌行进的时期（1949—1956）

北京市从 1 月 1 日至 10 日，各区的个体手工业者，有的挂起"迎接合作化"的大标语，要求入社；有的自动串联，酝酿建社；有的成群结队，申请报名入社。"轰轰烈烈"的群众运动，掩盖了领导和群众中各种各样的实际问题和思想问题。1月 11 日、12 日，北京市 10 个城区和近郊区 29 个行业的手工业者，分别集会，庆祝 5.38 万个个体手工业者被批准入社，实现全行业合作化，使入社人数达到全市手工业从业人数的 95.6%，基本上完成了合作化。全国各城市手工业改造也都出现类似的情况。

城市的小商小贩则纷纷提出要求参加全行业公私合营，他们不愿意置身于社会主义之外。为了不影响他们的"积极性"，避免引起他们的疑虑和不安，人民政府决定，根据小商小贩的意愿分别组织合作商店、合作小组或参加公私合营。但在一个行业中尽量按照大多数人的要求参加一种组织形式。陈云在 1956 年 1 月25 日第六次最高国务会议上发言说："商店中的大店、小店，连夫妻老婆店，统统合营了。以北京为例，私营商业共二万户，雇店员的不到一万户，百分之五十以上是不用店员的。政府对于不雇店员的商店本来是要采取经销、代销的方式，但是高潮一来，他们天天敲锣打鼓，放鞭炮，递申请书，要求公私合营。没有办法，只好批准。"[①]

社会主义改造的进程发展得如此迅猛，以致最初的发动者也感到始料未及，各级政府部门的规划又终是远远地被抛在了后面，无论是领导还是群众都只能跟着这股"热潮"走去。这正如恩格斯说过的，历史是由社会的合力创造的。他在 1890年 9 月 21 日致约·布洛赫的信中说："历史是这样创造的：最终的结果总是从许多单个的意志的相互冲突中产生出来的，而其中每一个意志，又是由于许多特殊的生活条件，才成为它所成为的那样。这样就有无数互相交错的力量，有无数个力的平行四边形，由此就产生出一个合力，即历史结果，而这个结果又可以看作一个作为整体的、不自觉地和不自主地起着作用的力量的产物。因为任何一个人的愿望都会受到任何另一个人的妨碍，而最后出现的结果就是谁都没有希望过的事物。"[②]

（3）进入了社会主义社会

全国最先宣布进入了社会主义社会的是北京。1956 年 1 月 15 日，北京市各界

---

① 《陈云文选》第二卷，人民出版社 1995 年版，第 294 页。

② 《马克思恩格斯选集》第 4 卷，人民出版社 1995 年版，第 697 页。

20 多万人在天安门广场举行庆祝社会主义改造胜利联欢大会。各行各业纷纷向毛泽东报喜。市郊全体农民的报喜信说："自从您发出了关于农业合作化问题的指示以后，我们郊区就掀起了一个空前的社会主义高潮，没有入社的农民争先恐后地入社，所有的低级社都积极要求转变为高级社。在 1 个多月的时间里，北京郊区就实现了完全社会主义合作化。"手工业合作社社员的报喜信说："我们听到政府按行业批准所有申请入社的手工业者入社的消息，喜欢得跳了起来，互相道喜。在 11 日、12 日两天里，共有 53，882 人被批准入社，现在我们新、老社员已有 8、9 万多人了。"工商业者的报喜信说："北京市资本主义工商业已于本月 10 日胜利地全部走上了公私合营，向着社会主义大大迈进了一步。"据此，北京市市长彭真在会上宣布：

"我们庆祝郊区农业的完全社会主义合作化的胜利。庆祝资本主义工商业全部公私合营的胜利。庆祝手工业全部合作化的胜利。庆祝我们已经挖掉了穷根，打下了依靠大家共同劳动、使国家富强、使大家生活共同富裕的基础，我们的首都已经进入了社会主义社会。"①

1 月 21 日，上海市各界人民举行庆祝社会主义改造胜利大会。大会宣告："上海市的资本主义工商业，今天已经公私合营了；上海全市的手工业，今天已经合作化了；上海郊区农业，今天已经转为社会主义的高级社了；上海已经进入社会主义社会了！"②

此后，其他各大城市也纷纷宣告进入了社会主义。刘少奇在中共八大的政治报告中说："根据今年六月的统计，全国一亿二千万农户中，加入农业生产合作社的，已经有一亿一千万户，占农户总数的百分之九十一点七。其中，有三千五百万户加入了初级合作社；有七千五百万户，即大多数，加入了高级合作社。畜牧业中的互助合作运动，也已经有了发展。全国个体手工业者参加了各种不同形式的生产合作组织。加入工业生产合作社、生产小组或者供销生产合作社的，已经占个体手工业从业人员总数的百分之九十。个体渔民、个体盐民和运输业中的个体劳动者，现在也基本上实现了合作化。全国资本主义工商业已经基本上实现了全行业的公私合营。个体小商业也已经基本上实现了合作化，为国营商业和合作社商业执行代销代

---

① 《新华半月刊》1956 年第 4 号，第 41 页。

② 《新华半月刊》1956 年第 4 号，第 47 页。

购的业务。"①

据此，中共八大《关于政治报告的决议》宣告："我们对农业、手工业和资本主义工商业的社会主义改造，就是要变革资产阶级所有制，变革产生资本主义根源的小私有制。现在这种社会主义改造已经取得决定性的胜利②，这就表明，我国的无产阶级同资产阶级之间的矛盾已经基本上解决，几千年来的阶级剥削制度的历史已经基本上结束，社会主义的社会制度在我国已经基本上建立起来了。"③

《关于建国以来党的若干历史问题的决议》说："整个来说，在一个几亿人口的大国中比较顺利地实现了如此复杂、困难和深刻的社会变革，促进了工农业和整个国民经济的发展，这的确是伟大的历史性胜利。"今天值得指出的是，这个胜利来得如此之快，使人们误以为在经济文化落后的中国建立社会主义是轻而易举的；误以为人的"主观能动性"可以超越客观条件；误以为单一社会主义所有制经济的建立就进入了"自由王国"。正是这一切，孕育了尔后中国历史前进中指导思想的严重失误。

（4）工商业者的心

邓小平在全国政协五届二次会议的开幕词中谈到当年我国对资本主义工商业的社会主义改造问题时说，当时，"资本家阶级中的进步分子和大多数人在接受改造方面也起了有益的配合作用"。④

我国资本家阶级中的大多数人为什么愿意接受社会主义改造，他们当时究竟是怎么想的？这在当时就是中外瞩目的一大问题。下面摘录的对几位具有代表性人士的采访报道，整个说来可以认为是反映了我国大多数工商业者的共同心声。

1956 年 1 月 10 日，北京市资本主义工商业全部走上了公私合营，天津《大公

---

① 《刘少奇选集》下卷，人民出版社 1985 年版，第 207—208 页。

② 关于对生产资料私有制实行社会主义改造 1956 年完成的情况，《中华人民共和国国民经济和社会发展计划大事辑要（1949—1985）》中公布的具体数字是：参加农业生产合作社的农户占总农户的 96.3%；合作化的手工业人员达 91.7%；资本主义工商业实现了全行业的公私合营。其中由私营转变为公私合营的工业企业约有 7 万户，这些企业的总产值约占原私营工业总产值的 99.6%；转变为公私合营商店、合作商店、合作小组或直接并入国营商店的私人大中小商店已达到 199 万户这些商店的人数约占原私营商业总人数的 35%。

③ 《中国共产党第八次全国代表大会文献》，第 809 页。

④ 《邓小平文选》第 2 卷，人民出版社 1994 年版，第 186 页。

报》记者当即采访了全国工商联主任委员陈叔通，请他谈谈私营工商业者接受社会主义改造的积极性大为提高的原因。

陈叔通回答说："去年中华全国工商业联合会执行委员会会议前夕，毛主席对我们工商业者作了亲切的指示，指出了社会发展的规律和我们祖国的伟大前途，教导我们工商业者要认清自己的前途，掌握自己的命运。毛主席的教导大大地鼓舞了全国工商业者走社会主义道路的热情，极大多数的人都争先恐后地要求纳入公私合营。这就是毛主席的领导方法的科学性。"①

在上海市私营工商业全部申请公私合营的前夕，新华社记者访问了申新棉纺织印染厂总管理处总经理荣毅仁。②

当记者向他提出"作为一个资本家，为什么选择了社会主义的道路"的时候，他说："是的，我是一个资本家，但是我首先是一个中国人，我想应该先从作为一个中国人谈起。"

"这是真心还是假话？到上海来访问的不少资本主义国家的朋友们对这个问题特别感到诧异。他们曾来找我问我，有的要我背着人讲讲'真心话'，一位英国的议员要我直接用英语谈话，有的来看看我还有没有自己的住宅，有的怀疑我是不是共产党员假冒的资本家。我坦白地告诉他们，解放前我不但没有接触过共产党，而且当时还有点害怕哩。"

他说："中国的民族工商业大都是在第一次世界大战期间帝国主义稍稍放松对中国的侵略的时候发展起来的。我的父亲和伯父也是在这个时期开始创办和发展了自己的企业。这些年代，全国人民掀起了反对帝国主义的爱国运动。我父亲一辈人，梦想着办工业，救国图强。当战争结束以后，帝国主义卷土重来，日本加紧了对中国的侵略，加上连年内战和外国资本主义经济危机的影响，我们的企业就遇到了很大的困难。父亲一辈曾经把希望寄托给北伐以后的国民党政府，可是蒋介石上台后对我们的第一手，却是无端通缉了我的伯父荣宗敬，敲诈了十万银元。1934年，当申新最困难的时候，我父亲以价值三四千万元的财产抵押给中国银行和上海银行，签订借款 500 万元的合同。当时官僚资本的头子宋子文想乘机挤垮申新，吃掉我们的企业；当银行只付了 280 万元时，他就强制停止继续付款。直到抗战胜利

---

① 《新华半月刊》1956 年第 3 号，第 52 页。

② 《新华半月刊》1956 年第 4 号，第 76—77 页。

凯歌行进的时期（1949—1956）

以后，蒋介石的淞沪警备司令部特务还把我 70 岁的父亲荣德生绑去 40 多天，勒索了 20 多万元美金的赎金，还给所谓'破了案'的警备司令部送了更多的酬劳。"

荣毅仁接着说："国民党统治下的中国，黄浦江里停满了美国兵舰，美国货像海潮一样地涌来，我们的棉纺厂用的大部分是美国棉花，中国的工业破产，农村破产。马路上美国兵横冲直撞，北京的女学生被强奸。我父亲的实业救国的理想破灭了。就是我的爱人，虽然当时所想的只是如何过安乐的生活，但是作为一个中国人，能够容忍外国兵对自己同胞姊妹的污辱吗？那时，我们都希望有一个独立的强盛的祖国。而蒋介石国民党只会给祖国带来更多的屈辱。"

荣毅仁说道："谁来建设独立强盛的国家呢？当时我们并没有想到是共产党。"

他接着说："解放前夕，我们一家对于共产党的到来是感到惶恐的。我们几个兄弟中，有的跑到泰国去办工厂，有的躲到香港去了。我的父亲因为恨透了帝国主义和国民党，坚决不愿意离开祖国。我也不愿做白华，和他一道留下来了。我们企业的流动资金当时已经枯竭，解放以后又受到美国和国民党的封锁和轰炸。这个时期申新能够维持生产，全部依靠爱护民族工商业的中国共产党和人民政府的贷款、加工和收购，依靠职工群众的团结和积极生产。政府帮助我们建立了总管理处，统一领导过去分散经营的各个工厂，并且指导我们逐步改进经营管理。生产因此得到发展，纱锭的生产率提高了 40% 以上，从 1951 年起盈利逐年增加，1953 年的盈利就达到资本总额的 1/4 以上。初级的国家资本主义形式，就使我们的企业完全摆脱了解放初期的窘迫局面。而我弟弟在泰国办的工厂却破产了。"

"重要的还在于解放以后 6 年来，国家强盛了。这是每一个从旧中国过来的中国人最感到骄傲的。我经常接触到共产党和人民政府的负责人，在经济最困难的时候，在局势最紧张的时候，党的每一次分析，党的每一个政策，毛主席的每一句话，周到又全面，稳重又果敢，说到了就做到了。农村土地改革的结果，棉花产量超过了历史上最高的水平，我们的纱厂不再依靠外国的棉花了。抗美援朝的胜利，打破了我们曾经有过的对帝国主义的畏惧。接着，五年计划开始了，全国兴建了许多大工厂，各地进行了大规模的建设，一切实现得比梦想还要快，多么令人鼓舞！没有共产党，不走社会主义的道路，哪能有今天？"

记者进一步直率地问：消灭剥削，废除资本主义制度，对于你失去了什么？得到了什么？

荣毅仁思索了一会儿，很快就答道："对于我，失去的是我个人的一些剥削所得，它比起国家第一个五年计划的投资总额是多么渺小；得到的却是一个人人富裕、繁荣强盛的社会主义国家。对于我，失去的是剥削阶级人与人之间的尔虞我诈、互不信任；得到的是作为劳动人民的人与人之间的友爱和信任，而这是金钱所买不到的。因为我积极拥护共产党和人民政府，自愿接受改造，在工商界做了一些有利于社会主义的工作，我受到了政府的信任和人民的尊重，得到了荣誉和地位。从物质生活上看，实际上我并没有失去什么，我还是过得很好。"

曾被人誉为中国的"煤炭大王"、"火柴大王"、"企业大王"的民族资本家刘鸿生在 1956 年 9 月也同记者谈了同样的心境。他说：

"你问我为什么拥护共产党？我是一个企业家，我的企业，无论水泥、毛纺、码头、火柴、煤矿、银行业目前都在发展着，规模远较过去大得多。共产党能推动企业，能使中国变成工业化的国家，这是我过去 50 年的梦想，我为什么不拥护它？解放以后，我和我的家属生活仍然和过去一样。今年第一届人民代表大会第三次会议上，陈云副总理在报告中提出私营企业的定息制度，私营企业的资方有 5% 的定息。我的章华毛纺厂和水泥业、火柴业、码头及其他企业已先后拿到了定息。这笔定息的数字从我们的生活需要看来是相当大的。……我感到政府的照顾实在太多了。

我拥护共产党还有一个最主要的原因：我是一个中国人，中国资本家。现在我身体不好，不能陪你去黄浦滩头看看。在过去几十年中，从杨树浦到南码头，沿着黄浦江一带是各国的码头，一长串的外国兵舰插着各式各样的国旗。人们走过这里，会不知道这儿究竟是哪国的土地？我自己是搞码头企业的，往往站在码头上摇头。如今呢，这一带地方每个码头上都是五星红旗迎风飘扬，你想想看：一个看过上海 50 年变迁的中国人，他心中会不高兴吗？"①

由上可见，对中国共产党的无比信赖，希望在共产党领导下实现他们"创办实业，救国图强"的梦想，这就是大多数中国民族工商业者的心。

---

① 《新华半月刊》1957 年第 1 号，第 76—79 页。

1955 年的中国农村景象。

第十一章
经济建设中的反冒进

在加快社会主义改造的同时，对社会主义建设也提出了加快的要求。1956年春天开始，经济建设中出现了一股盲目追求数量、速度的急于求成的冒进之风。中共中央及时提出：要反对保守主义，也要反对急躁情绪。强调了经济建设必须坚持综合平衡、稳步前进的方针。使1956年的经济建设避免出现大的曲折，取得了积极的成果。

一 计划年年"吃紧"

（1）任务同国力的矛盾[①]

15年实现社会主义工业化的任务，数量上要求工业产值达到工农业总产值的60%左右，质量上建立起独立的工业体系。为此，在第一个五年计划期间，社会主义工业化建设必须以新建企业为主。这对原有经济基础薄弱，资金短缺，科技人才不足的我国来说，无疑是十分艰巨的。

为了适应1953年开始的大规模建设的需要，中财委于1952年10月10日颁发了从1953年起，对电力、原煤、石油炼成品、生铁、钢材、动力设备、电器设备

①《中华人民共和国国民经济和社会发展计划大事辑要》，第30、57、67页。

凯歌行进的时期（1949—1956）

等 35 种重要物资实行全国统一分配的办法（试行草案）。同月 22 日，中财委讨论 1953 年的基本建设问题。陈云在会上讲话指出，1953 年将是大规模经济建设的一年，基本建设工作将在整个国家建设中占头等重要的地位。目前我们基本建设中的主要矛盾是任务十分繁重，而力量十分薄弱。无论地质勘探、设计和施工力量，都不能满足大规模建设的需要，有的相差 1 倍、2 倍甚至几十倍，个别地方连基本建设机构还没建立。因此，必须迅速加强这方面的力量，建立、充实设计和施工机构，配备坚强的领导骨干、先进的技术人员和技术工人。他指出，工交部门必须清除等待人事部门分配人员或依赖建筑工程部门设计、施工的思想，确立自力更生的方针，下决心调集人员建立各部的专业设计和施工组织。根据上述精神，中财委于 11 月 9 日发出了关于迅速准备基本建设的指示。

尽管在主观安排上作了努力，原材料和交通运输等不敷需要的紧张状况还是很快就表现了出来。1954 年 8 月 3 日，中共中央批准国家计委于 6 月份提出的《关于 1953 年度国民经济计划执行的基本情况及 1954 年度国民经济计划中的几个问题向中央的报告》和《1954 年度国民经济计划提要（草案）》。国家计委报告说：1954 年国民经济计划，是根据党在过渡时期的总路线总任务以及第一个五年计划的基本任务而制定的。在计划编制过程中，首先感到，生产赶不上需要的趋势是明显的。从煤炭、钢材、化肥等约 50 种主要工业品来看，国内生产不足的有 23 种，其中 5 种产品，即使加上进口仍不能平衡；粮食和城市副食品的供应也很紧张；由于生产发展和基本建设规模日益扩大，铁路运输，特别是主要区段的运输困难较多。

随着建设项目的不断上马，资金不足的矛盾也日见突出。1955 年 1 月 6 日至 2 月 8 日举行的第二次全国省（市）计划会议。针对经济建设要求有更多的资金而国家财力又有限的情况，会议向各省市提出增收节支，保持建设规模和国家财力的平衡，国家财力应主要用在保证重点建设，要严格控制基本建设规模和标准的要求。4 月 12 日，中共中央在批准这次会议的总结报告时批示：解决国家资金积累的缓慢同集中力量建设重工业的矛盾，最主要的办法是"在进一步发展生产的基础上增加收入和在保证建设事业的条件下厉行节约。"为此，中央要求：一切基本建设项目必须分别编入计划，必须按规定经一定领导机关审查批准。在建设速度上，必须作全盘的合理安排。一切工作必须坚决降低造价，今后 3 年在原有预算标准的基础上，至少降低造价 10%。一切国营企业必须贯彻经济核算制度，重视财务成本工作。一切部门的劳动调配必须纳入计划，增加人员必须通过劳动部门统一调配。

上述情况反映出来的第一个五年计划的任务同当时现实国力之间的矛盾，就不能不使经济建设的发展速度受到制约。

（2）时间同任务的反差 ①

经过各方面的努力，1953、1954 两年，重工业部的基本建设任务完成了五年计划中规定任务的 26%，还有 74% 的任务要在今后 3 年完成。

1954 年 10 月，经过全国第一次计划会议的讨论，国家计委提交的 1955 年国民经济计划控制数字的报告提出：（一）继续贯彻重点使用投资的方针，抓紧重点工程及其配套设施的建设。1955 年计划投资 88.79 亿元，比上年预计完成增长 25.9%。中央 8 个工业部计划投资 50.6 亿元，比上年预计增加 43%。"141"项工程中，有 30 个要继续施工，有 35 个要开始施工。（二）考虑到 1954 年供产销不平衡比较突出，农业减产对工业有较大影响，1955 年工业总产值计划为 468.4 亿元，比上年预计增长 12.4%，低于五年计划每年平均 15.5% 的增长速度。中共中央 10 月 13 日批转国家计委上述报告时强调指出：1955 年国民经济各方面，特别是以"141"项工程为骨干的工业建设必须达到五年计划草案所要求的进度和速度，同时还要克服 1954 年水灾所造成的困难，这就使 1955 年国民经济各方面，尤其是国家财政收支颇为紧张，农业生产发展不能适应工业发展的矛盾也将扩大。因此，各地区、各部门在制订 1955 年计划时，要认真研究与五年计划（草案）的衔接问题，并以增加生产、厉行节约的精神提高工农业生产，增加企业内部积累和国家财政收入。保证基本建设的进度，继续保持市场的稳定。

为了达到五年计划所要求的进度和速度。1955 年 4 月 25 日，中共中央批准国家计委党组提出的 1955 年度国民经济计划草案，增大了基本建设投资，将原计划投资 88.79 亿元提高到 98 亿元，比 1954 年增长 31.5%，占五年计划总投资额的 22.9%。当年施工限额以上的建设项目有 1079 个，其中苏联为我国设计的有 91 个。国家计委党组的报告强调，为保证 1955 年计划的完成，要求国家工作人员和国营企业部门如同对待法律一样来执行国家计划。

到 1955 年 9 月，鉴于有些经济部门 1955 年预计完成的主要计划指标有可能达不到"一五"计划所规定的当年水平，中共中央在 10 月 4 日下达《关于编制 1956 年度国民经济计划草案的指示》时指出，1955 年上半年国民经济计划的执行情况

---

① 《中华人民共和国国民经济和社会发展计划大事辑要》，第 61—62、69、74—75 页。

不够好，各部门、各地方要切实加强第 4 季度的工作，争取完成和超额完成 1955 年度计划。明确要求：各部门、各地方在编制 1956 年度计划草案时，必须具体地分析情况，利用各种有利因素，发掘潜力，克服困难，在全国平衡的基础上，尽可能地提高计划指标，努力争取实现。

任务重时间紧的矛盾越来越突出，出路何在？国家计委要求各部门和各地方把 1956 年的计划"订得更积极些"，中共中央要求"尽可能地提高指标"。

二　要"多快好省"

（1）中心是"反对右倾保守思想"

以农业合作化为先导的社会主义改造的急速发展，引起毛泽东对中国经济发展战略提出了新的构想。1955 年 11 月，毛泽东在杭州同 14 个省、市、自治区党委书记商定的《农业 17 条》，提出到 1967 年粮食产量达到 1 万亿斤，确定以此作为农业发展的战略目标。随后，他在中共中央政治局会议上提出以农业发展的战略目标为推动力量，在各项工作中继续反对右倾保守思想，提前实现社会主义工业化，迅速建成社会主义社会的战略构想。他指出，党的八大的准备工作应以这一内容为中心，迎接八大，开好八大。①12 月 27 日，毛泽东在《中国农村的社会主义高潮》序言中阐述了这个基本思想，他说：

"这件事告诉我们（指五千几百万农户加入合作社——引者注），中国的工业化的规模和速度，科学、文化、教育、卫生等项事业的发展的规模和速度，已经不能完全按照原来所想的那个样子去做了，这些都应当适当地扩大和加快。"

"现在提到全党和全国人民面前的问题，已经不是批判在农业的社会主义改造速度方面的右倾保守思想的问题，这个问题已经解决了。也不是在资本主义工商业按行业实行全面公私合营的速度方面的问题，这个问题也已经解决了。手工业的社会主义改造的速度问题，在 1956 年上半年应当谈一谈，这个问题也会容易解决的。现在的问题，不是在这些方面，而是在其他方面。这里有农业的生产，工业（包括国营、公私合营和合作社营）和手工业的生产，工业和交通运输的基本建设的规模和速度，商业同其他经济部门的配合，科学、

---

① 《党的文献》1988 年第 2 期，第 9 页。

文化、教育、卫生等项工作同各种经济事业的配合等等方面。在这些方面，都是存在着对于情况估计不足的缺点的，都应当加以批判和克服，使之适应整个情况的发展。人们的思想必须适应已经变化了的情况。当然，任何人不可以无根据地胡思乱想，不可以超越客观情况所许可的条件去计划自己的行动，不要勉强地去做那些实在做不到的事情。但是现在的问题，还是右倾保守思想在许多方面作怪，使许多方面的工作不能适应客观情况的发展。现在的问题是经过努力本来可以做到的事情，却有很多人认为做不到。因此，不断地批判那些确实存在的右倾保守思想，就有完全的必要了。"①

在此期间，毛泽东还说，凡是办得到的，能够办的都要争取办，并要争取多，争取快，争取好。提出了社会主义建设要多一点、快一点、好一点的思想。

根据毛泽东的意见，中共中央曾决定召开的党的第八次全国代表大会的中心思想，就是反对右倾保守。刘少奇在1955年12月一次讲话中说，明年八大的中心思想就是反对右倾思想，反对保守主义，以使总路线所规定的总任务提前完成，不是15年左右基本上完成社会主义工业化和社会主义改造，而是提前完成；不是基本上完成，而是完全完成。原来总路线规定的总任务是15年左右，现在要提前完成；原来是基本完成，现在要完全完成，要争取时间，要加多加快加好。②1956年1月14日周恩来在中共中央召开的关于知识分子问题会议上的报告中也说："党中央决定，把反对右倾保守思想作为党的第八次全国代表大会的中心问题，要求全党在一切工作部门中展开这个斗争。"③

根据上述精神，《人民日报》于1956年元旦发表题为《为全面地提早完成和超额完成五年计划而奋斗》的社论，提出了反对右倾保守的任务和多、快、好、省的要求。社论说："5万万中国农民热烈地欢迎和要求农业合作化……这个事实，把所谓'农业的发展必然落后于工业的发展''中国人口太多是件坏事'等等悲观论调一扫而空。""农业和资本主义工商业的社会主义改造突破了原来计划的指标向前猛进，这就给予了可能，也提出了要求，使以发展重工业为中心的社会主义工业化的工作提早完成和超额完成五年计划。""这样，在工业、文教事业的面前，就摆着一

---

① 毛泽东：《〈中国农村的社会主义高潮〉的序言》，1955年9月、12月。

② 1955年12月14日《国务院第二机械工业部杨春甫副部长在江苏省党员干部大会上的传达报告》。

③ 《周恩来选集》下卷，人民出版社1984年版，第159页。

个问题：要又多、又快、又好、又省地发展自己的事业。""又多又快，是反对保守主义，又好又省，是反对潦草从事，盲目冒进，铺张浪费。又多、又快、又好、又省，这 4 条要求是互相结合而不可分的，遵守这 4 条要求，我们就能按照社会主义经济的有计划（按比例）发展的法则，来进行全面规划。这样做法，我就完全有可能，在工业建设和文教建设方面，也提早完成和超额完成第一个五年计划，提早完成社会主义工业化的任务。"

（2）12 年战略规划

为使以农业发展为推动力，提前实现社会主义工业化，迅速建成社会主义社会的战略构想成为现实，毛泽东继续抓紧农业发展规划的工作。1956 年 1 月，中共中央召集各省、市、自治区党委书记会议，毛泽东在同与会者商量之后，将 17 条扩充为 40 条，拟出了《1956 年到 1967 年全国农业发展纲要》的草案初稿。接着，中共中央邀请了在北京的工业、农业、医药卫生、社会科学等各方面的科学家，各民主党派、各人民团体的负责人和文化界、教育界的人士，共 1375 人，分组进行了讨论，做了一些修改。1 月 23 日，经中共中央政治局讨论通过，正式形成了《1956 年到 1967 年全国农业发展纲要（草案）》。1 月 25 日，中共中央将这个纲要（草案）提交最高国务会议讨论。

毛泽东在会上讲话说："社会主义革命的目的是为了解放生产力。农业和手工业由个体所有制变为社会主义的集体所有制，私营工商业由资本主义所有制变为社会主义所有制，必然使生产力大大地获得解放。这样就为大大地发展工业和农业的生产创造了社会条件。""目前我们国家的政治形势已经起了根本的变化。去年夏季以前在农业方面存在的许多困难情况现在已经基本上改变了，许多曾经被认为办不到的事情现在也可以办了。我国的第一个五年计划有可能提前完成或者超额完成。1956 年到 1967 年全国农业发展纲要的任务，就是在这个社会主义改造和社会主义建设的高潮的基础上，给农业生产和农村工作的发展指出一个远景，作为全国农民和农业工作者的奋斗目标。农业以外的各项工作，也都必须迅速赶上，以适应社会主义革命高潮的新形势。"①

廖鲁言在会上对纲要草案的内容作了说明。他说：全国农业发展纲要的中心，就是要求在农业合作化的基础上，迅速地、大量地增加农作物的产量，发展农、

---

① 《新华半月刊》1956 年第 4 号，第 1 页。

林、牧、副、渔等生产事业。特别是要求在 12 年内，把粮食每亩的平均产量，按照三种不同的地区，分别由 1955 年的 150 多斤提高到 400 斤，208 斤提高到 500 斤，400 斤提高到 800 斤；把棉花每亩的平均产量，由 1955 年的全国平均 35 斤皮棉，按照各地情况，分别提高到 60 斤、80 斤和 100 斤皮棉。按照这种亩产量的水平，到 1967 年粮食的全国总产量将比 1955 年的产量（3,678.8 亿斤 [1]——引者注）增加 1 倍半以上，棉花的全国总产量将比 1955 年的产量（30.36 亿斤——引者注）增加两倍。[2]

1 月 26 日，中共中央向全国人民公布了全国农业发展纲要草案。实际上是向全国人民，特别是 5 亿农民发出了新的号召，为使粮食和棉花的产量每年以 8% 和 10% 以上的超高速度实现粮食达到 1 万亿斤、棉花 1 万万担的目标而奋斗。[3]

反对"右倾保守"的巨大压力，要多、快、好、省地办一切事业的要求，提早完成和超额完成"一五"计划、提早完成社会主义工业化的号召，12 年宏大规划的鼓舞，使 1956 年年初在社会主义改造热潮中已经膨胀了的空气更进一步地膨胀起来。

三　膨胀了的计划

（1）连锁反应 [4]

关于 1956 年度的国民经济计划，1955 年夏国务院在北戴河曾提出了一个接近实际的计划指标。10 月 4 日，中共中央正式批准了国家计委党组提出的计划控制数字：全国工业总产值 483 亿元，粮食总产量 3742 亿斤，棉花产量 2995.8 万担，基本建设总投资 112.59 亿元，社会商业零售总额 444 亿—451 亿元。

1956 年 1 月 10 日至 2 月 7 日，全国第三次计划会议在北京举行。这次会议讨论了 1956 年计划草案，座谈了第二个五年计划和 15 年远景计划轮廓，还讨论了工业与农业、生产与分配、基建与资金、国家建设与地方建设的关系以及改造与安排等问题。12 年农业发展纲要要求粮食、棉花的产量每年分别以 8%、10%

① 中国统计出版社《光辉的 35 年统计资料》，第 53 页。
② 《新华半月刊》1956 年第 4 号，第 8 页。
③ 《党的文献》1988 年第 2 期，第 10 页。
④ 《中华人民共和国国民经济和社会发展计划大事辑要》，第 75、80、83 页。

以上的速度递增，以保证到 1967 年分别达到 1 万亿斤、1 万万担的高指标，立即在工业、交通、文教等部门中引起连锁反应，催逼着它们必须相应地修改 1955 年夏国务院提出的指标和经中共中央业已批准的控制数字，并据此编制整个发展国民经济的远景计划。中央各部召开的专业会议，在"提早完成社会主义工业化"口号的鼓动下，纷纷要求把远景计划所规定的 8 年至 12 年的任务，提前到 3 年至 5 年内完成。这种种因素不能不使这次讨论的 1956 年国民经济计划受到直接的严重影响。2 月 22 日，国家计委向中共中央报送了《关于 1956 年度国民经济计划草案的报告》。

国家计委报告说："1956 年度国民经济计划草案，是在国民经济全面高涨的新情况下，根据中共中央关于反对右倾保守主义，计划既要积极又要可靠的指示和提前完成五年计划的精神编制的。"主要内容是：

（一）工业总产值 535.7 亿元（比原控制数字提高了 52.7 亿元），比上年增长 19.7%，已达到五年计划中的 1957 年水平。在 46 种主要工业产品中，有 27 种可以 4 年完成五年计划。

（二）农业总产值 606.8 亿元，比上年增长 9.3%。粮食 3989 亿斤（比原控制数字提高 247 亿斤），增长 8.4%；棉花 3556 万担（比原控制数字提高 560.2 万担），增长 17%。

（三）基本建设投资总额 147.35 亿元（比原控制数字提高 34.76 亿元），比上年增长 70.6%。即一年要完成五年计划总投资额的 35% 左右。

（四）铁路运输比上年增长 9.9%，内河航运增长 36.2%，海上运输增长 24.2%，汽车运输增长 35.4%。

（五）社会商业零售总额 477 亿元（比原控制数字提高 26 亿元），较上年增长 17.4%。

（六）高等学校招生 18.3 万人（比原控制数字提高 5.7 万人），中等专业学校招生 44.4 万人（比原控制数字提高 22.5 万人）。

国家计委在报告中明白指出，要完成 1956 年的计划任务，"是十分繁重和紧张的"。

3 月 25 日，国务院批准下达了 1956 年度国民经济计划（草案）。

（2）生产失衡

就在计划会议讨论上述计划指标的同时，1 月 13 日，国家计委给各部委和各省市自治区《1956 年国家统一分配物资平衡情况简报》[①]，及时提出了 1956 年物资供需不平衡状况更加严重。简报说，1956 年国家统一分配的 8 类 235 种产品，除煤炭、木材、碱等少数产品基本平衡或有少量多余外，大部分是紧张或不足的。其中突出的有：钢材缺 75 万吨、镀锌钢板缺 5.5 万吨、大口径无缝钢管缺 4 万吨、金属切削机床缺 3569 台、钻探机缺 1509 台，等等。形成这种状况的主要原因是：1956 年基本建设规模过大，必然引起对生产资料的需求的增长超过生产的增长，导致物资供应的紧张状况。简报提出，解决上述问题的措施主要是：挖掘潜力、增加生产；有些供不应求的产品设法增加进口；反对浪费，厉行节约，纠正供应工作中"宽打窄用，有备无患"的做法；各级物资分配部门，分别主次缓急，进行全面平衡，早作安排。

由于计划指标过高，基本建设的规模定得过大，4 月上旬，经济建设急于求成、齐头并进所造成的严重后果已经突出地表现了出来[②]：不但财政上比较紧张，而且引起了钢材、水泥、木材等各种建筑材料严重不足的现象，从而过多地动用了国家的物质储备，并且造成国民经济各方面相当紧张的局面。当时的具体情况是，计划确定基本建设较上年增长的速度为 68%，钢材增长速度为 46%，水泥增长速度为 40%，机器制造业的增长速度为 60%。由于在生产、基本建设与物资供应之间不相适应，招致许多工地发生停工待料和不能按期开工。据国家统计局统计，4 月份由于建筑材料和设备供应不足而未能如期开工的项目，即占同期应开工项目的 1/5。5 月份以后，随着开工单位增多，这一矛盾更加突出。这种紧张状况另一方面的突出表现是：片面追求数量，忽视质量、忽视节约和忽视安全生产。例如煤炭工业部所属各矿的原煤含矸率，除少数矿较过去有所降低外，普遍较 1955 年提高。如阳泉矿务局在 1956 年 3 月运到苏州的 200 多吨混煤，卸车时发现石头太多，经过筛选，在筛出的 1 吨"块煤"中，煤只有半吨，剩下的一半都是石头。在片面追求数量忽视质量的同时，成本计划也完成得不好。例如重工业部化工局第 1 季度产值完成了 105.6%，劳动生产率完成了 104.2%，成本反而超支了 1.38%，利润计划只完成 92.2%；煤炭工业部原煤的单位成本约超支 4% 左右。此外，在强调多和快之后，普遍产生加班加点和忽视安全生产的现象。例如全国石油工业系统，1956 年第 1

---

① 《中华人民共和国国民经济和社会发展计划大事辑要》，第 80 页。

② 《新华半月刊》1956 年第 14 号，第 35—36、58—59、104 页。

季度加班加点共达 336，991 小时，比 1955 年第 4 季度加班加点的工时增加 21%。由于突击生产和赶任务，有些企业不重视安全生产，以致不断发生严重的设备事故和人身事故。例如煤炭工业部系统 1956 年 1—5 月份的死亡人数，比 1955 年同期增加 15%。第一机械工业部电器材料局第 1 季度共发生设备事故 105 次，停工台时 2，794 小时，损失达 70，362 元。

急躁冒进的倾向在农业方面的表现是，许多农业合作社的增产计划过大，片面地着重粮棉而忽视副业，生产和非生产的投资都过多，一部分合作社的规模过大，对社员的干涉过多，要求过高，对社员收入的增加和女社员的健康注意不够。由于上级计划偏大，要求过急，企图使 12 年规划中的种种好事在两三年内办完，许多合作社举办了许多非生产性设备，购买了许多贵重的文化娱乐用品；在生产性的开支方面，过早过急地兴建力所不及的基本建设，从而使社员负担过重。在耕作制度和耕作技术改革方面，如推广双季稻、良种、早播密植、双轮双铧犁、打井等方面不少地方在步骤上要求过急，计划上定得大过死，方法上强迫命令，引起农民不满。

上述情况的出现，引起了国务院和有关业务部门的高度重视。4 月 14 日，国务院批准国家计委《关于 1956 年度基本建设和物资平衡问题的补充报告》[1]。国务院批示要求，在基本建设项目及其进度的统一安排过程中，必须使群众的社会主义建设热潮同计划的全面平衡相结合，特别是同物资供应计划相结合，如果只看到施工力量的增长，而没有注意到设计、设备和材料的供应情况，采取全面铺开和齐头并进的做法，就可能而且一定会发生停工、窝工的现象，并且会使我们的计划有部分落空的危险。因此，各部门、各地方要特别注意设计、设备、材料和施工力量等主要环节的全面的和综合的平衡，在确保重点建设的前提下，安排和调整基本建设项目和它的建设进度。工业生产必须摸清供销情况、设备能力、技术力量和协作的条件，进行综合平衡，在努力节约使用原材料和提高产品质量的基础上，使群众要求增产的热情同供产销的平衡相结合。

从农业合作化开始发展起来，波及面越来越宽，后果也逐步显现出来的急于求成、盲目冒进的"左"倾思潮和倾向，已经到了再也不能任其发展，而不得不进行纠正的时候了。

---

[1]《中华人民共和国国民经济和社会发展计划大事辑要》，第 84 页。

四　综合平衡稳步前进 [①]

（1）反冒进的酝酿

1955 年年底，当毛泽东提出在各项工作中反对所谓右倾保守思想，提前实现社会主义工业化的战略构想时，刘少奇、周恩来等中共中央领导人在当时是同意的。如前所述，刘少奇当时就说过，原来总路线规定的总任务是 15 年左右，现在要提前完成；原来是基本完成，现在要完全完成，要争取时间，要加多加快加好。周恩来 1955 年 12 月 8 日在北京市青年纪念"一二·九"运动 20 周年、"一二·一"运动 10 周年大会上讲话中也说，我们原来设想在 3 个五年计划中基本上完成工业化，现在有可能加快这个速度，提前完成。但是，整个来说，除毛泽东一人外，其他领导人当时都是处于被动的跟进状态。

由于周恩来、刘少奇等处于实际工作的领导第一线，严峻的事实促使他们最早进行冷静的思考与周密的科学计算。就在人们为"进入"社会主义社会所陶醉，第三次计划工作会议正在加多加快的思想指导下把 1956 年的计划指标订得很高的时候，周恩来首先明确强调了"经济工作要实事求是"。他在 1956 年 2 月 8 日召开的国务院第 24 次全体会议上发言 [②] 说：

"不要光看到热火朝天的一面。热火朝天很好，但应小心谨慎。要多和快，还要好和省，要有利于提高劳动效率。现在有点急躁的苗头，这需要注意。社会主义积极性不可损害，但超过现实可能和没有根据的事，不要乱提，不要乱加快，否则就很危险。"

"绝不要提出提早完成工业化的口号。冷静地算一算，确实不能提。工业建设可以加快，但不能说工业化提早完成。晚一点宣布建成社会主义社会有什么不好，这还能鞭策我们更好地努力。要真正巩固农业、手工业和资本主义工商业改造的成果，必须实现工业化才行。如果没有工业化，农业即使合作化了，也不巩固。手工业也是如此。"

"各部门订计划，不管是十二年远景计划，还是今明两年的年度计划，都

---

① 《党的文献》1988 年第 2 期，第 6—16 页。
② 《周恩来选集》下卷，人民出版社 1984 年版，第 190—191 页。

要实事求是。当然反对右倾保守是主要的，对群众的积极性不能泼冷水，但领导者的头脑发热了的，用冷水洗洗，可能会清醒些。各部专业会议提的计划数字都很大，请大家注意实事求是。"

实际上在这前两天，即 2 月 6 日，周恩来就约李富春、李先念[①]一起研究正在举行的计划会议和财政会议中提出的计划问题。周恩来指出，既然现在已经存在"不小心谨慎办事，有冒进急躁现象，而且各专业会议订的计划都很大，那么，计委、财政部对计划就要压一压"。经过充分酝酿，统一思想后，2 月 10 日周恩来主持召开国务院常务会议，在讨论各部门各地区所提 1956 年计划的各项指标时，实施了"压一压"的方针。他抓住严重脱离物资供需实际，破坏国民经济整体平衡的指标，进行了较大的削减，其中基本建设投资由 170 多亿元压到 147 亿元。后来，周恩来在中共八届二中全会上曾对这次压缩高指标的会议，风趣地称之为"2 月促退会议"。

尽管经过压缩以后由国务院批准下达的《1956 年国民经济计划（草案）》，还是一个高指标的计划。但是，在压缩指标过程中明确提出的经济工作要实事求是的思想，正是不久以后周恩来等提出反对急躁冒进的思想基础。

（2）6 月会议的决策

从 4 月上旬经济建设上出现严峻形势后，国务院立即采取了动员生产，约束基建，以求平衡的应急措施。[②]与之同时，周恩来等的主要精力开始放到反对急躁冒进上来。

在中央文件和毛泽东一直强调反对右倾保守的情况下，能不能和应不应该提反对急躁冒进，当时在政治上是一个十分重大的问题。5 月 11 日，周恩来在国务院会议上果断地提出："反右倾保守从去年 8 月开始，已经反了八、九个月了，不能一直反下去了！"他在同李富春、李先念就 1956 年的国家预算和起草 1955 年国家决算和 1956 年国家预算报告稿交换意见时指出，在反对保守主义的时候，必须同时反对急躁冒进倾向。急躁冒进在过去几个月中，在许多部门和地区都已经发生了。

---

① 李富春当时任国家计委主任、李先念任财政部长。

② 即前引 4 月 14 日国务院批准国家计委《关于 1956 年度基本建设和物资平衡问题的补充报告》。

6 月 4 日 [①]，刘少奇主持中共中央会议，讨论将向人大一届三次会议作的《关于 1955 年国家决算和 1956 年国家预算的报告》稿，周恩来代表国务院在会上介绍半年来经济建设所引起的种种矛盾和不平衡问题，提出了继续削减开支、压缩基本建设经费的意见。据此，会议提出了既反保守又反冒进，在综合平衡中稳步前进的经济建设方针，决定制止冒进，压缩高指标，基本建设该下马的立即下马。10 月，刘少奇主持中央政治局会议，确认了 4 日中央会议的确定的方针和有关决定。

既反保守又反冒进口号的提出，就使 1955 年夏季以后一味反对所谓右倾保守主义的斗争开始被中止；在综合平衡中稳步前进的方针的明确规定，使纠正社会主义建设中出现的急躁冒进倾向有了正确的理论和政策依据，这不仅为纠正已经出现的急躁冒进倾向迈出了决定性的一步，而且对于端正社会主义建设的指导思想具有重要意义。

根据中共中央决定的上述指导方针，周恩来立即召集国务院常务会议，商议贯彻执行这个方针，研究继续压缩实践证明仍不实际的 1956 年国家预算问题。他针对有人不同意削减预算一事，说明计划和预算应该是统一的，预算高了就应削减的道理，指出"昨天党中央开会决定了这个精神"，强调要打破预算不能修改的观念，预算数字一定要减一减。经过充分讨论，周恩来综合李富春、薄一波在会上提出的意见，确定按 5% 削减预算，其中把基本建设投资由 147 亿元削减到 140 亿元。在周恩来、陈云、李富春、李先念等的努力下，在即将提交全国人大一届三次会议审议的《关于 1955 年国家决算和 1956 年国家预算的报告》草稿中，明确指出："生产的发展和其他一切事业的发展都必须放在稳妥可靠的基础上。在反对保守主义的时候，必须同时反对急躁冒进的倾向，而这种倾向在过去几个月中，在许多部门和许多地区，都已发生了。急躁冒进的结果并不能帮助社会主义事业的发展，而只能招致损失。"6 月 12 日，在国务院全体会议第 30 次会议讨论这个报告（草稿）时，会上有人不同意在报告中提出既反保守又反冒进，认为这是同去年夏季以来开展反对右倾保守思想的斗争相背离的，会引起思想混乱。周恩来对此作了耐心的解释和说明。他说：

"这段话是比较精练地说出来的。我们这样提，如不解释，会发生一些误

---

① 《关于建国以来党的若干历史问题的决议》(15) 中说："1956 年 5 月党中央提出的既反保守又反冒进即在综合平衡中稳步前进的经济建设方针。"

解。反保守的好处已经说过了，但也带来了一些不切实际的主观主义的要求，带来了急躁冒进。"

"建设社会主义必须全面发展。去年12月以后冒进就冒头了，因此，现在的情况和去年不同了，已经不是预防而是需要反对冒进了！如果冒进继续下去，又会脱离实际，脱离群众，脱离今天的需要和可能。不能向群众泼冷水，但也不能把少数积极分子的要求当成群众的要求。"

国务院向全国人大提出的有关报告中提出的纠正急躁冒进的意见，为6月15日至30日举行的全国人大一届三次会议所接受。

为配合中共中央、国务院开展反冒进，刘少奇指示中央宣传部为《人民日报》起草社论进行宣传。6月20日，《人民日报》发表题为《要反对保守主义，也要反对急躁情绪》的社论。社论在概述了已经出现的急躁冒进的种种表现之后指出：

"急躁冒进所以成为严重的问题，是因为它不但是存在在下面的干部中，而且首先存在在上面各系统的领导干部中，下面的急躁冒进有很多就是上面逼出来的。……现在中央已经在采取一系列的措施，纠正这种不分轻重缓急，不顾具体情况的急躁情绪。各个部门和各个地方的工作中的冒进倾向，有些已经纠正，有些还未纠正，或纠正得不彻底，但作为一种思想倾向，则不是一下子所能彻底克服的，需要我们在今后经常注意。"

"右倾保守思想对我们的事业是有害的，急躁冒进思想对我们的事业也是有害的，所以两种倾向都要加以反对。"

"在反对保守主义和急躁冒进的问题上，要采取实事求是的态度。什么是右倾保守，什么是急躁冒进，这里是有一个客观标准的，这个标准就是客观实际的可能性。正确的方法，就是要使我们的计划、步骤符合于客观实际的可能性。"

"我们对中央提出的'又多、又快、又好、又省'的方针要有一个正确的了解，不要把它片面化、绝对化，这样才不会走到急躁冒进。总的方针是要又多、又快、又好、又省，但在具体的工作中，哪些能又多又快，哪些不能又多又快，哪些是现在就可以又多又快的，哪些是将来才能又多又快的，怎样才算省得恰当，怎样既多、既快、既省，而又能达到好的目的，这些都要根据具体情况仔细地、实事求是地去加以考虑，不能把问题看得太死，太简单。……执行40条的问题也是这样。40条，各个地区、各个部门当然都是要坚决地加以执行的，但执行的方法和步骤，则是可以因各地客观条件的不同而有所不同的，用不着强求一致。总之，做任何工作，都要善于把上面的方针、要求与本地区、本单位的实际情况结合起来，从实际情况出发去考虑和确定自己的工作步骤。只有这样，才不至于犯右倾保守或急躁冒进的错误。"

这篇社论的要紧之处，不在于它罗列了城乡经济文化建设中急躁冒进的种种表现，也不全在于它在全国人民面前公开提出反对急躁冒进的问题，而在于它尖锐地提出问题"首先存在在上面各系统的领导干部中"，已经成了"一种思想倾向"；在于它尖锐地提出反对什么偏向，"要采取实事求是的态度"，有多大错误，就纠正多大错误，"万不可一股风，扩大化"；在于它把问题提到了思想路线的高度，强调指出"正确的工作方法，就是要使我们的计划、步骤符合于客观实际的可能性"，这与近一年来突出强调所谓人民群众的社会主义积极性的思想方法、工作方法，显而易见是另有侧重了。

中共中央作出重要决策和会同国务院采取的一系列措施，使 1956 年的国民经济计划得到了一定的压缩，更重要的是使近一年膨胀了的炽热空气，开始压缩和冷却下来。

（3）坚韧的努力

纠正急躁冒进的当务之急，是解决好 1956 年当年计划的经济建设的过高指标和速度问题。但在提前完成"一五"计划，提前实现社会主义工业化的战略构想影响下，被纳入远景规划的"二五"计划指标也早被定得很高了。由于中共八大召开在即，尽快拟制出一个能够提交八大讨论的既积极又稳妥可靠的方案，就刻不容缓。但要推翻已有的冒进方案，显然又要比压缩 1956 年的当年指标更为困难。

为磋商编制一个符合客观实际的新方案，7 月 3 日至 5 日，周恩来主持召开国务院常务会议。他在会上提出，制订新方案要贯彻既积极又稳妥可靠的方针。他详细地分析了第一方案冒进了，第二方案也是不可靠的、危险的。鉴于农业生产指标定高以后会带来牵一发而动全身的严重后果，他指出，虽然合作化后农业生产的积极因素增加了，但消极因素并未减少。水、旱、虫灾总要起作用，它们天天都在管着农业生产。"二五"计划期间也会有丰年、平年和歉年，故不主张粮食生产指标每年以 6% 以上的速度递增。周恩来严肃指出，农业生产指标算高了，农业税、轻工业利润、基本建设投资和财政预算等一系列数字都受到影响。农业指标一旦达不到，必然危及整个国民经济计划。所以，搞这个假设不好，是很不可靠的。在工业

凯歌行进的时期（1949—1956）

生产指标上，周恩来和陈云、薄一波等明确表示不同意把钢产量看作是衡量国家工业化的唯一尺度，批评了片面发展钢铁生产的错误观点和做法，主张把钢的高指标减下来，认为钢少一些，煤炭生产指标、基本建设投资相应地都可以少些了。这是一次积极的统一思想的会议，从思想上反对和清理了离开中国经济建设实际、离开综合平衡的冒进倾向，对制订一个接近实际的"二五"计划建议具有转折性的意义。

会后，周恩来又同国家计委负责人多次磋商，要求计委根据"一五"计划的已有经验，做好各项平衡工作，留有余地。要正确估计工农业生产增长速度和国民收入总额；在此基础上安排积累与消费的比例，妥善处理农、轻、重的关系，提出稳妥的投资总额，编制出可行的方案来。7 月下旬，国家计委提出了"二五"计划的第三方案。周恩来、陈云主持召开国务院常务会议进行了反复磋商审议。鉴于"多、快、好、省"的口号从年初提出以后，在实际工作中人们追求的只是多和快而忘记了好和省，没有起到预想的积极作用，因而周恩来等在修改提交八大审议的"二五"计划建议草稿时，删掉了在重要位置出现的"以多、快、好、省的精神"一语。以至此后有一年多时间人们没有再提及"多、快、好、省"。

中共八大接受了中共 6 月会议提出的既反保守又反冒进即在综合平衡中稳步前进的经济建设方针，通过了由周恩来主持制订的一个注意到综合平衡、既积极又稳妥可靠的《关于发展国民经济的第二个五年计划（1958 年到 1962 年）的建议》。这样，如何安排好 1957 年度国民经济计划，做好"一五"计划和"二五"计划衔接工作的任务又提上了日程。

国家经委从 1956 年 7 月开始编制 1957 年计划的控制数字，当时各部门各地区向经委提出的基本建设投资高达 243 亿元，国家经委把投资压缩到 150 亿元，各方面反对甚烈。周恩来认为，这样搞计划不行，仍然是冒进。他认为，压缩基本建设规模是使积累和消费关系正常与协调的根本途径。基本建设规模下不来，积累就下不来，财政也就必然会继 1956 年之后再度出现较大赤字，物资供需紧张状况也会继续存在。因此，1957 年的计划控制数字必须下决心把基本建设投资压下来。

10 月 20 日至 11 月 9 日，国务院共开了 10 次常务会议，检查 1956 年计划执行情况和磋商 1957 年计划的控制数字。周恩来在会上明确提出现在主要应该批"左"，要建设，又要注意人民生活的方针性意见。他说，不但年度计划冒了，远景计划也冒了，而且把年度计划带起来了。因此，现在我们主要应该批"左"。又说，我们国家很大，人口多，要建设，又要注意人民生活。必须采取退的方针，目的是保持平衡。针对有些同志的担心，周恩来强调指出，这不发生"左"倾、右倾的问题。不像政治方面，"左"了就是盲动，右了就是投降。由于周恩来、陈云、李先念、薄一波等的共同努力，政府各部门领导人从思想上比较清醒地认识了急躁冒进的危害，一致认为原来提出的 1957 年基本建设投资速度快了，应当放慢，从而进一步统一到综合平衡、稳步前进的方针上来。这一系列努力的结果，就为 1957 年国民经济的顺利发展奠定了基础。

　　搞经济建设要坚持综合平衡、稳步前进；计划必须建立在客观实际可能性的基础上做到既积极，又稳妥可靠；现在主要应该批"左"，这一系列方针性的思想和决策同 1955 年 12 月提出的继续反对右倾保守思想，提前实现社会主义工业化的战略相比，无疑，明显地反映了社会主义建设的两种指导思想。在探索实践中，出现不同意见是合乎情理的、完全正常的。历史证明，由于党内没有能够按照正常秩序来处理这种不同意见，使正确意见不断受到压制，错误意见占据了统治地位，整整左右了 1957 年以后中国 1/5 世纪的发展。

百花齐放，百家争鸣

——一九五六年五月二十六日在怀仁堂的讲话

陆定一

1956 年 4 月 28 日，毛泽东在中共中央政治局扩大会议上提出，百花齐放、百家争鸣应该成为我国发展科学、繁荣文学艺术的方针。图为 5 月 26 日中共中央宣传部部长陆定一在中央宣传部举行的报告会上作的报告《百花齐放，百家争鸣》。

第十二章
新思想的萌芽

　　对生产资料私有制的社会主义改造，虽然出现了过急、过快的偏差，但从政治上看，对整个社会并没有引起破坏性的震动。然后，随着生产关系的变革，生产的改组和改革，各阶级、阶层利益关系的变更，又带来了一系列新的问题。这些问题，归结到一点，就是如何建设社会主义。

　　俄国十月革命以后，已有近 40 年历史的苏联，在建设社会主义问题上向我们提供的既有正面的经验，也有反面的经验。1953 年斯大林逝世以后，首先揭露出来的矛盾就是农业长期落后于工业的发展。据相关材料表明，1939—1953 年间，几乎所有主要农作物的平均产量都低于 1913 年；按人口平均计算的粮食产量，1953 年比 1913 年低 19%。东欧各社会主义国家，由于照搬了苏联优先发展重工业的模式，都程度不同地引起国民经济比例失调，人民生活必需的工农业产品短缺，先后引起群众的不满，也为我国提供了经验。我们自己从 1953 年开始大规模建设以来，也摸索到了一定的经验。所有这些，都为我们进一步探索我国社会主义建设的道路提供了有利的条件。

一 社会主义的"鸭子应更好吃"

（1）产供销出现紊乱

全行业公私合营和手工业合作化，实行按行业改造，分工归口管理。这从改造工作来说是顺的，但却把工商业原来的整体人为地割裂了。比如，雇 4 个工人以上的企业归工业，雇 3 个工人以下的归手工业，把 1 个行业分开了；又如，原来的服装、鞋帽行业，不少是前面门面做买卖，后面作坊搞生产。改造时前面归商业，后面归手工业，把一个经营单位也分开了。天津附近有个集镇甚至出现这样的笑话：听说要归口，就把理发的和杀猪的归并在一起，理由是都拿刀刮毛。与之同时，盲目地合并集中，尤其是手工行业，认为合起来才是高级形式，一家一家地干是低级形式，低级的难以到社会主义。于是不分青红皂白，修自行车的、挑剃头担的、夫妻老婆店统统按集中生产、统负盈亏、拿固定工资、8 小时上下班的制度办理。

这样，有些手工业户因为等待生产合作社的统一经营，就不接受商店的零散订货了；有些新的公私合营工厂因为等待重新安排生产，工厂和工厂之间原有的生产协作关系中断了，原来存在于工业、手工业、商业之间的赊销关系也停止了，从而形成一时供、产、销脱节的现象。由于实行统一安排生产，产品统一负责包销，生产单位只需按统一规格生产产品，不必关心市场需求，因而导致商品品种减少、规格单一、质量下降。统负盈亏、固定工资也使原来的修理服务行业、夫妻老婆店变成吃"大锅饭"，失去了原有的经营积极性。既影响了生产，也给人民生活带来了极大不便。

农村中的盲目并社升级（由初级社升为高级社），也出现违反政策、强迫命令、无人负责、管理混乱等现象。例如：有些合作社，对实行公有化的耕畜、农具、林木、果树、水利设备等作价偏低，甚至某些生产资料无代价归社，侵犯了中农利益。有些地方实行公有化的面过宽，错误地将私有的家畜、家禽及零星的林木、果树入社；甚至冻结社员的存款，强迫投资。对生产缺乏全面规划，片面强调粮棉生产，忽视其他经济作物；片面强调农业生产，忽视副业生产甚至把社员养猪养鸭搞副业当成自发资本主义，使农民个体经营的家庭副业陷于停顿，影响了社会经济的平衡，影响了社员的收益，增加了社员的生活困难。不少合作社经营管理混乱，责任不明，劳动报酬的制度不尽合理，牲畜瘦弱死亡现象不断发生。盲目兴建当前生产上并不急需的基本建设和购买非生产性设备，浪费了许多人力、物力和财力。这一切都引起了农民的疑虑和不满，严重影响了农民的生产积极性。

中共中央和国务院，对上述情况的发生，迅即予以高度重视，及时采取了补救措施。

（2）要有利于生产方便生活

1956 年 1 月 20 日，毛泽东在中共中央召开的关于知识分子问题会议的讲话中就强调指出：搞社会主义，不能使羊肉不好吃，也不能使南京板鸭、云南火腿不好吃，现在云南没有火腿了吗？不能使物质的花样少了，布匹少了，羊肉不一定照马克思主义做，在社会主义社会里，羊肉、鸭子应该更好吃，更进步，这才体现出社会主义比资本主义进步，否则我们在羊肉面前就没有威信了。1 月 25 日，他在第 6次最高国务会议的讲话中又说："社会主义革命的目的是为了解放生产力。"[1]

陈云在第 6 次最高国务会议上的发言，也着重谈了这个问题，他说：商店中的大店、小店，连夫妻老婆店，统统合营了。他们人数很多，铺子很多，如果一律采取对待资本主义商业那种方式，对营业是不利的。比如我家对门的一个小铺子，只能站两个顾客，但是他卖的东西适合那个地方群众的需要，有文房四宝、牙刷牙膏、针头线脑，直至邮票，样样都有。这种小铺子看居民需要什么就卖什么，对群众很方便。他们卖的方法也跟百货公司不同。百货公司的信封是成扎卖的，他们一个也卖，百货公司的信纸是成本卖的，他们一张也卖，售货时间也不一样，百货公司是 8 小时工作制，到点关门，他们是晚上 12 点敲门也卖东西。这样的铺子居民很需要，所以能够存在下去。如果他们也跟我们一样，干不干 2 斤半，做不做 2 尺5，一律 30 块、35 块发工资，我相信品种就不会那么齐了，半夜 12 点钟门也敲不开了。全部改变以后，他们的经营积极性就会大为降低，对消费者造成很大的不便。所以，对这些人要继续采取经销、代销的方式。这种小铺子可以向两方面发展，一部分吸收到国营公司里来，或者变成公私合营的商店；还有一部分，在很长时间里要保留单独经营方式。手工业者、摊贩等，更要长期让他们单独经营。比如雕刻，如果这种人也组成合作社，进货是统一的，销路是统一的，那他的手工艺品就做不好。北京的馄饨担怎么办？上海弄堂里的白糖莲心粥怎么办？对他们应该很

---

[1]《新华半月刊》1956 年第 4 号，第 1 页。

宽很宽。他要求加入合作社，也只能是挂个牌子，报个名，登记一下就算了。把他们组织起来，每个人要在一个小组，统一进货，统一经营，统一核算，那就有一种危险，即馄饨皮子就不是那么薄，而是那么厚了；肉不是鲜，而是臭的了。所以要长期保留这种单独经营的方式。把他们搞掉了，对人民对国家都是不利的。我们是要改组工商业的，但并不是每个小厂统统需要改组，也不是所有的商店都要调整。如果轻率地并厂并店，就会给经济生活带来很多不便。他还说：私营工商业公私合营以后，原有的生产方法，经营方法，应该在一个时期以内，照旧维持一下，以免把以前好的东西也改掉了。不能保持好的品种、好的质量的情况，在统购包销以后就发生了，因为我们没有什么竞争，统统是国家收购的，结果大家愿意生产大路货，不愿意生产数量比较少和质量比较高的东西。公私合营以后，这种情况很可能进一步发展。例如，北京有个东来顺，涮羊肉很有名，现在不好吃了。为什么呢？就是因为我们轻易地改变了它的规矩。它原先只用 35 斤到 42 斤的小尾巴羊，这种羊，肉相当嫩。我们现在山羊也给它，老绵羊也给它，冻羊肉也给它，涮羊肉怎么能好吃？羊肉价钱原来 1 斤是 1 块 2 角 8，合营以后要它和一般铺子一样，统统减到 1 块零 8，说是为人民服务，为消费者服务。这样它就把那些本来不该拿来做涮羊肉的也拿来用了，于是羊肉就老了。本来 1 个人 1 天切 30 斤羊肉，切得很薄，合营后要求提高劳动效率，规定每天切 50 斤，结果只好切得厚一些。羊肉老了厚了，当然就不如原来的好吃了。又如北京全聚德用的鸭子，原来从小喂起，大概要喂 100 天左右，饲料主要是绿豆和小米，粮食统购统销以后，给它劳改农场养的老鸭子，烤的鸭子就不好吃了。上述情况，我们一定要严重注意。不论工业商业，都要想尽一切办法保持原来好的品种和质量。①

国务院在研究了各方面的情况以后，2 月 8 日，国务院全体会议第 24 次会议通过了《关于目前私营工商业和手工业的社会主义改造中若干事项的决定》②。国务院决定：

（一）私营工商企业在批准公私合营以后，一般在 6 个月左右时间，仍按原有生产经营制度、服务制度（如进货销货办法、会计账务、赊销暂欠、工作时间、工资制度等）或习惯进行生产经营。企业的生产经营和财务工作等，仍由原企业主继

---

① 《陈云文选（1949—1956）》，人民出版社 1984 年版，第 293—295 页。

② 《新华半月刊》1956 年第 5 号，第 71—72 页。

续负责。企业原有人员原来担负的职务一般不要变动。只有在已经有了充分准备，作了详细研究，并且提出通盘改组规划，经主管部门批准，才可以进行必要的经济改组和企业改造等工作。

（二）对于为数极大、分布极广的小商店要求公私合营，政府可予以批准。但其经营方式，仍应继续保持代销、代购和自营的办法。为适应人民需要，对于大部分肩挑小贩的经营方式需要长期保留，不要都组成为统一资金的合作经营方式。今后对许多行业的肩挑小贩进行组织和改造时，应取简便方式，只要求他们到合作社或国营企业的某一部门进行登记就算。

（三）对合作社的个体手工业户必须保持原有供销关系，不要过早过急地集中生产和统一经营。手工业中的某些分散、零星修理业和服务业，应长期保留原有的便利群众、关心质量的优点。某些传统特殊工艺，必须加以保护。某些适合于个体经营而本人又不愿参加合作社的手工业户，应维持原有的单独经营方式。

（四）私营工商业和手工业在社会主义改造中，都必须保持产品质量和经营品种，对于已经降低了质量的产品和已经减少经营的品种，必须迅速恢复。

根据国务院的决定，陈云在3月30日的一次讲话中又进一步阐述了行业改组的原则是："大部不变，小部调整"。他说："我在这里告诉大家，70%—80%的企业不会合并，合并的只是少数，大家可以安心工作，不必等待。""大部不变，小部调整，不是短时期的，在10年以至10多年中，这种局面要维持下去。"陈云还提出了提高质量，增加品种的问题。他说，公私合营以后，应不应该比以前办得好一点？我看应该办得好一点。因为合营后职工比私营时积极性更高了。大多数工商业者对公私合营也是积极的。专业公司实行统一管理，也比分散管理更合理，更进一步了。这说明有办好的条件。但也不能太乐观，说一定能办好。现在有些企业已经出现比合营前质量降低、品种减少、管理马虎的情况。这种情况虽然是少数，但如不注意，还会发展。

为此，他提出了以下的解决办法：（一）对有些商品，如百货中的一部分，国家不再统购包销。好的，国家要；不好的，就不要。不好的不要，就要跌价，跌价工厂就要亏本。一亏本，工资都发不出，管理人员就要动脑筋，想办法提高质量，增加品种。

（二）对商品的设计人员，像工厂的工程师，时装店的设计师，要给予奖金。这个办法可以起到鼓励的作用。

（三）优质优价。好货好价钱，质量好的价高，不好的价低。[①]

这样，就使改造过程中引起的紊乱现象得到制止；有利于生产、方便人民生活的原则开始引起各级领导机关和人员的重视；提高质量，增加品种的问题也引起各方面的注意。

关于农业生产合作社中的问题，中共中央和国务院也采取了相应的措施。[②]1956 年 3 月 5 日，中共中央发出了《关于在农业生产合作社扩大合并和升级中有关生产资料的若干问题的处理办法的规定》。明确规定：在初级社转为高级社的时候，社员私有的零星树木仍然归社员自己所有，自己经营；社员私有的果园和其他成片的林木，可以归社公有，也可以在一两年内采取过渡办法，由社统一经营，给原主以合理报酬。社员私有耕畜和大农具等主要生产资料应当合理作价，归社公有，价款由合作社付给本主，一般在 3 年内付清。中共中央还指出要防止和纠正有一部分贫农和干部总想扩大公有化的范围，希望一下子消灭一切私有和揩中农油的错误倾向。4 月 3 日，中共中央和国务院联合发出《勤俭办社的指示》，要求在 1、2 年内，生产合作社应集中力量搞好生产，不应当过多地兴办长期才能收益的基本建设。其他文化福利事业，只能随着生产的发展，本着力求节省、简朴的原则逐步举办。6 月 30 日，全国人大一届三次会议通过了《高级农业生产合作社示范章程》。针对农业社存在的重视粮棉、忽视多种经营；生产计划脱离实际，要求过高过死；劳动组织不合理，效率不高；对社员利益照顾不够，过分强调集体利益；不顾具体条件，片面追求办大社等问题，9 月 12 日，中共中央和国务院又联合发出了《关于加强农业生产合作社的生产领导和组织建设的指示》，提出了具体方针和办法：

（一）保证粮棉需要，增产其他经济作物，发展畜牧业，开展多种经营，全面发展生产；（二）在国家计划指导下，保持合作社生产经营的独立性；（三）积极地、稳步地、因地制宜地实行技术改革，推广先进经验；（四）加强劳动管理，提高劳动生产率；（五）做好合作社的分配工作；（六）贯彻执行互利政策；（七）加强合作社的组织建设；（八）调整某些农产品的价格，改善农村购销工作等等。

以上种种政策规定的贯彻执行，稳定了农民情绪，使农村生产逐步走上了正轨。

---

① 《陈云文选（1949—1956）》，人民出版社 1984 年版，第 296—299 页。

② 《农业集体化重要文件汇编》上册，中共中央党校出版社 1981 年版，第 539—546、564—579、607—621 页。

二　调动一切积极因素

要使社会主义的鸭子比资本主义的好吃，除了要使社会经济结构保持均衡以外，还必须使社会各阶级、阶层的关系保持均衡。适应我国社会已经发生的深刻变革的需要，中共中央提出了调动一切积极因素，为社会主义事业服务的方针。

（1）工农知识分子联盟

为调动广大知识分子的积极性为社会主义建设服务，纠正在实际工作中对待知识分子的"左"的倾向，加强和改进党对于整个科学文化工作和知识分子工作的领导，1955 年年底，中共中央决定由周恩来负总责，成立了研究知识分子问题的 10 人小组，并通知各省、市、自治区党委专门召开会议，讨论和研究知识分子问题。中央特别向北京、上海、天津、武汉等大城市提出，要调查了解建国 6 年来知识分子的状况和关于知识分子政策在执行中的问题。周恩来还亲自召集座谈会，听取知识分子的意见。

1956 年 1 月 14 日至 20 日，中共中央召开关于知识分子问题会议。周恩来代表中共中央作《关于知识分子问题的报告》。[1]

周恩来在报告中首先明确阐明了知识分子在我国社会主义建设中的地位。他指出，要不断地发展社会生产力，就必须建立在高度发展技术的基础上。在社会主义时代，比以前任何时代都更加需要充分地提高生产技术，更加需要充分地发展科学和利用科学知识。而要充分地发展科学和利用科学知识，没有广大知识分子的努力和辛勤劳动是不能完成的。他鲜明地强调，进行社会主义建设，除了必须依靠工人阶级和广大农民的积极劳动以外，还必须依靠知识分子的积极劳动，也就是说，必须依靠体力劳动和脑力劳动的密切合作，依靠工人、农民、知识分子的兄弟联盟。因此，知识分子已经成为我们国家的各方面生活中的重要因素。正确地解决知识分子问题，更充分地动员和发挥他们的力量，为伟大的社会主义建设服务，也就成为我们努力完成过渡时期总任务的一个重要条件。

报告明确指出，所谓知识分子问题，当前的根本问题，就是我们的知识分子的力量，无论在数量方面、业务水平方面，都不足以适应社会主义建设发展的需要；

---

[1] 《周恩来选集》下卷，人民出版社 1984 年版，第 158—189 页。

而我们目前对于知识分子的使用和待遇中的某些不合理现象，特别是一部分同志对于党外知识分子的某些宗派主义情绪，更在相当程度上妨碍了知识分子现有力量的充分发挥。

报告详细地分析了建国以来我国知识分子的发展情况，对知识分子的阶级属性作出了正确的估计和判断。明确指出：知识界的面貌在过去 6 年来已经发生了根本的变化。郑重宣布：我国知识分子的绝大部分已经成为国家工作人员，已经为社会主义服务，已经是工人阶级的一部分。

报告指出，现代科学技术正在一日千里地突飞猛进。科学技术新发展中的最高峰是原子能的利用，由于原子能的利用、电子学和其他科学的进步，给科学的各个部门开辟了革新的远大前途。这些最新的成就，使人类面临着一个新的科学技术和工业革命的前夕。为了赶上世界最先进的水平，我们必须付出最紧张的劳动，向现代科学进军。我们的知识分子队伍必须在数量上加以扩大，在业务水平上加以提高。

报告明确提出，在知识分子问题上，我们所应该采取的唯一正确的方针，是必须尽一切努力最充分地动员和发挥知识分子的力量。针对在知识分子问题上存在的宗派主义这一主要倾向，报告提出了 3 条原则性的指导意见。即：第一，应该改善对于他们的使用和安排，使他们能够发挥他们对于国家有益的专长；第二，应该对于所使用的知识分子有充分的了解，给他以应得的信任和支持，使他们能够积极地进行工作；第三，应该给知识分子以必要的工作条件和适当的待遇。其中包括改善生活待遇和政治待遇，确定和修改升级制度，拟定关于学位、学衔、知识界的荣誉称号以及发明创造和优秀著作奖励等制度。

周恩来在报告的结尾，满怀深情地说，我们相信，全国工人、农民、知识分子在社会主义事业中所形成的联盟，将随着我们的工作的发展，而一天比一天更巩固，更强大。依靠这个联盟，我们将以一个具有高度文化的民族出现于世界。

周恩来的这个报告，是建国以后在知识分子问题上具有代表性的重要贡献。

会议的最后一天，毛泽东到会讲话。他说：现在叫技术革命，文化革命，革愚蠢无知的命，没有知识分子是不行的，单靠老粗是不行的。中国应该有大批知识分子。他号召全党努力学习科学知识，同党外知识分子团结一致，为迅速赶上世界先进科学水平而奋斗。[1]

---

[1]《关于建国以来党的若干历史问题的决议》注释本（修订），第 253 页。

492

中共中央政治局于 2 月 24 日举行会议，通过了《关于知识分子问题的指示》，肯定了我国知识分子的基本队伍已经成了劳动人民的一部分。指出，在我国社会主义建设中，已经形成了工人、农民、知识分子的联盟。规定了改善知识分子的工作和生活条件、大力培养知识分子的新生力量，提高他们的业务水平等的具体措施。决定在国务院设立专家局。指示要求全党和国家的各个工作部门，对知识分子问题加强领导，克服在这方面工作中的缺点和错误，采取一系列有效措施，充分地动员和发挥知识分子的力量，以便尽可能迅速地改变我国的科学和文化的落后状态，力求最急需的科学部门能够在 12 年内（即第三个五年计划期末）接近世界的先进水平。[①]

根据 1 月召开的关于知识分子问题会议的建议，3 月 14 日，国务院成立国家科学规划委员会。在周恩来、陈毅、李富春、聂荣臻等人的组织领导下，国家科学规划委员会集中了一大批优秀科学家编制了 1956 年至 1967 年全国科学发展的远景规划，这个规划提出了国家建设所需要的 57 项重要科学技术任务和 616 个中心问题，提出了各门学科的发展方向。

中共中央召开的关于知识分子问题会议精神和有关指示的传达贯彻，12 年全国科学发展远景规划的制定，极大地鼓舞了广大知识分子，激发了他们的政治热情和工作积极性，全国掀起了向科学进军的热潮。

（2）长期共存互相监督

在第 6 次最高国务会议上，毛泽东指出：我国人民应该有一个远大的规划，要在几十年内，努力改变我国在经济上和科学文化上的落后状况，迅速达到世界上的先进水平。为了实现这个伟大的目标，决定一切的是要有干部，要有数量足够的、优秀的科学技术专家；同时，要继续巩固和扩大人民民主统一战线，团结一切可能团结的力量。我国人民还要同世界各国人民团结一起，为维护世界的和平而奋斗。[②]

为了使统一战线工作适应我国的新形势和新任务的要求，经中共中央批准，1956 年 2 月 16 日至 3 月 3 日，中央统战部召开了第 6 次全国统战工作会议[③]，着重讨论统战工作的方针问题。李维汉就中央统战部起草的《1956 年到 1962 年统一

---

① 《中共党史教学参考资料》第 21 册。

② 《新华半月刊》1956 年第 4 期，第 1 页。

③ 《历次全国统战工作会议概况和文献》，第 207—213、245—250 页。

战线工作的方针（草案）》在会上作了发言。他指出，从实现社会主义改造这个过渡时期的任务来说，资产阶级分子、知识分子、大多数少数民族、民主党派都走了有决定意义的一步。社会主义改造的迅速发展和阶级关系的根本变化，要求我们在统战工作方针上有新的提法。

中央统战部在起草上述方针（草案）的初稿中，对统一战线的性质作了如下表述："我们的国家已经开始进入了社会主义社会，我国的人民民主统一战线已经进入了社会主义阶段，成了社会主义的统一战线。""民主党派和工商联已经成为参加社会主义工作的组织，已经是社会主义性质的团体。"1 月 28 日中央统战部将此稿报送中共中央。2 月初，周恩来审阅此稿后，认为把我国人民民主统一战线说成是"社会主义的统一战线"，各民主党派和工商联"已经是社会主义性质的团体"不妥，要求中央统战部作适当修改。2 月 6 日，周恩来在全国政协二届常委第 17 次会议上讲话，他肯定我国统一战线从开国起就带有社会主义性质，同时指出不要把人民民主统一战线改为社会主义统一战线。理由是：第一，从性质上说不完全。第二，我们的人民民主统一战线的成员也不能说今天以前是人民民主的，今天以后就够社会主义成员的条件了。我们还有民族资产阶级、小资产阶级嘛，怎么能说都是社会主义成分了呢？还要有一个过程。人民团体里头还有工商联，民主党派里还有代表资产阶级的党派，海外华侨里头有很多是资本家，各民族现在还有贵族。毛主席说，要把一切可以团结的人士都包括进去，使我们的统一战线一天天更广泛、更巩固。现在改变名称不太好，一改名，就把统战范围弄窄了，弄混了。

会议对中央统战部修改以后的方针（草案）经过讨论、修改，同意作为这次会议的决议，上报中共中央批准。会议通过的《1956 年到 1962 年统一战线工作的方针》指出，社会主义改造突飞猛进的发展，使我国的政治形势起了根本的变化。这种变化，从人民民主统一战线的内部关系上反映出来的主要表现是：（一）作为人民民主专政基础的工农联盟被推进到新的即社会主义的基础上，日益成为牢不可破的联盟。（二）资产阶级作为一个阶级虽然还没有被消灭，但是已经向工人阶级屈服了，大多数资本家和资本家代理人成了公私合营企业的从业人员，并且不能不在公方直接领导和工人群众直接监督下，按照社会主义原则而共同工作。资本家和资本家代理人中间，积极接受社会主义改造的进步分子日益增多，有从少数发展成为多数的趋势。（三）知识界的面貌 6 年来已经发生了根本的变化，知识分子的绝大多数已经是国家工作人员，从他们的政治立场和社会地位说来，他们已经是工人阶级的一部分。（四）各民主党派已经基本上成了为社会主义服务的政治团体。（五）大多数少数民族先后走上了向着社会主义过渡的道路，并且在各种不同的条件下努力前进。进而，明确指出：这种情况更有利于我们在阶级斗争中使用教育的方法（无论在政治上、工作上和思想上），更要求我们把教育工作当作统一战线工作中的一项中心工作。所谓教育方法，就是讲道理的方法，比赛的方法，批评、自我批评和又鼓励又批评的方法。用反复教育的方法，帮助人们进行政治学习和思想改造，逐步做到同他们已经改变了和正在改变着的政治地位和社会地位相适应。对于民主人士、高级知识分子和资产阶级分子，应当充分估计他们几年来的进步，在工作中给以应有的信任；对于那些政治立场和社会地位已经有了根本变化的人，应当同他们逐渐建立起社会主义的互助合作关系。还强调指出：教育方法和教育工作，同样是在少数民族地区进行统一战线工作的基本方法和中心工作；但是必须照顾到民族特点和宗教特点，而且要照顾不同民族和不同宗教的不同特点。

会议还讨论了《关于1956年到1967年全国民族工作的规划大纲（草案）》、《中央统一战线工作部关于帮助民主党派工作的意见》、《关于加强人民政协地方委员会工作的意见（草稿）》、《中央关于公私合营运动中资方人员的工作安排和薪金待遇的指示（草案）》、《关于帮助民主人士、资产阶级分子进行政治学习和理论学习的办法（草稿）》等文件。3月3日，李维汉作了总结发言，着重指出了统战部门在对待民主党派和民主人士的关系上的宗派主义和关门主义问题，强调要切实改进工作作风。

3月26日，中央统战部向中共中央报送了《关于全国统一战线工作会议的报告》。报告指出，会议中反映出统战部门的保守主义和关门倾向是相当严重的，主要表现在对民主党派和民主人士几年来的显著进步估计不足，因而对他们的政治上信任不够，工作不放手；甚至有的统战部门和有些干部发展到干涉民主党派的内部事务，以至实行组织控制；在工作作风上，有些干部骄傲自满，以领导者自居，不能同党外人士协商办事，而只在少数几个进步分子中打圈子，很少同各民主党派的负责人协商工作。会议对此着重进行了批评和自我批评。中共中央于3月31日批准了《1956年到1962年统一战线工作的方针》，要求各级党委和有关党组对这个方针进行讨论，组织执行。中央还指示各级党委应该在党内继续加强统一战线政策的教育并加强对统一战线工作的领导，及时地纠正各种倾向。

关于新形势下，共产党同民主党派的关系，毛泽东在1956年4月25日中共中

凯歌行进的时期（1949—1956）

央政治局扩大会议上的讲话作进一步地阐述，提出了更加明确的方针。他说："究竟是一个党好，还是几个党好？现在看来，恐怕是几个党好。不但过去如此，而且将来也可以如此，就是长期共存，互相监督。""在我们国内，在抗日反蒋斗争中形成的以民族资产阶级及其知识分子为主的许多民主党派，现在还继续存在。在这一点上，我们和苏联不同。我们有意识地留下民主党派，让他们有发表意见的机会……这对党，对人民，对社会主义比较有利。"① 中共中央接受了毛泽东的意见，正式确定"长期共存，互相监督"为共产党同民主党派关系的方针。这在 7 月 23 日中共中央批发《中央统一战线工作部关于帮助民主党派工作的意见》的批语中又作了具体的有针对性的说明。中共中央的批语指出：几年来，各民主党派在社会主义建设和社会主义改造事业中，不仅做了不少工作，在工作中取得了成绩，获得了锻炼和提高，而且在某些方面对我党和国家起了一定的监督作用。根据我国的情况，民主党派在新民主主义革命阶段已经和我党结成了统一战线，当我国进入社会主义革命阶段而又积极拥护社会主义革命，因此，他们在社会主义社会里，还应当同我党一起继续存在下去，并且继续发挥他们的积极作用。这不仅不妨碍人民民主专政的实现，而且对于人民民主专政的巩固和社会主义建设的成功很有益处。

经中共中央批准，6 月 25 日，李维汉在全国人大一届三次会议上发言郑重宣告："中共中央已经提出了共产党和各民主党派长期共同存在，互相监督，首先是对共产党起监督作用的方针。这是一个重大的方针，这个方针的提出，同时就是再一次地宣告，同党外人士实行民主合作，是共产党的一条'固定不移'和'永远不变'的原则。"为要发扬我国的民主党派和人民团体在政治上互相协商、互相帮助和互相监督的传统，"就必须严格地尊重各民主党派和人民团体在宪法赋予的权利义务范围内的政治自由和组织独立性，任何党派和团体对其他党派和团体的这种自由和独立，都没有权利加以干涉。"②

国际、国内几十年的历史实践证明，共产党执政以后，对民主党派和团体实行"长期共存，互相监督"的方针，尊重它们在宪法范围内的政治自由和组织独立，是十分明智的正确方针。可惜的是，在这个方针还未来得及认真贯彻执行，一年以后发动的"反右派"运动实际上就使"长期共存，互相监督"流于形式。直到中共

---

① 《毛泽东文集》第 7 卷，人民出版社 1999 年版，第 34—35 页。

② 《新华半月刊》1956 年第 15 号，第 18—19 页。

十一届三中全会以后，才开始真正闪耀出它的光彩。

（3）兼顾国家集体个人

为了以苏联为鉴戒，总结我们自己的经验，探索我国建设社会主义的道路。从1955年年底起，刘少奇分别听取了中央一些工业部门的汇报。1956年2月开始，毛泽东用1个半月时间听取了中央许多经济部门的汇报。中央政治局和国务院的一些领导同志参加了这些汇报会。这是建国以后党中央领导同志对经济建设问题进行的一次时间比较长、内容比较系统的调查研究。经过中共中央政治局几次讨论，毛泽东概括出关于正确处理十大关系的思想，并在4月25日举行的有各省、市、自治区党委书记参加的政治局扩大会议上，作了《论十大关系》的报告，接着又在5月2日最高国务会议的讲话中作了进一步的阐述。

十大关系，是指：重工业和轻工业、农业的关系；沿海工业和内地工业的关系；经济建设和国防建设的关系；国家、生产单位和生产者个人的关系；中央和地方的关系；汉族和少数民族的关系；党和非党的关系；革命和反革命的关系；是非关系；中国和外国的关系。毛泽东说：

> "提出这十个问题，都是围绕着一个基本方针，就是要把国内外一切积极因素调动起来，为社会主义事业服务。过去为了结束帝国主义、封建主义和官僚资本主义的统治，为了人民民主革命的胜利，我们就实行了调动一切积极因素的方针。现在为了进行社会主义革命，建设社会主义国家，同样也实行这个方针。""我们一定要努力把党内党外、国内国外的一切积极的因素，直接的、间接的积极因素，全部调动起来，把我国建设成为一个强大的社会主义国家。"

调动一切积极因素，主要是调动占我国人口绝大多数的工人、农民、知识分子的积极性，他们是每个生产单位的基本队伍，是生产第一线的主力军，是社会主义建设最基本的依靠力量。因此，在社会主义改造基本完成以后，当全国所有工商企业、农业生产合作社都直接听命于国家行政指挥的情况下，能否正确处理好国家、生产单位和生产者个人三者之间的利益关系，就是能否调动广大工人、农民、知识分子积极性的重要一环。毛泽东在《论十大关系》的报告中，对正确处理这三者关系提出了若干重要原则。他说：

> "国家和工厂、合作社的关系，工厂、合作社和生产者个人的关系，这两种关系都要处理好。为此，就不能只顾一头，必须兼顾国家、集体和个人三个方面，也就是我们过去常说的'军民兼顾'、'公私兼顾'。鉴于苏联和我们自

己的经验，今后务必更好地解决这个问题。

拿工人讲，工人的劳动生产率提高了，他们的劳动条件和集体福利就需要逐步有所改进。我们历来提倡艰苦奋斗，反对把个人物质利益看得高于一切，同时我们也历来提倡关心群众生活，反对不关心群众痛痒的官僚主义。随着整个国民经济的发展，工资也需要适当调整。我们需要大力发扬他们这种艰苦奋斗的精神，也需要更多地注意解决他们在劳动和生活中的迫切问题。

这里还要谈一下工厂在统一领导下的独立性问题。把什么东西统统都集中在中央或省市，不给工厂一点权力，一点机动的余地，一点利益，恐怕不妥。中央、省市和工厂的权益究竟应当各有多大才适当，我们经验不多，还要研究。从原则上说，统一性和独立性是对立的统一，要有统一性，也要有独立性。比如我们现在开会是统一性，散会以后有人散步，有人读书，有人吃饭，就是独立性。如果我们不给每个人散会后的独立性，一直把会无休止地开下去，不是所有的人都要死光吗？个人是这样，工厂和其他生产单位也是这样。各个生产单位都要有一个与统一性相联系的独立性，才会发展得更加活泼。

再讲农民。我们同农民的关系历来都是好的，但是在粮食问题上曾经犯过一个错误。1954 年我国部分地区因水灾减产，我们却多购了 70 亿斤粮食。这样一减一多，闹得去年春季许多地方几乎人人谈粮食，户户谈统销。农民有意见，党内外也有许多意见。……不能说我们没有缺点。调查不够，摸不清底，多购了 70 亿斤，这就是缺点。我们发现了缺点，1955 年就少购了 70 亿斤，又搞了一个'三定'，就是定产定购定销，加上丰收，一少一增，使农民手里多了 200 多亿斤粮食。这样，过去有意见的农民也说'共产党真是好'了。这个教训，全党必须记住。

苏联的办法把农民挖得很苦。他们采取所谓义务交售制等项办法，把农民生产的东西拿走太多，给的代价又极低。他们这样来积累资金，使农民的生产积极性受到极大的损害。你要母鸡多生蛋，又不给它米吃，又要马儿跑得好，又要马儿不吃草。世界上哪有这样的道理！

我们对农民的政策不是苏联的那种政策，而是兼顾国家和农民的利益。我们的农业税历来比较轻。工农业品的交换，我们是采取缩小剪刀差，等价交换或者近乎等价交换的政策。我们统购农产品是按照正常的价格，农民并不吃亏，而且收购的价格还逐步有所增长。我们在向农民供应工业品方面，采取薄利多销、稳定物价或适当降价的政策，在向缺粮区农民供应粮食方面，一般略有补贴。但是就是这样，如果粗心大意，也还是会犯这种或那种错误。鉴于苏联在这个问题上犯了严重错误，我们必须更多地注意处理好国家同农民的关系。

合作社同农民的关系也要处理好。在合作社的收入中，国家拿多少，合作社拿多少，农民拿多少，以及怎样拿法，都要规定得适当。合作社所拿的部分，都是直接为农民服务的。生产费不必说，管理费也是必要的，公积金是为了扩大再生产，公益金是为了农民的福利。但是，这几项各占多少，应当同农民研究出一个合理的比例。生产费管理费都要力求节约。公积金公益金也要有个控制，不能希望一年把好事都做完。

除了遇到特大自然灾害以外，我们必须在增加农业生产的基础上，争取90%的社员每年的收入比前一年有所增加，10%的社员的收入能够不增不减，如有减少，也要及早想办法加以解决。

总之，国家和工厂，国家和工人，工厂和工人，国家和合作社，国家和农民，合作社和农民，都必须兼顾，不能只顾一头。无论只顾那一头，都是不利于社会主义，不利于无产阶级专政的。这是一个关系到6亿人民的大问题，必须在全党和全国人民中间反复进行教育。"

毛泽东在讲重工业和轻工业、农业的关系，中央和地方的关系问题中指出：

"我们现在发展重工业可以有两种办法，一种是少发展一些农业轻工业，一种是多发展一些农业轻工业。从长远观点来看，前一种办法会使重工业发展得少些和慢些，至少基础不那么稳固，几十年后算总账是划不来的。后一种办法会使重工业发展得多些和快些，而且由于保障了人民生活的需要，会使它发展的基础更加稳固。""中央和地方的关系也是一个矛盾。解决这个矛盾，目前要注意的是，应当在巩固中央统一领导的前提下，扩大一点地方的权力，给地方更多的独立性，让地方办更多的事情。这对我们建设强大的社会主义国家比较有利。我们的国家这样大，人口这样多，情况这样复杂，有中央和地方两个积极性，比只有一个积极性好得多。我们不能像苏联那样，把什么都集中到中央，把地方卡得死死的，一点机动权也没有。""中央要发展工业，地方也要发展工业。就是中央直属的工业，也还是要靠地方协助。至于农业和商业，更需要依靠地方。总之，要发展社会主义建设，就必须发挥地方的积极性。中央要巩固，就要注意地方的利益。"

似乎可以认为，这是从长远发展的角度和更大一级的范围谈了国家、生产单位和生产者个人的关系。

5 月 3 日，周恩来在向国务院司、局长以上干部传达毛泽东的报告时解释说：国家、生产单位和个人之间的关系和矛盾。简单说，就是集体与个人的关系。正确地处理这种关系，应该是双方兼顾、公私两利。国家与生产单位也是要双方兼顾，不能只照顾国家，不管一个个的生产单位。公家的积累固然需要，个人的福利也要，公私要两利。过去，劳资都要两利，公私都要兼顾，那时是指的国营企业与私营企业，是指的资本家与劳动者，何况现在都是为社会主义服务，更要双方兼顾，公私两利。为了建设社会主义国家，必须给每一个生产单位以一定的自治权利，在规定的范围内有一点机动的权力。这不是绝对的，是相对的。同时，为了建设社会主义国家，必须给每一个劳动者以应得的福利。不要因为我们要建设社会主义国家了，对每一个工厂、一个矿山，一个农业生产合作社的利益就不管了，对劳动者的利益就不管了，那是不对的。

毛泽东和周恩来的论述告诉我们，正确处理国家、生产单位和生产者个人的关系，其中的重要之点是要承认劳动者的个人利益、承认必须给每一个劳动者以应得的福利。这是处理公私关系、长远发展与人民群众的当前利益关系的一个重要原则。这不仅直接关系全社会总的分配原则和具体的分配政策，而且关系到整个国家经济和社会发展的指导思想和总体规划，还直接影响到社会主义的优越性是否发挥出来和人们对社会主义的信仰、人们建设社会主义的热情和积极性能否持久等等。在这个问题上，我们几十年的经验教训是极其深刻的。

（4）**百花齐放，百家争鸣**

"双百"方针要解决的是行政力量对学术、技术和艺术不要进行干预的问题。它在"微观"方面的原则是政学分离，在学术问题上执政党不要去作结论；在"宏观"方面的原则是创造一种自由讨论的环境和气氛，遵守以理服人的原则。

20 世纪 50 年代初期，存有把当时世界上存在两大阵营情况下提出的"一边倒"的政治方针简单化、庸俗化的倾向，似乎什么问题都要以苏联为准，划清界限。在科学文化领域也存在教条主义、宗派主义倾向。例如，在遗传学中强制推行苏联的李森科学派，把它称之为是"无产阶级的"、"进步的"、"辩证唯物主义的"、"联系实际的"；禁止西方的摩尔根学派，说它是"资产阶级的"、"反动的"、"唯心主义的"、"形而上学"、"伪科学"。在医学中，说中国的中医是"封建医"、西医是"资本主义医"、苏联的巴甫洛夫医学是"社会主义医"。当时，郭沫若与范文澜两位著名的历史学家对中国历史的分期问题有不同看法，有人提出要中共中央宣传部裁决谁对谁错。

1956 年 2 月，中共中央在中南海颐年堂开会，中央宣传部部长陆定一向中央报告了上述情况，并提出应让不同学派共同发展，各自拿出成绩，在竞争中证明自己正确或是不正确的建议。这次会议决定，对科学工作采取"百家争鸣"的方针。①

当时，有一位在中国讲学的苏联学者向中国陪同人员谈他对毛泽东《新民主主义论》中关于孙中山的世界观的论点的不同看法。他表示不赞成毛泽东对孙中山世界观的评价，不同意孙中山是唯心论者的说法。他认为孙中山是唯物论者。陪同人员把这作为思想动向反映到中共中央宣传部，认为应该跟苏联驻华大使尤金讲一讲。中宣部将这个报告送给了毛泽东。1956 年 2 月 19 日，毛泽东给刘少奇、周恩来、陈云、彭真、邓小平、陈伯达、陆定一写信指出：

> "我认为这种自由谈论，不应当去禁止。这是对学术思想的不同意见，什么人都可以谈论，无所谓损害威信。因此，不要向尤金谈此事。如果国内对此类学术问题和任何领导人有不同意见，也不应加以禁止。如果企图禁止，那是完全错误的。"②

毛泽东这封短信明确阐明了一个原则：在学术问题上可以同任何领导人争鸣。真理面前人人平等，不管你是不是领导人。对任何领导人的学术观点，如果不同意，外国人可以议论，中国人也可以议论。

4 月 28 日，毛泽东在中共中央政治局扩大会议上讲话。他说："百花齐放、百家争鸣"，我看这应该成为我们的方针。艺术问题上百花齐放，学术问题上百家争鸣。讲学术，这种学术可以，那种学术也可以，不要拿一种学术压倒一切，你如果是真理，信的人势必就会越多。5 月 2 日，在第 7 次最高国务会议上，毛泽东又说：现在春天来了嘛，一百种花都让它开放，不要只让几种花开放，还有几种花不让它开放，这就叫百花齐放。他说：百家争鸣是诸子百家，春秋战国时代，二千年前那个时候，有许多学说，大家自由争论，现在我们也需要这个。他指出：在中华人民

---

① 《党史通讯》1986 年第 8 期，第 43 页。

② 《毛泽东书信选集》，人民出版社 1983 年版，第 510 页。

共和国宪法范围之内，各种学术思想，正确的，错误的，让他们去说，不去干涉他们。李森科、非李森科，我们也搞不清，有那么多的学术，那么多的自然科学，就是社会科学，这一派，那一派，让他们去说，在刊物上、报纸上可以说各种意见。①

"双百"方针，是吸取了我国历史上学术、文化发展的经验，总结了建国以来领导科学文化的经验和教训，也借鉴了外国党领导科学文化的经验和教训，确定的符合科学文化发展的客观规律的方针。

应中国科学院院长郭沫若的要求，陆定一于 5 月 26 日在向北京的自然科学家、社会科学家、医学家、文学家和艺术家作了题为《百花齐放，百家争鸣》的讲话，系统阐述了中共中央提出的"百花齐放，百家争鸣"的方针。②

陆定一说："中国共产党对文艺工作主张百花齐放，对科学工作主张百家争鸣，这已经由毛主席在最高国务会议上宣布过了。"他指出：我国要富强，除了必须巩固人民的政权，必须发展经济，发展教育事业，加强国防以外，还必须使文学艺术和科学工作得到繁荣的发展，缺少这一条是不行的。要使文学艺术和科学工作得到繁荣的发展，必须采取"百花齐放，百家争鸣"的政策。我国的历史证明，如果没有对独立思考的鼓励，没有自由讨论，那么，学术的发展就会停滞。反过来说，有了对独立思考的鼓励，有了自由讨论，学术就能迅速发展。我们主张政治上必须分清敌我，我们又主张人民内部一定要有自由。我们所主张的"百花齐放，百家争鸣"是提倡在文学艺术工作和科学研究工作中有独立思考的自由，有辩论的自由，有创作和批评的自由，有发表自己的意见、坚持自己的意见和保留自己的意见的自由。他还指出：学术批评和讨论，应当是说理的，实事求是的。这就是说，应当提倡建立在科学基础上的尖锐的学术论争。批评和讨论应当以研究工作为基础，反对采取简单、粗暴的态度。应当采取自由讨论的方法，反对采取行政命令的方法。应当容许被批评者进行反批评，而不是压制反批评。应当容许持有不同意见的少数人保留自己的意见，而不是实行少数服从多数的原则。他强调：中共中央现在着重提出"百花齐放，百家争鸣"的政策，就是要我们在文艺工作和科学工作方面，也把一切积极因素都调动起来，更好地为人民服务，为繁荣我国的文学艺术而努力，为使我国的科学工作赶上世界先进水平而努力。他指出，在自然科学方面，在某一种

---

① 《关于建国以来党的若干历史问题的决议》注释本（修订），第 253—254 页。
② 《新华半月刊》1956 年第 13 号，第 74—80 页。

医学学说上，生物学或其他自然科学的学术上，贴上什么"封建""资本主义""社会主义""无产阶级""资产阶级"之类的标签，就是错误的。在文学艺术工作方面，题材问题，党从未加以限制。只许写工农兵题材，只许写新社会，只许写新人物等等，这种限制是不对的。"百花齐放，百家争鸣"，对批评工作来说，就是批评的自由和反批评的自由；现在的批评，有的令人害怕，应当纠正；对被批评的人来说，别人批评得对，应该虚心接受。他强调文艺工作者和科学工作者要学习马克思列宁主义，没有马克思列宁主义的科学理论作为指导，我国的革命胜利是不能设想的，我国的各种建设，包括科学和文化的建设在内，要取得巨大的成就和迅速的发展，也是不可设想的。

"双百"方针的提出和对这个方针的系统阐述，在文艺界和科学界引起了强烈的反响。人们的眼界开阔了，思想活跃起来了，显示出生气勃勃的景象。后来，由于在阶级斗争理论上的失误，"双百"方针的本意长期受到了曲解，使我国科学文化工作的发展受到了很大的影响。这方面的经验教训也是有待继续吸取的。

(5)"民主要扩大"

调动一切积极因素，还有一个重要问题，就是扩大民主。

周恩来在向国务院司、局长以上干部传达毛泽东《论十大关系》的报告中就指出：社会主义是最生动活泼的，史无前例的，消灭了剥削，个性得到了大发展。人民觉悟了，应该把各种意见摆在人民的面前，由人民自己判断。又说：因为我们社会主义国家总是为劳动人民服务的，的确为劳动人民做了些好事，因为制度使它如此，为劳动人民做了些有利的事，人民容易信任他，集权比较容易。……因为我们集权比较容易，所以专政也就有它阴暗的一面，就是缺乏民主，容易脱离群众，脱离实际，养成官僚主义，我们社会主义国家要时常警惕这方面的缺点。越是坐在中央，越要自觉地懂得这个问题。

1956年7月21日，在中共上海市第一次代表大会上，周恩来讲话着重对新形势下人民民主专政的民主和专政两个方面作了精辟的阐述。① 他明确指出：

　　现在我们的人民民主专政应该是：专政要继续，民主要扩大。从国内来说，残余的反革命分子没有完全肃清，从国外来说，帝国主义还敌视着我们，因此，我们的专政应该继续。但是，由于我们的专政更加巩固了，工人阶级的

---

① 《周恩来选集》下卷，人民出版社1984年版，第204—210页。

力量更加强大了，所以我们的民主就应该更扩大，而不应该缩小。这一方面是形势许可，另一方面是从整个无产阶级专政的历史中得来的经验。我们的人民民主专政是为了建设社会主义，消灭剥削阶级。专政的权力虽然建立在民主的基础上，但这个权力是相当集中相当大的，如果处理不好，就容易忽视民主。苏联的历史经验可以借鉴。所以我们要时常警惕，要经常注意扩大民主，这一点更带有本质的意义。

对于如何扩大民主，周恩来具体提出了三项措施。他说：

要解决这个问题，就要在我们的国家制度上想一些办法，使民主扩大。比如人民代表大会代表，我们现在还不是普遍实行直接的、秘密的选举，全国的经济和文化水平还没有发展到具备这样的条件。但是我们可以从另外一些方面来扩大民主，例如：第一，使人大代表经常去接触人民。第二，把人大代表在全国人大会议上的发言，包括批评政府工作的发言，不管对的、部分对的甚至错的都发表出来。这就在人民中揭露了政府工作的缺点。我们不怕揭露，即使揭露错了一点也不要紧，有则改之，无则加勉，这有好处。政府应该让人民代表批评自己的错误，承认应该承认的错误。明年还准备进一步允许辩论，当然现在也允许辩论，小组会上就辩论得很热烈，将来在大会上也可以辩论。就是说，人民代表提出的意见，政府要出来回答。回答对了，人民满意；不对，就可以起来争论。资本主义国家的制度我们不能学，那是剥削阶级专政的制度，但是，西方议会的某些形式和方法还是可以学的，这能够使我们从不同方面来发现问题。换句话说，就是允许唱"对台戏"，当然这是社会主义的"戏"。我们共产党人相信真理越辩越清楚。我们共产党人要有勇气面对真实，面对错误，有错误就不怕揭露，就勇于承认和改正。第三，我们还要进一步使人大代表参加对政府工作的检查，一直到检查公安、司法工作。

"专政要继续，民主要扩大"，这是对社会主义各国的共同经验和我国人民民主专政7年经验的深刻总结。由于众所周知的原因，"民主要扩大"，直到今天仍然还是我国人民民主专政政权建设的一个带有根本性的重要课题。

三 "可以消灭资本主义，又搞资本主义"

单一公有制经济和单一计划体制的经济结构，是否有利于调动一切积极因素，这在社会主义改造的热潮兴起不久就已经提出来了。

对个体手工业和个体小商贩的改造，尽管中共中央、国务院提出了要按有利于生产发展和方便人民生活的原则进行安排，但要解决合营和合作以后造成的复杂矛盾，如：吃"大锅饭"，收入减少，生产积极性下降，产品品种单一，质量下降，按钟点营业，不再走街串巷，给人民生活带来极大不便等，仍有很大的困难。其中涉及的一个带根本性的问题是，社会主义社会是否还应当允许个体私有制经济存在？是否还允许自由贸易？

受中共中央和国务院委托，陈云在主持工商业改造工作中最先敏锐地觉察到这个问题，并提出了积极的建议。1956年3月30日，陈云在全国工商业者家属和女工商业者代表大会上讲话时就提出："到了社会主义社会，长时期内还需要夫妻店"。他详细论证了夫妻店的绝大多数既不能搞合并，也不能搞统一核算，只能采取经销、代销的办法，继续让其单独经营，自负盈亏。他说：

"夫妻店就是不用店员、学徒，而由家里的男、女、老、少照顾的商店。夫妻店分两种：一种是可以合并的，如北京卖打字机、计算机、照像机的，店很少，与老百姓的关系不大，可以把十几家合并为三四家。合并后，可以给定息，发工资。另一种是不能合并的，只能经销、代销，拿手续费。这些店分散在居民区，分布相当均匀，主要的行业是小杂货，油盐酱醋，与老百姓的关系很密切。对这些店铺，不能搞定息和发工资。他们每天卖多少钱你不知道，又不能每户派一个公方干部去，无法定息。可不可以合并呢？也不能。合并了，有一些店就要关门，对老百姓很不方便，群众不会赞成。夫妻店经营的商品品种很多，生活日用品应有尽有，适合老百姓日常生活的需要，你什么时候用东西，用多少，就近就可以买到。如果大家什么东西都到王府井去买，那就不得了。最近北京有个居民区的老百姓，还要求政府允许开新的夫妻店。

夫妻店不能发固定工资。如果按月发工资，那末，半夜敲门买东西，他就不会开门了，一定会说：'睡觉了，明天来吧。'因为反正他按月拿工资，他省心了，但对老百姓就不方便了。不仅夫妻店不能发固定工资，摊贩也不能发固定工资。如北京卖蔬菜的，过去推车到胡同去叫卖，现在组成了联营小组，发固定工资，他就不到胡同里去叫卖了，老百姓很不满意。这说明，对他们只能采取经销、代销的方式。

从夫妻店本身来说，搞经销、代销也有好处，因为丈夫出去了，妻子可以做生意，妻子出去了，老人、小孩也可以做生意。如果发工资，怎么个发法？全家人都发，国家负担不了，每个店只给一个人发，他就不够开支。

夫妻店担心进不了社会主义，我看到了社会主义社会，长时期内还需要夫妻店。因为老百姓还要买小杂货、油盐酱醋，还要吃大饼、油条、馄饨、汤团。"①

6 月 18 日，陈云在全国人大一届三次会议上发言，向大会代表解释了国务院关于对小商贩采取经销、代销政策的必要性和正确性。他说：

"有人问：为什么政府不把全部小商贩都组成公私合营商店，或组成合作商店？大家知道，小商店、摊贩、挑贩中的广大部分是散布在居民区中间的，这些分散在居民区中的小商贩是我国商业中今后长期需要的一种经营服务形式。如果把它们统统收缩起来，合并组成集中的公私合营商店和合作商店，那就不便于居民的消费。如果仍让他们分散经营，而由国家给以固定工资，那就不能保持他们经营的积极性。同时，还有一部分小商贩，他们现在的收入高于公私合营商店和合作商店的从业人员的收入，当他们不愿意参加的时候，也不能勉强地把他们合并到公私合营商店和合作商店中来，因此，安排这些小商贩的正确原则是，既要照顾居民消费的方便，又要保持小商贩经营的积极性，使他们获得适当的收入。我们认为政府现在准备采取的办法，就是当前实现这个原则的最好办法，同时，也是今后相当时期内实现小商贩的社会主义要求的合理办法。采取这种办法，可以使广大的分散的小商贩，经过批发店领导合作小组的形式，同社会主义经济密切联系起来，并且使小商贩从国营商业、供销合作社领取计件工资性质的、代购代销的手续费。这样，就能够使这些小商贩逐步地成为社会主义商业的一个组成部分。"②

6 月 30 日，陈云在人大会议上再次发言，提出了允许"在计划经济许可范围内的自由市场"的重要意见。他说，6 年多的经验告诉我们，加工订货、统购包销的办法，对保证生产、稳定市场，对资本主义工商业社会主义改造，起了巨大作用。但是，也应该看到确实存在着弊病。主要表现：一方面是国营商业采取自上而

---

① 《陈云文选（1949—1956）》，人民出版社 1984 年版，第 304—305 页。

② 《陈云文选（1949—1956）》，人民出版社 1984 年版，第 310 页。

下分配商品的制度，加工订货数量时多时少，原料供应不当，造成某些商品品种减少，花色不合销路等等毛病；另一方面是许多工厂因产品已被包销，因而就不像自销那样关心市场需求和产品质量。陈云说，为了解决加工订货、统购包销中存在的问题，政府正在研究下列一些办法：第一，商业部门与工厂的加工订货关系采取 3 种形式：一是继续统购包销；二是按照产品质量好坏和市场需要情况进行选购；三是选购剩下的产品可以委托商业部门代销或自销。第二，商业部门内部的上下之间、地区之间改变过去自上而下的派货关系，实行自下而上的选购办法。陈云明确说明："在巩固的社会主义基础上实行一定程度的自由推销和自由选购，也就是在计划经济许可范围内的自由市场"。[①]7 月 21 日，在全国各省、自治区、直辖市商业、农产品采购厅局长和供销合作社主任会议上，陈云又说："市场管理办法应该放宽。现在从大城市到小集镇大部分都管得太死，放宽后，害处不大，好处很多。""今后重要物资如粮食、布匹，还要统购，实行计划分配。有些供不应求的热销货，也要实行计划分配。其余的可以自由选购。实行这种方法是否会出毛病呢？毛病可能会有一些，因为这是一件新的事情，以前没有实行过。既要实行计划经济，管好市场，反对投机倒把，又不要把市场搞死。不走这条路，我们又找不到其他更好的路。我看要试一下子，摸索一个时期，也许可能从中找出一条好的出路来。"[②] 这说明当时已经提出了既要实行计划经济，又要在一定范围允许市场经济存在这个社会主义经济体制的根本问题。

基于上述指导思想，于 8 月间召开的全国手工业改造工作座谈会决定：除一部分手工业可以适当集中生产，实行统一核算；大多数应该分散为小社或小组，实行分别核算；个别的也可以单独经营。[③]

9 月 12 日，中共中央、国务院《关于加强农业生产合作社的生产领导和组织建设的指示》正式规定："逐步建立在社会主义经济领导下的自由市场，凡是国家统购和委托供销社收购的范围以外的农副业产品，以及完成统购任务和履行收购合同义务以外的多余产品，都可以通过这个市场自由买卖。"[④]

允许个体手工业和个体小商贩继续存在，决定在一定范围开放自由市场，被

---

① 《陈云文选（1949—1956）》，人民出版社 1984 年版，第 319—326 页。

② 《陈云文选（1949—1956）》，人民出版社 1984 年版，第 333 页。

③ 《新华半月刊》1956 年第 19 号，第 40—41 页。

④ 《农业集体化重要文件汇编》上册，中共中央党校出版社 1981 年版，第 617 页。

凯歌行进的时期（1949—1956）

1956 年 9 月召开的中共第八次全国代表大会所确认，并在指导思想和具体政策进一步有了发展。

以上重大政策的实行，个体工商户很快就有了明显的增长。据统计：个体手工业户，1956 年 9 月份，上海市有 1，661 户、从业人员 5，000 多人，10 月份发展到 2，885 户、8，100 多人。广州市 9 月份 1 个月内，个体手工业从业人员增加1，100 多人。武汉市 9 月份个体手工业从业人员由原来的 2，000 人猛增到 8，000人。① 这就又提出了一个问题，即个体工商户的发展，是否就是资本主义发展，以及社会主义改造基本完成以后是否还应当允许有资本主义经济？

为此，《人民日报》于 1956 年 12 月 20 日发表题为《怎样对待手工业个体户》的社论。针对有些人听说个体户增加就惊呼"资本主义自发势力又要泛滥了！"担心妨碍合作社的巩固和发展等思想，社论指出："在合作化高潮以后，手工业个体户的发展是并不奇怪的。"根本的原因是，"我国人口众多，对工业品和服务性行业的需要量很大，而且这种需要量年年在增长着。仅靠现代工业和现有的合作社无论在产品数量或者品种方面，一时都不可能充分满足需要。随着社会需要的日益增长，那些作为农业的副业而存在着的手工业，不仅现在，而且将来还会逐渐从农民中分化出来，变为专业的手工业者。在少数失业或无业的城市居民当中，有一些人不仅在现在，而且在将来也还会变成手工业者。这就是说，手工业个体户的继续发展，在今后相当长的一个时期内是必然的趋势。""手工业个体户的发展，一方面满足了人民的需要，增加了市场的商品供应；另一方面又扩大了城市的就业人数。这是对国家有利而无害的事情。"

就在这年 12 月，当毛泽东听到全国工商联和民主建国会开会，反映说社会主义改造已经完成了，可是上海又有搞地下工厂等情况后，当即找中央统战部、工商联和民建的负责人谈话，大意是：地下工厂因为社会有需要，就发展起来。要使它成为地上，合法化，可以雇工。现在合作工厂做衣服要 3 个月，袖子一长一短，扣子没眼，质量差。可以开夫妻店，开私营工厂。叫新经济政策。他还表示，他怀疑俄国新经济政策结束得早了，只搞两年，退却就进攻，到现在社会物资还不足。他认为还可以考虑开私营大厂，订条约，20 年不没收。华侨投资 20 年、100 年不要没收。开投资公司，还本付息，可以搞国营，可以搞私营。可以消灭资本主义，又

---

① 《新华半月刊》1957 年第 2 号，第 70 页。

搞资本主义。现在国营、合营企业不能满足社会需要，只要有原料，有销路，私人可以投资开厂。这样定息也有出路。①

"可以消灭资本主义，又搞资本主义"，是调动一切积极因素的需要，更是在实践中对什么是社会主义，如何搞社会主义继续进行探索在认识上的开端。

1956 年 9 月 15 日，中国共产党第八次全国代表大会的召开，标志着中华人民共和国所经历的第一个历史阶段的结束，由此进入了开始全面建设社会主义的时期。

---

① 转引自龚育之 1988 年 4 月 19 日在全国社会科学院院长联席会上的发言。

结束语

从 1949 年 10 月中华人民共和国成立到 1956 年 9 月，在中国共产党领导下，在全国各族人民的共同努力下，我国实现了由新民主主义社会到社会主义社会的转变。诚如《关于建国以来党的若干历史问题的决议》所说，在社会主义改造这项工作中也有缺点和偏差。即：在 1955 年夏季以后，农业合作化以及对手工业和个体商业的改造要求过急，工作过粗，改变过快，形式也过于简单划一，以致在长期间遗留了一些问题。1956 年资本主义工商业改造基本完成以后，对于一部分原工商业者的使用和处理也不很适当。"但整个来说，在一个几亿人口的大国中比较顺利地实现了如此复杂、困难和深刻的社会变革，促进了工农业和整个国民经济的发展，这的确是伟大的历史性胜利"。

对这 7 年的成就，国际上严肃的资产阶级学者也是给予极高评价的。美国学者莫里斯·迈斯纳在《毛泽东的中国及后毛泽东的中国》一书中说："在 20 世纪 50 年代初期，共产党人迅速将分裂的旧中国改造成了一个现代的民族国家，并给它的由多民族组成的人民灌输了强烈的民族认同感和社会意识。1952 年的土地改革运动的结束，完成了长期延滞的土地革命，最终在中国现代历史上消灭了腐败的地主阶级，绝大多数中国人民从传统的经济剥削和社会压迫的形式下获得了解放。国家的领土统一、强大的中央集权国家和国内市场的建立以及农村中前资本主义社会关系的废除又为现代生产力的发展创造了各种必要的前提条件。辽阔国土上蕴藏的巨大的人口资源和物质资源被用来促使落后的且迄今一直停滞不前的国家经济向着现代工业和现代技术发展。""长期（直到不久前）栖身于最悲惨、最贫穷的国家之列的中国，正像 1949 年毛泽东自豪地宣布的那样，确实在世界上'站'起来了。"①

在此期间，我国的国民经济结构发生了根本性的变化，社会主义制度已经在我国初步建立了起来；"一五"计划建设也取得了重大的成就。据统计②：

在国民收入中，1956 年同 1952 年相比，全民所有制经济的比重由 19.1% 上升到 32.2%；集体所有制经济由 1.5% 上升到 53.4%；公私合营经济由 0.7% 上升到 7.3%；私营经济则由 6.9% 下降到 0.1% 以下；个体经济由 71.8% 下降到 7.1%。全民所有、集体所有和公私合营三种社会主义公有制经济已达 93%。

在工业总产值中，1956 年同 1952 年相比，全民所有制工业的比重由 41.5% 上升到 54.5%；集体所有制工业由 3.2% 上升到 17.1%；公私合营工业由 4% 上升到 27.2%；私营工业由 30.7% 下降到 0.4%；个体手工业由 20.6% 下降到 1.2%。前三种社会主义公有制工业已达 98.9%。

在批发商业与零售商业中，1956 年同 1952 年相比，商品批发额，国营商业由 60.5% 上升到 82%；合作社商业由 2.7% 上升到 15.2%；国家资本主义及合作化商业由 0.5% 上升到 2.7%；私营商业由 36.3% 下降到 0.1%。社会商品零售总额，国营经济由 16.2% 上升到 34%；合作社经济由 18.2% 上升到 30.1%；国家资本主义及合作化经济由 0.4% 上升到 28.3%；私营经济由 65.2% 下降到 7.6%。前三种社会主义公有制经济已达 92.4%。

以上表明，我国已从过渡时期的多种经济成分构成的新民主主义经济制度转变为公有制占绝对优势的社会主义经济制度。人剥削人的制度基本上已经被消灭。各尽所能，按劳分配的原则开始得到实行。

与之同时，我国经济建设也取得了很大的成就，提前实现了第一个五年计划规定的主要指标。1956 年，全国工农业总产值达 1,252 亿元（"一五"计划规定 1957 年为 1,249.9 亿元），其中工业总产值 642 亿元（"一五"计划指标为 535.6 亿元），都超过了"一五"计划规定的指标。从 1953 年到 1956 年，工业总产值平均每年增

① 该书中译本由四川人民出版社出版，引文见第 535—536 页。
② 黑龙江人民出版社《中国社会主义经济简史》，第 103、104、146、147、156、167 页；中国统计出版社《光辉的三十五年》统计资料，第 9 页；人民出版社《中共党史参考资料》（八），第 158、161 页。

长 19.2%，超过了五年计划规定的 15.3% 的速度。主要工业产品有 27 种产品的产量达到或超过"一五"计划规定的 1957 年的指标。其中钢达到 447 万吨（"一五"计划规定 412 万吨），煤 1.1 亿吨（"一五"计划规定 1.13 亿吨）。更重要的是，我国工业技术水平也有了很大提高，建立了一系列新的工业部门，已经能够用自己制造的设备、材料来发展工业，装备农业和交通运输业，加强国防工业。1956 年，农业遭受了自然灾害，农业总产值为 610 亿元，也超过"一五"计划规定 1957 年达到 596.6 亿元的水平。粮食总产量为 3，855 亿斤，基本上达到了"一五"计划规定 1957 年 3，856 亿斤的指标。随着工农业生产的发展，全国文教卫生和科学研究事业也都有发展，人民的物质生活水平有了较为明显的提高，1956 年全民所有制职工的平均工资比上年提高 14%。同期全国农民的收入提高 4% 左右。1956 年的经济建设成就，保证了"一五"计划的胜利完成，这对改变我国经济落后面貌，奠定社会主义工业化的初步基础具有重要意义。

1949—1956 年这段历史距离今天已过去将近 60 个年头了。今天重温这段历史，当然绝不能停留在当年的认识水平。

胡乔木在 1988 年 6 月的一次谈话中说：现在是 80 年代，很快就到 90 年代了，回顾以往二三十年代的历史，就不能不表现出我们这个时代的历史认识水平。必须用新的历史眼光，去分析回顾过去的历史。[1] 胡绳在同年 11 月一次谈话中更明确提出了用社会主义初级阶段理论研究建国后的历史的观点。他说：改革开放 10 年来，我们党提出许多关于社会主义的新的理论观点，认识到过去对社会主义的看法有缺点、有错误。我们党提出社会主义初级阶段理论，这是 60 多年马克思主义同中国实践结合的第二次大飞跃。虽然这个理论还不是那么完备，但一些基本观点是站得住的。我们现在应当从这个理论的高度来回顾党的历史。[2]

用社会主义初级阶段的理论反思这 7 年的历史，不难看出，在指导我国社会发展的问题上，思想是有过曲折的。薛暮桥在《从新民主主义到社会主义初级阶段》一文中指出：现在看来，社会主义改造总路线似乎提得太早，在经济十分落后的中国应当有一个较长的新民主主义时期，不宜匆匆忙忙消灭个体经济和私营企业。社会主义改造原定 15 年完成，结果 4、5 年时间就基本完成，把资本主义经济和绝大

---

① 《中共党史通讯》1989 年第 1 期。

② 《中共党史通讯》1989 年第 2 期。

部分个体经济都消灭了，这显然是错误的，留下了不少后遗症。衡量某一种经济成分应当消灭还是应当继续发展的标准，应当是看它是否有利于生产力的发展。马克思在《政治经济学批判》序言中说："无论哪一个社会形态，在它们所能容纳的全部生产力发挥出来以前，是决不会灭亡的；而新的更高的生产关系，在它存在的物质条件在旧社会的胎胞里成熟以前，是决不会出现的。"很显然，20 世纪 50 年代的新中国，资本主义所能容纳的生产力远没有完全发挥出来。在若干大中城市，社会主义与资本主义的竞争已经相当剧烈，但私人资本主义和个体经济仍是国营经济不可缺少的补充。在广大农村，包括内地的许多中小城市，社会主义还远远不能满足生产和交换的需要，私人资本主义还很有利于社会生产力的发展。①

值得研究的问题是：其一，作为创立新民主主义理论的代表、主持制定七届二中全会战略的毛泽东，何以要过早地结束七届二中全会战略，转向立即开始改造生产资料私有制为公有制的战略；其二，刘少奇曾根据七届二中全会决议，明确提出过"中国共产党现在是为巩固新民主主义制度而斗争"的口号，周恩来等实际上也持这种主张，何以在毛泽东提出过渡时期总路线的意见以后，中共中央主要领导人都接受了他的意见，甚至刘少奇在中共七届四中全会上对自己原有的观点和主张还在一定程度上作了自我批评。

关于过早地结束新民主主义，转入过渡时期总路线的轨道，原因是多方面的，但主要原因有二：

第一，担心新民主主义会发展成资本主义。

担心走向资本主义，主要是担心农民走向资本主义。土改以后，农村逐渐趋于中农化。少量土地集中和雇工现象，开始出现。少数农户上升为富裕中农，个别的也有成为新富农的。老区原有的互助组织出现涣散现象。中农的基本要求是：发家致富；但其内心又是矛盾的，想致富，又怕"冒尖"、怕说"剥削"。面对农村出现的新情况，党内不少人发生忧虑，中心问题是担心农民自发走向资本主义。

这个思想的最初反映，是 1951 年秋，毛泽东对同年 4 月 17 日中共山西省委提出把互助组织提高一步以制止农民自发趋势的意见表示肯定和支持。是年 12 月，《中共中央关于农业生产互助合作决议（草案）》，正是在这一思想指导下作出的。

1953 年 10 月 15 日，毛泽东在同中共中央农村工作部负责人谈话中曾明白地

---

① 中共中央党校《理论动态》第 802 期（1988 年 10 月 20 日）。

道出了他这种担心。他说："对于农村的阵地，社会主义如果不去占领，资本主义就必然会去占领。难道可以说既不走资本主义的道路，又不走社会主义的道路吗？资本主义道路，也可增产，但时间要长，而且是痛苦的道路。我们不搞资本主义，这是肯定了的。如果又不搞社会主义，那资本主义势必要泛滥起来。"①

后来，在回顾这段历史时毛泽东又多次谈到这个问题。1958 年 3 月，他在成都会议上说：是否民主革命较早的老区，对社会主义革命不那么积极？两年前，河北、西北都有此情况，10 年前，陕北有此情况。过去曾发生老区土改后社会主义改造的劲差一些。原因是新区土改后接着搞合作社，群众没有习惯于"新民主主义秩序"——实际是资本主义民主秩序，发展资本主义。不断革命就是从这里出来的。在 1959 年至 1960 年读苏联《政治经济学教科书》的谈话中，毛泽东又从另一角度说道：我国土地改革以后，土地不值钱，农民不敢"冒尖"。有的同志认为这种情况不好。我们认为，经过阶级斗争，搞臭了地主富农，农民以穷为荣，以富为丑，这是一个好现象。这说明贫农在政治上已经压倒富农，而树立了自己在农村的优势。从 1950 年起，到 1955 年，在这个问题上党内有争论。砍合作社的问题，也是在这个时候发生的。那些同志站在富裕中农的立场，代表了富裕中农想"冒尖"的心理。

把个体农民要求发家致富看成是自发资本主义；认为新民主主义的政策——有限制地允许城乡资本主义的存在和发展，将导致中国走向资本主义，这是导致当时战略转轨的原因之一。

第二，误以为生产资料公有制无条件地优越于生产资料私有制。

新中国没收官僚资本，把它转变为社会主义国营经济，由于广大工人群众对共产党的热烈拥护，由于革命胜利激起的工人阶级高度的荣誉感、责任感，国营经济确实生龙活虎，生产情况明显地超过私人资本主义经济。1951 年以后开始试办的以土地入股、土劳分红为特点的初级合作社，由于有政府的支援，生产也确实比多数单干农民要好。但这决不是无条件地国营优于私营、集体优于单干。因为，社会上存在的广大私营工商业户，其中绝大多数并不是如同已没收的官僚资本那样现代机器生产的大工厂，而是个体经营、手工劳动、行业繁多并为社会不可缺少的个体工商户；真正属私人资本主义性质的工商业户，其中虽有少数不法资本家，但多数

---

① 毛泽东：《关于农业互助合作的两次谈话》，1953 年 10 月 15 日。

是守法经营的，由于他们有长期的生产经营的管理经验，在我国当时的历史条件下，确实也还存有不可取代的积极作用。至于个体农民私有制，不仅由于生产力发展水平低下，还由于农业生产对自然条件的依赖要求生产者有自主处置的权利，因此也还是有利于生产力发展的所有制形式，而且由于土改结束不久，多数农民才开始上升到中农水平，初步具备了独立生产的能力，个体生产的积极性还远没有释放出来。

当时，一方面夸大了"五反"运动中揭露出资本家唯利是图的消极面，夸大了农村的自发资本主义倾向；另一方面又把国营企业、初级农业社的优越性作了这样的估计，如认为："搞合作化，根据以往的经验，平均产量可以提高百分之十五到百分之三十。"[1] 因此，随着大规模建设的开始，各方面供求矛盾的紧张，就把解决生产资料私有制问题作为既不必增加投资，又能收到立竿见影效果的发展生产力的最好办法。

毛泽东在 1953 年 10 月 15 日的谈话中说：

"城市蔬菜供应，依靠个体农民进城卖菜来供应，这是不行的，生产上要想办法，供销合作社也要想办法。大城市蔬菜的供求，现在有极大的矛盾。

粮食、棉花的供求也都有极大的矛盾，肉类、油脂不久也会出现极大的矛盾。需求大大增加，供应不上。

从解决这种供求矛盾出发，就要解决所有制与生产力的矛盾问题。是个体所有制，还是集体所有制？是资本主义所有制，还是社会主义所有制？个体所有制的生产关系与大量供应是完全冲突的。个体所有制必须过渡到集体所有制，过渡到社会主义。合作社有低的，土地入股；有高的，土地归公，归合作社之公。

总路线也可以说就是解决所有制的问题。国有制扩大——国营企业的新建、改建、扩建。私人所有制有两种，劳动人民的和资产阶级的，改变为集体所有制和国营（经过公私合营，统一于社会主义），这才能提高生产力，完成国家工业化。生产力发展了，才能解决供求的矛盾。"[2]

在 1959 年至 1960 年读苏联《政治经济学教科书》的谈话中，毛泽东更将此说

---

[1] 《陈云文选（1949—1956）》，人民出版社 1984 年版，第 238 页。

[2] 毛泽东：《关于农业互助合作的两次谈话》，1953 年 11 月 4 日。

成是普遍规律。他说：

> "先要改变生产关系，然后才有可能大大地发展社会生产力，这是普遍规律。东欧一些国家，农业合作化搞得慢，主要不是因为他们没有拖拉机，而是因为他们的土改是靠行政命令，是从上而下地恩赐的。他们在土地改革以后，又没有趁热打铁，实行集体化。我们则与他们相反，实行群众路线，发动贫下中农展开阶级斗争，夺取地主阶级的全部土地，分配富农的多余土地，按人口平分土地，这是农村的一个极大革命。土改之后紧接着开展了广泛的互助合作运动，由此一步一步地、不断前进地把农民引向合作化的道路。"

可见，无条件地认为"先要改变生产关系，然后才有可能大大地发展社会生产力，这是普遍规律"，就是导致当时战略转轨的又一个重要原因。

应该说，在以上这两个问题上，中共党内高层领导之间是存有不同意见的。刘少奇在 1949—1951 年期间曾针对党内外在关于资本主义剥削、农村自发资本主义趋势等问题上存在的疑虑，以及实行"归大堆"的农业社会主义思想，旗帜鲜明地从理论上作过回答。这些本来是符合七届二中全会决议精神的意见，在后来所以未能坚持以至很快放弃，从当时的历史条件来考察，有如下原因：

第一，在长达 28 年的新民主主义革命斗争过程中，每当重大的战略转变关头，作为伟大的马克思主义者，无产阶级革命家、战略家和理论家的毛泽东，都曾表现出他杰出的智慧和才能，显出他的意见总是高人一等，起到了力挽狂澜的历史作用。人们往往总认为毛泽东比别人也比自己站得高、看得远。

第二，延安整风在全党确立了马克思主义普遍原理同中国革命具体实践相结合的毛泽东思想作为中国共产党的指导思想，使毛泽东的道路就是中国革命胜利的道路成为共识，同时也开始造就了毛泽东即真理化身的形象，并在组织上赋予毛泽东以最后决策权。1943 年 3 月 20 日，中共中央政治局会议通过的《中央机构调整及精简决定》，在推定毛泽东为中央政治局主席、中央书记处主席的同时规定：（书记处）"会议中所讨论的问题，主席有最后决定之权。"这就使其他中央领导人实际上失去了与毛泽东的平等地位。

第三，过渡时期总路线是从中国搞社会主义还是搞资本主义这个高度提出问题，并在不断把"巩固新民主主义秩序"的主张和政策批评为右倾错误的过程中酝酿、形成的。如：1951 年 12 月第一个互助合作决议对刘少奇关于中共山西省委《把老区互助合作提高一步》所作批语的批评；1953 年春对"公私一律平等纳税"的修正税制的批评，并为此于 3 月 10 日中共中央作了关于加强对政府工作领导的决定；1953 年 6 月 15 日，毛泽东在中共中央政治局会议上又一次批评说：有人在民主革命成功以后，仍然停留在原来的地方。他们没有懂得革命性质的转变，还在继续搞他们的"新民主主义"，不去搞社会主义改造。这就要犯右倾的错误。这样，就使党内失去了正常讨论问题的气氛，不同意见的提出只能招来一场反对右倾的批评和斗争。其实，在中国要搞社会主义决不能搞资本主义这个根本问题上，中共中央领导之间本来就是一致的。这 7 年中多次反右倾，实际上是用错误的党内斗争方式压制了不同意见。

第四，问题的复杂性还在于：尽管在是否要经过一个新民主主义的发展阶段，然后再向社会主义过渡这个问题上，毛泽东同中共中央其他领导人之间出现分歧，但在中国究竟要建立一个什么样的社会主义，即目标模式，在认识上又都是一致的——苏联的斯大林社会主义模式。1955 年 11 月 16 日，刘少奇在中共中央召开的关于资本主义工商业社会主义改造问题会议上讲的一段话是颇具代表性的。他说："要建成社会主义社会，就要改变资本主义所有制和个体所有制，建立全民所有制和集体所有制。只要我们抓紧了这一点，在这一点上不动摇，那末，我们就基本上没有违背马列主义，就不会犯重大错误。"[①] 这种理论认识，无疑又是毛泽东提出的过渡时期总路线能够为其他中央领导人接受而不再坚持异议的共同的理论基础。这是历史的局限，不是任何个人可以超越的。

第五，朝鲜战争加剧了国际的紧张形势，增添了人们加快建设的紧迫感，认为毛泽东提出过渡时期总路线，将有利于充分利用抗美援朝战争赢得的来之不易的国际和平环境和苏联援助等有利条件。1953 年 9 月 8 日，周恩来在全国政协第 49 次常委扩大会上谈到为什么现在提出过渡时期总路线的问题时说："为什么现在提出这个问题？有人说，因为朝鲜停战了。这个说法有一部分道理。如果朝鲜战争还在打，我们的军费开支就不能保证没有变动。现在朝鲜问题虽然还没有彻底解决，但战争已经停下来了。毛主席指导工作有一个原则，当一个任务完成了的时候，就要赶快提出新的任务，以免松懈下来。我们现在就应该提出新的任务。从这方面说，强调朝鲜停战这个原因是有一部分道理的。但是这不完全。现在提出这个问题，还有国际国内的各种条件。""从国际方面看，当前世界形势的特点是：新世界诞生了

---

① 《刘少奇选集》下卷，人民出版社 1985 年版，第 177 页。

凯歌行进的时期（1949—1956）

三十六年，世界和平民主阵营更加巩固和扩大了；旧世界尽管叫嚣扩军备战，但困难重重。形式上是两个阵营的对立，但矛盾的焦点是旧世界的内部。这种矛盾，有和平与战争的矛盾，有民主与反民主的矛盾"。"旧世界的矛盾，无论在东方与西方，是一天一天地在增长。中朝人民在朝鲜战争中的胜利把美国企图挑起世界大战的时间推迟了，这就不仅有利于促进资本主义阵营内部矛盾的增长，有利于和平民主阵营的巩固和扩大，有利于资本主义世界各国中民族民主运动力量的增长，有利于世界人民的和平民主运动的发展，同时也有利于我国进行建设工作。"①

由上可见，造成 1953 年由新民主主义到过渡时期总路线的战略转轨（包括 1955 年社会主义改造加快战略的推行），既有主观原因，又有客观原因；既有理论认识上的失误，又有党内民主决策机制的不够健全等复杂原因。今天反思其原因，既不是去埋怨历史，也不是要苛求前人，而是为了探寻这段历史究竟告诉了我们什么。

第一，历史告诉我们：中华人民共和国走向社会主义，是民主主义革命胜利的必然结果。

1840 年鸦片战争以后，中国人民为振兴中华，走向独立富强，先后爆发了太平天国的农民革命，戊戌变法的改良运动，以至可以称得上完全意义的资产阶级革命的辛亥革命，但都未能使中国从半殖民地半封建的桎梏中摆脱出来。中华人民共和国，是在中国共产党领导下，团结全国各族人民，坚持把马克思主义同中国实践相结合，实行新民主主义革命，经过 22 年的革命战争创建起来的。

毛泽东早在《中国革命和中国共产党》中就曾精辟地阐明了在俄国十月革命胜利以后，在世界上存在着帝国主义和社会主义两大营垒对立的形势下，由中国无产阶级而非资产阶级领导的中国革命的性质和前途。他指出，既然中国革命的任务是为了推翻帝国主义和封建势力的民族革命和民主革命，所以，现阶段中国革命的性质，不是无产阶级社会主义的，而是资产阶级民主主义的。由于这个革命是在中国无产阶级（经过共产党）领导下进行的，因此，它已不是旧式的一般的资产阶级民主主义的革命，而是新式的特殊的资产阶级民主主义的革命，即新民主主义革命。因此，"中国革命的全部结果是：一方面有资本主义因素的发展，又一方面有社会主义因素的发展。这种社会主义因素是什么呢？就是无产阶级和共产党在全国政治

---

① 《周恩来选集》下卷，人民出版社 1984 年版，第 106—107 页。

势力中的比重的增长，就是农民、知识分子和城市小资产阶级或者已经或者可能承认无产阶级和共产党的领导权，就是民主共和国的国营经济和劳动人民的合作经济。所有这一切，都是社会主义的因素。加以国际环境的有利，便使中国资产阶级民主革命的最后结果，避免资本主义的前途，实现社会主义的前途，不能不具有极大的可能性了。"①可见，中国走向社会主义绝非偶然，它是历史的选择，是近百年中国革命发展的合乎逻辑的必然结果。

中华人民共和国成立以后 7 年的历史事实也雄辩地表明：只有社会主义才能救中国；只有社会主义才能发展中国。

第二，历史告诉我们：正确地认识中国国情，是保持清醒的战略头脑的首要条件。

在如何走向社会主义的问题上，中共七届二中全会制定的建国蓝图所以正确，是因为它是建立在对中国国情作了科学分析的基础之上的。毛泽东当时曾强调指出，半殖民地半封建的基本国情，"是在中国革命的时期内和在革命胜利以后一个相当长的时期内一切问题的基本出发点。从这一点出发，产生了我党一系列的战略上、策略上和政策上的问题。对于这些问题的进一步的明确的认识和解决，是我党当前的重要任务"。②七届三中全会确定"不要四面出击"的战略策略方针；1953年 3 月，中共中央指出，布置农村工作，要从小农经济的特点出发；1956 年重新提出手工业中的修理服务行业的个体经营将长期保留，个体小商贩也是不可取代的必要补充，以至认为可以消灭资本主义、又搞资本主义，允许私营经济重新出现、合法存在：其基点都是放在中国国情这块基石之上的。

坚持从中国国情出发，坚持实事求是，这是民主革命 28 年的基本经验，也是建国头 7 年的基本经验。

第三，历史又告诉我们：在生产力水平还很落后的情况下，追求"纯"社会主义，要一举使资本主义绝种，并不符合马克思主义，也不符合我党历来坚持的把马克思主义与中国实践相结合的原则。

在这里，我们有必要重新温习一下如何历史地看待资本主义；在什么样的条件下，消灭阶级、消灭剥削才是一种真正的社会进步等历史唯物主义的基本问题。

---

① 《毛泽东选集》第 2 卷，人民出版社 1991 年版，第 650 页。

② 《毛泽东选集》第 4 卷，人民出版社 1991 年版，第 1430 页。

凯歌行进的时期（1949—1956）

　　恩格斯在《流亡者文献》的第五部分"论俄国的社会问题"一节中说："现代社会主义力图实现的变革，简言之就是无产阶级战胜资产阶级，以及通过消灭任何阶级差别来建立新的社会组织。为此不但需要有能实现这个变革的无产阶级，而且还需要有使社会生产力发展到能够彻底消灭阶级差别的资产阶级。野蛮人和半野蛮人通常也没有任何阶级差别，每个民族都经历了这种状况。我们决不会想到要重新恢复这种状况，至少因为随着社会生产力的发展，从这种状况中必然要产生阶级差别。只有在社会生产力发展到一定阶段，发展到甚至对我们现代条件来说也是很高的阶段，才有可能把生产提高到这样的水平，以致使得阶级差别的消除成为真正的进步，使得这种消除持久巩固，并且不致在社会的生产方式中引起停滞或甚至衰落。但是生产力只有在资产阶级手中才达到了这样的发展水平。可见，就是从这一方面说来，资产阶级正如无产阶级本身一样，也是社会主义革命的一个必要的先决条件。因此，谁竟然肯定说在一个虽然没有无产阶级然而也没有资产阶级的国家里更容易进行这种革命，他就只不过是证明，他需要再学一学社会主义初步知识。"[①]

　　这就是说，阶级剥削是人类社会经济发展到一定历史阶段的产物，它只能在社会经济高度发展以后才能消灭。所以，在没有具备消灭阶级剥削的物质条件以前，剥削就是社会生产发展的必要条件，这种剥削就是社会必要剥削，即人类社会发展中不可避免的剥削，也可以说是社会发展进步中必须付出的代价。过早地、人为地消灭这种阶级剥削，要使资本主义绝种，只能使社会生产力受到破坏，使各个社会集团的利益都受到损害。

　　在相当长的时间里，人们往往引用 1923 年 1 月列宁在《论我国革命》一文中对苏汉诺夫的批评来说明，似乎列宁认为在落后的生产力水平基础上也能建立社会主义，而这一点正是列宁主义的精华。其实，这是一个极大的误解，是一个已为历史证明危害极大的误解。为了方便读者独立地辨析列宁的本意，这里不妨多引证一点原文。针对苏汉诺夫等人认为俄国生产力还没有发展到足以实现社会主义的水平，因而得出了 1917 年的十月革命本来就是不应该搞的结论，列宁明确回答说：马克思主义中有决定意义的东西，即马克思主义的革命辩证法。马克思说在革命时期要有极大的灵活性。就十月革命而言，第一，"这是和第一次帝国主义世界大战相联系的革命"；第二，"世界历史发展的一般规律，不仅丝毫不排斥个别发展阶段

[①]《马克思恩格斯全集》第 18 卷，人民出版社 1964 年版，第 610—611 页。

在发展的形式或顺序上表现出特殊性，反而是以此为前提的"。关于实现社会主义所需要的客观经济前提问题，列宁指出，

"可是他们谁也没有想到问一问自己：面对第一次帝国主义大战所造成的那种革命形势的人民，在毫无出路的处境逼迫下，难道他们就不能奋起斗争，以求至少获得某种机会去为自己争得进一步发展文明的并不十分寻常的条件吗？"

"既然毫无出路的处境十倍地增强了工农的力量，使我们能够用与西欧其他一切国家不同的方法来创造发展文明的根本前提，那又该怎么办呢？世界历史发展的总的路线是不是因此改变了呢？正在卷入和已经卷入世界历史总进程的每个国家的各基本阶级的基本相互关系是不是因此改变了呢？"

"既然建设社会主义需要有一定的文化水平（虽然谁也说不出这个一定的'文化水平'究竟是什么样的，因为这在各个西欧国家都是不同的），我们为什么不能首先用革命手段取得达到这个一定水平的前提，然后在工农政权和苏维埃制度的基础上赶上别国人民呢？"①

我们在细读了列宁的原文以后，不难看出其本意是：当客观的革命形势已经具备，而工农革命力量业已成熟的时候，无产阶级政党绝不应束缚于"俄国生产力还没有发展到足以实现社会主义的水平"而怯懦不前。相反，应毫无畏惧地去夺取政权，并运用工农政权这个条件，去创造实现社会主义所必需的生产力水平（也就是列宁文中说的"文化水平"）。

今天，我们强调历史告诉我们社会主义必须具有发达的生产力水平，绝非要简单地重新回到新民主主义，而是要像邓小平所说的那样，如实地承认："现在虽说我们也在搞社会主义，但事实上不够格"。我国的社会主义还只是处在初级阶段。我们还必须用一整个历史阶段去实现别的许多国家在资本主义条件下实现的工业化和生产的商品化、社会化、现代化的任务。结合历史经验，重温历史唯物主义的若干基本常识，澄清在什么是资本主义、什么是社会主义、什么是马克思主义问题上的种种误解，对于破除从提出过渡时期总路线以来，长期影响着我们的离开生产力的发展，要使资本主义绝种、小生产也绝种的观念，从根本上划清科学社会主义同种种空想的界限，无疑是非常必要和极为有益的。

第四，历史还告诉我们：决策程序必须实现民主化、科学化、制度化。尤其是

---

① 《列宁选集》第 4 卷，人民出版社 1995 年版，第 776、777 页。

凯歌行进的时期（1949—1956）

作为中华人民共和国的领导党——中国共产党。历史证明，1943 年 3 月中共中央关于"主席有最后决定之权"的决定，是产生了消极影响的。

如前所述，过渡时期总路线是在"巩固新民主主义秩序"等主张遭到毛泽东的严厉批评的情况下，提交中共中央政治局会议讨论的，在这个会上除了毛泽东对别人的批评以外，其他领导人事实上难以发表不同意见。1954 年 2 月召开的七届四中全会，除了接受根据毛泽东的提议由中央政治局提出的总路线外，更谈不上展开充分的民主讨论了。1955 年邓子恢在农业合作化速度问题上同毛泽东当面进行争论，在建国以后是绝无仅有的。在延安整风以后也是少有的。这场争论既未经中央书记处讨论，也未经中央政治局讨论，毛泽东在 7 月 31 日省、市、自治区党委书记会议上作的《关于农业合作化问题》的报告就作了结论。10 月召开的七届六中全会，在一片反右的声浪中，除了根据毛泽东关于农业合作化问题的报告通过决议外，更没有一点不同的声音。这说明，党和国家的民主生活已经很不正常。一言堂、个人决定重大问题一类家长制现象已开始出现。

共产党内应该有平等地发表不同意见的权利和自由，这是天经地义的事。恩格斯曾经非常尖锐地指出："批评是工人运动生命的要素，工人运动本身怎么能避免批评，想要禁止争论呢？难道我们要求别人给自己以言论自由，仅仅是为了在我们自己队伍中又消灭言论自由吗？"[①] 又说："在党内绝对自由地交换意见是必要的"。[②]列宁也明确说过："讨论自由，行动一致，这就是我们应该努力做到的"。"但是，除了行动的一致之外，还必须最广泛地、自由地讨论和谴责我们认为有害的措施、决定和倾向。只有这样进行讨论，通过决议，提出异议，才能形成我们党的真正的公众舆论。只有在这种条件下，我们才会成为一个善于随时表明自己的意见，用正确的方法把已经确定的意见变成下一次代表大会的决定的真正的党"[③]。

"讨论自由，行动一致"，这是列宁提出的党内生活的原则。坚持这个原则，就应当容许党内有不同意见，尤其在进行决策的中央上层应当容许存在路线性的不同意见。这样，才能使党的决策，真正做到集中集体智慧而保证其正确性；即使发生错误，也易于纠正。

---

① 《马克思恩格斯全集》第 37 卷，人民出版社 1971 年版，第 324 页。

② 《马克思恩格斯全集》第 37 卷，人民出版社 1971 年版，第 435 页。

③ 《列宁全集》第 13 卷，人民出版社 1987 年版，第 63 页。

　　鉴于历史的教训，邓小平在 1980 年 8 月 18 日《党和国家领导制度的改革》的长篇讲话中总结说："我们过去发生的各种错误，固然与某些领导人的思想、作风有关，但是组织制度、工作制度方面的问题更重要。这些方面的制度好可以使坏人无法任意横行，制度不好可以使好人无法充分做好事，甚至会走向反面。即使像毛泽东同志这样伟大的人物，也受到一些不好的制度的严重影响，以至对党对国家对他个人都造成了很大的不幸。……这个教训是极其深刻的。不是说个人没有责任，而是说领导制度、组织制度问题更带有根本性、全局性、稳定性和长期性。这种制度问题，关系到党和国家是否改变颜色，必须引起全党的高度重视。"①

　　实现决策民主化、科学化、制度化，可以说已成为党内的共识，这是有待继续努力使之实现的。

　　历史告诉我们的远远不止这些，随着时代的前进，我们将会从这 7 年历史中懂得更多、更多……

---

① 《邓小平文选》第 2 卷，人民出版社 1994 年版，第 333 页。

责任编辑：吴继平

装帧设计：曹　春

图书在版编目（CIP）数据

凯歌行进的时期／林蕴晖 范守信 张弓 著 . — 北京：人民出版社，2009.5
（《1949—1976 年的中国》丛书）

ISBN 978 － 7 － 01 － 007862 － 5

I. ①凯…　II. ①林… ②范… ③张…　III. ①中国－现代史－1949—1956
　IV. ① K27

中国版本图书馆 CIP 数据核字（2009）第 054571 号

凯歌行进的时期

（1949—1956）

KAIGE XINGJIN DE SHIQI

林蕴晖　范守信　张弓　著

人 民 出 版 社 出版发行

（100706　北京市东城区隆福寺街 99 号）

环球东方（北京）印务有限公司印刷　新华书店经销

2009 年 5 月第 1 版　2025 年 5 月北京第 10 次印刷
开本：710 毫米 × 1000 毫米 1/16　印张：33.75
字数：540 千字

ISBN 978 － 7 － 01 － 007862 － 5　定价：59.80 元

邮购地址 100706　北京市东城区隆福寺街 99 号
人民东方图书销售中心　电话（010）65250042　65289539